HANS-WERNER RAUTENBERG

DER POLNISCHE AUFSTAND VON 1863 UND DIE EUROPÄISCHE POLITIK

IM SPIEGEL DER DEUTSCHEN DIPLOMATIE UND DER ÖFFENTLICHEN MEINUNG

QUELLEN UND STUDIEN ZUR GESCHICHTE
DES ÖSTLICHEN EUROPA
HERAUSGEGEBEN VON MANFRED HELLMANN UND ERWIN OBERLÄNDER

BAND X

DER POLNISCHE AUFSTAND VON 1863 UND DIE EUROPÄISCHE POLITIK

IM SPIEGEL DER DEUTSCHEN DIPLOMATIE UND DER ÖFFENTLICHEN MEINUNG

FRANZ STEINER VERLAG GMBH · WIESBADEN
1979

HANS-WERNER RAUTENBERG

DER POLNISCHE AUFSTAND VON 1863 UND DIE EUROPÄISCHE POLITIK

IM SPIEGEL DER DEUTSCHEN DIPLOMATIE UND DER ÖFFENTLICHEN MEINUNG

FRANZ STEINER VERLAG GMBH · WIESBADEN
1979

CIP-Kurztitelaufnahme der Deutschen Bibliothek

Rautenberg, Hans-Werner:
Der polnische Aufstand von 1863 (achtzehnhundertdreiundsechzig) und die europäische Politik, im Spiegel der deutschen Diplomatie und der öffentlichen Meinung / Hans-Werner Rautenberg. – Wiesbaden: Steiner, 1979.
(Quellen und Studien zur Geschichte des östlichen Europa; Bd. 10)
ISBN 3-515-02944-3

 Satz: TGB Helga Steinberger KG, Mainz. Druck: Proff GmbH & Co. KG, Bad Honnef

Printed in Germany

MEINER MUTTER
UND DEM GEDÄCHTNIS
MEINES VATERS

INHALTSVERZEICHNIS

VORWORT

Die vorliegende Untersuchung wurde im Mai 1977 von der Philosophischen Fakultät der Westfälischen Wilhelms-Universität zu Münster als Dissertation angenommen. Zur Veröffentlichung ist sie gekürzt und stellenweise überarbeitet worden. Die seither erschienene Literatur wurde – soweit möglich – noch eingearbeitet bzw. in einem Nachtrag zum Literaturverzeichnis aufgeführt. Ein dem Manuskript ursprünglich beigegebener Anhang, der mehrere bisher unveröffentlichte Dokumente aus den Archiven der ehemaligen deutschen Mittelstaaten enthielt, mußte der Höhe der Druckkosten wegen leider entfallen. Es bleibt jedoch zu hoffen, daß die wichtigsten Stücke an anderer Stelle noch ihre Veröffentlichung finden werden.

Die Drucklegung der Studie wurde ermöglicht durch die überaus großzügige finanzielle Unterstützung seitens der Deutschen Forschungsgemeinschaft; außerdem hat die Universität Münster im Rahmen ihres Förderungsprogramms einen ansehnlichen Beitrag beigesteuert, wofür beiden Institutionen aufrichtig gedankt sei. Allen Beamten und Angestellten der von mir benutzten Archive und Bibliotheken, die ihre Materialien bereitwillig zur Verfügung stellten, manche schwierige Anfrage geduldig und freundlich beantworteten und bei der Suche nach weiteren Dokumenten unermüdlich und uneigennützig behilflich waren, sei an dieser Stelle ebenso herzlich gedankt.

Vor allem aber gilt mein Dank meinem verehrten Lehrer, Herrn Professor Dr Manfred Hellmann, der das Zustandekommen dieser Arbeit über lange Jahre hinweg mit stetem Zuspruch, kritischem Rat und unausgesetztem Interesse in jeder erdenklichen Weise gefördert hat. Ferner weiß ich mich Herrn Professor Dr. Heinz Dollinger für die freundliche Übernahme des Korreferats dankbar verpflichtet. Endlich möchte ich nicht versäumen, auch meiner Frau für die in langen und oft schwierigen Jahren der Entstehung dieser Untersuchung stets bewiesene Geduld und Fürsorge meinen tief empfundenen Dank auszudrücken.

Ich widme diese Studie meiner Mutter und dem Gedächtnis meines Vaters, der wenige Tage nach dem Abschluß des Manuskripts heimtückischer Krankheit erlag.

Münster/Westf., im Juni 1979

Hans-Werner Rautenberg

EINLEITUNG: PROBLEMSTELLUNG UND FORSCHUNGSSTAND

Der letzte Aufstand gegen die russische Herrschaft im Königreich Polen zu Beginn des Jahres 1863, der in der polnischen Forschung zu einer fast unübersehbaren Fülle von Monographien und Spezialstudien geführt hat[1], die schließlich in einer monumentalen Gesamtdarstellung aus der Feder von Stefan Kieniewicz gipfelte[2], gilt trotz seines tragischen Scheiterns – oder wohl gerade deswegen – dem polnischen Nationalbewußtsein bis heute als ein unwiderleglicher Beweis für den unerschütterlichen Selbstbehauptungswillen der Nation in der Zeit ihrer staatlichen Nichtexistenz[3].

Wenn sich auch aus der bitteren Erfahrung heraus, daß sich – wie schon im Kościuszko-Aufstand des Jahres 1794 geschehen – eine Erhebung gegen auch nur zwei Teilungsmächte als aussichtslos erwiesen hatte[4], dieser neuerliche Versuch, aus eigener Kraft die staatliche Unabhängigkeit Polens wiederherzustellen, erklärtermaßen ausschließlich gegen das Russische Reich richtete, enthielt ein Aufruf des „Nationalen Zentralkomitees" vom 7. Februar 1863 auch an die Polen im preußischen und österreichischen Teilgebiet die dringende Aufforderung, ihre Landsleute im Königreich in ihrem Kampf gegen den „Moskauer Zaren, welcher der schrecklichste unter den Feinden Polens ist", moralisch durch ihre Einwirkung auf die öffentliche Meinung in Preußen und Österreich und materiell durch den

[1] Die von Eligiusz Kozłowski zusammengestellte Bibliographie verzeichnet weit über 10 000 Titel, berücksichtigt aber die aus Anlaß der Jahrhundertfeier 1963 und in den folgenden Jahren erschienenen zahlreichen Arbeiten nicht mehr. Vgl. *E. Kozłowski*: Bibliografia powstania styczniowego, Warszawa 1964.

[2] Vgl. *S. Kieniewicz*: Powstanie styczniowe, Warszawa 1972; dazu die Besprechungen von *V. D'jakov* u. d. T.: Wielka synteza powstania styczniowego, in: KH 80 (1973) S. 446–461; *I. Koberdowa*: Powstanie styczniowe, ebda. S. 675–678; *R. F. Leslie*, ebda. S. 679–681; *S. Kalembka*: in: ZH 39 (1974) S. 302–304.

[3] Diese Ansicht findet ihre Sachwalter vor allem in der polnischen Emigration, vor allem bei den – inzwischen verstorbenen – Historikern *O. Halecki* und *M. Kukiel*, ferner in den Arbeiten von *S. Bóbr-Tylingo*. Vgl. dazu die im Bd. VII/VIII (1963) vereinigten Beiträge der in Rom erscheinenden exilpolnischen historischen Zeitschrift „Antemurale", deren Name für ein Programm mit deutlich antirussischer und antikommunistischer Spitze steht.

[4] Vgl. *G. Rhode*: Polens Teilung und Wiedervereinigung im 19. und 20. Jahrhundert, in: Teilung und Wiedervereinigung. Eine weltgeschichtliche Übersicht, hrsg. von *G. Franz*, Göttingen 1963, S. 38–60, hier S. 42; zum Kościuszko-Aufstand von deutscher Seite zusammenfassend *E. Moritz*: Preußen und der Kościuszko-Aufstand 1794, Berlin (Ost-) 1968.

Ankauf von Waffen und Munition und deren Transport in das Kampfgebiet sowie durch Zuzüge von Freiwilligen zu unterstützen[5]. Dieser Appell an die nationale Solidarität fand ein bereitwilliges, wenn auch regional verschieden starkes Echo unter der polnischen Bevölkerung in Preußen und Österreich[6] und stellte die Kabinette jener Mächte nicht zum erstenmal vor die Frage, welche Stellung sie zu den blutigen Ereignissen in der unmittelbaren Nähe ihrer Grenzen beziehen sollten.

[5] Vgl. *Dokumenty* Komitetu Centralnego Narodowego i Rządu Narodowego 1862–1864 (= Powstanie styczniowe. Materiały i dokumenty.), Wrocław-Warszawa-Kraków 1968, Dok.-Nr. 40, S. 46–47; deutsch in: *Schultheß'* Europäischer Geschichtskalender, Jg. 1863, Nördlingen 1864, S. 246–247.

[6] Kristallisationspunkt der polnischen Aktivitäten in den Teilgebieten außerhalb des Königreichs Polen war vor allem die Stadt Krakau, die als Mittelpunkt der auf dem Wiener Kongreß errichteten „Republik Krakau" erst 1846 mit ihrer näheren Umgebung der Donaumonarchie einverleibt worden war und die Traditionen der ehemaligen „Adelsrepublik" besonders zäh bewahrte. Außerdem beherbergte die Stadt mit dem „Czas" („Die Zeit") die einzige polnische Tageszeitung, die auch im Ausland wenigstens dem Namen nach bekannt war. Vgl. *K. Olszański*: Krakowski „Czas" wobec powstania styczniowego, in: Kraków w powstaniu styczniowym, Kraków 1968, S. 193–301; *ders.*: Działania wojenna w powstaniu 1863 r. w oświatleniu prasy galijskiej, in: SH 17 (1974) S. 567–583. Vgl. ferner *S. Koźmian:* Das Jahr 1863. Polen und die europäische Diplomatie. Deutsche Bearbeitung von *S. R. Landau*, Wien 1896, bes. S. 37–50; ferner die klassische Darstellung von *W. Tokarz*: Kraków w początkach powstania styczniowego, 2 Bde., Krakau 1914. Eine neuere Untersuchung ist diejenige von *O. Beiersdorf*: Walka polityczna Czerwonych i Białych na tereniu Krakowa w okresie powstania styczniowego, in: Małopolskie Studia Historyczne 3/4 (1960), Kraków 1964, S. 3–53; *ders.*: Tajna prasa krakowska w okresie powstania styczniowego, in: Kraków w powstaniu styczniowym, Krakow 1968, S. 305–358.
Wertvolles Material enthält außerdem die Biographie des Führers der konservativen Partei in Galizien, des Fürsten Adam Sapieha. Vgl. *S. Kieniewicz:* Adam Sapieha, Lwów 1939; dazu die entsprechenden Abschnitte in *ders.:* Powstanie styczniowe, Warszawa 1972, S. 300–304 und 423–434 passim; außerdem *M. Tyrowicz*: Dzieje polityczne Krakowa w okresie 1815–1871, Kraków 1951. Von sowjetrussischer Seite *S. M. Trusevič:* Galicija i pol'skoe vosstanie 1863–1864 gg., L'vov 1965.
Im preußischen Teilgebiet fanden die Ereignisse im Königreich Polen im Großherzogtum Posen den stärksten Widerhall. Vgl. *F.-H. Gentzen:* Großpolen im Januaraufstand. Das Großherzogtum Posen 1858–1864, Berlin (Ost-) 1958 (mit unhaltbarer Grundthese!); von polnischer Seite *Z. Grot*: Rok 1863 w zaborze pruskim. Udział społeczeństwa polskiego w powstaniu styczniowym, Poznań 1963; *ders.*: Wielkie Księstwo Poznańskie a powstanie styczniowe, in: Studia i materialy do dziejów Wielkopolski i Pomorza 8 (1963) 2. Halbband, S. 23–40; zusammenfassend *W. Jakóbczyk*: W okresie powstania styczniowego, in: *ders.* (Hrsg.): Dzieje Wielkopolski, Tom II, Lata 1793–1918, Poznań 1973, S. 339–343; zu Westpreußen und dem Kulmer Land vgl. neben der älteren und leider nicht tendenzfreien Skizze von *M. Laubert*: Westpreußen und die polnischen Aufstände des 19. Jahrhunderts, in: Der Deutsche im Osten 3 (1940) S. 211–224, die Arbeiten von *S. Gierszewski*: Wyprawa morska Łapińskiego a przemyt broni przez Gdańsk w r. 1863, in: Rocznik Gdański 15/16 (1956/57) S. 289–300; *ders.*: Udział Pomorza Gdańskiego w powstaniu styczniowym, in: Szkice z dziejów Pomorza 3 (1961) S. 210 bis 343; *A. Bukowski:* Pomorze Gdańskie w powstaniu styczniowym, Gdańsk 1964; *S. Myśliborski-Wołowski*: Udział ziemi chełmińskiej w powstaniu styczniowym, in: Rocznik

Bei jeder Auseinandersetzung des Russischen Reiches mit seinen polnischen Untertanen gehörten die beiden Großmächte innerhalb des Deutschen Bundes zu den unmittelbar Betroffenen. Denn kein Bestreben der Regierung in St. Petersburg, die polnische Frage auf die Ausmaße einer inneren Angelegenheit zu reduzieren, konnte verhindern, daß auch die Nachbarn sogleich in den Konflikt verwickelt wurden und befürchten mußten, ihren eigenen Besitzstand aus Gebieten des ehemaligen polnischen Königreiches früher oder später zur Diskussion gestellt zu sehen[7]. Jede Veränderung im völkerrechtlichen Status des sogenannten „Kon-

Grudziądzki 1 (1960) S. 125–153; *ders.*: Udział Prus Zachodnich w powstaniu styczniowym, Warszawa 1968; *ders.*: Ochotnicy z regencji bydgoskiej w bitwach i potyczkach powstania styczniowego, in: Studia i Materialy do Historii Wojskowości 18 (1972) S. 195 bis 240; jüngst *L. Trzeciakowski*: Pod pruskim zaborem 1850–1918, Warszawa 1973, bes. S. 53–74; von deutscher Seite *P. Böhning*: Die nationalpolnische Bewegung in Westpreußen 1815–1871, Marburg/Lahn 1973, bes. S. 165–180 (leider nicht ohne Ungenauigkeiten und Fehler!).

Auch in den südlichen Gebieten Ostpreußens hat man polnischerseits Reflexe auf die Erhebung im Königreich Polen feststellen wollen. Vgl. dazu *B. Groniowska*: Rola Prus Wschodnich w powstaniu styczniowyn, in: Komunikaty marzursko-warmieńskie 4 (1960) S. 3–45; *E. Sukertowa-Biendrawina:* Mazury, Warmiacy i Kaszubi w powstaniu styczniowym, in: Roczniki Ziem Zachodnych i Połnocnych 4 (1963) S. 290–296; *T. Cieślak*: Warmia and Mazury in the 19th and 20th Century History of Poland's Territories, in: Polish Western Affairs 6 (1965) S. 314–328; schließlich *J. Jasiński*: Warmia wobec powstania styczniowego, in: Roczniki Humanistyczne 20 (1972) S. 227–242.

Weitaus zahlreicher sind Untersuchungen zum Echo der Ereignisse in Kongreßpolen in Schlesien, die seit dem Ende des letzten Krieges aus naheliegenden Gründen mit verstärkter Intensität eingesetzt haben. Nach der älteren deutschen Arbeit von *A. Lattermann*: Oberschlesien und die polnischen Aufstände im 19. Jahrhundert, in: Zeitschrift des Vereins für die Geschichte Schlesiens 64 (1930) S. 219–259, vgl. *H. Barycz*: Polska młodież akademicka w Wrocławiu przed powstaniem styczniowym 1853–1863, in: Sobótka 1 (1946) S. 151–199; *H. Wereszycki*: Echa powstania styczniowego w dziennikach wrocławskich, in: Sobótka 9 (1954) S. 505–590; *E. Odorkiewicz*: Śkąsk w powstaniu styczniowym, in: Zaranie Śląskie 23 (1960) S. 3–38; im Jahr der Jahrhundertfeier *ders.*: Śląsk w organizacji powstańczej w latach 1862–1864, in: Zaranie Śląskie 26 (1963) S. 3–20; *J. Król*: Odgłosy powstania styczniowego na Śląsku Cieszyńskim, ebda. S. 21–42; *W. Nawrocki*: Echa powstania styczniowego w prasie i literaturze polskiej na Śląsku, ebda. S. 75–90; *M. Pater*: Wrocławski echa powstania styczniowego, in: Sobótka 18 (1963) S. 405–426; endlich *A. Targ*: Powstanie na Śląsku, in: Roczniki Ziem Zachodnych i Połnocnych 4 (1963) S. 297–303.

7 Aus der reichen Literatur zur außenpolitischen Situation im Krisenjahr 1863 vgl. u. a. *F. Engel-Janosi*: Graf Rechberg. Vier Kapitel zu seiner und Österreichs Geschichte, München–Berlin 1927, S. 77–122; *W. E. Mosse*: The European Powers and the German Question 1848–1871, Cambridge 1958, S. 110–145; *E. Zechlin*: Bismarck und die Grundlegung der deutschen Großmacht, 2. Aufl. Darmstadt 1960, S. 412–528; *ders.*: Die Reichsgründung (= Deutsche Geschichte. Ereignisse und Probleme, Bd. 3, 2), 2. Aufl. Frankfurt–Berlin 1974, S. 94–102; *B. Jelavich*: A Century of Russian Foreign Policy 1814–1914, Philadelphia–New York 1964, S. 141–147; *W. Bußmann*: Das Zeitalter Bismarcks 1852 bis 1890, 4. erg. Aufl. Frankfurt a. M. 1968, S. 71–73; *A. Hillgruber*: Bismarcks Außenpolitik, Freiburg 1972, S. 46–56.

greßpolen" etwa im Sinne einer nationalen Autonomie im Rahmen des russischen Imperiums konnte in letzter Konsequenz die staatliche Integrität Österreichs und Preußens gefährden, deren ungeschmälerte Aufrechterhaltung im Verlaufe des Jahres 1863 bei den leitenden Staatsmännern der betroffenen Monarchien – wie übrigens auch in der öffentlichen Meinung – als unabdingbares Axiom ihrer Politik nicht zur Debatte stand[8]. Gebot daher in ihren Augen das Interesse beider Länder die Abwehr aller gegen ihren territorialen Besitzstand gerichteten Bestrebungen im Sinne einer Wiederherstellung des in den Teilungen am Ende des 18. Jahrhunderts von der Landkarte Europas getilgten polnischen Staates in seinen Grenzen von 1772, so mußte eine solcherart repressive, im strengen Sinne „konservative" Politik Mißfallen und Protest derjenigen Mächte herausfordern, die aus historischer Tradition und im Sinne des namentlich vom Frankreich Napoleons III. verfochtenen „nationalen Prinzips" oder aus vornehmlich humanitären Gründen wie England einer neuerlichen Unterdrückung der polnischen Unabhängigkeitsbestrebungen nicht tatenlos zusehen zu können glaubten[9].

Während die Westmächte im Verlauf der polnischen Krise von 1863 bestrebt waren, ihren Vorstellungen in Berlin und St. Petersburg durch die – zumindest zeitweise – erfolgreiche Umwerbung der dritten Teilungsmacht Österreich und die wiederholte Aufforderung an die europäischen Staaten minderen Ranges zum Anschluß an ihre diplomatischen Vorstöße zugunsten der polnischen Sache zusätzlichen Nachdruck zu verleihen und sich auf diesem Wege der geschlossenen moralischen Unterstützung ganz Europas zu versichern, glaubte die preußische Politik

[8] Zur preußischen Haltung vgl. *S. Baske*: Praxis und Prinzipien der preußischen Polenpolitik vom Beginn der Reaktionszeit bis zur Gründung des Deutschen Reiches, in: FzoG 9 (1963) S. 7–268, bes. S. 174–179; zur Politik Österreichs *H. Wereszycki*: Austrja a powstanie styczniowe, Lwów 1930; *ders.*: Powstanie polskie na tle sytuacji międzynarodowej, in: Historia Polski od połowy XVIII do połowy XIX wieku, Warszawa 1960, S. 95–122, bes. S. 117–120; *O. Czastek*: Österreich und der polnische Aufstand im Jahre 1863, Diss. Wien 1950 (MS).

[9] Zur französischen Politik im Jahre 1863 vgl. neben den älteren Arbeiten von *K. Kaiser*: Napoleon III. und der polnische Aufstand von 1863, Diss. Berlin 1932; *K. Krupinski*: Die Westmächte und Polen von Napoleon I. bis Versailles, München–Berlin 1941, bes. S. 54 bis 71; *G. Roloff*: Napoleon III. und der polnische Aufstand im Jahre 1863, in: HZ 164 (1941) S. 49–65; nunmehr *E. Birke*: Frankreich und Ostmitteleuropa im 19. Jahrhundert, Köln–Graz 1960, bes. S. 196–211; *S. Bóbr-Tylingo*: Napoléon III, l'Europe et la Pologne 1863–4, in: Antemurale VII/VIII (1963) S. 1–363; zuletzt *S. Kieniewicz*: Les insurrections polonaises du XIXe siècle et le problème de l'aide de la France, Warszawa 1971. Die englische Politik ist zuerst bearbeitet worden von *M. Handelsman*: Anglia–Polska 1814 to 1864, Warszawa–Lwów 1917; später von *K. Mühlmann*: England und die polnische Frage im Jahre 1863, Würzburg 1934; *H. Wereszycki*: Anglia a sprawa polska w latach 1860–1865, Lwów 1934; *ders.*: Great Britain and the Polish Question in 1863, in: EHR 50 (1935) S. 78–108; *W. E. Mosse*: England and the Polish Insurrection of 1863, in: EHR 71 (1956) S. 28–55; und *R. F. Leslie*: Information and Foreign Policy: An Aspect of the British Official Attitude towards the Polish Question (1856–1863), in: Wiek XIX. Prace ofiarowane Stefanowi Kieniewiczowi w 60 rocznicę urodzin, Warszawa 1967, S. 345–353.

bereits unmittelbar nach dem Ausbruch der Rebellion in Russisch-Polen getreu der in Jahrzehnten bewährten Solidarität mit dem Zarenreich sich dem innen- wie außenpolitisch gefährdeten Nachbarn an die Seite stellen und durch das entschlossene Anerbieten ihres Beistands die Bemühungen der Kabinette in London und Paris, die östliche Flügelmacht Europas zumindest diplomatisch zu isolieren, mit dem Abschluß der vielbesprochenen und ebenso oft überschätzten „Konvention Alvensleben" durchkreuzen zu sollen[10]. Diese erste größere äußere Aktion des in den Augen der öffentlichen Meinung des eigenen Landes inzwischen vollkommen diskreditierten „Konfliktministeriums" Bismarck auf europäischer Ebene löste eine Welle beinahe einhelliger Empörung in der damaligen Presse des In- und Auslandes sowie auf den Rednertribünen der Parlamente aus und drohte Preußens Ansehen als dasjenige eines in erster Linie um seiner zivilisatorischen Errungenschaften willen geschätzten und bewunderten Staatswesens auf das Nachhaltigste zu beeinträchtigen[11].

10 Zur „Konvention Alvensleben" existiert eine Fülle meist kontroverser Literatur; die ältere Diskussion zusammenfassend *E. Zechlin*: Bismarck und die Grundlegung der deutschen Großmacht, 2. Aufl. Darmstadt 1960, S. 636–644; seither *V. G. Revunenkov:* Pol'skoe vosstanie 1863 goda i evropejskaja diplomatija, Leningrad 1957, bes. S. 129–134; *I. Koberdowa*: Wielki Książę Konstanty w Warszawie 1862–1863, Warszawa 1962; *R. Buchner*: Die deutsch-französische Tragödie 1848–1864, Würzburg 1965, S. 124–132; *E. Kolb*: Rußland und die Gründung des Norddeutschen Bundes, in: Europa und der Norddeutsche Bund, hrsg. von *R. Dietrich*, Berlin 1968, S. 183–220, bes. S. 189–191; *A. Hillgruber*: Bismarcks Außenpolitik, Freiburg 1972, S. 48–52; *S. Kieniewicz*: Powstanie styczniowe, Warszawa 1972, S. 395–401.

11 Zur Reaktion der deutschen öffentlichen Meinung vgl. die älteren Arbeiten von *O. Nirrnheim:* Das erste Jahr des Ministeriums Bismarck und die öffentliche Meinung, Heidelberg 1908, bes. S. 302–388; *H. Ruider*: Bismarck und die öffentliche Meinung in Bayern 1862 bis 1866, München 1924; *U. Schultz*: Die Politik Bismarcks in den Jahren 1862–1866 im Spiegel der rheinischen Presse, Bonn 1933; *H. Scheidt*: Konvention Alvensleben und Interventionspolitik der Mächte in der polnischen Frage 1863, Würzburg 1937, bes. S. 65–68. Die Broschüren und Flugblätter verzeichnet *J. Gertler*: Die deutsche Rußlandpublizistik der Jahre 1853 bis 1870, in: FzoG 7 (1959) S. 72–195, bes. S. 128–131.
Nicht weniger hoch schlugen die Wellen der Entrüstung im westlichen Ausland. Für England vgl. *R. F. Leslie*: Brytyjska opinia publiczna a powstanie styczniowe, in: PH 54 (1963) S. 206–222; *K. S. Pasieha:* The British Press and the Polish January Insurrection of 1863, in: SEER 42 (1963) S. 15–37; *M. Giergielewicz:* Echoes of the Polish January Insurrection in "Punch", in: PR 8 (1963) S. 3–27. Für Frankreich u. a. *K. Malettke:* Die Beurteilung der Außen- und Innenpolitik Bismarcks von 1862 bis 1866 in den großen Pariser Zeitungen, Lübeck–Hamburg 1966, bes. S. 62–100. Besonders heftig reagierte man auch in der Schweiz; vgl. dazu *M. Sangowicz:* L'insurrection polonaise de 1863 dans la presse suisse, Fribourg 1946; *M. Vuillemier:* Genève et l'insurrection polonaise de 1863. Les réactions des milieux démocratiques, in: Échanges entre la Pologne et la Suisse du XVI au XIX siècles, Genève 1964, S. 213–225; zuletzt, leider sehr unbefriedigend *M. Ludwig:* Der polnische Unabhängigkeitskampf von 1863 und die Schweiz, Basel 1968. Für Schweden wäre zu nennen *K. G. Fellenius:* Polska frågan i Sverige ar 1863, Stockholm 1936, bes. S. 52–68; für die Vereinigten Staaten *J. W. Wieczerzak*: American Reactions to the Polish Insurrection of 1863, in: Polish American Studies 22 (1965) S. 90–98; *ders.*: A Polish Chapter in Civil

Wenn auch im Bereich der diplomatischen Beziehungen die Reaktion seitens der Westmächte auf das demonstrative Zusammengehen des Berliner Kabinetts mit dem Zarenreich im ganzen wesentlich zurückhaltender ausfiel, so konnte die außenpolitische Gefährdung Preußens, die durch den seit dem Vorjahr im Innern schwelenden Konflikt über die Heeresreform noch potenziert wurde[12], den zeitgenössischen deutschen Regierungschefs, Diplomaten und Publizisten doch als durchaus gegeben erscheinen. Vor allem aber irritierten sie die zunächst anscheinend deutlich divergierenden Auffassungen, welche die Höfe von Wien und Berlin ihrem Vorgehen in der polnischen Frage zugrunde legten, da die vermeintlich weitgehend identische Interessenlage Österreichs und Preußens als Mitbesitzern ehemals polnischer Territorien ein gemeinsames Handeln im Sinne der Aufrechterhaltung des Status quo nahezulegen schien. Die Erkaltung der Beziehungen zwischen den beiden kaiserlichen Höfen zu Wien und St. Petersburg seit dem Ausscheren Österreichs aus der Allianz der „nordischen Mächte" im Verlauf des Krimkriegs aber, das man russischerseits „als Gipfel des Undanks und schlichten Verrat"[13] auffaßte und durch eine demonstrativ gegen die Donaumonarchie gerichtete Politik im österreichischen Konflikt mit Piemont-Sardinien und dessen mächtigem Protektor in den Tuilerien zu vergelten getrachtet hatte[14],

War America: The Effects of the January Insurrection on American Opinion and Diplomacy, New York 1967. Zum Echo der polnischen Ereignisse unter den Völkern der Donaumonarchie und Südosteuropas vgl. *V. Žáček:* Češi a Poláci v době lednového povstání polského v 1863, in: ČČH 11 (1963) S. 717–741; *M. Orzechowski*: Echa powstania styczniowego w Czechach, Wrocław 1965; *E. Kovács:* L'insurrection polonaise de 1863 et l'émigration hongroise, in: Études historiques, Bd. 2, Budapest 1960, S. 137–166; *D. Živanovič*: Echa powstania styczniowego wśród Jugosłowian, in: KH 71 (1964) S. 693 bis 710; *V. Jeglinschi*: L'insurrection polonaise des années 1863–64 dans la presse roumaine, in: Revue Roumaine d'Histoire 6 (1967) S. 433–450.

12 Neben den älteren Arbeiten von *F. Löwenthal*: Der preußische Verfassungsstreit 1862 bis 1866, München–Leipzig 1914, *L. Dehio*: Die Taktik der Opposition während des Konfliktes, in: HZ 140 (1929) S. 279–347, und *K. Kaminsky*: Verfassung und Verfassungskonflikt in Preußen 1862–1866, Königsberg–Berlin 1938, jetzt *G. A. Craig:* Porträt eines politischen Generals: Edwin von Manteuffel und der Verfassungskonflikt in Preußen, in *ders.*: Krieg, Politik und Diplomatie, Wien–Hamburg 1968, S. 121–156.

13 Vgl. *G. Stökl*: Osteuropa und die Deutschen. Geschichte und Gegenwart einer spannungsreichen Nachbarschaft, 2. Aufl. München 1970 (= dtv–711), S. 125. Eine überzeugende Neubewertung der viel kritisierten Politik Österreichs unternimmt *W. Baumgart*: Der Friede von Paris 1856. Studien zum Verhältnis von Kriegführung, Politik und Friedensbewahrung, München–Wien 1972.

14 Aus der Fülle der Literatur zur Einigung Italiens seien ihres grundlegenden Charakters wegen genannt: *H. Holldack:* Probleme des Risorgimento. Nationalgefühl, Demokratie und Liberalismus in der italienischen Vergangenheit, in: HZ 173 (1952) S. 505–527, *H. Michaelis:* Die Einigung Italiens, Triumph und Verhängnis Napoleons III., München-Wien 1960; *F. Valsecchi*: Das Zeitalter Napoleons III. und Bismarcks 1854–1878, in: Historia Mundi Bd. 10 (= Das 19. und 20. Jahrhundert), Bern-München 1961, S. 53–92; *H. Kramer*: Die Einigung Italiens im 19. Jahrhundert, in: Teilung und Wiedervereinigung. Eine weltgeschichtliche Übersicht, hrsg. v. *G. Franz*, Göttingen 1963, S. 72–145; einen aufschluß-

war auch acht Jahre danach noch keiner versöhnlicheren Haltung gewichen, wenngleich man die Ablösung des Kabinetts Buol-Schauenstein durch dasjenige des Grafen Rechberg in Wien als den aufrichtigen Willen der Hofburg zu einer allmählichen Entkrampfung des gespannten Verhältnisses zum Russischen Reich deuten durfte[15]. Immerhin aber mochte die Neigung Österreichs, trotz seines polnischen Besitzes bis zu einem gewissen Grade mit Frankreich und England zusammenzugehen, neben anderen Motiven[16] auch in der Absicht ihre Erklärung finden, „Rußland seine Haltung in der italienischen Frage heimzuzahlen“[17].

Der Antagonismus zwischen den beiden Kaiserhöfen in St. Petersburg und Wien, den die österreichische Politik gegen das unausgesetzte Mißtrauen an der Newa beharrlich, wenn auch noch wenig erfolgreich zu mildern bestrebt war[18], brachte die mittleren und kleineren Staaten des Deutschen Bundes bei ihrer traditionell österreichfreundlichen Einstellung insofern in eine wenig angenehme Lage, als einige von ihnen außerdem durch die familiären Bande ihrer Herrscherfamilien mit dem Zarenhof eng verbunden und damit russischem Einfluß insonderheit ausgesetzt waren – so vor allem Württemberg, Hannover, Baden, Hessen-Darmstadt, Oldenburg und Nassau [19]. Gravierender wirkte sich allerdings für die

reichen Teilaspekt behandelt *E. Portner*: Die Einigung Italiens im Urteil liberaler deutscher Zeitgenossen. Studien zur inneren Geschichte des kleindeutschen Liberalismus (=Bonner Historische Forschungen, Bd. 13), Bonn 1959; vgl. ferner *Th. Schieder*: Das Italienbild der deutschen Einheitsbewegung, in *ders.*: Begegnungen mit der Geschichte, Göttingen 1962, S. 210–235.

15 Zu Buol-Schauenstein vgl. *W. Heindl:* Graf Buol-Schauenstein in St. Petersburg und London (1848–1852). Zur Genesis des Antagonismus zwischen Österreich und Rußland, Köln–Graz 1970; über die späteren Ausgleichsversuche vgl. *F. Engel-Janosi:* Graf Rechberg. Vier Kapitel zu seiner und Österreichs Geschichte, München–Berlin 1927, S. 43–45.

16 Mit ausgesprochenem Mißtrauen registrierte die Wiener Staatskanzlei die russischen Aktivitäten in Serbien und Montenegro. Vgl. dazu *B. Jelavich:* A Century of Russian Foreign Policy 1814–1914, Philadelphia–New York 1964, S. 130–141.

17 So *B. Jelavich:* Rußland und die Einigung Deutschlands unter preußischer Führung, in: GWU 19 (1968) S. 521–538, hier S. 533. Vgl. ferner *A. Blumberg:* Russian Policy and the Franco-Austrian War, in: JMH 26 (1954) S. 137–153.

18 Dem diente u. a. auch die Warschauer Zusammenkunft der Kaiser von Rußland und Österreich mit dem preußischen Prinzregenten vom 22.–26. September 1860, auf welcher über die künftige politische Gestaltung Italiens ohne abschließende Übereinstimmung beraten wurde. Dazu ausführlich *C. Friese:* Rußland und Preußen vom Krimkrieg bis zum Polnischen Aufstand, Berlin–Königsberg 1931, S. 228–230, *B. Nolde:* Die Petersburger Mission Bismarcks 1859–1862, Leipzig 1936, S. 136–147; übrigens machte sich anläßlich dieses Monarchentreffens unter der Warschauer Bevölkerung bereits eine ausgesprochen feindselige Stimmung geltend; vgl. *S. Kieniewicz:* Powstanie styczniowe, S. 75–80.

19 Zu den dynastischen Beziehungen der Romanovs zu deutschen herrschenden Häusern vgl. vor allem *M. Lindemann:* Die Heiraten der Romanows und der deutschen Fürstenhäuser im 18. und 19. Jahrhundert und ihre Bedeutung in der Bündnispolitik der Ostmächte, Berlin–Bonn 1935; den interessanten Sonderfall Württembergs in seinem Verhältnis zum Russischen Reich untersucht *S. Martenson:* Württemberg und Rußland im Zeitalter der deutschen Einigung 1856–1870, Göppingen 1970.

Mittelstaaten der Gegensatz zwischen den deutschen Führungsmächten auf dem Felde der Bundes- und Handelspolitik aus, der im Verlaufe des Winters 1862/63 durch die Berufung des neuen Ministerpräsidenten v. Bismarck in Berlin eine weitere Verschärfung erfahren hatte[20]. Einen spektakulären Höhepunkt erreichte der Konflikt am 22. Januar, als der preußische Gesandte am Bundestag, v. Sydow, nach der Ablehnung des österreichischen „Delegiertenprojekts" durch eine knappe Mehrheit der Bundesstaaten zur Verblüffung aller Anwesenden eine Erklärung abgab, in welcher Preußen durch seine Forderung nach einer aus freien, gleichen und geheimen Wahlen hervorgegangenen Nationalversammlung das Programm der liberalen deutschen Einheitsbewegung zu dem seinigen erhob[21]. Dieser auf die Weisung des preußischen „Konfliktministers" erfolgte Antrag mußte angesichts der im eigenen Lande herrschenden innenpolitischen Zwistigkeiten zwischen der übergroßen Mehrheit des Abgeordnetenhauses und der Regierung wie blanker Hohn wirken und löste denn auch eine entsprechend heftige Ablehnung in der deutschen Öffentlichkeit aus[22]. Während die Entrüstung über das preußische Vorgehen in Frankfurt die Schlagzeilen der deutschen Presse aller politischen Richtungen in den kommenden Tagen beherrschen sollte, brach in der Nacht vom 22. auf den 23. Januar im Königreich Polen nach beinahe zwei Jahren der Demonstrationen, des Aufruhrs und der Attentate der langerwartete Aufstand gegen die russische Herrschaft aus[23].

Zwar standen die aufsehenerregenden Ereignisse am Deutschen Bundestag in keinem erkennbaren Zusammenhang mit den Vorgängen in Kongreßpolen, doch mußte sich der preußische Vorstoß in Frankfurt als bewußte Provokation der Präsidialmacht des Deutschen Bundes auch auf dem Felde der „großen Politik" auf das beiderseitige Verhältnis negativ auswirken. Weder in der Wilhelmstraße

[20] Dazu zuletzt *R. Isler:* Diplomatie als Gespräch. Bismarcks Auseinandersetzung mit Österreich im Winter 1862/63, Winterthur 1966; den handelspolitischen Aspekt der Politik Österreichs und Preußens in der Zeit der Reichsgründung akzentuiert besonders stark *H. Böhme:* Deutschlands Weg zur Großmacht. Studien zum Verhältnis von Wirtschaft und Staat während der Reichsgründungszeit 1848–1881, Köln 1966, wodurch die außenpolitische Tätigkeit Bismarcks freilich ungebührlich in den Hintergrund gedrängt und dann gelegentlich sogar fehlerhaft geschildert wird.

[21] Hierzu knapp *E. Zechlin:* Die Reichsgründung, 2. Aufl. Frankfurt a. M.–Berlin 1974, S. 91–93; auch *A. Hillgruber:* Bismarcks Außenpolitik, Freiburg 1972, S. 41–46.

[22] Vgl. *F. Greve:* Die Politik der deutschen Mittelstaaten und die österreichischen Bundesreformbestrebungen bis zum Frankfurter Fürstentag 1861–1863, Diss. Rostock 1938.

[23] Zur Entstehungsgeschichte des zweiten polnischen Aufstands jetzt erschöpfend *S. Kieniewicz:* Powstanie styczniowe, S. 11–358. Diese „Vorgeschichte" macht vielleicht nicht zufällig den größeren Teil des umfangreichen Werkes aus; vgl. dazu die aufschlußreiche Besprechung des sowjetrussischen Historikers *V. A. D'jakov*: Wielka synteza powstania styczniowego, in: KH 80 (1973) S. 946–961; ferner *R. F. Leslie:* Reform and Insurrection in Russian Poland 1856–1865, London 1963. Knappe Abrisse geben *W. Rudzka:* Studies on the Polish Insurrectionary Government in 1863–64, in: Antemurale VII/VIII (1963) S. 397–477, und *S. Kieniewicz:* Powstanie styczniowe, in: Historia Polski, Bd. II, 3, Warszawa 1959, S. 409–533.

noch am Ballhausplatz konnte man freilich den – verfrühten – Zeitpunkt des Ausbruchs der polnischen Unruhen vorausberechnen, obschon die explosive Situation im Nachbarland auf Grund der Berichte der beiderseitigen Generalkonsuln in Warschau und zahlreicher Informationsquellen unterhalb der diplomatischen Ebene durch Beobachtungen von Reisenden, Journalisten und Kaufleuten im ganzen beiden Regierungen nicht unbekannt geblieben war[24]. Die prononciert pro-russische Haltung des Berliner Kabinetts aber, die übrigens keineswegs auf die ungeteilte Gegenliebe russischer Regierungskreise stieß, die sich in ihrem außenpolitischen Aktionsradius in unerwünschter Weise eingeschränkt sahen[25], ließ die deutschen Bundesstaaten minderen Ranges eher der vorsichtigen Behandlung der brisanten polnischen Frage durch die Präsidialmacht in Wien zuneigen, deren Politik sich, wie sich im Laufe der Krise erweisen sollte, ausschließlich von der Notwendigkeit der Friedenssicherung leiten ließ und die sich daher jeder Aufforderung zum Anschluß an eine risikoreiche, gegen Rußland gerichtete Aktivität aus eigenem Interesse nachhaltig widersetzte.

Nach längerem Zögern und dem schließlich am englischen Mißtrauen gescheiterten Versuch, in Berlin gegen den Abschluß der russisch-preußischen Konvention vom 8. Februar gemeinsam vorstellig zu werden, verließ die französische Regierung unter dem Druck der – allerdings von ihr auch bewußt gesteuerten[26] – öffentlichen Meinung die von ihr seit dem Pariser Frieden verfolgte Linie einer engeren Zusammenarbeit mit dem Petersburger Kabinett[27] und begann ihre – schließlich erfolglosen – Versuche, die Wiener Regierung durch verlockende Bündnisangebote zu bewegen, die von ihr bezogene neutrale Position zu verlassen[28]. Diese Bestrebungen wurden im Bereich des Deutschen Bundes mit gespannter

[24] Eine Auswahl von Berichten und Denkschriften der preußischen Generalkonsuln in Warschau und ihrer Stellvertreter (Theremin, Tettau und Rechenberg) enthält der Dokumentenband: *Die Auswärtige Politik Preußens* (APP) 1858–1871, hrsg. von der Historischen Reichskommission, Bd. II, 2, bearb. von *C. Friese*, Oldenburg 1945. Die Berichte der französischen Generalkonsuln (Ségur und Valbezen) liegen ebenfalls in mustergültiger Edition vor u. d. T.: *Raporty polityczne Konsulów Generalnych Francji w Warszawie 1860–1864*, hrsg. von *I. Koberdowa*, Wrocław–Warszawa–Kraków 1965.

[25] Vgl. dazu *I. Koberdowa:* Wielki Książę Konstanty w Warszawie 1862–1863, Warszawa 1962, S. 147–153; *S. Kieniewicz:* Powstanie styczniowe, S. 395–401.

[26] Vgl. *K. Malettke:* Die Beurteilung der Außen- und Innenpolitik Bismarcks von 1862–1866 in den großen Pariser Zeitungen, Lübeck und Hamburg 1966, bes. S. 62–135.

[27] Hierzu die ältere Arbeit von *E. Schüle:* Rußland und Frankreich vom Ausgang des Krimkrieges bis zum italienischen Krieg 1856–1859, Königsberg–Berlin 1935; neuerdings wird sogar von einer „Franco-Russian Entente 1856–1863" gesprochen, obschon diese Kooperation zu keinem Zeitpunkt schriftlich fixiert wurde. Vgl. *B. Jelavich:* A Century of Russian Foreign Policy 1814–1914, Philadelphia–New York 1964, S. 133–147; weitaus zurückhaltender *E. Kolb:* Rußland und die Gründung des Norddeutschen Bundes, in: Europa und der Norddeutsche Bund, hrsg. von *R. Dietrich*, Berlin 1968, S. 183–189.

[28] Die ältere Literatur zusammenfassend *S. Bóbr-Tylingo:* Napoléon III, l'Europe et la Pologne en 1863–4, in: Antemurale VII/VIII (1963) S. 61–67; außerdem *F. Engel-Janosi:* Graf Rechberg, München–Berlin 1927, S. 96–98.

Sorge vor möglichen Aktionen Napoleons III. an der deutschen Westgrenze verfolgt und zugleich gegen das Berliner Ministerium der sicher nicht ganz unberechtigte Vorwurf erhoben, dieses habe durch seinen übereilten und von der Gegenseite nicht einmal honorierten Anschluß an das Zarenreich der „Sphinx in den Tuilerien" den gewünschten Vorwand geliefert, die polnische Frage nun auch zum Druck auf die kleineren deutschen Residenzen zu benutzen. Dazu schienen die französische Politik nicht zuletzt die „zerrissenen" deutschen Verhältnisse zu ermuntern, die als kaum geeignet angesehen wurden, der – zumindest als solcher eingeschätzten – dominierenden Militärmacht im Westen nötigenfalls geschlossenen und entschiedenen Widerstand entgegenzusetzen[29].

Diplomatie und Publizistik wurden im Jahre 1863 nicht müde, die prekäre Lage des in ihren Augen ohnmächtigen Deutschen Bundes zu beklagen, der angesichts des „preußischen Egoismus" und der schwierigen Position Österreichs dem Griff Frankreichs zur Rheingrenze schutzlos ausgeliefert sei[30]. Keine der deutschen Bundesregierungen konnte im Grunde an der Wiederherstellung eines unabhängigen polnischen Staates interessiert sein, der sich – noch dazu als katholische Macht – nirgendwo anders als an Frankreich würde anlehnen können und die Machtposition des Kaiserreiches in Europa vor allem zuungunsten der deutschen Mitte entscheidend verstärken mußte[31]. Andererseits aber fürchteten sie nach einer erfolgreichen Niederwerfung des Aufstandes, an der man angesichts der militärischen Kräfteverhältnisse nicht zweifeln konnte, einen wachsenden russischen Druck auf die europäische Mitte, und vor allem die deutschen liberalen Blätter erinnerten wiederholt und lebhaft an die verhängnisvolle Rolle Rußlands nach 1849[32] sowie an die „Schmach von Olmütz"[33] und warnten dringend vor der

[29] Neben *H. Gollwitzer:* Der Caesarismus Napoleons III. im Widerhall der öffentlichen Meinung Deutschlands, in: HZ 173 (1952) S. 23–75, jetzt *R. Buchner*: Die deutsch-französische Tragödie 1848–1864, Würzburg 1965, bes. S. 142 passim.

[30] *R. Buchner,* ebda., S. 142 passim.

[31] Dies wird von polnischer Seite durchaus nicht in Abrede gestellt. Vgl. *H. Wereszycki:* Powstanie polskie na tle sytuacji międzynarodowej, in: Historia Polski od połowy XVIII do połowy XIX wieku, Warszawa 1960, S. 95–112; besonders pointiert bei *S. Bóbr-Tylingo*: Napoléon III, l'Europe et la Pologne 1863–4, in: Antemurale VII/VIII (1963) S. 288–294; dazu die sehr zurückhaltende Rezension von *H. Euler* in: HZ 203 (1967) S. 142–144.

[32] Vgl. neben der älteren Darstellung von *A. Scharff:* Die europäischen Großmächte und die deutsche Revolution, Leipzig 1942, *ders.:* Die deutsche Einheit und die großen Mächte 1848–1871, in: Teilung und Wiedervereinigung, Göttingen 1963, S. 149–164; aus marxistischer Sicht *K. Obermann:* Die Rolle der zaristischen Hilfs- und Interventionspläne gegen die Revolution in der ersten Hälfte des Jahres 1848, in: Jahrbuch für Geschichte der UdSSR und der volksdemokratischen Länder 8 (1964) S. 172–212.

[33] Dazu – die Rolle Schwarzenbergs besonders betonend – *J. Hoffmann:* Rußland und die Olmützer Punktation vom 29. November 1850, in: FzoG 7 (1959) S. 59–71.

Gefahr eines aggressiven Panslawismus[34]. In diesem Spannungsfeld zwischen den Großmächten mußte es im Interesse der deutschen Bundesregierungen liegen, den durch die Wiener Verträge von 1815 fixierten territorialen Zustand in der Mitte Europas möglichst zu konservieren; denn jede wie auch immer geartete Veränderung in dieser Region konnte in letzter Konsequenz nur auf ihre Kosten gehen. Die Erhaltung des Status quo bestimmte daher auch die Politik der im Deutschen Bund vereinigten Staaten in der polnischen Krise des Jahres 1863.

Im Bestreben, die Mitte Europas gegen den – möglicherweise sogar vereinigten – Druck der Flügelmächte stabil zu halten, fanden die deutschen Staaten in England einen verläßlichen Bundesgenossen, dessen leitende Staatsmänner, die „grand old men" Lord Palmerston und Lord John Russell, seit der Annexion Nizzas und Savoyens durch Frankreich die Politik der Tuilerien mit stetem Mißtrauen und voller Argwohn verfolgten[35]. Allerdings wurde die englische Politik auch von den Rücksichten mitbestimmt, die ihr die überseeischen Interessen des Empires auferlegten; vor allem angesichts des eben in seine Kulminationsphase eintretenden Sezessionskrieges in Nordamerika, in den möglicherweise verwickelt zu werden die dauernde Sorge ihrer führenden Politiker blieb und ihre Neigung verstärkte, sich aus den Konflikten auf dem europäischen Festland möglichst herauszuhalten[36].

Ebenso wird man aber auch in Rechnung stellen dürfen, daß die polnische Krise dem Londoner Kabinett wegen der auf eine Revision der das russische Selbstgefühl kränkenden Bestimmungen des Pariser Friedens von 1856[37] bedachten Politik Alexanders II. in der „orientalischen Frage" nicht ungelegen kam, da sie geeignet schien, eventuell gegen den türkischen Schützling gerichtete rus-

[34] Zum Panslawismus vgl. neben dem klassischen und immer noch nützlichen Werk von *A. Fischel:* Der Panslawismus bis zum Weltkrieg, Stuttgart 1919, vor allem *M. B. Petrovich:* The Emergence of Russian Panslavism 1856 to 1870, New York 1956; speziell *ders.:* Russian Pan-Slavists and the Polish Uprising of 1863, in: Harvard Slavic Studies 1 (1953) S. 219–248; ferner *U. Picht:* M. P. Pogodin und die Slavische Frage. Ein Beitrag zur Geschichte des Panslawismus, Stuttgart 1969.

[35] Vgl. neben *E. Zechlin:* Bismarck und die Grundlegung der deutschen Großmacht, S. 525 bis 526, von polnischer Seite *H. Wereszycki:* Great Britain and the Polish Question in 1863, in: EHR 50 (1935) S. 78–108, und *ders.:* Anglia a sprawa polska w latach 1860–1865, Lwów 1938, S. 13–15.

[36] Zur englischen Außenpolitik jener Zeit zusammenfassend jetzt *K. Kluxen:* Geschichte Englands von den Anfängen bis zur Gegenwart, Stuttgart 1968, S. 591–599.

[37] Zum Pariser Frieden jetzt *W. Baumgart:* Der Friede von Paris 1856, München–Wien 1972; ferner *G. Stökl:* Russische Geschichte von den Anfängen bis zur Gegenwart, Stuttgart 1962, S. 502–507, wo mit Recht von einer „unnötigen und überdies unwirksamen Demütigung" Rußlands die Rede ist (S. 507); die Revision des Pariser Friedens als Grundmotiv der russischen Außenpolitik in den sechziger Jahren des 19. Jahrhunderts betont auch *E. Kolb:* Rußland und die Gründung des Norddeutschen Bundes, in: Europa und der Norddeutsche Bund, Berlin 1968, S. 183–220; dazu die Rezension von *K. G. Faber* in: HZ 212 (1971) S. 180.

sische Aktivitäten vorerst zu neutralisieren[38]. Ferner darf nicht unbeachtet bleiben, daß in Großbritannien eine durchweg unabhängige öffentliche Meinung in weit stärkerem Maße als auf dem Kontinent auf das politische Geschehen Einfluß zu nehmen suchte, wenngleich das tatsächliche Ausmaß ihrer Einwirkungen auf die außenpolitischen Entscheidungen der Regierung dahingestellt bleiben muß[39]. Immerhin aber berührte sich die verbreitete Empörung der britischen Presse über die neuerliche russische Unterdrückungspolitik im Königreich Polen und in Litauen in gewisser Weise mit der Neigung englischer Politiker, ihrem Handeln Maßstäbe der Humanität und „internationaler Moral" anzulegen[40].

In erster Linie humanitäre Rücksichten veranlaßten auch die öffentliche Meinung in den deutschen Staaten, soweit sie dem liberalen Lager zuneigte, ihrer tiefen Entrüstung über das erneute gnadenlose Blutvergießen im Königreich Polen Ausdruck zu verleihen, welches in ihren Augen eine Schande für das gesittete Europa darstellte[41]. Wie sich jedoch im weiteren Verlauf der polnischen Wirren herausstellen sollte, fanden die Sympathien für das um seine Freiheit ringende Nachbarvolk bei den Liberalen aller Schattierungen schon bald ihre Grenze in der Furcht, durch eine zu weit gehende Unterstützung der polnischen Aspirationen auch preußisches bzw. österreichisches Territorium gefährdet zu sehen, dessen polnischen Bevölkerungsteil man durch die Segnungen einer „höheren Kultur", gerechterer Verwaltung sowie rechtlicher und sozialer Gleichstellung mit den deutschen Bewohnern dieser Gebiete mit seinem Schicksal ausgesöhnt

[38] Diese Komponente der Londoner Außenpolitik wird besonders hervorgehoben bei *H. Wereszycki:* Great Britain and the Polish Question in 1863, in: EHR 50 (1935) S. 78–108; gegen diese Auffassung wendet sich prononciert *W. E. Mosse:* England and the Polish Insurrection of 1863, in: EHR 71 (1956) S. 28–55, wo es auf S. 52 u. a. heißt: "There is no evidence whatever to suggest that Palmerston and Russell rushed blindly into the fray to forestall a Russian move in the Balkans, drive a wedge between France and Russia, or even help the Poles."

[39] Dazu vgl. *R. F. Leslie:* Brytyjska opinia publiczna a powstanie styczniowe, in: PH 54 (1963) S. 206–222, und *K. S. Pasieha:* The British Press and the Polish Insurrection of 1863, in: SEER 42 (1963) S. 15–37.

[40] Die Bedeutung des „Fortschrittsglaubens" bei Palmerston und Russell wird unterschiedlich eingeschätzt. Während *C. Friese:* Rußland und Preußen vom Krimkrieg bis zum Polnischen Aufstand, Berlin–Königsberg 1931, S. 312–313, den Vertreter dieser Politik eher in Lord Russell sieht, hält *H. Wereszycki:* Great Britain and the Polish Question in 1863, in: EHR 50 (1935) S. 78–108, besonders den Premierminister für den Verfechter einer „idealistischen" Politik (S. 84).

[41] Vgl. *O. Nirrnheim:* Das erste Jahr des Ministeriums Bismarck und die öffentliche Meinung, Heidelberg 1908, S. 302–388, und *H. Scheidt:* Konvention Alvensleben und Interventionspolitik der Mächte in der polnischen Frage 1863, Würzburg 1937, S. 53–72.

wähnte[42]. Lediglich auf dem radikalen Flügel der deutschen Demokratie und in der radikaldemokratischen Emigration fand der Gedanke einer Wiederherstellung Polens in seinen Grenzen von 1772 überzeugte Anhänger[43], deren tatsächliche Motive in Wahrheit jedoch weit eher antirussischen und antipreußischen Gesinnungen, vor allem aber dem Willen zum revolutionären Umsturz der europäischen Verhältnisse überhaupt entsprangen[44]. Mit Ausnahme dieser schon ihrer Zahl nach recht unbedeutenden Gruppierung aber näherten sich die Anhänger aller anderen politischen Richtungen von den Demokraten über die Liberalen bis zu den Konservativen in den meisten Staaten des Deutschen Bundes de facto der Auffassung ihrer Regierungen, daß bei aller menschlichen Anteilnahme am tragischen Geschick einer unglücklichen Nation die deutschen Interessen auf jeden Fall gewahrt bleiben müßten[45]. Dies aber schien ihnen allein bei der Aufrechterhaltung eines allgemeinen Friedens in Europa realisierbar zu sein.

Diese einleitenden Betrachtungen, die einen Umriß der politischen Szenerie in den Staaten des Deutschen Bundes, in Europa und in Übersee zu skizzieren versuchten, in welcher sich der polnische Aufstand im Jahre 1863 abspielte, lassen wohl schon erkennen, daß sich für die Großmächte wie auch für die Staaten min-

[42] Neben der in Anm. 41 genannten Arbeit von *H. Scheidt* vgl. vor allem auch *I. Goldschmidt:* Der polnische Aufstand von 1863 in den Verhandlungen des preußischen Abgeordnetenhauses, Köln 1937; dazu die Arbeiten von *Z. Grot:* Demokracja niemiecka a powstanie styczniowe, in: PZ 10 (1954) S. 357–375; *ders.:* Die Stellung der preußischen Fortschrittspartei zur Minderheitenfrage, in: WZ Jena 9 (1965) S. 225–228, und *ders.:* Wielkie Księstwo Poznańskie a powstanie styczniowe, in: Studia i materiały do dziejów Wielkopolski i Pomorza 8 (1963) Heft 2, S. 23–40.

[43] Dieser Aspekt erregte verständlicherweise die besondere Aufmerksamkeit marxistischer Historiker. Vgl. *C. Bobińska:* Marks i Engels wobec powstania styczniowego, in: KH 60 (1953) Heft 2, S. 52–84; *dies.:* Marks i Engels a sprawy polskie do osiemdziesiątych lat XIX wieku, Warszawa 1954; *dies.:* Marx und Engels über polnische Probleme, Berlin (Ost-) 1958, bes. S. 183–243; ferner *M. Pirko:* Die Stellung von Marx und Engels zur polnischen Frage im Lichte der neuesten polnischen Historiographie, in: Jahrbuch für die Geschichte der sozialistischen Länder 14, 1 (1970) S. 161–177; *I. Koberdowa:* Rękopisy Marksa z czasów powstania styczniowego, in: KH 78 (1971) S. 907–912; aus der DDR vor allem *F.-H. Gentzen:* Karl Marx über Polen, in: ZfG 2 (1953) S. 310–354; *ders.:* Der Januaraufstand 1863 und die beiden Konzeptionen der deutschen Polenpolitik, in: ZfG 9 (1963) S. 1129–1134; jüngst *E. Pospisil:* Die polnische Befreiungsbewegung von 1863 und ihr Echo in der deutschen kleinbürgerlichen Demokratie. – Zu einigen Aspekten der demokratischen Solidarität und des demokratischen Internationalismus im 19. Jahrhundert, in: Jenaer Beiträge zur Parteiengeschichte, Heft 32/33 (1972) S. 125–137. Als Quellenpublikation liegt vor: *W. Conze* und *D. Hertz-Eichenrode* (Hrsg.): Karl Marx, Manuskripte über die polnische Frage (1863/64), s'Gravenhage 1961; ergänzt und erweitert in einer polnischen Ausgabe hrsg. von *C. Bobińska:* Karol Marks: Przyczynki do historii kwestii polskiej. Rękopisy z lat 1863–1864, Warszawa 1971.

[44] Hierzu vor allem *H. Krause:* Marx und Engels und das zeitgenössische Rußland, Gießen 1958, bes. S. 18–37.

[45] Vgl. *M. Broszat:* Zweihundert Jahre deutsche Polenpolitik, 2. erweiterte Aufl. Frankfurt a. M. 1972, S. 105–124.

deren Ranges die Beilegung der schweren Unruhen im sogenannten „Kongreßpolen“ als ein Problem der Friedenssicherung in Mitteleuropa herausstellte. Hierzu wurden die Westmächte nicht zuletzt durch ihr Engagement in Übersee veranlaßt. Auf die schwierige Position Englands, dessen Textilindustrie durch die von den Nordstaaten über die Konföderierten verhängte Seeblockade von der lebenswichtigen Baumwollzufuhr abgeschnitten worden war, wurde schon Bezug genommen[46]. Es blieb der deutschen Öffentlichkeit aber auch die zwiespältige Handlungsweise Frankreichs nicht verborgen, das in Polen die Rechte einer unterdrückten Nation wiederhergestellt wissen wollte, während es sich in Mexiko anschickte, durch einen im eigenen Lande durchweg unpopulären Feldzug der dortigen Bevölkerung gegen deren hartnäckigen Widerstand das Joch eines landfremden Regimes aufzuzwingen[47]. Ähnlich widerspruchsvoll verfuhr die napoleonische Politik in Italien, wo gegen die von ihr proklamierten Prinzipien eine französische Streitmacht seit 1849 die weltliche Herrschaft des Papstes vor dem Andringen der italienischen Einigungsbewegung schützen mußte[48]. Schließlich sei wenigstens am Rande noch auf die kolonialen Aktivitäten Frankreichs in Südostasien hingewiesen, die Teile der kaiserlichen Flotte in Cochinchina banden und die Durchführung eines immerhin geplanten Landeunternehmens in der Ostsee zur Unterstützung des polnischen Aufstandes zumindest stark erschweren mußten[49].

Als ein Randproblem der europäischen Politik stellte sich endlich die griechische Frage dar, die durch die Absetzung und die anschließende Rückkehr König Ottos I. aus dem Hause Wittelsbach nach Bayern im Oktober 1862 erneut in ein akutes Stadium getreten war. Hier jedoch zeigte sich im Laufe des Jahres 1863, daß die divergierenden Auffassungen des polnischen Problems zwischen Frankreich und England einerseits und dem Russischen Reich andererseits die genannten Staaten als Schutzmächte Griechenlands nicht an einem bis zu einem gewissen Grade gemeinsamen Vorgehen in der Frage der Neubesetzung des Thrones der Hel-

46 Vgl. *K. Kluxen:* Geschichte Englands von den Anfängen bis zur Gegenwart, Stuttgart 1968, S. 595–596.

47 Die Ereignisse verzeichnet minutiös *Schultheß' Europäischer Geschichtskalender,* Jg. 1863 (Nördlingen 1864), S. 294–297. Zur weiteren Entwicklung und zum späteren Kaisertum Erzherzog Maximilians vgl. u. a. *F. Gamillschegg:* Kaiseradler über Mexiko, Graz-Köln-Wien 1964.

48 Vgl. *H. Michaelis:* Die Einigung Italiens, Triumph und Verhängnis Napoleons III., München-Wien 1960, S. 84–93; *F. Valsecchi:* Das Zeitalter Napoleons III. und Bismarcks 1854 bis 1878, in: Das 19. und 20. Jahrhundert (= Historia Mundi, Bd. 10), Bern-München 1961, S. 53–92. Valsecchi spricht mit Recht angesichts dieses Paradoxons von einem „sensationellen Bankerott der napoleonischen Politik in Italien.“ (S. 68).

49 Über diese Vorgänge unterrichtet knapp *M. Edwardes:* Asien im europäischen Zeitalter 1498–1955, München-Zürich 1962, S. 130–132; vgl. ferner *D. K. Fieldhouse:* Die Kolonialreiche seit dem 18. Jahrhundert (= Fischer-Weltgeschichte, Bd. 29), Frankfurt a. M. 1965, S. 165–167. Höchst anregend auch die Betrachtungen von *F. H. Huberti:* Maritime Aspekte der Weltgeschichte im 19. Jahrhundert, in: Saeculum 22 (1971) S. 274–304. Zur französischen Seemacht unter Napoleon III. vgl. bes. S. 285–286.

lenen hinderten[50]. Trotz der polnischen Krise beabsichtigten offensichtlich weder das Londoner noch das Pariser Kabinett, die diplomatischen Fäden zum Zarenhof abreißen zu lassen. Damit aber erführe eine erst jüngst vertretene These ihre Bestätigung, derzufolge die russische Außenpolitik trotz der tiefen Verstimmung des Zaren über das in seinen Augen mit der Würde des Russischen Reiches unverträgliche Verhalten Napoleons III. ihr vorsichtiges und nach allen Seiten offenes Vorgehen fortsetzte[51]. Die von Bismarck schon bei ihrem Abschluß und später auch in seinen Memoiren verfochtene Auffassung[52], die „Konvention Alvensleben" habe eine Preußen und Deutschland drohende höchst gefährliche französisch-russische Kombination durchkreuzt – eine Ansicht, der sich die deutsche Geschichtswissenschaft seither beinahe einhellig angeschlossen hat[53] – wird daher zumindest zu modifizieren sein.

Damit ist zugleich ein Tatbestand angedeutet, welcher die bisherige deutsche Forschung, soweit sie sich mit dem polnischen Aufstand von 1863 beschäftigt hat

50 Die griechischen Thronwirren endeten im Laufe des Jahres 1863 mit der einstimmigen Wahl des dänischen Prinzen Wilhelm zum griechischen König als Georg I. durch die Athener Nationalversammlung, welche in einem Protokoll der drei Schutzmächte England, Frankreich und Rußland am 5. Juni in London bestätigt wurde. Vgl. *Schultheß'* . . . S. 280 bis 282. Am 14. November entsagte England in einem „letzten generösen Akt" seiner Schirmherrschaft über die Ionischen Inseln und trat sie unter Zustimmung der Großmächte an Griechenland ab. Vgl. *E. Prevelakis:* British Policy towards the Change of Dynasty in Greece, Athens 1951; *B. Jelavich:* Russia, Bavaria and the Greek Revolution of 1862/63, in: Balkan Studies, Jg. 1961, S. 125–150; *K. Kluxen:* Geschichte Englands, Stuttgart 1968, S. 595.

51 Vgl. *E. Kolb:* Rußland und die Gründung des Norddeutschen Bundes, in: Europa und der Norddeutsche Bund, Berlin 1968, S. 183–220; dazu die Besprechung von *K. G. Faber:* in: HZ 212 (1971) S. 180, der dem Autor den Nachweis dafür bescheinigt, „daß die gängige Vorstellung von der propreußischen Politik Rußlands im Jahre 1866 aufgrund der dynastischen Beziehungen und der Freundschaft zwischen Alexander II. und Wilhelm I. korrigiert wird zugunsten einer Interpretation der vorsichtigen und nach allen Seiten offenen Politik Gorčakovs als Ausdruck der russischen Interessenlage zwischen dem Pariser Frieden (1856) und dem Beginn der siebziger Jahre."

52 Vgl. *O. v. Bismarck:* Erinnerungen und Gedanke (= Die gesammelten Werke, Bd. 15), hrsg. von *G. Ritter* und *R. Stadelmann*, Berlin 1932, 4. Kapitel: Die Alvensleben'sche Konvention, S. 210–216, hier S. 211 und S. 215–216.

53 Eine Ausnahme von dieser Regel bietet in neuerer Zeit *E. Eyck:* Bismarck, Leben und Werk. 3 Bde., Zürich 1941–44, hier Bd. 1 (1941), S. 464–488; *ders.*: Bismarck und das Deutsche Reich, Zürich und Stuttgart 1955, S. 83–89. Vgl. dagegen *W. Bußmann:* Das Zeitalter Bismarcks, 4. erg. Aufl. Frankfurt a. M. 1968, S. 71–73, ähnlich *A. Hillgruber*: Bismarcks Außenpolitik, Freiburg 1972, S. 49–52.

– von einer nun ihrerseits wieder sehr problematischen Ausnahme abgesehen[54] –, insgesamt kennzeichnet; denn alle Arbeiten, welche die hier in Rede stehende Thematik in das Zentrum ihrer Bemühungen rücken[55] oder sie wenigstens im Rahmen eines weiter gespannten Überblicks behandeln, gehen von der preußischen Politik und damit von den außenpolitischen Aktionen Bismarcks aus[56]. Auf diese Weise geraten sie durchweg beinahe unbewußt mehr oder weniger in das Fahrwasser seiner Überlegungen und Kombinationen und erliegen dabei bisweilen der Gefahr, sich auch seine Beurteilungen der jeweiligen Situation und die Rechtferti-

[54] Es handelt sich um die Leipziger Habilitationsschrift von *F.-H. Gentzen:* Großpolen im Januaraufstand. Das Großherzogtum Posen 1858–1864, Berlin (Ost-) 1958, die in einem eigenen Kapitel auch auf die preußische Außenpolitik eingeht, vgl. S. 213–227. Diese erste deutsche marxistische Monographie zur polnischen Geschichte beruht zwar auf den reichen Archivbeständen in Posen und Merseburg, mußte aber dieses Material der Ideologie anpassen, wobei es beinahe zwangsläufig zu Verzerrungen und Gewaltsamkeiten kam. Vgl. die Besprechungen von *J. J. Menzel* in: ZfO 12 (1963) S. 176–177; *K. G. Hausmann:* JbGOE 11 (1963) S. 620–624, und *K. Zernack*: JbGMOD 9/10 (1961) S. 604–605.

[55] Die erste Darstellung aus deutscher Feder ist diejenige von *Th. v. Trotha:* Der polnische Aufstand von 1863 von seinem Beginn bis zum Zusammenbruch der Diktatur Langiewitsch, Berlin 1895; sie ist freilich kaum mehr als eine kommentierte und paraphrasierte Übersetzung des russischen Werkes von General Gesket-Pusyrevskij: „Die kriegerischen Ereignisse im Königreich Polen im Jahre 1863." Die Konvention Alvensleben und der Aufstand von 1863 stehen gleichfalls im Mittelpunkt der ansonsten stark antipolnischen Dissertation von *H. Wendt:* Bismarck und die polnische Frage, Halle 1922. Am engsten mit der vorliegenden Untersuchung berührt sich die Dissertation von *H. Scheidt:* Konvention Alvensleben und Interventionspolitik der Mächte in der polnischen Frage 1863, Würzburg 1937; leider stützt sie sich ganz auf gedrucktes Material, nutzt zudem die Presse nur gelegentlich aus und verzichtet generell auf jede Auseinandersetzung mit der polnischen Literatur. Unergiebig ist *I. Goldschmidt:* Der polnische Aufstand von 1863 in den Verhandlungen des preußischen Abgeordnetenhauses, Köln 1937; wertlos *H. Pfeiffer:* Der polnische Adel und die preußische Polenpolitik von 1863/64; Würzburg 1939. Die Habilitationsschrift von *G. Mühlpfordt:* Die polnische Krise von 1863. Die Begründung der „russisch-preußisch-deutschen Entente" der Jahre 1863–1871, Halle 1952, ist aus politischen Gründen ungedruckt geblieben. Lediglich eine skizzenhafte Zusammenfassung bietet *H. Schallhammer:* Der polnisch-litauische Aufstand, sein Verlauf und die Verhandlungen der europäischen Großmächte, in: Litauen und seine Deutschen, Würzburg 1955, S. 25–48.

[56] Hier wären vor allem zu nennen *E. Knorr*: Die polnischen Aufstände seit 1830 in ihrem Zusammenhang mit den internationalen Umsturzbestrebungen, Berlin 1880, eine im ganzen äußerst tendenziöse Darstellung, die aber wegen ihres ausführlichen Dokumentenanhangs einen gewissen Wert behält; *W. Recke:* Die polnische Frage als Problem der europäischen Politik, Berlin 1927; *F. Schinckel:* Polen, Preußen und Rußland, Breslau 1931; wesentlich solider und in mancher Hinsicht grundlegend *C. Friese:* Rußland und Preußen vom Krimkrieg bis zum Polnischen Aufstand, Berlin und Königsberg 1931; *H. Oncken:* Preußen und Polen im 19. Jahrhundert, in: Deutschland und Polen, hrsg. von *A. Brackmann,* München und Berlin 1933, S. 220–237, mit deutlich antipolnischer Tendenz; beinahe unbrauchbar, die Gedankengänge Bismarcks lediglich paraphrasierend *G. Heinze:* Bismarck und Rußland bis zur Reichsgründung, Hamburg 1939; vor allem die Reaktion der öffentlichen Meinung in Rußland schildernd *H. Fleischhacker:* Russische Antworten auf die polnische Frage 1795–1917, München und Berlin 1941, bes. S. 92–106. Von bedenklicher, wenn auch

gungen seines Handelns zu eigen zu machen[57]. Freilich wird für diese Neigung der deutschen Geschichtsschreibung auch die Tatsache in Rechnung zu stellen sein, daß beispielsweise die diplomatischen Akten der deutschen Mittelstaaten noch unpubliziert in den Archiven ruhen[58], während die entscheidenden Aktenstücke zur preußischen Politik in der – bis heute leider unvollendet gebliebenen – Dokumentation „Die auswärtige Politik Preußens 1858–1871" gedruckt vorliegen und somit der Forschung ohne die Notwendigkeit mühseliger und zeitraubender Archivarbeit als Grundlage ihrer Untersuchungen zur Verfügung stehen[59].

Eine ähnliche, wenn auch in diesem Fall der deutschen Geschichtsschreibung konträr entgegengesetzte Tendenz zur Vereinseitigung ist auch der polnischen Historiographie eigen, die bis heute ungeachtet mancher marxistischer Ansätze durchweg entschieden „polono-zentrisch" ausgerichtet ist und ihre Umwelt nach

zeitbedingter Einseitigkeit *M. Laubert*: Die preußische Polenpolitik 1772–1914, 3. Aufl. Krakau 1944, bes. S. 106–121; kaum verändert in der Tendenz auch *W. Frauendienst:* Preußisches Staatsbewußtsein und polnischer Nationalismus. Preußisch-deutsche Polenpolitik 1815–1890, in: Das östliche Deutschland, Würzburg 1959, S. 335–356 (wo bereits im Titel unterstellt wird, einen deutschen Nationalismus habe es nicht gegeben!): dazu vgl. *W. H. Fritze:* Polen, Preußen und Deutschland. Bemerkungen zur Neuausgabe der gleichnamigen Schrift von Constantin Frantz, in: JbGMOD 20 (1971) S. 262–293, hier S. 289 bis 290!; *S. Baske:* Praxis und Prinzipien der preußischen Polenpolitik von 1849–1871, Diss. Hamburg 1960, gedr. in: FzoG 9 (1963) S. 7–269; *M. Broszat:* Zweihundert Jahre deutsche Polenpolitik, München 1963 (2. erweiterte und revidierte Aufl. Frankfurt 1972), betrachtet im ersten Teil gleichfalls ausschließlich die *preußische* Polenpolitik; die in der Einleitung offen kundgetane aktuelle Zielsetzung hat Diktion und Darstellungsweise dieser Arbeit nicht immer vorteilhaft beeinflußt. Es handele sich um keine „wissenschaftlichen Ansprüchen genügende Bestandsaufnahme der deutschen Polenpolitik", befand *H. Jablonowski* in der HZ 198 (1964) S. 396–406; vgl. dagegen die freundliche Aufnahme auf polnischer Seite bei *J. Krasuski* in: Polish Western Affairs 5 (1964) S. 154–158; auf traditionell propreußischer Linie bewegt sich wieder *H. Jablonowski:* Die deutsch-polnischen Beziehungen im 19. und 20. Jahrhundert, in: GWU 12 (1961) S. 448–453; *ders.*: Die preußische Polenpolitik von 1815–1914, Würzburg 1964 (dazu die leidenschaftliche Replik von *G. Labuda* in: Polish Western Affairs 5 (1964) S. 366–371), und *ders.*: Die politischen Veränderungen im nordostdeutschen Raum von der Mitte des 18. Jahrhunderts bis zum Zweiten Weltkrieg, in: ZfO 15 (1966) S. 232–261; aus anderer Perspektive und daher die oftmals emotional belastete Verengung auf das deutsch-polnische Verhältnis überwindend jetzt *O. Hauser*: Polen und Dänen im Deutschen Reich, in: Reichsgründung 1870/71, hrsg. von *Th. Schieder* und *E. Deuerlein*, Stuttgart 1970, S. 291–318.

[57] Einzige Ausnahme bleibt in der deutschen Forschung die leider ungedruckt gebliebene Dissertation von *O. Czastek:* Österreich und der polnische Aufstand im Jahre 1863, Wien 1950, die ganz auf den dortigen Beständen des Haus-, Hof- und Staatsarchivs beruht.

[58] „Als empfindlicher Mangel macht sich bemerkbar, daß Dokumente aus den deutschen Klein- und Mittelstaaten nur sporadisch gedruckt sind", bemerkt zu Recht *E. Zechlin:* Die Reichsgründung, S. 216.

[59] *Die Auswärtige Politik Preußens 1858–1871* (Abk. APP). Hrsg. von der Historischen Reichskommission, Bd. II, 2, bearb. von *C. Friese*, Oldenburg 1945; Bd. III, bearb. von *R. Ibbeken,* Oldenburg 1932. Diese beiden Bände kommen für diese Arbeit in Frage.

wie vor in Freunde und Feinde einteilt[60]. Dies wird in besonders ausgeprägter Weise bei einigen Historikern der polnischen Emigration spürbar[61]. Mit zu jener Zeit seltenem Mut und gegen heftigen Widerspruch hat Henryk Wereszycki, einer der wohl besten Kenner der polnischen Geschichte im 19. Jahrhundert, an seine Kollegen appelliert, nicht wie bisher allein zu untersuchen, welche Rolle jede europäische Macht jeweils angesichts der polnischen Frage in den Jahren 1794, 1815, 1830/31, 1846, 1848 und 1863/64 gespielt habe, sondern sich im Gegenteil einmal zu fragen, welchen Stellenwert denn die Polen als Faktor in der Gesamtpolitik des jeweiligen Staates einnehmen; dann werde man sehr bald entdecken, daß ihr Geschick in den Kombinationen der Großmächte im 19. Jahrhundert stets lediglich eine Nebenrolle spielte[62].

Hier nun scheint in der Tat ein Ansatzpunkt gewonnen zu sein, einerseits den verständlicherweise auf das eigene tragische Schicksal fixierten „Polonozentrismus“ vor allem der polnischen Historiographie durch den Rückbezug auf die gesamteuropäische Situation zu überwinden; wie auch andererseits auf deutscher Seite die ihrer künftigen glänzenden außenpolitischen Erfolge wegen verklärte und von einem gewissen Heroenkult späterer Zeiten verzerrte Gestalt des Reichsgründers in ihrem Wirken aus den Bedingungen der ihr gebotenen Möglichkeiten heraus zu begreifen und so sein Wirken zu Beginn seiner politischen Laufbahn als preußischer Ministerpräsident auf seine eigentliche Dimension zurückzufüh-

[60] Zur spezifisch polnischen Geschichtsauffassung vgl. u. a. *G. Rhode:* Die Situation im polnischen Geschichtsbild und Geschichtsbewußtsein, in: Geschichtsbewußtsein in Ostmitteleuropa, hrsg. von *E. Birke* und *E. Lemberg*, Marburg/Lahn 1961, S. 46–61; dazu die Diskussion, ebda. S. 75–93.

[61] Als Hauptvertreter der „französischen Orientierung“ hat neben Marian Kukiel wohl in erster Linie der durch zahlreiche Arbeiten ausgewiesene Stanisław Bóbr-Tylingo zu gelten, der Polen ausdrücklich als den einzigen verläßlichen Verbündeten Frankreichs in Europa apostrophiert; die viermalige Weigerung Frankreichs, Polen zu Hilfe zu eilen, habe schließlich in die Katastrophe von 1870/71 geführt. Vgl. *S. Bóbr-Tylingo*: Napoléon III, l'Europe et la Pologne 1863–4, S. 3. Eine ähnliche Kausalkette konstruiert – in diesem Falle allerdings in ironischem Sinn abgewandelt – Henryk Wereszycki, wenn er u. a. ausführt: „1855 wollte sich Österreich nicht auf die Seite der Westmächte stellen, was mit Notwendigkeit zur Eröffnung der polnischen Frage als einem der Kriegsziele geführt hätte. Und sogleich trifft es die Strafe; da Napoleon die polnische Frage nicht aufgreifen kann, wendet er sich der italienischen Frage zu, und Österreich erleidet die Niederlage von 1859. Wie Frankreich, so wurde auch Österreich in der Zeit des Januaraufstands für seine Weigerung, Polen zu unterstützen, bestraft. Österreich büßte seine Hegemonie in Deutschland ein, Frankreich verlor Elsaß-Lothringen . . .“ Vgl. *H. Wereszycki:* Powstania polskie na tle sytuacji międzynarodowej, in: Historia Polski od połowy XVIII do połowy XIX wieku, Warszawa 1960, S. 95–122, hier S. 117–118. Zu den verschiedenen politischen Orientierungen im geteilten Polen vgl. neben dem Standardwerk von *W. Feldman*: Geschichte der politischen Ideen in Polen seit dessen Teilungen (1795–1914), München und Berlin 1917, vor allem *G. Rhode:* Polens Teilung und Wiedervereinigung im 19. und 20. Jahrhundert, in: Teilung und Wiedervereinigung, Göttingen 1963, S. 38–60.

[62] Vgl. *H. Wereszycki:* Powstania polskie na tle sytuacji międzynarodowej . . ., S. 119.

ren[63]. Denn die Rolle Preußens auf der Bühne der internationalen Politik des Jahres 1863 ist allein schon deshalb nicht überzubewerten, als es infolge seines durch die drohende Haltung der Westmächte erzwungenen diplomatischen Rückzugs nach der stillschweigenden Suspension der Alvenslebenschen Konvention im weiteren Verlauf des Jahres als selbständig handelnder Faktor kaum mehr in Erscheinung trat[64].

Nur vor diesem im Vorstehenden skizzierten Hintergrund wird man die Chancen der letzten großen Erhebung der Polen gegen die russische Fremdherrschaft richtig einschätzen können[65], die unter weit ungünstigeren Umständen als diejenige von 1830/31 ausbrach, als das Königreich noch einen genau umrissenen Sonderstatus innerhalb des russischen Imperiums besaß und vor allem über eigene Streitkräfte verfügte[66]. Hinzu kommt, daß der sogenannte Novemberaufstand sich im Rahmen einer durch die französische Julirevolution ausgelösten revolutionären Gärung weiter Teile Europas abspielte, die zur Entstehung Belgiens, zur gewaltlosen Demokratisierung Englands, zur Einführung von Verfassungen in Sachsen, Hannover, Braunschweig, Hessen-Kassel und schließlich in Italien zu langjährigem Widerstand gegen die Herrschaft der Casa d'Austria und ihrer Sekundogenituren führte[67]. In ganz Europa feierte man die „heldenhaften" Polen nach ihrer Niederlage gegen die russische Übermacht als Märtyrer für die gemeinsame Freiheit, und vor allem in Sachsen und im süddeutschen Raum jubelten die deutschen Liberalen

[63] Vgl. *H. Rothfels:* Bismarck und das 19. Jahrhundert, in: Schicksalswege deutscher Vergangenheit, Festschrift für S. A. Kaehler, Düsseldorf 1950, S. 233–248; zuletzt in: Das Bismarck-Problem in der Geschichtsschreibung nach 1945, hrsg. von *L. Gall,* Köln und Berlin 1971, S. 84–96.

[64] Diesen Tatbestand betont mit Recht *W. E. Mosse:* The European Powers and the German Question 1848–71, Cambridge 1958, S. 110–128.

[65] Über die Aussichten auf ein siegreiches Ende der Erhebung von 1863 besteht in der polnischen Forschung bis heute kein einhelliges Urteil. Einige sehr erwägenswerte und undogmatische Auffassungen bietet *S. Kieniewicz*: Les chances de l'insurrection polonaise de 1863, Warszawa 1973; äußerst phantastisch und unrealistisch hingegen *S. Bóbr-Tylingo:* Napoléon III, l'Europe et la Pologne, S. 288–294. Danach hätte Napoleon III. den Krieg um die Befreiung Polens gemeinsam mit Dänemark, Schweden, Italien, den Donaufürstentümern, der Türkei und Persien aufnehmen sollen! Vgl. auch die treffenden Gegenargumente von *H. Euler* in HZ 203 (1967) S. 142–144.

[66] Zur Einschätzung des Aufstandes von 1830/31 vgl. neben älteren Darstellungen neuerdings *H. Kocoj:* Niemcy a powstanie listopadowe, Warszawa 1970; *G. Seide:* Regierungspolitik und öffentliche Meinung im Kaisertum Österreich anläßlich der polnischen Novemberrevolution (1830–31), Wiesbaden 1971. Das oben gekennzeichnete „Freund-Feind-Denken" demonstriert eindrucksvoll *H. Kocoj* in seiner Besprechung der Arbeit von Gernot Seide in: ÖOH 15 (1973) S. 203–207.

[67] Vgl. u. a. die knappe Zusammenfassung von *C. Webster:* Das System des Wiener Kongresses 1814–1854, in: Historia Mundi 10, Bern und München 1961, S. 11–52, hier S. 30–32; ferner auch *R. Koselleck:* Die Julirevolution und ihre Folgen bis 1848, in: Das Zeitalter der europäischen Revolution 1780 bis 1848 (= Fischer-Weltgeschichte 26), Frankfurt a. M. und Hamburg 1969, S. 262–295.

ihren „polnischen Brüdern“ in später nie wieder bekundeter Begeisterung zu[68], als sich der Strom der Freiheitskämpfer in die „Große Emigration“ – vor allem nach Frankreich – ergoß[69].

Die Ereignisse des „Völkerfrühlings“ von 1848/49 aber hatten dann vor allem auch im deutsch-polnischen Grenzraum die Unvereinbarkeit der beiderseitigen territorialen Ansprüche schlagartig erhellt[70] und in der großen Polendebatte in der Paulskirche dem nationalen Machtwillen bereits das Übergewicht über das liberale Freiheitsideal verschafft, als die Nationalversammlung die Verurteilung der Teilungen Polens als „schmachvolles Unrecht“ und die „heilige Pflicht des deutschen Volkes“, an seiner Wiederherstellung mitzuwirken, mit großer Mehrheit ablehnte[71]. Der schließliche Zusammenbruch der Revolution und die ihm folgende lähmende Resignation des liberalen Bürgertums, die sich erst unter dem Eindruck der italienischen Einigung allmählich löste[72], bewirkte indirekt eine weitere Abküh-

[68] Vgl. neben der älteren Arbeit von *J. Müller:* Die Polen in der öffentlichen Meinung Deutschlands 1830–32, Marburg 1932, nun *A. Gerecke:* Das deutsche Echo auf die polnische Erhebung von 1830, Wiesbaden 1964; dazu ergänzend, aber mit teilweise ungerechtfertigter Kritik an Anneliese Gerecke *H.-E. Volkmann:* Der polnische Aufstand 1830/31 und die deutsche Öffentlichkeit. Mit besonderer Berücksichtigung der bayerischen Rheinpfalz, in: ZfO 16 (1967) S. 439–452; ferner *H. Roos:* Die Tübinger Romantik und die Polen, in: Tübinger Blätter 45 (1958) S. 33–54; *ders.:* Le romantisme politique en Pologne et dans l'Allemagne constitutionnelle, in: Cahiers Pologne-Allemagne 5 (1960) S. 34–45; sehr viel distanzierter *E. Kolb:* Polenbild und Polenfreundschaft der deutschen Frühliberalen. Zu Motivation und Funktion außenpolitischer Parteinahme im Vormärz, in: Saeculum 26 (1975) S. 111–127; von polnischer Seite *Z. Góralski:* Reakcje niemieckie wobec emigracji polskiej w 1831–1833 roku, in: Roczniki Humanistyczne 20 (1972) S. 197–205.

[69] Grundlegend *S. Kalembka:* Wielka Emigracja. Polskie wychodźstwo polityczne w latach 1831–1862, Warszawa 1971.

[70] Dazu vor allem die treffende Zusammenfassung von *H. Rothfels:* Das erste Scheitern des Nationalstaats in Ost-Mittel-Europa 1848/49, in *ders.:* Zeitgeschichtliche Betrachtungen, 2. Aufl. Göttingen 1963, S. 40–53; allgemein auch *Th. Schieder:* Nationalstaat und Nationalitätenproblem, in: ZfO 1 (1952) S. 161–181; von polnischer Seite zu den Vorgängen im Großherzogtum Posen vgl. u. a. *S. Kieniewicz;* Społeczeństwo polskie w powstaniu poznańskim 1848, Warszawa 1960; *Z. Grot*: Działalność posłów polskich w sejmie pruskim (1848–1850), Poznań 1961; zu Schlesien vgl. *M. Tyrowicz:* Dzieje ruchu rewolucyjnego na Śląsku w latach 1846–1849, Katowice 1960; allgemein *I. Koberdowa:* Polska wiosna ludów, Warszawa 1967.

[71] Mit 331 gegen 101 Stimmen bei 26 Enthaltungen wurde die Frage: „Erklärt die Nationalversammlung die Teilung Polens für ein schmachvolles Unrecht, und erkennt sie die heilige Pflicht des deutschen Volkes an, zur Wiederherstellung eines selbständigen Polens mitzuwirken?“ verneint. Vgl. *Stenographischer Bericht* über die Verhandlungen der deutschen konstituierenden Nationalversammlung, Bd. II, Frankfurt 1848, S. 1242–1247.

[72] Vgl. *E. Portner:* Die Einigung Italiens im Urteil liberaler deutscher Zeitgenossen, Bonn 1959; *Th. Schieder:* Das Italienbild der deutschen Einheitsbewegung, in *ders.:* Begegnungen mit der Geschichte, Göttingen 1962, S. 210–235.

lung des deutschen Polenenthusiasmus[73]. Jedenfalls waren im Jahre 1863 weder die deutschen Regierungen noch die öffentliche Meinung bei aller Abneigung gegen das „halbasiatische“ Rußland gewillt, der Forderung nach der Wiedererrichtung eines unabhängigen polnischen Staates, der früher oder später auch Ansprüche auf im Bewußtsein der Zeitgenossen längst dem deutschen Sprach- und Kulturraum zugehörige Gebiete anmelden würde, irgendwie entgegenzukommen[74].

Nun hat die polnische Historiographie den „międzynarodowy aspekt powstania styczniowego“ zwar immer wieder zu erhellen gesucht[75], versteht ihn aber seit der Umwandlung Polens in eine Volksrepublik in ganz besonderem Sinne, nämlich vor allem im „Zusammenhang mit den internationalen Umsturzbestrebungen“[76], um seine besondere „Fortschrittlichkeit“ zu dokumentieren, und gibt damit nachträglich der Argumentation der Regierung in St. Petersburg recht, welche die Rebellion ihrer polnischen Untertanen wiederholt als eine durch ein internationales Komplott mazzinistischer Unruhestifter angezettelte Verschwörung gegen das Russische Reich bezeichnete[77].

Namentlich die Jahrhundertfeier des Aufstandes im Jahre 1963, dem der Allgemeine Polnische Historikerkongreß (Powszechny Zjazd Historików Polskich)

[73] Dazu trug zweifelsohne auch die Beteiligung von Polen auf Seiten der Radikaldemokraten in der letzten Phase der Revolution bei, in welcher General Ludwik Mierosławski die Kämpfenden gegen preußische Truppen ins Gefecht führte. Vgl. *A. Owsińska:* Opinia niemiecka o działalności Mierosławskiego w kampanii 1849 roku, in: KH 71 (1964) S. 677–692; *dies.:* Powstanie palatynacko-badeńskie 1849 roku oraz udział w nim Polaków, Wrocław 1965.

[74] Vgl. *R. Buchner:* Die deutsch-französische Tragödie 1848–1864, Würzburg 1965, hier S. 124–125, wo zu Recht die Frage aufgeworfen wird: „Wann hätten europäische Staaten je historische Grenzen vergangener Jahrhunderte als bindende angesehen, selbst wenn sie *nicht* ins eigene Fleisch schnitten?“ (S. 125).

[75] Hier sind vor allem wichtig die Literaturberichte von *S. Kieniewicz:* Historiografia polska wobec powstania styczniowego, in: PH 44 (1953) S. 1–34; *ders.:* W przededniu 100 rocznicy powstania styczniowego, in: KH 69 (1962) S. 799–817; leicht verändert und gekürzt u. d. T.: A propos du centenaire de l'insurrection polonaise de 1863–64, in: APH 8 (1963) S. 31–53; *ders.:* Le centenaire de l'insurrection polonaise de 1863, in: RH 231, 2 (1964) S. 377–386.

[76] So der Titel des ansonsten seiner Einseitigkeit wegen inzwischen überholten Buches von *E. Knorr:* Die polnischen Aufstände seit 1830 in ihrem Zusammenhang mit den internationalen Umsturzbestrebungen, Berlin 1885.

[77] Vgl. *I. Koberdowa*: Międzynarodowy aspekt powstania styczniowego, in: Powstanie styczniowe, Bd. 1, Warszawa 1963, S. 67–96, hier S. 72–77; nach heute in der polnischen Forschung maßgebender Ansicht stellt die Nichtberücksichtigung dieses „internationalen Aspekts“ die Hauptschwäche der Publikationen aus der Zwischenkriegszeit dar. „Le côte faible des ces études, c'est qu'elles ne tenaient pas compte d'un facteur essentiel, notamment du mouvement révolutionnaire international“, so u. a. *S. Kieniewicz*: A propos du centenaire de l'insurrection de 1863–1864, in: APH 8 (1963) S. 31–53, hier S. 35. Von größtem Interesse sind gleichfalls für die Fragestellung die zahlreichen Diskussionsbeiträge zum eben genannten Referat von I. Koberdowa. Vgl. Powstanie styczniowe, Bd. 2, Warszawa 1964, S. 144–233.

seine 9. Tagung widmete[78], hat bis heute eine eindrucksvolle Fülle von Publikationen sowjetischer und polnischer Fachgelehrter hervorgebracht, deren Tendenz ganz offensichtlich dahin geht, das traditionelle Bild des heroisch, doch schließlich erfolglos gegen eine erdrückende Übermacht aufbegehrenden Polentums, wie es in der polnischen Emigration noch immer seine entschiedenen Sachwalter findet[79], durch eine nunmehr am Leitfaden der materialistischen Geschichtsauffassung orientierte Betrachtungsweise zu überwinden oder es doch zumindest zu modifizieren. Vor allem sowjetrussischen Historikern ist aus naheliegenden Gründen in erster Linie daran gelegen, die sechziger Jahre des 19. Jahrhunderts als eine Zeit des Umbruchs im ganzen Russischen Reich zu erweisen, in welcher sich der Übergang vom „Feudalzeitalter" zur „Epoche des Kapitalismus" vollzog[80]. Da nun aber ein solcher „Umschlag" die Existenz einer „revolutionären Situation" unabdingbar voraussetzt[81], richten sich alle ihre Anstrengungen darauf, auch die polnische Erhebung von 1863 besonders in ihrer Vorbereitungsphase seit 1861 mit revolutionären Vorgängen im eigentlichen Rußland in Beziehung zu setzen[82], ferner auch ihre Verbindungen zu den großen russischen Revolutionären in der

[78] Die aus diesem Anlaß vorgetragenen Referate und Diskussionsbeiträge finden sich in: *Powstanie styczniowe*, Bd. 1 (referaty), Warszawa 1963, Bd. 2 (referaty i dyskusja), Warszawa 1964.

[79] Vollständig den Traditionen der Zwischenkriegszeit verpflichtet sind vor allem *W. Pobóg-Malinowski:* Najnowsza historia polityczna Polski 1864–1945, Bd. 1, Paris 1953 (Einleitung!), *M. Kukiel*: Najnowsze dzieje Polski porozbiorowe 1795–1921, London 1961; *ders.*: Military Aspects of the Polish Insurrection of 1863–4, in: Antemurale VII/VIII (1963) S. 363–396; *S. Bóbr-Tylingo:* Napoléon III, l'Europe et la Pologne, ebda., S. 1–362; *W. Rudzka:* Studies on the Polish Insurrectionary Government in 1863–4, ebda., S. 397 bis 473.

[80] Hier ist vor allem zu nennen *E. S. Vilenskaja:* Revoljucionne podpol'e v Rossii – 60-e gody XIX v., Moskva 1965; Vgl. dazu *Ch. C. Adler*: The "Revolutionary Situation 1859–1861": The Uses of an Historical Conception, in: Canadian Slavic Studies 3 (1969) S. 383–399; weitere Literatur stellt zusammen *P. Scheibert*: Die russische Agrarreform von 1861, Köln 1973, S. X–XII.

[81] Dieser Einschätzung tritt entgegen *P. Scheibert:* Das Petrinische Kaiserreich, in: Rußland (= Fischer-Weltgeschicte, Bd. 31), Frankfurt a. M. 1972, S. 175–270, hier S. 222–223.

[82] Aus der Fülle der Quellenpublikationen und Untersuchungen seien wenigstens genannt *J. Kowalski:* Rewolucyjna demokracja rosyska a powstanie styczniowe, Warszawa 1953, 2. verb. Aufl. 1955, dt. u. d. T. Die russische revolutionäre Demokratie und der polnische Aufstand 1863, Berlin (Ost-) 1954; dazu die Besprechung von *G. Mühlpfordt:* Das polnisch-russische revolutionäre Bündnis von 1863, in: Jahrbuch für Geschichte der deutsch-slawischen Beziehungen 1 (1956) S. 281–288; *Z. Młynarski / A. Ślisz:* Andrzej Potiebna, bohater wspólnej sprawy, Warszawa 1955; *V. A. D'jakov, V. D. Koroljuk, I. S. Miller* (Red.): Russko-pol'skie revoljucionnye svjazi 60-ch godach i vosstanie 1863 goda, Moskva 1962; *V. A. D'jakov, I. S. Miller*: Revoljucionnoe dviženie v russkoj armii i vosstanie 1863 g, Moskva 1964; *A. Podraza:* Rosyjscy rewoljucyjni demokraci a powstanie styczniowe, in: Zeszyty Naukowe Uniwersyteta Jagiellońskiej 91, Prace hist. 13 (1964) S. 69–101; *V. A. D'jakov*: Dejateli russkogo i pol'skogo osvoboditel'nogo dviženija v carskoj armii 1856–1865 godov, Moskva 1967; *A. F. Smirnow*: Więzi rewolucyjne narodów Rosji i Polski

Emigration[83], zu Marx und Engels[84], zur englischen „Arbeiterbewegung"[85] und ihre Rolle bei der Begründung der Ersten Internationale im Jahre 1864 nachzuweisen[86].

Infolgedessen hat in der jüngeren polnischen Historiographie wieder die auch früher schon gelegentlich geäußerte Auffassung[87] Raum gegriffen, wonach eine Politik wie die der hochadligen Emigration des „Hôtel Lambert" als eine durchaus verfehlte zu gelten habe, weil sie ihre „diplomatische" Tätigkeit vergeblich darauf richtete, mindestens eine europäische Großmacht an einer Wiederherstellung des polnischen Staates zu interessieren[88]. Die Erhebung – so heißt es – sei unter anderem auch daran gescheitert, daß sich die Vorstellungen des radikaldemokra-

w latach trzydziestych-sześćdziesiątych XIX wieku, Warszawa 1972 (Moskva 1962); *S. Kieniewicz*: Rewolucyjny sojusz polsko-rosyski w dobie powstania styczniowego, in: Związki rewolucjonistów polskich i rosyjskich w XIX w., Wrocław-Warszawa-Kraków-Gdańsk 1972, S. 111–124.

83 Vgl. *M. K. Dziewanowski:* Herzen, Bakunin, and the Polish Insurrection of 1863, in: JCEA 8 (1948) S. 58–78; *H. Wereszycki*: Stosunki Hotelu Lambert z Hercenem i Bakuninem w przededniu powstania styczniowego, in: PH 48 (1957) S. 234–269; endlich als Standardwerk *A. Leśniewski*: Bakunin a sprawy polskie w okresie Wiosny Ludów i powstania styczniowego 1863 roku, Łódź 1962.

84 Hier vor allem *C. Bobińska:* Marks i Engels wobec powstania styczniowego, in: KH 60 (1953) S. 52–84; *dies.:* Marx und Engels über polnische Probleme, Berlin (Ost-) 1958; *I. Koberdowa:* Rękopisy Marksa z czasów powstania styczniowego, in: KH 78 (1971) S. 907–912; *M. Pirko:* Die Stellung von Marx und Engels zur polnischen Frage im Lichte der neuesten polnischen Historiographie, in: Jahrbuch für Geschichte der sozialistischen Länder 14/1 (1970) S. 161–177.

85 Vgl. *H. Katz:* Robotnicy angielscy wobec powstania styczniowego, Łódź 1964; *ders.*: Die englischen Arbeiter, der polnische nationale Aufstand 1863 und die Entstehung der Ersten Internationale, in: BzG 8 (1966) S. 846–890; *J. F. Kutolowski:* English Radicals and the Polish Insurrection of 1863–1864, in: PR 11 (1966) S. 3–28.

86 Vgl. *C. Bobińska:* Les débuts de la Ire Internationale, les Polonais et la question polonaise, in: La Pologne au XIIe Congrès International des Sciences Historiques à Vienne, Varsovie 1965, S. 85–100; *J. W. Borejsza:* Sprawa polska a Polacy w I Międzynarodowce, in: Z pola walki 7 (1964) Heft 4, S. 23–44; *I. Koberdowa:* Pierwsza Międzynarodówka a sprawa polska, Warszawa 1964; *dies.:* Pierwsza Międzynarodówka i Lewica Wielkiej Emigracji, Warszawa 1965.

87 Vgl. *H. Jabłoński*: Portée international des luttes de libération nationale au XVIIIe et XIXe siècles en Pologne, in: La Pologne au Xe Congrès International des Sciences Historiques à Rome, Warszawa 1955, S. 253–298; in deutscher Sprache u. d. T. *ders.:* Die internationale Bedeutung der nationalen Befreiungskämpfe im 18. und 19. Jahrhundert in Polen, in: ZfG 4 (1956) Beiheft 3, S. 63–107, hier S. 102.

88 Zu den Aktivitäten des Hôtel Lambert vgl. *H. Wereszycki:* Hôtel Lambert i obóz bialych przed wybuchem powstania styczniowego, in: PH 50 (1959) S. 514–544; vor allem aber Wereszyckis Vorwort zum Tagebuch des Fürsten Władysław *Czartoryski:* Pamiętnik 1860 bis 1864, Protokoly posiedzień Biura Hotelu Lambert 1861–1864, Warszawa 1961, S. 5 bis 16.

tischen Flügels der „Roten“ von einem Appell an die „revolutionären Volksmassen“ nicht durchzusetzen vermocht hätten[89]. Daraus konnte denn auch bisweilen gefolgert werden, daß nicht so sehr die Diplomatie der Großmächte als vielmehr die Beteiligung „fortschrittlicher“ Freiwilliger aus mehreren Ländern, deren Zahl einige Hundert allerdings kaum überschritt, dem polnischen Aufstand seine „internationale“ Bedeutung verliehen habe[90].

Die traditionelle Ausrichtung der polnischen Geschichtsforschung auf dem Gebiete der Neuzeit, die ihr Schwergewicht vor allem auf die politische und die diplomatische Geschichte gelegt hatte[91], mit dem bevorzugten Interesse der polnischen Historiker der Nachkriegszeit an Fragen der Sozialgeschichte sozusagen auf höherer Ebene in einer Synthese zu verschmelzen, ist zuletzt auf imponierende Weise von einem der profiliertesten Kenner des 19. Jahrhunderts in der polnischen Geschichtswissenschaft, Stefan Kieniewicz, angestrebt worden; doch auch bei ihm gewinnt die Erhebung von 1863 ihre internationale Dimension vorwiegend durch ihre Verknüpfung mit den revolutionären Strömungen in ganz Europa, während die eigentlich „außenpolitische“ Seite des Geschehens deutlich in den Hintergrund tritt[92]. Nun hat dieser Tatbestand seine eigentliche Ursache gewiß in erster Linie in dem – wenn auch in diesem Falle überaus differenzierten – Ansatz des Autors von der (von den sozialen und ökonomischen Faktoren des geschichtlichen Prozesses geprägten) marxistischen Geschichtstheorie her, doch liegt einer solchen Darstellungsweise möglicherweise auch die Erkenntnis zugrunde, daß Polen als ein Gegenstand der „großen Politik“ in der Geschichte der zwischenstaatlichen Beziehungen im 19. Jahrhundert eben doch meist nur eine „rola marginesowa“ gespielt hat[93].

89 So in ihren früheren Arbeiten *I. Koberdowa*: Niektóre aspekty polityki zagranicznej czartoryszczyzny w okresie powstania styczniowego, in: Materiały i Studia 4 (1956) S. 80–107; *dies.*: Walka czartoryszczyzny przeciwko sojuszowi polskich i rosyjskich rewolucjonistów w czasie powstania styczniowego, in: PH 47 (1956) S. 214–239; sehr ausgewogen und zurückhaltend neuerdings *S. Kieniewicz:* Les chances de l'insurrection polonaise de 1863, Warszawa 1973, hier S. 10–12.

90 So ausdrücklich *S. Gierszewski*: Wyprawa morska Łapińskiego a przemyt broni przez Gdańsk w r. 1863, in: Rocznik Gdański 15/16 (1956/57) S. 289–300, hier S. 300!

91 Hauptvertreter dieser Richtung ist Henryk Wereszycki, dessen Arbeiten auch heute noch nicht ersetzt sind. Vgl. *H. Wereszycki*: Austrja a powstanie styczniowe, Lwów 1930; *ders.*: Anglia a sprawa polska w latach 1860–1865; Lwów 1938; sehr wichtig auch sein Aufsatz: Bismarck a Europa, in: Dzieje najnowsze 2 (1970), Heft 4, S. 7–25. In der Emigration wirkt Stanisław *Bóbr-Tylingo*, dessen Arbeiten ausschließlich um den Januaraufstand kreisen und schließlich in seiner – leider nicht unanfechtbaren – Studie gipfelten: Napoléon III, l'Europe et la Pologne 1863–4, in: Antemurale VII/VIII (1963) S. 1–362.

92 Das monumentale Werk von *S. Kieniewicz:* Powstanie styczniowe, Warszawa 1972, das beinahe 800 Seiten umfaßt, beschäftigt sich mit der Außenpolitik i. e. S. lediglich auf 53 Seiten (S. 395–401; S. 439–444; S. 471–480; S. 506–511; S. 546–550; S. 588–600; S. 648–652; S. 689–697). Weit mehr als eine Rezension bietet die Übersicht und Auseinandersetzung mit dem genannten Werk von *J. W. Borejsza* in: APH 29 (1974) S. 213–220.

93 Vgl. *H. Wereszycki:* Powstania polskie na tle sytuacji międzynarodowej, in: Historia Polski od połowy VIII do połowy XIX wieku, Warszawa 1960, S. 95–122, hier S. 119.

Die systematische Erforschung der polnischen „revolutionären Beziehungen“ nach Frankreich, England, Italien, der Schweiz, der Donaumonarchie, den Staaten Südosteuropas und vor allem nach Rußland selbst zur Zeit des Januaraufstandes vom historisch-materialistischen Ansatz her hat nun unbestritten einen bis dahin meist übersehenen Aspekt der bewaffneten Auseinandersetzungen in Russisch-Polen sichtbar werden lassen[94]. Dagegen sind die Bemühungen der europäischen Kabinette um eine Lösung der polnischen Frage auf der Ebene der internationalen Beziehungen in der polnischen Forschung – von wenigen Ausnahmen unter den exilpolnischen Historikern abgesehen[95] – seit dem Ende des letzten Krieges immer weiter in den Hintergrund getreten[96].

Dies gilt aus mancherlei Gründen, vor allem angesichts der überaus komplizierten Quellenlage und des Mangels an brauchbaren Vorarbeiten, namentlich für den Bereich des Deutschen Bundes[97], dessen Vormächte Österreich und Preußen in einen Konflikt involviert zu werden drohten, der im Falle einer europäischen Konflagration das deutsche Bundesgebiet in seinem gesamten Umfang in ein Schlachtfeld verwandeln konnte. Dieser Eventualität mit ihren, wenn auch bescheidenen Mitteln politisch entgegenzuwirken, mußte daher im ureigensten Interesse der deutschen Regierungen liegen. In ihrer schon geographisch bedingten, aber gewissermaßen auch „ideologischen“ Position im Spannungsfeld zwischen den Westmächten und dem Zarenreich[98] wurden sie auf diese Weise bei aller Abneigung gegen die östliche Großmacht und dem mehr oder weniger entschiedenen Vorbehalt gegen deren preußischen „Vasallen“ beinahe zwangsläufig zu Gegnern der polnischen Unabhängigkeitsbestrebungen, die sich – und hieran sei gegen die Auffassungen einer bestimmten Richtung der polnischen Historiographie ausdrücklich festgehalten – kaum durch einen Appell an die „revolutionären Massen“, sondern wohl doch nur im Falle einer kriegerischen Auseinandersetzung zwischen den Staaten Europas hätten realisieren lassen[99].

Die vorliegende Untersuchung stellt somit den Versuch dar, die Unruhen des Jahres 1863 im Königreich Polen und die sich aus ihnen für den europäischen Frieden zu entwickeln drohenden Gefahren mit den Augen der deutschen Zeitge-

94 Vgl. dazu auch *P. Scheibert:* Marx, Bakunin und die Erste Internationale, in: ÖOH 7 (1965) S. 441–456.

95 Vgl. vor allem *S. Bóbr-Tylingo*: Napoléon III, l'Europe et le Pologne 1863–4, in: Antemurale VII/VIII (1963) S. 1–362.

96 Eine Ausnahme bildet die Arbeit von *I. Koberdowa:* Wielki Książę Konstanty w Warszawie 1862–1863, Warszawa 1962, die auf bisher unbekannten russischen Akten aufbaut und die gesamte Außenpolitik des Russischen Reiches im fraglichen Zeitraum beleuchtet.

97 Die knappe, sich nur auf die Akten des Quai d'Orsay stützende Skizze von *S. Bóbr-Tylingo:* Państwa Związku Niemieckiego wobec powstania styczniowego, in: Teki Historyczne 1/2 (1951/1952) S. 6–23, wird man nicht als erschöpfend bezeichnen können.

98 Für das frühe 19. Jahrhundert vgl. *H. Gollwitzer:* Ideologische Blockbildung als Bestandteil internationaler Politik im 19. Jahrhundert, in: HZ 201 (1965) S. 306–333.

99 So *H. Wereszycki:* Powstania polskie na tle sytuacji międzynarodowej, in: Historia Polski od połowy XVIII do połowy XIX wieku, Warszawa 1960, S. 95–122, hier S. 117–120.

nossen zu betrachten, soweit sie sich im diplomatischen Schriftverkehr, in privater Korrespondenz, in persönlichen Aufzeichnungen und in der „veröffentlichten Meinung" äußerten. Da zu dieser speziellen Problematik bislang so gut wie keinerlei Vorarbeiten vorliegen[100], erwies es sich als unumgänglich, die in den Archiven unberührt ruhenden Akten zur Außenpolitik der einzelnen deutschen Bundesstaaten, welche die bisherige deutsche Forschung unberücksichtigt gelassen hatte, systematisch zu sichten[101], sowie die deutsche Presse, soweit sie überregionale Bedeutung beanspruchen durfte, vor allem auf ihre Leitartikel und die Berichte ihrer an den politischen Brennpunkten tätigen Auslandskorrespondenten durchzusehen[102]. Alles bislang in Aktenpublikationen[103], Stenographischen Berichten[104],

[100] Dieser Befund gilt trotz der vorliegendes Thema eng berührenden Arbeit von *H. Scheidt:* Konvention Alvensleben und Interventionspolitik der Mächte in der polnischen Frage 1863, Würzburg 1937, da Verf. auf ungedrucktes Material verzichtet und dazu die polnische Literatur gänzlich unberücksichtigt läßt. Zum Stand der deutschen Forschung, soweit sie Randprobleme berührt, vgl. die in Anm. 8 bis 10 verzeichneten Arbeiten!

[101] Durchgesehen wurden die einschlägigen Bestände der Staatsarchive in Berlin-Dahlem, Darmstadt, Hamburg, Karlsruhe, Marburg, München, Oldenburg, Stuttgart und Wiesbaden. Laut Mitteilung der Archivverwaltung in Hannover vom 31. März 1970 sind die Bestände des Außenministeriums des ehemaligen Königreichs im Jahre 1943 einem Bombenangriff zum Opfer gefallen. Da die Herzogtümer Nassau und Braunschweig in Wien und Berlin durch die gleichen diplomatischen Agenten vertreten wurden, erübrigte sich eine Durchsicht der Bestände in Wolfenbüttel. Angesichts der Aktenpublikation „Quellen zur deutschen Politik Österreichs 1859–1866", hier Bd. III, Januar 1863 bis März 1864, Oldenburg-Berlin 1936, sowie der in der Dissertation von *O. Czastek:* Österreich und der polnische Aufstand im Jahre 1863, Wien 1950 (MS); vor allem aber auch von *S. Bóbr-Tylingo:* Napoléon III, l'Europe et la Pologne, ausgewerteten Akten wurde auf die nochmalige Durchsicht der äußerst umfangreichen Bestände der politischen Abteilung des Wiener Haus-, Hof- und Staatsarchivs vorerst verzichtet. – Einen seltenen Glücksfall bedeutete es, daß die Akten des ehemaligen Königreichs Sachsen für den hier interessierenden Zeitraum querschnitthaft in vorzüglicher Edition gedruckt vorliegen. Vgl. *H. Kretzschmar:* Die Anfänge des Ministeriums Bismarck 1862/63 nach sächsischen Gesandtschaftsberichten, in: Archivar und Historiker, Festschrift für H. O. Meisner, Berlin (Ost-) 1956, S. 511–569.

[102] Angesichts der großen Anzahl aller über das Gebiet des Deutschen Bundes verbreiteten Tageszeitungen, die sämtlich zu erfassen für den Einzelnen nahezu ausgeschlossen erscheint, mußte eine Auswahl der bedeutendsten Blätter und Wochenschriften getroffen werden. Die Masse des anfallenden Materials macht ein solches Verfahren unumgänglich, wie die Arbeiten von *K. Malettke:* Die Beurteilung der Außen- und Innenpolitik Bismarcks von 1862–1866 in den großen Pariser Zeitungen, Lübeck und Hamburg 1966, und *S. Bóbr-Tylingo:* Napoléon III, l'Europe et la Pologne . . . , zeigen. Für die vorliegende Arbeit wurden vor allem durchgesehen: die im süddeutschen Raum führende, österreich-freundliche (Augsburger) *„Allgemeine Zeitung"*, die *„Kölnische Zeitung"* als das verbreitetste Organ des rheinischen Liberalismus, die Berliner *„National-Zeitung"* (gemäßigt-konstitutionell) und – sozusagen als ihr Gegenpol – die konservative *„Neue Preußische (Kreuz-) Zeitung"*. Eine besondere Eigenart in der Praxis der europäischen Presse des 19. Jahrhunderts bringt es mit sich, daß in weitaus größerem Umfang als heute üblich wichtige Artikel aus der großen Auslandspresse übernommen werden, so besonders aus der Londoner *„Times"* und der *„Morning Post"*, dem Pariser offiziösen *„Moniteur universel"* und der hochangesehenen *„France"*. Als dem Ballhausplatz nahestehend galt die *„Wiener*

Briefwechseln[105], Erinnerungen usw. gedruckt vorliegende Material, soweit es zur Erhellung des hier zu behandelnden Gegenstandes irgendwie von Nutzen sein konnte, wurde selbstverständlich ebenfalls herangezogen.

Auf Grund der im Vorstehenden umrissenen Quellenbasis aber ist bereits die Richtung bezeichnet, in welche sich der hier vorzulegende Versuch zu bewegen gedenkt: Er ist erstens bestrebt, den polnischen Aufstand von 1863 als Forschungsproblem aus der Gefahrenzone einer in gewisser Hinsicht einseitigen Betrachtungsweise möglichst herauszuführen, in welche dieses für das polnische nationale Selbstverständnis nahezu unerschöpfliche Thema infolge der im heutigen Polen vorherrschenden Geschichtsauffassung zu geraten droht. Er beabsichtigt zweitens aber auch, ihn als ein hoffentlich ergiebiges Thema auch für die deutsche Historiographie zu erweisen, die ja seit je weit eher ihren westlichen Nachbarn zuneigte[106], um – drittens – auf diesem Wege wenigstens anzustreben, die Erhebung im Polen des Jahres 1863 in den Gesamtzusammenhang der europäischen Geschichte jener Zeit zu integrieren. Es geht demnach weniger um den gesellschaftlichen, gleichsam „innerpolnischen" Aspekt dieses letzten bewaffneten Konflikts der polnischen Untertanen des Zaren mit der russischen Herrschaft und damit seinen spezifischen Stellenwert im sozialen Wandlungsprozeß des polnischen Volkes von der „Adelsrepublik" zur modernen Nation in der Zeit seiner Staatslosigkeit, wie ihn die polnische Historiographie der Nachkriegszeit in zahlreichen Spezialuntersuchungen

General-Correspondenz", als Sprachrohr der russischen Regierung das *„Journal de St. Pétersbourg"*.

103 Hier sind natürlich vor allem zu nennen *K. Aegidi – A. Klauhold* (Hrsg.): Das Staatsarchiv. Sammlung der offiziellen Aktenstücke zur Geschichte der Gegenwart, Bd. 4 und 5, Hamburg 1863; *Die Auswärtige Politik Preußens* 1858–1871 (APP), hrsg. von der Historischen Reichskommission, Bd. III (Oktober 1862 bis September 1863), bearb. von *R. Ibbeken*, Oldenburg 1932; und die große Parallelpublikation *Quellen zur deutschen Politik Österreichs*, Bd. III (Januar 1863 bis März 1864), hrsg. von *H. v. Srbik*, Oldenburg – Berlin 1936.

104 Vor allem die *„Stenographische(n) Berichte* über die Verhandlungen der durch die Allerhöchste Verordnung vom 22. Dezember 1862 einberufenen Häuser des Landtages. Haus der Abgeordneten." Bd. I, Berlin 1863.

105 Neben den Bänden 4, 10, 14/2 und 15 der *„Gesammelten Werke Bismarcks"* (Friedrichsruher Ausgabe) vor allem der repräsentative Briefwechsel führender deutscher Liberaler bei *J. Heyderhoff – P. Wentzcke* (Hrsg.): Deutscher Liberalismus im Zeitalter Bismarcks, Bd. II, Bonn 1925.

106 Vgl. dazu die bemerkenswerten Betrachtungen von *H. Neubauer:* Osteuropäische Geschichte. Anmerkungen zum Gegenstand eines jungen Faches in Heidelberg, in: Heidelberger Jahrbücher 14 (1970) S. 144–156; *G. v. Rauch*: Zur Frage des Standorts der osteuropäischen Geschichte, in: GWU 10 (1973) S. 585–594.

unermüdlich zu erforschen und darzustellen bemüht ist[107], sondern um „die polnische Frage als Problem der europäischen Politik“[108].

Denn während die letzte große Erhebung der Polen gegen die russische Herrschaft – wie wiederholt bemerkt – bis heute ein „sujet célèbre“ der polnischen Geschichtswissenschaft geblieben ist, gehört dieses Ereignis für die Geschichtsschreibung außerhalb Polens zu den bisher weniger reizvollen Forschungsproblemen[109]. So mag denn die Hoffnung vielleicht nicht unbegründet sein, daß es der vorliegenden Arbeit gelingen könnte, mit einer Untersuchung der Reaktion der Regierungen des Deutschen Bundes und der deutschen öffentlichen Meinung auf die polnische Krise des Jahres 1863 einen Gegenstand in der Geschichte des 19. Jahrhunderts zu erhellen, dem die deutsche Historiographie bislang noch wenig Aufmerksamkeit gewidmet hat.

107 Diese Arbeiten, die bis in die Regionalgeschichte reichen, sind im Literaturverzeichnis im einzelnen verzeichnet; als Versuche einer gewissen Synthese seien genannt: *S. Kieniewicz*: Społeczeństwo Królestwa Polskiego w powstaniu styczniowym, in: Powstanie styczniowe, Bd. 1, Warszawa 1963, S. 5–40; *ders.*: Polish Society and the Insurrection of 1863, in: PP 37 (1967) S. 130–148; *W. Kula / J. Jedlicki:* Struktura społeczna Królestwa Polskiego w przededniu powstania styczniowego, in: Powstanie styczniowe, Bd. 2, Warszawa 1964, S. 7–62. Außerhalb Polens müssen genannt werden die Skizze des britischen Sozialhistorikers *R. F. Leslie:* Politics and Economics in Congress Poland, 1815–1864, in: PP 8 (1955) S. 43–63; *ders.*, Reform and Insurrection in Russian Poland, 1856–1865, London 1963, ferner von deutscher Seite der Überblick von *H. Roos:* Die polnische Nationsgesellschaft und die Staatsgewalt der Teilungsmächte in der europäischen Geschichte (1795–1863), in: JbGOE 14 (1966) S. 388–399.

108 So der Titel des grundlegenden Werkes von *W. Recke:* Die polnische Frage als Problem der europäischen Politik, Berlin 1927.

109 Außer den beiden russischen Arbeiten von *V. G. Revunenkov:* Pol'skoe vosstanie 1863 goda i evropejskaja diplomatija, Leningrad 1957 (dazu die sehr zurückhaltende Rezension von *S. Kieniewicz* in: KH 65 (1958) S. 177–182) und *M. V. Misko*: Pol'skoe vosstanie 1863 goda, Moskva 1962, hat sich außerhalb der (volks-) polnischen und exilpolnischen Geschichtswissenschaft vor allem der deswegen in Polen besonders geschätzte britische Historiker Robert Frank Leslie in größerem Zusammenhang auch mit dem Aufstand von 1863 beschäftigt. Vgl. *R. F. Leslie:* Politics and Economics in Congress Poland, 1815–1864, in: PP 8 (1955) S. 43–63; *ders.*: Brytyjska opinia publiczna a powstanie styczniowe, in: PH 54 (1963) S. 206–222; besonders aber *ders.*: Reform and Insurrection in Russian Poland, 1856–1865, London 1963 (dazu die Besprechung von *G. v. Rauch* in HZ 203 (1967) S. 656–660).

KAPITEL I :

DAS HERANREIFEN DER KRISE
(1860–1863)

Die ersten noch friedlichen Demonstrationen, die im Juni 1860 in Warschau einsetzten und in den meisten Fällen patriotische Gedenktage zum Anlaß nahmen, um gegen die russische „Fremdherrschaft“ zu protestieren, fielen in eine Zeit verstärkten politischen und sozialen Wandels in ganz Europa und standen zunächst noch ganz im Schatten der die Mitwelt erregenden Ereignisse in Italien[1]. Der von der Habsburgermonarchie, die sich durch ihr Beharren auf der fortdauernden Gültigkeit der Wiener Verträge von 1815 allein gegen alle Verwicklungen gesichert wähnte[2], diplomatisch und militärisch gleich mangelhaft vorbereitete Feldzug in Oberitalien hatte ihr trotz stärksten diplomatischen Drucks keine militärische Unterstützung durch ihre deutschen Bundesgenossen eingebracht, die trotz einer erhitzten deutschen Öffentlichkeit vor den Warnungen der anderen Großmächte zurückwichen und die offenkundige Hilflosigkeit des Deutschen Bundes dem ohnmächtigen Zorn, aber auch dem Hohngelächter der Zeitgenossen preisgaben[3].

Die Niederlage Österreichs und das – wenn auch nicht durchgehend ungefährdete – Zusammenspiel Cavours und Garibaldis als der Repräsentanten eines fortschrittlichen Staates einerseits und einer spontanen Volksbewegung andererseits, das schließlich in die Einigung Italiens münden sollte, ließ einem wachsenden Teil der deutschen „Bewegungspartei“ das italienische Beispiel zum Vorbild werden[4] und führte u. a. im Herbst 1859 zur Gründung des „Deutschen Nationalvereins“, deren Mitglieder zwar aus mehreren deutschen Bundesstaaten stammten und ent-

[1] Vgl. *H. Michaelis:* Die Einigung Italiens. Triumph und Verhängnis Napoleons III., München-Wien 1960; *F. Valsecchi*: Das Zeitalter Napoleons III. und Bismarcks 1854–1878, in: Historia Mundi, Bd. 10, Bern und München 1961, S. 53–92, bes. S. 61–68; *H. Kramer:* Die Einigung Italiens im 19. Jahrhundert, in: Teilung und Wiedervereinigung. Eine weltgeschichtliche Übersicht, hrsg. von *G. Franz*, Göttingen 1963, S. 72–145, hier bes. S. 102 bis 119.

[2] Vgl. *F. Engel-Janosi*: Graf Rechberg, München-Berlin 1927, S. 40–42.

[3] Vgl. *R. Buchner:* Die deutsch-französische Tragödie 1848–1864, Würzburg 1965, S. 78–82.

[4] Vgl. *E. Portner:* Die Einigung Italiens im Urteil liberaler deutscher Zeitgenossen. Studien zur inneren Geschichte des kleindeutschen Liberalismus, Bonn 1959, und *Th. Schieder:* Das Italienbild der deutschen Einheitsbewegung, in: *ders.:* Begegnungen mit der Geschichte, Göttingen 1962, S. 210–235.

sprechend heterogene Auffassungen vertraten, aber im Ganzen die kleindeutsche Einheit unter preußischer Führung, vor allem aber die Forderung nach einem aus freien und allgemeinen Wahlen hervorgegangenen Nationalparlament verfochten[5]. Diesem Streben schien das vom preußischen Prinzregenten verkündete Programm der „Neuen Ära" von 1858 entgegenzukommen, bis Krone und Landtag über der Frage der Heeresreform in den immer leidenschaftlicher ausgefochtenen Verfassungskonflikt gerieten[6].

Auch die geschlagene Donaumonarchie kehrte nach dem schmerzlichen Frieden von Zürich und angesichts des offensichtlichen Versagens eines Zentralismus Bach'scher Prägung mit der Verkündung des „Oktober-Diploms" von 1860 und trotz dessen einschneidender Abänderung im „Februar-Patent" von 1861 auf den konstitutionellen Weg zurück[7]. Der boshafte Wiener Volkswitz freilich bezeichnete den Reichsrat, welchen die meisten Nationalitäten boykottierten, weil der Wahlmodus durch eine sorgfältige „Wahlkreisgeographie" und hohen Zensus das meist vermögendere Deutschtum einseitig bevorzugte, nicht mit Unrecht nach dem ungeliebten Staatsminister als „Schmerlingtheater"[8].

Der bedeutendste Umbruch freilich wurde im Zarenreich nach der das russische Nationalgefühl tief verletzenden Schmach des verlorenen Krimkrieges eingeleitet, der zwar das Reichsgebiet unangetastet gelassen, aber die Rückständigkeit der inneren Struktur des Landes schlagartig hatte sichtbar werden lassen[9], vor allem aber dem Reich die demütigenden Fesseln der Schwarzmeerklauseln auferlegte,

[5] Vgl. nach der älteren Arbeit von *P. Herrmann:* Die Entstehung des deutschen Nationalvereins und die Gründung seiner Wochenschrift, Berlin 1932, *W. Real:* Österreich und Preußen im Vorfeld des Frankfurter Fürstentages. Ein Beitrag zur Geschichte der Bundesreform, in: HJb 86 (1966) S. 339–393.

[6] Vgl. *W. Grube:* Die Neue Ära und der Nationalverein. Ein Beitrag zur Geschichte der deutschen Einheitsbewegung, Marburg 1933; zum Verfassungskonflikt vor allem *K. Kaminski:* Verfassung und Verfassungskonflikt in Preußen 1862–1866, Königsberg-Berlin 1938; *E. N. Anderson:* The Social and Political Conflict in Prussia. 1858–1864, Lincoln/Nebraska 1954, und *A. Hess:* Das Parlament, das Bismarck widerstrebte. Zur Politik und sozialen Zusammensetzung des preußischen Abgeordnetenhauses der Konfliktszeit (1862–1866), Köln-Opladen 1964.

[7] Dazu ausführlich *R. A. Kann:* Das Nationalitätenproblem der Habsburgermonarchie, Bd. 2 (= Ideen und Pläne zur Reichsreform), 2. Aufl. Graz-Köln 1964, S 107–132; knapp zusammenfassend *G. Stadtmüller:* Geschichte der habsburgischen Macht, Stuttgart 1966, S. 124–125.

[8] Vgl. *R. Bauer:* Österreich, Preußen und Deutschland. Der Weg nach Königgrätz und seine Folgen, in: Europa und der Norddeutsche Bund, hrsg. von *R. Dietrich*, Berlin 1968, S. 57 bis 84, hier S. 62.

[9] Vgl. *W. E. Mosse:* Alexander II and the Modernization of Russia, London 1958; *G. Stökl:* Russische Geschichte von den Anfängen bis zur Gegenwart, Stuttgart 1962, S. 502–507; die neuere Literatur kritisch sichtend *A. J. Rieber:* Alexander II: A Revisionist View, in: JMH 43 (1971) S. 42–58.

deren Sprengung das oberste Ziel der Außenpolitik Alexanders II. und seines neuen Vizekanzlers Gortschakow werden sollte[10].

Es ist mit Recht darauf hingewiesen worden, daß die Aufhebung der Leibeigenschaft am 19. Februar 1861 mindestens ebenso dem nationalen Ehrgefühl wie sozialem Mitleid entsprang, da es eine breite „öffentliche Meinung“ als unerträglich empfand, vor den anderen europäischen Staaten als ein rückständiges und barbarisches Volk dazustehen[11], und man hat ferner darauf aufmerksam gemacht, daß diese Bauernbefreiung ihrer Unzulänglichkeiten wegen bei weitem nicht die erhofften Wirkungen gezeitigt habe[12]. Es folgten ihr „flankierende Maßnahmen“ auf dem Gebiet der Rechtspflege, die Einrichtung von Selbstverwaltungskörperschaften, der „Zemstvos“, dem Schulwesen und der Finanzverwaltung, die schrittweise ins Leben traten; es begleiteten sie aber auch soziale Unruhen auf dem flachen Lande, an den Universitäten und sogar im Heer, ohne daß darum eine „revolutionäre Situation“ die Regierung hätte zu ihren Maßnahmen zwingen müssen[13]. Dennoch bleibt bestehen, daß im Russischen Reich in der Tat „die alte Sozialordnung aufgebrochen“ und eine „gewaltige Transformation“ vollzogen wurde, die sich auch auf die auswärtigen Beziehungen auswirken mußte und dahin führte, daß die russische Außenpolitik mit den konservativen Grundsätzen Nesselrodes brach und sich dem Frankreich Napoleons III. als einer Macht zu nähern begann, mit deren Hilfe sie mangels konkreter Interessengegensätze am ehesten den im Krimkrieg erlittenen Prestigeverlust wettzumachen hoffte[14].

Es war kaum zu erwarten, daß alle diese Vorgänge, die auf einen allgemeinen Wandel im staatlichen Leben der Völker Europas zu deuten schienen, im Königreich Polen ohne Widerhall bleiben sollten, zumal der unerschütterliche Widerstandswille seiner politisch bewußten Schichten auch in beinahe dreißig Jahren eiserner Unterdrückung durch Nikolaus I. und seinen Statthalter Paskevič nicht

[10] Die Schreibung „Gortschakow“ statt „Gorčakov“ richtet sich nach der in den deutschen Dokumenten überwiegend anzutreffenden Form! – Nach der älteren Arbeit von *K. Rheindorf:* Die Schwarz-Meer-(Pontus-)Frage vom Pariser Frieden von 1856 bis zum Abschluß der Londoner Konferenz von 1871, Berlin 1925, vgl. nunmehr manche ältere Auffassungen korrigierend *E. Kolb:* Rußland und die Gründung des Norddeutschen Bundes, in: Europa und der Norddeutsche Bund, hrsg. von *R. Dietrich*, Berlin 1968, S. 183–220, hier bes. S. 184–191.

[11] Vgl. *G. Stökl:* Russische Geschichte, Stuttgart 1962, S. 537–538.

[12] Vgl. *P. Scheibert:* Das Petrinische Kaiserreich, in: Rußland (= Fischer-Weltgeschichte, Bd. 31), Frankfurt a. M. 1972, S. 175–270, hier S. 224; neuerdings *ders.*: Die russische Agrarreform von 1861. Ihre Probleme und der Stand ihrer Erforschung, Köln-Wien 1973.

[13] Die sowjetische Historiographie glaubt nach wie vor, das Vorhandensein einer solchen „revolutionären Situation“ nachweisen zu können. Kennzeichnend für diese Auffassung ist vor allem *E. S. Vilenskaja*: Revoljucionnaja podpol'e v Rossii – 60-e gody XIX v, Moskva 1965, vgl. außerdem die in Kap. I, Anm. 90 genannte Literatur!

[14] Vgl. dazu die anregenden Ausführungen von *D. Geyer:* Rußland als Problem der vergleichenden Imperialismusforschung, in: Das Vergangene und die Geschichte, Festschrift für Reinhard Wittram zum 70. Geburtstag, Göttingen 1973, S. 337–368, hier S. 342–343.

zu brechen gewesen war und sich unter den veränderten Umständen bald wieder zu regen begann. Zwar hatte der neue Herrscher Alexander II. bei seinem ersten Besuch in Warschau einer Adelsdeputation geraten, alle „Träumereien" zu unterlassen, und damit die hochgespannten polnischen Hoffnungen erheblich herabgestimmt; dennoch aber vollzog sich im Königreich Polen ein „klimatischer" Wandel[15]. Noch im selben Jahr 1855 wurde endlich der seit 1833 auf dem Lande lastende Ausnahmezustand aufgehoben. Der erbarmungslose Paskevič starb im Februar 1856. An seine Stelle trat der nachgiebigere Michail Gortschakow, der unglückliche Verteidiger von Sevastopol. Eine allgemeine Amnestie ließ zahlreiche nach Sibirien Verschickte und auch manche Emigranten in die Heimat zurückkehren[16]. In der Zivilverwaltung stieg die Zahl der Amtsträger polnischer Nationalität auf unterer und mittlerer Ebene ständig an, und selbst in dem im Königreich Polen stehenden Zweiten Armeekorps betrug nach einer Statistik des Jahres 1861 der Anteil an Katholiken – d. h. mehrheitlich Polen – bei den Offizieren 41% und bei den Unteroffizieren sogar 66 Prozent[17]. Zwar wurde den Polen die Wiedereröffnung der Warschauer Universität vorerst noch vorenthalten, doch wurde dafür sozusagen ersatzweise im Jahre 1857 eine Medizinische Akademie ins Leben gerufen und im darauf folgenden Jahr unter der Leitung des äußerst populären Fürsten Andrzej Zamoyski[18], eines Neffen des im Pariser „Hôtel Lambert" residierenden greisen „heimlichen Königs von Polen", Adam Czartoryski, eine Landwirtschaftliche Gesellschaft gegründet, die in kurzer Zeit an die viertausend durchweg aus grundbesitzenden Adelskreisen stammende Mitglieder umfaßte[19]. Sie fühlte sich in Ermangelung eines Landtages bald als die wahre Repräsentantin des Landes und genoß unter der Bevölkerung rasch eine höhere Autorität als die kaiserliche Administration mit ihrem hochbetagten, gutwilligen und gerechten, aber schwachen

[15] Die folgenden Ausführungen beanspruchen nicht mehr als eine Skizze zu sein. Die detaillierteste Darstellung bietet *S. Kieniewicz:* Powstanie styczniowe, Warszawa 1972, S. 5 bis 358, nützlich auch *ders.:* Społeczeństwo Królestwa Polskiego w powstaniu styczniowym, in: Powstanie styczniowe, Bd. 1, Warszawa 1963, S. 5–40; gekürzt und überarbeitet u. d. T.: Polish Society and the Insurrection of 1863, in: PP 37 (1967) S. 130–148; ferner *R. F. Leslie:* Politics and Economics in Congress Poland, 1815–1864, in: PP 8 (1955) S. 43–63; *ders.:* Reform and Insurrection in Russian Poland, 1856–1865, London 1963.

[16] Zum Folgenden vgl. *G. Rhode:* Geschichte Polens. Ein Überblick, Darmstadt 1966, S. 336 bis 397.

[17] Diese Angaben bei *V. A. D'jakov / I. S. Miller*: Revoljucionnoe dviženie v russkoj armii i vosstanie 1863 g, Moskva 1964, S. 17.

[18] Vgl. *S. Kieniewicz*: Między ugodą a rewolucią. Andrzej Zamoyski w latach 1861–1862, Warszawa 1962.

[19] Diese Zahl gibt der französische Generalkonsul für das Jahr 1860 an. Vgl. *Ségur an Thouvenel*, Februar 1860, in: *Raporty* polityczne Konsulów Generalnych Francji w Warszawie 1860–1864, hrsg. von *I. Koberdowa*, Wrocław-Warszawa-Kraków 1965, Dok.-Nr. 2, S. 4; abweichend davon spricht *G. Rhode:* Geschichte Polens, Darmstadt 1966, S. 387, von 3000 Mitgliedern. Manteuffel-Szoege nennt exakt 3473 Mitglieder, ohne allerdings die Quelle für seine Zahl anzugeben! Vgl. *G. Baron v. Manteuffel-Szoege:* Geschichte des polnischen Volkes während seiner Unfreiheit, 1772–1914, Berlin 1950, S. 138.

und stets kränkelnden Statthalter an der Spitze, der wiederholt vergeblich um seine Entlassung nachgesucht hatte, jedoch – vermutlich aus Mangel an befähigten Persönlichkeiten – jedesmal abschlägig beschieden worden war[20]. Allerdings glaubte die Landwirtschaftliche Gesellschaft ihr Ziel, die bäuerlichen Verhältnisse durch eine Verbesserung der Anbaumethoden und eine schrittweise Ablösung der Fronarbeit durch die Einführung von Zinszahlungen mit dem Fernziel einer Landzuteilung an die Bauern zu heben, nur im Verein mit der Regierung in Petersburg und im Zuge der demnächst zu erwartenden Agrarreform des gesamten Russischen Reiches erreichen zu können[21], verzichtete daher auf politische Demonstrationen, die das Verhältnis zum kaiserlichen Hof hätte trüben können, und bezog eine vorsichtig abwartende Position[22].

Zum entschiedenen Fürsprecher eines russisch-polnischen Zusammenwirkens wurde hingegen der Marquis Alexander Wielopolski, der bereits im Frühjahr 1846 mit seinem scharf antideutschen „Brief eines polnischen Edelmanns an den Fürsten Metternich", in welchem er die in der Tat teilweise höchst bedenklichen Praktiken der österreichischen Behörden bei der Niederschlagung der blutigen Unruhen in Galizien[23] aufs Heftigste attackierte, die Wendung des hohen polnischen Adels zu Rußland proklamiert hatte[24]. Außerdem hatte er als diplomatischer Vertreter der „Revolutionsregierung" in London schon während des Aufstandes von 1830/31 den wahren Wert der Sympathiekundgebungen liberaler Kreise Westeuropas richtig einzuschätzen lernen müssen und seither dringend davor gewarnt, sich auf irgendwelche auswärtige Hilfe zu verlassen[25]. Er hoffte, unter Verzicht auf die weitgehend nur in ihrer adligen Oberschicht polonisierten, im übrigen aber von Litauern, Weißrussen und Ukrainern besiedelten „ostpolnischen Gebiete" zu einem allmählichen Abbau der Spannungen zum eigentlichen Rußland und zu einem modus vivendi zu gelangen, der seinen Landsleuten schrittweise die natio-

[20] Vgl. *E. M. Almedingen:* The Emperor Alexander II, London 1962, S. 194–195.

[21] Vgl. *R. Czepulis:* Mysl społeczna twórców Towarzystwa Rolniczego (1842–1861), Wrocław 1964.

[22] Vgl. *S. Kieniewicz:* Poland under Foreign Rule (1795–1918). The Period of the January Insurrection (1850–1864), in: History of Poland, Warszawa 1968, S. 508–527, hier S. 510.

[23] Vgl. hierzu die jüngst erschienene – leider äußerst problematische – Arbeit von *A. Gill*: Die polnische Revolution 1846. Zwischen nationalem Befreiungskampf des Landadels und antifeudaler Bauernerhebung, Wien-München 1974.

[24] Aus der reichen Literatur zu Alexander Wielopolski seien als wichtigste Arbeiten genannt: das Standardwerk von *H. Lisicki:* Le Marquis Wielopolski, sa vie et son temps, 1803–1877, 3 Bde., Wien 1880; und das monumentale Buch von *A. M. Skałkowski*: Aleksander Wielopolski w świetle archiwów rodzinnych 1803–1877, Poznań 1947; ferner *K. Pruszyński:* Margrabia Wielopolski, Warszawa 1957; *Z. Stankiewicz:* Dzieje wielkości i upadku Aleksandra Wielopolskiego, Warszawa 1967; die Diskussion zusammenfassend *S. J. Zyzniewski:* The Futile Compromise Reconsidered: Wielopolski and Russian Policy in the Congress Kingdom 1861–1863, in: AHR 70 (1964/65) S. 395–412.

[25] Vgl. *C. Friese:* Rußland und Preußen vom Krimkrieg bis zum Polnischen Aufstand, Berlin-Königsberg 1931, S. 272.

nale Autonomie sichern sollte[26]. Nun hatte eine Rückkehr der „westrussischen Gouvernements" zum Königreich Polen für keine Petersburger Regierung jemals überhaupt zur Diskussion gestanden, und so ließ das von Wielopolski vertretene Programm die Warschauer Statthalterschaft auf den Markgrafen als einen Politiker aufmerksam werden, der ihr am ehesten geeignet schien, den Reformbestrebungen des kaiserlichen Hofes entgegenzukommen[27]. Seine Pläne entfremdeten ihm jedoch sogar seine hochadligen Standesgenossen, die in einem Verzicht auf die Grenzen von 1772 nur einen schnöden Verrat an Polens ruhmreicher Vergangenheit zu sehen vermochten[28].

Um so weniger konnte er auf die Zustimmung zu seinen Plänen bei den Demokraten, den sogenannten „Roten", rechnen. Schon seit 1856/57 hatten sich nämlich unter der studierenden Jugend in Petersburg, Moskau[29] und Kiew[30], wo die polnischen Studenten zuweilen bis zu zwei Dritteln der Studentenschaft stellten und sich politisch weit ungehinderter als im Mutterland betätigen konnten, konspirative Zirkel gebildet, die bald untereinander in Verbindung traten[31]. An der Petersburger Militärakademie war ein Verschwörerkreis polnischstämmiger kaiserlicher Offiziere um Zygmunt Sierakowski und Jarosław Dąbrowski entstanden und hatte mit der russischen revolutionären Gruppe „Zemlja i Volja" (Land und Freiheit), die ihrerseits wiederum in Beziehungen zu den russischen revolutionären Emigranten in London um Alexander Herzen und Nikolaj Ogarev stand, Kontakte

[26] Vgl. u. a. *S. J. Zyzniewski:* The Russo-Polish Crucible of the 1860s. A Review of Some Recent Literature, in: PR 11 (1966) S. 23–46.

[27] Über die außerordentliche politische Befähigung Wielopolskis ist die ältere Forschung sich weitgehend einig. Nach Friese beweisen „die Grundgedanken seiner politischen Konzeption den Staatsmann großen Stils". Vgl. *C. Friese:* Rußland und Preußen vom Krimkrieg bis zum Polnischen Aufstand, Berlin-Königsberg 1931, S. 274. Nach Meinung von Scheidt war Wielopolski „der erste wirkliche Staatsmann Polens im 19. Jahrhundert", vgl. *H. Scheidt:* Konvention Alvensleben und Interventionspolitik der Mächte in der polnischen Frage 1863, Würzburg 1937, S. 8. Manteuffel-Szoege schließlich wagt zu behaupten: „Wäre Wielopolski länger an der Macht geblieben, so wäre er nicht nur der ebenbürtige, sondern auch der gefährlichste Gegner Bismarcks geworden." Vgl. *G. Baron Manteuffel-Szoege:* Geschichte des polnischen Volkes während seiner Unfreiheit, 1772–1914, Berlin 1950, S. 144. Vgl. dagegen die Charakteristik Wielopolskis bei *M. Kukiel:* Military Aspects of the Polish Insurrection of 1863–64, in: Antemurale VII/VIII (1963) S. 363–396, hier S. 377 (". . extremely unpopular, egocentric, selfish and arrogant . . .").

[28] Vgl. *Theremin an Bernstorff* – 10. VI. 1862 – APP II/2, Nr. 464, Anm. 6: „Der Graf Wielopolski will auch als Panslawist Polen mit dem Bande des Panslawismus an Rußland fesseln, Polen in den Panslawismus aufgehen sehen, als dessen Mittelpunkt er den russischen Kaiser betrachtet. Die Polen dagegen wollen keinerlei Zusammenhang mit Rußland, sondern ihre unbegrenzte nationale Selbständigkeit."

[29] Vgl. *W. Śliwowska:* Polskie kółka studenckie w Moskwie i Petersburgu w czterdziestych latach XIX wieku, in: PH 52 (1961) S. 43–60.

[30] Vgl. *J. Tabiś:* Polacy na uniwersytecie kijowskim 1834–1863, Warszawa 1974.

[31] Vgl. neben *S. Kieniewicz:* Powstanie styczniowe, Warszawa 1972, S. 36–59, auch *Z. Ćwiek:* Polskie organizacje patriotyczne i spiskowo-rewolucyjne w Rosji w dobie powstania styczniowego, in: Wiadomości Historyczne 5 (1962) S. 257–281 und 6 (1963) S. 7–25.

aufgenommen[32]. Bald sprang der Funke auch nach Warschau über, wo die Medizinisch-chirurgische Akademie zu einem weiteren Zentrum der „Roten" avancierte[33], die sich in ihrer Mehrheit den Direktiven ihres Idols, Ludwik Mierosławski, des Freundes Garibaldis und Kossuths, zuwandten, der seit Jahrzehnten auf allen Schlachtfeldern Europas „für unsere und eure Freiheit" gekämpft hatte[34]. Die von ihm aufgestellte Theorie der „permanenten Konfrontation" wurde von seinen jungen Warschauer Adepten dazu benutzt, jeden Versuch zum Ausgleich mit der Regierung zu sabotieren und den patriotischen Geist der Warschauer Bevölkerung zu wecken, indem sie seit 1859/60 beinahe jede Gelegenheit wahrnahmen, historische Gedenktage, die an die Ereignisse von 1794 und 1830/31 erinnerten, zu nationalen Manifestationen auszunutzen[35].

Zu den ersten schweren Zusammenstößen mit der Polizei und dem Militär kam es nach einigen an sich unbedeutenden Zwischenfällen zu Beginn des Jahres 1861, als Warschauer Studenten der Medizinischen Akademie und der Schule der Schönen Künste, denen sich Kommilitonen aus den erwähnten Universitäten angeschlossen hatten, zu einer Gedenkfeier zum Jahrestag der Schlacht von Grochów (25. Februar 1831) aufriefen[36]. Dieser Tag fiel zusammen mit der Eröffnung der jährlichen Sitzungsperiode der Landwirtschaftlichen Gesellschaft, deren Mitglieder im Zamoyski-Palais zu Beratungen über die Regulierung der bäuerlichen Verhältnisse zusammentraten. Vor dem Gebäude versammelten sich die Teilnehmer an besagter Kundgebung, um die Mitglieder dieser exklusiven Vereinigung von Großgrundbesitzern, in welcher sie ihr „Parlament" sahen, in Sprechchören und Gesängen zu rascheren Entschlüssen in der Frage einer baldigen Bauernbefreiung zu veranlassen[37]. Während die Polizei diese ungesetzliche Versammlung schnell zerstreute und an die dreißig Rädelsführer auf die Zitadelle abführte, kam es zwei Tage später zum ersten blutigen Zwischenfall, als ein Teil eines erneuten, durch die

[32] Vgl. *A. Podraza:* Rosyscy rewolucyjni demokraci a powstanie styczniowe, in: Zeszyty Naukowe Uniwersyteta Jagiellońskiej 91 (1964) S. 69–101; ferner *V. A. D'jakov / I. S. Miller:* Ruch rewolucyjny w armii rosyjskiej a powstanie styczniowe, Wrocław 1967; weit weniger brauchbar – auch durch die Entstehungszeit bedingt – *J. Kowalski:* Die russische revolutionäre Demokratie und der polnische Aufstand 1863, Berlin (Ost-) 1954.

[33] Vgl. *R. Czepulis-Rastenis*: „Klasa umysłowa". Intelligencja Królestwa Polskiego 1832–1862, Warszawa 1973.

[34] Die jüngsten Arbeiten zu dieser faszinierenden, wenn auch schillernden Gestalt stammen von *A. Żychowski*: Ludwik Mierosławski (1814–1878), Warszawa 1963; *ders.*: Generał klęski. Ludwik Mierosławski, 1814–1878, Warszawa 1965.

[35] Über diese Phase in der Vorgeschichte des Aufstandes von 1863 hat in letzter Zeit vor allem Julian Komar gearbeitet. Vgl. *J. Komar:* Początkowy okres manifestacji w Warszawie przed powstaniem styczniowym (od 1859 r. do 24 lutego 1861 r.), in: KH 76 (1969) S. 621–637; *ders.:* Manifestacje lutowe w Warszawie (25 i 27 lutego 1861 r.), in: Rocznik Warszawski 9 (1969) S. 173–192; *ders.*: Warszawskie manifestacje patriotyczne 1860 –1861, Warszawa 1970.

[36] Vgl. *Ségur an Thouvenel* – 25. II. 1861 – in: *Raporty* polityczne Konsulów Generalnych Francji w Warszawie, ed. *I. Koberdowa*, Wrocław-Warszawa-Kraków 1965, S. 58–59.

[37] Vgl. *G. Rhode:* Geschichte Polens, S. 387–388.

Tätlichkeit einer berittenen Patrouille gegen einen Geistlichen noch besonders aufgebrachten Demonstrationszuges sich mit Steinwürfen gegen das Militär den Zugang zum Sitz des Statthalters im Łazienki-Palast zu erzwingen suchte, worauf die dort aufgestellten Truppen das Feuer eröffneten, fünf Menschen töteten und zahlreiche andere verwundeten[38].

Angesichts des Blutvergießens wich die russische Administration bestürzt zurück[39], als der Vorsitzende der Landwirtschaftlichen Gesellschaft, Andrzej Zamoyski, und eine aus den Honoratioren Warschaus bestehende „delegacja miasta" sich als Sprecher der Bevölkerung mit ihren Beschwerden an den greisen Statthalter wandten. Eine Petition, die bewußt allgemein gehalten war, als Leitgedanken aber die Bitte um nationale Einrichtungen enthielt, wurde wider Erwarten angenommen und nach Petersburg weitergeleitet[40], von Kaiser Alexander allerdings mit dem Hinweis, daß er sich „von einem Häuflein schädlicher Menschen" in seinen Reformbestrebungen nicht werde beirren lassen, entschieden zurückgewiesen. Ein Aufschrei der Empörung war die Antwort, obschon der Statthalter weitere Konzessionen verheißen hatte[41]. Die vagen Versprechungen und die nur mit halbem Herzen gewährten Zugeständnisse, die der Kaiser seinen polnischen Untertanen in einem Ukaz vom 26. März 1861 in Aussicht stellte (Einsetzung eines Staatsrats, Einrichtung von wählbaren Gubernial- und Kreisräten, Reform der öffentlichen Information), vermochten die steigende Aufregung und Ungeduld nicht mehr zu dämpfen. 20 000 Unterschriften bedeckten ein Protestschreiben nach St. Petersburg[42].

In diesem Augenblick nahm die auf eine weitere Verschärfung der Situation zutreibende Entwicklung durch die gleichzeitige Berufung Alexander Wielopolskis zum Leiter eines neu eingerichteten „Departements für Unterricht und Kultus"

[38] Vgl. *S. Kieniewicz:* Powstanie styczniowe, S. 98–109.

[39] Vgl. dazu vor allem *K. Groniowski*: Dowództwo rosyjskie wobec manifestacji warszawskich 1861 roku, in: PH 52 (1961) S. 724–730; *F. Ramotowska*: Rząd rosyjski wobec manifestacji patriotycznych w Królestwie Polskim (okres namiestnictwa M. Gorczakowa), in: KH 69 (1962) S. 853–874; *dies.:* Rząd Carski wobec manifestacji patriotycznych w Królestwie Polskim w latach 1860–1862, Wrocław-Warszawa-Kraków-Gdańsk 1971.

[40] Text der Petition in deutscher Übersetzung in: *Schultheß'* Europäischer Geschichtskalender, Jg. 2, 1861, S. 243.

[41] Text des kaiserlichen Handschreibens ebda., S. 249; Ségur berichtet, Zamoyski habe die Ankündigung weiterer Konzessionen durch den Statthalter mit den Worten entgegengenommen: „Je doute, mon prince, que cela puisse suffire à satisfaire la nation." Vgl. *Ségur an Thouvenel* – 25.III.1861 – in: *Raporty* polityczne Konsulów Generalnych Francji, S. 77. Nach dem Bericht des preußischen Generalkonsuls soll Zamoyski geäußert haben: „Wir nehmen sie (die Konzessionen) an, sind damit aber noch nicht quitt." Vgl. *Theremin an Schleinitz* – 20. III. 1861 – APP II/2, Nr. 364, Anm. 1.

[42] Vgl. *Ségur an Thouvenel* – 25. III. 1861 – in: *Raporty* polityczne . . ., S. 78–82.

eine neue Wendung[43]. Der anerkannt fähige und energische, aber seines schroffen und hochfahrenden Wesens wegen charakterlich wenig anziehende Markgraf zeigte sich entschlossen, seinen Landsleuten notfalls gegen ihren Willen einen Ausweg aus der verfahrenen Situation zu bahnen, wobei er auch vor höchst unpopulären Maßnahmen nicht zurückschreckte. Die polnischen „Konstabler", die nach den dramatischen Februarereignissen sozusagen als Hilfspolizei den Ordnungsdienst in der Hauptstadt übernommen hatten, verschwanden nach einem Verbot der Regierung wieder von den Straßen Warschaus. Auch die kaufmännische Ressource, der Treffpunkt des gehobenen Bürgertums um den jüdischen Großbankier Leopold Kronenberg, mußte auf Befehl des Statthalters ihre Pforten schließen. Schon am 3. April hatte der neue maßgebliche Berater des Statthalters unter Anspielung auf die Landwirtschaftliche Gesellschaft drohend angekündigt, er werde in Zukunft keine Regierung neben derjenigen mehr dulden, der er selber angehöre. Dennoch kam ihre Auflösung vier Tage später völlig überraschend und kostete Wielopolski nun auch die Gefolgschaft der gemäßigten Kräfte[44]. Eine Sympathiekundgebung zugunsten der nunmehr verbotenen Gesellschaft vor dem Zamoyski-Palais, an der 20 000 bis 25 000 Menschen teilnahmen[45], mündete in das Massaker vom 8. April, als die Salven der vor dem Palast des Statthalters vorsorglich postierten und durch die Provokationen des Vortages aufs höchste gereizten Truppenkontigente den lautstarken Protest der unbewaffneten Menge im Blut von etwa hundert Demonstranten erstickten[46].

Während Wielopolski zur Empörung seiner Landsleute dieses Vorgehen des Militärs als im Interesse von Recht und Ordnung geboten guthieß und mit dieser

[43] Vgl. die glänzende Charakteristik Wielopolskis bei *W. Feldman*: Geschichte der politischen Ideen in Polen seit dessen Teilungen (1795–1914), München und Berlin 1917, S. 186–193; weniger überzeugend *G. Baron Manteuffel-Szoege:* Geschichte des polnischen Volkes während seiner Unfreiheit 1772–1914, Berlin 1950, S. 138–166.

[44] Der preußische Generalkonsul nannte das Verbot der Landwirtschaftlichen Gesellschaft zwar eine Notwendigkeit, fand den Zeitpunkt der Auflösung am Vorabend der Ostertage aber ausgesprochen unglücklich gewählt und befürchtete erneute Ausschreitungen. Vgl. *Theremin an Schleinitz* – 10. IV. 1861 – APP II/2, Nr. 375, Anm. 2. Auch Ségur beklagte die Aufhebung des „Palladium de la nationalité Polonaise" als „une précipitation inexcusable." Vgl. *Ségur an Thouvenel* – 13. IV. 1861 – in: *Raporty* polityczne . . ., S. 93.

[45] *Ségur an Thouvenel*, ebda. mit dem eigenhändigen Zusatz: „J'en ai pu juger par moi-même, mon appartement étant contigu au palais Zamoiski."

[46] Die Zahl der Opfer wurde offiziell mit zehn Toten angegeben, in Wahrheit dürfte sie weit höher gewesen sein. Zu den unterschiedlichen Zahlenangaben vgl. *S. Kieniewicz:* Powstanie styczniowe, S. 149–150. Walentyna Rudzka spricht sogar davon, "that hundreds (!) of Poles . . . were killed." Vgl. *W. Rudzka*: Studies on the Polish Insurrectionary Government in 1863–64, in: Antemurale VII/VIII (1963) S. 397–473, hier S. 400.

Äußerung auch noch seine letzten Parteigänger aus dem hohen Adel zurückstieß[47], bedeutete das Blutbad vom 8. April für die „Roten", die sich vor allem aus der Studentenschaft, Mitgliedern der niederen Szlachta, ehemaligen Offizieren, der niedrigeren Geistlichkeit und einigen Handwerkern rekrutierten[48], das Signal, dem Gedanken einer bewaffneten Erhebung näherzutreten[49]. Fortdauernder passiver Widerstand und immer häufiger aufflammende national-religiöse Demonstrationen drohten das Land[50] im Chaos versinken zu lassen und ließen die „Weißen" nun doch wieder näher an Wielopolski heranrücken[51], zumal sich nach dem Tode Michail Gortschakows am 20. Mai 1861 keiner der danach rasch wechselnden Statthalter, weder der hochfahrende und nur mit dem Säbel regierende Kriegsminister Suchosanet noch der auf Ausgleich bedachte, aber unentschlossene Graf Lambert, der ihm folgte, den steigenden Schwierigkeiten gewachsen zeigte[52]. Als es im Oktober anläßlich der Beisetzung des Warschauer Erzbischofs Fijałkowski und der Gedenkfeiern zum Tode Kościuszkos, die trotz des ausdrücklichen Verbots der Regierung wiederum eine willkommene Gelegenheit zu nationalen Manifestationen boten, erneut zu blutigen Zwischenfällen kam, die das Militär

[47] „Diese Rede, durch welche Wielopolski sich mit allen Mißbräuchen der Militärregierung solidarisierte, vernichtete alle Hoffnungen auf seine Person, wie die Kugeln des 8. April das Vertrauen zur Gesamtregierung zerschossen hatten," urteilte – etwas emphatisch – der anonyme Verfasser der Broschüre „Die *Vorläufer* des polnischen Aufstands", Leipzig 1864, S. 112. Der britische Historiker Robert Frank Leslie hingegen glaubt, daß der Landadel und die gehobene Warschauer Mittelschicht nicht einmal sonderlich traurig darüber gewesen seien, daß die Arbeiter wieder an Recht und Ordnung erinnert wurden – eine freilich unbewiesene Behauptung! Vgl. *R. F. Leslie:* Reform and Insurrection in Russian Poland, 1856–1865, London 1963, S. 115.

[48] Vgl. *S. Kieniewicz:* Polish Society and the Insurrection of 1863, in: PP 37 (1967) S. 130 bis 148, hier S. 136.

[49] Schon am 10. Mai erschien an Warschauer Häuserwänden ein von Mierosławski und General Wysocki, dem berühmten Kommandeur der polnischen Legion, die 1848/49 an der Seite der Ungarn gekämpft hatte, unterzeichnetes Manifest, das zuerst zum bewaffneten Widerstand aufrief. Vgl. den vollständigen Text der Deklaration bei *E. Knorr:* Die polnischen Aufstände seit 1830 in ihrem Zusammenhang mit den internationalen Umsturzbestrebungen, Berlin 1880, S. 110–112. Vgl. dazu auch *J. Moliński:* Przygotowania wojskowe do wybuchu powstania styczniowego (w okresie luty 1861 – początek stycznia 1863), in: Materiały i Studia do Historii Wojskowości 8 (1962) S. 83–150.

[50] Die Warschauer Ereignisse griffen auch auf andere größere Städte über. Vgl. dazu u. a. *R. Bender:* Ludność miejska Lubelskiego w akcji przedpowstaniowej w latach 1861–1862, Lublin 1961; *A. Czubiński:* Powstanie styczniowe w województwie kaliskim, in: Studia i materiały do dziejów Wielkopolski i Pomorza 8 (1963) S. 49–71.

[51] Vgl. *G. Rhode:* Geschichte Polens, S. 389, dazu auch die wichtige Bemerkung von Hans Roos, der besitzende Adel habe vor der „bitteren Alternative" gestanden, „entweder das nationale oder soziale Interesse opfern zu müssen." Vgl. *H. Roos:* Die polnische Nationsgesellschaft und die Staatsgewalt der Teilungsmächte in der europäischen Geschichte (1795–1863), in: JbGOE 14 (1966) S. 388–399, hier S. 396.

[52] Vgl. *C. Friese:* Rußland und Preußen vom Krimkrieg bis zum Polnischen Aufstand, S. 286 bis 287.

zum Anlaß nahm, sogar in zwei Kirchen einzudringen und sie von den dorthin geflüchteten Demonstranten zu „säubern“[53], wurde schließlich nach einer Massenkundgebung, die am 10. Oktober, dem Tage von Horodło, zur Erinnerung an die Vereinigung Litauens mit Polen stattfand und viertausend Menschen zu feierlichem Gottesdienst vor den Toren Warschaus vereinigte, am 14. Oktober endlich der Belagerungszustand über das Königreich verhängt[54]. Von nun an hielt der neuernannte Statthalter General Lüders[55] die äußere Ordnung in Warschau im großen und ganzen mit Hilfe des Kriegsrechts aufrecht und ließ die Truppen selbst im Winter auf den Straßen der Stadt biwakieren[56]. Die Zeit der „moralischen Revolution“ mit ihren eindrucksvollen Massendemonstrationen war nun vorüber und das Land versank für die nächsten Monate in dumpfe Agonie. Doch vermochte diese Friedhofsruhe nicht darüber hinwegzutäuschen, daß von einer wirklichen Pazifikation des Königreichs weniger denn je die Rede sein konnte[57].

Infolge der Erklärung des Kriegszustandes hatte Wielopolski unverzüglich seine Demission eingereicht – nach Ansicht des preußischen Generalkonsuls in Warschau allerdings nur, um seine Unentbehrlichkeit unter Beweis zu stellen[58] – und war daraufhin am 3. November nach Petersburg entboten worden[59], „um“, wie der Kaiser selbst äußerte, „ihn für jetzt unschädlich zu machen, ohne auf die Verwendung seiner im Dienste sehr tüchtigen Persönlichkeit für die Zukunft zu verzichten“[60]. Dort gelang es dem Markgrafen, der namentlich im kaiserlichen Vize-

[53] Der Warschauer hohe Klerus erklärte daraufhin seinerseits sämtliche Gotteshäuser für profaniert und ließ sie auf unbestimmte Zeit schließen. Vgl. *S. Królik*: Hierarchia kościelna w Królestwie Polskim wobec przygotowania i wybuchu powstania styczniowego, Warszawa 1962.

[54] Vgl. *S. Kieniewicz:* Powstanie styczniowe, S. 197–203; dazu die Berichte des preußischen Generalkonsuls vom 15., 16. und 22. Oktober. Vgl. *Theremin an Bernstorff*, APP II/2, Nr. 421, Anm. 2 (S. 496–498).

[55] Über General Lüders vgl. *Theremin an Bernstorff* – 23. X. 1861 – APP II/2, Nr. 421, Anm. 3 (S. 499): „Daß man bei der Wahl eines Nachfolgers für den Grafen Lambert auf einen Mann wie den General Lüders hat zurückgreifen müssen, beweist zur Genüge, wie groß hier augenblicklich der Mangel an militärischen und administrativen Kapazitäten ist.“ Die „in riesigem Ausmaße von ihm betriebenen Veruntreuungen und Unterschleife während des Krimkrieges“ hätten seinen Ruf völlig ruiniert.

[56] Vgl. *C. Friese:* Rußland und Preußen . . . , S. 290.

[57] Vgl. *S. Kieniewicz:* Polish Society and the Polish Insurrection of 1863, in: PP 37 (1967) S. 130–148, hier S. 135, wo es mit Recht heißt: "This combination of concession and terror had one result – the revolt, that had been imminent, was for a time postponed; but it did not amount to a pacification of the country."

[58] Vgl. *Theremin an Bernstorff* – 3. XI. 1861 – APP II/2, Nr. 421, Anm. 7 (S. 500–501).

[59] Abweichend *R. F. Leslie:* Politics and Economics in Congress Poland, 1815–1864, in: PP 8 (1955) S. 43–63, wo es auf S. 54 heißt: "Wielopolski's resignation was an open admission that he could not bring the conservatives to accept co-operation with the Tsar".

[60] Vgl. *L. Raschdau* (Hrsg.): Die politischen Berichte des Fürsten Bismarck aus Petersburg und Paris 1859–1862, Bd. 2, Berlin 1920, S. 126.

kanzler sehr bald einen eifrigen Fürsprecher und Förderer fand, das anfangs lebhafte Mißtrauen des Zaren zu überwinden und nach und nach eine Reihe von Zugeständnissen zu erwirken, die das Königreich wieder in einen Zustand zu versetzen versprachen, der sich demjenigen von vor 1830 weitgehend annäherte[61]. Allerdings konnte an die Aufstellung einer nationalen polnischen Armee, wie sie nach 1815 – wenn auch unter russischem Oberkommando – bestanden hatte, vorerst nicht gedacht werden. Daher zielten die Vorschläge Wielopolskis auf eine gänzliche Trennung des militärischen vom zivilen Bereich ab, um auf diese Weise letzteren ganz in polnische Hände zu überführen und als dessen Chef selbst an die Spitze der zivilen Verwaltung und Gesetzgebung zu treten[62]. In der durchaus richtigen Erkenntnis, hierin einen besonders wunden Punkt im russisch-polnischen Verhältnis zu berühren, vermied er es sorgfältig, die Frage der Zukunft Litauens ins Spiel zu bringen, da das Gouvernement Wilna für das russische Selbstverständnis längst einen unveräußerlichen Bestandteil des Reiches bildete[63]. Für das Königreich erreichte er immerhin die kaiserliche Zusage einer schrittweisen Entfernung der russischen Behörden und ihrer Ablösung durch polnische Beamte, die Einrichtung lokaler Selbstverwaltungsorgane und eine Reform des Schulwesens bei Einführung der polnischen Unterrichtssprache. Dagegen stieß sein Wunsch nach nationaler Repräsentation für das Königreich Polen schon mit Rücksicht auf die autokratische Staatsform des eigentlichen Rußland verständlicherweise bei Alexander II. auf wenig Gegenliebe[64]. Andererseits überzeugte er den immer noch mißtrauischen Kaiser und seinen freilich sehr viel zugänglicheren Vizekanzler von der Notwendigkeit, den Polen im Königreich weitere Konzessionen zu gewähren, mit dem durchaus richtigen Argument, daß nur rechtzeitige und durchgreifende Reformen eine gewaltsame Entladung des inzwischen angehäuften Zündstoffs würden verhindern können[65].

Nach zähen und wechselvollen, von zahlreichen längeren Unterbrechungen und häufigen Rückschlägen gekennzeichneten Verhandlungen kehrte Wielopolski schließlich Ende Juni 1862 als Chef der Zivilverwaltung im Königreich Polen und als Vizepräsident des seit dem 26. März 1861 etablierten Staatsrats, d. h. praktisch

[61] Vgl. die grundlegende, auf Leningrader und Moskauer Archivmaterial aufbauende Arbeit von *I. Koberdowa:* Wielki Książę Konstanty w Warszawie 1862–1863, Warszawa 1962, S. 39–40.

[62] Vgl. *L. Raschdau* (Hrsg.): Die Politischen Berichte . . . , S. 137; ferner *Theremin an Bernstorff* – 3. XI. 1861 – APP II/2, Nr. 421, Anm. 7.

[63] Vgl. die scharfe Polemik I. S. Aksakovs anläßlich der Feier des Tages von Horodło, zit. bei *C. Friese:* Rußland und Preußen . . . , S. 288.

[64] Vgl. *S. Kieniewicz:* Polish Society and the Polish Insurrection of 1863, in: PP 37 (1967) S. 130–148, hier S. 135, wo es u. a. heißt: "Alexander II stubbornly ruled out any thought of an national representation and of extending the concessions to Lithuania, and he even refused to grant the Poles their national emblems and colours."

[65] Vgl. *R. F. Leslie:* Politics and Economics in Congress Poland, 1815–1864, in: PP 8 (1955) S. 43–63, hier S. 55.

als Ministerpräsident, nach Warschau zurück[66]. Am selben Tag bestimmte ein weiterer Ukaz Alexanders II. seinen Bruder, den Großfürsten Konstantin Nikolaevič, zum Statthalter in Polen[67]. Der Markgraf konnte diesen unzweifelhaften Erfolg vor allem auch deshalb erringen, weil man in Petersburger Regierungskreisen außer einer Rückkehr zum Regierungsstil der Jahre vor 1856, der dem Geist der eben anlaufenden Reformen allzu kraß widersprochen hätte und daher sowohl vom Kaiser als auch von Gortschakow entschieden abgelehnt wurde, keine echte Alternative zu dem von Wielopolski inaugurierten Programm einer „Regierung Polens durch Polen" besaß und außerdem durch die Entsendung des kaiserlichen Bruders dem polnischen Nationalgefühl entgegenkommen und somit die Sonderstellung des Königreichs innerhalb des Imperiums besonders betonen wollte[68].

Die Kugeln des Attentäters, welche den Großfürsten schon einen Tag nach seiner Ankunft auf dem Warschauer Bahnhof leicht verwundeten, bewiesen jedoch schlagend, daß sich die politischen Kräfte im Königreich Polen während der Abwesenheit Wielopolskis bereits in unheilvoller Weise polarisiert hatten[69]. Der radikale Flügel des sogenannten „Roten" war unter der Führung ehemaliger zarischer Offiziere und von Mitgliedern der Warschauer Studentenschaft, denen sich Kreise der niederen Geistlichkeit und einige Handwerker angeschlossen hatten, inzwischen „von den Demonstrationen zur Verschwörung" übergegangen[70] und hatte zahlreiche Gruppen und Grüppchen, die im Untergrund der Stadt für die bewaffnete Erhebung agitierten, zu einem „Stadtkomitee" (Komitet Miejski), das sich später in „Nationales Zentralkomitee" (Komitet Centralny Narodowy,

66 Die Berufung Wielopolskis kam erst zustande, nachdem der zunächst für diesen Posten vorgesehene Nikolaj Miljutin die Übernahme des Amtes abgelehnt hatte. Vgl. *C. Friese:* Rußland und Preußen . . . , S. 292.

67 Über die Beratung des Ministerrats und die ihr folgende Entscheidung des Kaisers unterrichtet nach den russischen Akten *I. Koberdowa:* Wielki Książę Konstanty w Warszawie, S. 19–21.

68 Vgl. *Goltz an Bernstorff* 17. IV. 1862 APP II/2 Nr. 464. Danach hatte Gortschakow gesprächsweise geäußert, man gehe nunmehr „zu einer regelmäßigen Regierung des Königreichs Polen" über, „welches unmöglich auf ewige Zeiten von russischen Bajonetten regiert werden könne." Vgl. ferner den vertraulichen *Runderlaß Bernstorffs* an die preußischen Missionen in London, Wien, Brüssel und Paris – 11. VI. 1862 – APP II/2 Nr. 462, bes. Anm. 5!

69 Die allmähliche Entstehung und ständige Veränderung der revolutionären Organisationen in Warschau illustriert am eindrucksvollsten *Z. Janczewski:* Lista warszawskich organizacji niepodległościowych z lat 1859–1863, in: *Zbiór zeznań śledczych* o przebiegu powstania styczniowego, hrsg. von *S. Kieniewicz*, Wrocław-Warszawa-Kraków 1965, S. 2–20. Ferner die Berichte von vier langjährigen Mitgliedern der Warschauer Untergrundorganisationen: Zdzislaw Janczewski, Władysław Danilowski, Oskar Awejde und Karol Majewski, die S. Kieniewicz zusammengestellt und mit einem ausführlichen Kommentar versehen hat. Vgl. *Zeznania śledcze* o powstaniu styczniowym, Wrocław 1956.

70 Vgl. *S. Kieniewicz:* Polish Society and the Polish Insurrection of 1863, in: PP 37 (1967) S. 130–148, hier S. 136.

kurz: KCN) umbenannte, zu vereinigen verstanden[71]. Nach einer Reihe weiterer, wenn auch erfolgloser Anschläge auf Wielopolski, die scharfe Repressivmaßnahmen nach sich zogen[72], wandte sich das „Zentralkomitee" bereits am 1. September 1862 in einer Proklamation, in welcher es sich zugleich zur alleinigen Sprecherin der „polnischen Nation" erklärte, entschieden gegen jeden Ausgleich mit dem russischen Kaisertum und rief die Bevölkerung im ganzen Land zum bewaffneten Widerstand auf[73].

Die sich um Andrzej Zamoyski und seine Gefolgschaft aus Mitgliedern der ehemaligen Landwirtschaftlichen Gesellschaft bildende Vereinigung der gemäßigten „Weißen" und eine vor allem aus führenden Persönlichkeiten des Warschauer „Bürgertums" zusammengesetzte „Direkcja" gerieten nun angesichts der radikalen Propaganda zunehmend in den Ruf, nicht patriotisch genug zu sein[74]. Um sich daher des Verdachts zu erwehren, sie unterstütze stillschweigend die Ausgleichspolitik Wielopolskis, vor allem aber, um dem „Alleinvertretungsanspruch" der Radikalen entgegenzuwirken[75], wandte sich am 13. September eine Adelsversammlung mit einer weithin unterstützten Adresse an den Vizepräsidenten des Staatsrats, in welcher sie erklärte, die Regierung nur dann unterstützen zu können, „wenn bei

[71] Vgl. *S. Kieniewicz*: Społeczeństwo Królestwa Polskiego w powstaniu styczniowym, in: Powstanie styczniowe, Bd I, Warszawa 1963, S. 5–40, hier S. 18; ferner *ders.*: „Komitet Miejski" z 1861 r. Skład osobowy i nazwa, in: Studia historyczne. Księga jubileuszowa St. Arnolda, Warszawa 1965, S. 178–186.

[72] Die drei jugendlichen Attentäter wurden, obgleich ihr Anschlag gescheitert war, zum Tode verurteilt und hingerichtet. Die „Roten" feierten sie in ihrer geheimen Zeitung „Ruch" (Die Bewegung) als Märtyrer für die Sache Polens. Vgl. *„Ruch"* Nr. 5 vom 17. IX. 1862, in: *Prasa tajna* z lat 1861–64, część 1, hrsg. von *S. Kieniewicz* und *I. S. Miller*, Wrocław-Warszawa-Kraków 1966, S. 346–350, Auszüge in deutscher Übersetzung bei *E. Knorr:* Die polnischen Aufstände seit 1830, Berlin 1880, S. 156–157. Da man wissen konnte, daß die jugendlichen Attentäter kaum auf eigene Faust gehandelt hatten, machte die Hinrichtung Wielopolski nur noch verhaßter. Vgl. *R. F. Leslie:* Reform and Insurrection in Russian Poland, London 1963, S. 147–148; ferner *M. Kukiel*: Military Aspects of the Polish Insurrection of 1863–64, in: Antemurale VII/VIII (1963) S. 397. Walentyna Rudzka nennt die Todesurteile einen „Schock für die ganze Nation", vgl. *W. Rudzka:* Studies on the Polish Insurrectionary Government in 1863–64, ebda., S. 404.

[73] Vgl. *Dokumenty* Komitetu Centralnego Narodowego i Rządu Narodowego, 1862–1864, hrsg. von *E. Halicz* u. a., Wrocław-Warszawa-Kraków 1968, S. 13–14; vgl. dazu *S. Kieniewicz:* The Period of the January Insurrection (1850–1864), in: History of Poland, Warszawa 1968, S. 508–527, bes. S. 516–520.

[74] Stefan Kieniewicz spricht davon, daß die „Weißen" ganz einfach die Methoden der Radikalen kopiert hätten; viel auffälliger ist jedoch die Tatsache, daß keines der beiden Lager jemals den Versuch zu gemeinsamer Aktion unternahm. Vgl. *S. Kieniewicz*: Społeczeństwo Królestwa Polskiego w powstaniu styczniowego, in: Powstanie styczniowe, Bd. I, Warszawa 1963, S. 5–40, hier S. 22.

[75] So vor allem *R. F. Leslie:* Reform and Insurrection in Russian Poland, London 1963, S. 151–152.

freien Gesetzen alle Provinzen unseres Vaterlandes vereint sein werden"[76]. Das Petersburger Kabinett reagierte augenblicklich auf dieses spektakuläre Vorgehen; schon zwei Tage später beorderte ein kaiserlicher Befehl den Grafen Zamoyski als den angeblich Hauptverantwortlichen der Resolution in die Hauptstadt, wo man ihn in Hofkreisen zwar nicht unfreundlich aufnahm, dann aber doch für mindestens drei Jahre ins Ausland schickte, „damit sein Name nicht zu regierungsfeindlichen Manifestationen mißbraucht werde"[77]. Obschon diese ungewöhnliche Maßnahme in Warschau für manche Beobachter überraschend gleichmütig hingenommen wurde[78], stieß die Regierung mit der Verbannung des äußerst beliebten „Pan Andrzej" nun auch die „Weißen" endgültig zurück, auf deren Mitarbeit sie allein auf die Dauer hätte zählen können[79]. Allerdings verbauten die offen proklamierten Ansprüche der „gemäßigten" Gruppierungen auf eine Wiedervereinigung Litauens und der Ukraine mit dem Königreich, welche die Adelsversammlungen in Podolien und Minsk am 1. Oktober bzw. Anfang Dezember in flammenden Appellen wiederholten[80], ihnen jegliche Verständigungsmöglichkeit mit der Regierung in St. Petersburg, für die eine Rückgliederung der westlichen Gouvernements an das polnische Kerngebiet nicht in Frage kam, da sie verständlicherweise mit einer solchen Maßnahme nur einen ersten Schritt zur Wiederherstellung des Königreichs Polen in seiner ursprünglichen territorialen Ausdehnung zu unternehmen besorgte und befürchten mußte, das empfindliche russische Nationalgefühl erheblich zu verletzen[81].

[76] Angeblich handelte es sich um die durch 20000 Unterschriften unterstützte Petition aus dem Vorjahr, deren Übergabe durch die Verhängung des Belagerungszustandes verhindert worden war. Text in: *Schultheß'* Europäischer Geschichtskalender 1862, S. 327–328.

[77] Dem preußischen Gesandten gegenüber versuchte Gortschakow die Bedeutung dieses Schrittes seiner Regierung geflissentlich herunterzuspielen, da der Graf im Grunde „ein höchst unbedeutender Mensch" gewesen sei. Vgl. *Goltz an Bernstorff* – 19. IX. 1862 – APP II/2 Nr. 496, Anm. 1.

[78] Der neue französische Generalkonsul in Warschau, Valbezen, stellte fest, daß sich seine Befürchtung, politische Attentate, Verhaftungen und Haussuchungen würden nun verstärkt einsetzen, erfreulicherweise nicht bewahrheitet hätte, „ en un mot, la situation est beaucoup meilleure qu'à mon arrivée en ce pays." Vgl. *Valbezen an Drouyn de L'huys* – 23. X. 1862 – in: *Raporty polityczne* Konsulów Generalnych . . . Nr. 178, S. 309–312, hier S. 310; ähnlich auch *Theremin an Bernstorff* – 27. IX. 1862 – APP II/2 Nr. 496, Anm. 3. Der preußische Generalkonsul konstatiert darin, „daß die äußere Ruhe . . . sich seitdem erhalten hat."

[79] Mit der Exilierung Andrzej Zamoyskis sei die Politik der „Weißen" in der Sackgasse gelandet, meint mit einigem Recht *S. Kieniewicz:* Społeczeństwo Królestwa Polskiego w powstaniu styczniowym, in: Powstanie styczniowe, Bd. I, Warszawa 1963, S. 5–40, hier S. 22; vgl. ferner *G. Rhode*: Geschichte Polens, S. 390.

[80] Vollständiger Abdruck in *Schultheß'* Europäischer Geschichtskalender 1862, S. 329–330 bzw. 331–332.

[81] Sehr mit Recht hat Stefan Kieniewicz darauf aufmerksam gemacht, daß auch im Lager der „Roten", obgleich man formal an den „Grenzen von 1772" festhielt, sich verschiedene Auffassungen geltend machten. Während die Gruppe um Mierosławski sich innerhalb der Grenzen von 1772 kein anderes als das polnische Volk vorstellen konnte, sahen

Inzwischen aber hatten auch zahlreiche Gruppen der polnischen Emigration in London und Paris, die ganz ähnlich wie diejenigen in der Heimat ein breites Spektrum politischer und sozialer Vorstellungen über die Zukunft Polens vertraten, auf die Ereignisse im Mutterland zu reagieren begonnen[82]. In Paris hatte Fürst Władysław Czartoryski, der Sohn des mittlerweile hochbetagt verstorbenen „ungekrönten Königs von Polen", Adam Czartoryski, die Leitung des hocharistokratischen „Hôtel Lambert" übernommen[83]. Seine „Erinnerungen" (Pamiętnik)[84] vermitteln wertvolle Aufschlüsse über die Organisation und die Arbeitsweise seiner „diplomatischen Kanzlei", die seit 1861 ihre Agenten in beinahe allen Hauptstädten Europas unterhielt[85]. Die von ihm verfolgte Politik zielte in erster Linie darauf ab, durch die Anknüpfung möglichst enger Kontakte mit Persönlichkeiten, die ihrerseits wiederum in näheren Beziehungen zu Regierungskreisen vor allem in England, Frankreich, Italien, Schweden und der Türkei standen oder in den parlamentarischen Gremien dieser Länder mehr oder minder einflußreiche Positionen bekleideten, die europäischen Mächte an einer Wiederherstellung Polens zu interessieren.[86]. Dagegen hatte der radikaldemokratische, noch ganz der revolutionären Parole „für unsere und eure Freiheit" (za naszą i waszą wolność) verpflichtete

die Führer des Aufstands, die mit russischen revolutionären Kreisen in Berührung gekommen waren, die Lösung des Problems eher in einer Konföderation zwischen Polen, Litauern und Ukrainern – freilich unter polnischer Präponderanz! Vgl. den Diskussionsbeitrag von S. Kieniewicz zum Referat von *I. Koberdowa:* Międzynarodowy aspekt powstania styczniowego, in: Powstanie styczniowe, Bd. II, Warszawa 1964, S. 203. Allerdings hatten auch schon anläßlich der Gedenkfeier für den Tag von Horodło Tausende gelobt: „Wir erneuern die Union, welche Polen und Litauen verbindet, und die Union Polens und Litauens mit Ruthenien schließen wir auf der Grundlage der vollen Gleichberechtigung aller Nationalitäten und Glaubensbekenntnisse." Zit. bei *W. Feldman*: Geschichte der politischen Ideen in Polen, München-Berlin 1917, S. 205.

[82] Wie in allen vorhergegangenen Aufständen sieht Hans Roos auch in demjenigen von 1863 die „Große Emigration" als „treibende Kraft" an – eine Auffassung, die nach den neueren polnischen Forschungsergebnissen ergänzungsbedürftig zu sein scheint. Vgl. *H. Roos:* Die polnische Nationsgesellschaft und die Staatsgewalt der Teilungsmächte in der europäischen Geschichte (1795–1863), in: JbGOE 14 (1966) S. 388–399, hier S. 398.

[83] Zu Adam Czartoryski vgl. das grundlegende und voluminöse, aber schwer zu bewältigende Werk von *M. Handelsman:* Adam Czartoryski, 3 Bde., Warszawa 1948–1950 (posthum); knapper und straffer *M. Kukiel:* Czartoryski and European Unity, Princeton/N. J. 1955.

[84] Vgl. *W. Czartoryski*: Pamiętnik 1860–1864, hrsg. von *H. Wereszycki*, Warszawa 1960. Vgl. ferner *M. Kukiel*: Czartoryski, Władysław (1828–1894), in: Polski Słownik Biograficzny 4 (1938) S. 300–303.

[85] Vgl. die beiden Dokumentenbände: *Polska działalność dyplomatyczna* 1863–1864. Zbiór dokumentów, Bd. 1, Warszawa 1937; Bd. 2, Warszawa 1963.

[86] Zu den – übrigens nicht sehr engen – Kontakten des „Hôtel Lambert" zum Mutterland vgl. vor allem *I. Koberdowa:* Polityka czartoryszczyzny w okresie powstania styczniowego, Warszawa 1957; *H. Wereszycki:* Hôtel Lambert i obóz białych przed wybuchem powstania styczniowego, in: PH 50 (1959) S. 514–544.

Kreis um den „ewigen Revolutionär" Ludwig Mierosławski[87] unter dem Eindruck des ganz Europa erregenden Geschehens in Italien und angesichts der schrittweisen Vereinigung der Donaufürstentümer[88] die Überzeugung gewonnen, daß eine Wiederaufrichtung der polnischen Staatlichkeit nur auf revolutionärem Wege würde erfolgen können, und aus diesem Grunde bereits damit begonnen, unter dem (abgewandelten) Motto: „Polonia farà da se" zunächst in Paris, später in Genua und schließlich in Cuneo militärische Kader für den nahe bevorstehenden Befreiungskampf auszubilden[89]. Allerdings zeigte die sofortige Auflösung der Militärschule im Sommer 1862, die sich das Russische Reich als Vorbedingung für eine Wiederaufnahme der seit 1860 unterbrochenen diplomatischen Beziehungen zum Turiner Kabinett ausbedungen hatte[90], daß das junge Königreich Italien aus wohlverstandenem eigenem Interesse heraus und um seiner internationalen Reputation willen nicht länger gewillt sein konnte, weiterhin auf irgendwelche gemeinsamen „revolutionären Traditionen" mit den Polen Rücksicht zu nehmen[91].

Im Gegensatz zu Mierosławski und seiner Gefolgschaft in Paris und Warschau, die aus „nationalen" Gründen jede Zusammenarbeit mit den Londoner russischen Emigranten um Herzen, Ogarev und Bakunin auf das Heftigste bekämpften[92],

[87] Maßgeblich, wenn auch nicht unumstritten *M. Żychowski:* Ludwik Mierosławski, Warszawa 1963; dazu die Besprechung von *J. Dutkiewicz* in: KH 71 (1965) S. 820–823.

[88] Zu diesen Vorgängen vgl. u. a. *B. Jelavich:* Russia and the Rumanian National Cause, 1858–1859, Bloomington/Ind. 1958; *D. Berindei:* Quelques aspects de la politique étrangère des principautes unies: le problème de l'independence et de l'unité pleine et entière du peuple roumain (1854–1861), in: Nouvelles études d'histoire, Bucarest 1960, S. 391–405; jüngste Zusammenfassung von *M. Huber:* Grundzüge der Geschichte Rumäniens, Darmstadt 1973, S. 74–89.

[89] Nicht zugänglich war leider *E. Halicz:* Polska szkoła wojskowa w Genui i Cuneo (1861–1862), in: Biuletyn Wojskowej Akademii Politycznej, Hist. Ser. 5 (1959) S. 110–133; vgl. ferner *W. Karbowski:* Polska Szkoła Wojskowa we Włoszech (1861–1862), in: Studia i Materiały do Historii Wojskowości 8 (1962) S. 3–82; zusammenfassend jetzt *S. Kieniewicz:* Powstanie styczniowe, S. 266–272.

[90] Vgl. den Runderlaß Gortschakows an die russischen Missionen vom 18. August 1862, in: *Schultheß'* Europäischer Geschichtskalender 1862, S. 325–330; vgl. auch *Goltz an Bernstorff* – 24. VI. 1862 – APP II/2 Nr. 469, Anm. 1.

[91] Zur Rolle Italiens vgl. *E. L. Funaro:* L'Italia et l'insurrezzione polacca: la politica estera e l'opinione italiana nel 1863, Modena 1964; zuletzt *S. Kieniewicz:* L'Italie et l'insurrection polonaise de 1863, Wrocław-Warszawa-Kraków-Gdańsk 1975.

[92] Vgl. *Bakunin an Herzen* – 3. X. 1862 – in: Michail *Bakunins Briefwechsel* mit Alexander I. Herzen und Ogarjow, hrsg. von *M. Dragomanow*, Stuttgart 1895, S. 48–49, wo Bakunin sich sehr erstaunt darüber zeigte, daß Herzen nicht entschiedener auf die Ausfälle Mierosławskis reagierte. Vgl. ferner *I. Koberdowa*: Walka czartoryszczyzny przeciwko sojuszowi polskich i rosyskich rewolucjonistów w czasie powstania styczniowego, in: PH 47 (1956) S. 214–239; *dies.*: W sprawie stosunku Rosji wobec powstania styczniowego, in: KH 69 (1962) S. 875–890; *M. Kukiel*: Military Aspects of the Polish Insurrection of 1863–64, in: Antemurale VII/VIII (1963) S. 363–397, hier S. 379, wonach Mierosławski in der Beteiligung russischer Revolutionäre eine weitere Bevormundung Polens durch Rußland zu sehen glaubte.

hatte eine „östliche" Gruppierung im Warschauer-„Zentralkomitee" drei ihrer Parteigänger unter der Führung von Zygmunt Padlewski[93] als bevollmächtigte Emissäre in die britische Hauptstadt entsandt, um mit den dort lebenden russichen Revolutionären, die in ihrem berühmten und im ganzen Russischen Reich heimlich gelesenen „Kolokol" (Die Glocke) ihre Leser bereits in mehreren Artikeln über die Ereignisse im Königreich Polen informiert hatten[94], über eventuelle gemeinsame Aktionen zu beraten, wobei die Gesprächspartner in ihren Verhandlungen Ende September 1862 allerdings ihre teilweise erheblich divergierenden Auffassungen in der „Grenzfrage" nicht gänzlich auszugleichen vermochten[95]. Eingedenk früherer schlimmer Erfahrungen warnten Herzen[96] und Ogarev ihre polnischen Besucher dringend davor, auf eine gleichzeitige Bauernerhebung im eigentlichen Rußland oder gar auf eine Meuterei in der kaiserlichen Armee[97] allzu große Hoffnungen zu setzen; Bakunin trieb dagegen mit der gewohnten Unrast zur

[93] Zu dieser Gruppe vgl. allgemein *E. Nowak / E. Szelenbaum:* Warszawscy „czerwoni" w przededniu powstania styczniowego (Komitet Miejski i Komitet Centralny Narodowy), in: Rocznik Warszawski 6 (1967) S. 154–177; *W. Karbowski:* Zygmunt Padlewski (1835–1863), Warszawa 1969.

[94] Vgl. dazu auch *M. Mervaud:* Bakunin, le ,,Kolokol" et la question finlandaise, in: Cahiers du Monde Russe et Sovietique 7 (1966) S. 5–36; zusammenfassend *S. Kieniewicz:* Powstanie styczniowe, S. 272–277.

[95] Besonders wichtig hierzu der Diskussionsbeitrag von *A. Podraza* zum Referat von *I. Koberdowa:* Międzynarodowy aspekt powstania styczniowego, in: Powstanie styczniowe, Bd. 2, Warszawa 1964, S. 144–165. Hier werden die unterschiedlichen Positionen zwischen den polnischen und den russischen Revolutionären in der Frage einer zukünftigen Grenze beispielhaft herausgearbeitet. „Es kamen Gedanken an eine Autonomie der litauisch-ruthenischen Gebiete auf unter dem Projekt eines föderativen Aufbaus eines zukünftigen Polen. Der Fetisch der „Grenzen von 1772" dauerte jedoch fortwährend an. Einen Beweis hierfür können die Verhandlungen zwischen Vertretern der „Nationalregierung" und Gruppen des ,,Kolokol" und der „Zemla i Volja" in London und Petersburg im Herbst 1862 liefern und die Protokolle, die dieses Ereignis festhielten." Ebda., S. 160–162.

[96] Vgl. u. a. *M. K. Dziewanowski:* Herzen, Bakunin, and the Polish Insurrection of 1863, in: JCEA 8 (1948) S. 58–78; *I. M. Beljavskaja*: A. I. Gercen i pol'sk oe nacional'no-osvobitel'noe dviženie 60-ch godov XIX veka, Moskva 1954; besonders eingehend *V. A. D'jakov*: Gercen, Ogarev i Komitet Russkich Oficerov v Pol'še, in: Revoljucionnaja situacija v Rossii v 1859–1861 gg., hrsg. von *V. A. D'jakov* und *I. S. Miller*, Moskva 1963, S. 3–82.

[97] In einer Reihe von Arbeiten hat der sowjetische Historiker V. A. D'jakov immer wieder auf eine ,,revolutionäre Situation" in der kaiserlichen Armee hingewiesen – nicht durchgehend überzeugend! Die wichtigsten sind: *V. A. D'jakov* und *I. S. Miller*: Revoljucionnoe dviženie v russkoj armii i vosstanie 1863 g., Moskva 1964, poln. Wrocław 1967; *V. A. D'jakov*: Dejateli russkogo i pol'skogo osvoboditelnogo dviženija v carskoj armii 1856–1965 godov, Moskva 1967. Dagegen hat S. Kieniewicz mit Recht festgestellt: ,,Le fait essentiel est que la situation en Russie avait déjà dépassé la phase critique". Vgl. *S. Kieniewicz:* Les chances de l'insurrection polonaise de 1863, Warszawa 1973, S. 9.

Eile[98]. Ein von beiden Gruppen vereinbarter „Aufruf an die russischen Offiziere in Polen", den der „Kolokol" in seiner Ausgabe vom 15. Oktober 1862 veröffentlichte, forderte das kaiserliche Militär offen zum Hochverrat und beim demnächst zu erwartenden Beginn der Kampfhandlungen zum sofortigen Übertritt in die Reihen der Aufständischen auf[99], blieb jedoch im russischen Heer so gut wie ohne jeden Widerhall[100].

Aber nicht allein der in London unternommene Versuch des radikalen Flügels im Warschauer „Zentralkomitee", der größtenteils aus dem Petersburger „Kreis polnischer Offiziere" hervorgegangen war und mit Jarosław Dąbrowski als „Naczelnik Miasta" (Stadthauptmann) bis zu seiner Verhaftung eine der fähigsten Persönlichkeiten im Lager der „Roten" stellte[101], sich mit den russischen Emigranten auf ein koordiniertes Handeln zu einigen, blieb im ganzen ziemlich erfolglos. Als noch gravierender erwies sich für die revolutionäre Zentrale der verhängnisvolle Umstand, daß seine seit Mitte des Jahres bei dringend erforderlichen Waffenkäufen vor allem in Frankreich, England und Belgien tätigen Emissäre[102] von der französischen Gendarmerie abgefangen und die bei ihnen gefundenen Geldbeträge konfisziert wurden[103]. Die russische Botschaft in Paris wurde wegen des nach wie vor ausgesprochen freundlichen Verhältnisses zwischen beiden Kabinetten unverzüglich von diesen Vorgängen in Kenntnis gesetzt, so daß es auf Grund vertrau-

[98] Bakunin setzte sich auch persönlich für eine Zusammenarbeit der russischen Emigration mit der polnischen Befreiungsbewegung ein, indem er sich an der Expedition der „Ward Jackson" beteiligte, die dem Aufstand über die Ostsee zu Hilfe eilen wollte, aber bereits in Schweden endete. Zusammenfassend dazu *S. Gierszewski:* Wyprawa morska Łapińskiego a przemyt broni przez Gdánsk w r. 1863, in: Rocznik Gdański 15/16 (1956/57) S. 289 bis 300; knapp *T. Cieślak:* Polska-Skandynawia w XIX i XX wieku, Warszawa 1973, bes. S. 75–81.

[99] Vgl. *„Kolokol"*, Jg. 5 (1862) Nr. 147 vom 15. Oktober 1862, (Faksimiledruck) 1962; dt. auszugsweise bei *E. Knorr:* Die polnischen Aufstände seit 1830 . . . , Berlin 1880, S. 367–368.

[100] Zu den Arbeiten von V. A. D'jakov vgl. *H.-P. Stein*: Der Offizier des russischen Heeres im Zeitabschnitt zwischen Reform und Revolution (1861–1905), in: FzoG 13 (1967) S. 346 bis 507, hier S. 347–348. Eine seither in der marxistischen Historiographie vielgerühmte Ausnahme war der junge Unterleutnant Andrej Potebnja. Vgl. dazu *V. R. Lejkina-Svirskaja:* Andrej Potebnja, in: Revoljucionnaja situacija v Rossii v 1859–1861, S. 83–114; zuletzt *A. F. Smirnov*: Więzi rewolucyjne narodów Rosji i Polski w latach trzydziestych-sześćdziesiątych XIX wieku, Warszawa 1972, bes. S. 316–318.

[101] Nach den beiden sowjetrussischen Arbeiten von *I. S. Miller:* Plan Jarosława Dąbrowskiego, in: Ruch rewolucyjny w armii rosyskiej a powstanie styczniowe, hrsg. von *V. A. D'jakov* und *I. S. Miller*, Wrocław 1967, S. 208–253, und *V. A. D'jakov*: Jaroslav Dombrowski, Moskva 1969, vgl. jetzt *J. Zdrada:* Jarosław Dąbrowski, 1836–1871, Kraków 1973.

[102] In Paris hatte Józef Ćwierciakiewicz, der schon nach den Unruhen von 1861 Warschau hatte verlassen müssen, die Waffenbeschaffung übernommen, wurde aber am 20. Dezember 1862 festgenommen. Vgl. *S. Kieniewicz:* Powstanie styczniowe, S. 339–344.

[103] Vgl. den Bericht von Oskar Awejde in: *Zeznania śledcze* o powstaniu styczniowym, hrsg. von *S. Kieniewicz*, Wrocław 1956, S. 144; vgl. auch *R. F. Leslie:* Reform and Insurrection in Russian Poland, London 1963, S. 159, der mit Recht von düsteren Vorzeichen spricht.

licher Mitteilungen des Pariser Innenministeriums, die auf diplomatischem Wege nach Petersburg gelangten, bald auch in Warschau zu Verhaftungen kam, denen nach Jarosław Dąbrowski, der schon am 14. August der Polizei in die Hände gefallen war[104], ein weiteres führendes Mitglied des „Zentralkomitees", Bronisław Szwarce, im Dezember 1862 zum Opfer fiel[105]. Zwar hatte die revolutionäre Untergrundorganisation ihr Netz inzwischen über das ganze Königreich, nach Litauen, Weißrußland, in die Ukraine und selbst in die beiden anderen Teilgebiete ausgespannt, doch stand ihre Stärke trotz ihrer hohen Mitgliederzahl weitgehend nur auf dem Papier, da es ihr an ausgebildeten Kämpfern und vor allem an Waffen fehlte[106].

Unter diesen Umständen die russische Großmacht herauszufordern bedeutete an sich schon ein beinahe selbstmörderisches Unterfangen[107]; doch zwang nun ein überraschender Schritt Wielopolskis dem „nationalen Zentralkomitee", das inzwischen durch mehrere Verhaftungen und ständige Meinungsverschiedenheiten unter seinen Mitgliedern ohnehin geschwächt war[108], auch noch den denkbar un-

[104] Über die letzten Aktionen Dąbrowskis vor seiner Verhaftung unterrichtet am eingehendsten *J. Zdrada:* Jarosław Dąbrowski 1836–1871, Kraków 1973, S. 164–170. Dąbrowski fiel als Oberbefehlshaber der Pariser Kommune am 24. Mai 1871.

[105] Vgl. *I. Koberdowa:* Wielki Książę Konstanty w Warszawie 1862–1863, Warszawa 1962, S. 138; ferner *S. Kieniewicz:* Powstanie styczniowe, S. 340.

[106] Der geheimen Organisation gehörten etwa 20000 Mitglieder an, davon allein in Warschau 8000. Vgl. *S. Kieniewicz:* Polish Society and the Insurrection of 1863, in: PP 37 (1967) S. 136–137.

[107] Robert Frank Leslie bezeichnet den Eintritt der „geborenen Revolutionäre" Bobrowski – Verfasser des Manifests, das am 22. Januar 1863 die „Nation" zu den Waffen rief – und Padlewski, des „Naczelnik Miasta", in das Zentralkomitee als die entscheidende Wende, von der ab der Aufstand gewiß war. Vgl. *R. F. Leslie:* Reform and Insurrection . . . , S. 160. Bobrowski motivierte den Entschluß, den Aufstand auszulösen mit den – allerdings von manchen Historikern angezweifelten – Worten: „Wenn wir den Aufstand entzünden, . . . so erfüllen wir diese Pflicht in der Überzeugung, daß für das Niederschlagen unserer Bewegung Rußland nicht nur unser Land vernichten, sondern überdies gezwungen sein wird, Ströme polnischen Blutes zu vergießen. Diese Ströme indessen werden für lange Jahre zum Hindernis für jeglichen Kompromiß mit den Eroberern unseres Landes werden; wir nehmen nämlich nicht an, daß die polnische Nation selbst nach einem halben Jahrhundert dieses Blut vergessen und die Hand zum Feinde ausstrecken wird, der diese Ströme mit polnischem Blut gefüllt hat." Zit. bei *S. Stomma*: Z kurzem krwi bratnej (Aus dem Dampf des Bruderbluts). Leitartikel des Krakauer „Tygodnik Powczechny" Nr. 3 vom 20. Januar 1963, dt. in: Wissenschaftlicher Dienst für Ostmitteleuropa 13 (1963) S. 205–211, hier S. 210. Auch Padlewski erwiderte auf den Einwand, er löse den Aufstand unter Bedingungen aus, die keineswegs den Anforderungen entsprächen, die er selbst in seinen Vorträgen in der polnischen Militärschule in Cuneo gestellt hatte: „Unmöglich ist es, daß Europa uns zugrunde gehen läßt!" Vgl. *W. Feldman:* Geschichte der politischen Ideen in Polen, Berlin 1917, S. 207, Anm. 3.

[108] Vgl. *W. Rudzka:* Studies on the Polish Insurrectionary Government in 1863–64, in: Antemurale VII/VIII (1963) S. 397–473, bes. S. 406–408.

günstigsten Zeitpunkt auf[109]. Während in London Herzen, Ogarev, Bakunin und die polnischen Abgesandten des Warschauer „nationalen Zentralkomitees" ohne Rücksicht auf die herrschenden Machtverhältnisse noch über eine gemeinsame Formel ihre „Grenzprobleme" betreffend verhandelten[110], glaubte Wielopolski die Gelegenheit der ersten seit dem Krimkrieg angeordneten Aushebung für die kaiserliche Armee dazu benutzen zu sollen, im Königreich Polen im Gegensatz zu dem im ganzen Reich üblichen Losverfahren die für die Armee zu stellenden Rekruten nach geheimen polizeilichen Listen einzuberufen[111]. Eine öffentliche Bekanntmachung vom 6. Oktober bezeichnete eine Rekrutierung als nahe bevorstehend, vermied es jedoch, einen genauen Termin zu benennen. Aufs höchste aber wurde die polnische Öffentlichkeit durch den in ihr enthaltenen Passus alarmiert, daß „in dem gegenwärtigen Ausnahmezustand des Landes die Aushebung nach dem Lose unbequem erscheinen könnte"[112]. Diese Ankündigung konnte nur bedeuten, daß die Regierung sich nunmehr entschlossen hatte, auf diesem scheinlegalen Wege die unruhigen Elemente unter der städtischen Jugend unschädlich zu machen[113] und damit einer von der „Revolutionspartei" für das Frühjahr 1863 geplanten Insurrektion die personelle Grundlage zu entziehen[114]. Genau zwei Monate später wies denn auch eine geheime amtliche Instruktion, die kurz danach über polnische Beamte, die mit den Verschwörern sympathisierten, zur Kenntnis des „nationalen Zentralkomitees" gelangte, die Polizei und Militärbehörden im Königreich an, ihr besonderes Augenmerk auf die „politisch Notierten" zu richten, „da der Hauptzweck der Aushebung darin besteht, sich desjenigen Teils der Bevölkerung zu entledigen, welcher durch seine Haltung dazu beiträgt, die öffentliche Ordnung zu stören"[115].

109 Vgl. *R. F. Leslie*: Politics and Economics in Russian Poland, 1815–1864, in: PP 8 (1955) S. 56.

110 Mit Recht ist darauf hingewiesen worden, daß die Reise Gillers und Padlewskis nach London nur bedeuten kann, daß sie die Lage im Königreich nicht für bedrohlich hielten. Vgl. *R. F. Leslie:* Reform and Insurrection in Russian Poland, S. 156.

111 Neuerdings hat Stefan Kieniewicz gegen ältere Auffassungen nachzuweisen gesucht, daß die Idee einer „branka" nicht von Wielopolski stammte. Vgl. *S. Kieniewicz:* Powstanie styczniowe, S. 277–280. Dennoch bezeichnete ihn ein Manifest des Zentralkomitees vom 16. I. 1863 als „Verbrecher und Verräter" (zbrodniarz i zdrajca), vgl. *Dokumenty* Komitetu Centralnego Narodowego i Rządu Narodowego 1862–1864, hrsg. von *E. Halicz* u. a., Wrocław-Warszawa-Kraków 1968, Dok.-Nr. 27.

112 Zit. in (anonym): Die *Vorläufer* des polnischen Aufstandes, Leipzig 1864, S. 213.

113 Die verschiedenen Motive für das Vorgehen der Regierung faßt knapp und treffend zusammen *R. F. Leslie*: Politics and Economics in Congress Poland, 1815–1864, in: PP 8 (1955) S. 43–63, hier S. 56, wo von einem „political error" Wielopolskis die Rede ist.

114 Vgl. *G. Rhode*: Geschichte Polens, S. 390, auch *M. Kukiel*: Military Aspects of the Polish Insurrection of 1863–64, in: Antemurale VII/VIII (1963) S. 363–397, hier S. 380.

115 Vgl. Die *Vorläufer* des polnischen Aufstandes, Leipzig 1864, S. 213.

Für die „Roten" bedeutete diese Anordnung eine tödliche Bedrohung, da sich ohne eine genügende personelle und materielle Vorbereitung, die erst im Frühjahr abgeschlossen sein sollte, jede Aussicht, einen bewaffneten Aufstand zum Erfolg zu führen, entscheidend verringern mußte[116]. Anfang Januar 1863 war jedenfalls die Situation der Verschwörer trotz ihrer Erwartung, daß die tatsächliche Durchführung der Konskription einen spontanen Massenaufstand zur Folge haben werde[117], aussichtslos, ja verzweifelt zu nennen[118]. Unverzüglich mußten sie jedoch Gegenmaßnahmen ergreifen, wenn sie nicht ihr inzwischen bei einem großen Teil ihrer Landsleute erworbenes Prestige opfern und alle Pläne einer künftigen Insurrektion endgültig begraben wollten[119]. Aber auch für Alexander Wielopolski, der sich nach seinen eigenen Worten anschickte, die „reife Eiterbeule aufzustechen"[120], stellte die „branka" einen letzten, nicht ungefährlichen Versuch dar, die von ihm gegen die überwältigende Mehrheit der politisch bewußten Bevölkerung verfochtene Politik durchzusetzen[121]. Denn sollte der von ihm im Verein mit dem Großfürsten-Statthalter verfolgte Plan, die „Roten" durch diesen „coup d'état"[122] um ihre personelle Basis zu bringen und ihren Kern für immer zu zerschlagen, sein Ziel verfehlen, so mußte sein politisches Schicksal besiegelt sein[123].

116 Schon Piłsudski meinte in einem Vortrag, den er im Jahre 1912 in Krakau hielt: „Einmal mehr beweist dieses Jahr 1863, daß man in seinen Kriegszielen auf moralische Kräfte nicht wie auf militärische Faktoren zählen darf." Vgl. *J. Piłsudski:* Zarys historii militarnej powstania styczniowego, in: Pisma zbiorowe, Bd. 3, Warszawa 1937, S. 192–247, hier S. 240.

117 Unglücklicherweise hatte der Landwirtschaftsschüler J. Rolski ein vom „Zentralkomitee" nicht autorisiertes Manifest erlassen, worin er ankündigte, daß das Komitee jede Konskription verhindern werde. Um ihr Gesicht nicht zu verlieren, mußten die „Roten" sich hinter diese Erklärung stellen. Vgl. *W. Rudzka:* Studies on the Polish Insurrectionary Government in 1863–64, in: Antemurale VII/VIII (1963) S. 397–473, hier S. 407.

118 So überstürzten sich die Pläne der Verschwörer, von denen A. Giller, der zusammen mit Z. Padlewski in London verhandelt hatte, als seine Vorstellungen nicht durchdrangen, aus dem „nationalen Zentralkomitee" unter Protest ausschied. Am 3. Januar 1863 beschloß eine Versammlung der „Distriktkommissare" in Warschau den Aufstand. Vgl. *R. F. Leslie:* Reform and Insurrection . . . , S. 161–163; vgl. auch *S. Kieniewicz:* Historia Polski 1795 –1918, Warszawa 1968, S. 246–248.

119 Das Dilemma der „Roten" kennzeichnet treffend *M. Kukiel:* Military Aspects of the Polish Insurrection of 1863–64, in: Antemurale VII/VIII (1963) S. 363–397, hier S. 380.

120 Ebda.

121 Die Politik Wielopolskis zeichnet in wenigen sicheren Strichen *R. F. Leslie:* Politics and Economics in Congress Poland, in: PP 8 (1955) S. 43–63, hier S. 51–57.

122 Der russische Vizekanzler gebrauchte diesen Ausdruck gegenüber dem preußischen Gesandten. Vgl. *Redern an Bismarck* – 3. II. 1863 – APP III, Nr. 159, mit der bezeichnenden Marginalie Bismarcks: „Die gesetzgebende Gewalt ist ja beim Kaiser allein."

123 Vgl. *G. Baron Manteuffel-Szoege:* Geschichte des polnischen Volkes während seiner Unfreiheit 1772–1914, Berlin 1950, S. 153.

Zunächst allerdings schien die in der Nacht vom 14. auf den 15. Januar vorerst – gleichsam probeweise – nur in Warschau durchgeführte Rekrutenaushebung bei aller Brutalität der Begleitumstände erfolgreich zu verlaufen[124]. Alle optimistischen Prognosen aber sollten sich als trügerisch erweisen, als eine Woche später das „nationale Zentralkomitee" die „Nation" – d. h. die sich bei winterlicher Kälte in den Wäldern verborgen haltenden jungen Leute – zu den Waffen rief[125] und Insurgentenabteilungen – wenn auch durchweg ohne Erfolg – in der Nacht vom 22. auf den 23. Januar die im Königreich stationierten Truppen in ihren Kasernen überfielen[126]. Für ganz Europa überraschend war aus dem seit 1861 schwelenden Krisenherd in der Mitte des Kontinents ein bewaffneter Konflikt entstanden, der die Regierungen und die öffentliche Meinung in allen Staaten zur Stellungnahme herausforderte[127].

[124] Der französische Generalkonsul in Warschau berichtete nach Paris, die gelungene Durchführung der Rekrutierung habe „les allures de croquemitaine du Comité central révolutionnaire" auf seine „juste valeur" reduziert, und gab der Hoffnung Ausdruck, daß „mesures vraiment libérales et conciliatrices" dem Großfürsten und Wielopolski den Dank Rußlands und wohl auch Polens eintragen würden. Vgl. *Valbezen an Drouyn de Lhuys* – 16. I. 1863 – in: *Raporty polityczne* Konsulów Generalnych, Dok.-Nr. 187. Ähnlich beurteilte der preußische Geschäftsträger in Warschau, v. Tettau, die Lage, wobei er betonte, daß sich die Regierung endlich einmal dem Regiment des Nationalkomitees überlegen gezeigt habe. Vgl. *Tettau an Bismarck* – 19. I. 1863 – APP III, Nr. 133.

[125] In ihrem Manifest rief das „nationale Zentralkomitee", indem es sich zugleich zur „Provisorischen Nationalregierung" (Tymczasowy Rząd Narodowy) erklärte, zum „letzten Kampf der europäischen Zivilisation gegen die wilde Barbarei Asiens" (bój ostatni europejskiej cywilizacji z dzikiem barbarzyństwem Azji) auf. Vgl. *Dokumenty* Komitetu Centralnego Narodowego i Rzadu Narodowego . . . , Dok.-Nr. 29.

[126] Henryk Wereszycki ist mit Recht der Auffassung, daß sich die jungen Revolutionäre kaum aller Konsequenzen ihres Tuns bewußt waren, als sie den Ausbruch des Aufstands betrieben; sie hätten aus einer Zwangslage heraus gehandelt, wobei sie weniger auf Hilfe von außen, sondern mehr auf die Bauernmassen vertrauten. Vgl. *H. Wereszycki*: Powstanie polskie na tle sytuacji międzynarodowe, in: Historia Polski od połowy XVIII do połowy XIX wieku, Warszawa 1960, S. 95–122, hier S. 111–112.

[127] Zur internationalen Situation vgl. *E. Engel-Janosi*: Graf Rechberg. Vier Kapitel zu seiner und Österreichs Geschichte, München und Berlin 1927, bes. S. 81.

KAPITEL II :

DIE POLITIK ÖSTERREICHS UND PREUSSENS VOM VORABEND DES POLNISCHEN AUFSTANDS BIS ZUM ABSCHLUSS DER KONVENTION ALVENSLEBEN

Zu Beginn des Jahres 1863 hatte die deutsche Öffentlichkeit mit gedämpftem Optimismus in die Zukunft geblickt. Zwar waren nicht alle Konfliktherde auf der Welt beseitigt, doch schwiegen wenigstens in Europa seit Magenta und Solferino die Waffen. Der Sezessionskrieg in Nordamerika tangierte deutsche Interessen nicht unmittelbar, und das Engagement des Zweiten Kaiserreichs in Mexiko sah man jenseits der französischen Grenzen nicht einmal ungern, da es geeignet schien, militärische Aktivitäten Napoleons III. an der Rheingrenze und in Belgien zumindest für die nächste Zukunft zu paralysieren[1]. Zwar blickte man seit der Krise von 1859 unablässig mit einem aus Furcht und Argwohn gemischten Mißtrauen nach Paris, doch wußte man den überwiegenden Teil der französischen Armee und vor allem die Flotte vorläufig jenseits des Ozeans gebunden, da ein Abbruch des verlustreichen und in der Heimat höchst unpopulären mexikanischen Abenteuers eine schmähliche, für das Prestige des Kaisers unerträgliche und für seine Stellung sehr gefährliche Niederlage bedeutet hätte und daher nicht in Frage kommen konnte[2].

Im Osten aber wußte die öffentliche Meinung in Deutschland[3] das trotz seiner im Krimkrieg erlittenen Niederlage noch immer als eine Respekt gebietende Macht empfundene Russische Reich in einer grundlegenden innenpolitischen Transformation begriffen, die eventuelle ehrgeizige Ambitionen auf dem Felde der Außenpoli-

[1] Zur Rolle Belgiens vgl. *H. Lademacher:* Die belgische Neutralität als Problem der europäischen Politik, Bonn 1971.

[2] Vgl. u. a. *F. Engel-Janosi*: Graf Rechberg. Vier Kapitel zu seiner und Österreichs Geschichte, München und Berlin 1927, bes. S. 80–84.

[3] Der Begriff „Deutschland“ wird hier dem zeitgenössischen Sprachgebrauch entsprechend verwendet; er umschreibt wohl im allgemeinen den Bereich des deutschen Sprachgebiets, ist aber nicht fest umrissen; auf keinen Fall darf er politisch aufgefaßt werden!

tik nachhaltig lähmen mußte[4]. Die aufrichtigen Anstrengungen des „liberalen" Kaisers Alexander und seines Vizekanzlers Gortschakow, das Reich durch großzügige Reformen zu modernisieren und es allmählich in einen fortschrittlichen Staat umzuformen, wurden seit der Bauernbefreiung von 1861 in der deutschen Publizistik durchweg beifällig aufgenommen und unterstützt, indem man der Regierung in Petersburg „Ausdauer und Festigkeit in der Durchführung des neuen Systems"[5] wünschte und sie beschwor, sich auch durch die „Schreckensherrschaft" der seit beinahe zwei Jahren das Königreich Polen terrorisierenden „Revolutionspartei" nicht in ihrem Vorhaben beirren zu lassen[6], durch großmütig gewährte nationale Institutionen den auf die vollständige Trennung vom russischen Imperium gerichteten Bestrebungen der polnischen Radikalen die Gefolgschaft der Bevölkerung im Königreich zu entziehen.

Im Kaiserreich Österreich versuchte man in der Vorbereitungsphase des polnischen Aufstandes von 1863 offensichtlich kaum, der russischen Regierung in irgendeiner Weise einen Wandel ihrer Polenpolitik nahezulegen[7]. Die führenden Männer in der Staatskanzlei am Ballhausplatz hatten ihre auswärtige Politik im Winter 1862/63 in erster Linie auf die deutschen Verhältnisse ausgerichtet, in welchen durch die ungewöhnlich offene Sprache des neuen preußischen Ministerpräsidenten über das zukünftige Verhältnis der beiden deutschen Vormächte zueinander eine deutliche Verhärtung der beiderseitigen Standpunkte eingetreten war[8].

Ebenso aber wie in den Auseinandersetzungen innerhalb des Deutschen Bundes machten sich auch auf dem Felde der Polenpolitik gegensätzliche Auffassungen geltend. Die bereits von Bismarck während seiner Petersburger Gesandtenzeit aus

4 Dazu neuerdings zusammenfassend *D. Geyer:* Rußland als Problem der vergleichenden Imperialismusforschung, in: Das Vergangene und die Geschichte, Festschrift für *R. Wittram* zum 70. Geburtstag, Göttingen 1973, S. 337–368, hier S. 341–344.

5 Dies empfahl die *„Kölnische Zeitung"* Nr. 21 vom 24. Januar (Korrespondentenbericht vom 13. 1. !).

6 Vgl. *„Rückblicke"*, Kapitel 10 (Rußland) in der (Augsburger) *„Allgemeinen Zeitung"* (künftig zit. als AAZ!) Nr. 26 vom 26. Januar. Der Artikel endete mit der Prognose: „Jedenfalls steht fest, daß Rußland zur Zeit nicht in der Lage ist, nach außen eine wesentliche Macht zu entwickeln, und daß noch lange Zeit vergehen wird, ehe sich seine Zustände so weit befestigt haben, um das zu können."

7 Diese Feststellung gilt trotz der Angaben bei *H. Wereszycki:* Austrja a powstanie styczniowe, Lwów 1930, und *O. Czastek:* Österreich und der polnische Aufstand im Jahre 1863, Wien 1950 (MS). Jedenfalls sind die österreichisch-russischen Beziehungen der Jahre 1861 bis 1863 weit weniger erforscht als diejenigen zwischen den Höfen von St. Petersburg und Berlin!

8 Vgl. neben *E. Zechlin:* Bismarck und die Grundlegung der deutschen Großmacht, 2. Aufl. Darmstadt 1960, bes. S. 356–441, *R. Isler*: Diplomatie als Gespräch. Bismarcks Auseinandersetzung mit Österreich im Winter 1862/63, Winterthur 1966; zusammenfassend *A. Hillgruber:* Bismarcks Außenpolitik, Freiburg 1972, bes. S. 41–46, mit der treffenden Bemerkung, daß diese erste Phase Bismarck'scher Außenpolitik noch immer etwas „im Dunkeln" liege! (S. 41).

seiner Überzeugung von der Unvereinbarkeit preußischer Staatsraison mit den nationalen Bestrebungen der Polen heraus eingeleiteten und angesichts der russischen Konzessionen im Königreich Polen noch forcierten Bemühungen des Berliner Kabinetts, die russische Polenpolitik vor allem aus Furcht vor nachteiligen Auswirkungen auf das ethnisch gemischte Großherzogtum Posen auf einem strikt repressiven Kurs festzuhalten, waren trotz russischerseits wiederholt geäußerten Verständnisses für die preußischen Befürchtungen am entschiedenen Reformwillen Kaiser Alexanders und dem von seinem Vizekanzler und Außenminister Gortschakow gegen das unausgesetzte Mißtrauen seines Monarchen inaugurierten außenpolitischen Kurs einer – wenn auch lockeren – russisch-französischen Zusammenarbeit im großen und ganzen gescheitert[9].

[9] Vgl. *L. Raschdau* (Hrsg.): Die politischen Berichte des Fürsten Bismarck aus Petersburg und Paris, Bd. II, Berlin 1920, vor allem die Depeschen vom 12. März 1861 (S. 31–33), 4. April (S. 52), 11. April (S. 64–65, 67), in der Bismarck zu dem Schluß kommt, „daß nämlich die russische Politik, trotz aller Familienanhänglichkeit des Kaisers ihre eigenen wahren oder vermeintlichen Interessen ohne Rücksichtnahme auf die unsrigen oder die Österreichs zu verfolgen bereit ist. Vom Gefühl der Solidarität mit uns wird sie nicht mehr beherrscht und unsere Reklamationen in Betreff Polens werden in russisch-gesandtschaftlichen Berichten, die ich selbst gelesen habe, als ‚preußischer Egoismus' bezeichnet." Am 21. April erklärte ihm der Vizekanzler erneut, Rußland denke nicht daran, „allein das Odium gewaltsamer Unterdrückung auf sich zu nehmen" (S. 85); am 5. November wiederholte der preußische Gesandte fast wörtlich die von ihm schon am 11. April getroffene Einschätzung (S. 117). Noch schärfer sprach sich Gortschakow am 8. November aus: man überlasse Rußland das „Odium repressiven Einschreitens" und lasse es „gewissermaßen die Kastanien aus dem Feuer holen", wobei die preußische Presse diese Aufgabe häufig noch erschwere, eine Äußerung, auf die Bismarck mit einem heftigen Ausfall gegen den „Mangel an Patriotismus" preußischer Blätter, die ihre Spalten „für polnisches Geld" öffneten, reagierte (S. 122–123). Ähnlich wieder äußerte der Vizekanzler nach Bismarcks Bericht vom 22. November 1861: „Das Bajonett sei eine Stütze, aber man könne für die Dauer nicht darauf sitzen", warum könne man Polen nicht eine Autonomie ähnlich derjenigen Finnlands und der Ostseeprovinzen gewähren, „deren Bewohner sehr zufrieden seien, Rußland in dieser Form anzugehören?" (S. 138). – In privaten Briefen hatte Bismarck noch weitaus schärfere Töne angeschlagen. Bekanntlich hatte er in einem Schreiben an seine Schwester Malwine vom 26. März 1861 gefordert: „Haut doch die Polen, daß sie am Leben verzagen!" und sie mit dem Wolf verglichen, der auch nichts dafür könne, von Gott geschaffen zu sein, wie er nun einmal sei, „und man schießt ihn doch dafür todt, wenn man kann." Vgl. *Bismarcks Gesammelte Werke*, Bd. XIV/1, S. 568. Mit Recht hat Hans Rothfels darauf aufmerksam gemacht, daß der Adressat den „burschikosen Wortlaut" verstehen ließe, da Bismarck in der Praxis sich scharf von jeder „Ausrottungstendenz" abgesetzt habe. Vgl. *H. Rothfels:* Bismarck, der Osten und das Reich, Stuttgart 1960, S. 75 – eine dennoch recht harmonisierende Anschauung! Eine ähnliche Äußerung Bismarcks stammt vom April, als er seine Frau an Moritz von Blankenburg schreiben ließ: „Man muß Blut sehen und zwar bald! – sonst wird in der Weltgeschichte keine Ordnung!" Boris Nolde spricht mit einigem Recht von der „Abscheulichkeit dieses grausamen Scherzes", zit. bei *B. Nolde:* Die Petersburger Mission Bismarcks, Leipzig 1936, S. 162–163; vgl. ferner *C. Friese:* Rußland und Preußen vom Krimkrieg bis zum Polnischen Aufstand, Berlin und Königsberg 1931, S. 271–295; neuerdings auch *E. Pyziur:* Bismarck's Appraisal of Russian Liberalism as Prussian Envoy in St. Petersburg, in: Canadian Slavonic Papers 10 (1968) S. 298–311.

Im Gegenteil hatten derartige Vorstöße der Berliner Regierung seit dem Jahre 1861 am Zarenhof das traditionell gute russisch-preußische Verhältnis nicht unerheblich belastet, besonders seitdem dieses nicht mehr durch die beinahe freundschaftlich zu nennenden persönlichen Beziehungen Bismarcks zu Alexander II. stabilisiert werden konnte[10]. Sein Nachfolger als königlicher Gesandter in Petersburg, Graf v. d. Goltz, dem es während seiner Amtszeit an der Newa offenbar zu keinem Zeitpunkt wirklich gelang, zu Gortschakow ein aufrichtiges Vertrauensverhältnis zu gewinnen, wurde von dem kaiserlichen Vizekanzler wiederholt beinahe ungehalten und herablassend darüber belehrt, daß sich die russische Politik auch in der Behandlung der polnischen Untertanen des Reiches nicht von Rücksichten auf den Berliner Hof würde leiten lassen[11]. Trotz der nahen Verwandtschaft der beiderseitigen Herrscherhäuser und der traditionellen Freundschaft zwischen beiden Kabinetten könne man eine Einmischung fremder Regierungen in die inneren Angelegenheiten des Russischen Reiches unter keinen Umständen dulden[12]. In ähnlicher Weise stießen die wiederholten Sondierungen des preußischen Generalkonsuls in Warschau bei der dortigen kaiserlichen Statthalterschaft bei deren ausgesprochen antipreußischer Haltung auf wenig Entgegenkommen, so daß man sich in der Wilhelmstraße veranlaßt sah, in Zukunft weitere Einwirkungen im Sinne der preußischen Vorstellungen als ohnehin aussichtslos zu unterlassen[13].

Angesichts seiner prekären Lage, die innenpolitisch vor allem durch die ungelösten Spannungen zwischen den Nationalitäten innerhalb der Monarchie und den seit Villafranca völlig zerrütteten Staatshaushalt geprägt war[14], außenpolitisch in erster Linie durch den mühsam behaupteten Besitz Venetiens und den Gegensatz

[10] Vgl. den Immediatbericht Bismarcks über seine Abschiedsaudienz bei Alexander II., in: *L. Raschdau:* a.a.O., S. 186–187!

[11] Vgl. *Goltz an Bernstorff* – 24. IX. 1862 – in: *Die auswärtige Politik Preußens,* Bd. III, bearb. von *R. Ibbeken,* Oldenburg-Berlin 1932 (im Folgenden zitiert als APP III), Nr. 1.

[12] Vgl. *Goltz an Bernstorff* – 17. VI. 1862 – in: *Die auswärtige Politik Preußens,* Bd. II/2, bearb. von *C. Friese,* Oldenburg-Berlin 1945, Nr. 464, wo es u. a. heißt: „E. E. werden es billigen, wenn ich bei der Aussichtslosigkeit eines Erfolges Anstand nehme, von den liberalen Zugeständnissen des Kaisers abzumahnen. Abgesehen davon, daß hierdurch die kgl. Regierung in ein gehässiges Licht gestellt werden würde, könnten Abmahnungen natürlich nicht mit unseren Interessen im Großherzogtum Posen, sondern nur mit denjenigen Rußlands motiviert werden . . .“; vgl. auch APP II/2, Nr. 472, Anm. 1, wo Goltz lebhaft über seine schwierige Stellung klagt, da „schon seit längerer Zeit“ am russischen Hof die Auffassung herrsche, daß ein Bündnis mit Preußen allein der kaiserlichen Außenpolitik nicht genügen könne.

[13] Vgl. *Bernstorff an Theremin* – 27. VI. 1862 – in: APP II/2, Nr. 468, Anm. 6, wo es heißt, man könne zwar nach den Erfahrungen der letzten beiden Jahre sehr schwer an einen Erfolg der Reformpolitik glauben und wünsche doch die Beruhigung des Nachbarlandes. „Sowenig wir die Gefahren des mit diesen Zugeständnissen betretenen Weges im eigenen Interesse übersehen dürfen, so ratsam erscheint es deshalb andererseits, vorsichtig mit der Kundgebung von Urteilen darüber zu sein.“

[14] Zur innenpolitischen Situation der Monarchie zusammenfassend *R. A. Kann:* Werden und Zerfall des Habsburgerreiches, Graz-Köln-Wien 1962, bes. S. 95–121.

zu Preußen in den Bemühungen um die Bundesreform hervorgerufen wurde, trachtete Österreich danach, durch die Rückkehr zum Prinzip strikter „Legitimität", wie es der Leiter der Wiener Außenpolitik, Graf Rechberg, im Verein mit dem kaiserlichen Gesandten in St. Petersburg seit seinem Amtsantritt im Sinne seines Lehrmeisters Metternich verfocht, mit dem nördlichen Nachbarn mit der Zeit in ein auskömmlicheres Verhältnis zu treten[15]. Dies war auch der Sinn des Monarchentreffens in Warschau vom Oktober 1860 gewesen, auf dem die Haltung der drei „nordischen Mächte" zu Frankreich und Italien besprochen, greifbare Resultate aber angesichts der kaum verheilten Wunden von 1856 nicht erzielt wurden[16].

Den beiden anderen Mitbesitzern ehemals polnischen Territoriums boten sich demnach nur sehr begrenzte Einflußmöglichkeiten auf die Entscheidungen des Petersburger Kabinetts, so lange die Reform Kaiser Alexanders „von oben" in der polnischen Bevölkerung Widerhall und Unterstützung fand und nicht durch radikale Elemente unterlaufen wurde. Ihre Stellung mußte sich freilich in dem Augenblick ändern und sie aus ihrer notgedrungen passiven Haltung herausführen, in welchem die „moralische Revolution" im Königreich Polen in blutige Unruhen umschlug.

Die deutschen Mittelstaaten hatten in der Regel so gut wie gar keine Aussichten, auf die Entschlüsse des russischen Hofes Einfluß zu gewinnen, „und eine nachweisbare Einmischung in die russische Politik verzeiht man ihnen vollends nicht"[17]. Umgekehrt aber hatte sich schon in den Jahren 1848/49 und dann wieder besonders 1859 erwiesen, daß die Regierung des Zarenreiches die verwandtschaftlichen Beziehungen der kaiserlichen Familie sehr wohl als Teil ihres außenpolitischen Instrumentariums einzusetzen verstand, wenn es galt, allzu ehrgeizigen Ambitionen der beiden deutschen Großmächte entgegenzuwirken[18]. Die deutschen Regierungen und die öffentliche Meinung konnten daher nicht gleichgültig bleiben, als die ersten Nachrichten vom Ausbruch einer neuerlichen Rebellion im Königreich Polen in Deutschland eintrafen, wenn auch zu diesem Zeitpunkt die internationale Dimension dieser Vorgänge noch nicht absehbar sein konnte.

Zu Beginn des Jahres 1863, das die öffentliche Meinung im Bereich des Deutschen Bundes – wie erwähnt – im ganzen hoffnungsvoll als ein Jahr begrüßte, in welchem bei gutem Willen aller europäischen Mächte der Frieden sich erhalten

[15] Vgl. *F. Engel-Janosi*: Graf Rechberg, München-Berlin 1927, S. 81–88. Von möglichen nachteiligen Folgen der russischen Reformmaßnahmen in Kongreßpolen für die beiden anderen Teilungsmächte sprach Rechberg in einer Unterredung mit dem preußischen Gesandten. Vgl. *Werther an Bernstorff* – 12. VIII. 1862 – in: APP II/2, Nr. 480, Anm. 2.

[16] Vgl. *C. Friese:* Rußland und Preußen ..., S. 228–231.

[17] Vgl. *Bismarck an Bernstorff* – 15. I. 1862 – in: *L. Raschdau* (Hrsg.): Die politischen Berichte des Fürsten Bismarck aus St. Petersburg und Paris, Bd. II, Berlin 1920, S. 160–162.

[18] Zum Jahre 1848 vgl. vor allem *A. Scharff:* Die europäischen Großmächte und die deutsche Revolution, Leipzig 1942; *ders.*: Die deutsche Einheit und die großen Mächte 1848–1871, in: Teilung und Wiedervereinigung. Göttingen 1963, S. 149–164; zu 1859 *R. Buchner:* Die deutsch-französische Tragödie 1848–1864, Würzburg 1965, bes. S. 78–82.

lassen mußte, erschien auch in Petersburger und Warschauer Regierungskreisen die Hoffnung nicht unbegründet, daß man der schwierigen Situation im Königreich Polen würde Herr werden können, zumal sich nach der Ankündigung einer nahe bevorstehenden Rekrutenaushebung die Lage stabilisiert zu haben schien[19]. Alle Versuche Preußens, der Beschwichtigungspolitik Gortschakows, des Großfürsten Konstantin und Alexander Wielopolskis entgegenzuwirken, hatten sich als ebenso ergebnislos und die beiderseitigen Beziehungen darüber hinaus belastend erwiesen wie die seit 1861 verstärkt einsetzenden englischen Bemühungen, das russische Kabinett zu beschleunigter Wiederanwendung der Wiener Stipulationen, welche die Sonderstellung des Königreichs Polen innerhalb des Russischen Reiches völkerrechtlich festlegten[20], und der in ihnen garantierten Rechte zu veranlassen[21]. Die britische Regierung stand zudem seit der Jahreswende in enger Fühlung mit der kaiserlichen Staatskanzlei am Wiener Ballhausplatz, da die sich häufenden Transporte russischer Waffen nach Serbien und Montenegro zur Unterstützung gegen die Hohe Pforte gerichteter Aufstandsbestrebungen beide Kabinette in wachsende Unruhe versetzten[22].

Die Reaktion Londons und Wiens auf die ersten noch widersprüchlichen Nachrichten vom Ausbruch einer Insurrektion im Königreich Polen ließ denn auch recht deutlich die nur mühsam verhehlte Genugtuung darüber erkennen, daß der offenkundige Versuch Rußlands, das – wie immer auch verstandene – „Nationalitätsprinzip"[23] als ein Instrument zur Schwächung des Osmanischen Reiches (auf lange Sicht aber auch der Donaumonarchie) einzusetzen, Rußland angesichts des bewaffneten Aufbegehrens seiner polnischen Untertanen in einer Zeit der „gewal-

[19] Vgl. *Tettau an Bismarck* – 19. I. 1863 – APP III, Nr. 133.

[20] Zu den Verhandlungen von 1814/15 um eine Lösung der polnischen Frage vgl. *K. Aegidi/ A. Klauhold* (Hrsg.): *Das Staatsarchiv*, Bd. 5, Hamburg 1863, Nr. 855–880, S. 281–338; vgl. ferner *G. Rhode:* Geschichte Polens . . ., S. 338–342.

[21] Zur englischen Politik bis zum Ausbruch des Aufstandes vgl. *H. Wereszycki:* Anglia a Polska w latach 1860–1865, Lwów 1934, Kapitel 1, S. 5–43; *ders.:* Great Britain and the Polish Question in 1863, in: EHR 50 (1935) S. 78–108, hier S. 78–82; abweichend davon *W. E. Mosse*: England and the Polish Insurrection of 1863; in: EHR 71 (1956) S. 28–55, bes. S. 29; gegen letztere Auffassung von der Unhaltbarkeit der Ansichten Wereszyckis wendet sich *I. Koberdowa:* Wielki Książę Konstanty w Warszawie, Warszawa 1962, hier S. 139–141.

[22] Vgl. *H. Wereszycki*: Austrja a powstanie styczniowe, Lwów 1930, hier S. 50.

[23] Aus der reichen Literatur zum Problem des Nationalismus seien ihres grundlegenden Charakters wegen wenigstens genannt *E. Lemberg:* Geschichte des Nationalismus in Europa, Stuttgart 1950; *ders.:* Nationalismus, 2 Bde., Reinbek bei Hamburg 1964; *H. Rothfels:* Grundsätzliches zum Problem der Nationalität, in: *ders.:* Zeitgeschichtliche Betrachtungen, Göttingen 1963, S. 89–111; vgl. auch *W. Conze:* Nation und Gesellschaft. Zwei Grundbegriffe der revolutionären Epoche, in: HZ 198 (1964) S. 1–16.

tigen Transformation"[24] des gesamten Reiches nun auch außenpolitisch in eine überaus unangenehme Lage zu versetzen drohte[25].

Eben dieses von Napoleon III. in Italien – wenngleich mit teilweise durchaus unerwünschtem Erfolg – favorisierte „Nationalitätsprinzip" konfrontierte in diesem Fall die Außenpolitik der Tuilerien mit einem äußerst delikaten Problem[26]. Wie schon in den Jahren 1830/31 sah sich ein französisches Kabinett wieder einmal dem Dilemma gegenüber, daß jede Unterstützung der polnischen Unabhängigkeitsbestrebungen seitens der Regierung, wie sie die gemeinsame „revolutionäre Tradition" beider Länder nahezulegen schien[27], die eben erst wieder feierlich beschworene „Entente" mit dem Petersburger Hof empfindlich beeinträchtigen, wenn nicht zerstören mußte[28]. Diese prekäre Situation wurde an der Seine sehr lebhaft empfunden und legte es der französischen Regierung nahe, sich vorläufig über ein allgemeines Bedauern angesichts des zu erwartenden Blutvergießens hinaus jeder Sympathiekundgebung zu enthalten[29].

Freilich war abzusehen, daß ein Ereignis, welches geeignet schien, alle widerstreitenden politischen Lager im Kaiserreich Napoleons III. von den um das Palais Royal und das „enfant terrible" des Empires, den Prinzen Napoleon, versammelten Radikaldemokraten bis zu den Klerikalen, die sich um die Kaiserin Eugénie scharten, in ihrer Sympathie für eine geknechtete „Schwesternation" zu vereinen, den Herrscher und seine engsten Berater auf die Dauer nicht gleichgültig las-

24 Vgl. *D. Geyer:* Rußland als Problem der vergleichenden Imperialismusforschung, in: Das Vergangene und die Geschichte, Göttingen 1973, S. 337–368, hier S. 342.

25 Diesen Zusammenhang betont *H. Wereszycki:* Great Britain and the Polish Question in 1863, in: EHR 50 (1935) S. 78–108; allerdings wird seine Ansicht, daß die revolutionäre Bewegung in Russisch-Polen in keiner erkennbaren Verbindung zu den Unabhängigkeitsbestrebungen der Balkanvölker gestanden habe, überzeugend widerlegt von *H. Batowski*: Rewolucyjna współpraca Słowiań zachodnich i południowych w okresie powstania styczniowego, Warszawa 1963; *ders.:* Polityka Rządu Narodowego w roku 1864 wobec Austrii (stosunki z Węgrami, Włochami, Czechami, Słowianami Południowymi i Rumunami), in: Powstanie styczniowe 1863, Bd. II, Warszawa 1964, S. 63–86.

26 Vgl. *E. Birke:* Frankreich und Ostmitteleuropa im 19. Jahrhundert, Köln-Graz 1960, bes. S. 196–211.

27 Zu den verschiedenen politischen Orientierungen im geteilten Polen zusammenfassend *G. Rhode:* Polens Teilung und Wiedervereinigung im 19. und 20. Jahrhundert, in: Teilung und Wiedervereinigung, Göttingen 1963, S. 38–60; zur französischen Orientierung bes. S. 45–47, wo die „napoleonische" Tradition mit Recht stark betont wird.

28 Die Ansprache des Kaisers aus Anlaß des Amtsantritts des neuen russischen Botschafters in Paris, v. Budberg, ging über die üblichen Höflichkeitsbezeigungen deutlich hinaus. In der im offiziellen „Moniteur" vom 12. Dezember 1862 publizierten Fassung sprach Napoleon von „aufrichtiger Freundschaft" zu Alexander II. Vgl. *„Kölnische Zeitung"* (im Folgenden zitiert als *KZ*) vom 14. XII. 1862; vgl. dazu ferner *A. Hillgruber*: Bismarcks Außenpolitik, Freiburg 1972, S. 47.

29 Im Gegenteil äußerte sich der französische Außenminister Drouyn de Lhuys dem preußischen Gesandten gegenüber „mit lebhaftem Unwillen" über „diesen neuesten polnischen Aufstandsversuch". Vgl. *Goltz an Bismarck* – 28. I. 1863 – APP III, Nr. 146.

sen konnte[30]. Das Pariser Kabinett stand somit vor der schwierigen Frage, wie es im Einklang mit der überwiegenden Mehrheit der öffentlichen Meinung des Landes die polnischen Unabhängigkeitsbestrebungen wie seit 1861 vorsichtig fördern könnte, ohne einen Bruch mit dem seit dem Pariser Kongreß befreundeten Russischen Kaiserreich riskieren zu müssen[31], dem man bisher in den Tuilerien durch die Ermutigung der russischen Reformbestrebungen im Königreich Polen zu entgehen versucht hatte[32].

Offenbar war jedenfalls beim Ausbruch der polnischen Insurrektion keine der europäischen Großmächte gesonnen, den Konflikt im Russischen Reich in eine allgemeine Konflagration ausufern zu lassen[33], und man darf doch wohl vermuten, daß sich die bewaffneten Auseinandersetzungen in Kongreßpolen angesichts der militärischen Kräfteverhältnisse bald hätten lokalisieren lassen, wenn die preußische Politik darauf verzichtet hätte, den Kurs der russischen Polenpolitik gegen den heftigen Widerstand des kaiserlichen Vizekanzlers und seiner ihn mehrheitlich unterstützenden Kabinettskollegen in ihrem Sinne – erfolgreich – zu beeinflussen[34]; was denn freilich den Berliner Hof in der Folge der entschiedenen, wenn auch fruchtlosen Opposition beinahe aller Regierungen innerhalb und außerhalb des Deutschen Bundes aussetzen sollte[35].

30 Zur steigenden Erregung der französischen Öffentlichkeit vgl. *K. Malettke:* Die Beurteilung der Außen- und Innenpolitik Bismarcks von 1862–1866 in den großen Pariser Zeitungen, Lübeck und Hamburg 1966, bes. S. 62–65.

31 Von einer „gewissen Zweigleisigkeit" der russischen Außenpolitik zu Beginn der sechziger Jahre spricht im Zusammenhang mit dem russisch-französischen Verhältnis in dieser Zeit *E. Zechlin:* Die Reichsgründung, Frankfurt a. M.-Berlin, 2. Aufl. 1974, S. 95; dem sei ergänzend hinzugefügt, daß die Bemühungen des russischen Kabinetts in Paris durchaus erwidert wurden.

32 Über die Schwierigkeiten, an diesem Kurs festzuhalten, vgl. *E. Birke:* Frankreich und Ostmitteleuropa, Köln-Graz 1960, S. 196–197. Die russische Frankreichpolitik beleuchtet am besten die Instruktion Gortschakows an den neuernannten kaiserlichen Botschafter in Paris. Vgl. *Gortschakow an Budberg* – 7./19. XI. 1862 – in: *I. Koberdowa:* Wielki Książę Konstanty w Warszawie, S. 267–274. Allerdings signalisierte die Abberufung des Verfechters der russisch-französischen Allianz, Kisselev, und seine Ablösung durch den eher konservativen Budberg eine durch die Ereignisse in Italien ausgelöste Abkühlung der beiderseitigen Beziehungen. Vgl. *B. Jelavich:* A Century of Russian Foreign Policy 1814–1914, Philadelphia und New York 1964, S. 143.

33 Vgl. *F. Engel-Janosi*: Graf Rechberg, S. 90–91.

34 Gortschakows hartnäckigen Widerstand hat zuerst nachdrücklich betont *R. H. Lord:* Bismarck and Russia in 1863, in: AHR 29 (1923/24) S. 24–48; leider enthält dieser Aufsatz manche Einseitigkeiten und verfährt mitunter recht sorglos mit historischen Begriffen („a reactionary power like Prussia" und „a liberal power like France", S. 31!); ihm folgt *E. Eyck:* Bismarck und das Deutsche Reich, Zürich und Stuttgart 1955: „Ein amerikanischer Historiker, Professor Lord, hat den wahren Sachverhalt überzeugend dargelegt", S. 86; ferner *W. E. Mosse:* The European Powers and the German Question, Cambridge 1958, S. 110.

35 Vgl. *E. Zechlin*: Die Reichsgründung, 2. Aufl. Frankfurt a. M.-Berlin 1974, S. 100–102; *A. Hillgruber:* Bismarcks Außenpolitik, Freiburg 1972, S. 48–52.

Zunächst schien indes für die Wilhelmstraße keine Möglichkeit gegeben, die seit dem 22. Januar 1863 veränderte Situation im Königreich Polen diplomatisch zu verwerten, da beinahe alle Beobachter mit einem raschen Ende der Unruhen rechneten[36], zumal sich die Hoffnung der „Roten“ auf revolutionäre Gesinnungsgenossen in den Reihen der kaiserlichen Armee als trügerisch erwies[37], da selbst die Soldaten polnischer Nationalität beinahe ausnahmslos ihrem Fahneneid die Treue hielten[38]. Während in Warschau als dem Zentrum der Auflehnung nach wie vor eine unheimliche Friedhofsstille herrschte, kam es in einigen kleineren Städten des Landes und vor allem bei Płock und Lublin zu schweren und blutigen Attakken aufständischer Banden gegen die russischen Garnisonen, die aber beinahe sämtlich unter großen Verlusten für die Angreifer zurückgeschlagen wurden[39].

Trotz der Tatsache aber, daß die im Königreich stationierten Truppen unbeeindruckt von revolutionären Parolen fast überall über die nächtlichen Angriffe der ebenso schlecht bewaffneten wie geführten Insurgenten die Oberhand behielten, bemächtigten sich der Petersburger und Warschauer Regierungskreise Bestürzung und Ratlosigkeit[40]. Selbst bei Kaiser Alexander verstärkten sich die insgeheim stets gehegten Zweifel an der Fähigkeit seines großfürstlichen Bruders, die bedrohliche Situation zu meistern[41], und in Hofkreisen ließen sich bereits Stimmen

[36] Namentlich in Berlin gab man sich in Regierungskreisen sehr zuversichtlich, „daß die russischen Truppen diese über Nacht entstandenen Banden demnächst zersprengt haben werden“. *Linden an Hügel* – 25. I. 1863 – HStA Stuttgart, Best. 73a/169/Bl. 184–183; *Löhneysen an Wittgenstein* – 30. I. 1863 – HStA Wiesbaden, Best. 210-10723; *Mollenbeck an Roggenbach* – 26. I. 1863 – GLA Karlsruhe, Best. 48/2663; ferner *„Neue Preußische Zeitung“* (im Folgenden zitiert als NPZ!) Nr. 24 vom 29. Januar.

[37] Aus der Wiener *„General-Correspondenz“* übernommene Berichte über den Zustand der russischen Truppen in *NPZ* Nr. 22 vom 27. Januar und *AAZ* Nr. 29 vom 29. Januar! Vgl. ferner *S. Kieniewicz:* Les chances de l'insurrection polonaise de 1863, Warszawa 1973.

[38] Diese Tatsache wurde in Petersburg dankbar registriert. Vgl. *NPZ* Nr. 26 vom 31. Januar (Korrespondentenbericht vom 26. I.).

[39] *Linden an Hügel* – 25. I. 1863 – HStA Stuttgart, Best. 73a/169/Bl. 184–183: „Herr von Oubril sagte mir gestern, Warschau sei vollkommen ruhig geblieben und die Ruhe sei auch an den beiden Punkten, wo es zu Thätlichkeiten gekommen, wieder hergestellt.“ *Mollenbeck an Roggenbach* – 26. I. 1863 – GLA Karlsruhe, Best. 48/2663; vgl. auch *AAZ* Nr. 27 und *NPZ* Nr. 22 vom 27. Januar.

[40] Vgl. *Redern an Bismarck* – 27. I. 1863 – APP III, Nr. 143: „Les événements ont produit ici très grande sensation et afflictions ...“ Kaiser Alexander habe anläßlich einer Truppenparade das Offizierskorps von den Ereignissen unterrichtet und an seine Treue appelliert. Ähnlich *Perglas an König Maximilian II.* – 14./26. I. 1863 – GStA München, MA III/2747.

[41] Die Versicherung Konstantins, es fehle ihm und dem Marquis Wielopolski durchaus nicht an der erforderlichen Energie, „dessen kannst Du ganz sicher sein“, konnte den scharfen Tadel des Kaisers, eben daran und an der notwendigen Voraussicht habe es gemangelt, nicht verhindern. Vgl. *I. Koberdowa:* Wielki Książę Konstanty w Warszawie ..., S. 143–145.

vernehmen, die auf ein rasches Ende der Gortschakowschen Versöhnungspolitik hofften[42].

Dennoch war die kaiserliche Regierung offensichtlich gewillt, vorerst keine Änderung ihrer Polenpolitik einzuleiten[43], und gab nach außen durch ihre Presseorgane in Petersburg und Brüssel zu verstehen, daß der seit 1861 eingeschlagene Kurs weiterhin werde verfolgt werden, sobald die Ruhe im Lande wiederhergestellt sei[44]. Zum nicht geringen Erstaunen deutscher Diplomaten in St. Petersburg bezeichnete sie sogar die Rekrutenaushebung im Königreich Polen als ein „ungesetzliches Verfahren“[45]. Vor allem aber bemühte sich die Statthalterschaft in Warschau aus naheliegenden Gründen darum, die Ausdehnung und Stärke der Unruhen möglichst herabzumindern[46] und die Hauptschuld an dem Fiasko ihrer Politik des Ausgleichs und der Verständigung mit ihren polnischen Untertanen dem Marquis Wielopolski zuzuschreiben, der angeblich die verderbliche Maßnahme der Konskription gegen den Willen des Großfürsten Konstantin und des Kaisers durchgesetzt hatte[47].

Ausländische Beobachter hingegen zweifelten an der Möglichkeit eines Erfolges der Insurrektion in erster Linie wegen der überaus mangelhaften Ausrüstung und Ausbildung der jugendlichen Rebellen, die den Strapazen eines Winterkrieges auf die Dauer keinesfalls gewachsen sein konnten[48]. Die Tatsache, daß die russischen

[42] Diese Kreise sähen in den traurigen Ereignissen „le bienfait de changer *enfin* le système de modération observé par le gouvernement russe jusqu'à présent si inutilement envers les Polonaises.“ *Perglas an König Maximilian II.* – 14./26. I. 1863 – GStA München, MA III/2747.

[43] Die Regierung in Petersburg werde sich wohl auch durch die letzten Ereignisse nicht entmutigen lassen, ihre Reformen durchzuführen. *Spitzemberg an Hügel* – 7. II. 1863 – HStA Stuttgart, Best. E 72/124.

[44] Als offizielle Organe der kaiserlichen Regierung fungierten das „Journal de St. Pétersbourg“ und der in Brüssel erscheinende „Le Nord“. Vgl. deren Berichte in der *„Kölnischen Zeitung“* Nr. 31 vom 31. Januar.

[45] Vgl. *Redern an Bismarck* – 3. II. 1863 – APP III, Nr. 159; *Perglas an König Maximilian II.* – 25. I./6. II. 1863 – GStA München, MA III/2747; dagegen *Spitzemberg an Hügel* – 7. II. 1863 – HStA Stuttgart, Best. E 72/124, der die angebliche Ungesetzlichkeit der Maßregel entschieden bestreitet.

[46] *Tengoborski* (Chef der Warschauer Kanzlei) *an Oubril* – 11./23. I. 1863 – zit. bei *C. Friese:* Rußland und Preußen ..., S. 296.

[47] *Perglas an König Maximilian II.* – 25. I./6. II. 1863 – GStA München, MA III/2747; vgl. auch *S. Kieniewicz*: Les chances de l'insurrection polonaise de 1863, Warszawa 1973, S. 10.

[48] Vgl. *Valbezen* (Französischer Generalkonsul in Warschau) *an Drouyn de Lhuys* – 26.1. 1863 – in: *Raporty* Konsulów Generalnych Francji ..., Wrocław-Warszawa-Kraków 1965, Dok.-Nr. 189, bes. S. 326. Der Warschauer Korrespondent der (Stettiner) *„Ostsee-Zeitung“* meldete: „Die Insurgentenhaufen bestehen meist aus Lehrlingen von 15–17 Jahren, Gesellen und herrschaftlichen Bedienten, Köchen und Knechten. Von der besitzenden Classe befinden sich Wenige darunter. Die Führer sind junge Edelleute und Wirtschaftsbeamte. Bewaffnet sind diese Haufen mit Piken, Sensen, alten Jagdflinten und Revolvern ...“ Übernommen von der *NPZ* in Nr. 26 vom 31. Januar. Der *AAZ* schrieb man am

Detachements zum gleichen Zeitpunkt und an verschiedenen Orten[49] überfallen wurden, deutete zwar auf eine vorzüglich funktionierende und weit verzweigte Untergrundorganisation[50] und ließ daher einige Beobachter die Zahl der Insurgenten viel zu hoch veranschlagen[51]. In Wirklichkeit aber dürften nach vorsichtigen Schätzungen in der Nacht vom 22. auf den 23. Januar nicht mehr als höchstens sechstausend Aufständische gegen die Kasernen angestürmt sein[52]. Ihnen standen etwa 100 000 Mann regulärer Truppen gegenüber – ungerechnet die Besatzungen der Festungen Warschau, Modlin und Iwangorod, die Grenzbehörden und die Polizei[53]. Die durchweg vergeblichen Überfälle auf 19 der 180 über das ganze Land verteilten Detachements und Garnisonen, welche die Regierung in Warschau sofort mit der Proklamation des Belagerungszustands beantwortete, demoralisierten die siegessicheren Insurgenten zunächst vollständig[54], hatten aber den unverhofften Effekt, daß der Oberkommandierende im Königreich Polen, Baron Ramsay, die kleinsten und daher gefährdetsten Posten einziehen ließ und angesichts der noch gänzlich ungeklärten Lage und in Unkenntnis der wahren Stärke des Gegners die Konzentration der Truppen auf einige wenige befestigte Punkte und Nachschublinien anordnete[55]. Damit aber räumte die kaiserliche Armee notgedrungen weite Teile des flachen Landes, die denn auch sogleich von den Aufständischen für „befreit" erklärt wurden, und ermöglichte es ihnen, sich hauptsächlich in den schwer zugänglichen Waldgebieten immer wieder zu sammeln[56]. Dagegen gelang es ihnen

28. Januar aus Warschau, man habe in Petrikau eine Gruppe von Insurgenten – „darunter wieder ein Geistlicher" – aufgegriffen, „besonders aber viele verhungerte, zerlumpte junge Leute, meist Schüler aus dem dortigen Gymnasium, 18 bis 20 Jahre alt . . ., die einen entsetzlichen Anblick dargeboten haben sollen". Vgl. *AAZ* Nr. 33 vom 2. Februar.

49 Die Angriffe erfolgten an 27 verschiedenen Punkten. Vgl. *S. Kieniewicz:* Powstanie styczniowe, S. 369; ferner die Karte auf S. 371, welche die räumliche Ausdehnung der Aktionen widerspiegelt. Dagegen nennt Marian Kukiel nur 19 Überfälle. Vgl. *M. Kukiel:* Military Aspects of the Polish Insurrection of 1863–64, in: Antemurale VII/VIII (1963) S. 363–396, hier S. 383.

50 Zum „Tajne Państwo Polskie" (Geheimer polnischer Staat) vgl. *S. Kieniewicz*: Powstanie styczniowe, S. 287–320.

51 So wollte man z. B. in Thorn von 6 000 Insurgenten allein vor Płock und deren 10 000 bei Warschau wissen. Vgl. *Bismarck an Redern* – 24. I. 1863 (Telegramm) – APP III, Nr. 139.

52 Vgl. *M. Kukiel:* Military Aspects of the Polish Insurrection of 1863–64, hier S. 382.

53 Vgl. *G. Rhode:* Geschichte Polens, S. 391; *S. Kieniewicz:* Powstanie styczniowe, S. 367.

54 Vgl. *S. Kieniewicz:* Powstanie styczniowe, S. 370.

55 General Baron Ramsay handelte im übrigen keineswegs so „kopflos", wie Hellmuth Scheidt glauben machen will. Vgl. *H. Scheidt:* Konvention Alvensleben und Interventionspolitik der Mächte in der polnischen Frage 1863, Würzburg 1937, S. 21. Schon wegen der besonderen Gefährdung einzelner kleiner Einheiten war ihre Vereinigung ein durchaus gebotenes Führungsmittel, um Verluste zu vermeiden, die eigenen Kräfte nicht zu verzetteln, neu zu formieren und erst dann die Initiative wieder zu ergreifen.

56 Offensichtlich überschätzten die Russen bei weitem das Potential der Insurgenten und ließen durch ihre Vorsichtsmaßregeln den Eindruck entstehen, als seien sie bereits in die Defensive gedrängt. Vgl. *V. Gitermann:* Geschichte Rußlands, Bd. III, Hamburg 1949, S. 135.

im gesamten Verlauf der Erhebung zu keinem Zeitpunkt, größere Ortschaften in Besitz zu nehmen[57]. Wenn die Insurgenten daher erfolgreich operieren wollten, blieben sie auf die aktive Unterstützung oder wenigstens das stillschweigende Einverständnis der ländlichen Bevölkerung angewiesen[58]. Alles hing folglich davon ab, ob es der „Provisorischen Nationalregierung" (Tymczasowy Rząd Narodowy), als welche das „Zentralkomitee" nunmehr fungierte, gelingen würde, die bäuerliche Bevölkerung für den Befreiungskampf zu mobilisieren[59]. Daher proklamierte sie folgerichtig in ihrem ersten Manifest feierlich die Befreiung der Bauern (uwłaszczenie) und den Übergang des Bodens in ihr „ausschließliches und erbliches Eigentum"[60], ohne damit freilich zunächst eine nachhaltigere Wirkung zu erzielen[61].

Die Haltung der Bauern gegenüber den Aufständischen zu Beginn der Erhebung bot sich Beobachtern höchst uneinheitlich dar und reichte vom Eintritt in die Reihen der Insurgenten bis zur völligen Passivität und unverhohlener Feindseligkeit, ja zur Kollaboration mit den kaiserlichen Truppen[62]. Die in ganz Deutschland verbreitete Augsburger „Allgemeine Zeitung", die in Süddeutschland sogar „eine zweifelsohne Herrschaftsstellung" einnahm[63], veröffentlichte in der letzten Januarwoche eine ganze Reihe von Berichten ihrer eigenen Korrespondenten und derjenigen anderer Blätter aus Warschau, die das vor allem regional unterschiedliche Verhalten der Landbevölkerung eindrucksvoll widerspiegeln[64].

57 Zum Verhalten der Bevölkerung vgl. *S. Kieniewicz:* Społeczeństwo Królestwa Polskiego w powstaniu styczniowym, in: Powstanie styczniowe, Bd. I, Warszawa 1963, hier S. 24–25.

58 Vgl. dazu vor allem *S. Kieniewicz:* The Emancipation of the Polish Peasantry, Chicago und London 1969, S. 154–169.

59 Mit Recht stellt Stefan Kieniewicz fest: „Außerhalb der Bewegungspartei gab es zwei politische Gruppen: diejenigen, denen das gesellschaftspolitische Programm der „Roten" allzu radikal war (die Gutsbesitzer), und diejenigen, denen es nicht radikal genug war (die Bauern)." Wobei sich freilich die Frage erhebt, inwieweit letztere ihre Meinung überhaupt artikulieren konnten. Vgl. *S. Kieniewicz:* Społeczeństwo Królestwa Polskiego w powstaniu styczniowym, in: Powstanie styczniowe, Bd. I, Warszawa 1963, S. 22; vgl. ferner *M. Kukiel:* Military Aspects of the Polish Insurrection of 1863–64, in: Antemurale VII/VIII (1963) S. 363–396, hier S. 382–383.

60 Vgl. *Dokumenty* Komitetu Centralnego Narodowego i Rządu Narodowego 1862–1864, Wrocław-Warszawa-Kraków 1968, Dok.-Nr. 30; dt. in *Schultheß'* Europäischer Geschichtskalender 1863, S. 245–246; auch in *E. Knorr:* Die polnischen Aufstände seit 1830..., Berlin 1880, S. 312–313.

61 Robert Frank Leslie führt die geringe Wirkung des Manifestes z. T. auf seine mangelnde Originalität zurück; es sei wenig mehr als das wieder aufgewärmte Programm der alten „Demokratischen Gesellschaft" gewesen. Vgl. *R. F. Leslie:* Reform and Insurrection in Russian Poland, London 1963, S. 165.

62 Vgl. *S. Kieniewicz:* The Emancipation of the Polish Peasantry, Chicago und London 1969, S. 163–164.

63 Zur Augsburger „Allgemeinen Zeitung", ihrer Redaktion, ihrem Korrespondentennetz und ihrer Verbreitung vgl. *W. Gebhardt:* Die deutsche Politik der Augsburger Allgemeinen Zeitung, 1859–1866, München 1935, bes. S. 3–4.

64 Dazu zusammenfassend *S. Kieniewicz:* Historia Polski 1795–1918, Warszawa 1968, S. 257.

So wollte ihr Berichterstatter am 24. Januar wissen, daß sich in der Gegend von Płock, in welcher die heftigsten Gefechte tobten, sogar Bauern den Insurgenten angeschlossen hätten, „während in den meisten Gegenden des Landes der Bauernstand die hauptsächlichste Stütze der Regierung bildet“[65]. Am 30. Januar übernahm das Blatt eine Korrespondenz der „Danziger Zeitung“ aus Warschau, ebenfalls vom 24. Januar, derzufolge die Bauern auf das Versprechen ihrer Gutsherren hin, ihnen den Boden „auf ewige Zeiten“ zu schenken, zu schwanken und den Aufständischen zuzuneigen begännen[66]. Dagegen meldete die Breslauer „Schlesische Zeitung“ in ihrer Ausgabe vom 26. Januar[67], deren Bericht die „Augsburger Allgemeine“ am 1. Februar nachdruckte: „Die Bauern sollen zurückhaltend, ja an einigen Orten schon aktiv contrerevolutionär aufgetreten seyn, wogegen man als Hauptanstifter der Insurrektion einzelne Geistliche und fanatische Jünglinge bezeichnet“[68]. „Auf dem platten Lande hat der Aufstand noch gar keine Verbreitung gefunden“, meldete die Stettiner „Ostsee-Zeitung“ aus Posen, „im Gegenteil leisten die Bauern der Regierung alle mögliche Unterstützung zur Unterdrückung der Unruhen und zur Habhaftwerdung der Anstifter derselben“[69]. Der Berichterstatter der „Allgemeinen Zeitung“ unterstrich diese Feststellung und ergänzte, „wenn die Regierung sich nicht schützend vor die Gutsbesitzer stellte, so könnten wir sicher Szenen erleben, die an Galizien im Jahre 1846 erinnerten“[70]. In seinem Bericht vom 30. Januar teilte er zusätzlich mit, daß im Gubernium Radom alle Revolutionierungsversuche unter der Landbevölkerung, ja sogar bei den Arbeitern „in der Grube Xawery und in der Zinkhütte bei Bendzin“ fehlgeschlagen seien[71].

Die spontane Erhebung der Bauernmassen, mit welcher die „Provisorische Nationalregierung“ so fest gerechnet hatte, war jedenfalls ausgeblieben[72]. Nur ein winziger Bruchteil der „Nation“ stand im bewaffneten Kampf gegen einen übermächtigen Gegner[73]. Damit aber war den Aufständischen, die sich nach übereinstimmenden Beobachtungen der Korrespondenten und Diplomaten in Warschau

[65] Vgl. *AAZ* Nr. 27 vom 27. Januar.
[66] Vgl. *AAZ* Nr. 30 vom 30. Januar.
[67] Ausführliche Auszüge aus den Breslauer Tageszeitungen kommentiert *H. Wereszycki:* Echa powstania styczniowego w dziennikach wrocławskich, in: Sobótka 9 (1954) S. 505 bis 590.
[68] Vgl. *AAZ* Nr. 32 vom 1. Februar.
[69] Ebda.
[70] Dazu jetzt die – freilich kaum befriedigende – Arbeit von *A. Gill:* Die polnische Revolution 1846. Zwischen nationalem Befreiungskampf des Landadels und antifeudaler Bauernerhebung, Wien-München 1974.
[71] Vgl. *AAZ* Nr. 34 vom 3. Februar.
[72] Vgl. *H. Wereszycki:* Powstania polskie na tle sytuacji międzynarodowej, in: Historia Polski od połowy XVIII do połowy XIX wieku, Warszawa 1960, S. 95–122, hier S. 111–112.
[73] Vgl. *S. Kieniewicz:* Powstanie styczniowe . . ., S. 376.

vor allem aus den Angehörigen des depossedierten Adels (drobna szlachta) mit seinem Gesinde, Studenten, Schülern und einigen Handwerkern – eben jenen Schichten, welche die Rekrutenaushebung treffen sollte – zusammensetzten[74], ihre potentielle personelle Basis vorerst entzogen, nachdem schon die materielle Vorbereitung mehr als mangelhaft zu nennen war[75]. Jedenfalls erschwerte die weiterhin unübersichtliche Lage im Königreich jenseits der Grenzen jede solide Lagebeurteilung erheblich, zumal die Aufständischen alle Telegraphenverbindungen ins Ausland unterbrochen hatten, und ließ an den europäischen Höfen das Bedürfnis nach einigermaßen verläßlichen Nachrichten immer fühlbarer werden[76].

Eben dieser Wunsch nach zuverlässigen Informationen aus Warschau über die Absichten und Maßnahmen der dortigen Statthalterschaft stand auch am Beginn der politischen Aktivitäten des Berliner Kabinetts, die schließlich im Abschluß der bis heute in der Forschung umstrittenen „Konvention Alvensleben“ gipfeln

[74] Vgl. als Beispiel *K. Dunin-Wąsowicz:* Próba analizy składu społeczna-zawodowego oddziału powstańczego z 1863 roku, in: KH 70 (1963) S. 873–888.

[75] Vgl. *S. Kieniewicz:* Les chances de l'insurrection polonaise de 1863, Warszawa 1973, S. 10.

[76] Die deutschen Diplomaten in Wien und Berlin tappten weitgehend im Dunkeln. Am 27. Januar meldete der württembergische Gesandte aus Berlin: „Auch heute sind keine Nachrichten aus Warschau bekannt geworden, doch hat man auf der russischen Gesandtschaft die Nachricht, daß der Großfürst-Statthalter heute eine große Soirée giebt. Dieser Umstand würde auf völlige Ruhe in der Hauptstadt deuten...“ *Linden an Hügel* – 27. I. 1863, – HStA Stuttgart, Best. E 73a/169/Bl. 182–181; einen Tag später hieß es, daß der Draht zwischen Warschau und Berlin wiederhergestellt sei. Ähnlich sah es in Wien aus. „Über den Gang der Ereignisse in Polen lauten die Nachrichten bisher so verworren und widersprechend, daß man kaum im Stande ist, irgend etwas auch nur für einigermaßen verbürgt und zuverlässig zu bezeichnen.“ *Edelsheim an Roggenbach* – 1. II. 1863 – GLA Karlsruhe, Best. 48/2519. Noch am 15. Februar meldete der nassauische Ministerresident aus Berlin: „Die Spannung, mit welcher man hier dem Verlauf der Ereignisse in Polen folgt, hat in den letzten Tagen wenig Nahrung gefunden. Alle Telegraphenverbindungen nach Warschau sind zerstört. Nur über Lemberg oder Krakau und über Petersburg gelangen Nachrichten hierher, welche verschieden gefärbt sind. Während die Petersburger Nachrichten den Aufstand als halb unterdrückt und dem Erlöschen nahe bezeichnen, schildern die über Österreich hierher gelangten den Zustand des Landes fortwährend in gefahrvoller Weise aufgeregt, und wollen den Erfolgen der russischen Truppen bis jetzt keine durchgreifende Wirkung beimessen.“ *Löhneysen an Wittgenstein* – 15. II. 1863 – HStA Wiesbaden, Best. 210–10723.

sollten[77]. Zunächst galt es eingedenk der schlimmen Erfahrungen von 1830/31[78] das eigene Territorium sofort gegen jedes mögliche Übergreifen der Unruhen abzuschirmen, soweit dies bei der Länge der Grenze überhaupt zu bewerkstelligen war[79]. Infolgedessen ließ der königliche Kriegsminister v. Roon bereits am 24. und 25. Januar, nachdem die ersten Telegramme, die den Ausbruch einer bewaffneten Erhebung im Nachbarlande signalisierten, aus Warschau und Petersburg in der Wilhelmstraße eingelaufen waren, an die vier in den östlichen Provinzen stationierten Armeekorps (I., II., V. und VI.) dringende und weitgehende Instruktionen ergehen, in welchen die Ergänzung der Streitkräfte auf ihre volle Friedensstärke angeordnet wurde[80]. Vier Tage später wurde „auf Allerhöchsten Befehl" die

[77] Die sozusagen „klassische" Darstellung der diplomatischen Vorgänge um die Konvention Alvensleben bietet *E. Zechlin:* Bismarck und die Grundlegung der deutschen Großmacht, 2. Aufl. Darmstadt 1960, S. 412–528, mit wichtigen Ergänzungen und Nachträgen S. 635 bis 644. Der Darstellung von *R. H. Lord:* Bismarck and Russia in 1863, in: AHR 29 (1923/24) S. 24–48, folgend deutet *W. E. Mosse:* The European Powers and the German Question 1848–1871, Cambridge 1958, den Abschluß der Konvention als einen Mißerfolg Bismarcks (S. 110); ebenso *E. Eyck:* Bismarck und das Deutsche Reich, Zürich und Stuttgart 1955, S. 86; an der gegenteiligen Deutung hält fest *E. Zechlin:* Die Reichsgründung, 2. Aufl. Frankfurt a. M.-Berlin 1974, S. 98–102; auch *A. Hillgruber*: Bismarcks Außenpolitik, Freiburg 1972, S. 48–52.

[78] Zur preußischen Politik zur Zeit des polnischen Aufstandes von 1830/31 vgl. die neueren polnischen Arbeiten von *H. Kocoj*: Władze pruski oraz opinia publiczna Prus i Niemiec wobec powstania listopadowego, in: Roczniki Historyczne 30 (1964) S. 87–128; knapper *ders.*: Rząd i pruska opinia publiczna wobec powstania listopadowego, in: KH 71 (1964) S. 47–58; *ders.*: Niemcy a powstanie listopadowe. Sprawy powstania listopadowego w niemieckiej opinii publicznej i w polityce pruskiej 1830–1831, Warszawa 1970; einen interessanten Teilaspekt beleuchtet *ders.*: Opinia publiczna Stuttgartu wobec powstania listopadowego, in: KH 75 (1968) S. 97–164.

[79] „Prussia's interests and Prussia's traditions alike seemed to require that she should take a firm stand by the side of Russia," meint *R. H. Lord:* Bismarck and Russia in 1863 ..., hier S. 25, der diese Tradition von 1830 her verfolgt; davor, die Rolle der hohen Militärs bei diesen Maßnahmen zu überschätzen, warnt *C. Friese:* Rußland und Preußen, S. 296, Anm. 2. Dazu die älteren Arbeiten Dehios zusammenfassend *G. A. Craig:* Portrait eines politischen Generals: Edwin von Manteuffel und der Verfassungskonflikt in Preußen, in: *ders.:* Krieg, Politik und Diplomatie, Wien-Hamburg 1968, S. 121–156.

[80] Der großherzoglich-hessische Gesandte in Berlin berichtete am 1. Februar, daß Personalveränderungen an der Spitze der Armee vorgenommen worden seien und daß „insbesondere auch die Errichtung eines gemeinsamen Kommandos für die vier an den östlichen Grenzen Preußens vertheilten Corps in Verbindung mit den jüngsten Ereignissen in Polen (steht). Anderweitige Vorsichtsmaßregeln, wie zum Beispiel Einberufung der Reserven bis zur Höhe der vollen Friedensstärke bei den in Posen garnisonierenden Regimentern sind gleichfalls schon angeordnet worden." *Wambolt an Dalwigk* – 1. II. 1863 – StA Darmstadt, Best. 87/1. Vgl. ferner *C. Friese:* Rußland und Preußen, S. 296, wo irrigerweise von „Kriegsstärke" die Rede ist.

oberste Kommandogewalt über alle vier Korps, d. h. die Hälfte der preußischen Armee, in die Hände des Generals v. Werder gelegt[81].

Inzwischen war v. Tettau, der den designierten preußischen Generalkonsul v. Rechenberg[82] in Warschau interimistisch vertrat[83], am 28. Januar zum persönlichen Vortrag bei König Wilhelm nach Berlin geeilt[84]. Was er seinem Monarchen aus Warschau über die dortige Regierung zu berichten hatte, war wenig geeignet, die Besorgnisse der Wilhelmstraße vor einer eventuellen Rücknahme der kaiserlichen Truppen auf die Weichsellinie[85] zu zerstreuen[86]. Tettau hatte den Eindruck gewonnen, daß die vom Großfürsten-Statthalter geleitete Administration in der Hauptstadt des Königreiches nicht länger Herr der Situation war[87]. Dazu zeigten sich die leitenden Staatsmänner vorerst weder in Petersburg noch in Warschau gesonnen, vom bisherigen Kurs ihrer Polenpolitik abzugehen[88].

Der allmähliche Aufmarsch der halben preußischen Armee an der langen offenen Ostgrenze des Landes bewies nicht nur, wie ernst man in Berlin die durch den

[81] Vgl. *S. Baske:* Praxis und Prinzipien der preußischen Polenpolitik von 1849–1871, in: FzoG 9 (1963) S. 7–269, hier S. 89, Anm. 56, mit dem eigenartigen Satz, die Generalität habe den Belagerungszustand für das Großherzogtum Posen verlangt, „da ihnen (den vier Armeekorps) die Durchführung dieser Aufgaben (Sperrung der Grenze und Aufrechterhaltung von Ruhe und Ordnung) nicht vollständig gelang." Die Maßnahmen liefen doch gerade erst an!

[82] Vgl. die Antritts-Instruktion für den Generalkonsul vom 15. Januar mit den für die preußische Politik des Jahres 1863 richtungweisenden Sätzen: „Preußen wird stets ein natürlicher Gegner der autonomen nationalen Entwicklung des Königreiches Polen bleiben müssen." Polen sei „dem geschichtlichen Selbstvernichtungsprozeß" anheimgefallen. „Die Zeit von Reorganisationen im polnischen Sinne . . . ist für uns vorüber, und kann . . . bei den einheitlichen Verfassungsverhältnissen unseres Staates nicht mehr wiederkehren." Vgl. *Bismarck an Rechenberg* – 15. I. 1863 – APP III, Nr. 126.

[83] In seinem Bericht vom 28. Januar beklagte sich der Warschauer Korrespondent der „Kölnischen Zeitung" bitter darüber, daß beide deutsche Generalkonsuln (Rechenberg und Baron Lederer für Österreich) abwesend seien. „Der Franzose und der Engländer, die im Verhältnis zu unseren deutschen Consuln hier fast Sinecuren haben, sind auf ihrem Posten." Vgl. *KZ* Nr. 33 vom 2. Februar.

[84] Vgl. *H. Scheidt:* Konvention Alvensleben und Interventionspolitik der Mächte, S. 23.

[85] Vgl. *A. Hillgruber:* Bismarcks Außenpolitik, S. 48.

[86] Am 30. Januar sprach v. Tettau mit dem österreichischen Gesandten in Berlin, Graf Károlyi: „Seine Eindrücke sind sehr beunruhigend. Er behauptet, von den Spitzen der russischen Behörden in Warschau vertraulich vernommen zu haben, daß die militärischen Vorkehrungen durchaus nicht so vollständig getroffen wären, um einem sofortigen Erdrücken der Aufstände entgegensehen zu können." Vgl. *Károlyi an Rechberg* – 30. I. 1863 – *Quellen* zur deutschen Politik Österreichs, hrsg. von *H. Ritter von Srbik*, Bd. III, Oldenburg 1936, Nr. 1074.

[87] Vgl. *C. Friese:* Rußland und Preußen, S. 296.

[88] Vgl. *E. Kolb:* Rußland und die Gründung des Norddeutschen Bundes, in: *R. Dietrich* (Hrsg.): Europa und der Norddeutsche Bund, Berlin 1968, S. 183–219, hier S. 189–191.

polnischen Aufstand eingetretene Lage auffaßte[89]; er sollte vor allem die unbedingte Entschlossenheit der königlichen Regierung erkennen lassen, jeden auch nur denkbaren Insurrektionsversuch in den national gemischten Provinzen des Landes unverzüglich im Keim zu ersticken[90]. Daß sich diese von der Generalität angeregte demonstrative Machtentfaltung in Anbetracht der Verfassungskrise auch gegen innenpolitische Gegner richtete, ist oft vermutet worden[91], aber aus den

[89] Nach Stuttgart wurde berichtet: „Von hier sind gestern Abend gemessene Befehle an die Preußischen obersten Grenz-Provinzial-Behörden ergangen; sie sind zur strengen Handhabung der Ordnung angewiesen und jede Ermächtigung ihnen ertheilt, wie Versetzung einer Örtlichkeit in Kriegszustand. Die Festungen sind verproviantiert und die erforderlichen Vorkehrungen getroffen, um alsbald, wo nöthig, die Reserven einzuberufen." *Linden an Hügel* – 25. I. 1863 – HStA Stuttgart, Best. E 73a/169/Bl. 184–183. Auch die *„Danziger Zeitung"* berichtete am 26. Januar aus Thorn, daß die Wachen hier und in Posen verstärkt würden, die Offiziere auf der Festung wohnen müßten und einzelne Einheiten an die Grenze verlegt würden; das Blatt fügte hinzu: „Eine Bewegung diesseits der Grenze von dem Landvolk polnischer Zunge von irgend welcher Bedeutung ist nicht zu befürchten." Vgl. *NZ* Nr. 46 vom 28. Januar. Ähnlich äußerte sich der *„Graudenzer Gesellige"* vom 29. Januar: „Diese Maßnahmen haben lediglich den Zweck, die Grenze gegen Unordnungen zu sichern, welche der Uebertritt flüchtiger Polen, der in den nächsten Tagen wohl zu erwarten ist, hervorrufen könnte. Die Befürchtung, daß der Aufstand sich auf preußisches Gebiet verpflanzen könnte, wird nicht gehegt." Vgl. *NZ* Nr. 51 vom 31. Januar.

[90] Bereits am 24. Januar hatte Bismarck den Innenminister Graf Eulenburg angewiesen: „Sollte es sich bestätigen, daß polnische Überläufer sich in den Grenzdistrikten ansammeln, so würde sich m. E. empfehlen, dieselben ungesäumt und nötigenfalls unter Anwendung militärischer Kräfte aufgreifen und nach Maßgabe der Kartellkonvention (vom) 27 VII/8 VIII 1857 an die der Grenze zunächst stationierten Kais. russischen Militärkommandos abliefern zu lassen." Vgl. *Zabór Pruski* w powstaniu styczniowym, hrsg. von *S. Kieniewicz* u. a., Wrocław-Warszawa-Kraków 1968, Dok.-Nr. 1. „Preußen hat wohl hinsichtlich seiner polnischen Besitzungen nichts Wesentliches zu befürchten, die ersten Symptome einer Schilderhebung werden gewiß so kräftig unterdrückt werden, daß eine weitere Ausdehnung einer solchen kaum möglich erscheint." Vgl. *Károlyi an Rechberg* – 30. I. 1863 – *Quellen* zur deutschen Politik Österreichs, Bd. III, Nr. 1074.

[91] Diese Vermutungen stützen sich vor allem auf ein Schreiben Manteuffels an Roon vom 27. Januar, in dem es u. a. heißt: „Ich glaube, daß jeder Vorwand zu einer Armeeaufstellung ergriffen werden muß. Diese hat Rückwirkung auf die Insurrektionsgelüste im Großherzogtum, auf unsere Kammern, auf Deutschland, auf die Kabinette. Es ist dem heutigen Ministerium nichts nützlicher als eine Gelegenheit, Tatkraft, Energie, Hervorhebung der preußischen Elastizität zu zeigen." Vgl. *Manteuffel an Roon* – 27. I. 1863 – APP III, Nr. 142. Vgl. dazu auch die leider völlig einseitigen Ausführungen bei *F. H. Gentzen:* Großpolen im Januaraufstand, Berlin (Ost-) 1958, S. 220–222. Die Nachrichten von der preußisch-russischen Grenze mochten immer noch widersprüchlich sein und die Ausdehnung der Insurrektion bei weitem übertrieben darstellen, die Behauptung aber, daß man falsche und panikartige (paniczny) Nachrichten produzierte, um die eigenen Maßnahmen zu rechtfertigen, findet in den Quellen keine Stütze. So wird auch mit Unrecht schlicht behauptet, die militärische Demonstration habe sich gegen die innere Opposition, dann erst gegen die Polen, schließlich gegen Rußland gerichtet. Vgl. *S. Kieniewicz*: Powstanie styczniowe, S. 397.

Dokumenten nicht mit letzter Sicherheit zu erweisen[92]. Jedenfalls schlug das Kriegsministerium dem König in einem Schreiben vom 28. Januar vor, ergänzend zu den bereits eingeleiteten Grenzsicherungsmaßnahmen einen hohen Offizier nach Warschau zu entsenden, um über die Maßnahmen und Absichten der dortigen Statthalterschaft Klarheit zu gewinnen, „da von der Kaiserlich Russischen Regierung solche nicht mitgeteilt werden"[93]. In der Tat vermied Gortschakow auch weiterhin dem preußischen Gesandten gegenüber jede Erörterung der Vorgänge in Polen und wollte die dortigen Unruhen als eine rein innerrussische Angelegenheit aufgefaßt wissen[94].

Die Entscheidung des preußischen Kabinetts, angesichts der stockenden Informationen aus Petersburg und Warschau nun seinerseits die Initiative in Richtung einer zunächst nur militärischen preußisch-russischen Kooperation zu ergreifen, fiel offenbar am Nachmittag des 29. Januar, nachdem in der feierlichen Antrittsaudienz[95] für den neuen russischen Gesandten am Berliner Hof, Paul v. Oubril, bei König Wilhelm in Anwesenheit des preußischen Ministerpräsidenten verständlicherweise die Vorgänge im benachbarten Königreich Polen im Mittelpunkt der

[92] Vor einer Überschätzung des innenpolitischen Motivs, das übrigens auch in der zeitgenössischen Publizistik kaum auftaucht, hat zu Recht bereits gewarnt *C. Friese:* Rußland und Preußen ..., S. 296.

[93] Vgl. APP III, Nr. 144 (Zusammenfassung!)

[94] In einem ganz vertraulichen Bericht vom 3. Februar beklagte sich der preußische Gesandte über das Verhalten des kaiserlichen Vizekanzlers mit den Worten: „Dem hiesigen französischen Botschafter teilt der Fürst Gortschakow sämtliche ihm aus Polen zugehenden Berichte und Meldungen mit, während er mir gegenüber die größte Zurückhaltung beobachtet, sowie ich das Wort Polen ausspreche." *Redern an Bismarck:* – 3. II. 1863 – APP III, Nr. 159; ähnlich äußerte sich der kgl. sächsische Ministerresident in St. Petersburg: „Toute fois, je dois répéter ce que j'ai été à même de mander plusieurs fois à Votre Excellence que le prince Gortchakoff élude toute discussion sérieuse sur les affaires de Pologne avec le ministre de Prusse... Gortchakoff ne veut pas reconnaître à la question polonaise un caractère international et qui l'envisage comme une affaire intérieure." *Könneritz an Beust* – 24. I. / 3. II. 1863 – in: *H. Kretzschmar:* Die *Anfänge* des Ministeriums Bismarck 1862/63 nach sächsischen Gesandtschaftsberichten, in: Archivar und Historiker, Festschrift für *H. O. Meissner*, Berlin (Ost-) 1956, S. 511–569, Dok.-Nr. 68.

[95] Scheidt spricht unrichtigerweise davon, daß Oubril um eine Audienz bei König Wilhelm „nachgesucht" habe, und suggeriert damit so etwas wie ein russisches Hilfsbegehren an Preußen. Antrittsaudienzen pflegen indes wegen ihrer besonderen protokollarischen Form in der Regel stets langfristig anberaumt zu werden! Vgl. *H. Scheidt:* Konvention Alvensleben, S. 23. Da ein Telegramm aus Warschau, welches Oubril Bismarck noch vor dem Empfang zeigte, nicht erhalten ist, bleibt offen, inwieweit darin gemeinsame Maßnahmen an der russisch-preußischen Grenze vorgeschlagen wurden!

Erörterungen gestanden hatten[96]. Bei dieser Gelegenheit bat Oubril den König um die Erlaubnis, „de pouvoir transmettre à Sa Majesté l'Empereur l'assurance que nous pouvions en tout état de cause compter sur une attitude favorable du Gouvernement prussien", offenbar ohne von Gortschakow ausdrücklich dazu autorisiert worden zu sein[97]. Dieser ziemlich allgemein gehaltenen Bitte[98] kam König Wilhelm freundlich entgegen, indem er den Gesandten des Fortbestands der freundschaftlichen Beziehungen zwischen beiden Höfen versicherte und ihn außerdem auf die Existenz der 1857 zwischen Rußland und Preußen abgeschlossenen Kartellkonvention zur Verfolgung und Auslieferung flüchtiger Verbrecher und Deserteure hinwies[99], deren Anwendbarkeit ihm bei der augenblicklich herrschenden undurchsichtigen Lage an der russisch-preußischen Grenze geboten erschiene[100]. Ein – wenn auch verklausuliertes – russisches Hilfeersuchen, das man aus Oubrils Eröffnungen hat herauslesen wollen[101], entsprach sicher nicht den Intentionen des Gesandten und wäre außerdem über dessen Kompetenzen weit hinausgegangen[102], doch mochte Bismarck aus den Worten des Diplomaten immerhin so viel herausgehört haben, daß bei der derzeitigen prekären Lage Rußlands ein Anerbieten preußischer Unterstützung in Petersburg nicht unwillkommen sein mochte[103].

[96] Lord verlegt die Antrittsaudienz des russischen Gesandten ohne Beleg bereits auf den 24. Januar, vgl. *R. H. Lord:* Bismarck and Russia in 1863, in: AHR 29 (1923/24) S. 24 bis 48; ihm folgt *G. Heinze:* Bismarck und Rußland bis zur Reichsgründung, Würzburg 1939, S. 29. Im übrigen handelte Oubril keineswegs „upon instructions received from the authorities of Warsaw", die gar nicht weisungsbefugt gewesen sein dürften; auch war von einem Begehren nach Auslieferung flüchtiger Insurgenten überhaupt keine Rede! Vgl. dagegen *R. H. Lord:* Bismarck and Russia, S. 25.

[97] *Oubril an Gortschakow* – 17. / 29. I. 1863 – APP III, Nr. 151; eine förmliche Ermächtigung war bei dem allgemeinen Gehalt der Ausführungen Oubrils kaum vonnöten; ihr Fehlen ist denn auch von Gortschakow zu keiner Zeit moniert worden!

[98] Lord spricht hier mit Recht von „vague allusions". Vgl. *R. H. Lord:* Bismarck and Russia, S. 26.

[99] Text der Kartellkonvention in *T. Filipowicz:* Confidential Correspondence of the British Government respecting the Insurrection in Poland 1863, Paris 1914, S. 426–448 (Anhang!).

[100] Vgl. *H. Scheidt:* Konvention Alvensleben, S. 23.

[101] So z. B. *G. Heinze:* Bismarck und Rußland bis zur Reichsgründung, Würzburg 1939, S. 29.

[102] Dies betont mit Recht *S. Bóbr-Tylingo:* Napoléon III, l'Europe et la Pologne 1863–4, in: Antemurale VII/VIII (1963) S. 1–362, hier S. 21.

[103] Übertriebene Vorstellungen von der Schwäche des Russischen Reiches finden sich vor allem in der älteren Literatur, ebenso aber auch vom außenpolitischen Gewicht Preußens in den russischen Kombinationen, z. B. meint H. Scheidt: „Es galt, das Eisen zu schmieden, solange es heiß war, d. h. solange Rußland die Hilfe Preußens brauchte." Vgl. *H. Scheidt:* Konvention Alvensleben . . ., S. 24; ähnlich Heinze: „Mit fester Hand galt es, die sich bietende Chance zu packen und einen Markstein zu setzen, der das preußisch-russische Verhältnis eindeutig und offen und endgültig festlegen sollte." Vgl. *G. Heinze:* Bismarck und Rußland, S. 30.

Die Kenntnis der gegensätzlichen außenpolitischen Tendenzen innerhalb des russischen Kabinetts, welche Bismarck sich während seiner – freilich durch längere Krankheit unterbrochenen – Gesandtentätigkeit in Petersburg hatte erwerben können[104], kam ihm nun in einer in seinen Augen für Preußen äußerst gefahrvollen Situation zugute[105], denn er kannte aus eigener Anschauung die einander widerstreitenden politischen Gruppierungen in der unmittelbaren Umgebung des Kaisers und hatte seitdem die Überzeugung gewonnen, daß die preußische Politik nur am kaiserlichen Vizekanzler vorbei durch direkte Einwirkung auf den Herrscher selbst ihre Auffassung würde zur Geltung bringen können[106].

Deshalb ließ er noch am Nachmittag des 29. Januar in Petersburg telegraphisch anfragen, ob Kaiser Alexander mit der Entsendung des königlichen Generaladjutanten Gustav v. Alvensleben[107] nach Warschau einverstanden sei, „um Informationen über gemeinsame Maßregeln einzuleiten"[108]. Diese Weisung an den preußischen Gesandten, die auf den oben erwähnten Vorschlag des Kriegsministeriums vom Vortage zurückgriff, ging demnach über besagte Anregung bereits deutlich hinaus. Am folgenden Vormittag traf die Einwilligung des Zaren in der Wilhelmstraße ein[109].

In Anbetracht der breiten Literatur zur Entstehungsgeschichte und zum Abschluß der vielerörterten „Konvention Alvensleben"[110] kann in diesem Zusammenhang auf eine nochmalige detaillierte Schilderung der einzelnen diplomatischen Schritte, die schließlich zu dem russisch-preußischen Abkommen vom

104 Dazu noch immer grundlegend *B. Nolde*: Die Petersburger Mission Bismarcks 1859–62, Leipzig 1936.

105 Vgl. *E. Kolb:* Rußland und die Gründung des Norddeutschen Bundes, in: Europa und der Norddeutsche Bund, Berlin 1968, S. 183–219, hier S. 189–191.

106 Vgl. *E. Zechlin*: Die Reichsgründung, S. 99; *W. Bußmann*: Das Zeitalter Bismarcks, S. 71.

107 Zu seiner Person vgl. *H. Scheidt:* Konvention Alvensleben, S. 24–25.

108 *Bismarck an Redern* – 29. I. 1863 – APP III, Nr. 150.

109 *Redern an Bismarck* – 30. I. 1863 – APP III, Nr. 150, Anm. 2: „Der Kaiser ist mit der Sendung des Generals Alvensleben nach Warschau vollkommen einverstanden und hält solche im gegenwärtigen Augenblick für sehr nützlich."

110 Aus der Fülle der bis heute kontroversen Literatur seien als wichtigste Arbeiten genannt: *H. v. Sybel:* Die Begründung des Deutschen Reiches durch Wilhelm I., Bd. II, München und Leipzig 1889, S. 453–519; *R. H. Lord:* Bismarck and Russia in 1863, in: AHR 29 (1923/24) S. 24–48; *C. Friese:* Rußland und Preußen vom Krimkrieg bis zum Polnischen Aufstand, Königsberg-Berlin 1931, S. 264–332; *H. Scheidt:* Konvention Alvensleben und Interventionspolitik der Mächte in der polnischen Frage 1863, Würzburg 1937; *G. Heinze:* Bismarck und Rußland bis zur Reichsgründung, Würzburg 1939; *V. G. Revunenkov:* Pol'skoe vosstanie 1863 goda i evropejskaja diplomatija, Leningrad 1957, bes. S. 114–122; *W. E. Mosse:* The European Powers and the German Question 1848–1871, Cambridge 1958, bes. S. 110–128; *S. Bóbr-Tylingo:* La convention d'Alvensleben, in: Etudes Slaves et Est-Européennes 4 (1959) S. 4–21; *I. Koberdowa*: Wielki Książę Konstanty w Warszawie 1862–1863, Warszawa 1962, S. 147–149; *S. Bóbr-Tylingo:* Napoléon III, l'Europe et la Pologne 1863–4, in: Antemurale VII/VIII (1963) S. 1–362, hier S. 19-23; *S. Kieniewicz:* Powstanie styczniowe, Warszawa 1972, S. 395–401.

8. Februar führten, „das Europa aus dem Gleichgewicht gebracht hat“[111], hier verzichtet werden, zumal – wie noch zu zeigen sein wird – die alarmierende Wirkung dieser in Berlin inaugurierten Absprache auf die Kabinette und die öffentliche Meinung Europas ihren an sich wenig bedeutsamen materiellen Inhalt bei weitem übertraf[112]. Daher mag an dieser Stelle eine knappe Skizze der von Alvensleben am russischen Kaiserhof geführten Unterhandlungen auf der Grundlage der jüngsten Forschungsergebnisse genügen[113].

Der offenbar in Übereinstimmung mit König Wilhelm gefaßte Entschluß Bismarcks[114], den Generaladjutanten seines Monarchen zunächst nach Petersburg und dann erst nach Warschau zu entsenden, reifte vermutlich im Laufe des 30. Januar[115]. Der preußische Ministerpräsident bediente sich bei seiner Durchführung der Einrichtung des seit 1816 bestehenden Amtes eines preußischen Militärbevollmächtigten am kaiserlich russischen Hof, der außerhalb der normalen diplomatischen Geschäfte als direkter Beauftragter des Königs das Recht zum Immediatvortrag beim Kaiser besaß[116]. Da Freiherr von Loen, der diesen Posten seinerzeit versah, sich im Urlaub befand, vertrat ihn General von Alvensleben formell sozusagen in besonderer Mission[117]. Nachdem Bismarck dem Offizier bereits mündliche Weisungen erteilt hatte, überreichte er ihm am 1. Februar ausführliche und von König Wilhelm persönlich genehmigte schriftliche Instruktionen als Richtlinie für sein Verhalten am kaiserlichen Hof[118].

Zunächst wurde Alvensleben beauftragt, im persönlichen Gespräch mit dem Kaiser zu erfahren zu suchen, ob man in Petersburg oder in Warschau über Kenntnisse eventueller Verbindungen der Insurrektion auf preußisches Gebiet verfügte. Wichtiger –so hieß es weiter – sei jedoch die Aufgabe, sich mit dem Kaiser über Maßnahmen zur gemeinsamen Unterdrückung des Aufstandes zu verständigen; denn nach Ansicht der preußischen Regierung sei „die Stellung beider Höfe der polnischen Revolution gegenüber sachlich diejenige zweier Bundesgenossen, welche von einem gemeinschaftlichen Feinde bedroht werden“. Daher sollten die Stäbe der Truppenteile beiderseits der Grenze ihre Maßnahmen aufeinander abstimmen und sich so weit nur irgend möglich gegenseitig unterstützen. „Ein solches Zusammenwirken wird dahin führen, daß die Insurgenten entweder verhindert

[111] Vgl. *S. Kieniewicz:* Powstanie styczniowe, S. 397.

[112] Vgl. *C. Friese:* Rußland und Preußen, S. 298.

[113] Von deutscher Seite vor allem *E. Zechlin:* Die Reichsgründung, S. 98–102; *A. Hillgruber:* Bismarcks Außenpolitik, S. 46–52.

[114] Genaueres über die Entschlußfassung ist aus den publizierten Akten nicht zu erschließen. Im Grunde gilt weiterhin die Bemerkung Lords: „Of the proceedings within the Prussian Cabinet that led to these decisions, we know very little.“ Vgl. *R. H. Lord:* Bismarck and Russia in 1863, S. 26. Vgl. ferner *E. Zechlin:* Bismarck und die Grundlegung der deutschen Großmacht, S. 428–429.

[115] Vgl. *S. Bóbr-Tylingo:* Napoléon III, l'Europe et la Pologne, S. 21.

[116] Vgl. *H. Scheidt:* Konvention Alvensleben, S. 23, Anm. 71.

[117] Vgl. *E. Zechlin:* Bismarck und die Grundlegung der deutschen Großmacht, S. 427.

[118] *Bismarck an den Generaladjutanten v. Alvensleben* – 1. II. 1863 – APP III, Nr. 155.

werden, den kaiserlichen Truppen durch Überschreitung der Grenze auszuweichen, oder daß sie, insoweit ihnen letzteres gelingt, auf preußischem Boden gefangengenommen und nach Maßgabe der Kartellkonvention zurückgeliefert werden". Die Tragweite solcher Absprachen übersteige allerdings die Kompetenz der Warschauer Statthalterschaft und mache es daher erforderlich, diesbezügliche Verhandlungen direkt in Petersburg zu führen. Von einer gegenseitigen Öffnung der Grenzen zur Verfolgung flüchtiger Insurgenten war noch keine Rede – möglicherweise um Alvenslebens Verhandlungsspielraum nicht allzu sehr einzuengen[119]. In einem gleichfalls vom 1. Februar datierten vertraulichen Schreiben an den preußischen Gesandten in Petersburg, v. Redern, motivierte Bismarck seinen ungewöhnlichen Schritt damit, daß der General in Warschau bei Wielopolski und eventuell auch beim Großfürsten Konstantin mit seinem Auftrag auf weit weniger Gegenliebe stoßen könnte „als an maßgebender Stelle in Petersburg"[120].

Als Alvensleben schließlich nach einer beschwerlichen Bahnreise[121] am Abend des 5. Februar in der russischen Hauptstadt eintraf, wurde er im Winterpalais sogleich von Kaiser Alexander, dem er ein – in den Berliner Akten abschriftlich leider nicht erhaltenes – Schreiben seines königlichen Onkels überbrachte, auf das Herzlichste empfangen[122] und der Beginn der Unterhandlungen auf 12 Uhr mittags des folgenden Tages anberaumt[123]. Ob von Anfang an eine schriftliche Übereinkunft ins Auge gefaßt wurde, ist einstweilen noch umstritten und dürfte wohl auch in Zukunft trotz aller bisherigen scharfsinnigen Analysen kaum zu entscheiden sein[124], da im Verlauf der späteren diplomatischen Offensive der übrigen Großmächte beide Vertragspartner deutlich bemüht waren, ihren eigenen Anteil am Zustandekommen der so folgenreichen Absprache nach Möglichkeit zu verschleiern[125].

[119] Vgl. die allerdings in mancher Hinsicht nicht recht überzeugenden Argumente bei *G. Heinze:* Bismarck und Rußland, S. 30–31.

[120] *Bismarck an Redern* – 1. II. 1863 – APP III, Nr. 156

[121] „Wie ich gestern anzudeuten die Ehre hatte, hat der Dienst auf der Eisenbahn von Eydtkuhnen nach Dünaburg die Abänderung erlitten, daß beiderseitig kein Nachtzug mehr abgelassen wird. Die Reisenden müssen die Nacht liegen bleiben. . . Der Preußische General von Alvensleben hatte einen Aufenthalt von 2 Tagen an der Grenze, bevor die Bahn nach Petersburg wieder frei war . . ." *Linden an Hügel* – 7. II. 1863 – HStA Stuttgart, Best. E 73a/169/Bl. 168–167. Die in Breslau erscheinende *„Schlesische Zeitung"* meldete: „General von Alvensleben hat einstweilen von der ihm übertragenen Sendung nach Petersburg abstehen müssen, weil die Fahrten der Eisenbahn zwischen Eydtkuhnen und Kowno durch Insurgentenbanden unterbrochen sind." Vgl. *KZ* Nr. 37 vom 6. Februar.

[122] *Aufzeichnung des Generals v. Alvensleben* – 6. V. 1863 – APP III, Nr. 482.

[123] *Alvensleben an König Wilhelm I.* – 6. II. 1863 – APP III, Nr. 163 und Anm. 1, S. 231.

[124] Die bisherige Diskussion kritisch zusammenfassend *E. Zechlin:* Bismarck und die Grundlegung der deutschen Großmacht, S. 635–644.

[125] Vgl. *W. E. Mosse:* The European Powers and the German Question, Cambridge 1958, S. 110–117.

Ein erster Entwurf des abzuschließenden Abkommens, in dem nun schon die Rede davon war, daß sowohl preußische wie russische Truppen bei der Verfolgung von flüchtigen Aufständischen das benachbarte Territorium betreten dürften, wurde noch am selben Tag nach Berlin telegraphiert, wo er am Morgen des 7. Februars eintraf und anschließend von König Wilhelm persönlich redigiert wurde[126]. Nachdem Bismarck den Monarchen nochmals dringend um seine Zustimmung zum Abschluß der proponierten Übereinkunft gebeten hatte, da diese „den dem General mitgegebenen Instruktionen" entspreche[127], gab der König – wenn auch wohl nicht ohne gewisse Bedenken – am 8. Februar seine Einwilligung, „und es erfolgte die Unterzeichnung noch an demselben Tage"[128].

Gortschakow, der gemeinsam mit Alvensleben seine Unterschrift unter das Dokument setzte[129], nachdem er vorher augenscheinlich wegen der zu befürchtenden internationalen Konsequenzen bei Kaiser Alexander grundsätzliche Bedenken angemeldet und sich erst widerstrebend dem Willen des Herrschers gebeugt hatte[130], begrüßte zwar offiziell die getroffene Vereinbarung als erneuten Ausdruck preußisch-russischer Solidarität und bezeichnete die Mission Alvenslebens Oubril gegenüber als „une bonne idée"[131], wollte aber verständlicherweise jeden Anschein russischer Hilfsbedürftigkeit vermeiden und war deshalb bestrebt, die Bedeutung der Konvention, die er lediglich als „arrangement" bezeichnet wissen wollte[132], möglichst abzuschwächen und die Initiative zu ihrem Abschluß dem preußischen Vertragspartner zuzuschieben[133]. Er sah seine Politik mit einigem Recht von Berlin her in eine Richtung gedrängt, die seinen bisherigen Intentionen einer russisch-

[126] *Alvensleben an König Wilhelm I.* – 6. II. 1863 – APP III, Nr. 164.

[127] *Bismarck an Alvensleben* – 7. II. 1863 – APP III, Nr. 165, Anm. 2, letzter Absatz!

[128] *Aufzeichung des Generals v. Alvensleben* – 6. V. 1863 – APP III, Nr. 482.

[129] Den Text der Konvention in seiner endgültigen Fassung bietet nach der sehr seltenen Sammlung von *K. Lutostanski:* Recueil des Actes diplomatiques, Traités et Documents concernant la Pologne, Tome I, Lausanne-Paris 1918, S. 598–599, *H. Scheidt:* Konvention Alvensleben . . ., S. 108 (Anhang II). Merkwürdigerweise ist dieses wichtige Aktenstück in APP nicht enthalten, obgleich von ihm mehrfache Abschriften vorhanden gewesen sein müssen!

[130] Vgl. *I. Koberdowa:* Wielki Książę Konstanty w Warszawie, die auf S. 148–149 mit Recht davon spricht, daß das Wesen der Konvention der Politik Gortschakows einen schweren Schlag versetzt und reaktionäre Politiker wieder ins Spiel gebracht habe, die nach der rücksichtslosen Unterdrückung des Aufstands und der Auflösung der Warschauer Statthalterschaft getrachtet hätten. Vgl. ferner *S. Kieniewicz:* Powstanie styczniowe, S. 397, wonach Gortschakow der Vereinbarung widerstrebt habe, weil er befürchten mußte, daß die Erhebung der polnischen Frage auf eine internationale Ebene eine Einmischung der Westmächte erleichtern konnte.

[131] *Gortschakow an Oubril* – 8. II. 1863 – APP III, Nr. 169, Anm. 3; ferner *W. E. Mosse:* The European Powers, S. 111.

[132] Vgl. *R. H. Lord:* Bismarck and Russia in 1863, S. 27; *C. Friese:* Rußland und Preußen, S. 304–305; *A. Hillgruber:* Bismarcks Außenpolitik . . ., S. 49, wonach *Bismarck* die Konvention „vorsichtshalber" nur als „Punktation" hätte auffassen wollen!

[133] Vgl. *C. Friese:* Rußland und Preußen, S. 298; *E. Zechlin:* Die Reichsgründung, S. 99.

französischen Annäherung, mit deren Hilfe er die das russische Nationalgefühl demütigenden Bestimmungen des Pariser Friedens von 1856 am ehesten zu durchbrechen hoffte[134], sichtlich entgegenlief[135]. Entscheidender für die äußerst reservierte Haltung Gortschakows aber war wohl die innerhalb des Petersburger Kabinetts überwiegend gehegte Überzeugung, daß Preußen zwar seiner strategischen Position und auch der engen dynastischen Verbindungen zwischen beiden Höfen wegen für die kaiserliche Außenpolitik eine verläßliche Stütze darstellte, aber als in russischen Augen zweifelsohne nur fünfte europäische Großmacht und jahrzehntelanger „Juniorpartner"[136] in machtpolitischer Hinsicht kein ausreichendes Gegengewicht gegenüber einer möglichen Wiedergeburt der Krimkriegskoalition zu bieten vermochte[137].

Weder der Kaiser noch sein Vizekanzler dachten daher bereits unmittelbar nach dem Abschluß der Alvenslebenschen Konvention daran, einen Wandel ihrer Polenpolitik im Sinne der von Preußen befürworteten entschiedenen Repression der polnischen Unabhängigkeitsbestrebungen einzuleiten[138], und entschlossen sich erst im Laufe des Sommers angesichts eines deutlichen Umschwungs in der russischen öffentlichen Meinung[139] und in der zutreffenden Erkenntnis, daß hinter den heftigen Protesten der über die neuerliche Unterdrückung der polnischen Nation empörten Westmächte kein tatsächlicher Wille zu einer bewaffneten Aktion gegen das Russische Reich stand[140], „zu mitleidlosen und stellenweise äußerst harten Maßnahmen"[141].

Während Bismarck seine bereits bei früheren Gelegenheiten vertretenen strikt ablehnenden Auffassungen zur Frage einer Wiederherstellung Polens[142] in diesen

134 Vgl. *B. Jelavich:* Rußland und die Einigung Deutschlands unter preußischer Führung, in: GWU 19 (1968) S. 521–538, hier S. 528!

135 Vgl. *C. Friese:* Rußland und Preußen, S. 304–306; *A. Hillgruber:* Bismarcks Außenpolitik, S. 49–50.

136 Vgl. *G. Stadtmüller:* Die russische Weltmacht und ihr Rückzug (1783–1867), München 1960, S. 31–54.

137 Vgl. *E. Kolb:* Rußland und die Gründung des Norddeutschen Bundes, in: Europa und der Norddeutsche Bund, S. 183–219, hier S. 188; *B. Jelavich:* Rußland und die Einigung Deutschlands unter preußischer Führung, S. 527.

138 Die ältere Literatur kommentierend *E. Zechlin:* Bismarck und die Grundlegung der deutschen Großmacht, S. 642.

139 Vgl. *H. Fleischhacker:* Russische Antworten auf die polnische Frage 1795–1917, München und Berlin 1941, S. 57–141.

140 Vgl. *G. Stökl:* Russische Geschichte, S. 513.

141 Vgl. *G. Rhode:* Geschichte Polens, S. 391.

142 Vgl. *M. Broszat:* Zweihundert Jahre deutsche Polenpolitik, 2. Aufl. Frankfurt a. M. 1972, S. 121–124.

Tagen mit kaum zu überbietender Schärfe mehrfach wiederholte[143] und die Existenz eines unabhängigen polnischen Staates mit seinen für Preußen unerfüllbaren Revisionsansprüchen seinem Gesandten in London[144] sowie den Vertretern Großbritanniens und Frankreichs am Berliner Hof gegenüber[145] als unvereinbar mit der preußischen Staatsraison erklärte[146], enthielt sich die Regierung des österreichischen Kaiserreichs als des dritten Mitbesitzers von Territorien aus der Konkursmasse des ehemaligen polnischen Reichs im Gegensatz zu der von ihr kaum erwarteten fieberhaften Aktivität des preußischen Ministerpräsidenten[147] schon in dieser Anfangsphase des polnischen Aufstands von 1863 jeder Initiative und verfolgte eine betont zurückhaltende und abwartende Politik[148].

[143] Vgl. vor allem *H. Rothfels:* Bismarck, der Osten und das Reich, Stuttgart 1960, S. 68–96, bes. S. 74–77; *ders.:* Bismarck und die Nationalitätenfragen des Ostens, in: *ders.:* Bismarck, Stuttgart 1970, S. 131–146, bes. S. 138–143; auf polnischer Seite nannte schon Stanisław Koźmian Bismarck den „größten Feind der Polen und des Polentums" und meinte, das Werk Bismarcks sei „auf den Trümmern der polnischen Revolution" entstanden, vgl. *S. Koźmian:* Das Jahr 1863. Polen und die europäische Diplomatie, dt. von R. S. Landau, Wien 1896, S. 98. An diesem Urteil hat sich bis heute grundsätzlich nichts geändert. So ist Bismarck weiterhin „ein äußerst gefährlicher und wütender Feind unseres Volkes", der eine „rücksichtslose Politik der Ausrottung gegen die Polen" betrieb. Vgl. *Z. Grot* in seinem Diskussionsbeitrag zu dem Referat von Irena Koberdowa: Międzynarodowy aspekt powstania styczniowego, in: Powstanie styczniowe, Bd. II, Warszawa 1964, S. 181–182. „Bismarcks Polenhaß konnte aber damals niemand übertreffen", heißt es gleichfalls bei *H. Batowski* in seinem auch sonst durch seine Unversöhnlichkeit auffallenden Beitrag: Schwierige Nachbarschaft, in: Europa und die Einheit Deutschlands. Eine Bilanz nach 100 Jahren, hrsg. von *W. Hofer*, Köln 1970, S. 181–200, hier S. 188.

[144] „Die Dämpfung des polnischen Aufstandes ist für uns eine Lebensfrage, jeder Versuch einer Herstellung Polens ein Attentat auf Preußens staatliche Existenz. Wir könnten eher Belgien in französischen Händen, als ein freies Polen vertragen." *Bismarck an Bernstorff (London) und Goltz (Paris)* – 11. II. 1863 – APP III, Nr. 173.

[145] Vgl. das berühmte *Promemoria Bismarcks* – 11. II. 1863 – APP III, Nr. 174, über seine Gespräche mit Sir A. Buchanan und Baron Talleyrand, in welchen der Ministerpräsident auf die Frage des britischen Gesandten, was Preußen zu tun gedächte, falls Rußland das Königreich Polen räumte, entgegnete, dann werde man versuchen, „das Königreich selbst zu besetzen und das Aufkommen einer uns feindlichen Macht zu hindern". Dem schloß sich die vielbesprochene Erörterung zwischen beiden Politikern über den Begriff „Europa" an. Vgl. *H. Gollwitzer:* Europabild und Europagedanke. Beiträge zur deutschen Geistesgeschichte des 18. und 19. Jahrhunderts, 2. Aufl. München 1964, S. 273; *W. Bußmann:* Das Zeitalter Bismarcks, S. 72; *A. Hillgruber:* Bismarcks Außenpolitik, S. 50.

[146] *Bismarck an Bernstorff* – 17. II. 1863 – APP III, Nr. 193.

[147] Daß Bismarck Rußland die Konvention „oktroyierte", ist freilich angesichts der Machtverhältnisse mehr als übertrieben, vgl. *G. Baron Manteuffel-Szoege:* Geschichte des polnischen Volkes während seiner Unfreiheit 1772–1914, Berlin 1950, S. 160.

[148] Vgl. *F. Engel-Janosi*: Graf Rechberg, München und Berlin 1927, S. 77–122; *H. Wereszycki*: Austrja a powstanie styczniowe, Lwów 1930; *O. Czastek:* Österreich und der polnische Aufstand im Jahre 1863, Wien 1950 (MS); *S. Bóbr-Tylingo:* Napoléon III, l'Europe et la Pologne 1863–4, bemerkt auf S. 18 mit Recht: „Le gouvernement de Vienne ne prit officiellement aucune position, il laissa les événements se dérouler."

Insgeheim aber konnte man sich am Ballhausplatz und in der Wiener Presse einer gewissen Schadenfreude kaum erwehren[149]. Allerdings hatte der Leiter der österreichischen Außenpolitik, Graf Rechberg, schon am 27. Januar, als erst unvollständige Nachrichten aus Polen in Wien eingetroffen waren, sich dem preußischen Gesandten gegenüber „mit der größten Besorgnis über den ernsten Aufstand, der unterdessen in Polen ausgebrochen", geäußert und dabei angedeutet, „wie es ihm wünschenswert scheine, daß Österreich und Preußen in dieser Angelegenheit eine gleichmäßige Haltung einnehmen möchten." Außerdem halte er ein durch die soeben entstandene Insurrektion bedingtes Scheitern oder zumindest eine Verzögerung der für Österreich und Preußen gleich bedenklichen Autonomiebestrebungen Wielopolskis für wahrscheinlich – eine Entwicklung, die für beide Staaten nicht unerwünscht käme[150].

Der nassauische Ministerresident hingegen hörte zwei Tage später im Verlauf eines Gespräches in der Staatskanzlei unverblümt die Auffassung vertreten, daß die russische Regierung nunmehr an ihren eigenen Untertanen Bestrebungen strafe, „für welche sie bei anderen Völkern eintritt"[151], und der Vertreter Badens berichtete am 1. Februar aus Wien, „daß die Öffentlichkeit die Nachrichten (aus Polen) mit unverhohlener Schadenfreude begrüßt", wobei er bei der kaiserlichen Regierung gleichfalls „Freude und Befriedigung über das Fiasko der Politik des Fürsten Gortschakoff" konstatierte. Galiziens wegen empfinde man einstweilen noch keine Besorgnisse, da das Verhältnis zwischen Polen und Ruthenen zur Zeit derart gespannt sei, „daß bei dem geringsten Versuch der polnischen Partei, sich zu rühren, es kaum eines Winkes der Regierung bedürfe, um die Ruthenen gegen dieselben zur Aktion zu bringen und eine Wiederholung der Scenen von 1846 herbeizuführen"[152].

[149] Vgl. *F. Engel-Janosi*: Graf Rechberg . . ., S. 85.

[150] *Werther an Bismarck* – 28. I. 1863 – APP III, Nr. 148.

[151] Schließlich könne – so äußerte man sich weiter – auch „der konservativste Mann" die Teilung Polens nicht rechtfertigen. „Sie brachte zuerst die Herrschaft des Nützlichkeitsprinzips über das des geschichtlichen Rechtes zur Geltung, und von ihr her schreibt sich das Zeitalter der Revolutionen in Europa." Die Sympathien für die polnische Seite hätten jedoch nichts mit den „Umtrieben einer Umsturzpartei" zu tun; man müsse vielmehr beklagen, „daß diese letztere im Stande ist, auf einem an sich guten Grunde Fuß zu fassen". Für die Russen – so erfuhr der Diplomat in einem Gespräch mit dem russischen Gesandten – reduzierte sich das Verhältnis zu ihren polnischen Untertanen auf eine reine Machtfrage. So wurde ihm erklärt: „Man solle nicht glauben, Rußland betrachte den Besitz Polens als einen Gewinn, vielmehr würde man der Last dieses Königreichs gern ledig sein. Allein die Polen selber verkündeten, daß es ihnen mit den engen Grenzen des Königreiches nicht gedient sei. Sie begehrten Russische Provinzen noch dazu, weil diese einmal zu Polen gehört hätten. Wer sich auf diese Weise offen zum Feinde und Kriege erkläre, dem könne man doch nicht selber die Waffen in die Hände geben. Die Unterdrückung sei eine Nothwendigkeit . . ." *Thienen an Wittgenstein* – 29. I. 1863 – HStA Wiesbaden, Best. 210–3438.

[152] *Edelsheim an Roggenbach* – 1. II. 1863 – GLA Karlsruhe, Best. 48/3009.

Ähnlich wie sein badischer Kollege meldete der württembergische Gesandte zwei Tage darauf, in Galizien herrsche vollständige Ruhe, da die „polnische Nationalpartei“[153] beschlossen habe, daß sich das Land nicht am Aufstand im benachbarten Königreich beteiligen solle. Selbstverständlich aber habe die Regierung inzwischen „umgehend gehörige Maßnahmen“ zur Grenzsicherung getroffen, doch sei von irgendwelchen Truppenverstärkungen aus anderen Teilen des Reiches über die in Galizien stationierten 12 000 Mann hinaus bislang noch keine Rede. Dennoch sehe man in Wien die Lage im Königreich Polen als sehr ernst und die dortige Erhebung als noch keineswegs beendet an und sei aus diesem Grunde „nichts weniger als der Meinung . . ., daß sich mit dem Feuer in dem unmittelbar anstoßenden Hause des Nachbarn ungestraft spielen lasse“[154].

Der bayerische Gesandte wußte am 6. Februar seinem König von durch „Revolutions-Comitees“ aufgewiegeltem „Gesindel“ zu berichten, das die schwachen Posten an der Grenze des Königreichs Polen überfallen und ihrer dort aufbewahrten Zollkassen beraubt habe, um danach auf galizisches Gebiet zurückzukehren, „wo die Schuldigen der gesetzlichen Strafe verfallen werden.“ Die polnischen „Grundherrn“ wagten offensichtlich angesichts der offenkundigen Hoffnungslosigkeit des Aufstands und „in Erinnerung an die blutige Parteinahme der galizischen, großentheils ruthenischen Bauern . . . gelegentlich des Insurrektionsversuches von 1846“ zugunsten ihrer gegen die russische Herrschaft aufbegehrenden Landsleute keine aktive Parteinahme. Vor allem aber bedeute diese jüngste polnische Erhebung für die Russen „ein vollkommenes Mißlingen der Anwendung panslawistischer Ideen auf das Verhältnis Rußlands zu Polen“ und ein Scheitern der Politik Wielopolskis sowie des Großfürsten Konstantin als der Träger eines solchen Systems. „Ihre Bemühungen sind an dem alten Haß der Polen gegen alles Russische gescheitert, und damit zugleich der Versuch, der Herrschaft Rußlands in Polen eine festere, volksthümlichere Grundlage zu geben als Oesterreich und Preußen in ihren polnischen Provinzen es vermögen“. Nun rufe Rußland erklärlicherweise das lange Zeit verleugnete „gemeinsame Interesse der nordischen Großmächte“ in der polnischen Frage aufs Neue an, doch beschränke Österreich sich vorerst auf vermehrte Grenzpatrouillen, ohne vorderhand seine Streitmacht in Galizien zu verstärken[155]. Ebenso wenig könne von einem russischen Auslieferungsbegehren betreffend Insurgenten, die sich auf österreichisches Territorium flüchteten, die Rede sein, von dessen Existenz verschiedene Wiener Blätter berichteten. „Im Uebrigen brauche ich wohl kaum zu bemerken, daß dem Oesterreichischen Kabinett, solange Galizien davon verschont bleibt, ein Aufstand keinen großen Kummer erregt, der gegen den Panslawismus gerichtet ist und Ruß-

[153] Wie aus dem weiteren Zusammenhang des Berichts hervorgeht, meint der Gesandte hier offenbar die hocharistokratische Gruppe um die Fürsten Sapieha. Vgl. dazu allgemein *S. Kieniewicz:* Adam Sapieha, Lwów 1939.

[154] *Ow an Hügel* – 3. II. 1863 – HStA Stuttgart, Best. E 70b/Bü 73/2–3.

[155] *Bray an König Maximilian II.* – 6. II. 1863 – GStA München, MA III/2431.

land wahrscheinlich für längere Zeit nöthigen wird, seiner gefährlichen Action in den Donaufürstenthümern Einhalt zu thun"[156].

Ausnahmslos alle Berichte deutscher Diplomaten aus der österreichischen Hauptstadt stimmen darin überein, daß zu Beginn der polnischen Wirren unter den führenden Staatsmännern der Donaumonarchie niemand ernstlich an eine Wiederaufrichtung eines unabhängigen polnischen Staates als eines potentiellen Gegengewichts zum mißtrauisch beargwöhnten Russischen Reich und noch weit weniger an eine freiwillige Preisgabe Galiziens dachte, das Graf Rechberg einem seiner deutschen Kollegen gegenüber sogar als „eine der schönsten Perlen des österreichischen Länderbesitzes" bezeichnete[157]. Diese grundsätzliche Position, welche das Wiener Kabinett während des gesamten Verlaufs der polnischen Krise des Jahres 1863 und trotz gelegentlicher verlockender Töne aus Paris[158] nicht verlassen sollte, bestimmte innenpolitisch auch ihr Verhalten gegenüber ihren polnischen Untertanen in Galizien, wo – neben den erwähnten nationalen und sozialen Spannungen im Lande, welche die defensive Politik der Wiener Regierung selbstverständlich erleichterten[159] – die ungewöhnlich energische und tatkräftige Persönlichkeit des kaiserlichen Statthalters in Lemberg, des Grafen Mensdorff-Pouilly, entscheidend mit dazu beitrug, jeden Versuch einer Revolutionierung dieses Kronlandes von vornherein zu vereiteln[160].

156 *Schachten an Kurfürst Friedrich Wilhelm* – 6. II. 1863 – StA Marburg, Best. 9a/64/ Bd. 38/Bl. 151–154.

157 *Thienen an Wittgenstein* – 6. II. 1863 – HStA Wiesbaden, Rep. 210–3438; *Ow an Hügel* – 7. II. 1863 – HStA Stuttgart, Best. E 70b/Bü 73/2–3.

158 Es handelt sich hierbei in erster Linie um die vielerörterte Unterredung der Kaiserin Eugénie mit dem österreichischen Botschafter Fürsten Richard Metternich vom 21. Februar, auf die im einzelnen noch einzugehen sein wird. Vgl. dazu *A. Stern:* L'insurrection polonaise et l'Impératrice Eugénie, in: RH 137 (1921) S. 66–73; *H. Oncken:* Die Rheinpolitik Kaiser Napoleons III. von 1863 bis 1870 und der Ursprung des Krieges von 1870/71, Bd. I, Stuttgart, Berlin und Leipzig 1926, Dok.-Nr. 1, S. 3–6; *E. Zechlin:* Die Reichsgründung, S. 100; *S. Kieniewicz:* Powstanie styczniowe, S. 400; *A. Hillgruber:* Bismarcks Außenpolitik, S. 51–52.

159 „Die in Galizien herrschende Ruhe, für deren Erhaltung die der Regierung vollständig ergebene ländliche Bevölkerung eine sichere Bürgschaft bietet, enthebt das kaiserliche Cabinet der Nothwendigkeit kostspieliger Truppenaufstellungen." *Bray an König Maximilian II.* – 12. II. 1863 – GStA München, MA III/2431. „Insbesondere ist an der Grenze eine Art Cordon gebildet, um den Zuzug der galizischen und insbesondere bewaffneten Polen nach dem Königreiche zu verhindern. Wie der Gouverneur zu Lemberg, Graf Mensdorff-Pouilly berichtete, so könne er mitunter Bauern an Ort und Stelle selbst zu diesem Dienste verwenden." *Ow an Hügel* – 7. II. 1863 – HStA Stuttgart, Best. E 70b/Bü 73/2–3. 2–3.

160 Der bayerische Gesandte berichtete, der Kaiser habe an den Statthalter telegraphiert, daß er ihm keine frischen Truppen stellen könne, er sich folglich notfalls mit der Einberufung von Beurlaubten behelfen müsse; Mensdorff-Pouilly habe geantwortet, daß dies nicht notwendig sei. „Seiner, mit den liebenswürdigsten Formen gepaarten Energie schreibt man hier großen Theils die gute Haltung Galiziens zu." *Bray an König Maximilian II.* – 12. II. 1863 – GStA München, MA III/2431. Ähnlich *Ow an Hügel* – 9. II. 1863 –

Inzwischen nämlich hatte man in Wien bereits in aller Stille Maßnahmen gegen ein Übergreifen der Unruhen auf das eigene Territorium ergriffen und jede Anwerbung von Freiwilligen aus Galizien für den Aufstand im Nachbarland sowie jede illegale Grenzüberschreitung bei Androhung „der vollen Strenge der Gesetze“ nachdrücklich untersagt[161] und ferner auf den ausdrücklichen Wunsch einer Gruppe hochgestellter polnischer Persönlichkeiten des Landes[162] durch eine kaiserliche Ordre vom 8. Februar den Zusammentritt des galizischen Landtags in Lemberg vorläufig auf den 2. März vertagt[163], um jeder Bitte dieses Gremiums um eine diplomatische Aktion der Regierung zugunsten der polnischen Aufständischen zu entgehen, die man vor allem seitens der jüngeren Mitglieder des Hauses befürchtete[164]. Alle diese Vorkehrungen gingen indes ohne irgendwelche Demonstrationen militärischer Stärke vor sich und standen damit in den Augen vieler Zeitgenossen in erheblichem Kontrast zu der beträchtlichen Machtentfaltung der preußischen Armee in Westpreußen und im Großherzogtum

HStA Stuttgart, Best. E 70 b/Bü 73/2–3. Der Wiener Korrespondent der „Kölnischen Zeitung“ nannte den Grafen „einen Mann von seltener Energie und Entschlossenheit, welcher gegen jede Demonstration rücksichtslos einschreiten würde und eingeschritten ist. Dafür ist er denn auch in den polnischen Blättern als leidenschaftlich, brutal usw. verschrieen“. Vgl. *KZ* Nr. 39 vom 8. Februar.

161 Von einer diesbezüglichen „Kundmachung der hiesigen Polizeidirektion“ berichtete der Lemberger Korrespondent der (Augsburger) „Allgemeinen Zeitung“. Vgl. *AAZ* Nr. 38 vom 7. Februar. Diese Maßnahme wurde ergänzt durch einen Erlaß vom 11. Februar, „wonach die Aus- und Durchfuhr von Waffen und Munitionsgegenständen nach Rußland und Russisch-Polen verboten wird“. *Thienen an Wittgenstein* – 14. II. 1863 – HStA Wiesbaden, Rep. 210–3438.

162 „La prorogation de la Diète de Lemberg est non seulement acceptée avec résignation par la pluspart de ses membres, mais il y a eu beaucoup qui ont deviné cette mesure. L'on assure même que le président de l'assemblée, Prince Sapieha, en a fait suggérer l'idée au gouverneur général . . .“ *Stockhausen an Dalwigk* – 13. II. 1863 – StA Darmstadt, Best. 70e/1/1–103. Rechberg selbst nannte die Schließung des galizischen Landtags „reclamée par les hommes les plus éclairés de la province et même par des membres influents de la diète“. Vgl. *Rechberg an Metternich (Paris) und Apponyi (London)* – 11. II. 1863 – in: Das *Staatsarchiv* (Aegidi-Klauhold), Bd. 4 und 5, Hamburg 1863, Nr. 676.

163 Die Wiener Presse begrüßte einhellig die getroffene Maßregel, nur die liberale *„Ostdeutsche Post“* meinte am 10. Februar, daß die Vertagung des galizischen Landtags „ein himmelschreiender Mißgriff wäre, wenn man sich aus untergeordneten Rücksichten, Besorgnissen und Vorsichtsskrupeln (dazu) hätte verleiten lassen“. Vgl. *NZ* Nr. 71 vom 12. Februar.

164 „Nach Briefen aus Lemberg lag diese Vertagung am meisten im Sinne der dortigen Abgeordneten selber. Sie wurden hierdurch der Notwendigkeit enthoben, bei einer durch etliche Schreier vorbereiteten nationalen Interpellation und Demonstration sich mit Ja oder Nein zu beteiligen.“ *Thienen an Wittgenstein* – 14. II. 1863 – HStA Wiesbaden, Rep.210-3438; Die (ministerielle) *„Donauzeitung“* meinte am 10. Februar: „Der Zündstoff einer nationalen Demonstration im Landtag hätte durch Hitzköpfe leicht hie und da in das Land übertragen werden können. Wie zu hoffen, wird es der Regierung gelingen, durch den einfachen Schritt der Vertagung den Unzukömmlichkeiten solcher Eventualitäten vorzubeugen.“ Vgl. *NZ* Nr. 71 vom 12. Februar; ferner *F. Engel-Janosi*: Graf Rechberg, S. 84–85.

Posen[165], obschon die Abschirmungsmaßnahmen der österreichischen Regierung im Endeffekt mit denjenigen Preußens durchaus konform gingen[166].

In kennzeichnender Parallelität der Ereignisse erließ Graf Rechberg am 11. Februar an die kaiserlichen Botschafter in Paris und London eine Weisung grundsätzlichen Charakters, in welcher er die Prinzipien der von ihm eingeschlagenen Politik in gedrängter Form beschrieb und in der Erklärung zusammenfaßte: „Le Gouvernment Impérial est résolu à veiller strictement au maintien de l'ordre sur son territoire et à la conservation des bons rapports qui l'unissent au Gouvernement russe"[167], während am selben Tag der preußische Ministerpräsident seine Gesandten bei den Westmächten telegraphisch vom Abschluß der preußisch-russischen Konvention in Kenntnis setzte und sie gleichzeitig anwies, ihre Regierung über die Reaktion der führenden Staatsmänner in den westlichen Hauptstädten umgehend zu unterrichten[168].

Während an der Newa das demonstrative Vorgehen der preußischen Regierung – wie erwähnt – keineswegs einhellig begrüßt, von Kaiser Alexander aber immerhin als ein Akt monarchischer Solidarität und gemeinsamer Interessen beider Länder aufgefaßt wurde[169], setzte sich Österreich seines nach außen hin zurückhaltenden Auftretens wegen in den Augen des russischen Kabinetts und vor allem der Warschauer Statthalterschaft dem Verdacht aus, die polnische Insurrektion insgeheim zu begünstigen[170]. Gortschakow hatte

165 Im ‚Wochenbericht" der „Wochenschrift des Nationalvereins" hieß es am 22. Februar, Preußen habe „nicht die mindeste vernünftige Veranlassung, den Russen aus ihren polnischen Verlegenheiten zu helfen; im Gegenteil". So fasse auch die österreichische Politik die Sache auf, „deren Stellung und Aufgaben in diesem Falle ganz die nämlichen sind, wie in der preußischen Politik; nur daß in Wien Staatsmänner am Ruder stehen, und in Berlin – abentheuernde Junker". Vgl. *„Wochenschrift des Nationalvereins"* Nr. 148 vom 27. Februar.

166 In ihrem Leitartikel vom 12. Februar betonte die „Neue Preußische Zeitung" die übereinstimmenden Interessen Preußens und Österreichs gegen die gegenteilige Auffassung der Wiener liberalen „Ostdeutschen Post" und meinte, sie wolle die Freude des Blattes „über die constitutionell-diplomatische Zuneigung der Polen zu Oesterreich" nicht stören; „das Wiener Cabinet wird vermuthlich andere Gedanken darüber haben. Bekannt ist ja, daß die Häupter der Polnischen Revolution in enger Verbindung mit den erklärtesten Feinden Oesterreichs stehen." Vgl. *NPZ* Nr. 36 vom 12. Februar.

167 *Rechberg an Metternich (Paris) und Apponyi (London)* – 11. II. 1863 – in: Das *Staatsarchiv*, Bd. 4 und 5, Hamburg 1863, Dok.-Nr. 676.

168 *Bismarck an Bernstorff (London) und Goltz (Paris)* – 11. II. 1863 – APP III, Nr. 173.

169 *Kaiser Alexander II. an König Wilhelm I.* – 8. II. 1863 – APP III, Nr. 168.

170 „Il y a eu des rapports officielles de la Pologne, qui ont accusé le gouvernement autrichien de connivence à l'égard du mouvement insurrectionnel en Pologne . . ." *Perglas an König Maximilian II.* – 16./22. II. 1863 – GStA München, MA III/2747. Rechberg wehrte sich entschieden gegen einen solchen Vorwurf: Österreich habe ebenso wie Rußland ein Interesse daran, „den polnischen Aufstand möglichst rasch unterdrückt zu sehen". *Werther an Bismarck* – 11. II. 1863 – APP III, Nr. 175; „Eine schnelle Unterdrückung des polnischen Aufstandes wird hier übrigens eben so aufrichtig gewünscht und eifrig angestrebt, als in Berlin oder St. Petersburg." *Bray an König Maximilian II.* – 12. II. 1863 –

die Konvention mit Preußen aus Sorge vor möglichen Konsequenzen auf internationaler Ebene zwar nur widerstrebend abgeschlossen und deshalb auch darauf verzichtet, durch seinen Botschafter Balabine in Wien wegen eines ähnlichen Abkommens offiziell anfragen zu lassen[171], dem österreichischen Vertreter in Petersburg, Grafen Friedrich Thun, gegenüber jedoch deutlich genug zu erkennen gegeben, daß ein entsprechendes Anerbieten Österreichs an die russische Regierung nicht ungern gesehen worden wäre[172]. Zu einem solchen Entschluß aber vermochte sich Rechberg angesichts der durchweg antirussischen Einstellung der öffentlichen Meinung im Lande[173] und wohl auch des Widerstandes seines wichtigsten Kabinettskollegen, des Staatsministers Schmerling, wegen nicht durchzuringen[174],

GStA München, MA III/2431; Kaiser Franz Joseph nannte dem sächsischen Gesandten gegenüber diese Verdächtigungen „ebenso ungerechtfertigt als geradezu gedankenlos". *Könneritz an Beust* – 16. II. 1863 – in: *H. Kretzschmar:* Die *Anfänge* des Ministeriums Bismarck, Dok.-Nr. 78. Der preußische Gesandte begegnete dem Kaiser auf einem Ball und berichtete anschließend: „Er sprach mir bei dieser Gelegenheit mit einiger Entrüstung von Vermutungen, die aufgestellt würden, als ob Österreich für die polnische Insurrektion Sympathien haben könne." *Werther an Bismarck* – 18. II. 1863 – APP III, Nr. 200.

171 Werther telegraphierte zwar am 14. Februar, daß Instruktionen an Balabine abgegangen seien, „um mit dem österreichischen Kabinett ... dieselbe Konvention zu verhandeln, welche mit Preußen abgeschlossen ist". Vgl. *Werther an Bismarck* – 14. II. 1863 – APP III, Nr. 186. Am 18. Februar waren aber noch immer keine Weisungen in Wien eingetroffen. Man sei jedoch in Petersburg über die Haltung Österreichs stark verstimmt. „Die hiesige polenfreundliche und antirussische Presse trägt viel dazu bei." *Werther an Bismarck* – 18. II. 1863 – APP III, Nr. 200.

172 Diese Auffassung vertrat auch der österreichische Botschafter in Petersburg. So schrieb Spitzemberg nach Stuttgart: „Sind auch keine officiellen Schritte bei dem Wiener Cabinette erfolgt, so war dasselbe jedenfalls von dem hier herrschenden Wunsche unterrichtet, eine ähnliche Uebereinkunft wie die preußische mit der kaiserlichen Regierung abzuschließen ... Der Eindruck, den die Haltung Oesterreichs hier gemacht hat, ist jedenfalls ein letzterer Macht höchst nachtheiliger, und Graf Thun, der die Ereignisse in Polen gerade für geeignet hielt, eine Annäherung zwischen Oesterreich und Rußland zu erzielen, sieht diesen Zweck zu seinem Bedauern durch die eigene Regierung vereitelt." *Spitzemberg an Hügel* – 13. II. 1863 – HStA Stuttgart, Best. E 72/124. Der bayerische Gesandte berichtete: „Le Comte Thun lui même a cru, que son Gouvernement allait saisir avec empressement l'occasion favorable pour rendre service à la Russie et l'obliger ..." *Perglas an König Maximilian II.* – 19. II. 1863 – GStA München, MA III/2747.

173 Den vehementesten Angriff gegen die russische Politik führte Julius Fröbel im liberalen „*Botschafter*", der seinen Artikel mit dem Satz enden ließ: „Eine Rückkehr in eine heilige Allianz mit Preußen und Rußland unter Bismarck und Gortschakoff – man müßte ein Reactionär in der dritten Potenz geworden seyn, ehe man als Oesterreicher einen solchen Gedanken fassen könnte." Vgl. *AAZ* Nr. 49 vom 18. Februar.

174 Namentlich in Berlin war man wegen seiner Rolle in den Jahren 1848/49 voller Mißtrauen gegen den „Deutschlandexperten" v. Schmerling. So äußerte Bismarck Károlyi gegenüber: „Mit Graf Rechberg würde ich mich bereitwillig beraten, aber nicht mit Schmerling und Kuranda." *Károlyi an Rechberg* – 17. II. 1863 – *Quellen* zur deutschen Politik Österreichs, Nr. 1085.

zumal ein formelles Begehren seitens der Regierung in St. Petersburg eben nicht vorlag[175].

Mittlerweile verwunderten sich die in Wien und Berlin akkreditierten Vertreter der übrigen deutschen Bundesstaaten darüber, daß sich die beiden Vormächte innerhalb des Deutschen Bundes bei einer in diesem Fall durchaus vergleichbaren Interessenlage augenscheinlich noch immer nicht auf eine Absprache für ein gemeinsames Vorgehen hatten einigen können[176]. Eine solche aber erschien den Regierungen der deutschen Mittel- und Kleinstaaten um so mehr geboten, als sich die öffentliche Meinung in England und Frankreich nach anfänglich starker Zurückhaltung von Tag zu Tag mehr für die polnische Frage zu erwärmen begann und damit auch die Gefahr politischer Verwicklungen in der Mitte Europas wuchs[177].

Zusammenfassend betrachtet bieten die außenpolitischen Aktivitäten der drei Teilungsmächte im Augenblick des Abschlusses der Alvenslebenschen Konvention etwa folgendes Bild: In einer Situation, in welcher sowohl das Russische Reich als auch die Donaumonarchie ihre Bemühungen darauf richteten, die Unruhen in Russisch-Polen möglichst rasch zu lokalisieren, um auf diese Weise jeder eventuell zu erwartenden Einmischung der Westmächte unter Hinweis auf das Nichtinterventionsprinzip entgegentreten zu können, hatte die preußische Regierung in den Augen der zeitgenössischen europäischen Diplomatie und der öffentlichen Meinung durch ihre „mit bewunderungswürdiger Entschlossenheit und Schnelle“[178] durchgeführte Aktion ganz Europa in befremdetes Erstaunen versetzt und das mühsam

[175] Der russische Gesandte in Wien glaubte selbst nicht an den Erfolg solcher Vorstellungen seitens seiner Regierung. *Werther an Bismarck* – 18. II. 1863 – APP III, Nr. 200. Aus Paris meldete Goltz: „Nach Äußerungen meines oesterreichischen Collegen zu schließen, ist es . . nicht Graf Rechberg, sondern *Herr von Schmerling,* welcher sich durch ein gemeinsames polenfreundliches Auftreten mit den Westmächten die Sympathien Frankreichs zu erwerben wünscht.“ *Goltz an Bismarck* – 10. III. 1863 – GStA Berlin-Dahlem, HA III, Nr. 18, Bd. III.

[176] „Da in dieser Frage (Polen) das Oesterreichische Kabinett ganz gleiche Interessen wie das Preußische hat, so hätte man glauben sollen, daß zwischen beiden längst eine Verständigung stattgefunden über die, dem täglich an Umfang gewinnenden Aufstande gegenüber zu nehmende Stellung. Dem ist jedoch nicht so; wenigstens versicherte noch gestern Baron Werther, es sei ihm bis jetzt in solcher Richtung von Berlin noch nichts zugegangen.“ *Schachten an Kurfürst Friedrich Wilhelm* – 6. II. 1863 – StA Marburg, Best. 9a/64/1–179. „Mr. de Werther . . . n'avait pas eu jusque là de communication à faire au Cabinet de Vienne sur les affaires de Pologne.“ *Stockhausen an Dalwigk* – 10. II. 1863 – StA Darmstadt, Best. 70e/1/1–303. Den Grund für diesen Tatbestand bezeichnete der sächsische Gesandte in Wien folgendermaßen: „Bei all dem ist aber die Mißstimmung zwischen den drei beteiligten Höfen so tief gewurzelt, daß eine Verständigung auch in Fragen, wo augenscheinlich die wichtigsten Interessen auf dem Spiel stehen, sehr erschwert erscheint.“ *Könneritz an Beust* – 9. II. 1863 – in: *H. Kretzschmar:* Die *Anfänge* des Ministeriums Bismarck, Nr. 72.

[177] Einen knappen Überblick bietet *K. Krupinski:* Die Westmächte und Polen von Napoleon I. bis Versailles, München und Berlin 1941, bes. S. 46–71.

[178] So *C. Friese:* Rußland und Preußen, S. 298.

ausbalancierte machtpolitische Gleichgewicht auf dem Kontinent in unverhoffte Bewegung gebracht[179]. Außerdem aber wuchs inzwischen in ganz Europa die Verwunderung über die immer noch wachsende Ausdehnung des Aufstandes bis nach Litauen und Wolhynien hinein[180], während es der russischen Armee nicht gelingen wollte, der Unruhen in kurzer Zeit Herr zu werden[181]. Jede Verlängerung der bewaffneten Auseinandersetzungen in Russisch-Polen aber mußte – so fürchtete man in Deutschland vielerorts – die Gefahr einer auswärtigen Einmischung weiter erhöhen[182].

179 So sprach Rechberg in einer Unterredung mit dem preußischen Gesandten recht unverblümt von der „unruhigen, eroberungssüchtigen Politik" in Berlin, welche die übrigen Mächte Europas zwingen werde, „sich um anderweitige Allianzen umzusehen", um „die Ruhe und Sicherheit Europas sicherzustellen". *Rechberg an Károlyi* – 2. III. 1863 – *Quellen* zur deutschen Politik Österreichs, Bd. III, Nr. 1098. „Am wenigsten gut ist Graf Rechberg über (sic!) Herrn von Bismarck zu sprechen, welcher durch seine Behandlung der polnischen und anderer Fragen gerade in einer Zeit, wo etwas mehr Ruhe in die europäischen Verhältnisse eingetreten ist, alles wieder auf's Neue in Frage gestellt habe." *Ow an Hügel* – 9. III. 1863 – HStA Stuttgart, Best. E 70b/Bü 73/2–3. Der kurhessische Ministerresident meldete aus Paris: „Man geht sogar so weit zu behaupten, der russisch-preußische Vertrag ... bedrohe in seinen Wirkungen das Europäische Gleichgewicht." *Trott an Kurfürst Friedrich Wilhelm* – 19. II. 1863 – StA Marburg, Best. 9 a/193/Bl. 20–21. Ähnlich dachte man in Londoner Regierungskreisen. „The conduct of the Prussian Government is suicidal – and exposes the peace of Europe to the greatest danger." *Granville an Königin Viktoria* – 24. II. 1863 – zit. bei *W. E. Mosse:* The European Powers and the German Question, Cambridge 1958, S. 113, Anm. 5.

180 Vgl. *S. Kieniewicz:* Powstanie styczniowe, S. 414–418.

181 In einem Gespräch mit dem badischen Ministerresidenten in Wien erklärte der dortige Botschafter Frankreichs, der Herzog von Gramont, unter Berufung auf die Nachrichten, die ein französischer Kurier aus Warschau mitbrachte, „die Truppen zeigten sich theilweise sehr lau und wenig zuverlässig". *Edelsheim an Roggenbach* – 4. II. 1863 – GLA Karlsruhe, Best. 48/3009; ähnlich dachte man in Wien. „Die Einen berechnen die wahrscheinliche und vollkommene Niederschlagung des Aufstandes nach Wochen, Andere aber selbst nach Monaten, weil die bisher im Königreich Polen aufgezählte Truppenmacht wohl auf dem Papier, aber nicht in Wirklichkeit vorhanden gewesen zu seyn scheint." *Ow an Hügel* – 9. II. 1863 – HStA Stuttgart, Best. 70b/Bü 73/2–3. Auch aus Berlin wurde gemeldet, jeder Tag mache „den Zweifel an einer raschen Niederwerfung des Aufstandes begründeter". *Mollenbeck an Roggenbach* – 16. II. 1863 – GLA Karlsruhe, Best. 48/3009.

182 Solche Befürchtungen hegte auch der britische Gesandte in Wien in einer Unterredung mit dem Ministerresidenten von Hessen-Darmstadt: „Malgré le langage que tient le Duc de Grammont, Lord Bloomfield ne perd encore l'espoir, que si la Russie parvient à réprimer promptement l'insurrection, il n'y aura pas de complication Européenne. Toutefois si la lutte se prolongeait et que l'opinion publique en France prêt feu pour la cause polonaise, il pourrait fort bien arriver ... que Napoléon III jugeât l'occasion propice pour réaliser l'un ou l'autre des idées qu'il tient en réserve." *Stockhausen an Dalwigk* – 28. II. 1863 – StA Darmstadt, Best. 70e/1/Bl. 55–58. In Stuttgart dachte man ähnlich: „Im Großen und Ganzen verschließt man sich nirgends der Einsicht, daß es im deutschen Interesse liege, den Aufstand baldmöglichst durch die russischen Waffen niedergeworfen zu sehen." *Dusch an Roggenbach* – 3. III. 1863 – GLA Karlsruhe, Best. 48/3009. „Un bon Allemand ne peut pas désirer le rétablissement de la Pologne, attendu que les Polonais sont les enemies déclarés de l'Allemagne, et que le rétablissement de cette nation affaiblirait mon pays,

Seit dem Ende des polnischen Novemberaufstandes von 1830/31[183] bestand in London neben denjenigen in Paris und Brüssel eines der Hauptzentren der „Großen Emigration“[184]. Wie im übrigen westlichen Europa hatte sich indes auch an der Themse unter den verschiedenen exilpolnischen Gruppierungen trotz mannigfacher Bemühungen[185] keine Einigkeit erzielen lassen, da in erster Linie die sozialpolitischen Auffassungen der konservativen Hocharistokratie, die in England hauptsächlich durch General Władysław Zamoyski, einen Bruder des bereits mehrfach erwähnten Fürsten Andrzej Zamoyski[186], repräsentiert wurde, und die von jenen stark divergierenden Vorstellungen der vor allem um die „Polnische Demokratische Gesellschaft“ (Towarzystwo Demokratyczne Polskie) in London gescharten Radikaldemokraten eine Annäherung der Standpunkte stets aufs Neue verhinderten[187].

Getreu der Maxime seines inzwischen hochbetagt gestorbenen Onkels Adam Czartoryski, des „heimlichen Königs von Polen“[188], daß nur die persönliche Einwirkung auf führende Staatsmänner in Großbritannien und Frankreich (sowie in Italien, Schweden, Österreich, der Schweiz und der Türkei)[189] die Wiedererrichtung eines unabhängigen polnischen Staates würde fördern können, hatte Fürst Władyslaw im Vereinigten Königreich seit geraumer Zeit Kontakte zu den leitenden Persönlichkeiten im Kabinett Ihrer Majestät, Lord Palmerston und Lord John Russell, aufzunehmen verstanden. In seiner Eigenschaft als Emissär der hocharisto-

attendu que Dantzig et toute cette partie de la Prusse devrait forcément retourner à la Pologne“, meinte der bayerische Gesandte am Bundestag, v. d. Pfordten. Vgl. *Reiset an Drouyn de Lhuys* – 1. III. 1863 – zit. bei *S. Bóbr-Tylingo:* Napoléon III, l'Europe et la Pologne 1863–4, S. 26.

183 Grundlegend für die diplomatische Geschichte des Novemberaufstands von 1830/31 sind die sich über Jahrzehnte erstreckenden Arbeiten von *J. Dutkiewicz:* Austria wobec powstania listopadowego, Kraków 1933; *ders.*: Francja a Polska w 1831 r. Łódź 1950; *ders.*: Anglia a sprawa polska w latach 1830–1831, Łódź 1967.

184 Zum allgemeinen Hintergrund vgl. *S. Kalembka:* Wielka Emigracja. Polskie wychodźstwo polityczne w latach 1831–1862, Warszawa 1971.

185 Vgl. *H. Rzadkowska:* Działalność centralizacji Londynskiej Towarzystwa Demokratycznego Polskiego, Wroclaw-Warszawa-Kraków-Gdańsk 1971; *B. Cygler*: Zjednoczenie Emigracji Polskiej 1837–1846, Gdańsk 1969.

186 Ein eindrucksvolles, wenn auch subjektiv gefärbtes Bild der beiden gegensätzlichen Brüder zeichnet *S. Koźmian:* Das Jahr 1863. Polen und die europäische Diplomatie, Wien 1896, S. 206–209.

187 Vgl. *P. Brock*: Polish Democrats and English Radicals, 1832–1862. A Chapter in the History of Anglo-Polish Relations, in: JMH 25 (1953) S. 139–156; *ders.*: Z dziejów Wielkiej Emigracij w Anglii, Warszawa 1958; *ders.*: The Political Program of the Polish Democratic Society, in: PR 14 (1969) Heft 2, S. 89–105 und Heft 3, S. 5–24; ferner *S. Kalembka:* Przywódzy i członkowie Towarzystwa Demokratycznego Polskiego. Uwagi i uzupełnienia do przewódnika bibliograficznego, in: KH 72 (1965) S. 901–917.

188 Immer noch grundlegend *M. Handelsmann*: Adam Czartoryski, 2 Bde. Warszawa 1947, 1949 (posthum); *M. Kukiel*: Czartoryski and European Unity, Princeton/N.J. 1955.

189 Vgl. vor allem *A. Lewak* (Red.): Polska działalność dyplomatyczna 1863–1864. Zbiór dokumentów, Bd. II, Warszawa 1963.

kratischen Gruppe um das Pariser „Hôtel Lambert" traf er infolge der Nachrichten vom Beginn neuerlicher Demonstrationen im Königreich Polen im März 1861 wiederum in London ein[190] und entwickelte sogleich eine rastlose Tätigkeit, organisierte zahlreiche und vielbesuchte „Meetings", auf denen erfolgreich um Sympathien für die unterdrückte polnische Nation geworben wurde, lancierte polenfreundliche Artikel in die Spalten der meisten britischen Blätter und versuchte überdies, mehr oder weniger prominente Mitglieder in beiden Häusern des Parlaments in seinem Sinne zu mobilisieren[191].

Nicht zuletzt seinen Aktivitäten war es freilich u. a. zuzuschreiben, daß radikaldemokratische Ideen über die Gestaltung eines zukünftigen Polen, wie sie vor allem Ludwik Mierosławski und seine Freunde in Paris in ihren zahlreichen Periodika wie „Przegląd Rzeczy Polskich" (Polnische Rundschau), „Demokrata Polski" (Polnischer Demokrat) und „Baczność" (Achtung!) vertraten, im Londoner Kabinett auf keinen fruchtbaren Boden fielen[192]. Der greise Premierminister Palmerston[193] und sein Staatssekretär Russell unterstützen hingegen unverdrossen und nachhaltig die russischen Ausgleichsbemühungen in Warschau auf jede erdenkliche Weise[194]. Noch am 21. Februar 1862 hatte Russell dem britischen Gesandten am Petersburger Hof, Lord Napier, erklärt: „The best chance for Poland in the opinion of H. M. Gov-t. consists in patient and quiet submission to the laws, until an improvement shall take place in the political institutions of Russia. – Poland would no doubt ask to share in the political institutions of Russia"[195]. Infolgedessen vermochten Londoner Regierungskreise auch in der terroristischen Tätigkeit revolutionärer Elemente vor allem in Warschau, die ihren Ausdruck in mehrfachen Attentaten gegen den Großfürsten Konstantin und den Markgrafen Wielopolski fand, kein geeignetes Mittel zu erkennen, um das Königreich Polen schrittweise der nationalen Autonomie entgegenzuführen, wie sie in der Wiener Schlußakte vom 9. Juni 1815 in Aussicht genommen und in den Augen der führenden britischen Staatsmänner unzweideutig geboten war[196].

[190] Vgl. *W. Czartoryski*: Pamiętnik, hrsg. von *H. Wereszycki*, Warszawa 1960, S. 37.

[191] Vgl. *H. Wereszycki*: Great Britain and the Polish Question in 1863, in: EHR 50 (1935) S. 78–108, hier S. 80–82.

[192] Die neueste Biographie des unglücklichen Generals und „Diktators" stammt von *M. Żychowski:* Ludwik Mierosławski, Warszawa 1963; in populärwissenschaftlicher Zusammenfassung *ders.*: Generał klęski. Ludwik Mierosławski, Warszawa 1965.

[193] Zu Palmerston vgl. *D. Southgate:* The Most English Minister. The Polities and Politics of Palmerston, New York 1966.

[194] Vgl. *R. F. Leslie:* Politics and Economics in Congress Poland, 1815–1864, in: PP 8 (1955) S. 43–63, hier S. 60–61.

[195] *Russell an Napier* (Britischer Gesandter in Petersburg) – 21. II. 1862 – zit. bei *H. Wereszycki:* Anglia a sprawa polska w latach 1860–1865, Lwów 1934, S. 36, Anm. 1.

[196] Die Gewährung nationaler Institutionen war freilich ausdrücklich in das Ermessen der beteiligten Souveräne gestellt. Wörtlich lautete die Polen betreffende Bestimmung: „Les Polonais . . . obtiendront une représentation et des institutions nationales, réglées d'après le mode d'existence politique que chacun des gouvernements auxquels ils appartiennent jugera convenable de leur accorder." Zit. bei *G. Rhode:* Geschichte Polens, S. 341–342.

Der Ausbruch des bewaffneten Widerstandes der polnischen Untertanen des Kaisers Alexander im Januar 1863 entsprach daher jedenfalls in keiner Weise den Intentionen der britischen Regierung, zumal man dem Aufstand in London angesichts des überwältigenden materiellen und personellen Übergewichts der kaiserlichen Armee von vornherein nicht die geringste Chance gab[197]. Immerhin aber mochte er – wie man im britischen Außenministerium zuversichtlich hoffte – zunächst einmal eventuelle russische Aktivitäten auf dem Balkan lähmen und kam daher der englischen Regierung offenbar nicht einmal ungelegen[198].

Eine Woche nach dem Beginn der Insurrektion kommentierte als erster – so weit feststellbar – der Londoner Korrespondent der Augsburger „Allgemeinen Zeitung" die Reaktion in England auf die ersten Nachrichten vom Ausbruch bewaffneter Unruhen in Russisch-Polen mit den Worten: „Der englische Liberalismus begrüßt den Ausbruch eines neuen polnischen Aufstandes mit jener kindlichen Sympathie, deren jeder politische Krawall in der Welt, wenn er nicht auf englischem Grund und Boden spielt, von dieser Seite sicher seyn kann"[199]. Gleichzeitig veröffentlichten führende deutsche Blätter aus der englischen Presse übernommene Leitartikel, die bei aller Sympathie für die gerechte Sache der Aufständischen ein baldiges trauriges Ende des ungleichen Kampfes prophezeiten[200]. So rechnete die durch ihren Warschauer Korrespondenten stets zuverlässig informierte Londoner „Times"[201] sogar damit, daß dieser neuerliche polnische Aufstand vermutlich schon in wenigen Tagen niedergeschlagen sein würde, und neigte – mit Recht – der Meinung zu, daß es sich, wie die Einheitlichkeit und Plötzlichkeit des Angriffs deutlich bewiesen, um ein von langer Hand vorbereitetes Unternehmen von Verschwörern handelte und weniger um eine Reihe spontaner verzweifelter Reaktionen auf die Rekrutierungsmaßnahmen der Regierung. Vor allem beklagte die Zeitung bitter, daß die Insurgenten unentschuldbare Barbareien begangen und schlafende Soldaten in Häusern, in denen sie einquartiert waren, meuchlings ermordet hätten. Ein noch strengeres Verdikt fällte der konservative „Herald", indem er erklärte: „Tapfere Männer verteidigen die Freiheit nicht im Gewande von Meuchelmördern"[202]. Die dem Außenministerium nahestehende „Morning Post" schließlich bekräftigte den bisherigen Kurs der englischen Politik in der polnischen Frage und sprach in einem Leitartikel vom 28. Januar die Hoff-

[197] Vgl. *W. E. Mosse:* England and the Polish Insurrection of 1863, in: EHR 71 (1956) S. 28 bis 55, hier S. 30.

[198] *Russell an Bulwer* (Konstantinopel) – 26. I. 1863 – zit. bei *H. Wereszycki:* Anglia a sprawa polska . . . , S. 44, Anm. 3: „The insurrection which has broken out in Poland will make the Russian Gov-t unwilling to forment rebellion elsewhere."

[199] Vgl. *AAZ* Nr. 30 vom 30. Januar (Korrespondentenbericht aus London vom 27. Januar).

[200] Ebda.

[201] Die „Times" sandte überdies ihren Sonderkorrespondenten Sutherland-Edwards nach Warschau, „who wrote enthusiastic Articles about the Poles." Vgl. *H. Wereszycki:* Great Britain and the Polish Question in 1863, in: EHR 50 (1935) S. 78–108, hier S. 81.

[202] Artikel vom 27. Januar, übernommen von der *NPZ* Nr. 25 vom 30. Januar.

nung aus, daß die Polen als Ergebnis der im ganzen Russischen Reich inaugurierten Reformen auch ihre in den Wiener Verträgen garantierten Rechte zurückerhalten würden[203].

Am 10. Februar bildete die polnische Frage zum erstenmal auch den Gegenstand einer Interpellation im britischen Unterhaus seitens des Abgeordneten Pope-Hennessy[204], der sich als katholischer Ire seit 1861 wiederholt für die polnischen Belange eingesetzt hatte und daher unter seinen Kollegen als Sachverständiger galt, zumal er außerdem enge Beziehungen zu führenden Persönlichkeiten der exilpolnischen Hocharistokratie unterhielt[205]. Leider gehörte er, wie der Londoner Korrespondent der „Kölnischen Zeitung" mitzuteilen wußte, „ – gelinde gesagt – nicht zu den einflußreichsten Mitgliedern des Unterhauses", doch werde in Zukunft eine heftige Diskussion um Polen im Parlament kaum ausbleiben, nur „weil der kleine Hennessy es war, der ihr den ersten Anstoß gab". Es herrsche „große Teilnahme für das zur Verzweiflung getriebene Land und laute Erbitterung gegen diejenigen, welche es so weit gebracht haben. Diese Stimmung wird ihr Echo zweifelsohne im Parlamente finden". Auf mehr als teilnehmende Worte seitens der Regierung dürfe allerdings niemand ernstlich hoffen, da namentlich eine starke konservative Opposition Earl Russell für seine wohlgesetzten Depeschen bislang „blutwenig Dank" gewußt habe. „Letztere hört nicht auf, ihn den unberufenen Eindringling in aller Welt Angelegenheiten zu nennen". Insgesamt gesehen aber sei das moralische Gewicht Englands in allen internationalen Fragen zur Zeit nicht hoch genug zu veranschlagen, und es könne daher durchaus geschehen, daß „die Polen sich in ihrer Bedrängniß abermals an die englische Regierung wendeten, obgleich diese wiederholt und offen erklärt hat, daß fromme Wünsche Alles seien, was sie ihnen zu bieten habe"[206].

Weitaus tiefer noch als in England war seit den Tagen Kościuszkos und der Epoche des großen Korsen in Frankreich die traditionelle Freundschaft mit der polnischen Nation und damit korrespondierend die Abneigung gegen das autokratische Rußland in weiten Kreisen der politisch bewußten Bevölkerungsschichten verankert[207]. Seit dem Exodus eines großen Teils der politischen und militärischen polnischen Führungsschicht aus dem Königreich Polen nach Westeuropa in der „Großen Emigration" nach dem vergeblichen Aufstand von 1830/31 hatten sich in Paris die Zentren sowohl der mit Mazzinis „Jungem Europa" verbündeten

[203] Inhalt dieses Kommentars bei *H. Wereszycki:* Anglia a sprawa polska, Lwów 1934, S. 45–46.

[204] Pope Hennessy reiste im Verlaufe des Jahres nach Paris und Wien, wo er mit Napoleon und Franz-Joseph vergeblich über eine Wiederherstellung Polens verhandelte. Vgl. *W. Czartoryski:* Pamiętnik, Warszawa 1960, S. 51, Anm. 116.

[205] Vgl. *H. Wereszycki:* Great Britain and the Polish Question in 1863, in: EHR 50 (1935) S. 78–108, hier S. 85.

[206] Vgl. *KZ* Nr. 44 vom 13. Februar (Bericht aus London vom 10. Februar).

[207] Dazu grundlegend *E. Birke:* Frankreich und Ostmitteleuropa im 19. Jahrhundert, Köln-Graz 1960, S. 14–27; 57–72; 114–121; 179–211.

Radikaldemokraten um Ludwik Mierosławski, dem konsequentesten Verfechter der Parole „für unsere und eure Freiheit" (za naszą i waszą wolność) [208], als auch der um ihr Idol Adam Czartoryski gescharten Hocharistokratie des „Hôtel Lambert" etabliert[209]. Namentlich letztere hatten besonders seit der Errichtung des Zweiten Kaiserreichs in Frankreich über ihre mannigfachen Verbindungen zum Hofe wiederholt versucht, mit Hilfe von Mittelsmännern auf die Politik Napoleons III. einzuwirken und dem Kaiser nahezulegen, bei günstiger Gelegenheit das ihrer Ansicht nach weiterhin ungelöste polnische Problem erneut auf internationaler Ebene zur Sprache zu bringen[210], während die radikalen Demokraten ständige Kontakte zum „Palais Royal", der Residenz des Prinzen Napoleon (genannt „Plon-Plon"), unterhielten[211].

Eine solche Möglichkeit schien die russische Niederlage im Krimkrieg zu eröffnen; sie widerstritt indessen allzu deutlich dem damaligen Bestreben der französischen Außenpolitik, eine bereits bei den Pariser Friedensverhandlungen eingeleitete und übrigens auch von russischer Seite betriebene Annäherung beider Kaiserreiche anzubahnen[212], so daß es dem Unterhändler des Zaren, Grafen Orlov, auf der Friedenskonferenz verhältnismäßig leicht fiel, jeden Gedanken an eine Erörterung des polnischen Problems erfolgreich abzuschneiden[213]. Ebenso wenig führten vorsichtige Sondierungen des französischen Kaisers im September 1857 anläßlich der Stuttgarter Kaiserentrevue zwischen Napoleon und Alexander zu irgendwelchen greifbaren Resultaten, verstimmten im Gegenteil den solchen französischen Anregungen gegenüber stets sehr empfindlichen Zaren in nicht unerheblichem Maße[214].

Als den „einzig delikaten Punkt" in den beiderseitigen Beziehungen hatte Napoleon in Stuttgart die polnische Frage bezeichnet[215]; und daher förderte die französische Rußlandpolitik folgerichtig in den folgenden Jahren ähnlich wie das

208 Vgl. *M. Żychowski:* Ludwik Mierosławski, 1814–1878, Warszawa 1963, vor allem Kapitel 15 und 16.

209 Vgl. *S. Kalembka:* Wielka Emigracja, Warszawa 1971, bes. S. 242–258.

210 Dazu allgemein *W. Recke:* Die polnische Frage als Problem der europäischen Politk, Berlin 1927; ferner *K.Krupinski:* Die Westmächte und Polen von Napoleon I. bis Versailles, München-Berlin 1941, S. 54–71.

211 Vgl. *M. Żychowski:* Ludwik Mierosławski, Warszawa 1963, S. 435–436.

212 Zum Pariser Kongreß von 1856 vgl. die auf den Wiener Akten aufbauende grundlegende Arbeit von *W. Baumgart:* Der Friede von Paris 1856, München-Wien 1972; dazu *E. Kolb:* Rußland und die Gründung des Norddeutschen Bundes, in: Europa und der Norddeutsche Bund, Berlin 1968, S. 183–220, hier S. 188–189.

213 Vgl. *E. Birke:* Frankreich und Ostmitteleuropa im 19. Jahrhundert, Köln-Graz 1960, S. 189–190.

214 Grundlegend noch immer *E. Schüle:* Rußland und Frankreich vom Ausgang des Krimkrieges bis zum italienischen Krieg 1856–1859, Königsberg-Berlin 1935, hier S. 105. Nicht erwähnt als Gegenstand der Stuttgarter Gespräche vom September 1857 wird die polnische Frage bei *S. Martenson:* Württemberg und Rußland im Zeitalter der deutschen Einigung, Göppingen 1970, bes. S. 61–65.

215 Vgl. *E. Birke:* Frankreich und Ostmitteleuropa, S. 191.

Londoner Kabinett – wenn auch mit unterschiedlicher Zielsetzung – in äußerst behutsamer Weise die im Grunde seit dem Regierungswechsel von 1856 im Königreich Polen schrittweise „von oben" eingeleitete Ausgleichspolitik des Kaisers und seines Vizekanzlers, welche schließlich im sogenannten „System Wielopolski" gipfeln sollte[216], ohne doch – soweit irgend möglich – die sorgfältig gepflegten Beziehungen zum kaiserlichen Kabinett in Petersburg durch eine allzu offene Parteinahme zugunsten der polnischen Untertanen des Zaren unnötigerweise zu gefährden[217]. Nur ein solches Verfahren eröffnete, wie es schien, der französischen Osteuropapolitik die Möglichkeit, dem offenkundigen Dilemma zu entgehen, entweder das seit dem Ende des Krimkriegs angestrebte Einvernehmen mit dem Russischen Reich[218], das sich im Falle Italiens und der Donaufürstentümer so glänzend bewährt hatte[219], zugunsten der „gemeinsamen revolutionären Tradition" mit den Polen opfern oder aber in den Verdacht eines Verrates des von ihr favorisierten „Nationalitätenprinzips" geraten zu müssen[220]. Das politische Kalkül der führenden Staatsmänner am Quai d'Orsay, gleichsam über Polen die Brücke zur Newa zu schlagen[221], mußte demnach einen schweren Schlag erleiden, als am 22. Januar der nächtliche Überfall der polnischen Insurgenten auf die Garnisonen im Lande erfolgte[222].

Sobald daher am 27. Januar die ersten Nachrichten vom Ausbruch einer neuerlichen polnischen Insurrektion an der Seine eintrafen, herrschten im kaiserlichen Kabinett wie übrigens auch in der öffentlichen Meinung Frankreichs keineswegs überall Verständnis und Zustimmung[223]. Der halboffizielle „Constitutionnel" miß-

[216] Dazu zusammenfassend *S. Kieniewicz:* Powstanie styczniowe, S. 142–150.

[217] Vgl. *E. Kolb:* Rußland und die Gründung des Norddeutschen Bundes, in: Europa und der Norddeutsche Bund, Berlin 1968, S. 183–220, hier S. 188–189; zu diesem Aufsatz zustimmend die Besprechung von *K. G. Faber* in HZ 212 (1971) S. 180.

[218] Vgl. *B. Jelavich:* A Century of Russian Foreign Policy, 1814–1914, Philadelphia und New York 1964, S. 133–147.

[219] Vgl. *B. Jelavich:* Russia and the Rumanian National Cause, 1858–1859, Bloomington/Ind. 1958.

[220] Vgl. *A. Hillgruber:* Bismarcks Außenpolitik, S. 47.

[221] Vgl. *E. Zechlin:* Die Reichsgründung, S. 98–99.

[222] Die französische Polizei ging gegen Ende des Jahres 1862 energisch gegen polnische Emissäre vor, die zu Waffenkäufen nach Paris gekommen waren. Am 20. Dezember verhaftete sie Józef Ćwierciakiewicz, gleichsam den „Chefeinkäufer", und konfizierte die bei ihm gefundenen erheblichen Geldbeträge. Ihre Zusammenarbeit mit der russischen Botschaft ermöglichte es den Warschauer Behörden, eine geheime Druckerei auszuheben und weitere Verhaftungen von Mitgliedern des „Zentralkomitees" durchzuführen, das daraufhin mehrfach umbesetzt werden mußte. Vgl. *R. F. Leslie:* Reform and Insurrection in Russian Poland, London 1963, S. 159; ferner *Reuß an Bismarck* – 29. III. 1862 – APP III, Nr. 92.

[223] Der französische Außenminister Drouyn de Lhuys sprach sich dem preußischen Gesandten gegenüber „mit lebhaftem Unwillen" aus, und auch der Kaiser teilte das Bedauern v. d. Goltz' „über den Undank, mit welchem die hochherzigen Absichten des Kaisers Alexander erwidert werden." Napoleon hielt die Bewegung in Polen für ein Werk Mazzinis, „welcher die Revolution in allen Ländern leite." *Goltz an Bismarck* – 28. I. 1863 – APP III, Nr. 146. Der großherzoglich-hessische Ministerresident meldete aus Paris: „La nouvelle de l'in-

billigte im Gegenteil die Vorgänge in Russisch-Polen in äußerst scharfer Form und bezeichnete sie als ein Werk „communistischer Kräfte"[224], während die Regierung durch ihren Sprechminister Billaut am 5. Februar als Antwort auf eine Interpellation von Jules Favre im Senat unmißverständlich erklären ließ, sie erachte den gegenwärtigen Zeitpunkt nicht für günstig, in eine Diskussion über die polnische Frage einzutreten. Ihrer Ansicht nach hätten die Polen weit mehr von der großmütigen und liberalen Gesinnung Kaiser Alexanders zu erwarten als von einem erneuten Aufstandsversuch, der nur Unglück über das Land bringen könne[225].

Insgesamt gesehen bestand folglich anders als in Berlin in beiden westlichen Metropolen unter den führenden Politikern wenig Neigung, den in Petersburg seit 1861 mit wechselndem Erfolg betriebenen Bestrebungen entgegenzuwirken, dem Königreich Polen schrittweise den Status eines mit nationaler Autonomie ausgestatteten Reichsteils innerhalb des russischen Imperiums wieder einzuräumen, wie ihn das Land – wenigstens theoretisch – bis zum Jahre 1830 besessen hatte[226]. Vielmehr bildete die Forderung nach der Einführung konstitutioneller Institutionen auch für Polen und das ganze Russische Reich nach der festen Meinung aller liberalen englischen Staatsmänner einen unverzichtbaren Bestandteil ihrer politischen Grundüberzeugungen[227]. In Frankreich hingegen hoffte man in Regierungskreisen, durch eine vorsichtige Förderung der polnischen Unabhängigkeitsbestrebungen bei gleichzeitigem Konsens mit dem Petersburger Kabinett vor allem in der „orientalischen Frage" dem Problem entgehen zu können, der seit neun Jahren im großen und ganzen bewährten russisch-französischen Zusammenarbeit die tief verwurzelten traditionellen Sympathien des Landes für die „Märtyrer des

surrection, qui a éclaté en Pologne est arrivée hier ici. Tous les partis déplorent une entreprise insensée, qui ne peut qu'amener de nouveaux malheurs sur ce pays et paralyser les excellentes intentions de l'Empereur. Il est remarquable que, tandis que la Russie s'efforce à fomenter un événement pareil en Servie, elle est à s'en défendre chez elle-même". *Grancy an Dalwigk* – 27. I. 1863 – StA Darmstadt, Best. 28 b/7/1–66.

224 Die „Kölnische Zeitung" nahm die polnischen Aufständischen gegen die vehementen Angriffe des „Constitutionnel" in Schutz und meinte, man müsse schon „sehr borniert sein oder ein schlechtes Gewissen haben, wenn man den Aufstand in Polen nur aus communistischen Ursachen erklären will." Daß die Gruppe um Czartoryski „trostlos ist", ließe sich begreifen, sei aber nur die Folge ihres Systems, „heute auf- und morgen wieder abzuwiegeln, um übermorgen von Neuem aufzuregen . . . Sind diejenigen jungen Leute", so fragte das Blatt schließlich, „die jetzt in der Citadelle sitzen und denen man mit Verbannung in die sibirischen Bergwerke droht, wenn sie den Fahneneid weigern, auch Communisten?" Vgl. *KZ* Nr. 35 vom 4. Februar. Zur Reaktion der französischen Öffentlichkeit vgl. *K. Malettke:* Die Beurteilung der Außen- und Innenpolitik Bismarcks von 1862 bis 1866 in den großen Pariser Zeitungen, Lübeck und Hamburg 1966, S. 62–100.

225 Vgl. *Schultheß'* Europäischer Geschichtskalender 1863, S. 187.

226 In Wahrheit wurden die dem Königreich zugestandenen Rechte freilich durch administrative Maßnahmen immer wieder unterlaufen und ausgehöhlt. Vgl. *G. Rhode:* Geschichte Polens . . ., S. 344–350.

227 Vgl. *H. Wereszycki:* Anglia a Polska w latach 1860–1865, Lwów 1934, S. 198.

Ostens“ opfern zu müssen[228]. – Während auf diese Weise die politische Welt Westeuropas in den ersten Februartagen einigermaßen ratlos die von niemandem ernstlich herbeigewünschten blutigen Auseinandersetzungen in Russisch-Polen beobachtete und angesichts des militärischen Ungleichgewichts fest damit rechnete, daß in „Kongreßpolen“ in Kürze wieder Ruhe eintreten und die augenblicklichen Unruhen lediglich eine vorübergehende Unterbrechung der Reformvorhaben Kaiser Alexanders nach sich ziehen könnten, erfolgte am 8. Februar in Petersburg der Abschluß jener vielbesprochenen „Konvention Alvensleben“, die der polnischen Krise von 1863 eine gänzlich neue Wendung geben sollte.

[228] Vgl. *E. Birke:* Frankreich und Ostmitteleuropa, S. 196.

KAPITEL III:
DIE REAKTION EUROPAS AUF DEN ABSCHLUSS DER KONVENTION ALVENSLEBEN UND DIE ENTSTEHUNG DER INTERVENTIONSPOLITIK DER MÄCHTE

„Dies wird Europa niemals dulden“ rief der britische Botschafter in Berlin, Sir Andrew Buchanan, am Abend des 10. Februar 1863 während einer vielzitierten Unterredung in der Wilhelmstraße mehrfach aus, in deren Verlauf ihm Bismarck versicherte, Preußen werde, falls die russische Armee Polen räumen sollte, das Königreich selbst besetzen, um „das Aufkommen einer uns feindlichen Macht zu hindern“[1]. Als Bismarck von dem Diplomaten zu erfahren suchte, was denn unter „Europa“ zu versehen sei, erhielt er die Antwort: „several great nations“, die allerdings noch nicht untereinander einig seien, doch werde Frankreich eine neuerliche Unterdrückung Polens schwerlich dulden können[2]. Auch die Erklärung des preußischen Ministerpräsidenten, die Niederhaltung der polnischen Unabhängigkeitsbestrebungen sei für Preußens Existenz eine „Frage auf Leben und Tod“ verfehlte

[1] Die Ernsthaftigkeit dieser Absicht scheint nach den Akten kaum zu bezweifeln, wenn auch eine betont entschlossene Haltung des Berliner Kabinetts in diesen Tagen zum taktischen Konzept gehört zu haben scheint, um einen „Rückfall“ der russischen Politik zu verhindern. Die ältere Auffassung vertritt *H. Rothfels:* Bismarck, der Osten und das Reich, Darmstadt 1960, S. 79–82, wonach eine Besetzung des Königreichs als „ultima ratio“ ins Auge gefaßt worden ist. *W. Bußmann:* Das Zeitalter Bismarcks, S. 72, will sich – wohl mit Recht – nicht entscheiden, ob Bismarck solche Pläne ernst nahm oder sie nur als Druckmittel benutzen wollte, „um die russische Politik vor polenfreundlichen Neigungen zu bewahren“. Das zweite Motiv wird neuerdings bei *A. Hillgruber:* Bismarcks Außenpolitik, S. 50, stark betont; danach sei es dem preußischen Kabinett darum gegangen, „Rußland aus Prestigegründen einen solchen Rückzug geradezu unmöglich zu machen“. An eindeutige Aggressionsabsichten Bismarcks glaubt die polnische Forschung, so zuletzt *S. Kieniewicz:* Powstanie styczniowe, Warszawa 1972, S. 398.

[2] Vgl. *Promemoria Bismarcks* – 11. II. 1863 – APP III, Nr. 174. „Auf eine Anfrage, die der englische Botschafter, Sir A. Buchanan, an den Minister von Bismark (sic!) . . . gerichtet hat, soll letzterer . . . bemerkt haben: si la Russie n'était de se maintenir en Pologne, c'est à la Prusse à receuillir cet héritage.“ Der bayerische Gesandte in Dresden meinte, dieses merkwürdige Faktum, „das die hochfliegenden Gedanken und die für Preußen selbst nicht ganz unbedenkliche Genialität des preußischen Ministerpräsidenten charakterisiert“, seinem Hof nicht vorenthalten zu sollen. *Gise an König Maximilian II.* – 5. III. 1863 – GStA München, MA III/2838.

offenbar den beabsichtigten Eindruck auf Buchanan ebenso wie auf dessen französischen Kollegen, Baron Talleyrand, demgegenüber Bismarck die zwei Tage zuvor in Petersburg vereinbarte Konvention in bewußter Untertreibung lediglich als „concours de police" aufgefaßt wissen wollte[3]. Zwar betonte der Botschafter, die Rede Billauts vor dem Senat vom 5. Februar beweise wohl zur Genüge, daß man in Paris nicht länger gesonnen sei, im Hinblick auf das polnische Problem „unfruchtbare Phrasen" zu verschwenden, doch wollte er, als er seinem sächsischen Kollegen am Berliner Hof den Inhalt der Unterredung mitteilte, auf Bismarcks Darlegungen entgegnet haben: „Tout ce que je désire pour Vous c'est que Vous soyez pas obligé d'agir en vertu de cette convention"[4]. – Das für Bismarck ausschlaggebende Argument, mit welchem er auch in Telegrammen an die preußischen Gesandten in London und Paris den Abschluß der Übereinkunft vom 8. Februar als unabdingbare Notwendigkeit für die Existenz der Monarchie rechtfertigte[5], ging demnach zugleich parallel mit dem deutlichen Bestreben, schon jetzt die Tragweite der Vereinbarung möglichst herabzumindern, um jedem Einspruch auswärtiger Kabinette von vornherein die Spitze abzubrechen[6].

Zunächst freilich demonstrierte man in der Wilhelmstraße nach außen hin entschiedene Entschlossenheit, und Bismarck forderte am 12. Februar von seinem russischen Vertragspartner sogar die ausdrückliche Genehmigung dafür, daß preußische Truppen russisches Territorium betreten dürften[7]. Eine sofortige Rückfrage Oubrils bei seiner Regierung führte jedoch zur umgehenden Ablehnung eines solchen Verlangens, obschon der kaiserliche Gesandte am selben Tage nochmals in Petersburg telegraphisch dringend eine Auskunft darüber erbat, ob eine solche „intervention complète et sérieuse" im Sinne des Kaisers sei, was letzterer indes mit der eigenhändigen Randbemerkung quittierte: „Je n'admets pas d'autre intervention que celle qui a été stipulée par écrit", während Gortschakow einen Tag

[3] *Talleyrand an Drouyn de Lhuys* – 11. II. 1863 – APP III, Nr. 176.

[4] *Hohenthal an Beust* – 15. II. 1863 – in: *H. Kretzschmar*: Die *Anfänge* des Ministeriums Bismarck, Dok.-Nr. 77.

[5] „Die Dämpfung des polnischen Aufstandes ist für uns eine Lebensfrage, jeder Versuch einer Herstellung Polens ein Attentat auf Preußens staatliche Existenz. Wir könnten eher Belgien in französischen Händen, als ein freies Polen vertragen." *Bismarck an Bernstorff (London) und Goltz (Paris)* – 11. II. 1863 – APP III, Nr. 173.

[6] Nach älterer Auffassung war Gortschakow vor allem bemüht, die Grenzen der Konvention möglichst eng zu ziehen. Vgl. *C. Friese:* Rußland und Preußen vom Krimkrieg bis zum Polnischen Aufstand, Berlin-Königsberg 1931, S. 305; ferner *S. Bóbr-Tylingo:* Napoléon III, l'Europe et la Pologne 1863–4, in: Antemurale VII/VIII (1963) S. 27, der nicht zu Unrecht das russische Nationalgefühl durch das preußische Anerbieten verletzt sieht; könnte dies aber nicht von Bismarck beabsichtigt gewesen sein, um der russischen Regierung ein Nachgeben unmöglich zu machen? Neuerdings hat Hillgruber gemeint, Bismarck habe die Konvention lediglich als „Punktation, das heißt eine sachlich und zeitlich begrenzte Vereinbarung, aufgefaßt wissen wollen". Vgl. *A. Hillgruber:* Bismarcks Außenpolitik, S. 49. Dieser Terminus taucht jedoch in den Akten m. W. an keiner Stelle auf!

[7] „Nous désirons que l'on comprenne chez Vous que nous demandons l'autorisation d'entrer sur Votre territoire." *Oubril an Gortschakow* – 12. II. 1863 – APP III, Nr. 179.

später seinem Berliner Gesandten bedeutete, ein solches „élargissement“ der getroffenen Vereinbarung sei im Augenblick durchaus überflüssig und außerdem „contraire aux intentions de l'Empereur“[8].

Während sich somit für Preußen bereits ernste außenpolitische Schwierigkeiten abzuzeichnen begannen, da unfreundliche Reaktionen auf die russisch-preußische Kooperation in den westlichen Hauptstädten nicht auszuschließen waren und die forcierten Initiativen des Berliner Kabinetts auch an der Newa noch mehr als zuvor mit wachsendem Widerstreben und deutlicher Zurückhaltung aufgenommen wurden[9], bot die Sicherung der national gemischten Regionen der Provinzen Posen, Westpreußen und Oberschlesien für die königliche Regierung im gesamten Verlauf der polnischen Krise von 1863 keine nennenswerten Probleme[10]. Ein ziemlich geharnischter Erlaß vom 1. Februar, den der erst wenige Tage als Oberpräsident der Provinz Posen amtierende v. Horn und der Militär-Gouverneur Graf v. Waldersee als Kommandierender General des in Posen stationierten 5. Armeekorps gemeinsam unterzeichneten, um das enge Zusammenwirken von militärischer und ziviler Gewalt zu demonstrieren, sprach von Abscheu einflößenden „Greueltaten“ der Aufständischen, die sich einem „frevelhaften Unternehmen ... in fanatischer Verirrung“ angeschlossen hätten, erklärte jede auch nur mittelbare Teilnahme daran als „gegen das Landesgesetz“ gerichtet, welche „die schwere Strafe des Hochverrats nach sich ziehen könnte“, und warnte abschließend „wohlmeinend und ernst“ vor jeder Beteiligung am Aufstand, „damit wir der traurigen Notwendigkeit überhoben bleiben, gegen Kinder des eigenen Landes die volle Schärfe des Gesetzes in Anwendung bringen zu lassen“[11].

[8] *Oubril an Gortschakow* – 12. II. 1863 – APP III, Nr. 180, Anm. 1, S. 242. Dazu auch *R. H. Lord:* Bismarck and Russia in 1863, in: AHR 29 (1923/24) S. 24–48, bes. S. 30.

[9] Vgl. *C. Friese:* Rußland und Preußen, S. 302–304. Begreiflicherweise war man in Warschau über die preußische Initiative noch weit weniger begeistert und bereitete den dorthin entsandten Offizieren (v. Rauch, v. Alvensleben – auf dem Rückweg von Petersburg –, v. Tresckow und Verdy du Vernois) einen demonstrativ frostigen Empfang. Vgl. *E. Zechlin:* Bismarck und die Grundlegung der deutschen Großmacht, 2. Aufl. Darmstadt 1960, S. 466–468.

[10] Vgl. die allerdings sehr „parteiliche“ Darstellung von *F. H. Gentzen:* Großpolen im Januaraufstand. Das Großherzogtum Posen 1858–1864, Berlin (Ost-) 1958; weit weniger einseitig, aber doch mit deutlich antipreußischer Tendenz *Z. Grot:* Rok 1863 w zaborze pruskim. Udział społeczeństwa polskiego w powstaniu styczniowego, Poznań 1963. Für Westpreußen vgl. *A. Bukowski:* Pomorze Gdańskie w powstaniu styczniowym, Gdańsk 1964; besser *S. Myśliborski-Wołowski:* Udział Prus Zachodnich w powstaniu styczniowym, Warszawa 1968; dessen Ergebnisse übernimmt – leider recht unkritisch – *P. Böhning:* Die nationalpolnische Bewegung in Westpreußen 1815–1871, Marburg 1973, bes. S. 165 bis 180.

[11] Vgl. *Stenographische Berichte* über die Verhandlungen des Preußischen Hauses der Abgeordneten, 1862–1863, Berlin 1863, S. 207–208; auch in *KZ* Nr. 36 vom 5. Februar. Eigenartigerweise enthält die ansonsten grundlegende polnische Dokumentation: *Zabór pruski* w powstaniu styczniowym, hrsg. von *F. H. Gentzen, Z. Grot* und *F. Paprocki*, Wrocław-Warszawa-Kraków 1968, dieses wichtige Aktenstück nicht!

Diese in drohendem Ton gehaltene „Bekanntmachung“ führte nicht allein im preußischen Abgeordnetenhaus zu einer ersten Interpellation seitens der polnischen Fraktion[12], sondern löste auch im Großherzogtum Posen selbst nicht nur im polnischen Bevölkerungsteil, der natürlich mit seinen jenseits der Grenze kämpfenden Landsleuten sympathisierte, Beunruhigung und Proteste aus[13].

Von den deutschsprachigen Blättern griff in erster Linie die Posener „Ostdeutsche Post“ die Regierungspolitik wiederholt scharf an[14] und vermochte angesichts der vorläufig vollständigen Ruhe der Provinz kein hinreichendes Motiv für die ostensible militärische Machtentfaltung an der preußischen Ostgrenze zu entdekken[15], zumal eine einflußreiche hocharistokratische Gruppe innerhalb der polnischen nationalen Bewegung im Großherzogtum den Aufstand entschieden bekämpfte[16]. Warnend schrieb das genannte Blatt am 12. Februar: „Wir würden es nicht nur für einen schweren politischen Fehler halten, die Gemüther unserer polnischen Landsleute dadurch zu verletzen, daß die preußische Regierung sich als den Henker aller nationalen Bestrebungen par excellence hinstellte; wir würden es auch als ein schweres Verbrechen gegen uns Deutsche in der Provinz betrachten, wenn die Regierung ohne alle und jede Veranlassung den Brand der Zwietracht und des Aufruhrs in unsere Provinz schleuderte und uns in die Mitleidenschaft eines Aufstandes hineinzöge, der uns zur Zeit noch gar nicht berührt und uns auch nicht in der Folge berühren dürfte“[17]. Daß der territorialen Integrität Preußens durch die Ereignisse im benachbarten Russisch-Polen vorerst keine Gefahr drohte und trotz der seit den bewaffneten Vorfällen von 1848 zwischen den beiden Natio-

[12] Sog. „Interpellation Kantak-Chlapowski“ vom 16. Februar. Vgl. *Stenographische Berichte*, S. 206–211.

[13] Vgl. *F. H. Gentzen:* Zabór pruski w dobie powstania styczniowego, in: KH 62 (1955) Heft 2, S. 36–62.

[14] Die konservative „Neue Preußische Zeitung“ griff in einer Korrespondenz aus Posen vom 10. März die „Ostdeutsche Zeitung“ als „jüdisch-demokratisches Blatt“ und „Organ der polnischen Partei“ heftig an. Vgl. *NPZ* Nr. 60 vom 12. März. Schon am 21. Februar ließ sich die Augsburger „Allgemeine Zeitung“ aus Posen schreiben, das Blatt sei nun zum zweitenmal mit Beschlag belegt worden; allerdings überschreite die Zeitung auch in „ihren Schmähungen und Angriffen auf den Minister-Präsidenten alles Maß“ und habe von ihm als „immer lächelndem Schurken“ gesprochen, der „in frivoler Weise Gut und Blut der Landeskinder vergeude!“ Vgl. *AAZ* Nr. 56 vom 25. Februar.

[15] In Wien vermutete man, „daß auch der Wunsch, die neue Militärorganisation praktisch zu erproben und durch große Kraftentwicklung nach Innen und nach Außen zu imponieren, sich als ‚Großmacht‘ zu zeigen, – jener Maßnahme nicht fremd gewesen ist“. *Bray an König Maximilian II.* – 12. II. 1863 – GStA München, MA III/2431.

[16] Der Aufruf dieser Gruppe trug den Titel: „Głos patrioty polskiego do powstania“ (Die Stimme eines polnischen Patrioten zum Aufstand). Vgl. *Zabór pruski* w powstaniu styczniowym, Dok.-Nr. 8 und 9. Dem Bericht des Posener Polizeipräsidenten v. Bärensprung an den Innenminister Eulenburg zufolge ließ sich nicht verkennen, „daß der Aufruf auf das Volk tiefen Eindruck macht und wesentlich dazu beitragen wird, dem Aufstande die Lebenssäfte zu entziehen“. (S. 14.)

[17] Vgl. *KZ* Nr. 47 vom 16. Februar.

nalitäten herrschenden Animositäten noch keine Auseinandersetzungen vorgekommen waren, bekräftigten auch andere lokale Blätter[18].

So meinte etwa der westpreußische „Graudenzer Gesellige" am 14. Februar: „Trotz aller allarmirenden Gerüchte, trotz der Beschlagnahme kleiner Waffen- und Munitionstransporte, trotz der Verhaftung einzelner Polen, trotz des zahlreichen Uebertritts flüchtiger Polen aus dem Königreich auf preußisches Gebiet wird schwerlich ein besonnener Mann, der mit den Verhältnissen vertraut ist, die Ruhe und Sicherheit in unserer Provinz für ernstlich gefährdet halten"[19]. Im Gegenteil berichtete die „Danziger Zeitung" schon eine Woche früher aus Thorn sogar von ausgesprochen entgegenkommenden Gesten preußischer Lokalbehörden gegenüber jungen polnischen Flüchtlingen[20]. Der Regierung nahe stehende Organe hingegen nannten namentlich die konspirativen Vorgänge im südlichen Westpreußen „beunruhigend" und wollten schon wenige Tage später „gerüchtweise" wissen, „daß bereits die Rede davon ist, einzelne Districte, besonders den Kulmer Kreis, in Belagerungszustand zu erklären"[21]. Solchen Spekulationen, welche die den preußischen Grenzprovinzen angeblich drohenden Gefahren seiner Ansicht nach absichtlich übertrieben, trat am selben Tag der Berliner Korrespondent der Augsburger „Allgemeinen Zeitung" insofern entgegen, als er zwar gerade in diesem Gebiet spürbare Spannungen zwischen beiden Bevölkerungsgruppen konstatierte, irgendwelche Zusammenstöße jedoch ausdrücklich bestritt[22].

Die deutsche Presse im Großherzogtum Posen und im benachbarten Regierungsbezirk Marienwerder führte anfangs vielmehr bewegte Klage darüber, daß den Bewohnern der Grenzbezirke durch die Instandsetzungsarbeiten an den Festungen, die Sicherheitsvorkehrungen in den Städten und vor allem die lästigen Ein-

18 Vgl. den instruktiven Bericht „Von der polnischen Grenze" vom 4. Mai in den *„Grenzboten"* Jg. 22 (1863), Heft 2, S. 247–265, wo es gegen Ende heißt: „Den Niemiec und Prussiak haßt er (der Pole) mehr wie den Moskowiter, weil des Ersteren höhere Civilisation ihn sicherer unterjocht und vernichtet als des Letzteren blos physische Kraft. Seit 1848 hat absolut jeder gesellige Verkehr zwischen den Deutschen und Polen aufgehört" (S. 264).

19 Vgl. *AAZ* Nr. 48 vom 17. Februar.

20 „Unsere Behörden sind bezüglich Ertheilung der Aufenthaltskarten sehr human und hat das hiesige kgl. Landrathsamt gutem Vernehmen nach täglich seit einer Woche 50 bis 60 derartiger Legitimationspapiere gewährt; ebenso hat man sich in den Kreisen Straßburg und Inowroclaw verhalten." Vgl. *NZ* Nr. 68 vom 10. Februar. – Ein solches Verhalten widerspricht deutlich der bei Peter Böhning festzustellenden Tendenz, das Verfahren der preußischen Behörden in einem möglichst düsteren Licht erscheinen zu lassen. Vgl. *P. Böhning:* Die nationalpolnische Bewegung in Westpreußen 1815–1871, Marburg 1973, S. 173, Anm. 10!

21 Vgl. *NPZ* Nr. 35 vom 11. Februar.

22 Vgl. *AAZ* Nr. 44 vom 13. Februar. Auch der sächsische Gesandte in Berlin glaubte: „Regierung und Kreuzzeitungspartei nutzen den Aufstand für ihre Zwecke aus, übertreiben die Gefahr." *Hohenthal an Beust* – 15. II. 1863 – *H. Kretzschmar: Die Anfänge* des Ministeriums Bismarck . . ., Dok.-Nr. 77.

quartierungen manche zusätzlichen Belastungen erwüchsen[23]. Im ganzen jedoch fanden die militärischen Schutzmaßnahmen an den Grenzen zum Königreich Polen über den Kreis der regierungstreuen Blätter hinaus die einhellige Zustimmung der deutschsprachigen öffentlichen Meinung in den betroffenen Gebieten[24]. Dagegen wehrten sich fast alle liberalen Organe übereinstimmend auf das Entschiedenste gegen jede weiterführende Maßregel, insonderheit aber gegen ein eventuell beabsichtigtes Zusammenwirken mit den russischen Militärbehörden über das eigene Staatsgebiet hinaus[25] oder gar eine Proklamation des Belagerungszustandes[26]. Als daher die Berliner Regierungspresse – an ihrer Spitze die offiziöse „Norddeutsche Allgemeine Zeitung" – die Existenz einer preußisch-russischen Konven-

[23] Die *Posener Zeitung* meldete am 11. Februar: „Der Pallisadenbau an den Festungswerken im östlichen Theile unserer Stadt, die Bewachung der Regierungs-Hauptcasse, die neuerdings ergangenen Verordnungen in Betreff der Pulvervorräthe und Ähnliches deuten darauf hin, daß unsere Behörden den Aufstand im Nachbarlande nicht für so unbedeutend halten, als die officiösen Berichte ihn darzustellen bemüht sind." Vgl. *KZ* Nr. 44 vom 14. Februar. Die *„Ostdeutsche Zeitung"* bezeichnete Posen als „ein förmliches Militärlager, denn immer größere Soldatenmassen ziehen heran. Unsere Hauseigenthümer sind demzufolge mit Einquartierung furchtbar belastet. Alles ist hier im höchsten Grade unzufrieden". Vgl. *AAZ* Nr. 56 vom 25. Februar. Die Posener Berichterstatter der Berliner „National-Zeitung" schließlich klagte am 18. Februar: „Die Last der Einquartierung, deren vorläufige Verdoppelung uns ein gestriges Plakat des hiesigen Magistrats ankündigt, wird äußerst empfindlich." Vgl. *NZ* Nr. 84 vom 19. Februar.

[24] Einen knappen, aber sehr instruktiven Überblick über die polnischsprachige Presse im Großherzogtum Posen bietet *W. Jakóbczyk* im Abschnitt: Lata 1850–1870. Sprawy polityczne, społeczne i kulturalne, in: Dzieje Wielkopolski, Bd. II, Hrsg. von *W. Jakóbczyk*, Poznań 1973, S. 326–357, hier S. 337–339. Zur Situation in Westpreußen vgl. die zusammenfassende Darstellung von *T. Cieślak:* Z dziejów prasy polskiej na Pomorzu Gdańskim w okresie zaboru pruskiego, Gdańsk 1964.

[25] Die Posener *„Ostdeutsche Zeitung"* erklärte sich am 12. Februar zum Gegner „aller und jeder Interventionspolitik"; die preußische Regierung sei nicht befugt, „in Polen den Erlöser von russischer Herrschaft zu spielen". Gleichzeitig warnte das Blatt: „Die polnischen Bewohner unserer Provinz werden wohl auch im Jahre 1848 gelernt haben, daß ein Widerstand gegen das preußische Regiment zu denjenigen Dingen gehört, von denen sich nur eine Emigranten-Phantasie einigen Erfolg versprechen kann." Auch die *„Danziger Zeitung"* wandte sich bei allem Verständnis für die aufgestellten Grenzsicherungen gegen jedes Vorgehen gegen den polnischen Bevölkerungsteil, der bislang zu keinen Repressivmaßnahmen Veranlassung geboten habe. Vgl. *NZ* Nr. 74 vom 13. Februar.

[26] Der *„Graudenzer Gesellige"* meinte: „Wir stehen hier in Graudenz täglich mit den Bewohnern der Kreise Kulm, Thorn und Strasburg im Verkehr und haben bis jetzt nicht den leisesten Anklang an eine ernstere Besorgniß gehört, ebenso wenig einen Ausdruck derselben in den übrigen Blättern unserer Gegend gefunden, am allerwenigsten aber die Sehnsucht nach dem Belagerungszustande entdeckt." Vgl. *NZ* Nr. 76 vom 14. Februar. Die *„Bromberger Zeitung"* befand schließlich am 18. Februar: „Die Nachrichten aus unserer Provinz stimmen darin überein, daß überall vollständige Ruhe herrscht. Die Besetzung der Grenzen findet als zweckmäßige Anordnung gegen etwaige Überfälle Anerkennung. Man wünscht jedoch, daß Polizeimaßregeln so wenig als möglich vorkämen und die Gemüther nicht unnöthig aufgeregt werden . . ." Vgl. *NZ* Nr. 84 vom 19. Februar.

tion „behufs schneller Unterdrückung der polnischen Insurrektion"[27] meldete, erregte diese Nachricht gerade auch in den östlichen Teilen der Monarchie heftiges Mißfallen[28].

Zwar war nach der Meinung des Berliner Korrespondenten der „Kölnischen Zeitung" an der erklärten Absicht der Insurgenten nicht zu zweifeln, „das Polnische Reich mit Einschluß derjenigen Landestheile, welche früher polnisch waren und jetzt preußisch sind, wieder herzustellen", doch habe man bislang eine Verwirklichung dieses Vorhabens nicht versucht. Das Recht und die Verpflichtung Preußens, „die eigenen Landestheile mit allen Mitteln sich sicher zu stellen und gegen den Aufstand zu bewahren", sei unbestreitbar, doch werde sich die preußische Volksvertretung „einer Unterstützung der russischen Gewalt-Herrschaft in Polen durch eine preußische Armee" energisch widersetzen[29]. Der Berliner Beobachter der Augsburger „Allgemeinen Zeitung" räumte zwar ein, es seien in den Kreisen Kulm und Straßburg „unzweifelhaft" Versuche unternommen worden, dem Aufstand Zuzüge zuzuführen, Widerstand gegen die preußische Regierung sei jedoch nicht beabsichtigt, und es sei daher auch kein Anlaß gegeben, „den von der Reaction so sehnlich gewünschten Belagerungszustand zu proclamiren"[30]. Die ansonsten als gemäßigt geltende Breslauer „Schlesische Zeitung"[31] schließlich erinnerte an die profranzösische Haltung Rußlands im italienischen Krieg von 1859, indem sie ausführte: „Wir sollen unsere Gränzen schützen; wir sollen vertheidigen, was wir besitzen, und was zum größten Theil durch Sitte und preußisches Staatsbürgerthum germanisirt ist. Aber eine Intervention zu Gunsten Rußlands, dessen Gortschakow noch vor drei Jahren sich weigerte, mit uns und England in eine Solidarität einzutreten, die den ersten Friedensstörer in Europa niederschlagen könnte, ist keine gesunde Politik für uns"[32].

27 *Bismarck an Goltz (Paris) und Bernstorff (London)* – 11. II. 1863 – APP III, Nr. 173.

28 Eine – wenngleich nur punktuelle – Auswahl aus deutschen Pressestimmen verzeichnet schon *O. Nirrnheim:* Das erste Jahr des Ministeriums Bismarck und die öffentliche Meinung, Heidelberg 1908, S. 315–388; knapper *H. Scheidt:* Konvention Alvensleben und Interventionspolitik der Mächte in der polnischen Frage 1863, Würzburg 1937, S. 53–72; ferner *F. H. Gentzen:* Großpolen im Januaraufstand, Berlin (Ost-) 1958, für den alle Äußerungen der liberalen Opposition „im Grunde nichts anderes als Schaumschlägerei" waren (S. 247), während „die in Bewegung gesetzten breiten Massen des deutschen Volkes . . . voller Erwartung . . . auf den Ausgang der Kämpfe in Polen" blickten (S. 249). Ähnlich abstruse Auffassungen auch bei *C. Bobińska:* Marx und Engels über polnische Probleme, Berlin (Ost-) 1958, S. 235. Bemerkenswert ist ferner die die polnische Vorlage reichlich tendenziös ins Deutsche übertragende Übersetzung von Rudolf Pabel.

29 Vgl. *KZ* Nr. 44 vom 13. Februar.

30 Vgl. *AAZ* Nr. 46 vom 15. Februar.

31 Vgl. dazu *H. Wereszycki:* Echa powstania styczniowego w dziennikach wrocławskich, in: Sobótka 9 (1954) S. 505–590.

32 Vgl. *KZ* Nr. 47 vom 17. Februar. Drei Tage zuvor hatte dieselbe Zeitung erklärt: „Daß unsere Regierung Alles thut, um die Gränzen zu sichern und jeden Aufstandsversuch innerhalb derselben energisch zu unterdrücken, versteht sich von selbst." Weiter aber dürfe sie nicht gehen und müsse bedenken, „wie sehr es der preußischen Regierung 1831 verdacht worden ist, daß sie die Russen heimlich begünstigte". Vgl. *KZ* Nr. 45 vom 14. Februar.

Inzwischen kam es in den Leitartikeln der lokalen und überregionalen Zeitungen und Wochenblätter nun auch zu den ersten grundsätzlichen Stellungnahmen zum gegenwärtigen und zukünftigen Verhältnis zwischen Deutschen und Polen in den gemischt nationalen Gebieten Preußens und auf internationaler Ebene. Im allgemeinen hielten sich dabei die Kommentatoren der Loyalität der polnischsprachigen Landbevölkerung der preußischen Krone gegenüber für versichert. So ließ sich beispielsweise die Berliner „National-Zeitung" aus Thorn berichten, daß die ländliche Bevölkerung „polnischer Zunge" in Westpreußen katholischer Konfession und damit – „namentlich durch Vermittlung der Frauen" – klerikalen Einflüssen zugänglich sei; „dabei ist sie aber auch streng loyal gesinnt und infolge der preußischen Agrargesetzgebung und Rechts-Verwaltung dem preußischen Regimente zugethan, während sich bei ihr aus der polnischen Zeit traditionell das unverwischte Bild einer unleidlichen, von Junkern geübten Knechtschaft erhalten hat. Diese ihre loyale Gesinnung hat die überwiegende und große Mehrheit jener Bevölkerung 1846 und 1848 bekundet und zeigt sie auch heute"[33].

Hingegen warnte vor allem die regierungsfreundliche Presse vor potentiellen Ruhestörern, die sie in erster Linie unter dem „Proletariat" der Städte suchte. Auch ein Gnesener Berichterstatter der „Neuen Preußischen Zeitung" räumte zwar ein, daß der polnische Bauer „seiner Natur nach sehr harmlos" sei, fuhr dann aber fort: „Schlimmer ist das Proletariat der kleinen Städte, meistens aus verkommenen Handwerkern bestehend. Es ist zu allem fähig, hat gar nichts zu verlieren, im Gegentheil hofft es auf Beute"[34]. Am 20. Februar meldete dasselbe Blatt in einer Korrespondenz „Aus der Provinz Posen", daß man dort die „militärische Fürsorge zum Schutz der diesseitigen deutschen Interessen" lebhaft begrüßte; „denn wenn wir auch bisher Ruhe haben, werden hin und wieder namentlich unter den dienenden und arbeitenden niederen Classen polnischer Nationalität Äußerungen kund, die uns wohl ahnen lassen, was wir zu erwarten haben würden, wenn auch bei uns Insurrectionsversuche gemacht werden sollten"[35]. Und nur sporadisch ließen sich Stimmen vernehmen, welche glauben machen wollten, die deutschen Grundbesitzer seien vor allem in den Kreisen Kulm und Straßburg „jeden Augenblick der Gefahr ausgesetzt, überfallen zu werden"[36].

Solcherart politisch motivierte Nachrichten, welche nebenbei die Präventivmaßnahmen der Regierung publizistisch unterstützen sollten[37], können indessen den allgemeinen Eindruck nicht verwischen, daß beide Bevölkerungsgruppen in den Grenzbezirken einander insgesamt eher gleichgültig als feindlich

[33] Vgl. *NZ* Nr. 78 vom 16. Februar.
[34] *NPZ* Nr. 31 vom 6. Februar.
[35] *NPZ* Nr. 47 vom 25. Februar.
[36] Korrespondentenbericht „Aus dem Kreise Thorn". *NPZ* Nr. 39 vom 15. Februar.
[37] *Hohenthal an Beust* – 15. II. 1863 – *H. Kretzschmar: Die Anfänge* des Ministeriums Bismarck . . ., Dok.-Nr. 77.

gegenüberstanden[38], wenn auch bei polizeilichen Maßnahmen gegen Verdächtige gelegentlich Reibereien und kleinere Zusammenstöße vorkommen mochten[39]. In der deutschen Publizistik fehlte es überdies keineswegs an kritischen Stimmen zum mangelnden patriotischen Sinn der deutschen Bewohner im Großherzogtum Posen. Beispielsweise beklagten sich „Deutsche Briefe aus der preußischen Provinz Posen", die zu Beginn des Jahres in den von Gustav Freytag redigierten „Grenzboten" erschienen, bitter darüber, daß viele Zuwanderer nur danach trachteten, möglichst viel in möglichst kurzer Zeit zu erwerben, „um mit dem Gewinnst nach Deutschland (!) zurückzukehren". Daraus entstehe eine beklagenswerte „Engherzigkeit und Kargheit, die zu der Ostentation, mit welcher die Polen ihre nationalen Opfer bringen, einen fatalen Contrast bildet. Der andere Fehler unserer Landsleute ist die geringe Sympathie für ihre neue Heimat. Vielen liegt weder Land noch Volk am Herzen". So wollten sie fremd bleiben und entfernten diejenigen von sich, „die sie für sich gewinnen sollten"[40].

Wenn auch im ganzen gerade von liberaler Seite mit einigem Recht immer wieder auf die „culturhistorische Mission"[41] und die zivilisatorischen Leistungen der Deutschen im Osten hingewiesen wurde und daraus zweifelsohne ein gewisses Überlegenheitsgefühl der deutschen Bevölkerung resultierte, die Besitz und Bildung auf ihrer Seite zu wissen sicher war[42], so wird man doch nach Gefühlen der Abneigung oder gar des Hasses gegenüber der polnischen Bevölkerung insgesamt vergeblich suchen müssen. „Bei uns sind die Polen eingeladen, an dem Aufbau und dem Genusse einer freien Staatsverfassung Theil zu nehmen. Wir bieten ihnen an, Alles was wir selber haben, mit uns zu theilen, wir wollen sie nicht bedrücken und vertilgen, sondern als Mitbürger ansehen", verkündete die gemäßigt liberale Berliner „National-Zeitung" in ihrem Leitartikel vom 13. Februar[43].

Zwar beneidete man auf deutscher Seite die polnischen Landsleute um ihren nationalen Opfermut und ihre unbestreitbare Vaterlandsliebe, bestritt ihnen aber seit langem schon die Fähigkeit, ihren durch angeblich eigenes Verschulden verlo-

38 Mit Recht haben Zdzisław Grot und Franciszek Paprocki in ihrer Einführung zu der Dokumentation *Zabór pruski* w powstaniu styczniowym, Wrocław-Warszawa-Kraków 1968, S. LXVI, festgestellt, daß die Stellung der lokalen deutschen Bevölkerung bislang weitgehend unerforscht geblieben ist; anscheinend sei sie nicht „eigentlich feindselig" gewesen. Ob diese an sich reizvolle Aufgabe für die Forschung überhaupt noch lösbar ist, hängt davon ab, inwieweit die Archive in Posen und die Kreisarchive trotz der Kriegswirren ihre Bestände haben wahren können.

39 Eine Fülle solcher Zwischenfälle registriert F. H. Gentzen für die Jahre 1861 bis 1863, um daraus dann allerdings mit Unrecht zu folgern, die Beteiligung von Menschen aus den sog. „niederen Schichten" sei ein Indiz für den „Klassencharakter" dieser Auseinandersetzungen gewesen. Vgl. *F. H. Gentzen:* Großpolen im Januaraufstand, S. 103–123.

40 *„Die Grenzboten"* – Zeitschrift für Politik und Literatur – Jg. 22 (1863) Heft 1, S. 269.

41 Ebda.

42 „Selbst im Großherzogthum Posen ist fast die Hälfte der Einwohner und mehr als die Hälfte des Besitzes und der Bildung auf Seiten der Deutschen." *KZ* Nr. 46 vom 15. Februar.

43 *NZ* Nr. 73 vom 13. Februar.

renen Staat wiederaufzurichten und gegen die überlegenen Nachbarn zu verteidigen[44]. „Aber was haben *wir* von einem Nachbarvolke zu befürchten", so fragte z. B. Hermann Bernhard Oppenheim, der Herausgeber der in Berlin erscheinenden „Deutschen Jahrbücher", „das, bei allem kriegerischen Heroismus, den Beweis noch nicht geführt hat, daß es sich eine feste Staatsform zu geben versteht; das, unter dem leidenschaftlichsten Parteihader, das bürgerliche Leben erst langsam zu erlernen, die bürgerlichen Institutionen erst allmählig und mühselig auszubilden hat – und dessen Angriffsfront nothwendig gen Osten gekehrt ist"[45]. Vor allem aber fühlten sich die deutschen Bewohner Posens und Westpreußens als legitime Eigentümer eines Landes, dessen Besitz sie sich durch Fleiß und Arbeit redlich erworben hatten. Daß daher jemals inzwischen eingedeutschte Gebiete dieser Provinzen von ihren Einwohnern wieder aufgegeben werden sollten, erschien den deutschen Zeitgenossen nicht nur in den betroffenen Regionen schlechthin undenkbar[46]. In den Leipziger „Grenzboten" erklärte Gustav Freytag unmißverständlich: „. . . wir Deutsche sind nicht Feinde, aber siegreiche Gegner der polnischen Art. Wir sind in einem langsamen, aber unaufhaltbaren Fortschritt gegen Osten begriffen, größere Ausdauer und Arbeitskraft, festere Mäßigung und festere Moral haben uns überall, wo Race an Race stieß, ihnen überlegen gezeigt". Gegen diese Überlegenheit, „welche zum großen Theil auf einer Schwäche des slavischen Naturels fußt", bäumten sich die Polen vergeblich auf. „Wir erwidern ihren Haß nicht, aber wir haben keine Sympathien für ihr politisches Treiben"[47].

Außerdem war für viele Liberale der Besitz Preußens an ehemals polnischem Territorium mit demjenigen Rußlands überhaupt nicht vergleichbar. In einem offenen Brief, der zuerst am 20. Februar in der „Posener Zeitung" erschien, stellte z. B. der eher konservative Vorstand des „Vereins zur Förderung deutscher Interessen in der Provinz Posen" diese Tatsache unzweideutig heraus, indem er darauf hinwies, daß „die Lage der Dinge hier und dort eine ganz verschiedene" sei. „Das russische Polen wird von einer einheitlichen Nation bewohnt, die Polen in unserer Provinz sind nur Bruchstücke jener Nation, durchmischt mit einer, der Zahl nach gleichen, der Intelligenz und dem Wohlstande nach überwiegend deutschen Bevölkerung. Dadurch ist die Staatsregierung in Berücksichtigung der polnischen Nationalität hier auf bestimmte Grenzen angewiesen. Während dort die polnische Nationalität nach Möglichkeit gefördert werden kann, sind Konzessionen an dieselbe hier beschränkt durch die Rücksicht auf die deutsche Bevölkerung. Der pol-

44 Die *„Rhein- und Ruhr-Zeitung"* errechnete für das Königreich Polen 5 und für das ehemals polnische Westrußland 8 1/2 Millionen Einwohner und folgerte daraus: „Würden diese Völker alle das Joch der russischen Tyrannei abschütteln, so stünde damit doch noch kein Staat da, der Preußen gewachsen wäre." *KZ* Nr. 47 vom 16. Februar.

45 *„Deutsche Jahrbücher* für Politik und Literatur", Bd. 8, Berlin 1863, S. 505.

46 Vgl. dazu *O. Hauser:* Polen und Dänen im Deutschen Reich, in: Reichsgründung 1870/71. Tatsachen – Kontroversen – Interpretationen, hrsg. von *Th. Schieder* und *E. Deuerlein*, Stuttgart 1970, S. 291–318, bes. 291–299.

47 *„Die Grenzboten"*, Jg. 22 (1863) S. 347–357, hier S. 355.

nischen Nationalität kann dort Geltung verschafft werden, während dies hier ein Verrath an der deutschen wäre"[48]. Außerdem tröstete man sich damit, daß Preußen nur den kleinsten Anteil ehemals polnischer Gebiete besaß, was ihm nun zum Vorteil ausschlage[49].

Wie die Zuschrift eines Deutsch-Poseners an die „Wochenschrift des Nationalvereins" von Ende Februar zeigt, war man sich dort allerdings seit den Ereignissen von 1848 durchaus bewußt, daß die Polen ihre deutschen Mitbewohner im Großherzogtum Posen nach wie vor durchweg als „unberechtigte Einwanderer" betrachteten, „welche ihren einzigen Halt an der preußischen Regierung haben und mit ihr wieder aus dem Lande getrieben werden würden"[50]; aber man wollte den Polen trotz dieser „etwas krankhaft überreizten Empfindlichkeit" doch keines ihrer Rechte bestreiten und hielt auf liberaler Seite „das deutsche Element bereits für stark genug, um nicht nur gerecht, sondern auch rücksichtsvoll sein zu können"[51]. Im übrigen aber wurde immer wieder auf die preußischen Kulturleistungen im Großherzogtum Posen und im südlichen Westpreußen hingewiesen, die allein den Besitz dieser Provinzen mehr als rechtfertigten. Otto Lindner, Redakteur der „Vossischen Zeitung" und zugleich Mitglied der Fortschrittspartei im Berliner Abgeordnetenhaus, faßte in seinen „Preußischen Landtagsbriefen" in der „Wochenschrift des Nationalvereins" die Position seiner Partei am 5. März folgendermaßen zusammen: „Preußen besitzt einige ehemals polnische Landestheile kraft der europäischen Verträge; es hat trotz vieler Mißgriffe deren Bedingungen im Großen und Ganzen erfüllt und wenigstens den Polen alle Rechte der übrigen deutschen Staatsbürger ertheilt und die Bauern befreit. Es behält dieses Gebiet kraft des Eroberungsrechtes der Kultur"[52].

[48] *NZ* Nr. 86 vom 20. Februar.

[49] „*Preußische Jahrbücher*", Bd. 11, Jg. 1863, S. 200. Die „*Kölnische Zeitung*" erklärte am 15. Februar: „Durch ein günstiges Geschick hat sich durch die 1815 festgestellten Gränzen der Antheil Preußens am ehemaligen Polen noch bedeutend verringert. Überdies sind die ehemaligen polnischen Striche während eines fünfzigjährigen Friedens durch deutschen Fleiß fortwährend germanisiert worden. Selbst im Großherzogthum Posen ist fast die Hälfte der Einwohner und mehr als die Hälfte des Besitzes und der Bildung auf Seiten der Deutschen. Preußen hat daher von den drei bei der Theilung Polens betheiligten Staaten bei Weitem das geringste Antheil behalten, und das ist jetzt, wo die Nemesis für jene rechtlose Gewaltthat (!) ihr Rad zu rollen begonnen hat, ein Glück . . ." *KZ* Nr. 46 vom 15. Februar. Ähnlich *KZ* Nr. 63 vom 4. März, wo es u. a. heißt: „Doch glücklicher Weise haben wir gar keine polnischen, sondern nur noch zwei noch nicht ganz germanisierte Provinzen: vom alten Polen hat Preußen durch eine glückliche Verkettung der Umstände nur noch einen kaum nennenswerthen Theil, lange nicht ein Zehntel, in Händen."

[50] „*Wochenschrift des Nationalvereins*", hrsg. von Ludwig August v. Rochau, Nr. 148 vom 27. Februar, S. 1243.

[51] „*Deutsche Jahrbücher* für Politik und Literatur", Bd. 2, Berlin 1862, S. 492.

[52] „*Wochenschrift des Nationalvereins*" Nr. 150 vom 13. März, S. 1261.

Die erwähnte Zuschrift „eines Deutsch-Poseners“[53] an den Herausgeber besagter Wochenschrift richtete sich übrigens gegen einen Artikel der demokratischen „Rheinischen Zeitung“, welche den Deutschen im Großherzogtum Posen geraten hatte, gegen die Aspirationen polnischer „Tollköpfe, die halb Preußen unter dem Titel, es hätten früher einmal dort slawische Stämme gesessen, für Polen reklamieren“, lieber Schutz „bei ihren freisinnigen Landsleuten“ zu suchen, anstatt sich wie 1848 „der Reaktion in die Arme zu werfen“[54]. Vor allem in der rheinischen Presse[55] nämlich tauchte schon bald – wenn auch verhalten – der vom linken Flügel des deutschen Liberalismus seit 1830[56] vertretene Gedanke wieder auf, die Wiedererrichtung eines polnischen Staates werde wegen dessen wirtschaftlicher und militärischer Schwäche für Deutschland ungefährlicher sein als der irgendwie unheimliche russische Nachbar[57]. Selbst die viel gelesene liberale „Kölnische Zeitung“ hielt es in ihrem Leitartikel vom 15. Februar u. d. T. „Polen und die deutschen Mächte“ für völlig undenkbar, daß selbst ein unabhängiges polnisches Staatswesen einem reichen, mächtigen und wohl organisierten Preußen jemals wirklich werde gefährlich werden können, und meinte schließlich: „Es hieße doch wirklich niedrig von uns denken, wenn wir uns nicht die Kraft zutrauen wollten, unsere Gränze gegen einen uns so wenig gewachsenen Feind zu vertheidigen“[58].

Auf der entgegengesetzten Seite des parteipolitischen Spektrums betonte das führende Organ der preußischen Konservativen, die „Neue Preußische (Kreuz-) Zeitung“, die absolute Unvereinbarkeit der Existenz Preußens mit einer Wiederherstellung eines unabhängigen polnischen Staates und stimmte auf diese Weise mit den Auffassungen des Regierungschefs durchaus überein[59]. „Polen wiederherstellen“, so druckte das Blatt gesperrt, *„heißt einfach das Königreich Preußen von der Landkarte streichen.* Ohne Westpreußen, ohne Danzig, ohne die Weichsel sind wir keine Preußen mehr“. Sollten „überlegene Kräfte“ das Land jemals dazu zwingen, diese oder andere Gebiete aufzugeben, so müsse man sich notgedrungen damit

[53] Hinter den Initialen E. K. verbirgt sich möglicherweise Erich *Knorr*, der Verfasser des scharf antipolnischen Werkes: „Die polnischen Aufstände seit 1830 in ihrem Zusammenhang mit den internationalen Umsturzbestrebungen“, Berlin 1880.

[54] *„Rheinische Zeitung“* vom 5. Februar, zit. in: *„Wochenschrift des Nationalvereins“* Nr. 148 vom 27. Februar, S. 1241.

[55] Vgl. *U. Schultz:* Die Politik Bismarcks in den Jahren 1862–1866 im Spiegel der rheinischen Presse, Bonn 1933.

[56] Vgl. dazu von polnischer Seite *H. Kocoj*: Rząd i pruska opinia publiczna wobec powstania listopadowego, in: KH 71 (1964) S. 47–58; *ders.*: Niemcy a powstanie listopadowe, Warszawa 1970.

[57] „Ganz Deutschland zumal, Oesterreich eingeschlossen, hat in Betreff seiner internationalen Stellung in Europa ein sehr wesentliches Interesse daran, daß zwischen ihm und Rußland ein staatliches Polsterkissen vorhanden ist, an welchem sich die gegen uns gerichteten russischen Stöße zunächst brechen.“ Vgl. *„Wochenschrift des Nationalvereins“* Nr. 150 vom 13. März, S. 1260.

[58] *KZ* Nr. 46 vom 15. Februar.

[59] Vgl. *H. Rothfels:* Bismarck, der Osten und das Reich, Darmstadt 1960, S. 68–116, bes. S. 74–82; nochmals zusammenfassend *A. Hillgruber:* Bismarcks Außenpolitik, S. 47–48.

abfinden; „aber es ist eine Thorheit, von einem blühenden und lebensberechtigten Staate zu fordern, daß er sich selber opfere, um ein an seiner Schuld und seinem Gebrechen längst zu Grunde gegangenes Gemeinwesen, wie das polnische, wieder aufzurichten zu helfen“[60]. – Diese Anschauung sollte übrigens – freilich gegen heftigen Protest aus den Reihen der Fortschrittspartei – vom Führer der altliberalen Fraktion im preußischen Abgeordnetenhaus, dem Freiherrn von Vincke, in der großen dreitägigen Polendebatte Ende Februar mit beinahe übereinstimmenden Argumenten verteidigt werden[61].

Im Laufe der nächsten Wochen schwenkten dann allerdings auch andere Liberale in Preußen und im übrigen Deutschland bis auf wenige Ausnahmen[62] auf diese Linie ein, und Ludwig August v. Rochau erklärte Anfang April für den Nationalverein von Heidelberg aus seine tiefe Befriedigung darüber, daß sich „heutzutage“ alle Parteien erfreulicherweise darin einig seien, „daß an eine gutwillige Herausgabe preußischen Gebiets unter keinen Umständen zu denken sei“[63]. Die Überzeugung, daß Preußen auf seine ehemals polnischen Gebiete nicht verzichten könne, wurde auch außerhalb des kleindeutschen Lagers im übrigen südlichen Deutschland überwiegend geteilt. Der Pariser Korrespondent der Augsburger „Allgemeinen Zeitung“ fand nichts „abgeschmackter“ als die Behauptung, Preußen habe „Polen gewaltsam germanisiert“. Nur die Unkenntnis der wahren Verhältnisse könne zu einem solchen Urteil führen. Die preußische Regierung habe im Gegenteil „die Nationalität zu stützen gesucht“, konnte sie aber freilich nicht „vor allen Folgen der Concurrenz der Germanen“ (!) bewahren[64]. Es liege „vollkommen in der Natur der Sache“, so schreiben die unter der Redaktion von Edmund Jörg und Franz Binder in München erscheinenden, eher großdeutsch gesinnten „Historisch-politischen Blätter“, daß Preußen in der Tat das „Czarthum“ drängen müsse, „Polen mit gewaltsamer Hand festzuhalten“. „Denn diese Macht (Preußen) brüstet sich zwar als ‚reindeutsch‘, in Wahrheit ist sie aber von polnischem Raube großgeworden, und mit allen hochfliegenden Plänen, ja mit der Großmachtstellung Preußens wäre es zu Ende, wenn es auch von der östlichen Seite so angefochten würde, wie es im Westen stets bedroht ist“[65]. Die vielzitierte „politische Pointe“, zu welcher Karl Marx in seinem Brief an Friedrich Engels vom 24. März gelangte, daß nämlich Preußen nicht *ohne* Rußland und nicht *mit* einem selbständigen

60 *NPZ* Nr. 48 vom 26. Februar.

61 Vgl. *Stenographische Berichte* . . . Haus der Abgeordneten, Bd. I, Berlin 1863, 18. Sitzung vom 27. Februar, S. 363.

62 Hierzu gehörten vor allem Gottfried Keller und der greise Jakob Venedey, vgl. *F. H. Gentzen:* Großpolen im Januaraufstand, S. 301–305; von polnischer Seite *Z. Grot:* Demokracja niemiecka a powstanie styczniowe, in: PZ 10 (1954) S. 357–375.

63 *„Wochenschrift des Nationalvereins“* Nr. 154 vom 10. April.

64 *AAZ* Nr. 61 vom 2. März.

65 *„Historisch-politische Blätter* für das katholische Deutschland“, redigiert von Edmund Jörg und Franz Binder, München 1863, S. 624.

Polen bestehen könne und daher „wegrasiert“ werden müsse[66], stimmt daher paradoxerweise in gewisser Hinsicht von ihrer Prämisse her durchaus mit derjenigen der übrigen deutschen politischen Gruppierungen überein[67].

Wie zudem insgesamt achtzehn politische Broschüren aus den Jahren 1863 und 1864, die sich mit dem polnischen Aufstand befaßten und von denen sich genau die Hälfte für bzw. gegen eine Wiederherstellung eines polnischen Staates aussprachen, erweisen, war die deutsche Publizistik zwar in der Beurteilung der Frage nach der Zweckmäßigkeit einer derartigen Entwicklung für den Deutschen Bund durchaus geteilter Meinung[68]; die verhältnismäßig geringe Anzahl der Schriften aber macht vielleicht auch die Besorgnis der tagespolitischen Kommentatoren deutlich, daß ein Thema wie dieses in der deutschen Öffentlichkeit kaum mit allzu nachhaltiger Resonanz rechnen durfte[69]. Insgesamt jedoch läßt sich wohl so viel sagen, daß im deutschen Sprachraum – von den erwähnten Randgruppen abgesehen – alle Richtungen des politischen Spektrums in dieser Zeit übereinstimmend unter „Polen“ ausschließlich das mit dem russischen Kaiserreich in Personalunion verbundene Königreich Polen verstanden, dem man – der englischen Auffassung folgend – allenfalls seine in der Wiener Kongreßakte vom 9. Juni 1815 garantierten Rechte zurückerstattet zu sehen wünschte. So zog die Augsburger „Allgemeine Zeitung“ in ihrem Leitartikel vom 15. März unter der Überschrift: „Die Wiederherstellung Polens“ das Fazit: „In Deutschland, das wissen wir wohl, hält es noch jeder liberale Politiker für das erste Axiom einer freisinnigen Politik, daß ein wiederhergestelltes Polen unsere beste Schutzmauer gegen Rußland wäre. Eine Schutzmauer wäre es gewiß: ob aber gegen Rußland und nicht vielmehr für Rußland gegen uns – das ist eine wohl zu beherzigende Frage“. Man hüte sich doch in Deutschland – so glaubte das Blatt warnen zu müssen – vor jeder Art von „Sentimentalitätspolitik“! „Wir wünschen aufrichtig, daß die russische Regierung durch

66 Vgl. *K. Marx – F. Engels:* Briefwechsel, Bd. III, Berlin (Ost-) 1950, S. 158, wo es wörtlich heißt: „Die politische Pointe, zu der ich gelangt bin, ist die: daß Vincke und Bismarck in der Tat das preußische Staatsprinzip *richtig* vertreten; daß der „Staat“ Preußen (eine von Deutschland sehr verschiedene Kreatur) nicht *ohne* das bisherige Rußland und nicht *mit* einem selbständigen Polen existieren kann. Da aber die Existenz Polens für Deutschland nötig und neben Staat Preußen unmöglich ist, so muß dieser Staat Preußen wegrasiert werden. Oder die polnische Frage ist nur ein neuer Anlaß zu beweisen, daß es unmöglich ist, deutsche Interessen durchzusetzen, solange der hohenzollernsche Leibstaat existiert.“

67 Vgl. die beinahe rührend um die Richtigkeit der gerade in ihrer Beurteilung des polnischen Aufstandes von 1863 schweren Irrtümern ausgesetzten Prognosen der „Klassiker“ bemühte Arbeit von *C. Bobińska:* Marx und Engels über polnische Probleme, Berlin (Ost-) 1958, bes. S. 183–243.

68 Vgl. *J. Gertler:* Die deutsche Rußlandpublizistik der Jahre 1853 bis 1870, in: FzoG 7 (1959) S. 72–195, bes. S. 128–131.

69 „Zu einer besonderen Belebung der Rußlandpublizistik . . . kam es durch die Ereignisse in Polen nicht. Auch die Betrachtungsweise der russischen Außenpolitik blieb mit geradezu hoffnungsloser Hartnäckigkeit im Herkömmlichen befangen.“ Ebd., S. 130.

ernstlich gemeinte Concessionen Polen und der Welt Frieden geben möge; jede Wiederherstellung aber müßten wir wie ein Danaergeschenk fürchten. An eine Wiederherstellung, wie die gedankenlose Welt sie träumt, können wir nicht glauben; wir halten sie bei der gegenwärtigen Lage der europäischen Verhältnisse für absolut unmöglich"[70]. Eine freiwillige Aufgabe Posens oder gar Westpreußens in seiner Funktion als Landbrücke nach Ostpreußen aber stand im Jahre 1863 für niemanden innerhalb und außerhalb der preußischen Monarchie ernstlich zur Debatte[71].

Ähnliches galt für Galizien, dessen Loyalität auf Grund einer weisen und gerechten Verwaltung der Provinz sicher zu sein Regierung und öffentliche Meinung Österreichs stolz waren[72]. So schrieb die Wiener „Donau-Zeitung" am 15. Februar: „Worauf man mit ziemlicher Beruhigung ein Gewicht legen darf, das ist der Umstand, daß es (Österreich) die zwei wichtigsten Momente des polnischen Lebens, die Nationalität und den Katholicismus stets in Ehren hielt. Aus der Lauterkeit seiner Politik mag daher Oesterreich jetzt die Beruhigung schöpfen, daß es keiner außerordentlichen Maßregeln bedürfen wird, um die Sicherheit seiner Besitzungen in dem tobenden Sturme zu verbürgen"[73].

Überhaupt fanden anders als in Preußen, wo die durch den Verfassungskonflikt seit Monaten aufgestauten Gegenstätze zwischen der Krone und ihren Ministern und der liberalen Opposition auf die Nachricht vom Abschluß der Konvention Alvensleben hin nun auch auf außenpolitischem Felde hart aufeinanderprallen sollten, die Maßnahmen der Regierung zur Sicherung des Kronlandes Galizien in der österreichischen Öffentlichkeit bis auf wenige Ausnahmen uneingeschränkte Unterstützung[74]. Lediglich die liberale „Ostdeutsche Post" beschwor die Regierung vergeblich, den galizischen Landtag mit Rücksicht auf den Eindruck im Ausland nicht zu vertagen, blieb aber mit ihrem Appell allein[75]. Wie der bayerische

[70] *AAZ* Nr. 74 vom 15. März, S. 1221–1222.

[71] Vgl. *M. Broszat*: Zweihundert Jahre deutsche Polenpolitik, 2. Aufl. Frankfurt 1972, S. 119–121.

[72] Der Wiener Korrespondent der Augsburger „Allgemeinen Zeitung" allerdings schränkte ein: „Nun aber sind die bis jetzt getroffenen Vorsichtsmaßregeln keineswegs so unbedeutend, wie dies die österreichischen Organe behaupten. Der Lemberger Landtag ist bekanntlich aufgelöst, zahlreiche Verhaftungen und Hausdurchsuchungen haben Statt gefunden, Journale sind unterdrückt worden und ein bedeutendes Corps ist in diesem Augenblick in Galizien bereits concentrirt . . ." *AAZ* Nr. 48 vom 17. Februar.

[73] *KZ* Nr. 49 vom 18. Februar.

[74] Über die Wiener Presse, ihre Herausgeber und die politische Richtung der einzelnen Blätter ließ sich das preußische Kabinett am 3. Februar berichten. *Werther an Bismarck* – 3. II. 1863 – GStA Berlin-Dahlem, Best. HA III, Nr. 21, Bl. 137–140.

[75] Wörtlich meinte das Blatt: „Der Gegensatz, daß jenseits der Weichsel eine Revolution das Land erschüttert, während diesseits des Stromes ein autonomer Landtag mit parlamentarischer Freiheit seinem Berufe obliegt, war so ehrenvoll für Oesterreich, stellte die Verfassungsprincipien in ein so schönes und ruhmreiches Licht, daß es ein himmelschreiender Mißgriff wäre, wenn man sich aus untergeordneten Rücksichten, Besorgnissen und Vorsichtsscrupeln hätte verleiten lassen, eine so herrliche Position zu verderben." *NPZ* Nr. 36 vom 12. Februar.

Gesandte, Graf Bray, seinem König aus Wien meldete, hatten einige führende Mitglieder des Landtages mit dem Landesmarschall Fürst Sapieha[76] an der Spitze selbst die Vertagung des Landesparlaments betrieben[77], um nationalen Demonstrationen unter den jüngeren Abgeordneten möglichst zuvorzukommen[78]. Der rasche Entschluß des Ministerrats, diesem Verlangen stattzugeben, fand jedenfalls in Wien allgemeine Zustimmung und bot dem offiziösen „Botschafter" willkommene Veranlassung, die Absichten der „nationalen Partei" im Lemberger Landtag mit den Worten zu tadeln: „Die für die Regierung gegebene bare Unmöglichkeit, einem Aufstand eine direkte Unterstützung zu geben, welcher das Lebensinteresse Oesterreichs in einem seiner wichtigsten Reichstheile (!) zu gefährden droht, die mehr als gewagte Zumuthung an die Reichsgewalt, einen fast ein Jahrhundert alten Besitz dem Votum eines europäischen Congresses zu unterwerfen, die sichere Nutzlosigkeit einer diplomatischen Verwendung bei der russischen Regierung – alle diese Tatsachen hätten die polnischen Abgeordneten von einem so nutzlosen Vorhaben abbringen sollen"[79].

Am 16. Februar sah sich die kaiserliche Regierung schließlich veranlaßt, mit Hilfe einer offiziellen Verlautbarung in der von ihr inspirierten „General-Correspondenz" ihre grundsätzlichen Auffassungen nochmals klarzustellen und allen Spekulationen auswärtiger Blätter über angebliche geheime Absprachen zwischen den Höfen in Wien und St. Petersburg zur Unterdrückung der polnischen Insurrektion nun auch öffentlich entgegenzutreten, indem sie erklären ließ: „Es gibt nun aber für Oesterreich in dem Aufstand in Russisch-Polen keine Gefahr. Im Vertrauen auf die Gerechtigkeit der Politik gegen seine polnischen Unterthanen, die Oesterreich von jeher behauptet hat, sowie auf die allgemeine Stimmung in Galizien für die kaiserliche Regierung kann diese mit Sicherheit darauf rechnen, daß dort der Friede und die Ordnung nicht gestört werden, und hat daher nicht nöthig

[76] Bis heute grundlegend *S. Kieniewicz:* Adam Sapieha, Lwów 1939.

[77] „Die kaiserliche Regierung hat sich veranlaßt gesehen, den galizischen Landtag bis zum 2ten März zu vertagen, und selten hat eine Regierungsmaßregel allgemeinere Zustimmung gefunden. Die Blätter aller Farben spenden ihr Beifall, und vor Allem sind es die Mitglieder des Landtags selbst, welche dadurch aus einer schwierigen und gefährlichen Lage befreit werden, da es ihnen eben so schwer gewesen wäre, ihren Landsleuten im Königreich Zeichen der Sympathie zu versagen, als es zu bedenklichen Konsequenzen geführt hätte, politische Leidenschaften und Interessen in den Bereich der ihrer Natur nach feindlichen Landtagsberatungen zu ziehn." *Bray an König Maximilian II.* – 12. II. 1863 – GStA München, MA III/2431.

[78] „Ein mit dem Landmarschall Fürsten Sapieha befreundeter Pole setzte mir noch gestern Abend erläuternd bei, daß wahrscheinlich der Landmarschall D. S., der Vater des Fürsten Adam Sapieha, selbst der Regierung Kunde von dieser Absicht seines Sohnes gegeben haben möchte, auch daß hierauf im hiesigen Ministerrathe die Vertagung des galizischen Landtages beschlossen worden sey." *Ow an Hügel* – 10. II. 1863 – HStA Stuttgart, Best. E 70b/Bü 73/2–3.

[79] *AAZ* Nr. 43 vom 12. Februar.

gefunden, außerordentliche Maßnahmen zu ihrer Aufrechterhaltung zu treffen, viel weniger mit Rußland und Preußen *gemeinsame* Schritte zu vereinbaren“[80].

Diese Grundsatzerklärung aus der Staatskanzlei am Ballhausplatz stand mithin in bewußtem Gegensatz zu den vom Berliner Kabinett ins Werk gesetzten ostentativen Grenzsicherungsmaßnahmen[81] und bestätigte ein weiteres Mal die unbeirrt eingehaltene Richtung der Politik des Grafen Rechberg, welcher er bereits am 11. Februar dem Grafen Werther gegenüber auf dessen Mitteilung vom Abschluß der russisch-preußischen Konvention hin deutlichen Ausdruck verliehen hatte, indem er dem preußischen Gesandten eröffnete, daß die kaiserliche Regierung nur innerhalb der beiderseitigen Grenzen mit den russischen Sicherungskräften zusammenwirken werde[82].

Der österreichische Vertreter an der Newa, Graf Friedrich Thun, bekämpfte diese Auffassung seines Regierungschefs auf das Lebhafteste und bemühte sich unausgesetzt, ein engeres Zusammengehen der Kabinette in Wien und Petersburg auf Grund ihrer gemeinsamen Interessen in der polnischen Frage in die Wege zu leiten[83], um einer drohenden Verstimmung Rußlands entgegenzuwirken[84], die sich bereits bis zu dem vor allem in Warschau offen bekundeten Verdacht gesteigert hatte[85], Österreich begünstige insgeheim die polnische Insurrektion, so daß

[80] *Edelsheim an Roggenbach* – 17. II. 1863 – GLA Karlsruhe, Best. 48/3009; ferner *NZ* Nr. 83 vom 19. Februar.

[81] In Wien wurde vor allem auf die enormen finanziellen Belastungen aufmerksam gemacht, welche Rußland und Preußen erwuchsen. *Bray an König Maximilian II.* – 12. II. 1863 – GStA München, MA III/2431.

[82] *Werther an Bismarck* – 11. II. 1863 – APP III, Nr. 175.

[83] Am 1. März regte Thun sogar ein Glückwunschschreiben Rechbergs an Alexander II. zur Besiegung des Aufstandes an; später aber erkannte er die Politik seines Vorgesetzten als weise und erfolgreich an. Vgl. *F. Engel-Janosi*: Graf Rechberg, München und Berlin, 1927, S. 95.

[84] Aus Petersburg wurde nach Stuttgart berichtet: „Der Eindruck, den die Haltung Oesterreichs hier gemacht hat, ist jedenfalls ein letzterer Macht höchst nachtheiliger, und Graf Thun, der die Ereignisse in Polen gerade für geeignet hielt, eine Annäherung zwischen Oesterreich und Rußland zu erzielen, sieht diesen Zweck zu seinem Bedauern durch die eigene Regierung vereitelt.“ *Spitzemberg an Hügel* – 13. II. 1863 – HStA Stuttgart, Best. E 72/124/Bl. 68–67; ähnlich äußerte sich der bayerische Gesandte: „Le Comte Thun lui même a cru, que son Gouvernement allait saisir avec empressement l'occasion favorable pour rendre service à la Russie et l'obliger . . . Dans les cercles diplomatiques de St. Pétersbourg on regrette, que l'Autriche ait manqué la bonne occasion d'un rétablissement des anciennes relations avec la Russie, qui s'était présenté actuellement.“ *Perglas an König Maximilian II.* – 5./19. II. 1863 – GStA München, MA III/2747.

[85] Der großherzoglich-hessische Ministerresident meldete aus Wien, „qu'à Varsovie l'on a cru et même continue à croire très généralement à la connivence de l'Autriche et que cette conviction s'est trouvée énoncée dans une série de télégrammes et de correspondences adressés de Varsovie à l'Ambassade de Russie à Vienne.“ *Stockhausen an Dalwigk* – 17. II. 1863 – StA Darmstadt, Best. 70e/1/1–103.

sich Kaiser Franz Joseph veranlaßt sah, derartigen Insinuationen persönlich entschieden entgegenzutreten[86].
In Wien bemühte sich der russische Gesandte v. Balabine seinerseits nachdrücklich, diesen zumindest indirekt erhobenen Vorwurf seiner Regierung zu entkräften, und bezeichnete die Haltung der Staatsmänner am Ballhausplatz als unter den gegebenen Umständen durchaus gutnachbarlich und korrekt[87], wenn er auch seinem preußischen Kollegen gegenüber der Hoffnung Ausdruck verlieh, sein Kabinett werde darauf verzichten, in Wien „etwaige Vorschläge zu einem besonderen Abkommen behufs Unterdrückung des Aufstands zu machen", damit Österreich nicht in die Lage versetzt werde, „in Polen die Dienste wieder zu vergelten, welche Rußland seinerzeit Österreich in Ungarn geleistet habe"[88].

Offensichtlich war jedenfalls keiner der beiden kaiserlichen Höfe gesonnen, die beiderseitigen Beziehungen trotz der im Petersburger Kabinett angesichts des österreichischen Verhaltens anfänglich deutlich wahrnehmbaren Mißstimmungen[89] über ein für den Augenblick unvermeidbares Maß hinaus zu belasten[90]. Rechberg und mit ihm weitere führende Mitglieder der kaiserlichen Regierung betonten im Gegenteil ihren deutschen Kollegen gegenüber wiederholt, daß man in Wien nichts dringender wünschen könne, als den in unmittelbarer Nähe des eigenen Territori-

[86] Auf einem Ball beim Fürsten Schwarzenberg wurde der Kaiser am Abend des 15. Februar von einigen deutschen Diplomaten in dieser Angelegenheit befragt. Dem württembergischen Gesandten erklärte er, eine hermetische Grenzsperre sei nicht möglich, man könne sich jedoch mit gutem Gewissen sagen, „daß dahier gewiß nichts unterlassen worden sey, was unter den gegebenen Umständen zur Beruhigung Polens von hier aus thunlich sey, so daß zum mindesten von Oesterreich aus Alles geschehen sey, was im umgekehrten Fall von Rußland und Preußen zum Beistande Oesterreichs geschehen wäre, wenn in Galizien Unruhen ausgebrochen wären." *Ow an Hügel* – 16. II. 1863 – HStA Stuttgart, Best. E 70b/Bü73/2–3. Dem preußischen Gesandten gegenüber sprach Franz Joseph sogar „mit einiger Entrüstung von Vermutungen, die aufgestellt würden, als ob Österreich für die polnische Insurrektion Sympathien haben könnte". Vgl. *Werther an Bismarck* – 18. II. 1863 – APP III, Nr. 200.

[87] Balabine erklärte in einem Gespräch mit dem großherzoglich-hessischen Ministerresidenten seine vollständige Befriedigung über die Maßnahmen der Wiener Regierung; für die Sympathien der größtenteils polnischen subalternen Beamten in Galizien für ihre Landsleute im Königreich Polen dürfe man die Zentrale nicht verantwortlich machen. *Stockhausen an Dalwigk* – 17. II. 1863 – StA Darmstadt, Best. 70e/1/1–103; ähnlich *Thienen an Wittgenstein* – 21. II. 1863 – HStA Wiesbaden, Rep. 210–3438; und *Ow an Hügel* – 11. III. 1863 – HStA Stuttgart, Best. E 70b/Bü 73/2–3.

[88] *Werther an Bismarck* – 18. II. 1863 – APP III, Nr. 200.

[89] „Il y a eu des rapports officiels de la Pologne, qui ont accusé le gouvernement autrichien de connivence à l'égard du mouvement insurrectionnel en Pologne, lui suggerant de la convoitise en faveur des embarras se la Russie." *Perglas an König Maximilian II.* – 22. II. 1863 – GStA München, MA III/2747.

[90] „Das Verhältniß Oesterreichs zu Rußland in der polnischen Angelegenheit ist gegenwärtig befriedigend. Man hat in St. Petersburg die Überzeugung gewonnen, daß an der österreichischen Gränze alles Erforderliche geschieht, um dem Aufstand Hülfeleistung von Außen abzuschneiden." *Bray an König Maximilian II.* – GStA München, MA III/2431.

ums ausgebrochenen Aufstand in möglichst kurzer Zeit durch die russische Armee niedergeworfen zu sehen[91]. Jede längere Dauer der Unruhen an der Nordgrenze der Monarchie mußte nach der festen Überzeugung des Staatskanzlers das Risiko einer zumindest diplomatischen Einmischung der Westmächte in die polnische Frage erhöhen, die seiner Ansicht nach unter allen Umständen zu vermeiden im Interesse aller im Deutschen Bund vereinigten Staaten liegen mußte[92].

Daß diese wiederholt geäußerte Besorgnis Rechbergs keineswegs unbegründet war, bewies die in den westlichen Hauptstädten sogleich einsetzende heftige Reaktion beinahe aller politischen Richtungen in der öffentlichen Meinung, als dort die Nachricht vom Abschluß eines russisch-preußischen Abkommens zur gemeinsamen Bekämpfung des polnischen Aufstandes eintraf[93]. Während man in den Tuilerien vorerst offiziell eine betont vorsichtige Zurückhaltung wahrte, um die seit dem Pariser Frieden von 1856 bestehenden durchweg freundlichen Beziehungen zum Zarenhof nicht zu gefährden, und auch die Pariser Presse die Vorgänge im Königreich Polen recht unterschiedlich beurteilte und kommentierte[94], ließen in London Regierung und Öffentlichkeit von Anbeginn an nicht den geringsten Zweifel darüber aufkommen, daß bei aller realistischen Einschätzung der hoffnungslosen Unterlegenheit der Aufständischen die Sympathien des Landes nicht auf seiten des Russischen Reiches und seines preußischen „Vasallen" liegen konnten[95].

Nun hatte sich das Kabinett von St. James was Polen anbelangt ohnehin seit jeher auf den Boden der in den Wiener Verträgen von 1815 fixierten Rechtstitel gestellt und besonders nachdrücklich seit den ersten Unruhen im Verlaufe des Jahres 1861 an der Newa wiederholt auf einer strikten Einhaltung der in ihnen dem Königreich Polen gewährten Garantien seitens der russischen Regierung be-

91 Staatsminister Schmerling äußerte Verständnis für „gewisse anti-österreichische Staatsmänner", die Österreich gern als Sündenbock bezeichneten, nur weil die Polen sich unter österreichischem Szepter wohler fühlten als unter russischem und preußischem, „während doch ernstlich Niemand daran zweifeln könne, wie sehr man auch in Wien eine schnelle Unterdrückung des Aufstandes in Russisch-Polen sehnlichst wünsche". Ganz ähnlich ließ sich Rechberg einige Tage später vernehmen. *Ow an Hügel* – 16. II. und 28. II. 1863 – HStA Stuttgart, Best. E 70b/Bü 73/2–3; auch *Stockhausen an Dalwigk* – 20. II. 1863 – StA Darmstadt, Best. 70e/1/1–103; ferner *Thienen an Wittgenstein* – 8. III. 1863 – HStA Wiesbaden, Rep. 210–3438.

92 Diesen Gedankengang legte Rechberg dem neuen kurhessischen Ministerresidenten in dessen Antrittsaudienz dar. *V. d. Malsburg an Kurfürst Friedrich Wilhelm* – 6. III. 1863 – StA Marburg, Best. 9a/64/1–179.

93 Vgl. die in Kap. I, Anm. 9 genannten Arbeiten!

94 Als „Franco-Russian Entente" bezeichnet Barbara Jelavich die Jahre 1856–1863. Vgl. *B. Jelavich*: A Century of Russian Foreign Policy, 1814–1914, S. 133–147.

95 So hielt es die *„Times"* für ausgeschlossen, daß ein Teil des deutschen Volkes „seine Zustimmung zu einem so schnöden Angriff auf nationale und menschliche Rechte geben werde". Sollte die preußische Regierung die von ihr abgeschlossene Konvention tatsächlich ausführen, „so werden die Engländer ohne Leidwesen auf jedes Unglück blicken, von welchem die preußische Monarchie betroffen wird". *KZ* Nr. 50 vom 19. Februar.

standen[96], an deren fortdauernder Gültigkeit England als Mitunterzeichner der Wiener Kongreßakte im Unterschied zur gegenteiligen Auffassung in Petersburg trotz der Ereignisse von 1830/31 unverrückt festhielt[97].

Um so weniger vermochte die britische Regierung der Notwendigkeit einer preußischen Initiative zur Unterdrückung der polnischen Insurrektion den ihr von Bismarck unterstellten Charakter eines zwischen der preußischen Monarchie und den polnischen Unabhängigkeitsbestrebungen geführten Kampfes „über Leben und Tod"[98] zuzuerkennen, zumal sich eine Machtverschiebung größeren Ausmaßes im östlichen Mitteleuropa abzuzeichnen schien[99], falls das Russische Reich seine polnischen Besitzungen kampflos räumen und ihrem weiteren Schicksal überlassen sollte[100]. Denn in einem solchen Fall, so ließ Bismarck am 17. Februar nach London verlauten, „müßten wir uns notwendig darüber entscheiden, welche Gefahr für Preußen die größere ist, die der Herstellung Polens oder die der europäischen Verwicklungen, welche sich daran knüpfen können, daß wir unsererseits das Königreich gewaltsam besetzen"[101].

Inwieweit Bismarck eine solche Eventualität ernsthaft in sein außenpolitisches Kalkül einbezog oder nur als taktisches Mittel einsetzte, muß trotz seiner wiederholten Äußerungen in dieser Richtung[102] einstweilen unentschieden bleiben, da ihn der weitere Fortgang der diplomatischen Verwicklungen einer Entscheidung überhob[103]. Die Reaktion der führenden englischen Staatsmänner auf die von

96 Vgl. dazu die noch immer grundlegenden Arbeiten von *H. Wereszycki:* Anglia a Polska w latach 1860–1865, Lwów 1934; *ders.:* Great Britain and the Polish Question in 1863, in: EHR 50 (1935) S. 78–108. Die Bemerkung Robert Frank Leslies, „Wereszycki's work on British policy must be treated with reserve", bleibt leider unbelegt. Vgl. *R. F. Leslie:* Politics and Economics in Congress Poland, 1815–1864, in: PP 8 (1955) S. 43–63, hier S. 63.

97 Diese Linie der britischen Außenpolitik verfocht insbesondere Lord Palmerston. Vgl. dazu u. a. *W. E. Mosse:* England and the Polish Insurrection of 1863, in: EHR 71 (1956) S. 28–55.

98 *Promemoria Bismarcks* – 11. II. 1863 – APP III, Nr. 174.

99 Vgl. *A. Hillgruber:* Bismarcks Außenpolitik, S. 50.

100 Aus Dresden wurde gemeldet: „Mittlerweile erhält sich hier die Ansicht, daß dem Fürsten Gortschakoff der geheime Gedanke innewohnt, Polen aufzugeben, wenn sich die Schwierigkeiten bei den künftigen Reorganisations-Versuchen in überwältigender Weise geltend machen sollten." – *Gise an Maximilian II.* – 22. II. 1863 – GStA München, MA III/2838.

101 *Bismarck an Bernstorff* – 17. II. 1863 – APP III, Nr. 193.

102 Z. B. *Hohenthal an Beust* – 19. II. 1863 – APP III, Nr. 203; *Wambolt an Dalwigk* – 19. II. 1863 – StA Darmstadt, Best. 87e/1; *Linden an Hügel* – 21. II. 1863 – HStA Stuttgart, Best. E 73/61/Bl. 148–147; *Löhneysen an Wittgenstein* – 22. II. 1863 – HStA Wiesbaden, Rep. 210-10723; *Geffcken an Rössing* – 24. II. 1863 – NStA Oldenburg, Best. 45/VII; *Bray an König Maximilian II.* – 26. II. 1863 – GStA München, MA III/2431; *Gise an König Maximilian II.* –3. III. 1963 – GStA München, MA III/2838.

103 Vgl. *H. Rothfels:* Bismarck, der Osten und das Reich, Darmstadt 1960, S. 80–81.

ihm, wenn auch nur gewissermaßen „inoffiziell“ unterbreiteten Vorstellungen[104] jedoch ließ so wenig an Deutlichkeit zu wünschen übrig, daß Bernstorff seinen Ministerpräsidenten aus London wissen ließ, die von ihm eventuell projektierte Einverleibung des Königreichs Polen werde bei der britischen Regierung „ohne Zweifel den größten Widerstand finden“. Sollte jedoch, so fuhr der preußische Gesandte fort, die königliche Regierung ernstlich gesonnen sein, „einen solchen Akt der Gewalt durchzuführen und ihn gegen den unfehlbaren Widerspruch Europas zu behaupten“, so müsse sie diesen Schritt möglichst rasch und ohne Befragen anderer Mächte wagen und es dabei auf das „Geschrei der öffentlichen Meinung“ und die „Protestationen der Mächte“ notfalls ankommen lassen, denn er sei „nicht gewiß, ob man in England nicht Polen doch noch lieber unter preußischer als unter russischer Herrschaft sehen würde“[105].

Die sogleich einsetzenden Aktivitäten des Kabinetts von St. James[106] und die dazu parallel laufende Kampagne in der Presse und im Parlament[107] indes zeigten sehr bald eindeutig, daß Regierung und Öffentlichkeit in London die unvermutete preußische Initiative in der polnischen Frage auf das Entschiedenste mißbilligten[108], wenngleich Lord Russell dem Grafen Bernstorff gegenüber immerhin einräumen mußte, daß für Preußen die rasche Unterdrückung der polnischen Insurrektion eine „Lebensfrage“ sei[109]. Bereits eine Woche später aber sah sich der Staatssekretär des Auswärtigen veranlaßt, der preußischen Politik vor dem Oberhaus energisch entgegenzutreten, indem er in seiner Erwiderung auf die das russische Vorgehen vom 21. Januar scharf verurteilenden, aber auch das Berliner Kabinett lebhaft kritisierenden Ausführungen Lord Ellenboroughs, des Sprechers der konservativen Opposition, unter lautem Beifall der Versammlung erklärte, er habe nicht umhin gekonnt, „dem preußischen Botschafter zu bemerken, daß, indem die preußische Regierung überhaupt Anteil an der Unterdrückung des Aufstandes neh-

[104] So wies Bismarck seinen Gesandten in London an, die Motive der preußischen Haltung „in ungezwungener Weise und in Gestalt einer aus eigenem Antriebe geführten Privatunterhaltung dort zu besprechen“. *Bismarck an Bernstorff* – 17. II. 1863 – APP III, Nr. 193.

[105] *Bernstorff an Bismarck* – 21. II. 1863 – APP III, Nr. 213.

[106] Vgl. dazu besonders *W. E. Mosse:* England and the Polish Insurrection of 1863; in: EHR 71(1956) S. 28–55; *ders.:* The European Powers and the German Question, Cambridge 1958, bes. S. 110–123.

[107] Vgl. *R. F. Leslie:* Brytyska opinia publiczna a powstanie styczniowe, in: PH 54 (1963) S. 206–222; *ders.:* Information and Foreign Policy. An Aspect of the British Official Attitude towards the Polish Question (1856–1863), in: Wiek XIX. Prace ofiarowane Stefanowi Kieniewiczowi w 60 rocznicę urodzin, Warszawa 1967, S. 345–353; ferner *M. Copson-Niećko:* Pro-Polish Agitation in Great Britain 1832–1867, London 1968.

[108] Vgl. zusammenfassend *K. S. Pasieha*: The British Press and the Polish Insurrection of 1863, in: SEER 42 (1963) S. 15–37.

[109] „Und doch?“ notierte Bismarck auf den Rand des Telegramms, das ihm Aufschlüsse über die Reaktion in England vermittelte. *Bernstorff an Bismarck* – 12. II. 1863 – APP III, Nr. 178.

me, sie sich gleichsam hinterher für die ergriffenen Conscriptions-Maßregeln verantwortlich mache"[110]. Der gleichfalls oppositionelle Vorgänger Lord Russells im Foreign Office, Lord Malmesbury, schließlich glaubte sich in derselben Sitzung des House of Lords am Ende seiner Rede nicht niedersetzen zu können, ohne sein „aufrichtiges Leidwesen über die ungeschickte Haltung der preußischen Regierung auszusprechen"[111].

Begleitet wurden diese ungewöhnlich aggressiven Töne aus dem Parlament[112] von einer heftigen Pressekampagne annähernd aller führenden Organe der verschiedensten Richtungen im politischen Spektrum Großbritanniens[113] gegen die ihrer Meinung nach ebenso unkluge wie vom moralischen Standpunkt aus verwerfliche preußische Politik, die in den deutschen Tageszeitungen, welche die englischen Blätter durchweg ausführlich zitierten und kommentierten[114], ein überaus lebhaftes Echo fand[115].

Während jedoch namentlich die führenden liberalen Zeitungen in Preußen wie die Berliner „National-Zeitung" oder die „Kölnische Zeitung" die zunächst unmißverständlichen Stellungnahmen offiziöser englischer Presseorgane[116] meist ohne Kommentar in der unausgesprochenen Absicht nachdruckten, der eigenen Regierung die Verderblichkeit des von ihr ohne zwingende Notwendigkeit eingeschlagenen politischen Kurses zu verdeutlichen[117], bekämpfte die konservative

[110] Übersetzung der Rede in *KZ* Nr. 54 vom 24. Februar; *NZ* Nr. 90 vom 23. Februar; *NPZ* Nr. 46 vom 24. Februar. Vgl. auch *Bernstorff an Bismarck* – 21. II. 1863 – APP III, Nr. 212 und 213; ferner – unter besonderer Betonung der korrekten Haltung Österreichs, welches sich die Sympathien Lord Russells erworben habe – *Cetto an König Maximilian II.* – 21. II.1863 – GStA München, MA III/2258.

[111] Übersetzung in *AAZ* Nr. 56 vom 25. Februar.

[112] Der preußische Gesandte in London nannte das Verhalten Lord Russells im Oberhaus „nicht korrekt". *Bernstorff an Bismarck* – 21. II. 1863 – APP III, Nr. 213.

[113] Am 21. Februar meldete der Londoner Korrespondent der „Kölnischen Zeitung": „Im Parlament wie in der Presse herrscht hinsichtlich Polens die größte Einmüthigkeit. Von einem Unterschiede zwischen Tories, Whigs und Radicalen ist nichts zu spüren." *KZ* Nr. 55 vom 24. Februar.

[114] So nannte der *„Herald"* die Auseinandersetzungen im Königreich Polen einen „Skandal für die europäische Gesittung" und gab zu bedenken, „ob das Experiment der Vernichtung Polens nicht lange genug gedauert hat, und ob es nicht hohe Zeit sein dürfte, diesen Schmachfleck aus dem europäischen System wegzuwischen." Die *„Daily News"* zweifelten ihrerseits nicht daran, daß Europa auf die polnische Frage, „welche die selbstmörderische Torheit Preußens aufgeworfen hat", mit der Erklärung „für die Wiederherstellung Polens" antworten werde. *NZ* Nr. 94 vom 25. Februar und *AAZ* Nr. 58 vom 27. Februar.

[115] Ausführlicher Leitartikel u. d. T.: „Die englische Auffassung der polnischen Frage", in *AAZ* Nr. 56 vom 25. Februar.

[116] Hierzu zählte vor allem die als Sprachrohr des Premierministers angesehene „Morning Post"; die hochangesehene und stets gut informierte „Times" galt der „Neuen Preußischen Zeitung" als „Monopol-Inhaber höherer politischer Weisheit", vgl. *NPZ* Nr. 43 vom 20. Februar. Als führendes Oppositionsblatt galt der „Herald".

[117] Diese Methode verfolgte die „Kölnische Zeitung" seit dem 17., die „Nationalzeitung" seit dem 25. Februar.

„Neue Preußische Zeitung“ die britische Haltung ihrerseits nachdrücklich unter dem Hinweis darauf, daß sich die öffentliche Meinung im Vereinigten Königreich seit jeher weit eher von ihren natürlichen Sympathien für den Schwächeren und Unterdrückten als von wirklicher politischer Sachkenntnis leiten lasse[118]. Vor allem aber empörte sie die von Lord Ellenborough in seiner bereits erwähnten Rede vor dem Oberhaus vorgenommene Gleichstellung des Befreiungskrieges von 1813, dessen Jubiläum die preußische Monarchie feierlich zu begehen sich eben anschickte, mit den derzeitigen Vorgängen in Russisch-Polen. Die damalige Erhebung „eines ganzen Volkes vom König bis zum Bettler“ habe – so schrieb das Blatt weiter – mit dem „unseligen Polnischen Aufstand“ nichts gemein, da sich diesem „der gesündeste und zahlreichste Theil des Volkes“ versage: „Was die *Preußischen* Bauernsöhne 1813 gethan haben, davon erzählen Dennewitz und Möckern; die *Polnischen* Bauern aber ergreifen ihre eigenen Landsleute, von denen sie zum Aufstand gezwungen werden sollten, und liefern sie aus an die Russische Regierung“[119]!

Schon wenig später aber mehrten sich unter den deutschen Diplomaten und Korrespondenten in London Mutmaßungen, nach denen sich der scharfe Protest der britischen Regierung gegen das russisch-preußische Zusammenwirken bei der Bekämpfung des polnischen Aufstands[120] aller Voraussicht nach auf einen moralischen Druck gegen die beteiligten Mächte beschränken, keinesfalls jedoch in einen bewaffneten Konflikt zur Befreiung und Wiederherstellung Polens unter englischer Beteiligung einmünden werde[121]. Eine solche Vermutung lag nahe, wenn man sich die bis zu diesem Zeitpunkt im Kabinett von St. James verfolgte Polenpolitik vergegenwärtigte, welche am Zarenhof für das Königreich Polen seit mehr als zwei Jahren die Einführung einer konstitutionellen Regierungsform auf der Grundlage der ihm in den Wiener Verträgen von 1815 im Rahmen des Russischen Reiches garantierten Sonderstellung auf alle Weise propagiert und geför-

[118] Dieses „ideologische Moment“ betonen besonders *C. Friese:* Rußland und Preußen, S. 312–313, und *H. Wereszycki:* Anglia a Polska, Lwów 1934, S. 198–201; *ders.:* Great Britain and the Polish Insurrection, S. 84; dagegen *W. E. Mosse:* England and the Polish Insurrection of 1863, in: EHR 71 (1956) S. 28–55, bes. S. 52.

[119] *NPZ* Nr. 48 vom 26. Februar.

[120] „Die öffentliche Meinung ist mehr und mehr aufgeregt wegen Polen, und auch die Freunde Preußens bedauern lebhaft die Unterstützung, welche es Rußland gewährt.“ *Bernstorff an Bismarck* – 23. II. 1863 – APP III, Nr. 232.

[121] So schrieb der Londoner Korrespondent der „Kölnischen Zeitung“ am 3. März: „Trotz aller Sympathien, die sich nirgend einstimmiger und eindringlicher als im Parlamente kundgegeben haben, herrscht unter denjenigen Personen, welche der Regierung nahe stehen, doch die ungetheilte Ansicht, daß England sich mit guten Rathschlägen zu Gunsten der Polen begnügen und jeder Action sorgfältig aus dem Wege gehen wird. Man darf nie vergessen, daß die Erhaltung des europäischen Friedens der leitende Gedanke der gegenwärtigen englischen Politik ist.“ *KZ* Nr. 65 vom 6. März.

dert hatte[122]. Daß ein derartiges Vorgehen auch in Zukunft nur auf friedlichem Wege und unter größtmöglicher Schonung des seit der demütigenden Niederlage im Krimkrieg äußerst empfindlich reagierenden russischen Selbstgefühls vonstatten gehen sollte[123], hatte die britische Regierung bereits wiederholt deutlich zu erkennen gegeben[124].

Jedenfalls glaubte man in einer breiteren deutschen Öffentlichkeit keine Beeinträchtigung des europäischen Friedens und damit eine Gefährdung der territorialen Integrität des deutschen Bundesgebietes von London her befürchten zu müssen, beklagte jedoch um so bitterer die unnötig provozierende Politik des Berliner Kabinetts, welche das traditionell freundschaftliche und noch dazu durch enge verwandtschaftliche Bande besonders intime Verhältnis zwischen den beiden königlichen Höfen höchst überflüssigerweise belastet habe[125].

Das viel gelesene Sprachrohr des gemäßigten Liberalismus in der preußischen Rheinprovinz, die „Kölnische Zeitung", ließ sich beispielsweise aus London berichten, man betrachte dort an maßgebender Stelle die Person des preußischen Ministerpräsidenten als den Hauptstörungsfaktor in den beiderseitigen Beziehungen[126];

122 Vgl. *R. F. Leslie:* Politics and Economics in Congress Poland, 1815–1864, in: PP 8 (1955) S. 43–63, der mit Recht schreibt, der polnische Kampf gegen die russische Herrschaft sei für die Engländer ein Teil der allgemeinen Forderungen nach „good government" und „liberal institutions" gewesen, den man daher auf alle Weise „short of war" unterstützt habe. Ebda. S. 43.

123 Auf dieses Faktum hat besonders eindringlich aufmerksam gemacht *G. Stökl:* Russische Geschichte, S. 508.

124 Dazu vgl. vor allem das aus den Akten des Foreign Office gearbeitete erschöpfende und methodisch mustergültige Buch von *W. E. Mosse:* The European Powers and the German Question, Cambridge 1958, bes. S. 81–109.

125 „Englands natürliche Neigung wie sein Interesse würde es seyn, herzliche Freundschaft und Allianz mit Preußen zu pflegen. Es ist ein protestantisches und aufgeklärtes Volk, und die ältere Tochter unseres Königshauses ist Preußens zukünftige Königin". Leider habe die preußisch-russische Konvention die Tragweite der polnischen Frage „von der Weichsel bis an den Rhein erstreckt . . . Und die nächste weitere Folge ist, daß dadurch ein vollständiges Einverständniß zwischen den Regierungen von England und Frankreich wiederhergestellt wird." *AAZ* Nr. 56 vom 25. Februar. Die besondere Rolle der Königin Viktoria in den preußisch-englischen Beziehungen sieht Erich Eyck in der „durch Sentimentalität und Familiensinn" bestimmten Haltung der Monarchin. Vgl. *E. Eyck:* Bismarck, Leben und Werk, Bd. 1, Zürich 1941, S. 483. In der Tat versuchte die Queen, mäßigend auf die Entschlüsse ihrer Minister einzuwirken. Vgl. *W. E. Mosse:* The European Powers, S. 112–114.

126 Der Londoner Korrespondent des Blattes betonte am 22. Februar, man hoffe in England sehr, daß Preußen die unglückselige Konvention fallen lassen werde; auch sei gewiß, daß die preußischen Gesandten in London und Paris zu einer nachgiebigen Politik ihrer Regierung geraten hätten. „Die beiden Diplomaten sind am besten in der Lage, Herrn v. Bismarck zu sagen, wie wenig man hier und in Paris seinen staatsmänischen Combinationen geneigt ist." *KZ* Nr. 56 vom 25. Februar. Der damals in England weilende Theodor von Bernhardi hielt das Ende des Ministeriums Bismarck für gekommen und notierte am 25. Februar: „Alle Welt sieht Bismarcks Regierung als beendet an und ist überzeugt, daß er sich nicht länger halten kann", in *(Theodor v. Bernhardi):* Aus dem Leben Theodor v. Bernhardis 1805–1871. Tagebuchblätter, Leipzig 1893–1906, Bd. 5, S. 37.

und in der Tat machten in erster Linie Persönlichkeiten um den britischen Staatssekretär des Auswärtigen kaum ein Hehl aus ihrer prinzipiellen Abneigung gegen den „autokratischen" preußischen Premier und unternahmen unter Einschaltung der Botschaft in Berlin und über Lord Cowley, den britischen Gesandten in Paris, ganz offensichtlich Versuche[127], die in ihren Augen skandalöse Polenpolitik des preußischen Kabinetts zum Sturz des in Großbritannien seit seinem Regierungsantritt nicht eben populären „Konfliktministeriums" zu benutzen[128].

Seit dem 22. Februar verdichteten sich in der preußischen Hauptstadt Gerüchte, nach denen Bismarck dem König seine Demission angeboten, letzterer jedoch dieses Gesuch aus innenpolitischen Gründen vorläufig abschlägig beschieden habe[129]. „Inzwischen hat sich mit großer Wahrscheinlichkeit herausgestellt", so be-

[127] Vgl. *H. Wereszycki:* Great Britain and the Polish Question in 1863, in: EHR 50 (1935) S. 78–108, hier S. 83.

[128] Am 2. März ließ Bismarck seinen Pariser Gesandten wissen, England habe „die Convention geschickt benutzt, um Unfrieden zwischen Napoleon und uns zu säen. Daneben ging die von hier eingefädelte Intrigue (Morier Vermittler), um mich zu beseitigen. Das mißlang." Vgl. *Bismarck an Goltz* – 2. III. 1863 – in: *O. Graf zu Stolberg-Wernigerode:* Robert Heinrich von der Goltz, Botschafter in Paris 1863–1869, Oldenburg und Berlin 1941, Dok.-Nr. 20, S. 322; ähnlich am 4. März: „Es scheint unzweifelhaft, daß eine von hier aus angeregte Machination behufs Änderung des Preußischen Ministeriums durch die Mitwirkung hochstehender englischer Beamten begünstigt worden, und daß die polnische Frage und Konvention zu diesem Zweck benutzt werden." *Bismarck an Bernstorff* – 4. III. 1863 – APP III, Nr. 296; Bernstorff stellte Nachforschungen in Aussicht, konstatierte jedoch: „Daß das hiesige Ministerum eine Personalveränderung bei uns als ein Mittel, den europäischen Frieden zu sichern, betrachtet, ist wahr." *Bernstorff an Bismarck* – 5. III. 1863 – APP III, Nr. 303.

[129] Die seit einiger Zeit ständig wiederholte Nachricht vom nahen Rücktritt des Ministerpräsidenten entbehre noch jeder Grundlage und habe einstweilen keine andere „reale Basis" als „den frommen Wunsch einer bei diesem Anlaß wohl zu leidenschaftlichen Opposition." *Mollenbeck an Roggenbach* – 22. II. 1863 – GLA Karlsruhe, Best. 48/3009. Drei Tage später telegraphierte Buchanan seiner Regierung: „I am told on good authority that Bismarck has resigned but that King has not yet accepted his resignation." *Buchanan an Russell* – 25. II. 1863 – APP III, Nr. 247. Dagegen meinte der großherzoglich-hessische Gesandte, diesen Gerüchten fehle „von Haus aus jede innere Wahrscheinlichkeit". *Wambolt an Dalwigk* – 26. II. 1863 – StA Darmstadt, Best. 87 e / 1. Daß es am 23. Februar im Ministerrat zu einer Kontroverse zwischen Bismarck und den Ministern des Innern und des Cultus gekommen sei und sich anschließend der König beim Vortrag des Ministerpräsidenten ungehalten darüber gezeigt habe, daß Bismarck ihm die Tragweite der Konvention vorenthalten habe, wurde von verschiedenen deutschen Diplomaten gemeldet. Der – freilich nicht durchgehend zuverlässig berichtende – Ministerresident für Oldenburg und die Hansestädte, Geffcken, hielt das Entlassungsgesuch Bismarcks für „sicher", das freilich nicht angenommen worden sei, da der König sich gezwungen gesehen habe, an seinem Regierungschef festzuhalten, um sich nicht der Kammer unterwerfen zu müssen. *Geffcken an Rössing und den Hamburger Senat* – 26. II. 1863 – StA Hamburg, Best. G IV a / I-II. Der königlich-sächsische Gesandte glaubte, daß der Ministerpräsident 24 Stunden lang ernsthaft an seine Entlassung geglaubt habe, doch müsse man „seit vorgestern" (d. h. dem 25. II.) den „ganzen Zwischenfall" als „vollkommen ausgeglichen" ansehen. *Hohenthal an Beust* – 27. II. 1863 – *H. Kretzschmar: Die Anfänge* des Ministeriums Bismarck ..., Dok.-Nr. 88; ferner *Buchanan an Russell* – 27. II. 1863 – APP III, Nr. 265.

richtete der bayerische Gesandte Graf Montgelas aus Berlin, „daß zwar das Gerücht von der von Herrn von Bismarck erbetenen Entlassung nicht unbegründet war", daß aber der König wegen der großen Schwierigkeit, einen Nachfolger zu finden, vornehmlich aber auch „damit es nämlich nicht den Anschein gewinne, als ob Seine Majestät durch die Mahnungen der Westmächte bewogen werde, den Minister fallen zu lassen, der im Allerhöchsten Auftrage die unglückliche Convention mit Rußland abgeschlossen – Abstand davon genommen habe, *schon jetzt* jenes Gesuch anzunehmen"[130].

In diesen späten Februartagen, an welchen die diplomatischen Vertreter der übrigen deutschen Staaten in Berlin die dramatische Entwicklung in der preußischen Metropole ihren jeweiligen Kabinetten signalisierten[131], hatte nämlich die britische Regierung in ihrer Behandlung der von ihr bis dahin heftig kritisierten preußischen Polenpolitik nicht zuletzt auch unter dem Eindruck beruhigender Versicherungen aus der Wilhelmstraße[132] eine für manche Beobachter[133] überraschende Wendung vollzogen[134]. Denn inzwischen hatte sich auch das französische Kabinett nach anfänglich betonter Zurückhaltung in die politische Krise diplomatisch eingeschaltet[135] und dabei, um seine guten Beziehungen zum Russischen Reich nicht zu gefährden, „bezeichnenderweise"[136] die Spitze seiner nun vehement einsetzenden publizistischen Angriffe derart deutlich gegen den preußischen Vertragspartner der ominösen Konvention Alvensleben gerichtet, daß die führenden Staatsmänner in London mit dem greisen Premierminister an der Spitze dem französischen Vorgehen in der Befürchtung, Napoleon III. werde die Ereignisse in Polen zum Vorwand nehmen, um am Rhein und in Belgien aktiv zu wer-

[130] *Montgelas an König Maximilian II.* – 28. II. 1863 – GStA München, MA III/2643. Ob Bismarcks Rücktrittsgesuch nach dem Ministerrat am 23. II. erfolgte, läßt sich leider nicht weiter erhärten. Diese Vermutung findet sich – allerdings wieder auf Grund durchaus sekundärer Quellen – zuerst bei *R. H. Lord*: Bismarck and Russia in 1863, in: AHR 29 (1923/24) S. 24–48; hier S. 32; ihm folgt *W. E. Mosse*: The European Powers, S. 115.

[131] Auch unter preußischen Diplomaten herrschte eine nervöse Stimmung, „Graf Flemming, der von der Lage seines Vaterlandes in sehr trübgestimmter Weise spricht, ist nach seinen Informationen der Meinung, daß das Ministerium Bismarck sich nicht mehr halten könne," berichtete der württembergische Gesandte aus Karlsruhe. *Thumb an Hügel* – 27. II. 1863 – HStA Stuttgart, Best. E 70/33/13.

[132] *Buchanan an Russell* 27. II. 1863 – APP III, Nr. 264.

[133] Der Londoner Korrespondent der „Kölnischen Zeitung" meinte noch am 5. März: „Die plötzliche Wendung, welche England gemacht hat, ist noch immer nicht ganz klar. Man weiß noch immer nicht, warum man hier von keinem Zusammengehen mit Frankreich hat wissen wollen." *KZ* Nr. 67 vom 8. März.

[134] Vgl. – mit deutlicher antibritischer Akzentuierung! – *S. Bóbr-Tylingo:* Napoléon III, l'Europe et la Pologne, wo es auf S. 51 heißt: „Pour le gouvernement anglais le sort des Polonais était parfaitement indifférent", eine Aussage, die sich in dieser Schärfe wohl kaum aufrechterhalten läßt!

[135] Vgl. *G. Rhode:* Geschichte Polens, S. 393–394.

[136] So *A. Hillgruber:* Bismarcks Außenpolitik, S. 51, wo leider nicht gesagt wird, worin das „Bezeichnende" an Napoleons Politik bestanden habe.

den[137], mit wachsendem Mißtrauen begegneten und dem Vorschlag des Quai d'Orsay, den Berliner Hof durch gemeinsamen diplomatischen Druck zur Suspension der russisch-preußischen Übereinkunft vom 8. Februar zu veranlassen, ihre in Paris so sehnlich gewünschte Gefolgschaft versagten[138]. Dieser für das fernere Schicksal des polnischen Aufstands von 1863 so folgenschwere Entschluß des Kabinettes von St. James – wie übrigens auch desjenigen in Wien[139] –, nicht mit Frankreich gemeinsam in Berlin gegen die Konvention Alvensleben zu protestieren, fiel allerdings erst zu einem Zeitpunkt, in welchem die durch das Petersburger Arrangement in Europa ausgelöste politische Krise infolge des mühsam verschleierten diplomatischen Rückzuges der preußischen Regierung[140] ihren Kulminationspunkt bereits erreicht und überschritten hatte[141]. Die französische Politik aber, welche sich ihres vermeintlichen Bundesgenossen so unverhofft beraubt sah[142], näherte sich nunmehr der noch vor kurzer Zeit in Italien im Namen des Nationalitätsprinzips erbittert bekämpften Donaumonarchie[143].

Seit dem Beginn der polnischen Krise hatten die deutsche Diplomatie sowie eine argwöhnische Öffentlichkeit vor allem am Rhein und in den süddeutschen Staaten weit mehr noch als nach England ihre besorgten Blicke nach Frankreich gerichtet, von wo man in Deutschland namentlich seit den kriegerischen Ausein-

137 Vgl. *H. Wereszycki:* Great Britain and the Polish Question, S. 79.

138 Man hat gemeint, Palmerston und Russell hätten den Angriff Napoleons auf Preußen scheitern lassen, um ihr Land vor den Gefahren „eines übermächtigen Frankreich" zu retten, wofür ihnen der „Dank Europas" gebühre! Bei den Zeitgenossen hörte man allerdings kaum derart emphatische Töne. Vgl. *E. Zechlin*: Bismarck und die Grundlegung der deutschen Großmacht, S. 525.

139 Vgl. *S. Bóbr-Tylingo:* Napoléon III, l'Europe et la Pologne, S. 43.

140 Von einem „offensichtlichen diplomatischen Rückzug" spricht mit Recht *E. Zechlin:* Die Reichsgründung, S. 100.

141 „Ende Februar hatte Preußen bereits die eigentliche Gefahrenzone durchschritten", vermerkt mit Recht *W. Bußmann:* Das Zeitalter Bismarcks, S. 72.

142 In Paris herrschten nach der englischen Absage Verstimmung und Verärgerung über die „sympathie aussi pâle en faveur de la Pologne". *Schweitzer an Roggenbach* – 1. III. 1863 – GLA Karlsruhe, Best. 48/3009. Der bayerische Gesandte in Paris vermutete als Grund der ostensiblen englischen Zurückhaltung, daß man in London nicht in eine Politik gezogen zu werden wünschte, die zu einem Kriege führen konnte, „qui n'aurait vraiment profité qu'à la France." *Wendland an König Maximilian II.* – 2. III. 1863 – GStA München, MA III/2121. Goltz berichtete, man klage England allgemein an, daß es Frankreich nur habe „ins Feuer schicken" wollen, „um es nachher im Stich zu lassen." *Goltz an Bismarck* – 5. III. 1863 – APP III, Nr. 304.

143 Vgl. *A. Hillgruber:* Bismarcks Außenpolitik, S. 51.

andersetzungen in Oberitalien vor vier Jahren prinzipiell nichts Gutes erwartete[144]. Man wußte seit langem die Spitzen aller Lager der polnischen Emigration von den Hocharistokraten des „Hôtel Lambert" bis zu den Radikaldemokraten mazzinistischer Couleur um Mierosławski in Paris beheimatet[145] und hatte die tiefe Sympathie, welche man der Seine über alle politischen Differenzen hinweg seit jeher für die „Schwesternation" im Osten empfand, gleichfalls nicht vergessen[146].

Um so überraschter zeigten sich die in Paris tätigen deutschen Diplomaten und Korrespondenten, als sich, sobald die ersten Nachrichten vom Ausbruch bewaffneter Unruhen im Königreich Polen die französische Hauptstadt erreichten, die kaiserliche Regierung und die – allerdings beinahe ganz von ihr inspirierte oder doch wenigstens kontrollierte – Publizistik wider Erwarten eine betonte Zurückhaltung auferlegten[147]. Am 27. Januar meldete der großherzoglich-hessische Gesandte seinen ersten Eindruck aus Paris mit den Worten: „La nouvelle de l'insurrection, qui a éclaté en Pologne est arrivée hier ici. Tous les partis déplorent une entreprise insensée, qui ne peut qu'amener de nouveaux malheurs sur ce pays et paralyser les excellents intentions de l'Empereur"[148], und zwei Tage später sprach einer der meist gut informierten Pariser Korrespondenten der Augsburger „Allgemeinen

144 Dazu vor allem *R. Buchner:* Die deutsch-französische Tragödie 1848–1864, Würzburg 1965, der – möglicherweise etwas zu stark akzentuiert – die Ereignisse des Jahres 1859 als ausschlaggebend für die Abkühlung des deutsch-französischen Verhältnisses ansieht. Zu ähnlichen Ergebnissen gelangen *H. Gollwitzer:* Der Caesarismus Napoleons III. im Widerhall der öffentlichen Meinung Deutschlands, in: HZ 173 (1952) S. 23–75, und *E. Birke:* Frankreich und Ostmitteleuropa im 19. Jahrhundert, Köln-Graz 1960, bes. S. 196–211. Von polnischer Seite zuletzt *S. Kieniewicz:* Les insurrections polonaises du XIXe siècle et le problème de l'aide de la France, Warszawa 1971.

145 „Ill y a eu aussi dans cette émigration un parti aristocratique et un parti démocratique qui se haissent avec toute la passion propre à cette nation; or, il parait que c'est ce dernier parti seul qui a fait le mouvement, dans lequel, je n'en dout pas, le Palais Royal a aussi la main," *Grancy an Dalwigk* – 4. II. 1863 – StA Darmstadt, Best. 28b/7. Die beste Übersichtsdarstellung bietet *S. Kalembka:* Wielka Emigracja. Polskie wychodźstwo polityczne w latach 1831–1862, Warszawa 1971.

146 Dies bestätigte Drouyn de Lhuys dem preußischen Gesandten, dem gegenüber er von Polen als „notre côté faible" sprach. *Goltz an Bismarck* – 15. II. 1863 – APP III, Nr. 188. Aus diesen Sympathien folgerte der exilpolnische Historiker *S. Bóbr-Tylingo*, daß Napoleon III. einen Befreiungskrieg zugunsten Polens hätte führen müssen, um sich den einzig verläßlichen Verbündeten in Europa zu verschaffen, der ihm die Katastrophe von 1870/71 hätte ersparen können! Dazu die berechtigten Einwände von *H. Euler* in HZ 203 (1967) S. 142–144.

147 Vgl. *K. Kaiser:* Napoleon III. und der polnische Aufstand von 1863. Beiträge zur Geschichte der öffentlichen Meinung in Frankreich, Berlin 1932; *K. Malettke:* Die Beurteilung der Außen- und Innenpolitik Bismarcks von 1862–1866 in den großen Pariser Zeitungen, Lübeck und Hamburg 1966, bes. S. 62–100; zur innenpolitischen Situation im damaligen Frankreich jetzt *P. Verley* in: Das bürgerliche Zeitalter, hrsg. von *G. Palmade* (= Fischer-Weltgeschichte, Bd. 27), Frankfurt 1975, S. 247–255.

148 *Grancy an Dalwigk* – 27. I. 1863 – StA Darmstadt, Best. 28b/7.

Zeitung" von der „verhältnismäßig großen Apathie"[149], mit welcher die ersten Nachrichten aus Polen in der französischen Hauptstadt aufgenommen wurden[150].

Offensichtlich machte es der überraschende Ausbruch des bewaffneten Aufruhrs in Russisch-Polen Regierung und Öffentlichkeit in Frankreich angesichts divergierender Auffassungen der verschiedenen politischen Richtungen unmöglich, sogleich zu einer einheitlichen Beurteilung zu gelangen[151]. Während radikaldemokratische und liberale Blätter aller Schattierungen sowie die klerikale Presse anders als in der italienischen Frage[152] die polnische Erhebung von Anfang an einhellig begrüßten, führten die der Regierung nahe stehenden Organe wie z. B. der „Constitutionnel" eine zunächst ausgesprochen reservierte Sprache[153]. Seit „undenklichen Zeiten", so konstatierte der Pariser Gesandte eines deutschen Mittelstaates verwundert, habe es im Corps législatif alljährlich Sympathiekundgebungen für das unterdrückte polnische Volk gegeben; in einem Augenblick aber, in welchem diese Nation sich augenscheinlich anschicke, ihr Joch tatsächlich abzuschütteln, „la presse française reste froid et impassible"[154]. Schließlich ließ die bereits erwähnte kühle Erklärung des kaiserlichen Sprechministers Billaut am 5. Februar vor der Gesetzgebenden Versammlung, die französische Regierung sei bei aller Sympathie nicht länger gesonnen, wie in den verflossenen sechzehn Jahren unfruchtbare Phrasen zugunsten der polnischen Nation zu verschwenden[155], vollends deutlich erkennen, wie wenig zunächst in den Tuilerien irgendwelche Geneigtheit bestand, durch propolnische Demonstrationen die Aufrechterhaltung freundschaftlicher Beziehungen zum Zarenhof zu gefährden[156], solange ein Erfolg der Aufstandsbe-

149 *AAZ* Nr. 34 vom 3. Februar. „Polen hat immer noch nicht gezündet.", heißt es wenig später. *AAZ* Nr. 37 vom 6. Februar.

150 Vgl. *E. Birke:* Frankreich und Ostmitteleuropa, S. 207.

151 Über den „tyrannischen Druck der Russenherrschaft" in Polen seien sich alle politischen Gruppierungen einig, meinte der Pariser Korrespondent der (Augsburger) „Allgemeinen Zeitung": „aber einerseits spielt der Katholicismus, andererseits der Mazzinismus in die Bewegung hinein, so daß der 'Monde' sich ebenso dafür wie der 'Constitutionnel' dagegen erhitzt. Was bleibt dem 'Moniteur' übrig, als alle Schuld den Frauen aufzuladen und ihre Überreizung für das Blutvergießen verantwortlich zu machen?" *AAZ* Nr. 37 vom 6. Februar.

152 Die polnische Frage vereinigte nach Ansicht des preußischen Gesandten „die beiden Richtungen, welche sich in der französischen Politik bekämpfen, die nationale und die klerikale." *Goltz an Bismarck* – 16. II. 1863 – APP III, Nr. 191.

153 Mit Recht ist gesagt worden, daß diese Haltung der offiziellen und offiziösen Presse darauf schließen lasse, daß die französische Regierung angesichts ihres Engagements in Mexiko und im amerikanischen Bürgerkrieg kein sonderliches Interesse an der polnischen Insurrektion gehabt habe. Vgl. *K. Malettke:* Die Beurteilung der Außen- und Innenpolitik Bismarcks, S. 63.

154 *Grancy an Dalwigk* – 4. II. 1863 – StA Darmstadt, Best. 28b/7.

155 Vgl. *S. Kieniewicz:* Powstanie styczniowe, S. 396.

156 Zu den Bemühungen Napoleons III., keine Belastung der französisch-russischen Beziehungen zu gestatten, vgl. *I. Koberdowa*: Wielki Książę Konstanty w Warszawie 1862–1863, Warszawa 1962, S. 151–159.

wegung außerhalb jeder Wahrscheinlichkeit lag[157], obschon die „Opinion Nationale“ als Sprachrohr des „roten Prinzen“ Napoleon schon am 1. Februar die Wiederaufrichtung eines unabhängigen Polen als eine „notwendige Bedingung der europäischen Ordnung“ bezeichnet hatte[158].

Es hat jedenfalls sehr stark den Anschein, als ob auch die einflußreichsten Politiker am Quai d'Orsay und in der engeren Umgebung des Kaisers[159] eine rasche Beendigung der polnischen Wirren und die Fortsetzung des von Kaiser Alexander II. inaugurierten Reformkurses im Königreich Polen dringend wünschten[160] und daher über die von ihnen inspirierten Presseorgane in diesem Sinne auf die öffentliche Meinung des Landes einzuwirken suchten[161]. Für den Korrespondenten der Augsburger „Allgemeinen Zeitung“ gab es keinen Zweifel daran, daß dem halboffiziellen „Constitutionnel“ das „Verdammungsurtheil über den polnischen Aufstand . . . an maßgebender Stelle“ diktiert worden war[162]. Für eine solche Vermutung sprach ferner das sofortige Verbot zweier in Paris erscheinender Blätter des radikalen Flügels der polnischen Emigration[163] ebenso wie die unverzügliche Auflösung mehrerer Sympathiekundgebungen der Studentenschaft[164] durch die Polizei[165].

[157] Dem französischen Generalkonsul in Warschau wurde jede Ermunterung der Aufständischen untersagt, da die Erhebung ihres „kommunistischen“ Charakters wegen ohnehin aussichtslos sei. Vgl. *S. Kieniewicz:* Dwa konsulaty warszawskie (francuski i angielski) wobec powstania styczniowego, in: PH 54 (1963) S. 181–202, hier S. 193–194.

[158] Vgl. *K. Kaiser:* Napoleon III. und der polnische Aufstand von 1863, Berlin 1932, S. 35.

[159] Eine der einflußreichsten, aber auch schillerndsten Persönlichkeiten schildert vor dem Hintergrund der Hofgesellschaft des Zweiten Kaiserreichs die Biographie von *G. Grothe:* Herzog von Morny. Der zweite Mann im Reich Napoleons III., Berlin 1966.

[160] „Das französische Kabinett dürfte im eigenen Interesse schleunige Beendigung des Aufstands wünschen.“ *Goltz an Bismarck* – 13. II. 1863 – APP III, Nr. 182.

[161] Die vielfachen Verflechtungen zwischen Regierung und Presse beschreibt detailliert *K. Malettke:* Die Beurteilung der Außen- und Innenpolitik Bismarcks, S. 62–100.

[162] „Herr Paulin Limayrac (Chefredakteur des Blattes – d. Vf.) entledigte sich . . . des Auftrags mit so schnöder, wegwerfender, gehässiger Tactlosigkeit, daß die öffentliche Meinung seinen Artikel nicht ungerügt lassen konnte. Dazu kamen die Klagen einiger polnischer Adelsfamilien, die mit Hofpersonen in Verbindung standen.“ *AAZ* Nr. 38 vom 7. Februar.

[163] Dieses Verbot betraf die beiden Periodika „Przegląd Rzeczy Polskich“ (Polnische Rundschau) und „Baczność!“ (Achtung!), die beide am 11. Februar beschlagnahmt wurden. *KZ* Nr. 44 vom 13. Februar; ferner *S. Kieniewicz*: Powstanie styczniowe, S. 396.

[164] Die Augsburger „Allgemeine Zeitung“ ließ sich am 5. Februar aus Paris von einer „wahrhaft infernalischen Polendemonstration“ berichten; doch hieß es einschränkend: „Außerhalb des Collège de France findet er (Girardin) nirgends das geringste Echo.“ *AAZ* Nr. 38 vom 7. Februar. – „Jusqu'ici les écoles seules se sont véritablement émues d'un mouvement qui, on n'en saurait plus douter, a été préparé de loin et a des ramifications au dehors.“ *Grancy an Dalwigk* – 13. II. 1863 StA Darmstadt, Best. 28b/7.

[165] Daß neben Studenten sich auch Teile der Pariser Arbeiterschaft an den Demonstrationen beteiligten, betont ausdrücklich *S. Kieniewicz:* Les insurrections polonaises du XIXe siècle et le problème de l'aide de la France, Warszawa 1971, S. 9.

Da die Erhebung jedoch wider Erwarten nicht binnen kürzester Frist zusammenbrach und sich damit ohnehin jeder Kommentar aus dem Lager der polnischen Emigration in Paris erübrigt hätte[166], löste die schroffe Zurückweisung jedes Gedankens an eine tatkräftige Hilfe für die Aufständischen seitens der kaiserlichen Regierung und der von ihr inspirierten Presse nach kurzem Zögern heftige Proteste aus dem „Hôtel Lambert" aus[167]. Bereits am 12. Februar nahm das gemäßigt liberale „Journal des Débats"[169] ein Schreiben des Fürsten Władysław Czartoryski in seine Spalten auf, in welchem das Haupt dieser hocharistokratischen und durch zahlreiche persönliche Kontakte in den Tuilerien recht einflußreichen Gruppe sich scharf gegen die angeblichen „Wohltaten" Rußlands und die vielgerühmte „Liberalität" seines Herrschers wandte und dabei sehr geschickt an die französischen Sympathien appellierend auf das gemeinsame Schicksal Polens und Frankreichs als der beiden „Besiegten von Leipzig" anspielte[169].

Vor allem aber galt es, die zunächst im französischen Kabinett und auch in der Öffentlichkeit – wie übrigens auch in England[170] – verbreitete Auffassung zu bekämpfen, welche anfangs in der polnischen Erhebung lediglich das Ergebnis einer von langer Hand vorbereiteten Revolte mazzinistischer und „communistischer" Kräfte hatte erkennen wollen[171], da auch Napoleon III. trotz seines Rufes als eines Verteidigers des „Nationalitätenprinzips" offenbar kaum geneigt schien, das Odium einer Unterstützung der „Revolution" auf sich zu nehmen[172]. Nur

166 „Fürst Czartoryski hielt noch vor einigen Tagen die Unternehmung für verloren; die Telegraphie der letzten Tage hat ihn wieder aufgefrischt. Auch das will nicht viel sagen. Die polnischen Aristokraten rechnen nicht minder falsch als die Demokraten à la Mierosławski." *AAZ* Nr. 37 vom 6. Februar (Bericht aus Paris vom 3. Februar).

167 Zu den ersten Aktivitäten des „Hôtel Lambert" vgl. vor allem *H. Wereszycki:* Hôtel Lambert i obóz białych przed wybuchem powstania styczniowego, in: PH 50 (1959) S. 514 bis 544.

168 Zur politischen Ausrichtung des berühmten Blattes vgl. *K. Malettke*: Die Beurteilung der Außen- und Innenpolitik Bismarcks . . ., S. 21–24.

169 *KZ* Nr. 45 vom 13. Februar; *Goltz an Bismarck* – 15. II. 1863 – APP III, Nr. 188.

170 Mit einigem Recht ist gesagt worden, daß Palmerston und Russell „could never see in the Left Wing anything more than a fanatical and irresponsible element". Vgl. *R. F. Leslie:* Politics and Economics in Congress Poland, in: PP 8 (1955), S. 43–63, hier S. 60.

171 Auch der großherzoglich-hessische Gesandte glaubte konstatieren zu dürfen, daß bei längerer Dauer der Kämpfe, „tous les partis de l'émigration y participeront. Il ne peut échapper aux Gouvernements que cette nouvelle insurrection diffère essentiellement de celles qui l'ont précédée par son caractère social et démocratique, aussi bien que par la manière dont elle est dirigée." Freilich glaube man an keinen Zusammenhang mit den infolge der Bauernbefreiung in Rußland ausgebrochenen Unruhen. *Grancy an Dalwigk* – 13. II. 1863 – StA Darmstadt, Best. 28b/7. „Die Regierung besitzt Nachrichten aus Russisch-Polen, wonach alle etwas namhaften oder einflußreichen Persönlichkeiten der Bewegung fern blieben, um sich nicht mit der communistischen Partei zu vermengen." *AAZ* Nr. 38 vom 7. Februar. Vgl. zuletzt *S. Kieniewicz:* Les insurrections polonaises du XIXe siècle et le problème de l'aide de la France, Warszawa 1971, S. 9–10.

172 *Goltz an Bismarck* – 16. II. 1863 – APP III, Nr. 191.

wenn es dem Kreis um Władysław Czartoryski gelang, die von der Seine aus vorläufig noch kaum in ihrer wahren Bedeutung einzuschätzenden Ereignisse im Königreich Polen als einen wirklich nationalen Aufstand unter Beteiligung der gesamten Bevölkerung[173] zu erweisen und ihnen den Geruch eines Werkes zahlenmäßig unbedeutender anarchischer Kräfte zu nehmen[174], konnte nach der Meinung des „Hôtel Lambert" mit einer zumindest moralischen Unterstützung der polnischen Sache seitens der Westmächte gerechnet werden[175].

Daher blickte man in Paris auch mit nicht geringer Spannung nach London hinüber und schien angesichts des dort täglich lauter ertönenden Presselärms und der aufsehenerregenden Vorgänge im Oberhaus nur noch auf ein Stichwort von jenseits des Kanals zu warten, um in die zuerst vom radikaldemokratischen Lager und von den Klerikalen initiierte und nun auch in der gouvernementalen Presse mit steigender Erregung geführte Diskussion um die polnische Frage einzugreifen[176]. Während jedoch das Kabinett von St. James über den angesichts des Abschlusses der preußisch-russischen Konvention nunmehr einzuschlagenden Kurs seiner Politik noch unschlüssig war[177] und trotz seiner bereits offen ausgesprochenen Mißbilligung des Abkommens[178] mit seiner Reaktion vorerst noch vorsichtig zurückhielt[179], hatte die kaiserliche Regierung in den Tuilerien ihrerseits schon eine di-

[173] Hierin lag sicher auch ein Hauptgrund für das Eingreifen der „Weißen" in den Aufstand, das von Paris aus ermuntert wurde. Der Kaiser selbst hielt freilich mit einer Stellungnahme zurück. Anders *E. Zechlin:* Bismarck und die Grundlegung der deutschen Großmacht, S. 450–452, der sich auf die Darstellung des Emissärs des „Hôtel Lambert" in Krakau, Stanisław Koźmian, stützt. Dieser aber nennt in der ersten Phase statt des Kaisers lediglich dessen Sekretär Jean François Mocquard, „dessen Feder so oft die Gedanken des Kaisers zum Ausdruck brachte". Vgl. *S. Koźmian:* Das Jahr 1863. Polen und die europäische Diplomatie, Wien 1896, S. 19. Nach demselben Autor soll auch Alexander Walewski, der natürliche Sohn Napoleons I., zur Fortsetzung des Aufstandes geraten haben. Der preußische Gesandte hingegen nannte Walewski „übrigens wirklich gemäßigt". *Goltz an Bismarck* – 26. II. 1863 – GStA Berlin-Dahlem, HA III, Nr. 34. Die jüngste polnische Darstellung nennt die Wendung des „Hôtel Lambert" völlig zutreffend „bisher nicht aufgehellt". Vgl. *S. Kieniewicz:* Powstanie styczniowe, S. 400–401.

[174] Stanisław Koźmian sprach von dem „beklagenswerten Auftrag" zu beweisen, „daß der Aufstand national und nicht revolutionär" sei. Vgl. *S. Koźmian:* Das Jahr 1863, S. 25; vgl. ferner *S. Kieniewicz:* Powstanie styczniowe, S. 399.

[175] Am 12. Februar schrieb die Londoner *„Times"*: „Es ist offenbar, daß das ganze Königreich, Grundbesitzer, Gewerbetreibende, Bauern, kurz, alle Volksclassen, sich im Aufruhr befinden. Wiederum stehen die Priester an der Spitze der Bewegung, woraus ersichtlich ist, daß sie nichts mit den revolutionären Bewegungen West-Europa's gemein hat. Mit einem Worte, es ist eine durch und durch nationale Bewegung." *KZ* Nr. 45 vom 14. Februar.

[176] Zur gleichen Zeit eröffneten radikaldemokratische und liberale Pariser Zeitungen Spendenlisten zugunsten der Aufständischen. Vgl. *S. Bóbr-Tylingo:* Napoléon III, l'Europe et la Pologne, S. 54–55.

[177] Lord Russell neigte offenbar eher zu einer Interventionspolitik an der Seite Frankreichs als der Premierminister. Vgl. *W. E. Mosse:* England and the Polish Insurrection, S. 30–32.

[178] *Bernstorff an Bismarck* – 12. II. 1863 – APP III, Nr. 178.

[179] Vgl. *W. E. Mosse:* The European Powers and the German Question, S. 110–113.

plomatische Offensive eingeleitet, welche sie schließlich zu einer grundlegenden Neuorientierung ihrer Außenpolitik führen sollte[180]. Offenbar schien ihr die unvermutete preußische Initiative nun endlich die Gelegenheit zu bieten, dem Dilemma zu entgehen, sich zwischen den sich täglich entschiedener artikulierenden propolnischen Sympathien in der öffentlichen Meinung des Landes und der ihr bislang mit Rücksicht auf ihr bisheriges Verhältnis zum Russischen Kaiserreich auferlegten Schonung eines langjährigen Partners[181] entscheiden zu müssen[182].

Schon am 15. Februar hatte Drouyn de Lhuys in einer eingehenden Unterredung dem preußischen Gesandten v. d. Goltz gegenüber angedeutet, daß die Fortdauer und die ständig wachsende räumliche Ausdehnung des Aufruhrs im Königreich Polen sowie die zunehmende Empörung der unabhängigen Presse gegen den Akt vom 8. Februar, welcher die ministeriellen Blätter nur mühsam standhielten[183], die kaiserliche Regierung möglicherweise nötigen könnten, aus ihrer bislang sorgsam beobachteten neutralen Haltung herauszutreten[184]. Er erinnerte den Preußen an analoge Stimmungen in der britischen Öffentlichkeit, und wirklich setzten an den folgenden Tagen in Paris wie in London intensive Bemühungen des Quai d'Orsay ein, um die britische Regierung zum gemeinsamen Vorgehen gegen das Berliner Kabinett als den eigentlichen „Henker der polnischen Patrioten"[185] zu mobilisieren[186]. Welchen Motiven des Kaisers und seiner Umgebung diese abrupte Wendung der französischen Politik, die schließlich die Gefahr in sich barg, früher oder später auch zum Bruch des langjährigen Einvernehmens mit dem

[180] Stefan Kieniewicz spricht von einer „volte-face spectaculaire" und einem „brusque renversement de la politique de Napoléon III". Vgl. *S. Kieniewicz:* Les insurrections polonaises, S. 10.

[181] Noch am 5. November 1863 hat Napoleon III. in seiner Thronrede zur Eröffnung der Kammern gesagt, er habe die Sache Polens für sehr populär in Frankreich ansehen müssen, „um kein Bedenken zu tragen, eines der ersten festländischen Bündnisse in Frage zu stellen . . .". Vgl. *Schultheß'* Europäischer Geschichtskalender, Jg. 1863, S. 197–200, hier S. 198; dazu zuletzt *S. Kieniewicz:* Powstanie styczniowe, S. 648–652.

[182] „L'arrangement signé à St. Pétersbourg est venu inopinément donner à cette crise un caractère sur lequel in appartient sans nul doute aux cabinets de prêter un jugement." *Drouyn de Lhuys an Gros (London)* – 21. II. 1863 – zit. bei *K. Malettke:* Die Beurteilung der Außen- und Innenpolitik Bismarcks, S. 74, Anm. 70. Ob freilich der Abschluß der Konvention allein zur Erklärung der Wendung Frankreichs gegen Preußen ausreicht, bezweifelt *S. Kieniewicz:* Les insurrections polonaises, S. 11.

[183] *Goltz an Bismarck* – 15. II. 1863 – APP III, Nr. 188.

[184] Daß die nun einsetzende diplomatische Offensive und die anschwellende Pressekampagne zeitlich genau aufeinander abgestimmt waren, zeigt beispielhaft *K. Malettke:* Die Beurteilung, S. 74–77.

[185] *Goltz an Bismarck* – 16. II. 1863 – APP III, Nr. 191. Goltz fügte die Bemerkung hinzu: „Die gegen die Konvention gerichteten Angriffe der preußischen liberalen Organe, welche im allgemeinen den polnischen Bestrebungen nicht günstig sind, ermutigen die bezeichnete Richtung."

[186] Eine minutiöse Darstellung dieser diplomatischen Vorgänge bietet auf der Basis der britischen Akten *W. E. Mosse:* England and the Polish Insurrection of 1863, S. 29–33.

Russischen Kaiserreich führen zu können[187], letztlich zuzuschreiben ist, liegt trotz intensiver Forschungen in den letzten Jahren immer noch weitgehend im Dunkeln[188].

Während man nämlich auf seiten der polnischen Forschung neuerdings die Auffassung vertreten liest, das kaiserliche Kabinett in Paris habe in seiner Verärgerung über die sozusagen hinter seinem Rücken zwischen den Höfen von Berlin und St. Petersburg abgeschlossene Übereinkunft vom 8. Februar, welche das bisherige beiderseitige Einvernehmen in der Tat empfindlich zu stören drohte[189], kaum „indifférent" bleiben können[190], hat vornehmlich die deutsche Historiographie das „große Rheinprogramm"[191] Napoleons III. seit langem als das Zentralmotiv der französischen diplomatischen Aktivitäten gegen die Konvention Alvensleben ansehen wollen[192]. Gortschakow selbst hingegen hat seinem Befremden über die drohenden Töne aus Paris in einem Schreiben an den kaiserlichen Statthalter in Warschau, den Großfürsten Konstantin, am 26. Februar deutlichen Ausdruck verliehen, indem er vor allem den wachsenden Druck der öffentlichen Meinung auf den Kaiser sowie die im Mai in Frankreich anstehenden Kammerwahlen geltend machte und konstatierte: „La position à Paris est fort tendue et exige des ménagements. Je ne vois pas de motifs politiques sérieuses pour cette tension, car en prenant la plus grossissante des loupes on parviendrait difficilement à faire de l'arrangement Alvensleben un acte de nature à amener autant de trouble à Paris. J'attribue plutôt ce fait: 1. aux soins que Napoléon apporte toujours à consulter l'opinion en France qui se prononce presqu'unanimement en faveur de la Pologne insurgée; a l'approche des élections que le gouvernement espére se rendre favorables en caressant la manie du jour"[193]. Im allgemeinen jedoch scheint der Einfluß der polnischen Frage auf das Resultat der Wahlen vom

[187] Dieses Risiko meinte Drouyn de Lhuys „à l'interêt général" eingehen zu müssen, wie er bereits am 17. Februar den Herzog von Montebello wissen ließ. Zit. bei *W. E. Mosse:* England and the Polish Insurrection, S. 30.

[188] Jüngste Zusammenfassung bei *A. Hillgruber:* Bismarcks Außenpolitik, S. 51.

[189] Vgl. *E. Zechlin:* Die Reichsgründung, S. 99–100.

[190] Vgl. *S. Bóbr-Tylingo:* Napoléon III, l'Europe et la Pologne, S. 33; ihm folgt *S. Kieniewicz:* Powstanie styczniowe, S. 399.

[191] Vgl. *C. Friese:* Rußland und Preußen, S. 310.

[192] Diese These geht zurück auf *H. Oncken:* Die Rheinpolitik Kaiser Napoleons III. von 1863 bis 1870 und der Ursprung des Krieges 1870/71, Bd. 1, Berlin und Leipzig 1926, bes. S. 17–18; dagegen schon *G. Ritter*: Bismarck und die Rheinpolitik Napoleons III., in: Rheinische Vierteljahresblätter 15/16 (1950/51), S. 339–370; ferner *E. Birke*: Frankreich und Ostmitteleuropa im 19. Jahrhundert, Köln-Graz, 1960, S. 198–203.

[193] *Gortschakow an Konstantin* – 14./26. II. 1864 – in: *Korespondencja Namiestników* Królestwa Polskiego styczeń-sierpień 1863 r., Wrocław-Warszawa-Kraków-Gdańsk 1974, Dok.-Nr. 151.

2. Juni gelegentlich doch wohl allzu hoch veranschlagt worden zu sein[194], da sie im Wahlkampf nachweislich keine besondere Rolle spielte[195].

Überhaupt erklären auch die im Vorstehenden genannten Beweggründe, deren jeder – wenn auch gewiß mit verschieden starker Intensität – auf die Entschlüsse des kaiserlichen Kabinetts eingewirkt haben dürfte, die Stoßrichtung der französischen Aktion gegen den preußischen „Juniorpartner" der ominösen Alvenslebenschen Konvention noch keineswegs hinreichend[196]. Anscheinend gehörte auch diese unvermutete Offensive Napoleons III. gegen den Berliner Hof, mit dem ihn immerhin seit dem Vorjahr ein gegen den teilweise erbitterten Widerstand der meisten deutschen Bundesstaaten abgeschlossener Handelsvertrag verband[197], zum charakteristischen Stil einer Außenpolitik, die bei vielen europäischen Staatsmännern und Diplomaten jener Tage nicht ohne jede Berechtigung als improvisierend, sprunghaft und unberechenbar eingeschätzt wurde[198]. Auch Bismarck hatte bekanntlich schon früher bezweifelt, ob das politische Handeln der „Sphinx" in den Tuilerien tatsächlich auf einer langfristigen Konzeption basierte[199], und hielt auch im Verlauf des Jahres 1863 im Gegensatz zu manchem seiner deutschen Kol-

194 Diese These verficht z. B. *I. Koberdowa:* Polityka czartoryszczyzny w okresie powstania styczniowego, Warszawa 1957; *dies.:* Wielki Książę Konstanty, S. 151; skeptischer hingegen *S. Kieniewicz:* Les insurrections polonaises, S. 10.

195 „On se gardera donc pendant la durée de la lutte électorale d'agitation la brulante question de Pologne dans le sens d'une solution impossible autrement que par les armes", meldete der badische Gesandte aus Paris. *Schweitzer an Roggenbach* – 15. V. 1863 – GLA Karlsruhe, Best. 48/3010.

196 Goltz fügte als weiteren Grund hinzu: „Endlich läßt sich durch die polnische Frage äußerst wohlfeil eine scheinbar liberale und daher populäre Solidarität mit England wiederherstellen." *Goltz an Bismarck* – 16. II. 1863 – APP III, Nr. 191. Zusammenfassende Darstellungen verzichten in der Regel darauf, den Motiven der französischen Politik nachzugehen. Vgl. *S. Kieniewicz:* Poland under Foreign Rule (1795–1918). The Period of the January Insurrection (1850–1864), in: History of Poland, Warszawa 1968, S. 508–527, hier S. 521, wo es lakonisch heißt: „Napoleon III intervened with the obvious design to exploit the situation against Prussia." Ähnlich *E. Zechlin:* Die Reichsgründung, S. 100.

197 Vgl. *H. Böhme:* Verfassungskonflikt und Handelspolitik: Die Frage der Kontinuität im Jahre 1862, in: Probleme der Reichsgründungszeit 1848–1879, hrsg. von *H. Böhme,* Köln-Berlin 1968, S. 195–225.

198 Eindringliche Charakteristik bei *F. Valsecchi:* Das Zeitalter Napoleons III. und Bismarcks 1854–1878, in: Historia Mundi, Bd. 10 (= Das 19. und 20. Jahrhundert), Bern und München 1961, S. 53–92, hier S. 59–61, wobei die Frage bleibt, ob in den Ereignissen des Jahres 1863 die vom Autor nach den Auffassungen des österreichischen Botschafters und Vorgängers des Fürsten Metternich in Paris übernommene Ansicht einer „beharrlich eingehaltenen Linie" der napoleonischen Politik zu halten ist. Vgl. ferner *W. Näf:* Die Epochen der neueren Geschichte, Bd. 2, 3. Aufl. München 1970, S. 242–247.

199 Die „klassische" Beurteilung Bismarcks von der Bedeutung Frankreichs für die preußische Politik, der er die Abkehr von einer gegen die „Revolution" gerichteten Außenpolitik und ein engeres Einvernehmen mit Napoleon III. dringend nahelegt, findet sich in zwei Briefen an Leopold von Gerlach vom 2. und 30. Mai 1857. Vgl. *H. Rothfels:* Bismarck und der Staat. Ausgewählte Dokumente, 2. Aufl. Stuttgart 1953, S. 99–111; dazu ferner *H. Geuss:* Bismarck und Napoleon III., Köln-Graz 1959, bes. S. 9–76.

legen an seinem Urteil fest[200]. – So ist denn auch der gelegentlich anzutreffenden Ansicht, Napoleon habe Preußen nur einschüchtern und es den französischen Wünschen, die sich nach weitverbreiteter Meinung deutscher Zeitgenossen von jeher auf den Rhein richteten[201], gefügig machen wollen[202], ohne für den Augenblick ernstlich an einen bewaffneten Konflikt zu denken[203], mit berechtigter Skepsis entgegengetreten worden[204].

Man wird zudem bei einer Beurteilung der Aktivitäten des Pariser Kabinetts die durchaus divergierenden außenpolitischen Konzeptionen der französischen Regierungsspitze in Rechnung stellen müssen, in welcher einige Minister sehr entschieden gegen eine Neuorientierung der kaiserlichen Politik nach dem Abschluß der russisch-preußischen Konvention vom 8. Februar opponierten[205], während der Prinz Napoleon und auch die Kaiserin den Herrscher unausgesetzt in polenfreundlichem Sinn zu beeinflussen suchten[206]. Der preußische Gesandte schilderte die gegensätzlichen Strömungen in der unmittelbaren Umgebung des Kaisers seinem Vorgesetzten in einem eigenhändigen Privatbrief vom 26. Februar in gedrängter Form folgendermaßen: „Der Kaiser hat Morny gegenüber (der gut ist) über Prinz Napoleon geklagt, der ihn so sehr zur Action dränge, daß er sich seiner nicht mehr zu erwehren wisse. Andere wollen behaupten, der Kaiser sei selbst der schlimmste. Ich glaube, er schwankt. Ebenso variiren die Angaben über Drouyn de Lhuys. Budberg hält ihn für sehr böswillig und falsch. Ich glaube, er klebt nur am Amt, will es daher mit der Kaiserin und Walewski (der wirklich gemäßigt ist) nicht verder-

[200] Als der sächsische Ministerpräsident Graf Beust dem preußischen Gesandten auseinandersetzte, Napoleon wisse genau, „was er will", und leider sei die Lage für ihn günstig, trat Bismarck dieser Anschauung mit einem „schwerlich!" entgegen. *Rantzau (Dresden) an Bismarck* – 24. IV. 1863 – GStA Berlin-Dahlem, HA III, Nr. 762. Ähnlich äußerte er sich im Gespräch mit dem württembergischen Gesandten. *Linden an Hügel* – 24. III. 1863 – HStA Stuttgart, Best. E 73/61/Bl. 10–11.

[201] Vgl. *R. Buchner:* Die deutsch-französische Tragödie 1848–1864, Würzburg 1965, S. 42.

[202] Vgl. *E. Zechlin:* Die Reichsgründung, S. 100.

[203] *Cowley an Russell* – 20. II. 1863 – Zit. bei *W. E. Mosse:* The European Powers, S. 111.

[204] Heinrich *Euler* hat mit Recht davor gewarnt, die Bedeutung Preußens, „dem die persönliche Sympathie Napoleons III. gehörte", zu gering zu veranschlagen. Vgl. HZ 203 (1966) S. 142–144.

[205] Es sei kein Geheimnis, meinte der Pariser Korrespondent der „Neuen Preußischen Zeitung", daß Drouyn de Lhuys, „welcher überhaupt antipreußisch ist", für die Polen und für Österreich Partei ergreife, „um den Riß zwischen Preußen und Österreich zu vergrößern"; hingegen habe der Minister des Innern, Graf Persigny, sich im Ministerrat standhaft geweigert, „dem Vorschlage einer diplomatischen Intervention in Berlin und St. Petersburg seine Zustimmung zu geben". Schließlich könne Frankreich, „welches die Verträge von 1815 zerrissen habe", sich nun doch schlecht auf dieselben Verträge berufen. „Im Grunde sympathisiert Louis Napoleon durchaus mit Preußen und Rußland; das geht aber natürlich nicht so weit, daß er geneigt wäre, ihnen seine eigenen Interessen zu opfern." *NPZ* Nr. 47 vom 25. Februar.

[206] Vgl. *E. Birke:* Frankreich und Ostmitteleuropa, S. 198–203.

ben, sich Plon-Plon und Gemahlin reconciliiren, und er sitzt außerdem noch ganz in den veralteten Krimkrieg-Pfaden"[207].

Jedenfalls erweckte das Vorgehen der Tuilerien nicht nur bei ausländischen Beobachtern in Paris in der seit dem 15. Februar einsetzenden Phase hektischer diplomatischer Aktivitäten weit weniger den Eindruck zielgerichteter Geradlinigkeit als denjenigen einer gewissen Irritation und Unentschlossenheit über die angesichts der nunmehr eingetretenen Lage zu treffenden Entscheidungen[208]. Selbst der Herzog von Montebello, welcher sein Land an der Newa vertrat, zeigte sich von der neuen Richtung in der Rußlandpolitik seines Hofes auf das Unangenehmste überrascht und bat daher seinen Vorgesetzten telegraphisch dringend um abschwächende Modifikationen der bereits am 17. Februar im Außenministerium ausgefertigten Weisung, der Botschafter möge der russischen Regierung „une politique de réparation et de progrès" empfehlen, „et à le pressentir sur les concessions qu'il serait disposé à faire à l'interêt général"[209], da er (Montebello) andernfalls befürchten müsse, „qu'il produira ici un effet de nature à compromettre sérieusement nos relations"[210]. Drouyn de Lhuys sah dann freilich keine Veranlassung, dem Ersuchen des kaiserlichen Vertreters am Zarenhof stattzugeben[211].

Diese Reaktion des bestürzten Montebello auf die unerwartete und ihm unverständliche Initiative seiner Regierung scheint bezeichnend für die anfängliche Unsicherheit der Ziele und die Undurchsichtigkeit der Motive der einander widerstreitenden Gruppierungen innerhalb des kaiserlichen Kabinetts zu sein, aus welchen vermutlich auch die im Verlauf dieser Februartage nach allen Richtungen mit offenkundiger Eile vorangetriebenen Sondierungen und auf den verschiedensten Eben gepflogenen Unterredungen resultierten[212].

Schon zwei Tage nach seinem Gespräch mit dem preußischen Gesandten, in welchem der französische Außenminister zum erstenmal gegen die in seinen Augen verfehlte Politik des Berliner Kabinetts vorsichtigen Einspruch erhoben hatte[213], ließ Drouyn de Lhuys nun auch den russischen Botschafter, Baron Budberg, wissen, daß die durch die unselige Rekrutenaushebung ausgelösten blutigen Ereignisse im Königreich Polen die französische Öffentlichkeit seit einigen Tagen in Erregung versetzt hätten und seine Regierung infolgedessen die drohende Möglichkeit einer erheblichen Belastung des bisherigen freundschaftlichen Verhältnis-

207 *Goltz an Bismarck* – 26. II. 1863 – GStA Berlin-Dahlem, HA III, Best. Nr. 34.

208 Noch am 16. Februar hatte Napoleon keine Entscheidung getroffen. Vgl. *S. Kieniewicz:* Powstanie styczniowe, S. 401.

209 Vgl. *F. Charles-Roux:* Alexandre II, Gortchakoff et Napoléon III, Paris 1913, S. 337.

210 *Montebello an Drouyn de Lhuys* – 28. II. 1863 – Ebda., S. 337.

211 Vgl. *W. E. Mosse:* England and the Polish Insurrection, S. 32.

212 Guter Überblick bei *H. Scheidt:* Konvention Alvensleben und Interventionspolitik der Mächte in der polnischen Frage 1863, Würzburg 1937, S. 40–43.

213 *Goltz an Bismarck* – 15. II. 1863 – APP III, Nr. 188, und *ders. an dens.* – 16. II. 1863 – APP III, Nr. 191, bes. S. 254.

ses zwischen den beiden kaiserlichen Höfen nicht länger ausschließen könne, falls man sich an der Newa nicht umgehend zu Zugeständnissen an die polnischen Untertanen des Russischen Reiches im Sinne der in den Wiener Verträgen niedergelegten Stipulationen bereitfinden sollte[214].

Zumindest für die Anfangsphase dieser Aktivitäten der französischen Diplomatie wird man demnach in gewissem Gegensatz zur bisherigen Auffassung[215] nicht ohne Einschränkungen weiterhin annehmen dürfen, die kaiserliche Regierung habe unter größtmöglicher Schonung Rußlands als eines potentiellen Partners zukünftiger französischer Orientpolitik ihr Vorgehen von Beginn an ausschließlich gegen Preußen gerichtet[216]. Es ist vielmehr nicht gänzlich ausgeschlossen, daß vor allem erst die nahezu einmütige Verurteilung der preußischen Annäherung an das Russische Reich auf Kosten der polnischen Unabhängigkeitsbestrebungen durch die deutsche öffentliche Meinung innerhalb und außerhalb der Monarchie[217] die Stoßrichtung der in den Tuilerien betriebenen Politik gegen den Berliner Hof gewendet hat[218].

Am Tage seiner Unterredung mit Baron Budberg tadelte Drouyn de Lhuys außerdem in einer Depesche an den kaiserlichen Botschafter in Berlin, Baron Talleyrand, die preußische Handlungsweise ganz entschieden, da sie sich völlig unmotiviert, „d'une manière plus ou moins directe" in eine innerrussische Angelegenheit eingemischt und damit nicht allein „la responsabilité des mesures de répression adoptées par la Russie" auf sich geladen, sondern dazu noch „l'idée d'une solidarité entre les différentes populations de l'ancienne Pologne" zu neuem Leben erweckt habe. Auf diese Weise könne aus dem ganz und gar nur lokalen Widerstand gegen die Rekrutierungsmaßnahmen der russischen Regierung sehr leicht eine „insurrection véritablement nationale" entstehen – eine Auffassung, welche in der französischen Argumentation der folgenden Wochen und Monate eine nicht zu unterschätzende Rolle spielen sollte[219].

Bereits im Laufe des folgenden Tages nämlich erläuterte Drouyn de Lhuys dem Duc de Montebello nochmals die französische Politik gegenüber dem Russischen Reich angesichts der in Polen ausgebrochenen und noch immer unvermin-

214 Vgl. *W. E. Mosse:* England and the Polish Insurrection, S. 30.

215 Z. B. *W. Bußmann:* Das Zeitalter Bismarcks, S. 72; *A. Hillgruber:* Bismarcks Außenpolitik, S. 51; *E. Zechlin:* Die Reichsgründung, S. 100.

216 Vgl. *E. Birke:* Frankreich und Ostmitteleuropa, S. 198.

217 Immer noch maßgebend *O. Nirrnheim:* Das erste Jahr des Ministeriums Bismarck und die öffentliche Meinung, Heidelberg 1908, S. 316–337.

218 Nach Auffassung des kurfürstlich-hessischen Gesandten in Paris entlehnte die Pariser Presse ihre Argumente größtenteils der deutschen liberalen Publizistik, „welche, wie gewöhnlich, auch hier wieder eine Bundesgenossin der Revolution repräsentiert". *Trott an Kurfürst Friedrich Wilhelm* – 18. II. 1863 – StA Marburg, Best. 9a/193/Bl. 16–19; *Goltz an Bismarck* – 19. II. 1863 – in: *O. Graf zu Stolberg-Wernigerode:* Robert Heinrich Graf von der Goltz, Dok.-Nr. 15, S. 312–314; vgl. ferner *E. Zechlin*: Bismarck und die Grundlegung der deutschen Großmacht, S. 458–459.

219 *Drouyn de Lhuys an Talleyrand* – 17. II. 1863 – APP III, Nr. 197.

dert andauernden Unruhen. Nach der einleitenden Beteuerung, daß die kaiserliche Regierung es in der Vergangenheit niemals unterlassen habe, auf die erregten Gemüter im eigenen Lande und in Polen beruhigend einzuwirken, und sich in ihrem Verhältnis zum russischen Hof stets von „sentiments d'estime et d'amitié" habe leiten lassen, erklärte der Minister des Auswärtigen mit Nachdruck, daß die polnische Frage, die seit jeher namentlich in Frankreich mit großer Anteilnahme verfolgt werde, über alle Parteigrenzen hinweg lebhafte Sympathien geweckt habe; „le langage des défenseures le plus zélés des idées monarchiques et religieuses ne diffère que par des nuances de celui des organes la plus avancés de la démocratie". Auf diese einmütigen Gefühle des Landes habe die kaiserliche Regierung, die sich im übrigen nach wie vor dem freundschaftlichen Charakter ihrer Beziehungen zum Kabinett in St. Petersburg verpflichtet wisse und „des tendances anarchiques et révolutionnaires" auf das Entschiedenste verurteilen müsse, Rücksicht zu nehmen. Er hoffe daher trotz der beklagenswerten kriegerischen Auseinandersetzungen im Königreich Polen dringend auf eine Fortsetzung der von Kaiser Alexander II. inaugurierten Reformpolitik und bitte aus diesem Grunde den Herzog nachdrücklich, bei Fürst Gortschakow in diesem Sinne vorstellig zu werden[220].

Am 20. Februar griff dann der Kaiser persönlich mit einem vertraulichen Schreiben an seinen Petersburger Botschafter, dessen an den Großfürsten Konstantin nach Warschau mitgeteilte Abschrift die Warschauer Historikerin Irena Koberdowa vor noch nicht allzu langer Zeit aus dem Moskauer Historischen Zentralarchiv[221] zutage gefördert hat, in die anlaufende Diskussion ein[222]. Niemandem könne, so beteuerte der Kaiser dem Duc de Montebello gegenüber, die Ruhe Polens mehr als ihm am Herzen liegen, habe er doch seit langem schon befürchtet, daß einzig und allein das polnische Problem dereinst die französisch-russische „alliance" würde beeinträchtigen können. Bereits anläßlich der Kaiserentrevue von Stuttgart habe er diese leidige Frage dem Zaren gegenüber angeschnitten, ohne daß sich freilich Kaiser Alexander auf ihre Erörterung eingelassen hätte. Er habe nun Baron Budberg wiederum ausdrücklich versichert, daß er die Anhänger der Umsturzpartei im Königreich Polen, welche sogar den Meuchelmord als politisches Mittel einzusetzen sich nicht scheuten, nur als „ennemies communs de tous les trônes et de toutes les sociétés" anzusehen vermöchte. Da nun aber die Insurrektion in Polen offenbar einen nationalen Charakter angenommen habe, müsse er gerade auch im wohlverstandenen Interesse des Kaisers von Rußland dringend wünschen, „que ce pays si malheureux depuis tant d'années puisse recevoir quelqu'adoucissement". Denn dieser Herrscher, so fuhr Napoleon fort, dem er stets mit Gefühlen aufrichtiger Freundschaft und Hochachtung be-

220 *Drouyn de Lhuys an Montebello* – 18. II. 1863 – in: *K. Aegidi-A. Klauhold:* Das Staatsarchiv, Nr. 593.

221 Die offizielle Bezeichnung lautet: Central'nyj Gosudarstvennyj Istoričeskij Archiv, Moskva (CGIAM).

222 Dieses höchst wichtige Dokument ist abgedruckt bei *I. Koberdowa:* Wielki Książę Konstanty w Warszawie, Warszawa 1962, S. 274–275.

gegnet sei, werde sein moralisches Prestige und seinen Einfluß in Europa erheblich verstärken können, falls er die von ihm bislang nur angedeutete Absicht verwirklichen sollte, „ de rétablir de Royaume de Pologne tel que les Traités de 1815 l'on reconnu"[223].

Somit stellte sich also auch der Kaiser der Franzosen in diesem bemerkenswerten Schreiben augenscheinlich ganz auf den Rechtsboden der Wiener Verträge, den vor allem die britische Regierung stets als international bindendes Fundament der europäischen Rechtsordnung angesehen und demgemäß ihrer auswärtigen Politik auch im Falle Polens zugrunde gelegt hatte, so daß es Lord Russell dem kaiserlichen Botschafter in London, Baron Gros, gegenüber nicht schwerfallen konnte, eine völlige Übereinstimmung in den Auffassungen beider Höfe zur möglichen Lösung der krisenhaften Situation in Polen zu konstatieren[224].

Hatte es demnach den Anschein, als ob sich auf der Grundlage der Verträge von 1815 die tragfähige Basis einer gemeinsamen Politik zwischen Paris und London würde herstellen lassen[225] – wobei die Initiative unzweifelhaft von französischer Seite ausging[226] –, so scheiterten diese an sich erfolgversprechenden Kontakte doch schon sehr rasch am tief eingewurzelten Mißtrauen des Kabinetts von St. James, vor allem aber des Premierministers und der Königin Viktoria selbst, die beide nach den Erfahrungen ihres Landes mit seinem Verbündeten im Krimkrieg und nach der Annexion Nizzas und Savoyens im Jahre 1859 hinter den so ostentativ vorgetragenen Propositionen der Tuilerien weitergehende Absichten der französischen Politik befürchteten[227].

Am selben Tage nämlich, an welchem der Kaiser sein soeben ausführlich charakterisiertes Schreiben nach Petersburg abgehen ließ, nahm er ein Memorandum seines Neffen entgegen, welches bei seiner Verwirklichung in der Tat den völligen Umsturz der europäischen Staatenwelt nach sich ziehen und die französische Hegemonie auf dem Kontinent aufrichten mußte[228]. Dieses namentlich in der

223 Die Berufung Frankreichs auf die Verträge von 1815 ist sogar als Beweis dafür gewertet worden, daß man in Paris nur mit Widerwillen in die polnischen Angelegenheiten eingegriffen habe. Vgl. *S. Bóbr-Tylingo:* Napoléon III, l'Europe et la Pologne, S. 31.

224 Vgl. *W. E. Mosse:* England and the Polish Insurrection, S. 31; *ders.:* The European Powers and the German Question, S. 112.

225 Dem russischen Botschafter gegenüber hatte Russell freilich noch am 20. Februar geäußert, daß an ein Zusammengehen seines Kabinetts mit Frankreich nicht gedacht sei. *Bernstorff an Bismarck* – 20. II. 1863 – APP III, Nr. 204.

226 Diese Tatsache betont gegen die ältere Auffassung von Henryk Wereszycki *W. E. Mosse:* England and the Polish Insurrection, S. 30–31.

227 Nach Auffassung Erich Eycks war die Haltung der Queen „vorwiegend durch Sentimentalität und Familiensinn ... bestimmt". Zwar wird man das Vorhandensein solcher gefühlsmäßiger Elemente durchaus vermuten dürfen, doch hätte man sich doch Belege für diese Ansicht gewünscht. Vgl. *E. Eyck:* Bismarck. Leben und Werk, Bd. I, Zürich 1941, S. 483.

228 Vgl. *E. d'Hauterive:* Napoléon III et le Prince Napoléon. Correspondence inédite, Paris 1925, S. 353–365; nochmals gekürzt abgedruckt bei *K. Malettke:* Die Beurteilung der Außen- und Innenpolitik Bismarcks ..., S. 234–236.

deutschen Historiographie seit jeher heftig diskutierte Dokument, das gleichwohl ebenso wenig wie die Eröffnungen der Kaiserin gegenüber dem österreichischen Botschafter am folgenden Tage[229] im Verlauf der polnischen Krise die offzielle Politik der Tuilerien bestimmen sollte[230], begann mit der lapidaren Maxime: „Le rétablissement de la Pologne est un axiome de notre politique“, und trennte innerhalb der „nationalité slave“ sogleich eine „forme polonaise et européenne“ von ihrem Gegenstück, der „forme russe et asiatique“[231]. Deutschland, so fuhr der „rote Prinz“ fort, sei nach dem Verlust seiner „appendices slaves“ in seiner beengten Lage zwischen Frankreich und seinem polnischen Nachbarn im Osten keine ernst zu nehmende Macht mehr und überdies den Polen fast noch verhaßter als deren russischer Unterdrücker. Frankreich hingegen gewinne im Polentum „un allié ambitieux, guerrier, héroique, toujours sous la main de la France“, das zudem als ein ewig unruhiges Element für die drei nordischen Mächte „la rôle dissolvant“ spiele[232].

Den großen territorialen Umschichtungsplan des Prinzen Napoleon und seiner Umgebung, der sich angesichts der in Europa herrschenden Machtverhältnisse ohne einen revolutionären Krieg, von dem z. B. Karl Marx im Londoner Exil träumte[233], schwerlich hätte realisieren lassen, in aller Ausführlichkeit zu charakterisieren, dürfte sich an dieser Stelle erübrigen, zumal seine innere Widersprüchlichkeit und Brüchigkeit bereits wiederholt mehr oder minder eindrucksvoll aufgezeigt worden sind[234]. Er zeigte jedoch trotz aller seiner phantastischen Züge doch einigermaßen deutlich, wie sich bestimmte Kräfte innerhalb der französischen

[229] Aus der reichen Literatur seien vor allem genannt *A. Stern:* L'insurrection polonaise et l'Impératrice Eugénie, in: RH 137 (1921) S. 66–73; *H. Oncken:* Die Rheinpolitik Napoleons III. von 1863 bis 1870, Stuttgart, Berlin und Leipzig 1926, bes. S. 16–18; ihm folgend *C. Friese:* Rußland und Preußen, S. 310–312; gegen Oncken abschwächend *H. Salomon:* L'Ambassade de Prince Richard de Metternich à Paris, Paris 1931, S. 80; dagegen wieder *H. Scheidt:* Konvention Alvensleben und Interventionspolitik der Mächte, S. 40–43; neuerdings *A. Hillgruber:* Bismarcks Außenpolitik, S. 51–52; *E. Zechlin:* Die Reichsgründung, S. 100.

[230] Bezeichnenderweise hat das Projekt des Prinzen Napoleon seine Faszination auf die exilpolnische Literatur bisher nicht eingebüßt; vgl. dazu die höchst aufschlußreichen Folgerungen bei *S. Bóbr-Tylingo:* Napoléon III, l'Europe et la Pologne, S. 288–294.

[231] Dieses Vokabular dürfte mit einiger Sicherheit aus den radikaldemokratischen Kreisen um Mierosławski und Wysocki stammen, die dem Palais Royal nahestanden. Vgl. z. B. die Aufrufe Mierosławskis, dt. bei *E. Knorr:* Die polnischen Aufstände seit 1830 in ihrem Zusammenhang mit den internationalen Umsturzbestrebungen, Berlin 1880, passim.

[232] Zur sog. „französischen Orientierung“, die hier sozusagen ihr Gegenbild findet, vgl. *G. Rhode:* Polens Teilung und Wiedervereinigung im 19. und 20. Jahrhundert, in: Teilung und Wiedervereinigung, S. 38–60, bes. 45–47.

[233] Für den Versuch, die „Wissenschaftlichkeit“ der Marx'schen Utopien zu erweisen, bezeichnend *C. Bobińska:* Marx und Engels über polnische Probleme, Berlin (Ost-) 1958, S. 183–243.

[234] Vgl. vor allem *E. Birke:* Frankreich und Ostmitteleuropa, S. 196–203, dazu die unter Anm. 228 genannten Arbeiten!

Politik das von ihr auch in diesem Fall einmal mehr beschworene „Nationalitätenprinzip" zunutze zu machen suchten, um für Frankreich selbst territorialen Gewinn einstreichen zu können[235].

Polen, um das es in erster Linie ging, sollte nach den Vorstellungen dieses Memorandums im gesamten Umfang der früheren Adelsrepublik auf die europäische Landkarte zurückkehren, wozu außer dem Russischen Reich, welches neben dem Königreich Polen auch die sogenannten „Westprovinzen" restituieren müsse, die beiden deutschen Vormächte ebenfalls ihren Besitz an ehemals polnischem Territorium beizusteuern hätten. Österreich werde übrigens außer seinem Kronland Galizien, das dem künftigen Polen zufallen müsse, dazu noch Venetien an Italien abzutreten haben. Zwar werde man – so führte der Prinz weiter aus – die Donaumonarchie für ihre Verluste selbstverständlich reichlich entschädigen müssen, doch werde dies leicht auf Kosten der übrigen deutschen Bundesstaaten geschehen können, wobei dann allerdings die beiden Königreiche Bayern und auch Sachsen als „Etats sécondaires" aus dem Kreise der europäischen Staaten würden ausscheiden müssen. „Ce prix, d'ailleurs, ce n'est pas la France qui le payera, c'est l'Allemagne". Schließlich sei es für die Machtstellung Frankreichs durchaus kein Nachteil, wenn sich zuletzt nur noch Preußen und Österreicher in das deutsche Gebiet teilten: „Quand il n'y aura plus sur le sol germanique que des Autrichiens et des Prussiens, l'idée de l'unité de l'Allemagne sera morte".

Für die deutschen Mittel- und Kleinstaaten hätte die Realisierung eines derartigen Entwurfs mithin schon in absehbarer Zukunft das Ende ihrer staatlichen Existenz bedeutet. Ihr ängstliches Mißtrauen angesichts der für sie weitgehend undurchsichtigen Vorgänge in Paris war deswegen mehr als berechtigt, wenn sie auch die politische Tragweite derartiger Pläne aus dem Palais Royal, die bald auch in der „Opinion nationale" offen diskutiert werden sollten[236], selbstverständlich nicht ermessen konnten. Darüber hinaus waren das Großherzogtum Hessen und Bayern neben Preußen noch dazu insofern direkt betroffen, als sich Frankreich nach diesen Vorstellungen deren Besitz auf dem linken Rheinufer demnächst inkorporieren sollte, während Belgien mit Rücksicht auf seinen britischen Protektor in seiner territorialen Integrität unangetastet bleiben würde.

Nun wird man den politischen Stellenwert dieses Dokuments, anders als dies bisweilen in der leidenschaftlich geführten und oft auch zeitgebundenen Diskus-

[235] Für Hermann Oncken ist der „Erwerb des linken Rheinufers ... das zentrale Motiv" der napoleonischen Politik. Vgl. *H. Oncken:* Die Rheinpolitik Napoleons III., S. 3, 5, 7 und 12! Ihm ist die Forschung lange gefolgt. Mit Recht ist neuerdings gesagt worden, man müsse es dahingestellt sein lassen, ob sich solche Pläne mit den Zielvorstellungen des Kaisers deckten. Vgl. *A. Hillgruber:* Bismarcks Außenpolitik, S. 51.

[236] Vgl. *K. Malettke:* Die Beurteilung der Außen- und Innenpolitik Bismarcks, S. 70–71, vor allem Anm. 61, welche die Beziehungen zwischen dem Prinzen Napoleon und der „Opinion nationale" besonders heraushebt.

sion früherer Tage geschah[237], nicht überschätzen wollen, und auch der kaiserliche Empfänger der Denkschrift mahnte den Prinzen, in einer Phase diplomatischer Aktivitäten, die Vorsicht und Geduld dringend nahelegten, sich nicht zu deklamatorischen Aktionen hinreißen zu lassen, und sprach in seiner Antwort auf die Ausführungen des Neffen von einem „Traum“, räumte aber immerhin ein, daß dieser Traum eines Tages in Erfüllung gehen könnte[238]. Der Schlüssel zu seiner Realisierung aber konnte nach der in den Tuilerien wachsenden Überzeugung allein in Wien liegen.

Nachdem der preußische Gesandte v. d. Goltz nämlich am Abend des 19. Februar die telegraphische Weisung seines Regierungschefs erhalten hatte[239], dem Kaiser den Text der Petersburger Übereinkunft vertraulich mitzuteilen[240], entnahm er während der ihm am nächsten Tag gewährten Audienz den ausführlichen Darlegungen seines kaiserlichen Gesprächspartners auf seine Bemühungen, die Tragweite der Konvention möglichst abzuschwächen[241], bestimmte Passagen, welche eine mögliche Schwenkung Frankreichs auf die Seite Österreichs zu signalisieren schienen[242]. Zunächst sprach Napoleon seinem Besucher das ausdrückliche Bedauern seiner Regierung über Abschluß und Inhalt der Abmachung vom 8. Februar aus und fuhr dann fort, er habe schon als Präsident der Republik stets den aufrichtigen Wunsch gehegt, in intime Beziehungen zu Preußen zu treten, da es in seinen Augen seit jeher die Ideen des Fortschritts und des Liberalismus verkörpert habe, „principes qui sont ceux de la France“. Seit einiger Zeit aber sei offenbar Österreich als Repräsentant besagter Ideen an die Stelle Preußens getreten, wie dies sein augenblickliches Verhalten in der polnischen Frage, in welcher es sich im Gegensatz zum Berliner Hof lobenswerter und kluger Zurückhaltung befleißige, zur Genüge bezeuge. Darauf wiederholte er seine schon in dem im Vorstehenden ausführlich behandelten Schreiben an Montebello vom Vortage geäußerte Auffassung, daß eigentlich allein das polnische Problem seit dem Ende des Krimkrieges seine guten Beziehungen zum Russischen Reich immer wieder gestört habe, und äußerte wiederholt seine Überzeugung, daß man die Ereignisse in Polen nicht länger als ein Werk Mazzinis ansehen dürfe, sondern daß hier eine Nation den eindeutigen Beweis erbringe, „qu'elle n'est pas encore mort“.

Allen wohlerwogenen Einwänden des Grafen v. d. Goltz begegnete der Kaiser immer wieder mit Ausdrücken des tiefen Bedauerns über den Abschluß einer Ver-

237 Dies gilt besonders seit dem Angriff Hermann Onckens gegen Alfred Stern. Vgl. *H. Oncken:* Die Rheinpolitik Napoleons III. S. 3, Anm. 1!

238 Die Antwort des Kaisers im Wortlaut bei *K. Malettke:* Beurteilung, S. 236–237.

239 *Bismarck an Goltz* – 19. II. 1863 – APP III, Nr. 202.

240 Bismarck hoffte, daß Napoleon für einen solchen Vertrauensbeweis dankbar sein würde. Vgl. *E. Zechlin:* Bismarck und die Grundlegung der deutschen Großmacht, S. 461, Anm. 2!

241 Nach dem Empfang des Textes schrieb Goltz erleichtert, ihr Inhalt gebe ihm „vollständig die Möglichkeit, die Tragweite abzuschwächen“. *Goltz an Bismarck* – 19. II. 1863 – in: *O. Graf zu Stolberg-Wernigerode:* Robert Heinrich Graf von der Goltz, Dok.-Nr. 15.

242 *Goltz an König Wilhelm* – 20. II. 1863 – APP III, Nr. 206.

einbarung, deren außenpolitische Tragweite ihren praktischen Nutzen bei weitem übertreffe – eine Bemerkung, welche Bismarck mit der vielzitierten Marginalie kommentierte: „die portée hat er nicht verstanden. Die Konvention war eine Niederlage für Gortschakows feindliche Politik, innerhalb des russischen Kabinetts; der Kaiser verwarf damit die panslawistische Polenfreundlichkeit Gortschakows und des Großfürsten Konstantin“[243].

Trotzdem ließ Napoleon im Laufe seiner Ausführungen wiederholt den Gedanken einfließen, daß seine Sympathien im Grunde weit eher Preußen als Österreich gehörten, und erklärte schließlich sogar, es hätte ihn gleichgültig gelassen, falls die Habsburgermonarchie eine Übereinkunft ähnlich derjenigen zwischen Preußen und Rußland abgeschlossen hätte: „C'est parceque c'est la Prusse qui a conclue cette convention que je la regrette“. Goltz jedoch verließ trotz dieser Beteuerungen des Kaisers die mehr als einstündige Audienz in dem unguten Gefühl, „daß der Kaiser Böses im Schilde führe“[244], und schloß seinen Bericht mit den besorgten Worten: „La popularité de la cause polonaise, nos divisions intérieures, notre isolement en Allemagne et de l'Autriche, toutes ces circonstances réunis pourront encourager l'Empereur des Francais à sortir du rôle passif qu'il s'était imposé jusqu'ici“[245].

Die Befürchtungen des preußischen Diplomaten sollten sich unverhofft rasch bestätigen, als am nächsten Morgen an der Spitze des offiziösen „Constitutionnel“ ein Leitartikel erschien, „der ungeheures Aufsehen macht“[246]. Paul Limayrac, der sich noch Ende Januar gegen die polnischen Aufständischen, die mit Meuchelmord begonnen und sich dann dem „Communismus“ in die Arme geworfen hätten[247], in so ausgesprochen wegwerfender Weise geäußert hatte, verkündete nun, man habe anfangs den Aufstand als ein Ereignis der inneren Politik Rußlands ansehen können, durch seine Einmischung aber habe ihn Preußen in den Rang einer europäischen Frage erhoben. Es habe einen großen Fehler begangen, als es zwischen sich und Rußland eine Solidarität herzustellen versucht habe, die gar nicht mehr bestehe. Frankreich hingegen habe in seiner großen politischen Zurückhaltung ein Beispiel gegeben und seinen lebhaften Gefühlen Gewalt angetan, „auch nur mit

[243] Ebda. S. 277. Bekanntlich hat Bismarck an dieser Auffassung noch in seinen Memoiren festgehalten. Das Kapitel 4 schließt mit dem Satz: „Die Konvention war ein gelungener Schachzug, der die Partie entschied, die innerhalb des russischen Kabinetts der antipolnische monarchische und der polonisierende panslawistische Einfluß gegen einander spielten.“ Vgl. *Erinnerung und Gedanke*, GW 15, S. 216. Dazu die höchst kritischen Bemerkungen bei *E. Eyck:* Bismarck und das Deutsche Reich, Zürich und Stuttgart 1955, S. 86; wesentlich zurückhaltender *I. Koberdowa:* Wielki Książę Konstanty w Warszawie, S. 149.

[244] *Goltz an Bismarck* – 23. II. 1863 – in: *Stolberg-Wernigerode:* Robert Heinrich Graf von der Goltz, Dok.-Nr. 16.

[245] Vgl. auch *E. Zechlin*: Bismarck und die Grundlegung, S. 461–463.

[246] So der Korrespondent der Berliner „National-Zeitung“ Nr. 90 vom 23. Februar; auch *Bernstorff an Bismarck* – 23. II. 1863 – APP III, Nr. 232.

[247] Wörtliche Übersetzung in *KZ* Nr. 33 vom 2. Februar.

einem Worte das Interesse zu bekunden, welches es an seinem alten unglücklichen Bundesgenossen nimmt und stets nehmen wird"[248].

Schon drei Tage früher freilich hatte Goltz erste Anzeichen einer Wendung der inspirierten Presse gegen Preußen wahrgenommen und ganz mit Recht geargwöhnt, daß die Regierung selbst hierbei ihre Hand im Spiele hatte. „Dies", so schrieb er empört, „heißt nicht mehr 'mit der öffentlichen Meinung rechnen', sondern ganz in der Weise und mit den Mitteln des empire 'öffentliche Meinung *machen*'. Es erinnert an das ganz analoge Verfahren vor dem Beginn des italienischen Krieges, der in Frankreich entschieden unpopulär war und in vier Wochen sehr populär wurde"[249].

Während der preußische Gesandte nach einer Unterredung im Außenministerium noch erleichtert nach Berlin meldete, der Ministerrat habe unter Vorsitz des Kaisers mit Mehrheit die Nichteinmischung beschlossen, kam ihm schon zu Ohren, daß Frankreich seine diplomatische Offensive gegen Preußen bereits organisierte[250]. Und in der Tat war am Quai d'Orsay inzwischen eine Depesche mit dem beigefügten Entwurf einer Note ausgefertigt worden und nach London abgegangen, in welcher Frankreich dem Kabinett von St. James vorschlug, gemeinsam mit der kaiserlichen Regierung in der Wilhelmstraße gegen die Militärkonvention vom 8. Februar zu protestieren[251].

Darin vertrat Drouyn de Lhuys beinahe gleichlautend mit dem erwähnten Artikel des „Constitutionnel" – und nichts illustriert eindrucksvoller das gut funktionierende Zusammenspiel zwischen Regierung und „inspirierter" Presse[252] – nun auch sozusagen offiziell die dort bereits geäußerte Auffassung, daß die Vorgänge in Polen durch die Petersburger Übereinkunft „inopinément" europäische Dimensionen angenommen hätten[253]. Die heftige Aufwallung der öffentlichen Meinung in England, die in der polnischen Frage bereits früher erfolgten Erklärungen der britischen Regierung und ihre seit langem befolgten allgemeinen

[248] Wörtliche Übersetzung in *KZ* Nr. 53 vom 22. Februar. Zusammenfassungen in *NZ* Nr. 90 vom 23. Februar, *NPZ* Nr. 45 vom 23. Februar; *AAZ* Nr. 55 vom 24. Februar, wo es kommentierend heißt: „Dieser Artikel ist der erste der offiziösen Presse, welchem die ganze unabhängige Presse Frankreichs zustimmt, und man darf behaupten, daß die Mißbilligung der bisherigen Action des preußischen Cabinets sich zur Entrüstung gesteigert hat . . ."

[249] *Goltz an Bismarck* – 19. II. 1863 – in: *Stolberg-Wernigerode:* Goltz, Dok.-Nr. 15.

[250] *Goltz an Bismarck* – 21. II. 1863 – APP III, Nr. 214 (Zusammenfassung).

[251] *Drouyn de Lhuys an Gros (London)* – 19. II. 1863 – in: *Staatsarchiv,* Bd. 4–5, Dok.-Nr. 595; Entwurf der Note in APP III, Nr. 217. Für die Vorgänge in London *W. E. Mosse:* The European Powers and the German Question, S. 111–114.

[252] Vgl. *K. Kaiser:* Napoleon III. und der polnische Aufstand von 1863. Beiträge zur Geschichte der öffentlichen Meinung in Frankreich, Berlin 1932; *K. Malettke:* Die Beurteilung der Außen- und Innenpolitik Bismarcks, S. 7–31. Ein deutsches Beispiel für das Zusammenwirken zwischen Regierung und Presse bietet *M. Overesch:* Presse zwischen Lenkung und Freiheit. Preußen und seine offiziöse Zeitung von der Revolution bis zur Reichsgründung (1848–1871/72), Pullach bei München 1974.

[253] *Drouyn de Lhuys an Gros (London)* – 19. II. 1863 – in: Das *Staatsarchiv.* Dok.-Nr. 595.

politischen Prinzipien, schließlich die von Buchanan in Berlin geführte Sprache, alle diese Faktoren hätten ihm den Gedanken nahegelegt, ob sich nicht beide Kabinette auf eine nach Berlin zu richtende „communication identique" einigen sollten, deren Inhalt anschließend in Petersburg mitgeteilt werden könnte. Allem Anschein nach werde sich voraussichtlich auch die Regierung in Wien einem solchen Schritt anschließen. Dem Schreiben war als Anlage ein Notenentwurf beigefügt, in welchem es hieß, das französische Kabinett bestreite dem Berliner Hof als einem Nachbarn des Königreichs Polen durchaus nicht das Recht, seine Grenzen gegen jedwede Eventualität sicherzustellen. „Mais une coopération même limitée, que ne justifiait d'ailleurs aucun symptôme menaçant dans les provinces polonaises de la monarchie prussienne dépasse les obligations tracées au Cabinet de Berlin par le droit public". Das kaiserliche Kabinett erachte es als seine Pflicht auch gegenüber Europa, „de signaliser à la Cour de Berlin les préoccupations causées par les arrangements qu'elle a conclus avec le Cabinet de Saint-Pétersbourg". Schließlich gebe man der Hoffnung Ausdruck, daß die Regierung des Königs von Preußen die hier vorgetragenen Bedenken mit demselben Wohlwollen prüfen werde, von welchem die kaiserliche Regierung sich habe leiten lassen[254].

Mit dem Hinweis auf eine eventuelle Beteiligung Wiens, an das er sich im übrigen schon gewandt hatte[255], brachte der französische Außenminister somit als dritten Faktor die Donaumonarchie in sein diplomatisches Spiel; Beobachter gewannen den Eindruck, als sollte sich die Krimkriegskoalition wiederholen[256]. Obschon sich die Politik des Ballhausplatzes in seinen Augen angesichts der krisenhaften Entwicklung im Königreich Polen von der in Berlin praktizierten Verfahrensweise äußerst vorteilhaft unterschieden hatte, ließ sich bislang nicht eindeutig klären, welche Ursachen Drouyn de Lhuys letztlich zu derartigem Optimismus berechtigten[257]. Jedenfalls erscheint die gelegentlich geäußerte Behauptung wenig

254 Die Note blieb Entwurf und wurde in Berlin nicht offiziell mitgeteilt, sondern erst am 4. März in freundschaftlicher Form eröffnet. *Bismarck an Bernstorff und Goltz* – 4. III. 1863 – APP III, Nr. 296. Dazu *S. Bóbr-Tylingo:* Napoléon III, l'Europe et la Pologne, S. 49.

255 *Drouyn de Lhuys an Gramont (Wien)* – 19. II. 1863 – in: *Staatsarchiv*, Dok.-Nr. 594.

256 Der bayerische Gesandte bestätigte aus Paris die Bemühungen des Quai d'Orsay um eine französisch-englisch-österreichische Allianz und gab zu bedenken, daß bei einem Zustandekommen einer derartigen Kombination „toutes les alliances qui ont existé jusqu'ici seraient renverties ... Il n'est pas douteux que, si ces événements, ce changement total aura une grande influence sur la position des différents Etats d'Allemagne, surtout sur le Midi de l'Allemagne, dont les interêts sont plutôt communs à ceux de la France et de l'Autriche qu'à ceux des puissances du Nord." *Wendland an König Maximilian II.* – 27. II. 1863 – GStA München, Best. MA III/2121.

257 Es trägt zur Erhellung der Motive wenig bei, wenn es heißt, der Kaiser habe sich „mit einem Schlage auf die Gegenseite hinüber" geworfen. So *H. Oncken:* Die Rheinpolitik Kaiser Napoleons III., S. 17. Stefan Kieniewicz hält mit Recht diese Fragen für durchaus noch ungelöst, und meint, man müsse dazu weitere Dokumente heranziehen, die auch über den Rahmen der diplomatischen Korrespondenz hinausgingen. Vgl. *S. Kieniewicz:* Les insurrections polonaises, S. 10.

wahrscheinlich, der österreichische Botschafter in Paris habe den Kaiser persönlich wissen lassen, das Wiener Kabinett strebe eine Verständigung mit Frankreich über ein gemeinsames Vorgehen in der polnischen Frage an[258], zumal Metternich eine solche Eigeninitiative, die er dazu noch ohne vorheriges Wissen seines Außenministeriums entwickelt haben sollte, selbstverständlich unverzüglich nach Wien hätte zur Kenntnis bringen müssen[259].

Nun wurde unter den deutschen Diplomaten in der französischen Hauptstadt, welche den intimen Umgang des Fürsten Metternich und seiner Gemahlin mit dem kaiserlichen Paar ohnehin seit langem neidvoll und argwöhnisch beobachteten, allerdings des öfteren der Verdacht ausgesprochen, daß der Botschafter als eifriger Verfechter einer engeren Zusammenarbeit zwischen den Höfen von Wien und Paris den in den Tuilerien herrschenden außenpolitischen Vorstellungen mitunter weiter als den Interessen der von ihm vertretenen Regierung unbedingt dienlich entgegenkäme[260]. Schon am 19. Februar berichtete beispielsweise der kurfürstlich-hessische Gesandte nach Kassel, man höre in diplomatischen Kreisen „vielfach die Ansicht aussprechen, daß der persönliche Einfluß, welchen der Kaiser Napoleon auf den Oesterreichischen Botschafter Fürsten Metternich ausübt, den Berichten des Letzteren eine den Französischen Anschauungen sehr günstige Färbung gebe, und somit mittelbar vielleicht auch bezüglich der Richtung der Oesterreichischen Politik sich geltend mache“[261].

Wahrscheinlich handelte es sich dennoch auch in diesem Fall um einen französischen Vorstoß, zumal Graf Rechberg seinem Pariser Botschafter wiederholt dringend einschärfen mußte, daß die kaiserliche Regierung in Wien nicht gesonnen sei, den von ihr bezogenen Standpunkt strikter Neutralität zu verlassen[262]. Am 19. Februar bereits hatte Drouyn de Lhuys überdies an den Duc de Gramont nach Wien geschrieben, daß diese Einstellung der österreichischen Staatsmänner den französischen Wünschen vollkommen entspreche und er es aus diesem Grunde begrüßen müsse, wenn man in Wien nicht den von Preußen begangenen Fehler wiederholt habe „en signant la convention de Saint-Pétersbourg“[263].

Der jüngsten – freilich zusammenfassenden – Darstellung dieser Vorgänge folgend könnte man ein wenig den Eindruck gewinnen, als sei zunächst der „diplo-

[258] Vgl. *S. Koźmian:* Das Jahr 1863. Polen und die europäische Diplomatie, Wien 1896, S. 22.

[259] Einen Niederschlag in den Akten hat eine solche Initiative jedenfalls offensichtlich nicht gefunden, man hat daher die französischen Eröffnungen für „aktenmäßig doch zu unvermittelt“ gehalten. Vgl. *F. Engel-Janosi*: Graf Rechberg, Berlin und München 1927, S. 91.

[260] Über Metternichs Rolle am Pariser Hof immer noch grundlegend *H. Salomon*: L'Ambassade du Prince Richard de Metternich à Paris, Paris 1931; vgl. dazu auch *F. Engel-Janosi*: Graf Rechberg, S. 88–89.

[261] *Trott an Kurfürst Friedrich Wilhelm* – 19. II. 1863 – StA Marburg, Best. 9a/193/Bl. 20–21.

[262] Vgl. *F. Engel-Janosi*: Graf Rechberg, S. 91–92; *Werther an Bismarck* – 25. II. 1863 – APP III, Nr. 246.

[263] *Drouyn de Lhuys an Gramont* – 19. II. 1863 – in: Das *Staatsarchiv*, Nr. 594.

matisch-politische" Vorstoß Frankreichs gegen Preußen inszeniert worden und dann erst gleichsam daraus resultierend der „Kurswechsel der französischen Politik gegenüber dem bisher als ‚Feind' betrachteten Österreich" erfolgt[264]. Tatsächlich aber gingen beide Aktivitäten offensichtlich zeitlich weitgehend parallel. Es scheint eher, als habe sich das Allianzsystem Frankreichs an diesem 21. Februar noch ganz in der Schwebe befunden[265]. Auch der Donaumonarchie gegenüber hatte der Quai d'Orsay inzwischen das Terrain vorsichtig sondiert, so daß die vielbeschworene Unterredung des Fürsten Metternich mit der Kaiserin Eugénie im Laufe des 21. Februar manches von ihrer bisher auf die Forschung bisweilen ausgeübten Faszination verliert, wenn man sie behutsam in den Kontext der übrigen schon erwähnten Dokumente rückt[266]. Daß sie jedoch für den weiteren Verlauf der polnischen Krise unzweifelhaft einen unbestrittenen Höhepunkt dieses wahrhaft schicksalhaften Tages darstellt, läßt sich dennoch schwerlich übersehen[267].

Mit bis in die Diktion hinein spürbarer Erregung schilderte Metternich dem Grafen Rechberg den großen Plan zur Umgestaltung der europäischen Landkarte, welchen ihm „noch im Halbdunkel des Boudoirs"[268] die Kaiserin in dreistündigem Gespräch vorgetragen hatte[269]. In seinen Hauptzügen deckte er sich derart auffallend mit den in der Denkschrift des Prinzen Napoleon vom Vortage niedergelegten Grundgedanken, daß hier mit an Sicherheit grenzender Wahrscheinlichkeit zumindest ein Zusammenspiel zwischen den sonst der Zukunft Italiens wegen einander heftig befehdenden Lagern des radikaldemokratischen Palais Royal und einer einflußreichen konservativ-klerikalen Gruppe mit der Kaiserin Eugénie an der Spitze vorliegen dürfte[270], „die dadurch ihre italienischen Sünden in den Augen des Liberalismus wiedergutmachen will"[271].

[264] Vgl. *A. Hillgruber:* Bismarcks Außenpolitik, S. 51.

[265] *Bismarck an Werther* – 12. III. 1863 – APP III, Nr. 334. Bezeichnend war dafür wohl auch der Rat Napoleons an den Grafen Goltz, den Text der ihm vertraulich mitgeteilten Konvention vorerst nicht zu publizieren. Goltz vermutete, daß der Kaiser entweder keine Störung seiner Beziehungen zu Preußen wünschte oder sich Englands noch keineswegs sicher war, vielleicht auch noch immer auf das rasche Ende der polnischen Insurrektion hoffte. *Goltz an Bismarck* – 21. II. 1863 – APP III, Nr. 214. Vgl. dagegen die Deutung bei *E. Zechlin:* Bismarck und die Grundlegung der deutschen Großmacht, S. 463.

[266] Die Bedeutung des Gesprächs der Kaiserin, „die in solchen Fällen als Avantgarde der Verführung verwendet wurde", doch wohl überschätzend *H. Oncken:* Die Rheinpolitik Kaiser Napoleons III., S. 17–18. Ihm folgt mehr oder weniger die gesamte deutsche Vorkriegsliteratur.

[267] Der Bericht Metternichs vom 22. Februar zuerst bei *A. Stern:* L'insurrection polonaise de 1863 et l'Impératrice Eugénie, in: RH 137 (1921) S. 66–73, hier 68–70; erneut – mit kritischem Kommentar – bei *H. Oncken:* Die Rheinpolitik Kaiser Napoleons III., Dok.-Nr. 1, S. 3–6.

[268] So *F. Engel-Janosi*: Graf Rechberg, S. 92.

[269] Vgl. *S. Bóbr-Tylingo*: Napoléon III, l'Europe et la Pologne, S. 61–62.

[270] Vgl. dazu besonders *E. Birke:* Frankreich und Ostmitteleuropa, S. 200; ferner *E. Zechlin:* Bismarck und die Grundlegung der deutschen Großmacht, S. 463.

[271] *Goltz an Bismarck* – 19. II. 1863 – in: *Stolberg-Wernigerode:* Graf Goltz, Dok.-Nr. 15.

Dennoch weist der Plan der Kaiserin dem Memorandum des Prinzen Napoleon gegenüber einige interessante Varianten auf, aus denen man glaubte schließen zu dürfen, Eugénie habe ihrem Gemahl bei ihren Darlegungen gegenüber dem österreichischen Botschafter zum Sprachrohr seiner eigenen Vorstellungen gedient[272]. Namentlich der von ihr dem Fürsten Metternich unterbreitete Gedanke, der Donaumonarchie mit Hilfe eines durch bedeutende Gebietserwerbungen auf Kosten der Königreiche und Herzogtümer nördlich der Mainlinie arrondierten Preußen im Norden gleichsam feste Grenzen zu setzen, entsprach wohl kaum den Wünschen der ausgesprochen antipreußisch eingestellten Kaiserin[273], welche selten eine Gelegenheit versäumte, den ungeliebten Vertreter dieser Macht ihre ostensible Abneigung spüren zu lassen[274].

Eben dieser Vorschlag einer Teilung des deutschen Bundesgebiets zwischen Österreich und Preußen unter gleichzeitiger Preisgabe der östlichen Provinzen beider Mächte zugunsten eines zukünftigen Polen aber mußte in Wien, wo man sich die ominöse Mainlinie auch mit der Aussicht auf einen eventuellen Wiedererwerb Schlesiens nicht versüßen ließ, auf den entschiedensten Widerstand stoßen[275]. Doch auch ohnedies konnte Fürst Metternich kaum im Ernst annehmen, daß man am Ballhausplatz auf die „Wachträume der Kaiserin“[276], welche er selbst als „phantasmagories napoléoniennes“ bezeichnete, eingehen würde, wenngleich Eugénie für den polnischen Thron einen Erzherzog aus dem Hause Habsburg – oder besser noch als Kompensation für den Verlust seines angestammten Königreichs an Preußen den König von Sachsen – vorgesehen hatte. Und so glaubte der Botschafter seinem Vorgesetzten versichern zu müssen, es handele sich hier augenscheinlich keineswegs allein um eine „plaisanterie“ der Kaiserin, sondern sie und wahrscheinlich auch der Kaiser selbst schienen ihm ernsthaft an die Möglichkeit, ja

272 Seit Hermann Oncken (s. Anm. 266) ist dieser Verdacht immer wieder erhoben worden, ohne daß schlüssige Beweise dafür erbracht werden könnten; mit Recht hat die jüngste Darstellung die Frage einer Mitwisserschaft des Kaisers offen gelassen. Vgl. *A. Hillgruber:* Bismarcks Außenpolitik, S. 51.

273 In dieser Tatsache hat man einen Hinweis auf eine Beteiligung des Kaisers erblicken wollen. So *R. Buchner:* Die deutsch-französische Tragödie 1848–1864, Würzburg 1965, S. 129.

274 Vgl. die Berichte des – allerdings auch äußerst empfindlichen – Grafen Goltz in seinen Privatbriefen an Bismarck vom 17. II. und 18. III. 1863, in: *Stolberg-Wernigerode:* Graf Goltz, Dok.-Nr. 17 (Nachschrift!) und Dok.-Nr. 23. Bismarck seinerseits quittierte die Nachricht, daß die Kaiserin gegen ihn persönlich „gerast“ habe, mit der trockenen Bemerkung: „Der Zorn schöner Augen betrübt mich.“ *Bismarck an Goltz* – 2. III. 1863 – ebda., Dok.-Nr. 20.

275 Vgl. *F. Engel-Janosi*: Graf Rechberg, S. 94; auch *R. Buchner*: Die deutsch-französische Tragödie, S. 129.

276 So mit Recht *H. Scheidt:* Konvention Alvensleben, S. 42–43. Besonders abenteuerlich erscheint der Gedanke, die europäischen Fürsten, die nach der geplanten Neuordnung Europas ihrer Throne verlustig gehen würden, nach dem Muster Mexikos in Südamerika abzufinden!

die Notwendigkeit einer Verwirklichung dieser Phantastereien zu glauben[277]. Erstaunlich ist immerhin selbst für einen eifrigen Befürworter einer „entente à trois" zwischen Österreich, Frankreich und England wie den Fürsten Metternich die vertrauensvoll ausgesprochene Erwartung, Napoleon III. werde auf gar keinen Fall ein Entgegenkommen Rechbergs enttäuschen. „La personalité qui dirige la politique française aujourd'hui me paraît constituer une garantie réelle dans ces circonstances". Auch Drouyn de Lhuys trete so korrekt als irgend möglich auf und hege nicht erst seit gestern den dringenden Wunsch, „de s'aillier avec nous"[278].

Mochte die Unterredung zwischen der Kaiserin und dem Fürsten Metternich auch noch keinen offiziellen Charakter tragen und daher nichts weiter als eine möglicherweise von Napoleon selbst lancierte vorsichtige Sondierung darstellen[279], so erregte der Bericht des Botschafters vom 22. Februar am Ballhausplatz begreiflicherweise nicht eben uneingeschränkte Begeisterung[280]. Offenbar aber war Metternich inzwischen dermaßen von seiner vermeintlichen staatsmännischen Mission durchdrungen, um jeden Preis eine Allianz zwischen Paris und Wien zustande zu bringen, daß er schon am nächsten Tag in vier umfangreichen Depeschen sein Kabinett wiederum in beinahe fieberhafter Eile zum Anschluß an Frankreich zu drängen suchte[281]. Freilich war das überschwengliche Lob, welches er bei dieser Gelegenheit der „délicatesse" und dem „tact" des französischen Außenministers spendete, in einem der Berichte wohl doch etwas zu stark akzentuiert, um in der Staatskanzlei nicht sogleich argwöhnisches Mißtrauen zu erregen, wo man die Rolle Frankreichs im Jahre 1859 noch keineswegs vergessen hatte[282].

Drouyn de Lhuys – so ließ sich der begeisterungsfähige junge Diplomat vernehmen[283] – sei als französischer Minister des Auswärtigen ein ausgesprochener

[277] Bóbr-Tylingo erwähnt die das Gebiet des Deutschen Bundes betreffenden Absichten Frankreichs bezeichnenderweise mit keinem Wort, kritisiert hingegen, daß auch nach dem Plan der Kaiserin das „Nationalitätsprinzip" nicht reinlich durchgeführt werden sollte, da in ihm „vastes territoires polonaises" (Oberschlesien, Ostpommern und Teile Ostpreußens!) keine Berücksichtigung fänden. Vgl. *S. Bóbr-Tylingo:* Napoléon III, l'Europe et la Pologne, S. 62.

[278] Vgl. zum allgemeinen Hintergrund *E. Birke:* Frankreich und Ostmitteleuropa, S. 179 bis 195.

[279] Vgl. u. a. *H. Scheidt:* Konvention Alvensleben, S. 37–43; ferner *W. Bußmann:* Das Zeitalter Bismarcks, S. 72.

[280] Vgl. *F. Engel-Janosi*: Graf Rechberg, S. 93.

[281] Drei dieser Depeschen sind gedruckt bei *S. Bóbr-Tylingo:* Napoléon III, l'Europe et la Pologne, Annexe, S. 302–306.

[282] Zur französischen Politik in Italien vgl. u. a. *H. Michaelis:* Die Einigung Italiens, Triumph und Verhängnis Napoleons III., München 1960; *F. Valsecchi:* Das Zeitalter Napoleons III. und Bismarcks 1854–1878, in: Historia Mundi, Bd. 10, Bern und München 1961, S. 53–92, bes. S. 61–68; *H. Kramer:* Die Einigung Italiens im 19. Jahrhundert, in: Teilung und Wiedervereinigung, S. 72–145.

[283] Fürst Richard Metternich stand damals erst im 34. Lebensjahr. Er galt als „de plus français et de moins russe". Vgl. *F. Engel-Janosi*: Graf Rechberg, S. 88–89.

Glücksfall für die Donaumonarchie, den man unbedingt nutzen müsse, da er sein Leben lang ein Bündnis Frankreichs mit England und Österreich angestrebt habe, um mit seiner Hilfe die napoleonische Dynastie mit den konservativen Prinzipien für immer zu versöhnen und den alten Pakt Napoleons mit der Revolution endgültig zu zerbrechen[284]. Man könne die tiefe Befriedigung kaum beschreiben, welche aus diesem Grunde die Depesche des Grafen Rechberg vom 11. Februar in Pariser Regierungskreisen hervorgerufen habe. Endlich habe nun auch Graf Walewski seinen bekannten polnischen Sympathien derart freien Lauf gelassen, daß der Botschafter sich angeblich genötigt gesehen habe, den Träumen und Illusionen des kaiserlichen Ministers Zügel anzulegen. Die Allianz mit Wien, so habe er (Walewski) voller Freude ausgerufen, sei nun keine trügerische Hoffnung mehr, sondern ihrer Verwirklichung nahe: „Tout dépend de l'Autriche!" me dit le Comte Walewski, „Tout dépend de la France", lui ai-je répondu et j'ai réussi, je crois, a lui en comprendre les raisons"[285].

Drei Tage später schließlich ließ Napoleon nun auch persönlich den Botschafter in einer langen grundsätzlichen Aussprache mit erstaunlicher Offenheit wissen, er halte nunmehr den Zeitpunkt für gekommen, wo Österreich im Handumdrehen mehr gewinnen könne als es vor vier Jahren in Italien verloren habe[286]. Metternich verspürte zwar im Verlauf der Unterredung immer wieder „l'ambition demesure et l'energie indomptable de cet homme extraordinaire", die bei dieser Gelegenheit die sonst bei ihm übliche Verschlossenheit durchbrachen und den Botschafter an die Zeiten erinnerten, „qui ont précédé les guerres d'Orient et d'Italie", schätzte sich jedoch glücklich, „de voir le grand maître de la révolution briguer la faveur de notre alliance avec des attitudes d'homme d'état correct et imbu de bons principes".

Während Napoleon also eben noch Preußen als seinen natürlichen Verbündeten bezeichnet hatte[287], betonte er nun seine Entschlossenheit, die italienische und die polnische Frage in nächster Zukunft mit österreichischer Hilfe zu lösen[288]. Nachdem er sich vergeblich mit England und Rußland zu arrangieren gesucht habe, sage er frei heraus, er gehöre der Macht, die ihm helfe, „et je ne Vous cache pas que c'est avec l'Autriche que j'aimerais le mieux m'entendre, parceque nos intérêts sont identiques". Zwar werde man dabei auf „ein bißchen England" nicht

[284] Die Möglichkeit, daß hier eigene Lieblingsgedanken Metternich die Feder geführt haben könnten, vermutet *E. Birke:* Frankreich und Ostmitteleuropa, S. 199–200.

[285] Vgl. *S. Bóbr-Tylingo:* Napoléon III, l'Europe et la Pologne, S. 305.

[286] Hermann Oncken schrieb dazu empört, Napoleon habe geglaubt, „auf dem Gipfelpunkt seiner Macht ... dieses ruchlose Spiel mit dem Weltfrieden wagen zu können", niemals habe „die Seele des kaiserlichen Abenteurers so nackt und bloß" dagelegen, eine Auffassung, die seither ruhigerer Betrachtungsweise gewichen ist. Vgl. *H. Oncken:* Die Rheinpolitik Kaiser Napoleons III., S. 18; ferner *E. Zechlin:* Bismarck und die Grundlegung der deutschen Großmacht, S. 465–466; *ders.:* Die Reichsgründung, S. 100.

[287] *Goltz an König Wilhelm* – 20. II. 1863 – APP III, Nr. 206.

[288] Vgl. *E. Zechlin:* Bismarck und die Grundlegung, S. 465.

gänzlich verzichten können, doch sei dies für ihn eher eine „marriage-de-raison"[289].

Anders als seine Gemahlin hütete er sich allerdings, vom Rhein zu sprechen[290]. Außerdem erinnerte Metternich den Kaiser ausdrücklich daran, daß man in Wien über die in der Zirkulardepesche vom 11. Februar[291] niedergelegten Prinzipien noch nicht hinausgegangen sei, und sprach dabei gleichzeitig die Hoffnung aus, man werde seiner Regierung nichts zumuten, was diesen Grundsätzen widerstreite[292]. Mit dieser dringenden Bitte endete nach dem Bericht des Fürsten Metternich seine denkwürdige Audienz bei Napoleon III., in welcher man gelegentlich – und erst jüngst wieder[293] – ein „sehr reales" Bündnisanerbieten des Kaisers an Österreich hat sehen wollen[294] – eine Beurteilung, die jedoch über die tatsächliche Bedeutung dieser Unterredung beträchtlich hinausgehen dürfte[295].

Tatsächlich nämlich waren die Gedankengänge des Prinzen Napoléon – und damit indirekt auch diejenigen der Kaiserin und des Kaisers selbst – zur Neuordnung Europas inzwischen in den Spalten der nachweislich unter dem Einfluß des Palais Royal stehenden „Opinion nationale" ausführlich diskutiert worden und somit auch einer breiteren europäischen Öffentlichkeit nicht unbekannt geblieben[296]. Dennoch fanden sie in diesen Tagen geschäftiger diplomatischer Aktivitäten in der Berichterstattung der deutschen Diplomatie bezeichnenderweise kaum einen Niederschlag. Lediglich der königlich sächsische Gesandte in London meinte am 23. Februar, es sei vorerst wohl noch nicht an der Zeit, der von der „'Opinion nationale', dem bekannten Organ des Prinzen Napoleon, hingeworfenen Idee einer englisch-französisch-österreichischen Triplealliance, welche die Aufgabe habe, die Karte Europas zu revidiren, eine eminente Bedeutung beizulegen. Aber was noch nicht ist, kann werden", fügte er warnend hinzu, denn „daß Napoleon die Rheingrenze wünscht, ist wohl keinem Zweifel unterworfen"[297].

289 Vgl. *H. Oncken*: Die Rheinpolitik Kaiser Napoleons III., Dokumentenanhang, Dok.-Nr. 2, S. 7.

290 Dazu allerdings die Einwände bei *H. Oncken:* Die Rheinpolitik, Dokumentenanhang, Dok.-Nr. 2, S. 7, Anm. 1; ferner *S. Bóbr-Tylingo:* Napoléon III, l'Europe et la Pologne, S. 62 bis 63; *W. Bußmann:* Das Zeitalter Bismarcks, S. 72; *A. Hillgruber:* Bismarcks Außenpolitik, S. 51.

291 Vgl. Das *Staatsarchiv*, Bd. 4, Dok.-Nr. 676.

292 Vgl. *H. Oncken:* Die Rheinpolitik, Dokumentenanhang, Dok.-Nr. 2, S. 8.

293 Vgl. *S. Kieniewicz:* Powstanie styczniowe, S. 400; *ders.:* Les chances de l'insurrection polonaise de 1863, Warszawa 1973, S. 11.

294 So *H. Scheidt:* Konvention Alvensleben, S. 42–43; *E. Birke:* Frankreich und Ostmitteleuropa, S. 199, wo von einem „regelrechten Bündnisangebot" die Rede ist.

295 Gegen eine Überbewertung dieser Gespräche Metternichs mit Eugénie und Napoléon III. hat sich von französischer Seite bereits gewandt *H. Salomon:* L'Ambassade du Prince de Metternich, Paris 1931, S. 80. Der Rettungsversuch Onckens durch *H. Scheidt*, a.a.O., S. 43, will nicht recht überzeugen.

296 Vgl. *K. Malettke:* Die Beurteilung der Außen- und Innenpolitik Bismarcks, S. 64–69.

297 *Vitzthum an Beust* – 23. II. 1863 – in: *H. Kretzschmar: Die Anfänge* des Ministeriums Bismarck, Dok.-Nr. 84.

Der stets ausgezeichnet informierte Pariser Korrespondent der Augsburger „Allgemeinen Zeitung", welcher im übrigen die Denkschrift des Prinzen Napoléon bis in die Einzelheiten hinein erstaunlich genau nachzeichnete, nannte die Pläne der „Opinion nationale" schlicht ein „Geschwätz . . . mit einem fast komischen Anstrich von Begeisterung und Überzeugung" und fuhr fort: „Das Blatt der organisierten Revolution handelt mit Provinzen und Nationalitäten, wie es dem grellsten Despoten nicht einfallen würde, der sein Reich als sein ausschließliches Privatvermögen ansieht. Wo die Sympathien für Polen solcher Natur sind, daß sie Pläne gebären wie die der ‚Opinion nationale', da kann man wohl überzeugt seyn, daß dort nicht an die allergeringste Wahrscheinlichkeit eines solchen Erfolgs geglaubt wird, und daß die Regierung eben hinter solchen excentrischen Plänen ihre absolute Gleichgültigkeit verbergen will". In dieser Einschätzung sollte der Berichterstatter allerdings einem Irrtum unterliegen[298].

Wie nicht anders zu erwarten und von Metternich im Grunde auch von Anfang an befürchtet[299], wies Rechberg alle von Paris aus in dringendem Ton an ihn gerichteten Offerten am 27. Februar zwar überaus höflich, aber nichtsdestoweniger unmißverständlich und bestimmt zurück[300]. Die kaiserliche Regierung, so erklärte der Außenminister Österreichs kategorisch, sei nicht gewillt, „sich in Unternehmungen einzulassen, bei denen das Risiko gewiß ist und die Vorteile problematisch sind"[301]. Dennoch scheute er sich im Gedanken an die Situation vor dem Feldzug in Oberitalien vom Jahre 1859 verständlicherweise, erneut in einen Gegensatz zu Frankreich zu geraten und kleidete daher seine Absage in die entgegenkommende Form, daß seine Regierung wegen ihrer speziellen Interessen als Mitbesitzer ehemals polnischen Territoriums auf ihrem bisherigen Standpunkt strikter Neutralität beharren müsse, dennoch aber, falls es sich im weiteren Verlauf der Krise als notwendig erweisen sollte, bereitwillig an die Seite der Westmächte treten

298 *AAZ* Nr. 53 vom 22. Februar (Bericht aus Paris vom 19. Februar).

299 Schon in seinem Bericht vom 22. II. hatte Metternich erwähnt, daß der britische Botschafter in Paris, Lord Cowley, ihm von moderierenden Schritten des österreichischen Kabinetts in London erzählt habe, woraus Metternich richtig auf eine Ablehnung seiner Vorschläge in Wien schloß. Cowley bat übrigens darum, die Zurückweisung des französischen Anerbietens in eine möglichst schonende Form zu kleiden. *Metternich an Rechberg* – 26. II. 1863 – in: *H. Oncken:* Die Rheinpolitik, Dok.-Nr. 2, S. 8.

300 *Werther an Bismarck* – 27. II. 1863 – APP III, Nr. 262. Übrigens kam es wegen der preußischen Politik zu einer lebhaften Kontroverse zwischen Rechberg und dem preußischen Gesandten. *Stockhausen an Dalwigk* – 28. II. 1863 – StA Darmstadt, Best. 70e/1/Bl. 55–58.

301 Im französischen Original war die Fassung noch um eine Nuance stärker: „se jeter (!) dans les entreprises où les risques étaient certains et les avantages problématiques." Vgl. *A. Stern:* L'insurrection polonaise de 1863 et l'Impératrice Eugénie, in: RH 137 (1921) S. 66–73, hier S. 73; *ders.:* Geschichte Europas von 1815 bis 1871, Bd. 9, Stuttgart-Berlin 1923, S. 167.

werde, vorausgesetzt man mute der Monarchie keine Opfer zu, ohne sie gleichzeitig durch vollwertige Kompensationen zu entschädigen[302].

Immerhin aber hatte Rechberg die Berechtigung der französischen Argumentation in seiner Anwort somit nicht prinzipiell in Abrede gestellt und damit den internationalen Charakter des polnischen Problems und seine weitere Behandlung durch die europäischen Mächte grundsätzlich anerkannt[303]. In einem persönlichen Begleitschreiben an Metternich vom selben Tage aber nannte er als den eigentlichen Grund seiner Zurückhaltung „d'affaiblir l'entente franco-russe", welche Österreich auf dem Balkan und in Italien bisher feindlich entgegengetreten sei[304].

Da der Leiter der österreichischen Außenpolitik in einem privaten Schreiben wohl kaum einen Grund gesehen haben dürfte, seinem Botschafter in Paris das eigentlich ausschlaggebende Motiv seiner Handlungsweise vorzuenthalten, hätte man danach auch am Ballhausplatz eine nachhaltige Schwächung des für die europäische Mitte als äußerst bedrohlich eingeschätzten französisch-russischen Einvernehmens angestrebt, wie es die Entwicklung der polnischen Frage in den letzten Jahren anzudeuten schien[305]. Dieser Sachverhalt aber würde dann nichts anderes bedeuten, als daß nach Ansicht der leitenden Staatsmänner in Wien die Interessen der Donaumonarchie im Konzert der europäischen Großmächte angesichts des polnischen Problems letztlich eben doch weit eher mit denen Englands und Preußens als mit denjenigen Frankreichs übereinstimmten[306].

Im Grunde nämlich begegneten sich hier die Intentionen des österreichischen Außenministeriums sowohl mit denen des preußischen Ministerpräsidenten[307], an dessen aggressivem politischen Stil Rechberg freilich – bedingt wohl auch durch die Deutschlandpolitik Bismarcks im Winter 1862/63[308] – wenig Gefallen finden konnte, als auch nach bislang jedenfalls überwiegendem Urteil der For-

[302] Vgl. allgemein *H. Wereszycki:* Austrja a powstanie styczniowe, Lwów 1930; *O. Czastek:* Österreich und der polnische Aufstand im Jahre 1863, Wien 1950 (MS).

[303] Vgl. *F. Engel-Janosi*: Graf Rechberg, S. 94.

[304] Vgl. *S. Bóbr-Tylingo:* Napoléon III, l'Europe et la Pologne, S. 63–64.

[305] Eine konzise Zusammenfassung der „pessimistischen Palliativ-Politik" des Ballhausplatzes zwischen Villafranca und Königgrätz, die mit Rücksicht auf den inneren Zustand der Monarchie jedem außenpolitischen Risiko sorgsam aus dem Wege ging, bietet *F. Engel-Janosi*: Détruisez l'Autriche-Hongrie!" Österreich und die Westmächte 1815–1918, in: Spectrum Austriae, hrsg. von *O. Schulmeister,* Wien 1957, S. 225–251, hier S. 234.

[306] Trotz des ausdrücklichen Bedauerns über den Kurs der preußischen Politik versicherte Rechberg dem Grafen Werther, daß er die Zahl der Gegner Preußens nicht erhöhen wolle. *Werther an Bismarck* – 27. II. 1863 – APP III, Nr. 262 und 263.

[307] Wohl mit Recht hat man die französisch-russische Annäherung als die für das Bismarcksche politische Denken „bedrohlichste Kombination für die preußisch-deutsche Politik" bezeichnet. Vgl. *Th. Schieder:* Vom Deutschen Bund zum Deutschen Reich, in: *Gebhardt:* Handbuch der deutschen Geschichte, Bd. 3, 9. Aufl. Stuttgart 1970, S. 97–220, bes. S. 180–181.

[308] Hierzu *R. Isler:* Diplomatie als Gespräch. Bismarcks Auseinandersetzung mit Österreich im Winter 1862/63, Winterthur 1966.

schung mit den politischen Grundsätzen der Staatsmänner im Kabinett von St. James, für welche die Wahrung der europäischen Balance und daraus resultierend die Abwehr aller französischen Hegemoniebestrebungen auf dem Kontinent die oberste Richtschnur ihrer Außenpolitik bildeten[309].

Dennoch blieben einige gewichtige Unterschiede in der Beurteilung der seit dem Ausbruch der seit Jahren virulenten Krise eingetretenen Situation zwischen letztgenannter Macht und Österreich bestehen, wie sie am 26. Februar in einem Gespräch Rechbergs mit dem britischen Botschafter in Wien deutlich zutage traten[310]. Nachdem nämlich Lord Bloomfield dem Außenminister die Genugtuung des Londoner Kabinetts darüber ausgedrückt hatte, daß Österreich die Versuche Preußens, die Regierung in Wien zum Anschluß an die Petersburger Konvention zu veranlassen, so entschieden abgewiesen habe, erklärte ihm Graf Rechberg unumwunden, daß sich das kaiserliche Kabinett ungeachtet seines ernsten Willens zur Zusammenarbeit mit England und Frankreich mit dem ihm übermittelten französischen Entwurf einer in Berlin zu überreichenden Protestnote auf gar keinen Fall zu identifizieren vermöchte.

Zwar habe man – wie der Regierung in London längst bekannt – angesichts der in Galizien herrschenden Ruhe den Anschluß an die zwischen den Höfen von St. Petersburg und Berlin vereinbarte Militärkonvention als dem eigenen Bedürfnis zuwiderlaufend abgelehnt, sei aber deswegen durchaus noch nicht bereit, das Prinzip der Nichtintervention, wie es in London und Paris offensichtlich vertreten werde, für sich selbst zu adoptieren, da man sich in Wien nach wie vor zu irgendwelcher Prinzipienpolitik grundsätzlich nicht verstehen könne[311]. Wenn die Westmächte sich denn schon in der Frage einer eventuellen Wiederherstellung Polens so demonstrativ auf die Wiener Verträge berufen zu müssen glaubten, so argumentierte der kaiserliche Außenminister vor allem wohl in Erinnerung an die vor vier Jahren in Italien nicht zuletzt auch mit dem Vereinigten Königreich[312] gemachten schlimmen Erfahrungen, als die Hofburg vergebens die Heiligkeit der Verträge beschworen und das durch jene Ereignisse so offenkundig verletzte europäische Recht angerufen hatte[313], warum sollten dann die Stipulationen von 1815 nicht

[309] W. E. Mosse nennt diese Auffassung „the most widely accepted interpretation of British policy during the Polish crisis". Vgl. *W. E. Mosse:* England and the Polish Insurrection, S. 29 und 33; dagegen *A. Hillgruber:* Bismarcks Außenpolitik, S. 52; *E. Zechlin:* Die Reichsgründung, S. 101.

[310] *Bloomfield an Russell* – 26. II. 1863 – in: Das *Staatsarchiv*, Bd. 5, Dok.-Nr. 683.

[311] Im Gegensatz zu dieser Äußerung Rechbergs ist mit Recht darauf hingewiesen worden, daß er letzten Endes doch „Ideal- und Prinzipienpolitiker" geblieben sei. Vgl. *F. Engel-Janosi*: Graf Rechberg, S. 75.

[312] Zur Rolle Englands im italienischen Feldzug des Jahres 1859 zusammenfassend *K. Kluxen:* Geschichte Englands, Stuttgart 1968, S. 594–595.

[313] Vgl. *F. Engel-Janosi*: Graf Rechberg, S. 47–49; *F. Valsecchi*: Das Zeitalter Napoleons III. und Bismarcks, S. 61–68.

auch für alle übrigen in Europa noch offenen Streitfragen gelten?[314]. Im übrigen werde – so schloß Rechberg – die aus diesen für Österreich ausschlaggebenden Gründen negative Antwort an das Pariser Kabinett schon morgen abgehen. Damit aber war der vielleicht doch etwas zu ausschließlich auf die frankophile Einstellung des Fürsten Metternich gegründete französische Vorstoß in Wien bereits in seinem Ansatz gescheitert[315].

Begreiflicherweise wurde der abschlägige Bescheid aus Wien an der Seine mit unverhohlener Enttäuschung aufgenommen, wenngleich man sich am Quai d'Orsay vorerst damit trösten mochte, daß die österreichische Antwort zumindest hinsichtlich der polnischen Frage die Tür zu weiteren Verhandlungen prinzipiell offenließ[316]. Namentlich die Kaiserin sparte in einem sehr persönlich gehaltenen Schreiben an den Fürsten Metternich vom 2. März, das dieser seinem Ministerium später abschriftlich mitteilte[317], nicht mit zornigen Vorwürfen an die Adresse der ihrer Ansicht nach nun beinahe schon notorisch vor jeder Entscheidung zurückscheuenden Staatsmänner am Ballhausplatz, welche wie seit Jahren schon auch jetzt einmal mehr Gefahr liefen, eine für die Verbesserung der eigenen Position selten günstige Konstellation durch ihre mangelnde Entschlußfreudigkeit zu versäumen[318]. Wie wolle denn die europäische Diplomatie, so fragte Eugénie den Botschafter, die polnische Frage auf das Tapet bringen, wenn Polen erst wieder „befriedet" und die Insurrektion erloschen sei[319]?

Auch der Kaiser selbst war verständlicherweise über die demonstrative Zurückhaltung der Wiener Politiker alles andere als erfreut, so daß Metternich nach eigenem Bekunden drei Tage lang zwischen den Tuilerien und dem Außenministerium hin und her eilen mußte, um die erhitzten Gemüter wenigstens einigermassen wieder zu besänftigen[320]. Doch selbst das nochmalige und im Grunde noch

[314] Dieser Standpunkt wird m. E. übersehen, wenn man die Politik in Wien als „traditionell unentschlossen und furchtsam" bezeichnet. So z. B. *S. Bóbr-Tylingo:* Napoléon III, l'Europe et la Pologne, S. 64.

[315] Vgl. *C. Friese:* Rußland und Preußen, S. 309–316; *W. Bußmann:* Das Zeitalter Bismarcks, S. 72.

[316] Angeblich befürchteten sowohl England wie Österreich eine mögliche Wiederannäherung der französischen Politik an das Russische Reich, mehr noch aber die Eventualität, daß Napoleon seine Ziele ohne die Regierungen, allein auf revolutionäre Kräfte gestützt, verfolgen konnte. Leider gibt es für diese Ansicht keine Belege! Vgl. S. *Kieniewicz*: Powstanie styczniowe, S. 493.

[317] *Kaiserin Eugénie an Metternich* – 2. III. 1863 – in: *H. Oncken:* Die Rheinpolitik, Dok.-Nr. 3, S. 8–10; zuerst bei *A. Stern:* L'insurrection polonaise de 1863 et l'Impératrice Eugénie, in: RH 137 (1921) S. 66–73, hier S. 71–72.

[318] Nach Oncken sei die Kaiserin „in ihren Billetts von der Beredsamkeit einer Liebenden" gewesen, „die alles verspricht und alles verlangt, um die nie wiederkehrende Gelegenheit für die ‚furia francese' . . . zu nutzen". Vgl. *H. Oncken:* Die Rheinpolitik, S. 18.

[319] Vgl. *S. Bóbr-Tylingo:* Napoléon III, l'Europe et la Pologne, S. 64.

[320] *Metternich an Rechberg* – 5. III. 1863 – in: *H. Oncken:* Die Rheinpolitik, Dok.-Nr. 4, S. 10–13.

weitergehende Angebot Napoleons, es Österreich vollständig zu überlassen, unter welchen Bedingungen das beiderseitige Einvernehmen hergestellt werden sollte, vermochte vermutlich eben seines drängenden Charakters wegen das tief verwurzelte Mißtrauen an der Donau gegenüber den Plänen des Kaisers nicht mehr zu überwinden[321].

Metternich selbst wollte der Kaiserin in einer temperamentvollen Unterredung die mangelnde Rücksichtnahme der französischen Politik auf die besonderen Interessen des Wiener Hofes vorgehalten haben: „L'Italie libre jusqu'à l'Adriatique . . . la Pologne reconstituée aux dépens des traités de 1815, le Rhin devenu fleuve français – voila ce que Vous voulez. Que l'Autriche après cela existe encore, peu importe!“[322]. Immerhin halte wenigstens Drouyn de Lhuys – so ließ der Fürst seinen Vorgesetzten wissen – weiterhin an seinen österreichischen Sympathien fest, sei hingegen mittlerweile voller Zorn auf die britische Regierung.

Inzwischen nämlich hatten sich die seit dem 20. Februar eingeleiteten Aktivitäten des französischen Außenministeriums auch in London bereits festgefahren[323]. Nachdem der Staatssekretär des Auswärtigen, Lord Russell, am 21. Februar in einem ersten Gespräch mit Baron Gros über die sich seit dem Abschluß der Petersburger Konvention vom 8. Februar täglich verschärfende internationale Krise noch eine vollständige Übereinstimmung in den Standpunkten beider Höfe festgestellt hatte[324], gingen im Laufe desselben Tages innerhalb des britischen Kabinetts die Meinungen über die angesichts dieser Sachlage nunmehr einzuschlagende außenpolitische Richtung mittlerweile deutlich erkennbar auseinander. Der greise Palmerston vermochte der Absicht seines Staatssekretärs, im Verein mit der französischen Regierung in Berlin diplomatisch zu intervenieren, nur noch unter starken Vorbehalten zu folgen[325], da er argwöhnte, Napoleon wolle sich innenpolitisch die ihm seit seiner Italienpolitik weitgehend verlorengegangene Unterstützung der Klerikalen durch sein Eintreten für die polnischen Glaubensgenossen

321 Vgl. *R. Buchner:* Die deutsch-französische Tragödie, S. 115 passim.

322 Vgl. *E. Birke:* Frankreich und Ostmitteleuropa, S. 199.

323 Zur englischen Politik in dieser Phase vgl. *H. Wereszycki:* Anglia a Polska w latach 1860 bis 1865, Lwów 1934, bes. S. 43–86; *ders.:* Great Britain and the Polish Question in 1863, in: EHR 50 (1935) S. 78–103, bes. S. 83–86; ferner – mit teilweise divergierenden Auffassungen – *W. E. Mosse:* England and the Polish Insurrection of 1863, in: EHR 71 (1956) S. 28–55; *ders.:* The European Powers and the German Question, S. 110–117; neuerdings *S. Kieniewicz:* Powstanie styczniowe, S. 400.

324 „I informed him (Baron Gros) that Her Majesty's Government entertained precisely the views he had explained on the part of his Government.“ Vgl. *Russell an Cowley* – 21. II. 1863 – in: Das *Staatsarchiv*, Bd. 4, Dok.-Nr. 679.

325 Vgl. *W. E. Mosse:* England and the Polish Insurrection, S. 31; *ders.:* The European Powers, S. 112, Anm. 5. Egmont Zechlin läßt eine Übereinstimmung zwischen Palmerston und Russell vermuten, die offensichtlich zunächst nicht gegeben war. Vgl. *E. Zechlin:* Die Reichsgründung, S. 101.

erneut sichern[326] und strebe darüber hinaus möglicherweise sogar eine Erweiterung des französischen Territoriums an[327].

Zwar hielt Lord Palmerston offenbar noch am 24. Februar in Übereinstimmung mit Lord Russell an seinem ursprünglichen Vorsatz fest, gegen die preußisch-russische Vereinbarung vom 8. Februar in Berlin geharnischten Protest einzulegen, falls man sich in der Wilhelmstraße nicht schleunig bereit erklären sollte, die – ihm offiziell nicht mitgeteilte – Konvention unausgeführt zu lassen[328]. Am nächsten Tag aber war der Premierminister zu der Auffassung gelangt, daß Rußland wegen der ungerechten Behandlung seiner polnischen Untertanen als der eigentliche Missetäter zu gelten habe, Preußen hingegen nur sein „zufälliger Komplize" sei, und man daher logischerweise in Petersburg als dem „origin of the evil" in einer „real and useful representation" vorstellig werden müsse[329]. Auch Russell schien bei der Warnung des Grafen Bernstorff vor Schritten, die Frankreich einen Anlaß zur Einmischung bieten könnten, schwankend zu werden. Dennoch aber meinte der preußische Gesandte: „Der Augenblick ist kritisch und erinnert leider sehr an die Haltung der Westmächte beim Einrücken der Russen in die Fürstentümer und der Österreicher in Sardinien"[330].

Hartnäckiger Widerstand gegen die antipreußischen Pläne des Staatssekretärs des Äußeren machte sich vor allem in Windsor geltend, von wo aus Königin Viktoria ihrem Kabinett den von Lord Russell redigierten Entwurf einer nach Berlin zu richtenden Protestnote vom 23. Februar mit eigenhändigen, die scharfe Tonart wesentlich mildernden Marginalien versehen zur nochmaligen Beratung zurücksandte[331] und ihn am folgenden Tag auf den Rat ihres Pariser Botschafters, Lord Cowley, hin in einem persönlichen Schreiben anwies, „to give Prussia the opportunity of getting out of the difficulty by letting the convention drop"[332]. In einer späteren Passage dieses Briefes ließ auch sie ihre Furcht vor feindseligen Absichten Frankreichs an der deutschen Westgrenze erkennen, indem sie bemerkte: „The Emperor is dying for an opportunity to be on the Rhine, and we must take care

326 Vgl. *A. Hillgruber:* Bismarcks Außenpolitik, S. 51.

327 Lord Granville, der Chancelor of the Council of War, schrieb an die Königin, Palmerston habe eine sehr vorsichtige Sprache geführt, „and agreed that the French policy was dictated by a desire to conciliate Catholic support, and probably by ulterior plans of aggrandizement". *Granville an Königin Viktoria* – 24. II. 1863 – zit. bei *W. E. Mosse:* England and the Polish Insurrection, S. 31.

328 Den Rat, die Konvention möglichst rasch auszusetzen, erhielt Goltz anscheinend von seinem britischen Kollegen Lord Cowley. Vgl. *Goltz an Bismarck* – 24. II. 1863 – APP III, Nr. 239; *ders. an Bernstorff* – 24. II. 1863 – APP III, Nr. 240.

329 *Palmerston an Russell* – 24. II. 1863 – zit. bei *W. E. Mosse:* England and the Polish Insurrection, S. 31.

330 *Bernstorff an Bismarck* – 25. II. 1863 – APP III, Nr. 243.

331 Daß im Verhalten der Königin „Sentimentalität und Familiensinn" zum Tragen kämen, vermutet *E. Eyck:* Bismarck. Leben und Werk. Bd. I, Zürich 1941, S. 483.

332 *Königin Viktoria an Russell* – 24. II. 1863 – zit. bei *W. E. Mosse:* The European Powers, S. 112, Anm. 7.

not to give him a pretence for it"[333]. Daher dürfe sich die englische Politik auf gar keinen Fall in einen möglichen Konflikt mit Preußen verwickeln lassen, wenngleich die öffentliche Meinung im Lande über das moralisch höchst anfechtbare und überdies durch keine zwingende Notwendigkeit motivierte Verhalten dieser Macht mit vollem Recht äußerst aufgebracht sei[334]. Zwar werde sich, wie ihr eilends nach London entsandter Privatsekretär, General Grey, der Königin meldete, nach der Überzeugung des Ministerrats eine einigermaßen deutliche Depesche an die preußische Regierung kaum vermeiden lassen, doch werde es selbst in einem solchen Fall nicht leicht sein, Frankreich begreiflich zu machen, daß die britische Regierung über die Grenzen einer diplomatischen Demonstration keinesfalls hinausgehen werde[335].

Schließlich fiel am 25. Februar im britischen Kabinett eine gewisse Vorentscheidung, als die Ministerrunde nach eingehender Diskussion beschloß, den französischen Vorschlag einer gemeinsamen Intervention in Berlin vorerst ausweichend zu beantworten[336], um dem preußischen Kabinett nochmals Gelegenheit zu geben, die ominöse Konvention, deren Inhalt in London immer noch lediglich in Umrissen bekannt war[337], stillschweigend fallen zu lassen[338]. Russell selbst verlas seinen Kollegen den Entwurf einer nach Paris zu richtenden Antwortnote, die nach seinen Worten dazu dienen sollte, bei der dortigen Regierung „kaltes Was-

[333] Mit Recht bemerkt Mosse, daß die Besorgnisse der Königin vor den Motiven Napoleons durch die Tatsachen vollauf gerechtfertigt waren. Vgl. *W. E. Mosse:* The European Powers, S. 114, Anm. 1.

[334] Es sei daran erinnert, daß die gleichnamige älteste Tochter der Queen seit Beginn des Jahres 1858 preußische Kronprinzessin war. Aus der reichen Literatur seien hierzu genannt *F. Eyck:* Prinzgemahl Albert von England, Zürich und Stuttgart 1961, bes. S. 288 bis 289; *M. Freund:* Der Kaiser der Liberalen: Friedrich III., in: Preußens Könige, hrsg von *F. W. Prinz von Preußen,* München-Gütersloh-Wien 1972, S. 199–223, bes. S. 200 bis 201.

[335] *Grey an Königin Viktoria* – 24. II. 1863 (?) – zit. bei *W. E. Mosse:* The European Powers, S. 113; dort auch die Äußerung des Präsidenten des Council of War, Lord Granville, der die preußische Politik in diesem Zusammenhang „selbstmörderisch" nannte und sie als die größte Gefahr für den Frieden Europas bezeichnete.

[336] Vorbildlich minutiöse Schilderung dieser Vorgänge bei *W. E. Mosse:* The European Powers, S. 114–117.

[337] Nach dem Zeugnis Bernstorffs war die Konvention im Londoner Außenministerium über Lord Napier in Petersburg dennoch „ziemlich" bekannt. *Bernstorff an Bismarck* – 25. II. 1863 – APP III, Nr. 243.

[338] Am Abend des 26. Februar meldete Bernstorff, daß man in London noch einige Tage bis zur Absendung der Depesche nach Paris warten werde, „und daher noch Zeit für uns vorhanden wäre, durch eine zuvorkommende Erklärung die Absendung unnötig zu machen". *Bernstorff an Bismarck* – 26. II. 1863 – APP III, Nr. 252.

ser“ auf alle von ihr bislang gehegten Absichten zu gießen und „to slacken the too rapid movements of the French Government“[339]

Die Entscheidung des Ministerrats wurde zusätzlich noch unterstützt durch die im Laufe des nächsten Tages im Foreign Office eintreffende Nachricht aus Wien, daß man dort die französischen Vorschläge soeben zurückgewiesen habe[340]. Zwei Tage später folgte diesem Schritt Österreichs auch das Kabinett von St. James, um dem preußischen Ministerium auf diese Weise die Möglichkeit zu eröffnen, „of condemning her own act“, da nach den jüngsten Berichten der königlichen Botschaft in Berlin mittlerweile berechtigte Hoffnung bestünde, daß die am 8. Februar zwischen Rußland und Preußen geschlossene Vereinbarung nicht mehr in Kraft treten werde[341].

Die soeben beschriebene dramatische Entwicklung dieser letzten Februartage innerhalb der Londoner Regierungskreise wurde im Lande von einer heftigen, ähnlich wie in Frankreich eher gegen Preußen als gegen das Russische Reich gerichteten Pressekampagne begleitet, die in allen führenden deutschen Blättern ein lebhaftes Echo fand und vor allem der liberalen Opposition im preußischen Abgeordnetenhaus manches ihrer Argumente dafür lieferte, das ohnehin nicht gerade populäre „Konfliktministerium“ auch auf außenpolitischem Felde möglichst nachhaltig zu attackieren[342].

Der dem Foreign Office nahestehende „Morning Herald“ glaubte zwar noch in seiner Ausgabe vom 14. Februar den Aufstand in Polen als ein „übelberathenes und unglückseliges Unternehmen“ bezeichnen zu müssen, war aber dennoch der Überzeugung, daß England und Frankreich gewissermaßen verpflichtet seien, „ein

[339] Schon am 25. Februar berichtete der sächsische Gesandte aus London von einem Gespräch mit „einem englischen Staatsmann“, der mit Österreich gemeinsam Frankreich im Zaume halten wollte. „Vous savez comment on se prend dans l'Inde pour dresser un éléphant. On place 'éléphant sauvage entre deux autres, déjà apprivoisés.“ *Vitzthum an Beust* – 25. II. 1863 – in: *H. Kretzschmar: Die Anfänge* des Ministeriums Bismarck, Dok.-Nr. 86.

[340] *Bloomfield an Russell* – 26. II. 1863 – zit. bei *W. E. Mosse:* The European Powers, S. 114, Anm. 5; auch der sächsische Gesandte sah diesen Zusammenhang, wenn er schrieb: „Oesterreichs Ablehnung des französischen Vorschlags hat die Englands herbeigeführt. Bernstorff behauptet, man habe es dem englischen Kabinett allein zu verdanken, wenn Kaiser Napoleon seine für den Weltfrieden so verhängnisvollen Pläne zu vertagen genöthigt worden.“ *Vitzthum an Beust* – 19. III. 1863 – in: *C. F. Graf Vitzthum von Eckstaedt:* St. Petersburg und London in den Jahren 1852–1864, Stuttgart 1886, S. 216; ähnlich *Stockhausen an Dalwigk* – 4. III. 1863 – StA Darmstadt, Best. 70e/1/Bl. 1–303.

[341] *Russell an Cowley (Paris)* – 28. II. 1863 – zit. bei *W. E. Mosse:* The European Powers, S. 114, Anm. 6.

[342] Zum Echo des Januaraufstandes in der britischen Öffentlichkeit vgl. u. a. *M. Giergielewicz:* Echoes of the Polish January Uprising in „Punch“, in: Polish Review 8 (1963) S. 3–27; *R. F. Leslie:* Brytyjska opinia publiczna a powstanie styczniowe, in: PH 54 (1963) S. 206–222; *ders.:* Information and Foreign Policy: An Aspect of the British Official Attitude towards the Polish Question (1856–1863), in: Wiek XIX., Warszawa 1967, S. 345–353.

Wort freundlicher Vermittlung zu Gunsten der Polen einzulegen", um dann mit deutlichem Seitenhieb auf Preußen fortzufahren, daß niemand so leicht eine schlaue Neutralität billigen könne, die sich überall dort einmische, „wo sie die Übermacht hat", sich aber – wie im Krimkrieg geschehen – jeder Einmischung ängstlich enthalte, „wo dieselbe mit einiger Gefahr verbunden" wäre[343]. Am selben Tage erklärte „Daily News": „Patriotische Deutsche werden sich nie bewegen lassen, in ein Kriegsgeschrei zur Aufrechterhaltung des durch die Theilung von Polen geschaffenen Zustandes einzustimmen. Wer für die Nationalität bei sich zu Hause ist, muß damit beginnen, sie bei Anderen anzuerkennen"[344]. Einige Tage später ermahnte dasselbe Blatt, welches bei den preußischen Konservativen als Sprachrohr Lord Russells galt[345], das „freisinnige Deutschland" nochmals, selbst auf die Unabhängigkeit Polens hinzuwirken, um dem französischen Nachbarn jeden Anlaß zu entziehen, sich seine zu erwartende Intervention in der polnischen Frage „mit einer preußischen Provinz am Rheine" bezahlen zu lassen. „Wenn die deutschen Mächte" – so schloß das Blatt – „sich vereinigt zu Gunsten der Rechte Polens aussprächen und die Anerkennung derselben verlangten, so dürfte die Befreiung jenes Landes bewirkt werden, ohne daß ein einziger Franzose den Rhein überschritte"[346]. Und ganz ähnlich bezeichnete am 28. Februar die „Saturday Review" ein wiederhergestelltes Polen als eine „unschätzbare Schranke gegen Rußland", welche Deutschland an seiner Ostgrenze aller Sorgen entledigen würde[347], und beendete seine Ausführungen mit den Worten: „Wenn die Deutschen einmal ein herzliches Interesse an der Unabhängigkeit Polens hätten, wäre es für ferner liegende Mächte nicht nöthig, eine schwierige und gewagte Intervention zu versuchen"[348].

Inzwischen aber erhoben sich gegen derartige Ansichten selbst bei preußischen Liberalen erhebliche Bedenken. So meinte etwa der Leitartikler der sonst eher als gemäßigt einzuschätzenden Berliner „National-Zeitung" am 26. Februar: „Unstreitig geht die polnische Frage nächst Rußland am meisten Deutschland an, in-

343 Übernommen von der *AAZ* Nr. 48 vom 17. Februar.
344 Übernommen von der *KZ* Nr. 48 vom 17. Februar.
345 Vgl. *NPZ* Nr. 44 vom 21. Februar.
346 Übernommen von der *KZ* Nr. 58 vom 27. Februar.
347 Diese Auffassung steht im diametralen Gegensatz zu derjenigen Bismarcks, die er am eindeutigsten in einem Privatbrief an Bernstorff umschrieben hat, in welchem es u. a. heißt: „Den britischen Eifer gegen unsere Konvention kann ich mir nur aus der Unbekanntschaft der Engländer mit den intimeren Verhältnissen kontinentaler Politik erklären ... Man kann sich in London doch nicht darüber täuschen, daß alles, was man für Polen tut, wenn es Erfolg hat, nur dazu dient, die Stellung Frankreichs auf dem Kontinent zu stärken. Polens Unabhängigkeit ist gleichbedeutend mit einer starken französischen Armee in der Weichselposition, und jede Verlegenheit, die man Rußland in Polen bereitet, ist ein Druck auf Rußland zur Verständigung mit Frankreich ... wir können den Rhein nicht halten, wenn wir Polen im Rücken haben." *Bismarck an Bernstorff* – 9. III. 1863 – APP III, Nr. 319.
348 *AAZ* Nr. 65 vom 6. März (Korrespondentenbericht aus London vom 3. März).

dem eine Wiederherstellung Polens doch nur auf russische und deutsche Kosten erfolgen könnte. Die westlichen Mächte Europas mögen für die polnische Nation das wärmste Mitgefühl hegen, sie könnten sogar dafür halten, daß ein neues Polenreich vorteilhaft für sie sein würde, und deshalb ein solches Reich von Herzen wünschen; auch in diesem Falle würden sie sich aber fragen, ob sie sich um dieses Wunsches willen mit Preußen und Rußland überwerfen sollten. Diese beiden Staaten bestehen einmal, und ihr baldiger Untergang ist nichts weniger als wahrscheinlich . . ."[349]. Hingegen ging die liberale Publizistik – wie noch zu zeigen sein wird – innerhalb und außerhalb Preußens beinahe geschlossen mit der britischen Presse konform in ihrer unbedingten Ablehnung der seit dem Ausbruch der polnischen Krise in der Wilhelmstraße betriebenen Politik, die durch ihre ostentative Annäherung an den Hof in St. Petersburg auf Kosten der polnischen Nationalbewegung den Kaiser der Franzosen bei der in Deutschland bekannten Polonophilie seines Volkes völlig unnötigerweise zum Eingreifen herausgefordert habe[350].

Diese pessimistische Einschätzung der außenpolitischen Lage Preußens wurde seitens der königlichen Vertretung in Paris durchaus geteilt[351], in welcher die Nervosität des dortigen Botschafters beinahe stündlich wuchs[352] und im übrigen auch dem kaiserlichen Kabinett in Petersburg nicht verborgen blieb[353]. Nachdem sein britischer Kollege, Lord Cowley, der in London unablässig dahin gewirkt hatte, dem Berliner Kabinett die Möglichkeit einer Revision seines übereilten Schrittes einzuräumen[354], ihm in einem lebhaften Gespräch als den einzigen Weg, um das

[349] *NZ* Nr. 95 vom 26. Februar.

[350] Vgl. vor allem *O. Nirrnheim*: Das erste Jahr des Ministeriums Bismarck und die öffentliche Meinung, Heidelberg 1908, bes. S. 308–388; *H. Scheidt*: Konvention Alvensleben und Interventionspolitik der Mächte in der polnischen Frage 1863, Würzburg 1937, S. 45–72.

[351] In einem Gespräch mit dem kurhessischen Gesandten in Paris hatte auch der erste Sekretär der dortigen preußischen Botschaft, Prinz Reuß, die Konvention als einen „großen Fehler" bezeichnet, „welchen man hätte vermeiden müssen, wenn man auf die hiesigen Verhältnisse einige Rücksicht genommen hätte. Napoleon habe sich zwar bey vielen Gelegenheiten sehr freundlich und wohlwollend gegen Preußen gezeigt und ausgesprochen, doch könne man hierauf nicht immer bauen, und müsse sich fortwährend hüten, ihm einen Vorwand zu geben, welcher die Versuchung zum Streit wirksam machen könnte. Herr von Bismark (!) habe dies nicht berücksichtigt, sondern den früheren Freundschafts-Versicherungen blindlings vertraut". *Trott an Kurfürst Friedrich Wilhelm* – 26. II. 1863 – StA Marburg, Best. 9a/193/Bl. 24–27. In der Tat scheint Bismarck einen Einspruch von seiten Frankreichs zunächst nicht erwartet zu haben. Der württembergische Gesandte schrieb aus Berlin: „Von französischer Seite befürchtet Herr von Bismarck keinerlei Einmischung in die Sache. Der französischen Regierung könnten durch Interpellationen in ihren Kammern Verlegenheiten entstehen, doch darauf werde sich die dortige Theilnahme beschränken." *Linden an Hügel* – 14. II. 1863 – HStA Stuttgart, Best. E 73/61/10–11.

[352] *Cowley an Russell* – 24. II. 1863 – zit. bei *W. E. Mosse:* The European Powers, S. 115, Anm. 1.

[353] *Redern an Bismarck* – 24. II. 1863 – APP III, Nr. 241.

[354] Vgl. z. B. *Königin Viktoria an Russell* – 24. II. 1863 – zit. bei *W. E. Mosse:* The European Powers, S. 112, Anm. 7.

Vertrauen zwischen den Höfen von London und Berlin wiederherzustellen und „Napoleon von gefährlichen Plänen abzuhalten", den sofortigen Rücktritt des preußischen Ministerpräsidenten bezeichnet hatte, schrieb Graf Goltz seinem Vorgesetzten mit die Grenzen der Loyalität streifender Deutlichkeit: „Wir haben einen immensen Fehler begangen. Gott weiß, wie er wiedergutgemacht werden soll". Er vermöge sich nicht vorzustellen, daß „der Caesar" sich dereinst von seinem künftigen Geschichtsschreiber werde vorwerfen lassen wollen, er habe die desolate Lage Preußens im Innern, in Deutschland und in Europa nicht ausgenutzt, „um sich den Rhein zu holen", und er schloß mit dem eindringlichen Appell an seine Regierung: „Also: Aufhebung der Konvention, Aussöhnung im Innern, Herstellung des Vertrauens in Deutschland"[355]!

Gleichzeitig versuchte der Botschafter sein Vorgehen mit dem Grafen Bernstorff in London abzustimmen, um „durch identische Vorstellungen" in Berlin „der Direktive . . . die korrekte Richtung" zu geben[356]. Dabei vergaß er seinem Kollegen gegenüber nicht zu erwähnen, daß er inzwischen in der Wilhelmstraße persönlich „mit Erfolg auf Abschwächung der Konvention (dieses beispiellosen Fehlers) gewirkt" habe; „sie ist jetzt, wie Sie wissen werden, faktisch bereits tot, aber vielleicht zu spät, um demütigende Schritte der Westmächte zu hindern". Einen Ministerpräsidenten könne man dem Ausland allerdings schwerlich opfern, doch müsse er „unter uns und aufrichtig" nichtdestoweniger feststellen, daß Bismarck, den der König eigens zur Lösung der inneren Schwierigkeiten der Monarchie in sein Amt berufen habe, an dieser Aufgabe im Grunde bereits gescheitert sei und die Herstellung des Friedens im Innern vorübergehend wohl nur durch einen „äußersten Liberalismus" möglich sein werde. Die anschließende Frage: „Bin ich hierzu der Mann, und wer sonst?" zeigte nun aber doch recht deutlich den kaum verdeckten Ehrgeiz des Grafen v. d. Goltz, die Nachfolge Bismarcks als Regierungschef in Berlin anzutreten, obschon er diesen Gedanken dann doch sogleich wieder einzuschränken suchte und lieber auf seinem Pariser Posten zu verbleiben vorgab[357].

Ist somit in der Argumentation des Grafen Goltz möglicherweise auch ein Element prinzipieller Gegnerschaft seinem Vorgesetzten gegenüber (wie sie ihr

[355] *Goltz an Bismarck* – 24. II. 1863 – in: *O. Graf zu Stolberg-Wernigerode:* Robert Heinrich Graf v. d. Goltz, Oldenburg-Berlin 1941, Dok.-Nr. 17, S. 316–318.

[356] *Goltz an Bernstorff* – 24. II. 1863 – ebda., Dok.-Nr. 18, S. 318–319.

[357] „Der Banquier Baron Rothschild erhielt gestern Abend die telegraphische Nachricht aus Berlin, daß der Minister von Bismark (!) und der General-Adjutant von Manteuffel entlassen, der Fürst von Hohenzollern-Sigmaringen zum Minister-Präsidenten und der Botschafter hierselbst, Graf Goltz, zum Minister des Äußeren ernannt seyen." *Trott an Kurfürst Friedrich Wilhelm* – 26. II. 1863 – StA Marburg, Best. 9a/193/Bl. 24–27; ähnlich auch der sächsische Gesandte, der Goltz ausdrücklich als Nachfolger Bismarcks bezeichnete, aber hinzufügte: „Cette nouvelle me paraît dans ces termes fort incroyable." *Seebach an Beust* – 26. II. 1863 – in: *H. Kretzschmar: Die Anfänge* des Ministeriums Bismarck, Dok.-Nr. 87.

späteres Verhältnis zueinander kennzeichnen sollte[358]) mit im Spiele, so hatte er dennoch mit seiner Bemerkung, daß nämlich das schließliche Einlenken des Berliner Kabinetts in erster Linie seinen dringenden Mahnungen zu verdanken gewesen sei, so ganz unrecht nicht. Denn wenngleich Bismarck die Telegramme der Pariser Botschaft zunächst auch noch mit gelegentlichen markigen Marginalien versah, in welchen er jedem Anschein von Schwäche und Unsicherheit energisch entgegenzutreten suchte[359], so handelte er in den folgenden Tagen im Grunde eben doch nicht anders als die Grafen Bernstorff und Goltz ihm in ihren Depeschen vorgeschlagen hatten[360].

Gerade unter dem Eindruck der immer bedrohlicher lautenden Nachrichten aus Paris nämlich[361] und angesichts der sich allmählich stabilisierenden militärischen Lage im Aufstandsgebiet[362], wo die anfangs schlecht geführten und unzureichend

358 Vgl. vor allem *O. Graf zu Stolberg-Wernigerode:* Robert Heinrich Graf von der Goltz, Oldenburg-Berlin 1941, bes. Kapitel IV, S. 98–115.

359 So erwiderte er beispielsweise auf den Vorschlag Goltz', in der Kammer zu erklären, die preußische Regierung werde die Konvention unausgeführt lassen: „schwerlich; man würde nur den Eindruck haben, daß wir uns fürchten. Will man sonst nicht Händel mit uns, so wird diese Konvention kein Grund dazu sein." (APP III, Nr. 244) und auf die Bitte des Botschafters, Kaiser Napoleon jede Handhabe zu Zerwürfnissen zu nehmen: „doch mit unserer eigenen Würde kaum verträglich! nur nicht ängstlich!" (APP III, Nr. 261). Die Behauptung „anxiety reigned in Berlin" ist demnach doch etwas übertrieben, so *W. E. Mosse:* The European Powers, S. 114.

360 So *E. Zechlin:* Bismarck und die Grundlegung der deutschen Großmacht, S. 479–480.

361 Der badische Gesandte in Berlin, der sich Ende Februar in St. Petersburg aufhielt, berichtete, die Konvention Alvensleben habe zwar in London und Paris – wie auch nicht anders zu erwarten – Anstoß erregt, die Verärgerung sei aber sehr rasch vorübergegangen. „Herr von Budberg in Paris soll sich das Verdienst zuerst erworben haben; er soll, als er die Sache erfuhr, augenblicklich an Fürst Gortschakoff telegraphiert haben: ‚Unmöglich, müßt revidiren.' Fürst Gortschakoff ließ das Kind ein todtgeborenes sein – und Bismarck hatte wahrhaftig keinen Grund, Belebungsversuche damit anzustellen." *Marschall an Roggenbach* – 4. III. 1863 – GLA Karlsruhe, Best. 48/3009.

362 Seit dem 20. Februar wuchs in Berlin die Überzeugung, daß an einen Erfolg der Aufständischen nicht mehr zu glauben sei. „Die Nachrichten aus Polen lauten im allgemeinen günstiger ... Im Großen und Ganzen zu schließen, ist das rebellische Unternehmen in seinem inneren Halt gebrochen. Die russischen Colonnen, obschon gering an der Zahl der Mannschaften, haben bei jedem Zusammenstoß Erfolge erkämpft, und nach solchen Anfängen läßt sich mit Grund die nachhaltige Ueberlegenheit der russischen Waffen vorhersehen." *Linden an Hügel* – 20. II. 1863 – HStA Stuttgart, Best. E 73/169/955. – Der nassauische Ministerresident meinte am 22. Februar, ein genaueres Bild der Lage sei angesichts der einander widersprechenden Nachrichten kaum zu gewinnen. „Doch möchte soviel unzweifelhaft sein, daß der Aufstand im Allgemeinen und abgesehen von einzelnen lokalen Erfolgen, nicht im Vorschreiten begriffen ist, und bei dem Zusammenstoß mit den regulairen Truppen keine wesentlichen Erfolge gewinnt." *Löhneysen an Wittgenstein* – 22. II. 1863 – HStA Wiesbaden, Rep. 210–10723. Ähnlich *Wambolt an Dalwigk* – 26. II. 1863 – StA Darmstadt, Best. 87 e/1. – Gleiches galt für Wien, von wo am 19. Februar berichtet wurde: „Uebereinstimmenden Anzeichen zufolge neigt sich die polnische Insurrektion dem Ende zu. Die Materie wird auch dießmal siegen." *AAZ* Nr. 52 vom 19. Februar.

bewaffneten Insurgenten[363] den regulären Truppeneinheiten fast nirgends mehr standzuhalten vermochten[364], sah man an der Newa seit dem 22. Februar keine Veranlassung mehr, die Petersburger Verabredungen über den Charakter eines „concours de police" hinaus weitergehenden preußischen Ambitionen, wie sie Bismarck am 16. Februar in einem die deutsche politische Welt in helle Empörung versetzenden Gespräch mit dem Vizepräsidenten des Abgeordnetenhauses entworfen hatte[365], zur Basis dienen zu lassen.

Wie indes schon erwähnt, hatte Alexander II. bereits am 12. Februar persönlich in einer Randnotiz auf die telegraphische Anfrage seines Berliner Gesandten, ob eine seinem Eindruck nach in Berlin angestrebte „intervention complète et sérieuse" im Sinne der kaiserlichen Regierung sei, unmißverständlich erklärt, daß er keine andere als die in der Petersburger Übereinkunft vereinbarte Intervention wünsche. Am folgenden Tag hatte auch das Außenministerium Oubril nochmals wissen lassen, daß eine Erweiterung (élargissement) der am 8. Februar getroffenen Abmachungen weder den Notwendigkeiten des Augenblicks noch der Verhältnismäßigkeit der Mittel „vis-à-vis l'insurrection" entspräche[366]. Eine Woche später bekräftigte Gortschakow diese Auffassung, indem er Oubril noch einmal ein-

363 Vgl. vor allem *E. Halicz*: Polska sztuka wojskowa w okresie powstania styczniowego, in: Powstanie styczniowe, Bd. I., Warszawa 1963, S. 129–162; *ders.*: Koncepcje militarne powstania styczniowego i ich realizacja, in: Studia i materiały do dziejów Wielkopolski i Pomorza 8 (1963) S. 5–22; *ders.*: La guerre de partisans en Pologne au XIXe siècle, in: Etudes polonaises d'histoire militaire, Varsovie 1965, S. 75–81; dazu die Beiträge von *L. Ratajczyk*: Powstanie styczniowe jako wojna partyzanka, in: Materiały i Studia do Historii Wojskowości 10 (1964) S. 184–228; *ders.*: La guerre polonaise de partisans en 1863–1864, in: Etudes polonaises d'histoire militaire, Varsovie 1965, S. 82–88; *ders.*: Wyższa kadra dowódcza w powstaniu styczniowym, in: Wiek XIX., Warszawa 1967, S. 321–333; ferner die beiden Biographien zweier Führer des Aufstandes von *W. Karbowski*: Zygmunt Padlewski (1835–1863), Warszawa 1969, und *J. Zdrada*: Jarosław Dąbrowski, 1836–1871, Kraków 1973.

364 In vielem abweichend von den eben genannten Arbeiten *M. Kukiel*: Zagadnienia wojskowe powstania styczniowego, in: Teki Historyczne 12 (1962/63) S. 93–115; *ders.*: Military Aspects of the Polish Insurrection of 1863–64, in: Antemurale VII/VIII (1963) S. 363–397; zusammenfassend *G. Rhode*: Geschichte Polens, 2. Aufl. Darmstadt 1966, S. 391–393.

365 Dieses vielbesprochene Gespräch mit dem Danziger Kaufmann Behrend auf einem Ball des Kronprinzen trug durchaus privaten Charakter, ging jedoch durch die gesamte diplomatische Berichterstattung und die Presse und hat Bismarck auch von russischer Seite herbe Kritik eingetragen, vgl. den Bericht des preußischen Gesandten von seiner Unterredung mit Gortschakow: „Er empfing mich sehr kalt, war sehr wortkarg und beschwerte sich zuvörderst darüber, daß in Berlin zuviel gesprochen würde und man dort sehr leicht kompromittiert werden könne." *Redern an Bismarck* – 28. II. 1863 – APP III, Nr. 273.

366 „Donner à l'intervention de plus larges propositions ne repondrait ni aux nécessités du moment ni à la puissance relative des deux cours vis-à-vis l'insurrection. Cette élargissement serait contraire aux intentions de l'Empereur." *Gortschakow an Oubril* – 13. II. 1863 – APP III, Nr. 180, Anm. 1.

schärfte, bei diesen Absprachen handele es sich lediglich um eine polizeiliche Maßnahme zur Aufrechterhaltung der Ordnung an der gemeinsamen Grenze[367].

Wie der bayerische Gesandte aus Petersburg berichtete, gingen aber auch in der russischen Hauptstadt in diplomatischen Kreisen Gerüchte um, nach denen die von Alvensleben getroffenen Vereinbarungen, die man dort zunächst „avec beaucoup de satisfaction" aufgenommen habe, ihrem Inhalt nach weit über den beiderseitigen Schutz der Grenzen hinausgingen. Leider verhalte sich der neue preußische Gesandte, Graf Redern, sehr reserviert und habe ihn bisher lediglich des vollsten Einverständnisses der Kabinette von St. Petersburg und Berlin versichert[368]. Sein württembergischer Kollege aber wußte drei Tage später nach Stuttgart zu berichten: „Die Convention mit Preußen, welche zunächst den gegenseitigen Truppen den ungehinderten Uebertritt auf das preußische und russische Gebiet gestattet, soll so allgemein gefaßt sein, daß nach ihrem Wortlaut der Großfürst jederzeit ein preußisches Armeekorps nach Polen berufen kann"[369].

Eben dieser Eventualität auf jeden Fall vorzubeugen, war jedoch das unausgesetzte Bestreben der Warschauer Statthalterschaft, die verständlicherweise auf keinen Fall den Eindruck der Hilfsbedürftigkeit aufkommen lassen wollte[370]. Daher erregte es auch in der gesamten europäischen Öffentlichkeit beträchtliches Aufsehen, als die Aufständischen Anfang Februar einen russischen Kurier aus Warschau mit für die kaiserlichen Gesandtschaften in Berlin und Paris bestimmten Depeschen abfingen, deren wichtigste wenig später im Krakauer „Czas" veröffentlicht und anschließend von allen großen Blättern nachgedruckt wurden[371].

In einem privaten Brief an den Berliner Gesandten Oubril vom 4. Februar hatte nämlich der Kanzleichef des Großfürsten Konstantin, Tengoborski, unverhohlen seiner Verwunderung darüber Ausdruck verliehen, daß man in der Wilhelmstraße offensichtlich ernsthaft ein enges militärisches Zusammenwirken preußischer Streitkräfte mit den im Königreich Polen im Kampf gegen die Insurgenten stehenden russischen Truppen beabsichtige, wofür die Ankunft hoher Offiziere aus Berlin in Warschau ein deutliches Zeichen sei[372]. Nun verkenne man am Hofe des Großfürsten zwar nicht den entgegenkommenden Sinn der Mission dieser Herren, vermöge sich die Motivation einer derartigen Sendung hingegen nicht zu erklären.

367 *Gortschakow an Oubril* – 20. II. 1863 – APP III, Nr. 209.

368 *Perglas an König Maximilian II.* – 19. II. 1863 – GStA München, Best. MA III/2747.

369 *Spitzemberg an Hügel* – 22. II. 1863 – HStA Stuttgart, Best. 72/124.

370 Über Zustände und Stimmungen im Kreise der Warschauer Administration vgl. *J. v. Verdy du Vernois:* Im Hauptquartier der russischen Armee in Polen 1863–1865. Persönliche Erinnerungen, Berlin 1905.

371 Vgl. *S. Kieniewicz:* Powstanie styczniowe, S. 398.

372 Der württembergische Gesandte in Berlin berichtete schon am 4. Februar, man habe dort den Eindruck gewonnen, „es werde in Warschau nicht mit der nach den Umständen erforderlichen Energie vorgegangen; bei der bedeutenden Truppenzahl, über welche der Großfürst-Statthalter zu verfügen habe, könnte, meint man, mehr geschehen, was zugleich den moralischen Nachtheil mit sich bringe, daß man sich erfreche, zweideutige Gerüchte

Noch sei jedenfalls eine Gefahr solcherart nicht im Verzuge, daß man auswärtiger Hilfe bedürfe; die preußische Regierung male den Teufel offenkundig schwärzer als er in Wirklichkeit sei[373].

Wie nicht anders zu erwarten, verstärkte diese Stellungnahme aus der unmittelbaren Umgebung des großfürstlichen Hofes in Warschau in der deutschen öffentlichen Meinung den durchaus berechtigten Eindruck, daß man in Berlin – dazu noch in einem moralisch höchst anfechtbaren Fall – dem Petersburger Kabinett übereilt und ungefragt seine Unterstützung aufgedrängt hatte, bevor überhaupt ein ohnehin unwahrscheinliches Hilfsbegehren der russischen Regierung vorlag[374]; und auch die gegen den Widerspruch der polnischen Fraktion aufrechterhaltene Erklärung des Ministerpräsidenten in der Sitzung des preußischen Abgeordnetenhauses vom 18. Februar, nach den von ihm eingezogenen Informationen sei die Depesche nicht authentisch[375], wirkte zu schwach, um an ihrer Echtheit Zweifel aufkommen zu lassen[376]. Im Gegenteil ließ Gortschakow sich etwas später aus Warschau die Authentizität des Textes ausdrücklich bestätigen und weigerte sich hartnäckig, Tengoborski dem Wunsch Bismarcks entsprechend zu desavouieren. „Nous n'en ferons rien", erklärte er in einem Schreiben an letzteren am 3. März[377].

über die Warschauer Regierung im Lande auszustreuen, was nothwendig wieder der Sache des Aufstands Vorschub leiste". Daher seien Major von Rauch und ein weiterer Offizier nach Warschau entsandt worden. *Linden an Hügel* – 4. II. 1863 – HStA Stuttgart, Best. 73 a/III 169/1-955. Einige Tage später traf der russische Oberst von Reutern in Berlin ein. *Wambolt an Dalwigk* – 14. II. 1863 – StA Darmstadt, Best. 87 e/1.

373 Am 14. Februar meldete die Stettiner *„Ostsee-Zeitung"*: „Die Insurgenten haben einen russischen Courier gefangen mit Depeschen von Tengoborski an die Gesandten Herrn v. Budberg und v. Oubril in Betreff der Haltung Preußens und Österreichs. Letzteres wird darin beschuldigt, die Insurrection zu begünstigen." Auch Privatbriefe der Großfürstin seien aufgefangen worden. *KZ* Nr. 46 vom 15. Februar. Der Wortlaut des Briefes an Budberg wurde nachgedruckt in *AAZ* Nr. 47 vom 16. Februar. Vgl. ferner *J. Klaczko:* Zwei Kanzler – Fürst Gortschakow und Fürst Bismarck, Basel 1877, S. 140.

374 In Berlin fragten sich Diplomaten, „welches Interesse Preußen dazu treiben konnte, eine solche Convention zu schließen, ja eigentlich Rußland aufzudrängen, da letzteres noch gar nichts verlangt hatte? Das Versprechen der Hülfeleistung ist für die russische Armee nicht einmal sehr schmeichelhaft, und auch Kaiser Nikolaus hat mit seiner Intervention in Ungarn doch gewartet, bis die österreichischen Truppen geschlagen waren." Man könne nur vermuten, daß konservative Kreise auf diesem Wege versuchten, die Heilige Allianz wiederherzustellen. *Geffcken an den Senat* – 14. II. 1863 – StA Hamburg, Best. G IV a/ Bd. II.

375 Vgl. *Stenographische Berichte* über die Verhandlungen der beiden Häuser des preußischen Landtags. Haus der Abgeordneten. Berlin 1863, Bd. I, S. 263 (Im folgenden: Sten. Ber.).

376 „Es ist . . . klar, daß die Hülfeleistung nicht gewünscht, sondern angeboten ist, und wenn auch Hr. von Bismarck den von den Insurgenten aufgefangenen Brief des Kabinetschefs des Großfürsten Constantin an den russischen Gesandten in Berlin als unecht bezeichnete, so geschah dies doch in sehr gewundener Weise, und ich habe nach anderen Quellen Grund zu glauben, daß der wesentliche Inhalt des Briefes vollkommen authentisch ist." *Geffcken an den Senat* – 19. II. 1863 – StA Hamburg, ebda.

377 *Gortschakow an Tengoborski* – 3. III. 1863 – in: *Korespondencja Namiestników* Królestwa Polskiego, Dok.-Nr. 175.

Da aber in einem der abgefangenen Briefe außerdem Österreich beschuldigt wurde, durch die passive Haltung seiner galizischen Grenzbehörden dem Aufstand im Königreich Polen insgeheim Vorschub zu leisten, reagierte man nun auch in Wien auf diese Vorwürfe aus Warschau äußerst gereizt und unternahm alle Anstrengungen, um diesen „absurden" Verdacht möglichst rasch zu entkräften[378]. Auf der anderen Seite versuchte der russische Botschafter v. Balabine durch wiederholte Bekundungen seines vollsten Verständnisses für die durch die besondere Lage Österreichs gebotene Politik des Ballhausplatzes den traditionellen Argwohn seiner Regierung auszuräumen und jede weitere Abkühlung des seit dem Krimkrieg ohnehin nicht sonderlich freundlichen Verhältnisses zwischen den beiden Nachbarstaaten nach Möglichkeit zu verhindern[379].

Wie der nassauische Ministerresident am 21. Februar nach Wiesbaden schrieb, hatte sich Balabine anerkennend über die Haltung Österreichs ausgesprochen: „Er legt etwaige Nachlässigkeiten galizischer Grenzbeamten, welche mit dem Aufstand sympathisieren, dem hiesigen Cabinete nicht zur Last, während dagegen in den Warschauer Regierungskreisen die Meinung noch immer herrschen soll, welche Oestreich geheimer Förderung des Aufstandes zeiht. Man mißt dort andere nach eigenem Maße ... Galizien ist bisher ganz ruhig, selbst in Krakau, wo eine größere Aufregung sich kund gab, hat dieselbe der Ernüchterung Platz gemacht, welche in Folge der Schilderungen der alle Herbergen füllenden Flüchtlinge dort eingetreten ist"[380]. Auch der Kaiser selbst wies mehreren deutschen Diplomaten gegenüber alle aus Warschau nach Wien gelangten Verdächtigungen „mit einiger Entrüstung" zurück, „als ob Österreich für die polnische Insurrektion Sympathien haben könnte"[381]. Dem sächsischen Gesandten gegenüber bezeichnete er derartige Unterstellungen als „ebenso ungerechtfertigt als geradezu gedankenlos. Dies liefere nur einen neuen Beleg, wie Leidenschaft jedes vernünftige und natürliche Interesse übersehe. Die Saat, welche Fürst Gortschakoff gesäet habe, gehe nun auf"[382]. Schließlich, so versicherte der Monarch dem Vertreter Württembergs bei gleicher Gelegenheit, herrsche unter der Landbevölkerung vorerst Ruhe und auch mancher Großgrundbesitzer sei im Grunde froh darüber, daß der Landtag in Lemberg vorläufig vertagt worden sei, „weil hierdurch manch unruhiges Element zum Schwei-

378 Vgl. *F. Engel-Janosi*: Graf Rechberg, S. 90.

379 Von einem „nahezu pathologischen Haß" Gortschakows gegen Österreich spricht *W. Baumgart:* Der Friede von Paris 1856, München-Wien 1972, S. 254. Kaiser Alexander habe diese Abneigung „bis zu einem gewissen Grad" geteilt.

380 *Thienen an Wittgenstein* – 21. II. 1863 – HStA Wiesbaden, Best. 210-3438. „A Cracovie même, où l'agitation a été assez grande d'abord, les esprits commencent à se calmer, depuis que le nombre des réfugiés venant de Russie y augmente ... Parmi ces malheureux, il y eu a peux, dit-on, qui ne désespèrent des aprésent de leur cause." *Stockhausen an Dalwigk* – 13. II. 1863 – StA Darmstadt, Best. 70 e/1/Bl. 37–40.

381 *Werther an Bismarck* – 18. II. 1863 – APP III, Nr. 200.

382 *Könneritz an Beust* – 16. II. 1863 – in: *H. Kretzschmar: Die Anfänge* des Ministeriums Bismarck, Dok.-Nr. 78.

gen gebracht werde". Eine hermetische Abriegelung des Kronlandes gegen das benachbarte Russisch-Polen aber sei bei der Länge der Grenze ohne eine Konzentration bedeutender Streitkräfte nicht möglich. Ansonsten könne man sich in Wien im übrigen guten Gewissens sagen, „daß dahier gewiß nichts unterlassen worden sey, was unter den gegebenen Umständen zur Beruhigung Polens von hier aus thunlich sey, so daß zum mindesten von Oesterreich aus Alles geschehen sey, was im umgekehrten Fall von Rußland und Preußen zum Beistand Oesterreichs geschen wäre, wenn in Galizien Unruhen ausgebrochen wären"[383].

Abgesehen aber von dieser grundsätzlichen Position der strikten Einhaltung bestehender Verpflichtungen und dem daher wiederholt nachdrücklich ausgesprochenen Wunsch, den im benachbarten Königreich ausgebrochenen Aufstand durch die russischen Waffen möglichst rasch niedergeworfen zu sehen[384], verzichtete man in Wien ganz bewußt auf jede spektakuläre militärische Machtentfaltung und ließ durch ein solches Verhalten die „großartigen preußischen Rüstungen"[385] in den Augen des deutschen und des europäischen Publikums in um so ungünstigerem Licht erscheinen[386]. Die Wiener „Ostdeutsche Post" konnte sich denn auch nicht versagen, die Hoffnung auszusprechen, „daß die glänzende Politik, die Herr v. Bismarck an der polnischen Gränze inaugurirt, uns nicht aus dem ruhigen Gleichgewicht bringen wird"[387].

383 *Ow an Hügel* – 16. II. 1863 – HStA Stuttgart, Best. E 70b/Bü 73, 2–3. „Graf Rechberg soll sich übrigens dem russischen Gesandten gegenüber in sehr bitterer Weise über die Verdächtigungen geäußert haben, deren Gegenstand die österreichische Politik von Seiten Rußlands gewesen ist. Oesterreich, soll Graf Rechberg gesagt haben, werde allerdings keine Convention abschließen, aber es werde alle Verpflichtungen, die ihm die bestehenden Verträge auferlegen, auf das gewissenhafteste erfüllen." *KZ* Nr. 50 vom 19. Februar.

384 Nach dem Bericht des württembergischen Gesandten ging Rechberg davon aus, „daß Österreich durch die Vertagung des galizischen Landtages ... Rußland größere Dienste geleistet habe, als Preußen durch die vielbesprochene Convention"; schließlich verstehe es sich von selbst, „daß bei dem gleichen Interesse, das auch Österreich an der schnellen Unterdrückung des polnischen Aufstandes habe, von hier aus nichts unterlassen werde, was zur Bewältigung desselben nach Lage der Dinge geschehen könne". *Ow an Hügel* – 28. II. 1863 – HStA Stuttgart, Best. E 70 b/Bü 73, 2–3.

385 Diese Wendung benutzte Schmerling im Gespräch mit dem württembergischen Gesandten. *Ow an Hügel* – 16. II. 1863 – Ebda.

386 Unter lautem Beifall des House of Lords erklärte beispielsweise Earl Russell am 20. Februar, die österreichische Regierung habe im Namen des Kaisers erklärt, daß dieser seinen galizischen Untertanen die ihnen zustehenden Rechte nicht schmälern und auch keine Truppenverstärkungen anordnen werde, „sondern sich ganz auf die Treue des Volkes verlassen will". Deutsche Übersetzung: *KZ* Nr. 54 vom 23. Februar; *NZ* Nr. 90 vom 23. Februar und *AAZ* Nr. 56 vom 25. Februar.

387 *KZ* Nr. 49 vom 18. Februar.

Hatte nämlich schon der Aufmarsch nahezu der halben preußischen Armee[388] an der Ostgrenze der Monarchie in der öffentlichen Meinung Europas begreiflicherweise von Anfang an erhebliches Aufsehen erregt und bei manchem Beobachter zu Spekulationen darüber Anlaß gegeben, ob der Berliner Regierungschef, dem man dies seiner politischen Vergangenheit wegen in weiten Kreisen durchaus zutraute[389], möglicherweise über die Grenzsicherung hinaus noch weiter gehende Absichten verfolgte[390], so wurde dieser Verdacht in den Augen vieler Zeitgenossen beinahe zur Gewißheit, als das – oben bereits beiläufig erwähnte – Ballgespräch Bismarcks mit dem Vizepräsidenten des Abgeordnetenhauses, dem Vorsteher der Danziger Kaufmannschaft Behrend, in Berliner diplomatischen Kreisen kursierte und dann auch in die breitere Öffentlichkeit gelangte[391].

Wenn die Angabe im Bericht des britischen Botschafters Buchanan vom 20. Februar richtig ist, daß Bismarck auf dem Ball des Kronprinzen „am Sonnabend" mit Behrend zusammentraf, hätten seine Eröffnungen über die bedrohliche Lage im benachbarten Königreich Polen und die sich daraus für Preußen ergebenden Konsequenzen am 14. Februar stattgefunden[392]. Die zeitlich früheste Schilderung dieses erstaunlich freimütigen Gespräches findet sich in einem Bericht des sächsischen Gesandten in Berlin, Graf Hohenthal, der am 19. Februar Einzelheiten die-

388 Die vier in den östlichen Provinzen stationierten Armeekorps wurden auf ihre volle Friedensstärke gebracht. Es waren dies das I. (Königsberg), II. (Stettin), V. (Posen) und VI. (Breslau), die am 29. Januar dem Kommando des Generals von Werder in Posen unterstellt wurden. Dazu vgl. *S. Baske:* Praxis und Prinzipien der preußischen Polenpolitik, in: FzoG 9 (1963) S. 7–268, hier S. 89 – leider mit manchen Unrichtigkeiten. So wurde z. B. der Belagerungszustand im österreichischen Teilgebiet erst am 24. Februar 1864 (!) ausgerufen!

389 Eine Fülle von Äußerungen preußischer und deutscher Liberaler bietet die Briefsammlung von *J. Heyderhoff/P. Wentzcke:* Deutscher Liberalismus im Zeitalter Bismarcks, Bd. I, Bonn 1925, passim. Zusammenfassend *W. Bußmann:* Das Zeitalter Bismarcks, S. 67–69.

390 Der am Berliner Hof hochgeschätzte, kluge österreichische Botschafter urteilte: „Das Gefühl der gemeinsamen Gefahr allein hat die preußische Regierung gewiß nicht vermocht, mit einer solchen Hast sich in dieser Weise an Rußland anzuschließen und sogar, wie es sich nunmehr herausstellt, selbst die Initiative in dieser Richtung zu ergreifen. Die preußische Militärmacht zum Schutze des eigenen Territoriums gegen den Aufstand ist durch die Vereinigung von vier Armeekorps . . . mehr als ausreichend. Es darf daher wohl angenommen werden, daß Preußen nicht so sehr durch die gemeinsame Gefahr als vornehmlich durch den Wunsch, in seiner europäischen Stellung eine gemeinsame und feste Grundlage mit Rußland zu gewinnen, bei Abschluß der Konvention geleitet worden ist." *Károlyi an Rechberg* – 21. II. 1863 – APP III, Nr. 218.

391 Vgl. *E. Zechlin:* Bismarck und die Grundlegung der deutschen Großmacht, S. 470–474; zur Beurteilung *H. Rothfels:* Bismarck, der Osten und das Reich, Darmstadt 1960, S. 79 bis 81.

392 Einem – nicht in APP aufgenommenen – Bericht Oubrils folgend nimmt Lord „with approximate certainty" den 16. Februar als Zeitpunkt des Gespräches an; danach hätte die Unterredung auch nicht auf dem Ball des Kronprinzen, sondern in Bismarcks Büro stattgefunden. Vgl. *R. F. Lord:* Bismarck and Russia in 1863, in: AHR 29 (1923/24) S. 24–48; hier S. 29, Anm. 22. Sämtliche anderen Quellen stehen dagegen!

ser folgenreichen Unterredung nach Dresden mitteilte[393]. Danach hätte sich der preußische Ministerpräsident dahingehend geäußert, daß die am 8. Februar in Petersburg abgeschlossene Konvention die preußische Armeeführung berechtige, ihre Streitkräfte drei Meilen[394] über die preußische Grenze hinaus auf russisches Gebiet vorzuschieben und sie gegebenenfalls sogar bis nach Warschau vorrücken zu lassen[395]. Denn bei den bedenklichen Zuständen im Innern Rußlands, wo die polnischen revolutionären Elemente seit Jahren eng mit den russischen zusammenarbeiteten – was übrigens in einigen Fällen, wie gezeigt, durchaus zutraf[396] –, und den infolge der für das Frühjahr vorgesehenen schrittweisen Verwirklichung der im Februar 1861 inaugurierten Agrarreformen darüber hinaus in weiten Teilen des Reiches drohenden Bauernunruhen, sei es durchaus denkbar, daß sich die kaiserliche Regierung veranlaßt sehen könnte, das von Petersburg aus ohnehin nur schwer regierbare und ewig unruhige Polen aufzugeben[397], „und Preußens Aufgabe müsse es dann sein, das ehemalige Großherzogtum Warschau[398] unter der Dynastie Hohenzollern vermöge der Personalunion wiederum zu vereinigen“[399]. Als der durch diese unvermuteten Eröffnungen des Ministerpräsidenten mit Recht einigermaßen überraschte Behrend Zweifel an deren Ernsthaftigkeit durchblicken ließ, wurde ihm von Bismarck nochmals mit allem Nachdruck bedeutet, ein solcher Ausgang

393 *Hohenthal an Beust* – 19. II. 1863 – APP III, Nr. 203.

394 Eine preußische Meile betrug bis 1867 10 000 Schritt = annähernd 7532,5 m; die spätere „Norddeutsche Meile“ 7500 m. Das noch heute im angelsächsischen Sprach- und Kulturraum übliche Längenmaß der (Land-)meile beträgt dagegen nur 1,609 m. Demnach wäre an eine etwa 23 Kilometer breite Zone zu denken!

395 Im Vertragstext ist von solchen detaillierten Verabredungen keine Rede! Vgl. *H. Scheidt:* Konvention Alvensleben, S. 108.

396 Dazu zuletzt *S. Kieniewicz:* Rewoljucyjny sojusz polsko-rosyjski w dobie powstania styczniowego, in: Związki rewolucjonistów polskich i rosyjskich w XIX w., Wrocław-Warszawa-Kraków-Gdańsk 1972, S. 111–124.

397 Noch Anfang Mai bemerkte Bismarck zu einem Bericht Rederns aus Petersburg, in welchem der Gesandte darlegte, er habe den Eindruck, daß die kaiserliche Regierung für den Augenblick Polen zwar festzuhalten wünsche, dies jedoch keine Garantie für alle Zukunft sei; „denselben Eindruck habe ich seit 2 Jahren gehabt und gemeldet, darum war die Unterzeichnung der Konvention geboten“. *Redern an Bismarck* – 1. V. 1863 – APP III, Nr. 473.

398 Diese sowohl in der diplomatischen Korrespondenz jener Zeit als auch im wissenschaftlichen Schrifttum noch heutzutage begegnende Bezeichnung ist irrig. Von polnischer Seite ist darauf hingewiesen worden, daß dieses kurzlebige napoleonische Gebilde in den zeitgenössischen Quellen stets den Namen „Duché de Varsovie“, also „*Herzogtum* Warschau“ führte. Vgl. *M. Senkowska-Gluck:* Das Herzogtum Warschau, in: Napoleon und Europa, hrsg. von *H. O. Sieburg*, Köln-Berlin 1971 (= NWB 44), S. 221–230, hier S. 221.

399 Daß solche Gedankengänge auch deutschen Liberalen nicht fremd waren, bezeugt Gustav Freytag in seinen „Grenzboten“, wo er zwar die Gerüchte um eine „vierte Teilung Polens“ als „Schulknabengeschwätz“ bezeichnete, dennoch aber die Hoffnung ausdrückte, „daß in irgend einer Zukunft Warschau eine dauerhafte deutsche Stadt sein wird“. Vgl. „*Die Grenzboten*“ – Zeitschrift für Politik und Literatur, Jg. 22, Bd. 1, Leipzig 1863, S. 347 bis 357 (Schluß!).

der gegenwärtigen Situation sei durchaus nicht gänzlich unwahrscheinlich[400]. Ähnlich hatte sich der preußische Regierungschef dem britischen Botschafter gegenüber geäußert, jede weitere Diskussion über den möglichen ferneren Verlauf der Ereignisse angesichts der täglich wachsenden Überlegenheit der russischen Truppen allerdings als verfrüht abgelehnt[401].

Der sächsische Gesandte ließ dabei die Frage offen, ob sich hinter derartigen „hochklingenden Gedanken" des Ministerpräsidenten tatsächlich eine ernsthafte Absicht verbarg oder aber lediglich der Vorsatz, mit Hilfe der polnischen Krise „die Armeereorganisation durchzusetzen" – also ein innenpolitisches Motiv![402] –, schloß indes seinen Bericht mit der persönlichen Bemerkung, die Äußerungen Bismarcks hätten in seinen Augen nur einen weiteren Beweis für die „Eigentümlich-

[400] In einem als vertraulich gekennzeichneten Schreiben meldete der württembergische Gesandte nach Stuttgart, Bismarck habe „im wesentlichen" geäußert, „daß der rayon von 3 Meilen für die activen preußischen Truppen jenseits der Grenze, in Folge militairischer Ereignisse leicht überschritten werden könnte, und nicht undenkbar sey, daß preußische Truppen bis Warschau vorgeschoben würden. Die Zustände im Innern Rußlands seyen nicht unbedenklicher Art; würde aber Rußland durch innere Constellationen genöthigt seyn, Polen aufzugeben, so müßte es die Aufgabe Preußens seyn, das vormalige Großherzogtum (!) Warschau unter der Dynastie der Hohenzollern vermöge der Personal-Union wieder zu erwerben. – Herr von Behrends (sic!) nahm die zur Sprache gekommenen Eventualitäten nicht als ernsthaft gemeint auf, erhielt jedoch angeblich zur Antwort, daß die Möglichkeit keineswegs ganz ausgeschlossen erscheine." *Linden an Hügel* – 21. II. 1863 – HStA Stuttgart, Best. E 73a/169/Bl. 148–147.

[401] Bereits in der eingangs dieses Kapitels erwähnten Unterredung hatte Bismarck für den Fall, „daß die Russen aus Polen herausgeworfen würden", versichert, „daß wir alsdann suchen müßten, das Königreich selbst zu besetzen und das Aufkommen einer uns feindlichen Macht zu hindern". Die Passage „für den Zaren zurückzuerobern", wie es ursprünglich hieß, wurde dagegen von ihm eigenhändig gestrichen. *Promemoria Bismarcks* – 11. II. 1863 – APP III, Nr. 174. Dazu auch *H. Rothfels:* Bismarck, der Osten und das Reich, S. 80, Anm. 33.

[402] Graf Linden ließ es dahingestellt, „in wie ferne der Minister solchen Flug der Phantasie für chimärisch erachtet, und die umfassenden militairischen Maßnahmen, welche die Regierung gegen die Ostgrenze hin getroffen hat, mit der inneren Streitfrage der Armee-Reorganisation im Zusammenhang sich befinden". *Linden an Hügel* – 21. II. 1863 – HStA Stuttgart, Best. E 73a/169/Bl. 148–147. Am selben Tage meldete der badische Gesandte in Wien, ein Gewährsmann habe ihm versichert, „die fragliche Convention sei keineswegs ein Werk des Herrn von Bismarck, vielmehr sei derselbe sehr dagegen gewesen; die Sache sei jedoch von den Ultras der Kreuzzeitungspartei mit lebhafter Unterstützung des Prinzen Carl und des Feldmarschalls Wrangel im Wege des Militaircabinets bei dem König durchgesetzt". Bismarck habe sich nachträglich gefügt. *Edelsheim an Roggenbach* – 21. II. 1863 – GLA Karlsruhe, Best. 48/3009. Der Ministerresident für Oldenburg und die Hansestädte behauptete sogar, Bismarck sei „erst nach der Abreise des Generals von Alvensleben in Kenntnis gesetzt" worden. *Geffcken an Rössing und den Senat* – 14. II. 1863 – StA Hamburg, G IV a / Bd. I–II. Auch die Berliner „*Correspondenz Stern*" meldete: „Die ganze Angelegenheit ist direct von Sr. Maj. dem König ausgegangen." Alle Schritte des Ministeriums seien „nur die Folge der Initiative, welche der König ergriffen". *AAZ* Nr. 46 vom 15. Februar.

keit“ geliefert, „mit der derselbe sich bisweilen über die wichtigsten Tagesfragen ausspricht. Sowohl unter seinen konservativen Freunden wie bei seinen Untergebenen scheint diese Genialität nachgerade einiges Bedenken hervorzurufen“[403], während sein württembergischer Kollege, der sonst eher preußenfreundliche Graf Linden, nur lakonisch bemerkte: „Die beiden erwähnten Auslassungen des Minister-Präsidenten wären aber besser wohl unterblieben“[404].

Der Vertreter der Herzogtümer Braunschweig und Nassau zweifelte überhaupt an der Authentizität des vielbesprochenen „Ballgesprächs“ und bemerkte erstaunt: „Das Gerücht, daß Herr von Bismarck auf dem letzten Balle bei dem Kronprinzen in einer Unterredung mit Behrend aus Danzig, einem prononcirten Fortschrittler und Vice-Präsidenten des Abgeordnetenhauses, die befremdlichsten Äußerungen über die polnische Situation und deren eventuelle Benutzung, um Polen im Verhältnis einer Personal-Union für Preußen zu gewinnen, erhält sich – so unglaublich es ist – noch immer, da weder Herr von Bismarck noch Behrend bis jetzt widersprochen haben. Wenn auch Herr von Bismarck geneigt sein soll, in angeregter Stimmung mit geistreichen oder paradoxen Anschauungen und pikanten Einfällen herauszugehen, so ist es doch kaum denkbar, daß er sich in diesem Falle in einer ernsten politischen Frage und einer solchen Persönlichkeit gegenüber, zu Äußerungen, wie die Zeitungen sie geben, hätte fortreißen lassen“[405].

Der soeben ausführlich zitierte Diplomat spielte offenbar auf den aufsehenerregenden, mit ätzender Schärfe verfaßten Korrespondentenbericht der „Kölnischen Zeitung“ aus Berlin an, der am 22. Februar an der Spitze des vielgelesenen Blattes erschien und an den folgenden Tagen von beinahe sämtlichen bedeuten-

403 *Hohenthal an Beust* – 19. II. 1863 – APP III, Nr. 203. Der oldenburgische Ministerresident formulierte noch schärfer: „Das Gespräch des Ministerpräsidenten mit dem Vicepräsidenten Behrend ..., dessen wesentlicher Inhalt, nämlich daß Preußen die Gelegenheit benutzen solle, die Weichselgrenze zu erwerben, echt ist, läßt auch die Gemäßigsten vor der abentheuerlichen Politik Hrn. v. Bismarcks erschrecken.“ *Geffcken an Rössing* – 24. II. 1863 – StA Hamburg, G IV a / Bd. I–II (Konzept).

404 *Linden an Hügel* – 21. II. 1863 – HStA Stuttgart, Best. 73 a/169/Bl. 148–147.

405 *Löhneysen an Wittgenstein* – 22. II. 1863 – HStA Wiesbaden, Best. 210-10723. Aus der offenbar gleichen Quelle berichtete auch der britische Botschafter, Bismarck habe geäußert, daß für den Fall einer Räumung des Königreichs Polen durch die Russen, Preußen das Land besetzen werde. „In such an event Poland, however, would not be governed as a province of Prussia, but be created (in APP fälschlich „he created“!) into a seperate Kingdom, joined with Prussia by a personal union only.“ *Buchanan an Russell* – 20. II. 1863 – APP III, Nr. 208. Vgl. dazu *H. Scheidt:* Konvention Alvensleben, S. 45–48. Mit Recht ist davor gewarnt worden, die Ernsthaftigkeit dieser Vorstellungen zu bestreiten und darin nur eine absichtliche Übertreibung der Gefahr sehen zu wollen, um die Konvention zu rechtfertigen, oder an die „bei Bismarck nicht ungewöhnliche Taktik der Irreführung und Brüskierung“ zu glauben. Vgl. *C. Friese:* Rußland und Preußen, S. 304. Die Frage stellt sich durchaus weiterhin, „ob die Ankündigung einer Intervention in Polen ernst gemeint war“. Vgl. *K. E. Jeismann:* Das Problem des Präventivkriegs im europäischen Staatensystem mit besonderem Blick auf die Bismarckzeit, Freiburg-München 1957, S. 33–35.

deren Presseorganen innerhalb und außerhalb der preußischen Monarchie nachgedruckt wurde[406]. Die darin enthaltenen Informationen stammten offensichtlich aus der engeren Umgebung des Vizepräsidenten selbst, da sie sich bis ins Detail mit den seit drei Tagen in Berliner diplomatischen Kreisen zirkulierenden Nachrichten inhaltlich deckten[407]. Der Verfasser des fulminanten Artikels ging allerdings über die in dem oben angeführten Bericht enthaltenen Einzelheiten der für die nächste Zukunft beabsichtigten Schritte der preußischen Regierung insofern noch hinaus, als er die Germanisierung des Königreichs Polen innerhalb der nächsten drei Jahre als positives Ziel der künftigen Polenpolitik Preußens herausstellte[408].

Aber auch davon abgesehen lassen sich einige Nuancen zwischen den zitierten diplomatischen Berichten und diesem Zeitungsartikel ermitteln, die eventuell auf eine mögliche redaktionelle Überarbeitung der aus Berlin übermittelten Nachricht schließen lassen könnten[409]. Nach diesem Korrespondentenbericht nämlich hätte der preußische Ministerpräsident gesprächsweise zwei Möglichkeiten einer Lösung der polnischen Frage zur Diskussion gestellt, „entweder den Aufstand sofort in gemeinsamer Kooperation mit Rußland zu unterdrücken und somit rasch ein fait accompli zu machen, gegen welches die Westmächte dann vergebens protestiren würden; oder aber, man könne die Sache sich weiter entwickeln, die Russen und Polen sich fester verbeißen lassen, dann, falls die Russen Hülfe erbäten oder gar hinaus geschlagen würden, in Polen einmarschieren und es – *für Preußen in Besitz nehmen.*" Voll beißender Ironie hieß es dann weiter: „Als Herr v. Bismarck so weit gekommen, äußerte der mit solcher Mittheilung beglückte Sterbliche seine Freude über den guten Humor des Ministers, der ihn mit solchem exquisiten Ballscherz regalire. Im Gegentheil, replizirte Herr v. Bismarck, er spreche ernsthaft von ernsthaften Dingen, spreche als preußischer Minister-Präsident; Rußland sei längst Polens müde; Kaiser Alexander habe ihm selbst in Petersburg gesagt, die uncivilisirte Nation der Russen könne die civilisirten Polen nicht beherrschen, die Deutschen würden das können. Mit einem genialen Blick in die Zukunft dieses von

[406] *KZ* Nr. 53 vom 22. Februar, übernommen von *NZ* Nr. 90 vom 23. Februar und *AAZ* Nr. 56 vom 25. Februar.

[407] Vgl. *E. Zechlin:* Bismarck und die Grundlegung, S. 471, Anm. 1.

[408] Da in allen diplomatischen Berichten der Gedanke einer Germanisierung Polens nirgends zutage tritt, hat man wohl mit Recht in dieser Vorstellung den Ausfluß liberalen Gedankenguts sehen wollen. Vgl. *H. Rothfels:* Bismarck, der Osten und das Reich, S. 80, Anm. 34. Daß Bismarck weder der Initiator eines Ausrottungssystems noch der Propagator der nationalen Homogenität Preußens war, geschweige denn sich mit Germanisierungsideen außerhalb der Landesgrenzen trug, betonte Józef Feldman schon 1934. Vgl. *J. Feldman:* Bismarck et la question polonaise, in: RH 173 (1934) S. 540–558, hier S. 558.

[409] Ein solches Verfahren ist im Einzelfall schwer abzuschätzen, da alle Beiträger überregionaler Zeitungen in jener Zeit generell unter Zeichen schreiben, so daß die Urheberschaft einzelner Artikel nur höchst selten einwandfrei zu erschließen ist. Eine seltene Ausnahme bildet der Fund eines Verlagsexemplars der Augsburger „Allgemeinen Zeitung", mit dessen Hilfe sich die Sigel der Korrespondenten auflösen ließen. Vgl. *W. Gebhardt*: Die deutsche Politik der Augsburger Allgemeinen Zeitung 1859–1866, München 1935, S. 1–2.

Preußen eroberten Polens hat die interessante Unterredung geschlossen; der geistreiche Staatsmann hat in einem Athem geäußert, wir würden Polen in drei Jahren germanisiren und gleichzeitig hinzugefügt, es dürfe nur Personal-Union eintreten, und die polnischen Abgeordneten würden nicht länger hier in Berlin, sondern in Warschau tagen“[410].

Von der überaus scharfen Tonart des Artikels abgesehen aber scheinen alle Elemente des Gesprächs im ganzen korrekt wiedergegeben zu sein, da sie in späteren Berichtigungen und Erläuterungen aus Bismarcks Feder fast wörtlich wieder anzutreffen sind[411]. Zwar hatte Behrend die Mitteilungen der Zeitungen über seine Unterredung mit dem Ministerpräsidenten anscheinend nachträglich wenigstens teilweise wieder abgeschwächt und richtiggestellt[412], konnte aber auf diese Weise selbstverständlich seine „erstaunliche Indiskretion“[413] nicht wieder aus der Welt schaffen[414].

Sprachen schon die oben bereits angeführten Äußerungen deutscher Diplomaten, denen sich noch weitere von Vertretern auswärtiger Mächte an deutschen

410 Dieser Schilderung fügte die Zeitung noch den Kommentar hinzu: „Von dem Aufsehen, welches das neueste Bismarck'sche Programm in allen patriotischen Kreisen macht, brauche ich kein Wort zu sagen; an keiner Stelle im Vaterlande wird man sich des peinlichen Eindrucks erwehren können, daß der Staat Friedrichs des Großen in schwerer Gefahr schwebt,“ *KZ* Nr. 53 vom 22. Februar.

411 Schon am 17. Februar hatte Bismarck seinem Londoner Botschafter erklärt: „Die Herstellung eines unabhängigen polnischen Staates zwischen Schlesien und Ostpreußen mit der konsequenten Begehrlichkeit nach Posen und nach der für ein selbständiges Polen unentbehrlichen Weichselmündung würde eine permanente Drohung gegen Preußen bilden und einen der äußersten militärischen Leistung, zu welcher das neue Polen befähigt wäre, gleichkommenden Teil der preußischen Armee dauernd neutralisieren. Befriedigen könnten wir die Ansprüche, welche dieser neue Nachbar auf unsere Kosten erheben würde, niemals. Sie würden außer Posen und Danzig sich demnächst auf Schlesien und Ostpreußen richten, und die Landkarten, in welchen die Träume der polnischen Insurrektion ihren Ausdruck finden, bezeichnen Pommern bis an die Oder als polnische Provinz.“ *Bismarck an Bernstorff* – 17. II. 1863 – APP III, Nr. 193.

412 *König Wilhelm an Bismarck* – 25. II. 1863 – in: Anhang zu „Gedanken und Erinnerungen“, hrsg. von *H. Kohl*, Bd. I, Stuttgart 1901, Dok.-Nr. 45. In diesem Schreiben wies der König seinen Minister außerdem an, die Namen der Kaiser Nikolaus I. und Alexander II., die gelegentlich von einem Verzicht auf Polen gesprochen hatten, vor der Kammer möglichst nicht zu erwähnen, da namentlich in diesem Moment Rußlands Monarch solche Äußerungen, „wenn er sie je getan hat (!), nicht bekannt werden lassen *darf*, teils wegen seiner im Kampf befindlichen Armee, teils wegen der revolutionären Partei.“

413 Lord nennt sie „for a while the sensation of Europe“. Vgl. *R. H. Lord:* Bismarck and Russia in 1863, S. 29.

414 In einem eigenhändigen Zusatz zu einem Erlaß an Werther vom 3. März betonte Bismarck: „Auf die grobe Indiskretion, welche die entstellten Veröffentlichungen meiner Auslassungen zur Folge hatte, konnte ich nicht rechnen; ich muß als Minister politische Fragen, über welche die Kammer verhandelt, mit ihrem Präsidenten vertraulich besprechen können.“ *Bismarck an Werther* – 3. III. 1863 – APP III, Nr. 292.

Höfen sehr leicht beigesellen ließen[415], die Mißbilligung des in ihren Augen mit gänzlich unnötiger Hast inszenierten preußischen Vorgehens unmißverständlich aus, so verliehen die Kommentare aus dem liberalen Lager ihrer Entrüstung noch weit entschiedeneren Ausdruck[416].

Schon in ihrer Ausgabe vom 16. Februar stellte die in der Rheinprovinz führende „Kölnische Zeitung" eine Reihe von Kommentaren ihr politisch nahestehender Blätter aus nahezu allen Teilen der Monarchie zusammen, die zeigen sollten, daß beinahe sämtliche bedeutenderen Presseorgane lebhaft die schmähliche Rolle beklagten, in welche das Land unter der verderblichen Führung der „feudalen Partei" durch ihren „Servilismus" gegen Rußland zu geraten schien[417]. „Zu einem Vasallenstaate", so ließ sich die Berliner „National-Zeitung" vernehmen, „der bei dem geringsten Anlaß für Rußlands Integrität Geld und Blut einzusetzen hätte, ist Preußen hoffentlich noch nicht herabgesunken". Auch die im

415 Der sächsische Gesandte in Berlin berichtete, der französische Botschafter Talleyrand habe ihm gesprächsweise gesagt: „On a agi ici avec une légérité extrême et pour le moins on a fait un acte parfaitement inutile." Man hätte doch die Entwicklung erst abwarten sollen. „In ähnlicher Weise, fast nur noch schärfer, beurteilen meine übrigen Collegen die Haltung der preußischen Regierung und wird von diesen die aufdringliche Hast, mit welcher hierorts die Initiative für Abschließung der Convention ergriffen worden ist, auf die prickelnde Ungeduld des Herrn von Bismarck nach einer wie immer gearteten auswärtigen Action sowie auf die bekannte in gewissen Regionen vorherrschende Tendenz zu einer gefahrlosen Entfaltung militärischer Kräfte hauptsächlich zurückgeführt." *Hohenthal an Beust* – 22. II. 1863 – in: *H. Kretzschmar: Die Anfänge* des Ministeriums Bismarcks, Dok.-Nr. 82. Ähnliche Ansichten der Vertreter der Westmächte traten deutschen Diplomaten in Wien entgegen. So meldete der württembergische Gesandte: „Der Herzog von Gramont äußerte sich mir gegenüber vor ein paar Tagen sehr ungeniert über das eigenthümliche Vorgehen des Herrn von Bismarck, der gerade zu einer Zeit, in welcher ganz Europa Ruhe wünsche, durch seine Convention mit Rußland so großartige und weitsehende Allianzen anstrebe, daß dadurch der europäische Frieden sehr gefährdet werde." – „Der englische Botschafter soll nicht viel besser über die preußisch-russische Convention und die Bismarck'sche Politik zu sprechen seyn." *Ow an Hügel* – 28. II. 1863 – HStA Stuttgart, Best. E 70b/Bü 73, 2–3; ähnlich auch *Thienen an Wittgenstein* – 1. III. 1863 – HStA Wiesbaden, Rep. 210–3438.

416 Am 28. Februar ließ der Minister des Herzogs Ernst von Sachsen-Coburg-Gotha seinem Zorn freien Lauf, indem er schrieb: „Bismarck ist der Schrecken der Diplomatie. Das erste, was er Buchanan sagte, war: ‚wir werden Hannover und Hessen okkupieren' (Delegiertenprojekt), das letzte: ‚wenn die Russen Polen unabhängig machen sollten, so würden wir sofort einrücken und es unterwerfen.' Die Diplomatie ist dann endlich zur Einsicht gekommen, daß der Mensch immer in halbtrunkenem Zustand ist. Ich habe das seit 13 Jahren gepredigt." *Samwer an Freytag* –28. II. 1863 – in: *J. Heyderhoff / P. Wentzcke:* Deutscher Liberalismus im Zeitalter Bismarcks, S. 134.

417 Noch entschiedener zog die „National-Zeitung" gegen die Konvention zu Felde, indem sie schrieb: „Wenn man erleben muß, wie unsere Feudalen, durch alle alten und neuen Erfahrungen unbelehrt, bei dem gegenwärtigen polnischen Aufstand sogleich wieder nur den einen Gedanken haben, den Russen zu helfen, so möchte man in der That an einen Wahn glauben, der nicht bloß lebenslänglich und erblich, sondern der auch unlösbar und mit keinem Nachschub neuer Begriffe zu verdünnen ist." *NZ* Nr. 74 vom 13. Februar.

Auszug zitierte „Rhein-Ruhr-Zeitung“[418] vermochte sich nicht vorzustellen, daß die Regierung „vollständig gleichgültig“ zusähe, falls „Preußen sich zu dem niedrigen Henkersdienste hergäbe“, und fragte, wie denn dem Lande selbst im Falle eines wiederhergestellten Polen an seiner Ostgrenze Gefahr drohen könne. „Das Königreich Polen hat noch nicht 5 Millionen Einwohner. Das ganze ehemals polnische, aber nur zum geringeren Theile von eigentlichen Polen bewohnte West-Rußland hat etwa 8 1/2 Millionen Einwohner. Würden diese Völker alle das Joch der russischen Tyrannei abschütteln“, so folgerte das Blatt, „so stände damit doch noch kein Staat da, der Preußen gewachsen wäre“. Die nach dem Urteil der „Kölnischen Zeitung“ sonst eher gemäßigte Breslauer „Schlesische Zeitung“ hingegen verteidigte als Vertreterin einer zumindest potentiell bedrohten Ostprovinz sehr nachdrücklich den Schutz der gefährdeten Grenzen und betonte: „Wir sollen vertheidigen, was wir besitzen und was zum größten Theil durch Sitte und preußisches Staatsbürgerthum germanisirt ist. Aber eine Intervention *zu Gunsten* Rußlands“, fuhr das Blatt fort, „dessen Gortschakow noch vor drei Jahren sich weigerte, mit uns und England in eine Solidarität einzutreten, die den ersten Friedensstörer in Europa (d. i. Napoleon III. – d. Verf.) niederschlagen könnte, ist keine gesunde Politik für uns“. Der auch sonst recht angriffslustige Leitartikler der „Elberfelder Zeitung“ endlich rief angesichts der drohenden außenpolitischen Gefährdung des Staates die Landesvertretung zu entschiedenem Widerstand gegen die Militärkonvention auf und schloß seinen Kommentar mit den Worten: „Die Welt wenigstens muß wissen, daß die preußische Volksvertretung, daß das preußische Volk auch hierin nichts gemein hat mit seiner Regierung“.

Bei allen diesen eben angeführten Pressestimmen fällt freilich auf, daß vom zukünftigen Schicksal des polnischen Nachbarvolkes an sich verhältnismäßig selten gesprochen wird und nur wiederholt die Rede davon ist, Rußland möge durch eine gerechte Behandlung seiner polnischen Untertanen endlich für eine dauerhafte Ruhe an der preußischen Ostgrenze sorgen[419]. Die „National-Zeitung“ sprach gewiß für viele politische Gesinnungsfreunde, als sie ausführte: „Die Vertilgung der Polen ist ein irrsinniger und barbarischer Gedanke; Regierung und Volk von Rußland müssen sich zur Gerechtigkeit, Besonnenheit und Mäßigung bequemen, und daß sie sich in vernünftiger Weise mit den Polen abfinden, das ist auch in Preußens

[418] Vgl. dazu *U. Schultz:* Die Politik Bismarcks in den Jahren 1862–1866 im Spiegel der rheinischen Presse, Bonn 1933.

[419] Ganz ähnlich argumentierte die Mehrzahl der großen britischen Blätter. So schrieb die *„Times“* schon am 12. Februar: „Dem Aufstand kann nur auf zweierlei Wegen ein Ende gemacht werden: entweder durch einen langen und erbarmungslosen Kampf mit den Rebellen, oder durch Reformen in der Verwaltung des Königreiches, welche die Polen zufriedenstellen und dem Kaiser die Achtung Europa's wiedergewinnen.“ *KZ* Nr. 45 vom 14. Februar. Am 26. Februar drückte der konservative *„Herald“* die Hoffnung aus, daß die Westmächte darauf verzichten würden, „Rußland von seinen polnischen Provinzen zu trennen; aber sie werden den Czaren auffordern, die Stipulationen des Wiener Vertrages zu erfüllen, die den Polen eine konstitutionelle Regierung und die Form einer nationalen Autonomie garantierten.“ *NZ* Nr. 100 vom 28. Februar.

Interesse! Preußen könnte weder die Verwandlung der Polen in Russen, wenn sie möglich wäre, wünschen, noch kann ihm mit ewigen Aufständen an seiner Ostgrenze gedient sein; eine möglichst gute Regelung der Russenherrschaft in Polen, das muß sein Begehren sein, und in dieser Richtung muß es seine Bemühungen eintreten lassen"[420].

Der Eindruck, daß in erster Linie die außenpolitische Gefährdung des Landes durch die „halsbrechende Politik"[421] in der Wilhelmstraße und die Furcht vor einem dadurch provozierten Eingreifen Frankreichs am Rhein[422], weit weniger hingegen der Gedanke an die mögliche Wiedererrichtung eines polnischen Staatswesens im Osten der Monarchie das Lager der preußischen Liberalen beunruhigte[423], verstärkt sich übrigens noch, wenn man die Stenographischen Berichte über die Verhandlungen des Abgeordnetenhauses vom 18. Februar und über die dreitägige Debatte vom 26. bis zum 28. Februar einer genaueren Durchsicht unterzieht[424]. Neben der Presse nämlich, die bis auf einige offiziöse Blätter in ihrer Gesamtheit zum derzeitigen Ministerium in entschiedenem Gegensatz stand[425], bot der liberalen Opposition selbstverständlich vor allem das Abgeordnetenhaus, in

420 Leitartikel der *NZ* Nr. 81 vom 18. Februar.

421 *Könneritz an Beust* – 28. II. 1863 – in: *H. Kretzschmar: Die Anfänge* des Ministeriums Bismarck, Dok.-Nr. 89.

422 Namentlich die „Kölnische Zeitung" warnte immer wieder vor derartigen französischen Absichten. In ihrem Leitartikel vom 15. Februar fragte sie: „Denn wer bürgt dafür, daß in dem Augenblick, wo die preußische Vorhut über die russische Gränze geht, nicht die Tête der französischen Armee über die rheinpreußische Gränze marschire?" *KZ* Nr. 46 vom 15. Februar. Und noch am 1. März hieß es in ihrem mit „Mahnung" überschriebenen Leitartikel: „Der französische Kaiser . . . , dessen Eroberungsgelüste gegen den Rhein wir niemals bezweifelt haben, welche unvergleichliche Gelegenheit ist ihm geboten! Er muß wünschen, die Augen der Nation von Mexico abzulenken, ja, er ist vielleicht ohnehin genöthigt, die ganze abentheuerliche Unternehmung aufzugeben; welch' ein Glücksfall für ihn, dieser Krieg, der ihm am Rheine winkt!" *KZ* Nr. 60 vom 1. März.

423 „Aber wie naheliegend sind die Gefahren einer Intervention in Rußland, wie fernliegend die Gefahren vor einem künftigen polnischen Reiche! Nehmen wir an, ein solches sei zu Stande gekommen und lebensfähig geworden . . . , so ist dieses Reich, selbst alle Polen in Preußen hinzugerechnet, weniger bevölkert und ungleich weniger mächtig, reich und organisirt, als Preußen allein. Es hieße doch wirklich niedrig von uns denken, wenn wir uns nicht die Kraft zutrauen sollten, unsere Gränze gegen einen uns so wenig gewachsenen Feind zu vertheidigen." *KZ* Nr. 46 vom 15. Februar.

424 Unbefriedigend *I. Goldschmidt:* Der polnische Aufstand von 1863 in den Verhandlungen des preußischen Abgeordnetenhauses, Köln 1937.

425 Neben unbedeutenderen Blättern vertraten außer dem offiziellen „Staatsanzeiger" lediglich die „Norddeutsche Allgemeine Zeitung" und – mit Abstrichen – die konservative „Neue Preußische (Kreuz-) Zeitung" die Regierungspolitik. Vgl. *O. Nirrnheim:* Das erste Jahr des Ministeriums Bismarck und die öffentliche Meinung, Heidelberg 1908, bes. S. 316–319.

welchem sie über eine erdrückende Mehrheit verfügte[426], die bevorzugte Tribüne für ihre seit dem 16. Februar einsetzenden vehementen Attacken gegen die Außenpolitik der Regierung[427].

Wenn auch bei der seit dem Januar 1850 in Kraft gesetzten Verfassung der preußischen Monarchie[428] die äußere Politik ganz der Krone und dem von ihr mit seinem Amt betrauten und nur ihr verantwortlichen Ministerpräsidenten uneingeschränkt vorbehalten blieb und die Kammern folglich kaum Aussicht hatten, auf die Richtung der von der Regierung verfolgten Außenpolitik nennenswerten Einfluß zu gewinnen[429], so bot ihren Mitgliedern die Rednertribüne des Abgeordnetenhauses[430] eine willkommene Möglichkeit, ihrer Gegnerschaft gegen die Regierungspolitik vor der Volksvertretung Ausdruck zu verleihen und sich selbst dem Land als Vertreter seiner wahren Interessen zu präsentieren[431]. Da diese heftigen parlamentarischen Auseinandersetzungen, welche das Ministerium im Laufe des Februars durchzustehen hatte, jedoch schon ausführliche und mehr oder weniger erschöpfende Zusammenfassungen gefunden haben, soll im Rahmen dieser Arbeit lediglich untersucht werden, welchen Stellenwert Rußland und Polen in der Argu-

[426] Vgl. u. a. *E. N. Anderson:* The Prussian Election Statistics 1862 and 1863, Lincoln/Nebraska 1954; *ders.*: The Social and Political Conflict in Prussia, 1858–1864, Lincoln/Nebraska 1954; *A. Hess:* Das Parlament, das Bismarck widerstrebte. Zur Politik und sozialen Zusammensetzung des preußischen Abgeordnetenhauses der Konfliktszeit (1862 bis 1866), Köln und Opladen 1964.

[427] Dazu von polnischer Seite *Z. Grot*: Demokracja niemiecka a powstanie styczniowe, in: PZ 10 (1954) S. 357–375; *ders.*: Wielkie Księstwo Poznańskie a powstanie styczniowe, in: Studia i materiały do dziejów Wielkopolski i Pomorza 8 (1963) Heft 2, S. 23–40; *ders.*: Rok 1863 w zaborze pruskim, Poznań 1963, bes. S. 58–78.

[428] Der Text der „Verfassungsurkunde für den Preußischen Staat vom 31. Januar 1850" ist – leider ohne präzise Quellenangabe – leicht zugänglich in der Sammlung: *Deutsche Verfassungen*. Die grundlegenden Dokumente deutscher Demokratie, hrsg. von *D. Kakies*, München 1965, S. 39–54. Eingehende Würdigung bei *W. Bußmann:* Das Zeitalter Bismarcks, S. 15–17.

[429] Zur deutschen Verfassungsgeschichte dieser Epoche grundlegend *E. R. Huber:* Deutsche Verfassungsgeschichte seit 1789, Bd. III: Bismarck und das Reich, Stuttgart 1963, ferner *E. W. Böckenförde:* Der Verfassungstyp der deutschen konstitutionellen Monarchie im 19. Jahrhundert, in: Moderne deutsche Verfassungsgeschichte (1815–1918) (= NWB 51), Köln 1972, S. 146–170, dagegen neuerdings mit teilweise überaus heftigen Attacken gegen die „traditionellen" Positionen *H. U. Wehler:* Das Deutsche Kaiserreich 1871–1918, Göttingen 1973, bes. S. 60–63.

[430] Das Herrenhaus, welches sich seit der Verordnung vom 12. Oktober 1854 nur noch aus vom König ernannten Mitgliedern zusammensetzte, unterstützte in der polnischen Krise von 1863 die Regierungspolitik uneingeschränkt und bleibt hier außer Betracht. Es griff im übrigen erst am 20. Mai in die Diskussion ein. Zu Zusammensetzung und Funktion des Herrenhauses vgl. *W. Bußmann:* Das Zeitalter Bismarcks, S. 15–16.

[431] Die Behauptung, daß in den Auseinandersetzungen über die polnische Frage mit dem Abgeordnetenhaus „Bismarck met with the perhaps fiercest parliamentary attacks of his career", bliebe nachzuprüfen. Vgl. *R. H. Lord*: Bismarck and Russia in 1863, S. 31; ausgewogener *S. Kieniewicz*: Powstanie styczniowe, S. 399.

mentation der Redner der im Abgeordnetenhaus vertretenen verschiedenen politischen Richtungen einnahmen[432].

Die ältere deutsche Forschung hat sich bei der Schilderung dieser Diskussionen fast ausnahmslos den Auffassungen des preußischen Ministerpräsidenten angeschlossen und den oppositionellen Liberalen nicht selten außenpolitisches Unverständnis, prinzipiellen Widerstand um nahezu jeden Preis[433], ja blinden Haß gegen die Person des Premierministers vorgeworfen[434], während die marxistische Historiographie in der DDR denselben Liberalen ihre „wortreiche, aber tatenarme" Haltung zur Last legt[435], die sich nicht „zur aktiven Hilfe für das polnische Volk und zur Mobilisierung des deutschen Volkes" habe entschließen können[436]. Demgegenüber ist jedoch zu bedenken, daß die Parlamentarier auf der Linken des Hauses dem Regierungschef, dessen Politik die konservative Fraktion angesichts der liberalen Übermacht nur mühsam verteidigen konnte[437], naturgemäß aus einer weit schwächeren Position entgegentreten mußten, indem sie ihre Argumentation lediglich auf unvollständige Zeitungsmeldungen und gelegentliche Verlautbarungen aus dem westlichen Ausland stützen konnten[438] – ein bedeutender Nachteil, den für seine eigenen Repliken auszunutzen Bismarck sich selbstverständlich nicht entgehen ließ[439].

Wie beiläufig oben bereits erwähnt, fand die polnische Krise ihre erste parlamentarische Behandlung im preußischen Abgeordnetenhaus am 16. Februar, als die beiden polnischen Abgeordneten v. Chlapowski und Kantak in einer Interpel-

[432] Vgl. *H. Scheidt:* Konvention Alvensleben, S. 53–65; *E. Zechlin:* Bismarck und die Grundlegung der deutschen Großmacht, S. 512–522.

[433] So schrieb schon der Leitartikler der „Neuen Preußischen Zeitung" am 28. Februar: „Den meisten Rednern der Opposition merkte man es an, daß es ihnen bei der ganzen Debatte viel weniger auf Polen ankomme, als auf die erhoffte Beseitigung des Ministeriums Bismarck. Einzelne Redner kokettirten so unverhohlen mit der Feindseligkeit des Auslandes gegen Preußen, daß man zweifeln kann, die *Franzosen* wären ihnen an der Wilhelmstraße angenehmer als die jetzigen *ministeriellen* Bewohner." *NPZ* Nr. 50 vom 28. Februar.

[434] Vgl. z. B. *F. Schinckel:* Polen, Preußen und Deutschland, Breslau 1931, S. 118–125; *C. Friese:* Rußland und Preußen, S. 301, der die Opposition des Abgeordnetenhauses schlicht „sinnlos" nennt; *H. Scheidt:* Konvention Alvensleben, S. 53–65, mit z. T. recht blumigen Formulierungen: Bismarck „ein von der Meute gestelltes edles Raubtier" (S. 60) oder „der Riese", der sich „auf die Parade der allzu ungefügen Hiebe" beschränkt (S. 63).

[435] Vgl. *R. Dlubek / G. Wisotzki:* Arbeiterklasse, Demokratie und Nation, in: Die großpreußisch-militaristische Reichsgründung 1871, hrsg. von *H. Bartel* und *E. Engelberg,* Berlin (Ost-) 1971, S. 24–72, hier S. 45.

[436] Vgl. *E. Engelberg:* Die politische Strategie und Taktik Bismarcks von 1851 bis 1866, ebda., S. 73–117, hier S. 111.

[437] Zur Haltung der Konservativen vgl. *H. Scheidt:* Konvention Alvensleben, S. 62–63.

[438] Richtiger Hinweis in der Überblicksdarstellung von *M. Broszat:* Zweihundert Jahre deutsche Polenpolitik, 2. Aufl. Frankfurt a. M. 1972, hier S. 123.

[439] Vgl. *E. Zechlin:* Bismarck und die Grundlegung der deutschen Großmacht, S. 513, der mit Recht darauf verweist, daß eine Mitteilung des Inhalts der Konvention der Zustimmung des Vertragspartners bedurft hätte.

lation namens der polnischen Fraktion vom königlichen Staatsministerium Auskunft darüber begehrten, ob es die Proklamation des neuen Oberpräsidenten und des eben erst ernannten Armeeoberbefehlshabers im Großherzogtum Posen vom 1. Februar nach Form und Inhalt billige, und anfragten, „ob und seit wann ein Ausnahmezustand de facto herrscht, ob und seit wann Unter-Behörden das Recht haben, einen solchen einzuführen, und wie das Staats-Ministerium sich dieser Gesetzwidrigkeit gegenüber zu verhalten gesonnen sei"[440]. In seiner umgehenden Erwiderung stellte sich der Ministerpräsident mit Nachdruck hinter die Anordnungen der Posener Behörden und erklärte sie für geboten im Interesse der Sicherheit der Einwohner dieser Provinz, bei deren Gefährdung die Regierung allerdings entschlossen sei, „sofort zu einer durchgreifenden Anwendung aller ihr zu Gebote stehenden Mittel zu schreiten"[441]. Von einem Belagerungszustand könne jedoch keine Rede sein.

Ging an diesem Tage das Abgeordnetenhaus nach der Erklärung des Regierungschefs noch ohne weitere Aussprache zur Tagesordnung über, so zeichneten sich am 18. Februar bereits schwere parlamentarische Auseinandersetzungen zwischen der Regierung und der liberalen Mehrheit des Hauses ab, als Bismarck sich der Beantwortung einer Interpellation der Abgeordneten Schulze-Delitzsch und v. Carlowitz, ob zwischen Preußen und Rußland „ein Vertrag zur Hilfsleistung bei der Unterdrückung des Aufstandes im Königreich Polen abgeschlossen" und „welches eventuell der Inhalt desselben" sei, rundweg versagte, das Abgeordnetenhaus aber dessen ungeachtet in die Debatte eintrat[442]. Offensichtlich jedoch war dieser erste Vorstoß der Liberalen gegen die Politik des Staatsministeriums nicht mit der polnischen Fraktion abgesprochen, wie überhaupt die Abgeordneten polnischer Nationalität weder an diesem Tage noch bei späterer Gelegenheit in die zeitweise mit höchster Leidenschaftlichkeit geführte Diskussion eingriffen[443].

Wie das Protokoll erweist, stand allerdings der Abgeordnete v. Bentkowski noch auf der Rednerliste, die jedoch durch einen mit Mehrheit angenommenen Antrag auf Schluß der Debatte vorzeitig geschlossen wurde[444]. Bentkowski gehörte übrigens zu denjenigen Mitgliedern der polnischen Fraktion im preußischen Abgeordnetenhaus, die sich im März nach Krakau begaben, von dort aus ins Kampfgebiet gelangten und danach im „Stab" des zweiten polnischen „Diktators"

[440] Vgl. *Sten. Ber.*, S. 211.
[441] *Entwurf des Auswärtigen Amtes* – APP III, Nr. 190.
[442] Vgl. *Sten. Ber.*, Anlagen, Berlin 1863, S. 100.
[443] Die „Neue Preußische Zeitung" hatte vielleicht so Unrecht nicht, als sie am Schluß der parlamentarischen Debatte bemerkte: „Interessant war hier vor allem die Thatsache, daß die Polnische Fraktion, welche doch die erste Anregung gegeben, während der entscheidenden dreitägigen Debatten beharrlich schwieg – unzweifelhaft aus keinem anderen Grunde, als weil sie sich einstweilen durch die *„Deutsche"* Demokratie genügend vertreten fand und es vorziehen mußte, mit ihren letzten Zielen und Gedanken noch zurückzuhalten." *NPZ* Nr. 53 vom 4. März.
[444] Vgl. *Sten. Ber.*, S. 265.

Marian Langiewicz[445] zum Teil führende militärische Positionen bekleideten[446]. Auch Graf Działyński, der hochadlige Schwager des Führers des „Hôtel Lambert", Władysław Czartoryski, Organisator und Haupt des in Posen etablierten Komitees zur Unterstützung des Aufstandes im preußischen Teilgebiet[447], der sich am 28. April nach einer Haussuchung der ihm drohenden Verhaftung durch die Flucht entzog, gehörte der Abgeordnetenkammer an[448]. Als Hauptangeklagter des Polenprozesses von 1864 wurde er wegen Hochverrats in absentia zum Tode verurteilt, später aber vom König begnadigt und kehrte 1869 in die Heimat zurück[449].

Schon die Ausführungen des ersten Redners der parlamentarischen Opposition zeigten deutlich, daß in den nun anhebenden z. T. hitzigen Auseinandersetzungen weniger das zukünftige Schicksal des polnischen Volkes oder auch nur der polnischen Untertanen des Königs von Preußen, als vielmehr dasjenige des Ministeriums Bismarck zur Debatte stand, und ließen erkennen, daß sich auch die Abgeordneten von der Linken und im Zentrum des Hauses nur sehr bedingt zu Anwälten polnischer Belange erklärten[450]. Bei dem offensichtlichen militärischen Ungleichgewicht der Kräfte vermochte Hans Viktor v. Unruh als Mitglied der Fortschrittspartei und früherer Präsident der Preußischen Nationalversammlung an die Möglichkeit eines Erfolges der Aufständischen nicht zu glauben und hielt daher alle angeblichen oder tatsächlichen Befürchtungen der Regierung, die preußische Monarchie könne bei den Kämpfen im benachbarten Russisch-Polen möglicherweise in Mitleidenschaft gezogen werden, für stark übertrieben und die aus dieser Besorgnis resultierenden militärischen Maßnahmen für vor dem Lande unvertretbar[451]. Seine

[445] Neuere Studien zur Person Marian Langiewicz' sind *A. Borkiewicz:* Działania Langiewicza przed dyktaturą, in: Materiały i Studia do Historii Wojskowości 8 (1962) S. 203–273; *T. Szarota*: Dyktatura Langiewicza a przystąpienie białych do powstania, in: PH 54 (1963) S. 270–294; *H. Rzadkowska*: Marian Langiewicz, Warszawa 1967, dazu kritisch *Z. Stankiewicz*: W sprawie oceny Langiewicz, in: KH 70 (1969) S. 659–663; eher populär *S. Myśliborski-Wołowski*: General Marian Langiewicz 1827–1887, Warszawa 1971.

[446] *Eulenburg an Bismarck* – 18. III. 1863 – in: *Zabór pruski* w powstaniu styczniowym, Wrocław-Warszawa-Kraków 1968, Dok.-Nr. 20, S. 34–35. Zur Person Bentkowskis vgl. *Z. Grot:* Listy Władysława Bentkowskiego do Hipolita Cegielskiego z czasu powstania styczniowego, in: Studia i materiały do dziejów Wielkopolski i Pomorza 8 (1963) S. 83 bis 122.

[447] Zur Aktivität der polnischen Aufständischen in Preußen vgl. die zusammenfassende Darstellung bei *S. Kieniewicz:* Powstanie styczniowe, S. 506–511.

[448] Nach mehreren Vorarbeiten nunmehr grundlegend *Z. Grot:* Rok 1863 w zaborze pruskim, Poznań 1963, bes. S. 84–90.

[449] Zum großen und in der Öffentlichkeit stark beachteten Polenprozeß von 1864 vgl. *F. H. Gentzen:* Großpolen im Januaraufstand, Berlin (Ost-) 1958, S. 234–244, mit z. T. abwegiger Interpretation; von polnischer Seite *Z. Grot:* Rok 1863 w zaborze pruskim, Poznań 1963, S. 174–200.

[450] Vgl. *E. Zechlin:* Bismarck und die Grundlegung der deutschen Großmacht, S. 516–522.

[451] Zur preußischen Fortschrittspartei grundlegend *H. A. Winkler:* Preußischer Liberalismus und deutscher Nationalstaat. Studien zur Geschichte der deutschen Fortschrittspartei, 1861–1866, Tübingen 1964; zu Viktor v. Unruh vgl. u. a. *G. Eisfeld:* Die Entstehung der liberalen Parteien in Deutschland 1858–1871, Hannover 1969, bes. S. 115–116.

Kritik richtete sich in scharfer Form gegen eine Politik, die sich seiner Ansicht nach unaufgefordert zum Fürsprecher und Helfer einer Macht erniedrigt, die den ihr angebotenen preußischen Freundschaftsdienst immer schon mit schnödem Undank vergolten habe. Da Preußen sich trotz dieser herabsetzenden Behandlung in seiner Anhänglichkeit an Rußland nie habe entmutigen lassen, stelle das Land bislang in der Tat für das Russische Reich eine „außerordentlich bequeme Schutzmauer" dar. Dagegen habe ein Preußen, „welches sich zur wirklichen Großmacht gestaltete", noch niemals im Sinne der russischen Politik gelegen. Diese habe im Gegenteil seit dem Tilsiter Frieden dem preußischen Streben nach Machtsteigerung und außenpolitischem Erfolg stets bei jeder sich bietenden Gelegenheit erfolgreich entgegengewirkt[452], und daher hatte auch Preußen „in keinem Falle ... Veranlassung, ohne die alleräußerste Noth einer Schwächung Rußlands entgegenzutreten, Rußland zu helfen"[453]. Zwar sei er durchaus nicht der Meinung, „daß die Preußische Politik sich stets durch Furcht und Besorgniß vor Frankreich bestimmen lassen soll", doch könne wohl niemand ernstlich daran zweifeln, „daß es gar keinen populaireren Vorwand für Frankreich geben kann, als den eines Einschreitens Preußens gegen Polen"[454].

Es konnte Bismarck bei dieser Argumentation nicht schwerfallen, die Vorwürfe v. Unruhs gegen die bisherige preußische Rußlandpolitik mit dem Hinweis zu entkräften, daß in der Debatte weder die russische Politik noch das Verhältnis Preußens zum Russischen Reich Gegenstand der Diskussion sein könne, sondern allein der Schutz preußischer Untertanen „gegen die Nachtheile, die aus dieser Polnischen Insurrection für dieselben hervorgehen können", allerdings – so fügte er in einer grundsätzlichen Bemerkung hinzu: „Ob ein unabhängiges Polen, welches sich an der Stelle von Rußland in Warschau etabliren möchte, Preußische Politik treiben würde, ob es ein leidenschaftlicher Bundesgenosse Preußens gegen auswärtige Mächte sein würde, ob es sich bemühen würde, Posen und Danzig in Preußischen Händen zu bewahren ..., das überlasse ich Ihrer eigenen Erwägung zu ermessen". Im übrigen habe er entgegen der Andeutung des Vorredners von den Westmächten bislang keine „Drohungen und Rathschläge" erhalten und erwarte sie auch nicht[455].

[452] Vgl. *Sten. Ber.*, S. 256–257. Viktor von Unruh erwähnte in diesem Zusammenhang auch das preußenfeindliche Verhalten Rußlands in der Schleswig-Holstein-Frage und in Olmütz, beides Reizworte für die Liberalen! Vgl. auch *A. Scharff:* Die deutsche Einheit und die großen Mächte 1848–1871, in: Teilung und Wiedervereinigung, S. 149–164, bes. S. 156 bis 158.

[453] Vgl. *H. Scheidt:* Konvention Alvensleben, S. 56–61.

[454] Vgl. *Sten. Ber.*, S. 257.

[455] Vgl. *Sten. Ber.*, S. 258. Formell war die Antwort Bismarcks korrekt, da die Depesche Drouyn de Lhuys' an Talleyrand vom 17. Februar noch nicht im Berliner Außenministerium mitgeteilt sein konnte; vor der drohenden Gefahr diplomatischer Interventionen gegen das preußische Zusammengehen mit Rußland hatten die Botschafter in London und Paris freilich inzwischen mehrfach gewarnt. *Bernstorff an Bismarck* – 12. II. 1863 – APP III, Nr. 178; *Croy (Brüssel) an Bismarck* – 13. II. 1863 – APP III, Nr. 181; *Goltz an Bismarck* – 15. II. 1863 – APP III, Nr. 188; *ders. an dens.* – 16. II. 1863 – APP III, Nr. 191.

Weitaus schärfere Töne schlug der dem demokratischen Flügel der Fortschrittspartei angehörende Benedikt Waldeck an[456], indem er unter Bravorufen des Hauses zornig ausrief, wem angesichts des Schergendienstes, den die preußische Regierung dem russischen Absolutismus ohne ersichtlichen Grund leiste, nicht die Schamröte ins Gesicht steige, verdiene nicht ein Preuße oder ein Deutscher zu sein. Interessant an seiner zwar mit heftigen Ausfällen gegen das Ministerium durchsetzten, im übrigen aber außenpolitisch erstaunlich blassen und substanzlosen Rede war lediglich die Passage, in welcher dieser entschiedene Demokrat den Besitz Preußens an ehemals dem polnischen Königreich zugehörigem Territorium mit dem Argument zu rechtfertigen suchte, daß die preußische Monarchie mit dem Herzogtum Preußen[457] und dem Ermland Gebiete mit überwiegend deutscher Bevölkerung erworben habe. Daher könne, „und die Polen werden uns das zugeben müssen, nicht im Entferntesten die Rede davon sein, daß Preußen irgendwie dieses Deutsch-Polnische Land, und so auch den Netze-District, abtreten könnte"[458]. Dank der besseren preußischen Verwaltung und eines Militärsystems, das im Gegensatz zu den russischen Praktiken darauf verzichten könne, junge Menschen zu nächtlicher Stunde zur Einberufung aus den Betten zu reißen und überdies zum Tode Verurteilte zum Militärdienst zu „begnadigen", könne er sich eine Gefährdung dieser Gebiete nicht vorstellen.

Waldeck nahm den russischen Kaiser seiner seit dem Regierungsantritt vorangetriebenen Reformpolitik wegen für den europäischen Liberalismus in Anspruch und tadelte das Betragen der eigenen Regierung auf das Entschiedenste, die alles nur Erdenkliche daransetze, um das Russische Reich und seinen großmütigen Herrscher auf den Weg des Absolutismus zurückzuführen. Wie alle anderen zivilisierten Staaten Europas müsse vor allem auch Preußen „dem Russischen Hofe freundliche Warnungen zukommen" lassen, „daß er dem Rechte seinen Lauf ließe . . ., so daß dergleichen Militair-Aushebungen, wie sie stattgehabt haben, daß dergleichen Vergewaltigungen aufhören müssen". Habe die Regierung aber tatsächlich eine Konvention des Inhalts abgeschlossen, wie ihn die Zeitungen meldeten, so müsse er eine solche Vereinbarung als „den Interessen Preußens zuwider", als „unbegründet im Völkerrecht" und als „unerhört in der Geschichte" charakterisieren[459].

456 Über Franz Leo Benedikt Waldeck (1801–1870) vgl. *G. Eisfeld:* Die Entstehung der liberalen Parteien in Deutschland, S. 83–88.

457 Waldeck spricht vom Herzogtum Preußen, meint aber offensichtlich das bis 1772 zum Königreich Polen gehörige „königliche Preußen", die spätere Provinz Westpreußen. Das eigentliche Herzogtum Preußen war bereits unter dem Großen Kurfürsten im Frieden von Oliva 1660 an Brandenburg gefallen. Knappe Darstellung dieser Vorgänge bei *R. Dietrich:* Kleine Geschichte Preußens, Berlin 1966, S. 37–39.

458 Vgl. *Sten. Ber.*, S. 259.

459 Vgl. *Sten. Ber.*, S. 260. Diese Rede kommentierte die „Kölnische Zeitung" mit den Worten, die Begünstigung Rußlands durch die preußische Regierung habe den scharfen Tadel gefunden, „den dieser schreiende Anachronismus in der Geschichte der Civilisation und der Menschlichkeit verdient. In der That, die gegenwärtigen Lenker der Politik Preußens ver-

Nach einer knappen und scharfen Replik des Ministerpräsidenten ergriff als nächster Redner der Sprecher der „Katholischen Fraktion", August Reichensperger aus Geldern, das Wort[460]. Indem er sich von den Ausführungen der beiden Sprecher der Fortschrittspartei vorsichtig, aber doch unmißverständlich distanzierte, billigte Reichensperger die von der Regierung zum Schutz der preußischen Ostprovinzen angeordneten militärischen und administrativen Maßnahmen ganz ausdrücklich und nannte es „weder politisch, noch auch patriotisch", wie seine Vorredner „die Geschichte der preußischen Vergangenheit gewissermaßen dem Abscheu der Gegenwart" preiszugeben. Mit Entschiedenheit müsse er ferner das Ministerium gegen die „ganz unmögliche und unzulässige" Unterstellung in Schutz nehmen, es würdige die preußische Armee zum „Schergen" ausländischer Interessen herab und weise ihr eine Stellung zu, „die früher die Landeskinder Kurhessens in Amerika erfahren hatten"[461].

Angesichts der schweren Krise im Innern des Russischen Reiches könne man infolge der von der Regierung anscheinend mit Rußland getroffenen Übereinkunft, deren Notwendigkeit auch er entschieden bestreite, mögliche Rückwirkungen auf preußisches Gebiet nicht gänzlich ausschließen. Obschon jedoch der Grundsatz der Nichteinmischung in die Angelegenheiten eines anderen Staates vielen Mächten unbestreitbar lediglich zum Vorwand diene und je nach ihrer Machtstellung oft genug durchbrochen werde, habe sich im allgemeinen aber „das Princip der Nichtintervention gewissermaßen als ein Staatsaxiom in das internationale Recht und in die gesammten diplomatischen Verhältnisse Europas eingeführt", das auch die preußische Regierung nicht ungestraft außer acht lassen dürfe, die bei ihrer augenblicklichen Politik offenbar von der Voraussetzung ausgehe, „daß der jetzige Polnische Aufstand Ziele im Auge hat, die mit der Integrität des Preußischen Staates unverträglich sind".

Leider habe sich zu seinem nicht geringen Erstaunen bis jetzt kein Angehöriger der polnischen Fraktion dahingehend ausgesprochen, „daß obige Auffassung von dem Ziele des Polnischen Aufstandes nicht zutreffe". Selbstverständlich sei für ihn die Anteilnahme der „Mit-Unterthanen polnischer Zunge" (!) am Geschick ihrer Landsleute aus der „Gemeinschaftlichkeit einer vielhundertjährigen, vielfach ruhmvollen Geschichte – durch die Gemeinschaftlichkeit des nationalen Bandes"

stehen es, unseren Staat auch noch um den letzten Schimmer von Popularität in Deutschland zu bringen, indem sie die niemals aufgegebenen, sondern nur zeitweise durch momentane Ohnmacht unterbrochenen Pläne Rußlands ganz gegen das deutsche und folglich auch gegen das eigene preußische Interesse unterstützen." *KZ* Nr. 52 vom 21. Februar.

460 Zum politischen Katholizismus grundlegend weiterhin *K. Bachem:* Vorgeschichte, Geschichte und Politik der Deutschen Zentrumspartei, Bd. II, Köln 1927; vgl. ferner *W. Tormin:* Geschichte der deutschen Parteien seit 1848, Stuttgart 1966, bes. S. 42–45; 62–65. Für den weiteren Zusammenhang wichtig auch *R. Lill:* Die deutschen Katholiken und Bismarcks Reichsgründung, in: Reichsgründung 1870/71, hrsg. von *Th. Schieder* und *E. Deuerlein,* Stuttgart 1970, S. 345–365.

461 Vgl. *Sten. Ber.,* S. 260. Dazu auch *E. Eyck:* Bismarck und das Deutsche Reich, S. 85.

heraus mehr als erklärlich, doch sei es andererseits gleichfalls „schlechthin unmöglich, auch die hundertjährige Geschichte der Polnischen Theilungen zu ignoriren oder zurückzuschrauben". Den Polen sei seinerzeit ohne allen Zweifel schweres Unrecht widerfahren, doch sei die damalige Entwicklung nicht zuletzt doch auch durch „eigene Verschuldung des polnischen Volkes so weit gekommen".

Im übrigen teile er vollständig die Auffassung seiner Vorredner, daß nämlich der gegenwärtige Aufstand in Russisch-Polen „weder durch das Recht, noch auch durch die Macht getragen wird". Der „Caesaropapismus, der in Rußland das maßgebende Staats-Princip ist" und einen „combinirten Druck auf allen Gebieten des politischen, religiösen und socialen Lebens" ausübe, habe zu einer derart unerträglichen Bedrückung der dortigen Bevölkerung geführt, daß diese schließlich die „Revolution" auslöste. Eine solche aber bedeute, daß man sich im Königreich Polen „von der gesammten socialen und rechtlichen Ordnung der Dinge" lossage. Er müsse es daher zutiefst bedauern, wenn in diesen „Schlund der Revolution" allem Anschein nach nicht allein das staatliche, „sondern auch das kirchliche Leben, ja die Religion selber, der Cultus und Clerus hineingezogen" würden. Derartige „Gründe der Verzweiflung" lägen in der preußischen Provinz Posen nun offensichtlich ganz sicher nicht vor. Freilich dürfe auch hier ein „vae victis" nicht der Regierung letztes Wort sein, sondern eher ein „afflictis non est addenda afflictio". Davon abgesehen aber hoffe auch er, daß die Debatte des Abgeordnetenhauses „dazu beitragen möge, der Geißel des Aufstandes, der innerhalb des Russischen Reiches sich erhoben hat, an unserer Preußischen Grenze Einhalt zu gebieten"[462].

Nach diesen stellenweise von erstaunlicher politischer Einsicht zeugenden, ansonsten aber durchaus traditionellen Vorstellungen preußischer Rußland- und Polenpolitik verhaftet bleibenden Ausführungen Reichenspergers, die im wissenschaftlichen Schrifttum bislang beinahe unbeachtet geblieben sind[463], bestieg als letzter Redner des Tages Dr. Virchow vom demokratischen Flügel der Fortschrittspartei die Tribüne und sprach gleich eingangs die – irrige – Vermutung aus, daß die ursprüngliche Idee der fraglichen Konvention, deren Inhalt dem Hause mitzuteilen der Ministerpräsident sich leider weiterhin beharrlich weigere, nicht aus dem Auswärtigen Amt, sondern aus dem sogenannten „Militärcabinet" stamme[464], welches die königliche Regierung erst in ihre diplomatisch nunmehr unhaltbare Position gedrängt habe[465]. Unter Berufung auf die von den Insurgenten abgefangenen Depeschen des Chefs der Warschauer Staatskanzlei an die kaiserliche Botschaft in

[462] Vgl. *Sten. Ber.*, S. 261–263.

[463] Einzige knappe Erwähnung bei *H. Scheidt:* Konvention Alvensleben, S. 62.

[464] Dazu allgemein *R. Schmidt-Bückeburg:* Das Militärkabinett der preußischen Könige und deutschen Kaiser, Berlin 1933.

[465] Der badische Gesandte in Wien wollte wissen, daß Bismarck anfänglich sehr gegen die Konvention gewesen sei, „die Sache sei jedoch von den Ultras der Kreuzzeitungspartei mit lebhafter Unterstützung des Prinzen Carl und des Feldmarschalls Wrangel im Wege des Militärcabinets bei dem König durchgesetzt und von Bismarck seine Zustimmung gegeben worden, als er sah, daß die Maßregel nicht mehr abzuwenden sei". *Edelsheim an Roggen-*

Berlin, worin u. a. die Rede davon war, daß man am Hofe des Großfürsten-Statthalters die von Berlin aufgedrängte und dazu noch gänzlich überflüssige Hilfe nur höchst widerstrebend entgegengenommen habe und sich dort gar nicht erklären könne, warum das preußische Kabinett „einen so großen Rumor dieser Sache gegenüber mache", gab er zu bedenken, ob die Regierung, „statt ihre militairische Cooperation in Petersburg freiwillig und unaufgefordert anzubieten", am kaiserlichen Hof nicht eher dahin hätte wirken sollen, daß man dort dem Königreich Polen endlich Institutionen einräume, „wie sie geeignet wären, um auf die Dauer ähnlichen Ausbrüchen vorzubeugen, und wie sie zum Theil wenigstens unsere Landsleute polnischer Zunge errungen haben". Was gegenwärtig geschehe, erinnere ihn „nur zu lebendig an die Zeit, wo in der Landesvertretung Preußens der Czar von Rußland als der eigentliche Landesvater proclamirt worden ist"[466].

Auch auf diese Ausführungen antwortete Bismarck nur in einigen wenigen Sätzen, indem er zunächst die Authentizität jener der Argumentation Virchows zur Grundlage dienenden Depesche aus Warschau – freilich unter gewissem Vorbehalt[467] – in Abrede stellte und zum Vorschlag seines parlamentarischen Gegners, die preußische Regierung möge den Kaiser von Rußland zu einer Änderung seiner bisherigen Polenpolitik veranlassen, unter – wie es im Protokoll heißt – großer, anhaltender Heiterkeit des Hauses erklärte, dergleichen Ratschläge hätten „immer etwas Mißliches" an sich, „weil sie sehr leicht zur Reciprocität führen"[468].

Die bisweilen leidenschaftlich geführte Debatte endete schließlich an diesem Tage mit dem – später noch geringfügig modifizierten – Antrag der Abgeordneten v. Carlowitz und Freiherrn von Hoverbeck[469], der folgendermaßen lautete:

„Das Haus der Abgeordneten wolle beschließen zu erklären: Das Interesse Preußens erfordert, daß die Königliche Staats-Regierung gegenüber dem im Königreich Polen ausgebrochenen Aufstande weder der Russischen Regierung noch den Aufständischen irgend eine Unterstützung oder Begünstigung zuwende: demgemäß also auch keinem der kämpfenden Theile gestatte, das Preußische Gebiet ohne vorhergängige Entwaffnung zu betreten"[470].

buch – GLA Karlsruhe, Best. 48/3009. Der Ministerresident für Braunschweig und Nassau berichtete, daß die Idee der Konvention „von dem Könige selbst ausgegangen und von diesem mit dem General von Alvensleben näher konzertirt sei". *Löhneysen an Wittgenstein* – 22. II. 1863 – HStA Wiesbaden, Best. 210-10723. Weitere Belege Anm. 402!

466 Vgl. *Sten. Ber.*, S. 264.

467 Bismarck schränkte nämlich durch die Wendung „nach den von mir eingezogenen Erkundigungen" die Verneinung der Echtheit wieder ein. Vgl. *Sten. Ber.*, S. 264.

468 Ebda.

469 Ausführlichste Biographie immer noch *L. Parisius:* Leopold Freiherr von Hoverbeck, Berlin 1897; zusammenfassend *G. Eisfeld:* Die Entstehung der liberalen Parteien in Deutschland, S. 75–78.

470 Vgl. *Sten. Ber.*, S. 265. Zur Debatte selbst bemerkte der württembergische Gesandte: „Es fielen von beiden Seiten scharfe Worte, doch in dieser Hinsicht hat die Opposition in der Person des Ministerpräsidenten einen überlegenen Gegner gefunden." *Linden an Hügel* – 20. II. 1863 – HStA Stuttgart, Best. E. 73a/III 169/Bl. 1–955.

Zur weiteren parlamentarischen Beratung wurde ein Ausschuß eingesetzt, der das – freilich von vornherein nicht zweifelhafte – Ergebnis seiner Erörterungen am 26. Februar dem Plenum zu weiterer Beratung unterbreitete.

Noch bevor jedoch das Abgeordnetenhaus in dreitägiger heftiger Debatte den Antrag der Kommission „betreffend den im Königreich Polen ausgebrochenen Aufstand" behandelte, erschien am Tage zuvor an der Spitze der „Kölnischen Zeitung" ein Leitartikel, welcher den Vorwurf konservativer Kreise, es mangele der Linken des Hauses offensichtlich am nötigen Patriotismus[471], mit der Bemerkung zurückwies, man könne diesem Gremium angesichts seiner Zusammensetzung „gewiß keine überflüssigen Sympathien für die Polen vorwerfen. Der Vorsitzende, Herr Schulze-Delitzsch[472], hat sich als eifriger Vorkämpfer der deutschen Interessen im Großherzogthum Posen hervorgethan, und der Berichterstatter, Herr v. Sybel, ist in seinem bekannten Geschichtswerke bemüht gewesen, die Theilung Polens, und namentlich Preußens Antheil daran, so gut es eben gehen will (!), aus den Umständen zu rechtfertigen"[473].

Tatsächlich eröffnete der seinerzeit schon hochberühmte Historiker Heinrich von Sybel vom gemäßigt liberalen „Linken Zentrum" als Berichterstatter die parlamentarische Aussprache mit einigen einleitenden Sätzen, welche die grundsätzliche Überzeugung der Kommission unter der Zustimmung des Hauses in derart prägnanter Weise zum Ausdruck brachten, daß sie an dieser Stelle wörtlich folgen sollen: „Unsere östlichen Provinzen sind unser nach allseitig anerkannten Rechtstiteln, sie sind unser nach den Anlagen, welche Deutsche Einsicht, Deutsches Capital und Deutscher Fleiß dort gemacht haben. Sie sind unser und wir hoffen, sie zu

471 So nannte es die „Kreuzzeitung" „unverantwortlichen Leichtsinn", wenn sich die Regierung nicht schon beizeiten auf jede Eventualität vorbereite. „Eine solche Vorsicht von Seiten unseres Gouvernements zu tadeln oder gar zu schmähen, das vermag nur politischer Partei-Fanatismus oder bewußter Verrath *preußischen* und *deutschen* Namens und Interesses". *NPZ* Nr. 47 vom 25. Februar.

472 Zu Hermann Schulze-Delitzsch vgl. vor allem *W. Conze:* Möglichkeiten und Grenzen der liberalen Arbeiterbewegung in Deutschland. Das Beispiel Schulze-Delitzschs, Heidelberg 1965.

473 Vgl. *KZ* Nr. 56 vom 25. Februar. Am nächsten Tag publizierte die konservative „Neue Preußische Zeitung" unter der Überschrift: „Herr v. Sybel über Polen" lange Auszüge aus dessen neuestem Werk: „Geschichte der Revolutionszeit von 1789 bis 1795", 2. Aufl. (Düsseldorf 1859), mit den Urteilen des Autors über die Zustände Polens in jener Epoche. So hatte v. Sybel u. a. angesichts der sozialen Verhältnisse Polens am Ende des 18. Jahrhunderts gemeint, wenn man das Elend des Bauernstandes erwäge, „werde man kaum noch von dem Untergange der polnischen Nation durch die Theilungen reden mögen. Was 1793 zu Grunde ging, war die unmenschliche Herrschaft weniger Edelleute über das Polnische Volk." Die „Kreuzzeitung" beendete den Abdruck dieser Auszüge mit der Bemerkung: „So urtheilt Herr v. Sybel, der Historiker, über Polen und seine Schicksale. Warten wir ab, wie der *Abgeordnete* v. Sybel sich morgen auf der Tribüne äußern wird." *NPZ* Nr. 48 vom 26. Februar. Zu v. Sybel allgemein vgl. *H. Seier:* Die Staatsidee Heinrich von Sybels in den Wandlungen der Reichsgründungszeit 1862/1871, Lübeck und Hamburg 1961.

behaupten. Wir wünschen unseren Mitbürgern Polnischer Zunge ein jedes menschliche, jedes bürgerliche und jedes verfassungsmäßige Recht im vollen Umfange, wie uns Allen, zu sichern, aber eben so sicher sollen unsere Deutschen Landsleute in jenen Grenzmarken des Vaterlandes wissen, daß zu ihrem Schutz und Hort das gesammte Preußische Volk bereit ist"[474].

Nahezu alle Argumente des Liberalismus von seinem demokratischen Flügel bis zur konstitutionellen Mitte, mit welchem dieser den preußischen Besitz an ehemals dem polnischen Königreich zugehörigem Territorium zu rechtfertigen sich bemühte, führte v. Sybel in seiner Rede in gedrängter Form ins Feld. Westpreußen, „ein durch Jahrhunderte weit überwiegend Deutsches Land, welches in früheren Zeiten durch Polnische Waffengewalt uns entrissen", habe – so führte er eingangs aus – zur Zeit der polnischen Herrschaft unter „vielfacher Kränkung politischer und religiöser Rechte" schwer gelitten und sei durch den großen Friedrich „nicht erobert, sondern befreit" worden. Für das an Polen begangene Unrecht der Teilungen habe Preußen in den schweren Jahren von 1806 bis 1813 „reichlich und verdient" gebüßt. „Das Wesentlichste aber ist, daß wir unsere heutige Provinz Posen nicht in Folge jener Theilungen, sondern in Folge einer Europäischen Entscheidung besitzen".

Angesichts dieser unanfechtbaren Rechtstitel müsse es ihm um so unbegreiflicher erscheinen, daß die königliche Regierung sich „mit der Mitschuld an einer colossalen, von ganz Europa mit sittlicher Empörung betrachteten Menschenjagd" belade, nachdem sie durch ihr Verhalten völlig unnötigerweise die „in den Polnischen Wäldern glimmende Insurrection" zu einer europäischen Frage umgewandelt habe und deren „Wucht . . . von den Schultern Rußlands hinweg- und auf unsere Schultern hinüberwälzt". Und all dies setze das Staatsministerium ins Werk, ohne die Landesvertretung von seinen Maßnahmen auch nur in Kenntnis zu setzen[475]. Die ständig wiederholten Besorgnisse des Ministeriums vor Gefahren, welche Preußen möglicherweise aus der polnischen Krise erwachsen könnten, seien völlig unbegründet und würden das Land sich demnächst vermutlich in einem Sumpf wiederfinden lassen, „der tiefer ist, als alle Polnischen Moräste"[476]. Die Kommission, als deren Berichterstatter er hier das Wort ergriffen habe, vermöge jedenfalls im Abschluß „der Russischen Convention (!) . . . weder Ehre noch Vortheil zu erblikken"[477].

474 Vgl. *Sten. Ber.*, S. 328.

475 Nach der Verfassung, die gerade v. Sybel bekannt sein mußte, bestand seitens des Ministeriums formell keinerlei Verpflichtung, dem Abgeordnetenhaus über die außenpolitischen Absichten der Regierung Mitteilung zu machen. Vgl. hierzu *E. Pikart:* Die Rolle der politischen Parteien im deutschen konstitutionellen System vor 1914, in: Moderne deutsche Verfassungsgeschichte (1815–1918), hrsg. von *E. W. Böckenförde*, Köln 1972, S. 258–281, bes. S. 259. Zu den Verhältnissen in Österreich vgl. *F. Engel-Janosi:* Der „Ballhausplatz" 1848–1918, in: *ders.:* Geschichte auf dem Ballhausplatz. Essays zur österreichischen Außenpolitik 1830–1945, Graz-Wien-Köln 1963, S. 9–28.

476 Vgl. *E. Zechlin:* Bismarck und die Grundlegung der deutschen Großmacht, S. 522.

477 Vgl. *Sten. Ber.*, S. 330.

Der Sprecher der konservativen Fraktion, v. Gottberg aus Stolp, hatte gegen die überwältigende Mehrheit des Hauses verständlicherweise keinen leichten Stand, als er versuchte, die Regierung gegen die Attacken seines sowohl taktisch als auch rhetorisch sehr viel versierteren Vorredners zu verteidigen[478]. So beschränkte er sich zunächst darauf, gegen die Gleichstellung einer legitimen Regierung mit den Aufständischen, wie sie im Entwurf der Kommission zutage trat, Einspruch zu erheben, da er hierin auf der einen Seite einen Ausdruck der Antipathie gegen Rußland und andererseits die Bekundung einer gewissen Sympathie für die polnischen Insurgenten erkennen müsse, deren revolutionäre Bewegung sich schon in den Jahren 1831 und dann vor allem wieder 1847[479] und 1848 auch gegen die Integrität der preußischen Monarchie gerichtet hätte und daher auch in diesem Falle die von der Regierung gegen – wie der Redner gegen heftigen Widerspruch auf der Linken und in der polnischen Fraktion bemerkte – derart „undisciplinirte", ja „räuberische Banden" nunmehr getroffenen Schutzmaßnahmen mehr als rechtfertigten. „In der Regel" seien die Polen stets „etwas unruhige Nachbarn" gewesen, und wenn sie sich jetzt auf das Nationalitätenprinzip beriefen, sei eine Gefährdung des Großherzogtums Posen nicht mehr auszuschließen und ferner – anders als im Falle Italiens – „sehr zweifelhaft", ob die europäischen Mächte diese preußische Provinz garantieren würden. Ähnliches sei auf längere Sicht auch für Danzig und Westpreußen zu befürchten. Von einer Verletzung des Nichtinterventionsprinzips, wie man sie dem Ministerium vorwerfe, könne seiner Ansicht nach erst recht keine Rede sein, da es der Regierung doch offenbar nicht darum gehen könne, „die Russische Autorität in Polen aufrecht zu erhalten", sondern allein um den Schutz ihrer Untertanen und „den Bestand der preußischen Länder". Angesichts der Tatsache, daß Rußland – wie Gottberg unter deutlicher Anspielung auf das Jahr 1813 einfließen ließ – seit nunmehr genau fünfzig Jahren „ein treuer Verbündeter" gewesen sei, mit dem Preußen stets „in freundnachbarlichen Beziehungen" gestan-

[478] Nach den Tagebuchaufzeichnungen des leider nicht durchgehend zuverlässig berichtenden Theodor v. Bernhardi hatte selbst v. Gottberg die Konvention vom 8. Februar als einen Mißgriff bezeichnet. Vgl. *(Th. v. Bernhardi):* Aus dem Leben Theodor von Bernhardis 1805–1871, Bd. 5: Tagebuchblätter 1863–1864, Leipzig 1895, S. 36 vom 21. II. 1863; vgl. auch *H. Scheidt:* Konvention Alvensleben, S. 62. Die Haltung der preußischen Konservativen zum polnischen Problem beleuchtet für eine spätere Phase *H.-L. Land:* Die Konservativen und die preußische Polenpolitik, 1886–1912, Diss. Berlin 1963 (MS). Zur deutschen Politik immer noch grundlegend *G. Ritter:* Die preußischen Konservativen und Bismarcks deutsche Politik 1858 bis 1876, Heidelberg 1913.

[479] Die Jahreszahl ist wohl irrig; angespielt wird offenbar auf die verschwörerische Tätigkeit Ludwik Mierosławskis im Jahre zuvor. Vgl. *G. Rhode:* Geschichte Polens, S. 369 bis 370. Zu den Ereignissen des Jahres 1848 seien aus der reichen polnischen Literatur wenigstens genannt *S. Kieniewicz:* Społeczeństwo polskie w powstaniu poznańskim 1848, Warszawa 1960; *I. Koberdowa:* Polska Wiosna Ludów, Warszawa 1967, S. 94–122; zusammenfassend *S. Kieniewicz:* The Poznań Rising of 1848, in: History of Poland, hrsg. von *A. Gieysztor* u. a., Warszawa 1968, S. 490–496; auch *M. Broszat:* Zweihundert Jahre deutsche Polenpolitik, 2. Aufl. Frankfurt a. M. 1972, S. 107–114.

den habe, vermöge er die heftigen Antipathien gegen dieses Reich durchaus nicht zu teilen. Er könne sich überhaupt des Verdachtes kaum erwehren, daß die polnische Frage für die Mehrheit der Kammer nur das Mittel zum Zweck habe abgeben müssen, um das Land weiterhin gegen das Staatsministerium aufzubringen. Für ganz besonders bedenklich aber müsse er es in diesem Zusammenhang halten, wenn sich ausgerechnet eine *deutsche* Fortschrittspartei gegen Maßnahmen ihrer Regierung so uneinsichtig zu Wehr setze, deren Endzweck doch kein anderer sein könne, als eben die deutsche Bevölkerung in den bedrohten Grenzgebieten gegen ein mögliches Übergreifen der Unruhen in Russisch-Polen auf das eigene Territorium zu schützen. Schließlich aber könne er es nicht als im preußischen Interesse liegend erkennen, „daß man auch nur den *Schein* annehme, als wenn man sich auf revolutionairen Boden begeben wolle. Der Preußische Staat ist bisher auf *Recht und Legitimität* aufgebaut, und diesen Boden wünsche ich ihm zu erhalten"[480].

Mit diesen Darlegungen des Führers der konservativen Fraktion waren die unterschiedlichen Auffassungen der verschiedenen im Abgeordnetenhaus vertretenen politischen Richtungen und Gruppierungen über das in der gegenwärtigen kritischen Situation dem Russischen Reich und dem polnischen Problem gegenüber einzuschlagende Verfahren Preußens eigentlich bereits vollständig zur Sprache gekommen. Dabei vermochten die Liberalen, die ihrer Mehrheit in der Landesvertretung entsprechend die meisten Redner auf die Tribüne schickten, im Laufe der dreitägigen Debatte bei allem rhetorischen Können und oft leidenschaftlichem Engagement die Diskussion mit neuen Einsichten kaum zu bereichern[481].

Nach der außenpolitisch so gut wie nichtssagenden Rede des Sprechers des sogenannten „Freien parlamentarischen Vereins", v. Roenne[482], der wie schon Waldeck einige Tage zuvor der Regierung vorwarf, daß in Preußen „eine kleine, dem Gedanken der Heiligen Allianz verpflichtete Partei, die sich seit Jahren hier bei uns allem Fortschritt widersetzt", offensichtlich mit einer ähnlich reaktionären Partei in Rußland, „die sich auch dort den edlen und wohlgemeinten Bestrebungen des Kaisers Alexander auf alle Weise widersetzt und ihnen auf alle Weise entgegenwirkt"[483], paktiert habe, ergriff als nächster Redner für die Fortschrittspartei der Breslauer Historiker und Abgeordnete für den Kreis Oels, Richard Roepell, als Vertreter eines der Grenze gegen das Königreich Polen benachbarten Gebiets das Wort[484].

480 Vgl. *Sten. Ber.*, S. 334.

481 Vgl. *H. Scheidt:* Konvention Alvensleben, S. 53–65.

482 Vgl. *G. Eisfeld:* Die Entstehung der liberalen Parteien in Deutschland, S. 116.

483 Vgl. *Sten. Ber.*, S. 335.

484 Richard Roepell gehörte zum engeren Freundeskreis Theodor Mommsens in Breslau, wo er im Jahre 1840 an der dortigen Universität seine Lehrtätigkeit als Historiker aufnahm und im selben Jahr den ersten Band seiner breit angelegten „Geschichte Polens" veröffentlichte, die freilich nur bis zum Beginn des 14. Jahrhunderts reichte und trotz der Fortsetzungen von Jakob Caro und Ezechiel Zivier ein Torso geblieben ist. Vgl. *G. Rhode:* Geschichte Polens, S. XI.

In seinen im Gegensatz zu denjenigen seines Vorredners sehr sachkundigen Ausführungen ließ er keinen Zweifel daran, daß die ständige Berufung der politischen Welt auf die Bestimmungen der Wiener Verträge von 1815 seiner Ansicht nach inzwischen jeder Berechtigung entbehrte, da Rußland diese von allen größeren europäischen Mächten sanktionierten Abmachungen im Königreich Polen spätestens seit dreißig Jahren de facto außer Kraft gesetzt habe[485]. „Von einer Personal-Union ist nicht mehr die Rede, eine nationale Armee, eine nationale Justiz-Einrichtung, eine nationale Administration, eine nationale Landesvertretung, das Alles existirt in Polen nicht mehr und an die Stelle ist eine Russische Herrschaft getreten, die so gewaltet hat, daß sie mit dem vollsten Fug und Recht den Namen des Depotismus verdient“[486]. Er stellte sich und seinen Hörern die Frage, weshalb das Reformprogramm Alexander II., welches der Kaiser gemeinsam mit dem Markgrafen Wielopolski seit zwei Jahren mit so großen Hoffnungen inauguriert habe, scheitern mußte und konstatierte, der eigentliche Grund habe ersichtlich darin gelegen, daß die polnische Nation offenbar von der von letzterem angestrebten „innigen Verschmelzung der Polen mit den Russen“ nichts habe wissen wollen. „Unter allen slawischen Stämmen“, so führte er weiter aus, „sind bisher die Polen diejenigen gewesen, die am allermeisten den panslawistischen Ideen entgegengetreten sind . . .“[487].

Preußen könne seine Aufgabe nicht darin sehen, Rußlands ohnehin schon übermächtige Position an der Weichsel durch seinen Beistand noch zu verstärken, wohl aber – und hierin stimme er mit dem Herrn Ministerpräsidenten vollständig überein – müsse es alles daransetzen, die Integrität seines Staatsgebiets pflichtgemäß zu wahren, denn seit Jahrhunderten schon hätten Deutsche und Polen um dieses Land gerungen und „unser Besitz ist das Resultat eines solchen Kampfes – wir werden, was wir in einem solchen Jahrhunderte langen Kampfe gewonnen haben, nicht wieder herausgeben“[488]. Andererseits aber könne – wie der Redner unter dem Beifall der polnischen Fraktion erklärte – niemand gerechterweise bestreiten, daß die polnische Nation auch nach dem Verlust ihrer politischen Existenz nicht gestorben sei und mit Recht danach strebe, ihre staatliche Unabhängigkeit früher oder später wiederzugewinnen. Bei dieser Sachlage gebiete es demnach das Interesse Preußens, eine „Politik der strengsten Neutralität einzuhalten“.

[485] Roepell verschwieg allerdings die Tatsache, daß sich die russische Regierung nach den Ereignissen der Jahre 1830/31 und namentlich nach der feierlichen Absetzung des Hauses Romanov durchaus berechtigt glaubte, die in den Wiener Verträgen stipulierten Rechte der Polen zur Strafe für ihre Unbotmäßigkeit zurückzunehmen, da die Aufständischen selbst den Rechtsboden von 1815 verlassen hatten. Vgl. *G. Rhode:* Geschichte Polens, S. 354–363.

[486] Vgl. *Sten. Ber.*, S. 337.

[487] Diese Beurteilung deckt sich genau mit den Ergebnissen der modernen Forschung. Vgl. *G. Rhode*: Russische Politik gegenüber Polen von Peter dem Großen bis Chruščev. Konstanten und Varianten, in: Grundfragen sowjetischer Außenpolitik, hrsg. von *B. Meissner* und *G. Rhode*, Stuttgart 1970, S. 41–63, bes. S. 44.

[488] Vgl. *Sten. Ber.*, S. 338.

Der Dortmunder Abgeordnete Hermann Heinrich Becker[489] ging als nächster Redner in seinen Zielvorstellungen insofern über alle bis dahin vorgetragenen Erörterungen hinaus, als er zum ersten und einzigen Male im Verlauf der dreitägigen Debatte expressis verbis die Forderung nach der Wiederherstellung eines polnischen Staates erhob. Zwar hatte Preußen nach der Auffassung Beckers „als geschichtlicher Rechtsnachfolger des Ordens" (!) das von diesem an Polen verlorene Gebiet mit Recht „zurückgenommen"; seine Rolle bei den polnischen Teilungen von 1793 und 1795 aber könne man wahrhaftig nur eine sehr wenig rühmliche nennen[490]. Auch die „perfide Russische Auslegung der 1815 (den Polen) bewilligten Verfassung" könne an deren nach wie vor bestehender Gültigkeit nichts ändern. Aus diesem Grunde sei die preußische Landesvertretung der Verpflichtung nicht enthoben, „zu erklären, daß sie die Vernichtung eines selbständigen Polnischen Staates für ein Unglück hält, für ein großes Unglück, ja für ein Verbrechen, begangen nicht blos an der Polnischen Nation, sondern auch am Frieden Europas, daß Preußens Interesse gebieterisch die Wiederherstellung eines Polnischen Staates verlange"[491].

Bezeichnenderweise aber nannte Becker im Folgenden das Bestreben der Polen, ihren Staat in den Grenzen von 1772 wiederherzustellen, ein Ziel des „politischen Idealismus", an dessen Realisierung er vorderhand nicht glauben könne; denn „so gewiß die Polen Danzig und Elbing nicht gebaut haben, so gewiß wird ihnen das Deutsche Volk diese Häfen nicht abtreten"[492]. Und in einer für einen radikalen Liberalen überaus kennzeichnenden Wendung hieß es dann weiter: „Keine Scholle Landes, die Deutscher Fleiß urbar gemacht hat, und keine Werkstätte, die Deutsche Betriebsamkeit errichtet hat, braucht an Polen abgetreten zu werden, und doch ist ein Polnischer Staat möglich". Auf preußische Kosten werde dies freilich kaum geschehen können, denn „die Polen werden uns nimmermehr eine Küste aberobern". Gerade deshalb aber gezieme es einer deutschen Landesvertretung nicht, „eine vae victis-Moral in Anwendung zu bringen". Das deutsche Volk könne und werde sich jedenfalls auf gar keinen Fall mit der Tat derjenigen identifizieren, die

[489] Hermann Heinrich Becker (1820–1885) ist nicht zu verwechseln mit Johann Philipp Becker (1809–1886), der seit 1831 in revolutionären Geheimbünden tätig war und zeitweise Karl Marx nahestand. Seit 1860 lebte er in Genf, wo er 1863 eine Flugschrift u. d. T. „Polen, die Diplomatie und die Revolution" erscheinen ließ. Zu ihm und seinem Wirken vgl. *F. Frantz:* Das Hambacher Fest und der südwestdeutsche Frühliberalismus, Heidelberg 1958; ferner *G. Trübner:* Niemiecki republikanin Jan Filip Becker i jego stosunek do Polski, in: PZ 16 (1960) S. 228–244.

[490] Vgl. dazu vor allem die sehr kritische Betrachtung bei *G. Stökl:* Osteuropa und die Deutschen, Oldenburg 1967, S. 46–48. Trotz des marxistischen Ansatzes grundlegend *E. Moritz*: Preußen und der Kościuszko-Aufstand 1794, Berlin (Ost-) 1968.

[491] Vgl. *Sten. Ber.*, S. 341.

[492] Zur Frage der Grenzen von 1772 und der verschiedenen politischen Orientierungen während der Teilungszeit Polens vgl. neben dem immer noch maßgeblichen Werk von *W. Feldman*: Geschichte der politischen Ideen in Polen seit dessen Teilungen 1795–1914, München-Berlin 1917, *G. Rhode:* Polens Teilung und Wiedervereinigung, in: Teilung und Wiedervereinigung, S. 38–60.

Polen seinerzeit von der Landkarte gestrichen hätten, „wohl aber hat Deutschland ein großes Interesse, daß ein selbständiges Polen wieder erstehe“[493].

Nach einer knappen Erwiderung des Innenministers v. Eulenburg, in welcher er in der Öffentlichkeit kursierende und auch in der Rede seines Vorgängers angedeutete Gerüchte von Grenzüberschreitungen preußischer Truppen mit Nachdruck als unzutreffend zurückwies, griff auch der Ministerpräsident persönlich in die Debatte ein, indem er eingangs seine Verwunderung darüber zum Ausdruck brachte, daß einige deutsche Abgeordnete die Interpellation der polnischen Fraktion vom 16. Februar, deren Berechtigung er aus ihrer Sicht anerkennen müsse, mit unterzeichnet hätten, und knüpfte die Bemerkung daran: „Die Neigung, sich für fremde Nationalitäten und National-Bestrebungen zu begeistern, auch dann, wenn dieselben nur auf Kosten des eigenen Vaterlandes verwirklicht werden können, ist eine politische Krankheitsform, deren geographische Verbreitung sich auf Deutschland leider beschränkt“[494].

Es sei verfassungswidrig und daher unzumutbar, von ihm nähere Aufklärung über schwebende Verhandlungen des Außenministeriums „eine schwierige und brennende Europäische Frage“ betreffend zu begehren, wie sie übrigens kein anderes Parlament und schon gar nicht das von seinen Vorrednern vielbemühte englische jemals von der Regierung verlangen würde. Wenige Sätze später ließ sich Bismarck sogar im Eifer des Gefechts zu einer persönlichen Bemerkung gegen v. Unruh und dessen Rolle im Jahre 1848 hinreißen[495], die einen Proteststurm im Hause entfesselte und aus welcher sich eine lebhafte Kontroverse mit dem Vizepräsidenten des Abgeordnetenhauses über die Geschäftsordnung entwickelte[496]. Im weiteren Verlauf seiner Darlegungen äußerte der Ministerpräsident nochmals seine feste Überzeugung, daß die Nachbarschaft Kaiser Alexanders für Preußen immer noch „eine erfreulichere“ sei als diejenige „Mierosławskis und eines propagan-

[493] Daß Becker mit dieser Ansicht allein blieb, scheint kennzeichnend für das Zurücktreten des liberalen Polenenthusiasmus seit 1830. Zu den Ereignissen von 1830/31 und dem Echo in Deutschland vgl. *A. Gerecke:* Das deutsche Echo auf die polnische Erhebung von 1830, Wiesbaden 1964, dazu ergänzend mit z. T. unangemessener Kritik *H. E. Volkmann:* Der polnische Aufstand 1830/31 und die deutsche Öffentlichkeit. Mit besonderer Berücksichtigung der bayerischen Rheinpfalz, in: ZfO 16 (1967) S. 439–452; von polnischer Seite *H. Kocoj:* Władze pruskie oraz opinia publiczna Prus i Niemiec wobec powstaniu listopadowego, in: Roczniki Historyczne 30 (1964) S. 87–128; *ders.:* Rząd i pruska opinia publiczna wobec powstania listopadowego, in: KH 71 (1964) S. 47–58; *ders.*: Opinia publiczna Stuttgartu wobec powstania listopadowego, in: KH 75 (1968) S. 97–104; *ders.:* Niemcy a powstanie listopadowe, Warszawa 1970; *G. Seide:* Regierungspolitik und öffentliche Meinung im Kaisertum Österreich anläßlich der polnischen Novemberrevolution (1830–31), Wiesbaden 1971, dazu *H. Kocoj:* Österreich und die Polen 1830 bis 1831, in: ÖOH 15 (1973) S. 203–207; zuletzt *E. Kolb:* Polenbild und Polenfreundschaft der deutschen Frühliberalen. Zu Motivation und Funktion außenpolitischer Parteinahme im Vormärz, in: Saeculum 26 (1975) S. 111–127.

[494] Vgl. *Sten. Ber.*, S. 342; dazu auch *H. Scheidt:* Konvention Alvensleben, S. 64.

[495] Vgl. *H. Scheidt:* Konvention Alvensleben, S. 63.

[496] Vgl. *Sten. Ber.*, S. 343–344.

distischen Polens", und fuhr dann fort: „Die Sympathien nach menschlichen Gefühlen können sein, wo sie wollen, die Preußischen Interessen aber . . . nach den politischen Notwendigkeiten, nach der geschichtlichen Entwickelung, die Preußen gehabt, können nicht in dem Lager der Insurgenten gesucht werden"[497].

In seiner Erwiderung auf die ansonsten belanglose Rede des konservativen Abgeordneten v. Saenger teilte der Ministerpräsident dem Hause noch ergänzend mit, daß die königliche Regierung keinesfalls daran denke, den russischen Truppen die Grenzen ohne weiteres zu öffnen, sondern eine solche Grenzüberschreitung in jedem einzelnen Fall ausdrücklicher preußischer Einwilligung bedürfe[498].

Den letzten und vielleicht gewichtigsten Beitrag des Tages lieferte wohl einer der führenden Köpfe der Fortschrittspartei, Karl Twesten[499], der seine vielbeachtete Rede mit der von stürmischem Beifall begleiteten Feststellung eröffnete, die Ehre der augenblicklichen Regierung sei nicht mehr die Ehre des Staates und des Landes[500]. Er könne sich nicht vorstellen, daß Lord Russell am 20. Februar vor dem Oberhaus gelogen haben solle, als er den Inhalt einer zwischen Preußen und Rußland abgeschlossenen Konvention, den ihm der preußische Botschafter persönlich mitgeteilt habe, vor dem Parlament zur Sprache brachte[501]. Auch Twesten bestritt der Regierung nicht die Verpflichtung, das Staatsgebiet der Monarchie mit allen ihr zu Gebote stehenden Mitteln zu schützen, meinte aber, daß sie sich durch ihre Annäherung an den russischen Nachbarn „mit einer überstürzenden Hast in ein Unternehmen von der größten Tragweite geworfen" habe[502]. Die durch ihr Verhalten bekundete Feindseligkeit gegenüber ihren polnischen Untertanen habe überdies in den gemischt-nationalen Gebieten des Landes für nicht geringe Aufregung gesorgt[503] und gefährde zudem nicht allein die „industriellen Interessen und

497 Vgl. *Sten. Ber.*, S. 344.
498 Vgl. *Sten. Ber.*, S. 347.
499 Zu Karl Twesten vgl. die Skizze von *E. Eyck:* Karl Twestens Kampf ums Recht, in: *ders.:* Auf Deutschlands politischem Forum, Erlenbach-Zürich 1963, S. 35–43.
500 Vgl. *Sten. Ber.*, S. 347.
501 In Wirklichkeit hatte Russell den Inhalt seines Gesprächs mit Bernstorff vor dem Oberhaus vollkommen korrekt wiedergegeben. *Bernstorff an Bismarck* – 21. II. 1863 – APP III, Nr. 212; 213.
502 Vgl. *Sten. Ber.*, S. 300.
503 Parallel zur Debatte im Abgeordnetenhaus veröffentlichten die großen liberalen Blätter einen Artikel der Posener *„Ostdeutschen Zeitung"*, in dem es u. a. hieß: „Wir Deutsche sind durch die Uebereinkunft des konstitutionellen Preußen mit dem absoluten Herrscher aller Reußen in die schlimmste Lage versetzt . . . Wie sich die Sache auch stellen möge, wir Deutsche verlieren unter allen Umständen durch den Pakt, sei es, daß die Gemüther unserer polnischen Mitbürger, mit denen wir bisher im Ganzen in Eintracht gelebt haben, erbittert werden, sei es durch die Vernichtung des Kredits, Handels und Wandels, sei es durch die am meisten gefürchtete Ankunft unserer neuen Verbündeten, der Herren Russen, wovor Gott sei!" *NZ* Nr. 98 vom 27. Februar, *KZ* Nr. 63 vom 4. März. In derselben Ausgabe veröffentlichte die „National-Zeitung" eine Petition von Bürgern der Stadt und des Kreises Insterburg vom 15. Februar, worin gegen jede Solidarität mit Rußland entschieden protestiert wurde und die Unterzeichneten erklärten, angesichts der täglich sich verstärkenden „militärischen Zurüstungen" erhöben sie laut ihre Stimme „gegen eine Politik,

Handelsbeziehungen vieler . . . Mitbürger“[504], sondern bedrohe auch „Leben und Eigenthum der Deutschen in Russisch-Polen“[505].

Grundsätzlich aber sei ein wiederhergestelltes Polen seiner Ansicht nach für Preußen möglicherweise doch weniger bedrohlich als der mächtige russische Nachbar – und wieder folgen die bekannten Anklagen der Liberalen gegen diese Macht: „Rußland hat die Position des Congreß-Polens nicht umsonst gewählt, sie ist stets auf dem Wiener Congreß und später als eine Angriffs-Position für Rußland, als eine Position betrachtet worden, welche die Grenze Preußens und Oesterreichs schwer blosstellt, welche dazu dient, Rußland einen überwiegenden Einfluß auf die Deutschen Mächte zu sichern“[506]. Jedes Bündnis Preußens mit diesem Reich sei das beste Mittel, um Russen und Polen in gemeinsamem Haß gegen Deutschland zu vereinigen[507]. Nach einem langen Exkurs über das Nationalitätsprinzip ließ

welche . . . Preußen in eine unheilvolle Verbindung mit Rußland zu verstricken, alle Sympathien Deutschlands uns zu entreißen, dem Lande ungerechtfertigte Lasten aufzulegen und ernste Zerwürfnisse mit dem übrigen Europa hervorzurufen geeignet sein würde“. *NZ* Nr. 98 vom 27. Februar.

504 In einem offenen Schreiben an den Handelsminister v. Itzenplitz wandte sich am 24. Februar zunächst die Stettiner Kaufmannschaft gegen die Maßnahmen des Staatsministeriums, welche die in Russisch-Polen tätigen Holz- und Getreidehändler sowie die Schiffahrt auf den dortigen Gewässern stark gefährdeten. Wörtlicher Abdruck in *KZ* Nr. 58 vom 27. Februar. Ihr folgten die Kaufmannschaften von Berlin, Danzig, Posen, Königsberg, Bromberg, Insterburg und Köln. – Namens des Staatsministeriums erschien ein von Bismarck gegengezeichnetes Antwortschreiben, welches der offizielle *„Staatsanzeiger“* am 1. März veröffentlichte. Darin bezichtigte der Regierungschef vor allem die Presse, durch ihre Entstellungen und Übertreibungen über die Tragweite der mit Rußland getroffenen Absprachen eine Aufregung beiderseits der Grenze geschürt zu haben, die in den Verhandlungen des Abgeordnetenhauses „wesentlich gefördert worden“ sei; eine Antwort, welche die *„National-Zeitung“* zu der trockenen Bemerkung veranlaßte: „Man sieht, daß wir über die pedantische Steifheit hinaus sind, mit welcher Herr v. Rochow einst die Elbinger beschied; es flicht sich ein Zug unverkennbaren Humors in die frühere Praxis.“ *NZ* Nr. 116 vom 10. März.

505 Am 27. Februar meldete die *„Kölnische Zeitung“*: „In Czenstochau im Königreich Polen hat nach dem Bekanntwerden der preußisch-russischen Convention eine große Erbitterung gegen die deutschen Einwohner und Reisenden sich bemerkbar gemacht. Die dortigen Kaufleute senden ihre Gelder und Kostbarkeiten nach Preußen, um sie vor den Beiden kriegführenden Theilen in Sicherheit zu bringen.“ *KZ* Nr. 58 vom 27. Februar. Am 26. März stellte die „Nationalregierung“ der Aufständischen ihre Haltung gegenüber den deutschen Bewohnern des Königreichs in einer feierlichen Erklärung fest, in der es u. a. hieß, das zukünftige Polen werde sie als vollkommen gleichberechtigte Staatsbürger behandeln. Vgl. *Dokumenty* Komitetu Centralnego i Rządu Narodowego, Wrocław-Warszawa-Kraków 1968, S. 72.

506 Vgl. *Sten. Ber.*, S. 351.

507 Der Auffassung, daß die Meinung Twestens beweise, „wie sich selbst in den klarsten Köpfen der Opposition die Begriffe verwirrten“, wird man sich kaum anschließen wollen. Vgl. *H. Scheidt:* Konvention Alvensleben, S. 58. Auch aus diesem Grunde hatte ja die preußische Politik seit Jahren alle Ausgleichsbestrebungen zwischen Russen und Polen zu hemmen gesucht!

Twesten dann noch einmal die Frage folgen, was sich denn die Regierung von einem Zusammengehen mit Rußland verspreche, bei welchem alle Vorteile auf der Gegenseite liegen würden. „Rußland hat uns in Deutschland niedergehalten, Rußland ist uns entgegengetreten in dem Zwiste mit Dänemark und in dem Zwiste mit Oesterreich, es hat das augenscheinlichste Interesse daran, Deutschland schwach und zerrissen zu erhalten, um seinen eigenen Einfluß in Europa zu wahren und zu verstärken“[508]. Preußen könne für Rußland niemals mehr als „eine herrliche Vormauer sein für jeden Angriff von Westen her“ und stelle sich leider in diesem Falle dem Zarenreich noch dazu als ein „trefflicher Ableiter für die europäische Entrüstung“ zur Verfügung. Von einer auch nur indirekten Unterstützung der polnischen Insurgenten freilich, wie sie das Ministerium dem Antrag der Kommission unterstellen zu müssen glaube, könne auch nicht entfernt die Rede sein; doch protestiere man „im ganzen Lande“ mit Recht „einmüthig gegen die Reminiscenzen der heiligen Alliance“[509].

Mit einer großen Rede, die allein ihres Umfangs wegen ausführlich zu analysieren auf erhebliche Schwierigkeiten stößt, eröffnete am zweiten Tag der Polendebatte der Führer der sog. Altliberalen, Georg Freiherr von Vincke, die weitere Diskussion des Abgeordnetenhauses[510]. Seine Ausführungen enthielten sicher zuweilen manche seine Zuhörer erheiternden Skurrilitäten, dann aber auch wieder erstaunlich hellsichtige Erkenntnisse[511]. Zwar sparte auch er gelegentlich nicht mit herber Kritik an der Regierung, die, anstatt mannhaft zu ihrem Tun zu stehen, durch ihre unverständliche Geheimniskrämerei die Aufmerksamkeit des In- und Auslandes erst auf sich gelenkt habe, sprach sich aber ebenso deutlich gegen die „wichtigsten Säulen der Deutschen Fortschrittspartei“ aus[512].

Zunächst hielt auch er entgegen seiner ursprünglichen Ankündigung einen überaus langen historischen Exkurs über das deutsch-polnische Verhältnis, wie es sich in Jahrhunderten entwickelt hatte, – wobei er bemerkenswerterweise seinen Darlegungen das Werk seines innenpolitischen Kontrahenten von Sybel über die „Ge-

508 Vgl. dazu auch *E. Zechlin:* Bismarck und die Grundlegung der deutschen Großmacht, S. 517.

509 Vgl. *Sten. Ber.*, S. 353.

510 Über Georg Freiherrn von Vincke, den Sohn des weit berühmteren Ludwig von Vincke, vgl. *H. Kalkhenner*: Der Freiherr Georg von Vincke und die Liberalen in der preußischen Zweiten Kammer, Berlin 1928; zusammenfassend *G. Eisfeld*: Die Entstehung der liberalen Parteien in Deutschland, S. 69–72.

511 Solche Einsichten vermochten die Angehörigen des „Nationalvereins“ nicht zu entdecken. So hieß es in einem Schreiben *Karl Samwers an Gustav Freytag* vom 28. Februar: „Eben habe ich Deinen polnischen Aufsatz gelesen. Ist sehr, sehr schön, auch daß Du die Frage, ob eine Unabhängigkeit des Königreichs Polen schädlich oder nützlich sei, als zweifelhaft bezeichnest. Was soll man dagegen zu dem Gewäsch Vinckes sagen!“ Vgl. *J. Heyderhoff/ P. Wentzcke:* Deutscher Liberalismus im Zeitalter Bismarcks, Bd. I, Bonn und Leipzig 1925, S. 134.

512 Vgl. *H. Scheidt:* Konvention Alvensleben, S. 61–62; *E. Zechlin:* Bismarck und die Grundlegung der deutschen Großmacht, S. 519. Sein Gegensatz zum linken Flügel der Liberalen wird nicht verkannt; vgl. *G. Eisfeld*: Die Entstehung der liberalen Parteien in Deutschland, S. 69–70.

schichte der Revolutionszeit" zugrunde legte! – in welchem er „allen Regungen schwächlicher Humanität" und jeglichen „schwächlichen Empfindeleien zu Gunsten von Polen" entschieden entgegentrat und schließlich gegen den Widerspruch eines Teils der Abgeordneten auf der Linken den inhaltsschweren Satz aussprach: „Ja, meine Herren, die Existenz des Preußischen Staats hängt daran, daß kein Staat Polen wieder zu Stande kommt!"[513]. Ein Verschulden oder auch nur eine Mitschuld am Untergang Polens vermöge er durchaus nicht zu erkennen; dieser sei vielmehr das unvermeidliche Ergebnis der Anarchie des polnischen Adels und der unmenschlichen Behandlung seiner Bauern gewesen, deren menschunwürdigem Zustand gerade die preußische Herrschaft als erste ein Ende bereitet habe[514]. Nach den schmerzlichen Erfahrungen der Jahre 1831 und 1848 in der Provinz Posen sollte man seiner Ansicht nach seitens der Fortschrittspartei mit Vorwürfen gegen die Vorsichtsmaßregeln der Regierung zum Schutz ihrer Untertanen doch etwas sparsamer umgehen. Er jedenfalls halte bei sorgfältiger Erwägung aller Umstände „die Wiederherstellung des alten Polens, eines selbständigen Polens, für das Gefährlichste, was dem Preußischen Staate an seiner östlichen Grenze geschehen kann"[515]. Eine solche Wiederherstellung ihres Staates hätten die polnischen Abgeordneten in der Kammer als unabdingbares, positives Axiom ihrer Politik in den letzten Jahren nie in Abrede gestellt, und er gestehe ihnen auch ganz ehrlich, daß Preußen „eigentlich schon viel zu viel an Polen" habe und er liebend gerne *einen* Deutschen aus dem Königreich Polen gegen *zwei* Posener Polen eintauschen wür-

[513] Diesen Ausspruch Vinckes nahm die *„Kölnische Zeitung"* zum Anlaß, sich in ungemein vehementer Form von derartigen Ansichten zu distanzieren. In ihrem Leitartikel vom 1. März hieß es: „Er (Vincke) nimmt mit Herrn v. Bismarck eine Solidarität der preußischen Interessen mit Rußland an; er glaubt, daß ein polnischer Staat von höchstens 15 Millionen, der gegen uns 40 Millionen Deutsche gar nicht erobern kann, ein gefährlicherer Nachbar sei, als das russische Weltreich, und redete sich schließlich so in den Unsinn hinein, daß er behauptete, die Existenz Preußens hänge davon ab, daß es kein Polen mehr gebe! Wir würden diese Lehre, daß der preußische Staat nur auf dem lebendigen Moder einer zertretenen Nation Bestand haben könnte, mit Unwillen und Entsetzen verwerfen, wenn die ganze Behauptung nicht zu abgeschmackt wäre, um einer ernstlichen Widerlegung zu bedürfen." *KZ* Nr. 60 vom 1. März. In der Tat rückt die Auffassung Vinckes ihn in die Nähe Bismarck'scher Überzeugungen, wie er sie bereits in seinem vielzitierten Brief an die „Magdeburger Zeitung" vom 20. April 1848 vertrat: „Man kann Polen in seinen Grenzen von 1772 herstellen wollen, ihm ganz Posen, Westpreußen und Ermland wiedergeben; dann würden Preußens beste Sehnen durchschnitten." Selbst ein kleineres Polen werde seine Revisionsansprüche niemals aufgeben, ehe nicht „jedes polnisch redende Dorf" abgetreten würde. „Ein rastloser Feind würde geschaffen, viel gieriger als der russische Kaiser." Vgl. *O. v. Bismarck*: Gesammelte Werke (Friedrichsruher Ausgabe), Bd. 14/1, Berlin 1933, S. 103–104. Dazu der kluge, aber vielleicht ein wenig ex eventu urteilende Kommentar von *M. Broszat:* Zweihundert Jahre deutsche Polenpolitik, S. 122.

[514] Zur Frage der Bauernbefreiung im Großherzogtum Posen vgl. *S. Kieniewicz:* The Emancipation of the Polish Peasantry, Chicago und London 1969, S. 58–71, mit teilweise überspitzt negativem Urteil. Von deutscher Seite *G. Rhode*: Geschichte Polens, S. 373–384.

[515] Vgl. *Sten. Ber.*, S. 363.

de, doch sei eben ein solcher Bevölkerungsaustausch unter den gegebenen Verhältnissen leider nicht möglich[516].

Auch Vincke sah in der aus preußischer Sicht grundsätzlich immer gegebenen Möglichkeit, daß sich Russen und Polen zu gemeinsamer Aktion gegen die deutsche Ostgrenze vereinigen könnten, die für Preußen größte Gefahr und wünschte daher – ebenso wie Bismarck – den bisherigen Zustand in Russisch-Polen baldmöglichst wiederhergestellt zu sehen, denn nur so bedeute es „ein Bleigewicht an den Fersen Rußlands, gerade wie Italien an den Fersen Oesterreichs“[517]. Selbst einer der Hauptsprecher der Fortschrittspartei, Schulze-Delitzsch[518], habe doch erst am 22. September vorigen Jahres davon gesprochen, daß er trotz einer gewissen Sympathie für die polnische Nationalität weit davon entfernt sei, „an der eigenen Nation zum Verräther zu werden“[519]; dem sei seinerseits nichts hinzuzufügen.

516 Es ist sicher nicht uninteressant, daß hier der Gedanke einer nationalen Entflechtung durch einen Bevölkerungstransfer bei Vincke aufscheint; dennoch ist auch Vincke noch offensichtlich weit entfernt davon, wie unser Jahrhundert Vertreibung und Aussiedlung als politische Mittel einzusetzen. Vgl. dazu vor allem *W. Jaksch:* Die politischen Verfolgungen und Austreibungen, in: Die Erscheinungen und Kräfte der modernen Welt, hrsg. von *F. Schroeder* (= Weltgeschichte der Gegenwart, Bd. II), Bern und München 1963, S. 461–480; *G. Rhode:* Umsiedlungen und Vertreibungen, in: Die Deutschen und ihre östlichen Nachbarn, hrsg. von *V. Aschenbrenner* u. a., Frankfurt-Berlin-Bonn-München 1967, S. 292–307; dazu die bedenkenswerten Überlegungen von *G. Stökl:* Osteuropa und die Deutschen, Oldenburg 1967, S. 184–194.

517 Aus diesen Überlegungen Vinckes spricht offenbar das Bestreben, sich allein vom preußischen Staatsinteresse leiten zu lassen. Die prinzipielle Richtigkeit der Auffassungen Vinckes und Bismarcks erkannte übrigens auch Karl Marx widerwillig an, als er am 24. März an Engels schrieb: „Die politische Pointe, zu der ich gelangt bin, ist die: daß Vincke und Bismarck in der Tat das preußische Staatsprinzip *richtig* vertreten; daß der ‚Staat‘ Preußen . . . nicht *ohne* das bisherige Rußland und nicht *mit* einem selbständigen Polen existieren kann“, um dann zu folgern: „Da also die Existenz Polens für Deutschland nötig und neben dem Staat Preußen unmöglich ist, so muß dieser Staat Preußen wegrasiert werden.“ *K. Marx-F. Engels:* Briefwechsel, Bd. III, Berlin (Ost-) 1950, S. 158–159; dazu *C. Bobińska*: Marx und Engels über polnische Probleme, Berlin (Ost-) 1958, S. 226 bis 232.

518 Zu Schulze-Delitzsch zusammenfassend *G. Eisfeld:* Die Entstehung der liberalen Parteien in Deutschland, S. 81–83. Aus marxistischer Sicht *B. Schulze:* Zur linksliberalen Ideologie und Politik. Ein Beitrag zur politischen Biographie Schulze-Delitzschs, in: Die großpreußisch-militaristische Reichsgründung 1871, Bd. I, hrsg. von *H. Bartel* und *E. Engelberg,* Berlin (Ost-) 1971, S. 271–307.

519 Hermann Schulze-Delitzsch hatte damals weiter ausgeführt: „Wenn man das als Recht aufstellt, daß ein Volk jedes Stück Land, das einmal seine Vorfahren beherrscht haben, für sich in Anspruch nehmen könnte, so ist das wahrlich nicht National-Princip, sondern es heißt das Gegentheil, es heißt das Territorial-System proclamiren mit seinem Recht an Land und Leuten, an allem Zubehör des Bodens. Diesen Boden wieder aufgeben, hieße an der geschichtlichen Zukunft unseres Volkes zweifeln . . . es hieße in der That die Arbeit von Jahrhunderten aufgeben, wenn wir nur einen Fuß breit in der von uns schwer erkämpften und sauer erworbenen Position zurückweichen wollten; nicht blos um eine Provinz würde Preußen ärmer dadurch, nein, vielmehr ein werthvolles Glied Deutschlands würde dadurch abgerissen, und es begönne von Neuem eine Verstümmelung des so schwer beschädigten und geschändeten nationalen Körpers.“ Vgl. *Sten. Ber.*, S. 365.

Im weiteren Verlauf seiner Rede kam Vincke auch auf die Möglichkeit eines Eingreifens der Westmächte und eventuell auch Österreichs in den zwischen der russischen Herrschaft und ihren polnischen Untertanen ausgebrochenen Konflikt zu sprechen, vermochte aber die von den Vertretern der Fortschrittspartei so eindringlich bekundete Furcht vor der Gefahr einer kriegerischen Aktion Frankreichs und Englands gegen das Russische Reich – und damit indirekt auch gegen Preußen – nur sehr bedingt zu teilen. Die in diesen Tagen an der Seine wiederum laut gewordenen Sympathien für den alten Kampfgefährten aus der Zeit des ersten Napoleon finde er mehr als begreiflich. Die Tatsache aber, daß die Polen als Vorkämpfer der „Demokratie" seither „bei allen Revolutionen, auf allen Barrikaden, auch da immer mit ihrer Tapferkeit die Vordersten im Treffen" gewesen seien, werde doch wohl auf die Dauer auch dem dritten Napoleon nicht unbedenklich erscheinen, da der Kaiser befürchten müsse, „späterhin in Paris die Polen wieder an der Spitze der Barrikaden zu sehen"[520]. Man solle sich überdies in Preußen durch den augenblicklichen Pariser Presselärm nicht beeindrucken lassen, denn dieser diene doch allzu offensichtlich nur dazu, die öffentliche Meinung von der überaus verlustreichen und dazu bislang wenig rühmlichen mexikanischen Expedition der französischen Armee abzulenken[521].

Trotz aller Sympathien, die es traditionsgemäß unterdrückten Nationen stets zuwende, werde sich England auf der anderen Seite namentlich seit dem Krim-

[520] In der Tat befehligte mit Jarosław Dąbrowski ein polnischer Offizier die Aufständischen der Pariser Kommune. Vgl. u. a. *K. Wyczański:* Polacy w Komunie Paryskiej 1871 r., Warszawa 1957; *J. W. Borejsza:* De Sedan à Versailles (Esquisse des relations franco-polonaises 1870–1919), in: APH 24 (1971) S. 73–99, bes. 73–75; *J. Zdrada:* Jarosław Dąbrowski w Komunie Paryskiej, in: KH 78 (1971) S. 775–803; *ders.:* Jarosław Dąbrowski 1836–1871, Kraków 1973, bes. S. 327–421.

[521] Deutsche Diplomaten in Paris hielten übereinstimmend die mexikanische Expedition für ein großes Hemmnis der französischen Außenpolitik in europäischen Angelegenheiten. So meinte der bayerische Gesandte, man glaube in Paris, „que la prétendue intervention éventuelle de la Prusse en Pologne constituerait un cas de guerre et que l'occasion serait bonne pour la France de s'emparer du Rhin. – Heureusement, les affaires du Mexique sont un bon obstacle à une politique aussi aggressive." *Wendland an König Maximilian II.* – 21. II. 1863 – GStA München, MA III/2121; ähnlich äußerte sich der Gesandte für das Großherzogtum Hessen: „L'affaire du Mexique a, avec raison, fait naître de ce côté du canal un sentiment de méfiance qui ne s'effacera que très difficilement. Cette disposition est un grand bonheur pour l'Allemagne dans les conjonctures actuelles." *Grancy an Dalwigk* – 26. II. 1863 – StA Darmstadt, Best. 28b/7/Bl. 26–27; Wendland hielt freilich auch einen Abbruch des Unternehmens in Mexiko für denkbar. „Les affaires du Mexique, qui dans l'opinion de tout le monde étaient jusqu'ici pour la France un empêchement pour une politique d'action sur un autre point, pourraient recevoir une issue inattendue; car le général Forey recevrait peut-être l'ordre de mettre à tous pris fin à cette guerre et, après avoir conclu un traité, de revenir en Europe." *Wendland an Maximilian II.* – 25. II. 1863 – GStA München, MA III/2121. Zum weiteren Verlauf der Ereignisse in Mexiko und zur Errichtung und zum Fall des dortigen Kaisertums vgl. *F. Gamillschegg:* Kaiseradler über Mexiko, Graz-Köln-Wien 1964; *J. Kühn:* Das Ende des maximilianischen Kaiserreichs in Mexiko, Göttingen 1965.

krieg nicht verhehlen können, daß es kaum im Interesse seiner Außenpolitik liegen könne, „sich in das Schlepptau von Frankreich nehmen zu lassen"[522].

Was endlich den Ballhausplatz betreffe, so könne er der preußischen Regierung keinesfalls raten, dessen „kluger Politik" nachzueifern, die doch lediglich darin bestehe, „das zu thun, was seinem Gegner schadet". Österreich habe „natürliche Gründe, sich an Rußland zu reiben, weil es ihm in Italien geschadet hat. Seit der bekannten Undankbarkeit des Fürsten Schwarzenberg" habe es dazu „naheliegende Gründe". Mit ihrer entschlossenen Handlungsweise habe die königliche Regierung wenigstens erreicht, „daß die Möglichkeit der Heilung des Zerwürfnisses zwischen Oesterreich und Rußland durch den Beistand, welchen Oesterreich dem Polnischen Aufstande hat zu Theil werden lassen, in die weiteste Ferne gerückt worden ist"; zweitens aber sei auch wohl das Zustandekommen eines Bündnisses zwischen Frankreich und Rußland „mindestens für jetzt unmöglich gemacht"[523]. Aus all diesen Gründen aber sei seiner Überzeugung nach nur der Schluß zuziehen, daß bei allem Verständnis für die weit verbreitete Antipathie gegen das amtierende Ministerium allein die möglichst schnelle Unterdrückung der polnischen Insurrektion im wohlverstandenen Interesse Preußens liegen könne[524].

Nach Vinckes an derartigen Macchiavellismen gewiß nicht armen Rede wurde die Debatte zwar mit unverminderter Heftigkeit bis zum Nachmittag des 28. Februar fortgesetzt, ohne daß jedoch noch wesentlich neue Gesichtspunkte zutage getreten wären, zumal in der weiteren Argumentation außenpolitische Aspekte immer mehr zugunsten innenpolitischer Kontroversen zurücktraten[525]. Dennoch dürfte es sich lohnen, wenigstens am Rande noch die Ausführungen der nächsten Redner zu verfolgen, soweit sie in ihrer Eigenschaft als Vertreter von in den öst-

522 Nicht weniger groß war freilich in Paris das Mißtrauen gegenüber England. „Das Benehmen Englands in der mexikanischen Angelegenheit ist hier noch in zu neuem und gutem Angedenken, als daß man durch ... Rathschläge und Anerbietungen zu einem großen Kriege verleitet werden sollte, um später von seinem Alliierten im Stich gelassen zu werden." *Trott an Kurfürst Friedrich Wilhelm* – 26. II. 1863 – StA Marburg, Best. 9a/193/Bl. 24 bis 27.

523 Ganz ähnlich analysierte der Leitartikler der Augsburger „Allgemeinen Zeitung" die Situation und erklärte, durch die preußische Politik werde „das Zerwürfniß zwischen Oesterreich und Rußland neu befestigt, und die französisch-russische Allianz hinausgeschoben. Damit schiebt sich aber Preußen selbst aus der Allianz hinaus, und wo steht es dann?" *AAZ* Nr. 66 vom 7. März. Vgl. ferner *A. Hillgruber:* Bismarcks Außenpolitik, S. 52; *E. Zechlin:* Die Reichsgründung, S. 101.

524 Vgl. *Sten. Ber.*, S. 367–368.

525 Vgl. *NPZ* Nr. 52 vom 3. März (Beilage). Auch dem Ausland blieb diese Tendenz der Aussprache nicht verborgen. So berichtete der Pariser Korrespondent der „National-Zeitung" am 28. Februar: „Die polnische Debatte im preußischen Abgeordnetenhause ist hier mit großer Aufmerksamkeit verfolgt worden. Man hat es sehr wohl beachtet, daß die großpolnischen Pläne nirgends in der Kammer Anklang fanden und daß die Majorität lediglich gegen die Einmischungspolitik sich aussprechen wollte. Diese Stimmung der öffentlichen Meinung hat hier ihren Eindruck nicht verfehlt und den übermäßigen Eifer gewisser Kreise gedämpft." *NZ* Nr. 102 vom 2. März.

lichen Grenzregionen gelegenen Wahlkreisen im Abgeordnetenhaus als „Fachleute" für die Nationalitätenprobleme in den Ostprovinzen der Monarchie zu gelten hatten.

Zu ihnen gehörten zweifelsohne der Abgeordnete für den unmittelbar an das Königreich Polen grenzenden westpreußischen Kreis Straßburg, Hennig, und der eben erst abgelöste ehemalige Oberpräsident für die Provinz Posen, v. Bonin, die beide in der Auffassung übereinstimmten, daß die seit Anfang des Monats von der Staatsregierung eingeleiteten Grenzsicherungsmaßnahmen bei der durchaus loyalen Haltung der dortigen Bevölkerung das Maß des Erforderlichen bei weitem überschritten hätten, wenn auch, wie Hennig gegen die Ausführungen Beckers vom Vortage mit Nachdruck einwandte, von „brutaler Militairherrschaft" in Westpreußen keine Rede sein könne[256]. Immerhin aber beklagte auch er, daß die preußische Regierung dem Russischen Reich ihre Hilfe ungebeten aufgedrängt habe, obschon doch dieser Nachbar seit Jahren seine Grenzen gegen die preußische Monarchie gesperrt und jeden Verkehr hin- und herüber in der „allererschwerendsten Weise" behindert habe[527], zudem aber auch in den meisten Fragen der großen europäischen Politik jeder preußischen Initiative entschieden entgegengetreten sei – „am Allerschroffsten . . . bei Gelegenheit des Holsteinischen Krieges"[528].

Bonin hingegen beklagte einmal mehr den Erlaß der obersten Behörden der Provinz Posen vom 1. Februar, der unter der dortigen Bevölkerung eine weit verbreitete Aufregung hervorgerufen habe, „und nach Außen hin die Zustände in der Provinz Posen viel bedenklicher und gefahrvoller (hat) erscheinen lassen, als sie wirklich sind"[529]. Sein Nachfolger im Amt des Oberpräsidenten aber sei mit den besonderen Verhältnissen der Provinz begreiflicherweise noch viel zu wenig vertraut gewesen und habe sich deshalb lokalbedingten „anderen Einflüssen" kaum erfolgreich widersetzen und die besagte unglückliche Proklamation nicht verhindern können[530].

[526] Gentzen, der diesem Ausspruch Beckers „nur beipflichten" kann, erwähnt dessen Zurückweisung durch den Straßburger Abgeordneten bezeichnenderweise überhaupt nicht und bezieht zudem die angeblich „brutale Militärherrschaft" auf die Provinz Posen, während Becker von Westpreußen gesprochen hatte. Vgl. *F. H. Gentzen:* Großpolen im Januaraufstand, Berlin (Ost-) 1958, S. 230.

[527] Diese Maßnahmen der russischen Regierung widersprachen eindeutig den Bestimmungen der Wiener Schlußakte vom 3. Mai 1815, welche die Einheit der polnischen Nation durch freie Schiffahrt, freien Warenverkehr und Kontakte aller Art über die Grenzen hinweg gewahrt wissen wollte. Vgl. *G. Rhode:* Geschichte Polens, S. 341; *P. Böhning:* Die nationalpolnische Bewegung in Westpreußen 1815–1871, Marburg/Lahn 1973, hier S. 21–23.

[528] Vgl. *Sten. Ber.*, S. 371; ferner *A. Scharff:* Die deutsche Einheit und die großen Mächte 1848–1871, in: Teilung und Wiedervereinigung, bes. S. 152–155.

[529] Vgl. *Sten. Ber.*, S. 377.

[530] In der Tat war v. Horn erst am 24. Januar 1863 in Posen eingetroffen. Vgl. dazu *M. Laubert:* Die preußische Polenpolitik von 1772–1914, 3. Aufl. Krakau 1944, S. 124–125; ferner *Z. Grot* und *F. Paprocki* in der Einleitung zur Dokumentation *Zabór pruski* w powstaniu styczniowym, Wrocław-Warszawa-Kraków 1968, S. LXV.

In Anbetracht der seit Monaten offenkundigen verbrecherischen Tätigkeit eines Warschauer Revolutionskomitees, das auch vor Meuchelmorden und zahlreichen Mordversuchen nicht haltgemacht habe, falle es allerdings schwer, mit dem Abgeordneten Kantak bei den blutigen Vorgängen des 22. Januar an einen spontanen Ausbruch der Volkswut über die unbestreitbar barbarische und beklagenswerte Rekrutierungsmaßregel der russischen Regierung zu glauben. Insbesondere aber müsse er gegen die von dem Sprecher der polnischen Fraktion mehrfach gebrauchte Formulierung „polnische Provinzen Preußens" ganz entschieden Einspruch erheben und bei dieser Gelegenheit klarstellen, „daß wir keine Polnische, sondern Preußische Provinzen mit theilweise Polnischer Bevölkerung haben"[531]! Im übrigen aber hoffe er sehr, daß sich das preußische Abgeordnetenhaus bei aller Antipathie gegen den russischen Nachbarn nicht zum Handlanger der „organisierten Revolution" erniedrigen werde[532].

Dem ehemaligen Oberpräsidenten der Provinz Posen folgte als weiterer „Polenexperte" eines der prominentesten Mitglieder des linken Flügels der Fortschrittspartei, Hermann Schulze-Delitzsch[533], der nach einigen persönlichen Bemerkungen an die Adresse Vinckes und der Altliberalen die russische Regierung dringend aufforderte, nach Jahren der Unterdrückung und des wiederholten Belagerungszustandes im Königreich Polen endlich den geltenden Verträgen Genüge zu tun und „Menschlichkeit und Gesetz" gegen ihre polnischen Untertanen walten zu lassen[534]. Als Mitunterzeichner völkerrechtlich nach wie vor bindender Abkommen seien selbstverständlich alle bedeutenderen europäischen Regierungen an der polnischen Frage unmittelbar interessiert. Wenn man es auch einstweilen noch dahingestellt sein lassen müsse, ob die Intentionen der Westmächte vornehmlich auf die Wiedererrichtung eines polnischen Staates gerichtet oder „mehr demonstrativer Natur" seien, so könnten die Ereignisse in Russisch-Polen Frankreich und England doch sehr leicht zum Vorwand dazu dienen, „für ihre eigenen speziellen Interessen

[531] Vgl. *Sten. Ber.*, S. 377. Zur Bevölkerungszusammensetzung Westpreußens und der Problematik der Sprachen- und Konfessionsstatistik im 19. Jahrhundert zuletzt *P. Böhning:* Die nationalpolnische Bewegung in Westpreußen, S. 14–20. Für das Großherzogtum Posen wird der Anteil der deutschen Bevölkerung für die sechziger Jahre des 19. Jahrhunderts auf ca. 45% veranschlagt. Vgl. *H. Jablonowski:* Die preußische Polenpolitik von 1815 bis 1914, Würzburg 1964, S. 6; dagegen zählt Rhode für die erste Hälfte des 19. Jahrhunderts „mit allem Vorbehalt" nur 33,5% Deutsche. Vgl. *G. Rhode:* Geschichte Polens, S. 374 bis 376. Von polnischer Seite zuletzt *W. Jakóbczyk:* Lata 1850–1870. Sprawy polityczne, społeczne i kulturalne, in: Dzieje Wielkopolski, Bd. II, hrsg. von *W. Jakóbczyk*, Poznań 1973, S. 326–357.

[532] Vgl. *Sten. Ber.*, S. 378.

[533] Vgl. *Sten. Ber.*, S. 381–382. Schulze-Delitzsch wurde wegen seiner politischen Tätigkeit in den Jahren 1848/49 nach Wreschen strafversetzt und fungierte dort zwei Jahre lang als Richter, der auch mit Zollangelegenheiten zu tun hatte, so daß ihm die Verhältnisse an der preußisch-russischen Grenze aus eigener Anschauung bekannt waren. Vgl. *G. Eisfeld:* Die Entstehung der liberalen Parteien in Deutschland, S. 81–83.

[534] Die preußische Regierung habe daher in Petersburg auf die strikte Einhaltung dieser Verträge zu dringen und nicht auf deren Bruch. Vgl. *Sten. Ber.*, S. 381.

einzutreten". Namentlich der Herrscher der Franzosen bedürfe bekanntlich „steter Ableitungsmittel gewisser Art . . ., um den Freiheitsdrang seiner Nation mit gloire und prestige zu stillen"[535]. Da Napoleon überdies persönliche und dynastische Gründe habe, um die „polnische Nationalität" zu begünstigen, sei die Aussicht einer allgemeinen europäischen Konfrontation keineswegs „eine Unmöglichkeit"[536].

Sollte jedoch auch Preußen durch seine unkluge rußlandfreundliche Politik in einen solchen Konflikt verwickelt werden, so müsse man sich klarmachen, daß ein Krieg an der Seite des Russischen Reiches „ein Feldzug für die Restaurationspolitik ist; wir kämpfen alsdann für die Wiederherstellung des Absolutismus, wir kämpfen gegen die geschichtliche Grundlage der Entwickelung des eigenen Staats", und in einem solchen Kampf sei der Sieg „beinahe schlimmer" als die Niederlage[537].

Ebenso wie das „Stockregiment" der Habsburgermonarchie in Italien inzwischen sein verdientes Ende gefunden habe, werde sich auch die auf „Säbel und Knute" gegründete russische Herrschaft im Königreich Polen auf die Dauer schwerlich behaupten können. Was jedoch die ehemals polnischen Landesteile Preußens betreffe, so erkenne auch er deren Verteidigung vorbehaltlos „als erste, unverrückbare Pflicht unseres Staates" an. „Jede Erhebung der Polen, welche antastet diese unsere Landesgrenze, verletzt die Deutsche Nationalität und tritt in Conflict mit wohlberechtigten Preußischen und Deutschen Interessen, und dem müssen wir entgegentreten mit Gut und Blut, unter jeder Bedingung"[538]. Diese Provinzen seien mittlerweile „dem Germanisirungs-Prozeß entschieden verfallen" und damit unwiderruflich dem preußischen Staatsverband zugehörig[539].

[535] Daß diese Ansicht in der zeitgenössischen deutschen politischen Publizistik weit verbreitet war, zeigt *H. Gollwitzer:* Der Caesarismus Napoleons III. im Widerhall der öffentlichen Meinung Deutschlands, in: HZ 173 (1952) S. 23–75.

[536] Eben diese Gründe hätten nach der Überzeugung des führenden exilpolnischen Historikers für diese Epoche Napoleon III. bewegen müssen, einen europäischen Krieg zur Befreiung Polens zu entfesseln. Vgl. *S. Bóbr-Tylingo:* Napoléon III, l'Europe et la Pologne 1863–4, in: Antemurale VII/VIII (1963) S. 1–362, vor allem S. 288–294; dazu die treffenden Einwände von *H. Euler* in *HZ* 203 (1967) S. 142–144.

[537] Hier wirkt unzweifelhaft noch das Rußlandbild des frühen Liberalismus nach. Vgl. *A. Scharff:* Die deutsche Einheit und die großen Mächte, in: Teilung und Wiedervereinigung, S. 149–164, bes. S. 154–158; zum frühen 19. Jahrhundert vgl. *H. Gollwitzer:* Ideologische Blockbildung als Bestandteil internationaler Politik im 19. Jahrhundert, in: HZ 201 (1965) S. 306–333. Eine Gesamtdarstellung des Rußlandbildes im deutschen Liberalismus des 19. Jahrhunderts existiert m. W. bislang nicht. Für den Sozialismus vgl. *H. Krause:* Marx und Engels und das zeitgenössische Rußland, Gießen 1958.

[538] Vgl. *Sten. Ber.*, S. 383.

[539] Ganz ähnlich schrieb Gustav Freytag in den „Grenzboten": „Die Provinz Posen ist nicht mehr ein Land der Polen oder Rothreußen wie Galizien, sie ist ein deutsches Colonistenland, in welchem der Kampf zweier grundverschiedener Bildungen und Racen allerdings noch nicht ausgekämpft ist, die Ueberlegenheit des deutschen Elements aber mit jedem Jahre sichtbarer hervortritt." Vgl. *„Die Grenzboten"*, Jg. 22, Leipzig 1863, S. 351.

„Schwächliche Humanität“, wie sie Vincke der Fortschrittspartei geglaubt habe vorwerfen zu müssen, nenne er nur eine solche, die den „berechtigten Egoismus, dessen jedes Volk zu seiner Existenz bedarf, verleugnet“; denn schließlich sei doch „die Nationalität . . . die einzige geschichtliche Form der Humanität“ (!), die beide in Deutschland erwiesenermaßen niemals miteinander in Konflikt geraten könnten. „Wir sind vorzugsweise dasjenige Volk des Europäischen Continents, dessen ganzen Bestrebungen, dessen politischer Wiedergeburt ein so tiefes Humanitäts-Interesse zu Grunde liegt, als bei keinem andern“[540].

Zwar glaube auch er nicht an eine Wiederherstellung Polens *vor* einer Konstituierung Deutschlands; ein solches wiedererstandenes Deutschland aber – so rief Schulze-Delitzsch unter lebhaften Beifallsbekundungen seiner politischen Gesinnungsfreunde aus – , welches bestimmt sei, „den Schild der Gerechtigkeit für den ganzen Continent zu erheben“, habe auch ein zukünftiges Polen nicht zu fürchten; denn „dann ist es mit der *Cabinetspolitik* vorbei, welche die Völker trennt und gegen einander hetzt, dann wird eine *nationale Politik* die Völker einigen, daß sie nicht gegen einander, sondern neben und mit einander im friedlichen Wetteifer ihre Kräfte versuchen“[541].

Am Schlußtag der Debatte bestiegen mit dem Freiherrn von Hoverbeck[542] aus dem ostpreußischen Nickelsdorf im Kreise Allenstein und dem Königsberger Abgeordneten und früheren Präsidenten der Frankfurter Nationalversammlung Eduard Simson[543] zwei weitere Mitglieder der Kammer aus dem Osten der Monarchie die Rednertribüne, ohne indes in ihren Ausführungen noch weitere wesentlich neue Aspekte zu den aktuellen deutsch-polnischen Verhältnissen beizubringen[544].

540 Zu derartigen Überzeugungen des linken Flügels der Liberalen vgl. die vornehmlich gegen entgegenstehende Ansichten Erich Eycks gerichteten treffenden Ausführungen von *H. Rothfels:* Das erste Scheitern des National-Staats in Ost-Mittel-Europa 1848/49, in: Deutscher Osten – slawischer Westen (= Tübinger Studien zur Geschichte und Politik, Bd. 4), Tübingen 1955, S. 1–16; etwas gekürzt in: *H. Rothfels:* Zeitgeschichtliche Betrachtungen, 2. Aufl. Göttingen 1959, S. 40–53; *ders.:* Bismarck und das 19. Jahrhundert, ebda., S. 54–70, wieder abgedruckt in *L. Gall* (Hrsg.): Das Bismarck-Problem in der Geschichtsschreibung nach 1945, Köln-Berlin 1971, S. 84–96, bes. S. 93.

541 Vgl. *Sten. Ber.,* S. 384; dazu auch die Betrachtungen von *H. A. Winkler:* Bürgerliche Emanzipation und nationale Einigung. Zur Entstehung des Nationalliberalismus in Preußen, in: *H. Böhme* (Hrsg.): Probleme der Reichsgründungszeit 1848–1879, Köln-Berlin 1968, S. 226–242, bes. S. 230.

542 Zu Hoverbeck vgl Anm. 469!

543 Simson führte die Delegation der Nationalversammlung an, die am 3. April 1849 Friedrich Wilhelm IV. vergebens die deutsche Kaiserkrone anbot, und überbrachte am 18. Dezember 1870 König Wilhelm erneut die Bitte des Reichstags um Annahme der Kaiserwürde. Vgl. z. B. *B. v. Simson:* Eduard von Simson, Leipzig 1901; auch *E. Zechlin:* Die deutsche Einheitsbewegung, 2. Aufl. Frankfurt a. M.-Berlin 1973, S. 152; ferner *B.-M. Rosenberg:* Die ostpreußischen Abgeordneten in Frankfurt 1848/49, Köln 1970.

544 In der Tat verflachte die Debatte zusehends. Der Ministerresident für Oldenburg und die Hansestädte urteilte: „Die Discussion im Abgeordnetenhause ist heute zum Schlusse geführt, war aber im Ganzen noch unerquicklicher als gestern . . .“ *Geffcken an den Senat* – 27. II. 1863 – StA Hamburg, Best. G IV a/Bd. I und II.

Hoverbeck sprach den Mitgliedern der polnischen Fraktion im Abgeordnetenhaus „für die unerschütterliche Treue, womit sie an ihren nationalen Bestrebungen und an ihrer Sprache festgehalten haben", seine „aufrichtige Hochachtung" aus, versicherte aber nichtsdestoweniger im gleichen Atemzug, die Angehörigen der Fortschrittspartei würden allerdings auch ihrerseits „in Gegenden mit gemischter Bevölkerung . . . so treu an der Deutschen Bevölkerung halten, wie diese Herren an der Polnischen"[545].

Simson teilte unter ausdrücklicher Berufung auf seine Herkunft aus einem Landesteil, „in welchem die Erinnerung vielleicht lebhafter als in allen übrigen ist, daß die Preußische Krone aus einem Conflict zwischen der Schwedischen und Polnischen, aus der hereinbrechenden Vernichtung der Letzteren hervorgegangen ist"[546], die am Vortage bereits von Vincke vertretene Überzeugung, „daß es ein Polen- *und* ein Preußenreich *gleichzeitig* an der Ostseeküste nicht geben könne"[547]. Außerdem aber habe Preußen dem russischen Nachbarn gegenüber, der trotz allem eben doch ein befreundeter Staat bleibe, immerhin außer der Kartellkonvention von 1857[548] vertragliche Verpflichtungen, die es nicht „urplötzlich" aufkündigen könne[549].

Eben diesen Tatbestand bestritt der Berichterstatter der Kommission v. Sybel in seinem Schlußwort, in welchem er nochmals auf die seit den Bestimmungen der Wiener Schlußakte vom 9. Juni 1815 bestehenden europäischen Rechtsverhältnisse hinwies, denn „seit den Anordnungen des Wiener Congresses hat die Polnische Theilung nichts mit unserem Rechtszustande und nichts mit unserer heutigen Erörterung zu thun"[550]. In diesem Vertragswerk aber sei das unverjährbare Recht der Polen, „daß in Warschau nicht der Czar von Rußland, sondern der König von Polen herrsche", ausdrücklich und feierlich verbrieft. Bei dieser Sachlage wäre es nach seiner Auffassung die Aufgabe Preußens gewesen, sich „aufs Bestimmteste von der Russischen Gewaltherrschaft und ihren Folgen" loszusagen und „die Verschiedenheit des Charakters seiner und der Russischen Herrschaft auf das Schärfste" zu markieren[551]. Ein solches dem preußischen Ansehen allein angemessenes Verfahren aber liege dem augenblicklichen Ministerium offensichtlich fern, und er vermöge nicht zu sehen, wie das preußische Staatsschiff „mit Herrn v. Roon im

545 Vgl. *Sten. Ber.*, S. 398.

546 Die damaligen komplizierten Vorgänge knapp zusammenfassend *R. Dietrich:* Kleine Geschichte Preußens, Berlin 1966, S. 46–47; *W. Hubatsch:* Deutschland zwischen dem Dreißigjährigen Krieg und der Französischen Revolution, Frankfurt-Berlin-Wien 1974, S. 74–88, bes. S. 81–82.

547 Vgl. *Sten. Ber.*, S. 401.

548 Text der Kartellkonvention über die beiderseitige Auslieferung von Verbrechern und Deserteuren bei *T. Filipowicz* (Hrsg.): Confidential Correspondence of the British Government respecting the Insurrection in Poland 1863, Paris 1914, S. 426–448.

549 Vgl. *Sten. Ber.*, S. 404; dazu auch *H. Scheidt:* Konvention Alvensleben, S. 59.

550 Vgl. *Sten. Ber.*, S. 408.

551 Vgl. *Sten. Ber.*, S. 411.

Maschinenraum und Herrn v. Bismarck am Steuer in den gähnenden Ocean der Europäischen Händel sich hinauswagen soll"[552].

Wie von vornherein nicht anders zu erwarten, folgte das Abgeordnetenhaus nach dreitägiger Debatte mit überwältigender Mehrheit gegen die Stimmen der Konservativen, der Altliberalen und eines Teils der „Fraktion Reichensperger" dem Amendement des Abgeordneten v. Bockum-Dolffs (Soest), demzufolge „das Interesse Preußens erfordert, daß die Königliche Staats-Regierung gegenüber dem im Königreich Polen ausgebrochenen Aufstande *keinem* der kämpfenden Theile irgend eine Unterstützung oder Begünstigung zuwende, noch auch Bewaffneten gestatte, das Preußische Gebiet ohne gleichzeitige Entwaffnung zu betreten"[553].

Diese Abstimmungsniederlage des Kabinetts konnte bei der geltenden Verfassung der Monarchie, die der Krone und dem von ihr beauftragten Staatsministerium in allen außenpolitischen Fragen die ausschließliche Entscheidungsbefugnis vorbehielt[554], den ferneren Kurs der auswärtigen Politik Preußens selbstverständlich kaum nennenswert beeinträchtigen. Das Votum des Abgeordnetenhauses sollte jedoch – wie Twesten und Sybel ausdrücklich erklärten – in erster Linie dem Lande zeigen, daß die Mehrheit seiner Vertreter dem Ministerium auf seinem ihrer Ansicht nach verderblichen Wege eines Bündnisses mit dem absolutistischen Rußland schon aus prinzipiellen Gründen nicht weiter zu folgen gesonnen war[555]. Bismarck hingegen erblickte in der heftigen Opposition gegen seine Politik eher eine Einladung an das Ausland, bei der innenpolitischen Zerrissenheit des Landes die günstige Gelegenheit zu benutzen, um über Preußen herzufallen[556].

Die ältere deutsche Forschung hat sich diesem Vorwurf des Ministerpräsidenten beinahe einhellig angeschlossen und für die negative Haltung der Liberalen deren kurzsichtige und von verbissener Parteidoktrin eingeengte Sehweise verantwortlich gemacht, welche sie die wahren Beweggründe Bismarck'schen Handelns

[552] Vgl. *Sten. Ber.*, S. 412; zu weiteren Auslassungen v. Sybels vgl. *H. Scheidt:* Konvention Alvensleben, S. 65.

[553] Vgl. *Sten. Ber.*, S. 327. Das genaue Ergebnis lautete 246 gegen 57 Stimmen für den modifizierten Kommissionsantrag; vgl. auch *E. Zechlin:* Bismarck und die Grundlegung der deutschen Großmacht, S. 516, der irrigerweise von 279 zu 72 Stimmen spricht; eine andere Zahl nennt fälschlich (275:57 Stimmen) auch *F. Schinckel*: Polen, Preußen und Deutschland, Breslau 1931, S. 123.

[554] Für den weiteren Zusammenhang vgl. *E. Pikart:* Die Rolle der Parteien im deutschen konstitutionellen System vor 1914, in: Moderne deutsche Verfassungsgeschichte (1815–1916), hrsg. von *E. W. Böckenförde,* Köln 1972, S. 258–281.

[555] So ging es nach Schinkel bei der Opposition der Liberalen weniger um den „nationalen Gegensatz zwischen Polentum und Deutschtum" als vielmehr „um die letzten Prinzipien ihrer politischen Gesamtauffassung". Vgl. *F. Schinkel:* Polen, Preußen und Deutschland, Breslau 1931, S. 119.

[556] Vgl. *Sten. Ber.*, S. 344; dazu die späteren Äußerungen des greisen Reichskanzlers in seiner großen Polenrede vom 28. Januar 1886, zitiert und kommentiert bei *E. Zechlin:* Bismarck und die Grundlegung der deutschen Großmacht, S. 520–521; ferner *H. Scheidt:* Konvention Alvensleben, S. 71–72 (mit irrigen Zeitangaben!).

nicht habe erkennen lassen[557], während die marxistische Historiographie unserer Tage – freilich unter Berufung auf zeitgenössische Äußerungen ihrer „Klassiker" Marx und Engels – „die wankelmütige und inkonsequente Haltung der oppositionellen Mehrheit des Hauses der Abgeordneten"[558] anprangert[559].

Demnach haben die preußischen Liberalen mit ihren damaligen politischen Überzeugungen und Argumenten in der wissenschaftlichen Diskussion bis heute nur geringe Sympathien gewinnen können, und der gelegentliche Hinweis, daß die späteren Erfolge Bismarcks allzu deutlich gegen sie sprachen, erklärt diese Einschätzung sicherlich nur unvollkommen[560]. Schwerer dürfte wohl ins Gewicht fallen, daß die parlamentarische Opposition im Frühjahr 1863 angesichts der Vorgänge im Königreich Polen nicht aus dem – prinzipiell freilich unlösbaren – Dilemma herausfand, als überzeugte Verfechterin des „nationalen Prinzips" einerseits ihre Sympathien für das um seine staatliche Wiedergeburt ringende polnische Volk bekunden zu müssen[561], ohne andererseits die legitimen Interessen ihrer deutschen Landsleute in den ethnisch gemischten Landestheilen der Monarchie opfern zu dürfen[562].

557 So vor allem *F. Schinkel:* Polen, Preußen und Deutschland, Breslau 1931, S. 116–131; von „sinnloser Opposition" spricht *C. Friese:* Rußland und Preußen, S. 301; ähnlich auch *E. Zechlin:* Bismarck und die Grundlegung der deutschen Großmacht, S. 520.

558 Vgl. *C. Bobińska:* Marx und Engels über polnische Probleme, Berlin (Ost-) 1958, für den weiteren Zusammenhang vgl. S. 220–236.

559 So schon *F. H. Gentzen:* Großpolen im Januaraufstand, Berlin (Ost-) 1958, S. 245–247, wonach die „laute Opposition der liberalen Bourgeoisie ... im Grunde genommen nichts anderes als Schaumschlägerei" gewesen sei; neuerdings wieder *R. Dlubek / G. Wisotzki:* Arbeiterklasse, Demokratie und Nation, in: Die großpreußisch-militaristische Reichsgründung 1871, Bd. I, Berlin (Ost-) 1971, S. 24–72, hier S. 44–47. Vgl. dagegen die Einleitung von Werner Conze zu *K. Marx:* Manuskripte über die polnische Frage (1863–1864), hrsg. von *W. Conze* und *D. Hertz-Eichenrode,* Leiden 1961, der auf S. 41 mit Recht bemerkt, daß das Schicksal Polens als solches für Marx und Engels weit weniger wichtig war als seine Rolle als dauernde revolutionäre Potenz in Europa. Zum Marx'schen Rußlandbild vgl. die freilich nicht durchgehend erschöpfende Untersuchung von *H. Krause:* Marx und Engels und das zeitgenössische Rußland, Gießen 1958.

560 Vgl. *H. Scheidt:* Konvention Alvensleben, S. 53. Ähnlich *E. Eyck:* Bismarck. Leben und Werk, Bd. I, Zürich 1941, S. 476–477.

561 Diese Sympathiekundgebungen im preußischen Abgeordnetenhaus nannte Zdzisław Grot „die letzten, gleichsam epigonalen" propolnischen Äußerungen. Vgl. Powstanie styczniowe 1863, Bd. II, Warszawa 1964, S. 182 (Diskussionsbeitrag); vgl. ferner *Z. Grot:* Rok 1863 w zaborze pruskim, Poznań 1963, S. 64–78; in seiner Besprechung hat *M. Pater* den Zusammenhang mit der preußischen Innenpolitik besonders betont, vgl. Sobótka 19 (1964) S. 416–418.

562 Dieser Widerspruch war den Abgeordneten der Fortschrittspartei durchaus bewußt. So erklärte der ehemalige Vizepräsident der Frankfurter Nationalversammlung, Wilhelm Löwe, noch im Jahre 1865 vor der Kammer: „Wir finden uns dann (angesichts der polnischen Frage) in der Verlegenheit, daß wir auf der einen Seite große Interessen zu wahren und bestimmte Pflichten zu erfüllen haben für unseren Staatsverband und ganz besonders für die Deutschen, die im Großherzogtum Posen leben, auf der anderen Seite stehen wir einer kleinen Zahl von Vertretern gegenüber, denen wir dabei nicht so offen und frei ins

Vornehmlich aus dieser Kalamität resultierten denn auch alle Versuche der führenden Liberalen, den Untergang des alten Polenreiches als ein Ergebnis selbstverschuldeter Anarchie und unerträglicher sozialer Zustände zu erweisen, und ihr wiederholter Hinweis auf den von allen europäischen Mächten auf dem Wiener Kongreß sanktionierten Rechtszustand in Europa, kraft dessen Preußen völlig legitimer Besitzer ehemals dem polnischen Staatsverband zugehörigen Territoriums geworden sei[563]. Daher auch die ständige Betonung ihrer „kulturellen Mission", der rechtlichen Gleichstellung aller Untertanen der Krone ungeachtet ihrer Nationalität und der vorbildlichen Verwaltung in den preußischen Ostprovinzen, welche diese Erwerbungen doppelt rechtfertigten[564]. Dieselben Parlamentarier und Publizisten, welche die italienischen Einheitsbestrebungen mit unverhohlenen Sympathien begleitet und diesem Vorbild mit der Gründung des „Deutschen Nationalvereins" nachzueifern begonnen hatten[565], stützten sich in ihrer Argumentation den Polen gegenüber nunmehr auf eben jene Verträge, deren Bestimmungen zu durchbrechen den Italienern mit französischer Hilfe – wenn auch nur teilweise und unter schmerzlichen territorialen Opfern – vor kurzem erst gelungen war[566].

Ihr erbitterter Widerstand gegen die Petersburger Übereinkunft vom 8. Februar entsprang – von dem durch den Verfassungskonflikt ohnehin aufgeheizten politischen Klima und der daraus resultierenden permanenten Oppsition gegen alle

Angesicht blicken können, wie wir müßten." Zit. bei *F. Schinckel*: Polen, Preußen und Deutschland, Breslau 1931, S. 131. In seinem Monatsbericht vom 29. März 1863 in den von ihm herausgegebenen „Deutschen Jahrbüchern" argwöhnte H. B. Oppenheim bereits: „Es ist, als ob das böse Gewissen Europas nicht zur Ruhe kommen könnte, so lange Polen nicht eine Art von Genugtuung gewährt ist." Vgl. *Deutsche Jahrbücher* 7, Heft 2, April 1863, S. 154.

563 In seinem mit Recht so berühmten Brief an Goltz vom Weihnachtsabend 1863 berief auch Bismarck sich auf den in den Wiener Verträgen fixierten europäischen Rechtszustand, indem er u. a. ausführte: „Mögen Sie den Londoner Vertrag (von 1852!) revolutionär nennen; die Wiener Traktate waren es zehnmal mehr und zehnmal ungerechter gegen viele Fürsten, Stände und Länder, das europäische Recht wird eben durch europäische Traktate geschaffen. Wenn man aber an letztere den Maßstab der Moral und Gerechtigkeit legen wollte, so müßten sie ziemlich alle abgeschafft werden." Vgl. *O. v. Bismarck:* Gesammelte Werke (Friedrichsruher Ausgabe), Bd. 14/II, Berlin 1933, S. 660.

564 „Man vergesse nicht, daß Preußen nicht etwa in einer Provinz angegriffen werden kann, die, wie Polen den Russen, dem Herzen des Volkes gleichgültig ist: Ost- und Westpreußen sind mit deutscher Arbeit und deutschem Blute in jahrhundertelangen Kämpfen erworben worden, sie zu verlieren wäre doch etwas Anderes, als 1859 der Verlust der Lombardei für Oesterreich war." Vgl. *Preußische Jahrbücher,* Bd. 11, Berlin 1863, S. 535.

565 Dazu vgl. vor allem *Th. Schieder:* Das Italienbild der deutschen Einheitsbewegung, in: *ders.:* Begegnungen mit der Geschichte, Göttingen 1962, S. 210–235; allgemein *W. Bußmann:* Zur Geschichte des deutschen Liberalismus im 19. Jahrhundert, in: HZ 186 (1958) S. 527–557; *H. A. Winkler:* Preußischer Liberalismus und deutscher Nationalstaat. Studien zur Geschichte der deutschen Fortschrittspartei, 1861–1866, Tübingen 1964.

566 Vgl. *H. Michaelis:* Die Einigung Italiens. Triumph und Verhängnis Napoleons III., München 1960; *H. Kramer:* Die Einigung Italiens im 19. Jahrhundert, in: Teilung und Wiedervereinigung, S. 72–145.

Schritte des Ministeriums einmal abgesehen[567] – denn auch eher der Furcht, den preußischen Staat gegen ihre liberalen Grundüberzeugungen in das Fahrwasser des gleichermaßen verachteten wie gefürchteten absolutistischen Rußland geraten und die verhaßte Heilige Allianz erneuert zu sehen[568], als der Besorgnis vor einer möglichen nationalen Konfrontation zwischen Deutschen und Polen innerhalb der Monarchie[569].

Wenn auch die Frage, ob ein zukünftiger polnischer Nachbar für Preußen auf die Dauer nicht vorteilhafter wäre als die trotz ihrer Niederlage im Krimkrieg immer noch achtunggebietende militärische Macht des Russischen Reiches, innerhalb der Opposition in Parlament und Presse je nach dem politischen Standort unterschiedlich beurteilt wurde, so waren sich doch alle ihre Sprecher darin einig, daß bei jeder wie auch immer gearteten Veränderung östlich der deutschen Grenze preußisches Territorium auf jeden Fall unangetastet bleiben müsse[570].

Daß diese Auffassung auch außerhalb Preußens geteilt wurde, zeigte der Kommentar des Herausgebers der in Heidelberg erscheinenden „Wochenschrift des Nationalvereins", Ludwig August von Rochau[571], der es unbestreitbar nannte, „daß für Preußen die Herstellung des territorialen Zusammenhangs durch die Wiedererwerbung der von dem deutschen Orden an die Polen verlorenen Lande eine Lebensbedingung war (!), und daß die Behauptung des jetzigen preußischen Besitzstandes die wesentlichste Machtbedingung für Deutschland ist"[572]. Selbst Edmund Jörg äußerte in den in München erscheinenden „Historisch-politischen Blättern für das katholische Deutschland": „Aus katholischen und nationalen Motiven hoffen wir für Polen, aber nur weil und insoweit wir für Deutschland hoffen können. Die praktische Politik des Augenblicks kann sich indeß nicht auf Ideale stützen, son-

[567] So erschien es auch Edmund Jörg, „diese Herren (d. h. die Liberalen – d. Vf.) stürmten eben aus blinder Parteiwuth gegen alles an, was von der Regierung herkommt, ohne eigentlich selbst zu wissen, was sie wollen." Vgl. *Historisch-politische Blätter* für das katholische Deutschland, München 1863, Bd. 51, S. 889; dazu allgemein *L. Dehio:* Die Taktik der Opposition während des Konflikts, in: HZ 140 (1929) S. 279–347, bes. S. 309–324.

[568] So schrieb Constantin Rößler am 4. März an Gustav Freytag: „ Die Kreuzzeitungspartei gedachte ihr Einverständniß mit Wien zu benutzen, um bei dieser Gelegenheit die heilige Allianz wieder aufzurichten und so die kummervolle Entfremdung zwischen Österreich und Preußen einerseits, Österreich und Rußland andererseits für immer zu beseitigen." Vgl. *J. Heyderhoff / P. Wentzcke:* Deutscher Liberalismus im Zeitalter Bismarcks, Bd. I, Bonn und Leipzig 1925, S. 125.

[569] Vgl. allgemein *O. Hauser:* Polen und Dänen im Deutschen Reich, in: Reichsgründung 1870/71, hrsg. von *Th. Schieder* und *E. Deuerlein*, Stuttgart 1970, S. 291–318, bes. S. 296–301.

[570] In ihrem Leitartikel vom 14. Februar hatte die „Kölnische Zeitung" dazu ausgeführt: „Daß unsere Regierung Alles thut, um ihre Gränzen zu sichern und jeden Aufstandsversuch innerhalb derselben energisch zu unterdrücken, versteht sich von selbst . . ." Vgl. *KZ* Nr. 45 vom 14. Februar.

[571] Zu Rochau vgl. die Einleitung zur Neuausgabe seiner Schrift: Grundsätze der Realpolitik (1853 und 1896), von *H. U. Wehler,* Frankfurt a. M. - Berlin-Wien 1972, S. 7–10.

[572] Vgl. *„Wochenschrift des Nationalvereins"* Nr. 149 vom 6. März 1863, S. 1250.

dern nur auf die gegebenen Bedingungen, und diese ertragen im deutschen Interesse nur den gemäßigten Statusquo. Schon das vertragsmäßige Polen von 1815, geschweige denn die wirkliche Restauration, ist heutzutage eine russische, preußische und österreichische Unmöglichkeit“[573].

Ebenso aber stimmte die öffentliche Meinung in Deutschland bis in das Lager der Konservativen hinein in der unbedingten Verurteilung der preußischerseits ohne zwingende Notwendigkeit angeregten Konvention Alvensleben überein, deren übereilter Abschluß die drohende europäische Krise erst heraufbeschworen habe. So tadelten beispielsweise die „Preußischen Jahrbücher“ den übermäßigen Eifer, mit welchem sich die Regierung dem bedrängten Rußland an die Seite gestellt habe, denn dies hieße „russische, nicht preußische Politik treiben. Dazu ist dieser Dienst von unserer Seite mit solcher Schnelligkeit geleistet, daß alle Welt darin nicht sowohl ein Zeichen von der Schwäche Rußlands, als von unserem Eifer ihm zu dienen erkennt“[547], trösteten sich dann aber in der Gewißheit, „daß niemals ein Volk einmüthiger hinter seiner Vertretung gestanden hat, als es jetzt bei dem Protest der Fall ist“, welcher sich im Abgeordnetenhaus gegen die Konvention erhebe[575]! Dennoch aber hielten sie für höchst bedenklich, wenn die Regierung vor dem Lärm in ganz Europa „eingeschüchtert“ zurückwiche und „wir abermals eine Niederlage aus Furcht erlitten“[576].

Besonders aber beklagten die politischen Wochenblätter der verschiedenen weltanschaulichen Richtungen den nachteiligen Eindruck, welchen das preußische Vorgehen im westlichen Ausland unvermeidlich hervorrufen mußte und der sich „in den meisten Parlamenten von London und Stockholm bis Turin“[577] als dem

[573] Vgl. „*Historisch-politische Blätter* für das katholische Deutschland“, Bd. 51 (1863) S. 472. Denselben Standpunkt vertrat Jörg in seiner Rubrik „Zeitläufte“, als er am 23. Mai schrieb: „Es gibt in Preußen zwei grundverschiedene Standpunkte hinsichtlich der Polenfrage, den conservativen, welchen zur Zeit auch die Altliberalen theilen, und den fortschrittlichen. Beide Standpunkte kommen aber darin überein, daß ein selbständiges Polen nach dem Ausmaß von 1772 eine preußische Unmöglichkeit sei, weil es der Untergang Preußens wäre.“ *Ebda.* S. 885–886.

[574] Vgl. „*Preußische Jahrbücher*“, Bd. 11 (1863) S. 200.

[575] *Ebda.*, S. 202.

[576] *Ebda.*, S. 203. Dazu weitere Pressestimmen bei *O. Nirrnheim:* Das erste Jahr des Ministeriums Bismarck und die öffentliche Meinung, Heidelberg 1908, S. 316–337.

[577] Zur Reaktion in Schweden zusammenfassend *T. Cieślak:* Polska-Skandynawia w XIX i XX wieku, Warszawa 1973, bes. S. 75–81. In Turin hatte Petruccelli am 9. Februar in der Deputiertenkammer eine erste Interpellation zugunsten der Polen eingebracht, die vom Ministerium vorsichtig zurückweisend beantwortet wurde. Vgl. *NPZ* Nr. 35 vom 11. Februar. Dennoch wuchsen die Sympathien der Italiener und Garibaldi schrieb offene Briefe aus Caprera an die Engländer (4. Februar), die polnische Emigration (5. Februar) und die „Völker Europas“ (15. Februar); Briefe, „die wir von Zeit zu Zeit verdauen müssen.“ *AAZ* Nr. 48 vom 17. Februar; im letzten Sendschreiben hatte er die Schweiz aufgerufen, ihre „republikanische Büchse in die Wagschale Europas (zu) werfen.“ Der Kommentar der „Kreuzzeitung“ lautete dazu: „Ein mitleidiges Lächeln für den armen Mann von Caprera!“ *NPZ* Nr. 54 vom 5. März. Der Korrespondent der Augsburger „Allgemeinen Zeitung“ berichtete aus Neapel über zahlreiche Polenmeetings, gab aber zu bedenken,

preußischen Ansehen in Europa überaus abträglich erwiesen hatte[578]. In den von ihm redigierten Leipziger „Grenzboten“ verlieh Gustav Freytag diesem weit verbreiteten Gefühl höchst drastischen Ausdruck, als er es als einen „seltenen Erfolg“ der „Kreuzzeitungspartei“ bezeichnete, „die Botschafter und Gesandten in Berlin und die leidenschaftlichsten Journalisten der Fortschrittspartei, Oestreicher, Engländer, Franzosen, ja selbst die Russen in einmüthiger Verurtheilung zu vereinigen, und diese Politik gleicht . . . jetzt bereits dem Stinkthier, welches der Sage nach einsam durch die Oede der Bäume irrt, und durch seinen üblen Geruch vor allen Angriffen der Bewohner des Waldes geschützt ist“[579]. Im übrigen aber resümierte Freytag nicht unzufrieden, es habe zwar mancher Redner am Dönhofplatz seine Sympathien für die polnische Sache „weitläufiger“ ausgesprochen, „als es für einen deutschen Abgeordneten taktvoll wäre“; ansonsten aber „war in der Presse und im Volke mehr Eifer, dem gegenwärtigen Ministerium zu opponieren, als ein declamirender Enthusiasmus für ein fremdes Volksthum sichtbar“[580].

Dieser Eindruck herrschte auch in der öffentlichen Meinung des außerpreußischen Deutschland sowie in der Berichterstattung der diplomatischen Vertreter der einzelnen deutschen Bundesstaaten in Berlin entschieden vor, welche übrigens der liberalen Opposition keineswegs einhellig ihre ungeteilten Sympathien zuwandten. In seinem Bericht vom 1. März faßte der württembergische Gesandte seine Beobachtungen folgendermaßen zusammen: „Das Haus hat seinen Antipathien gegen Herrn v. Bismarck ungezügelten Lauf gelassen; ob damit im Sinne des Hauses auf die politische Lage eingewirkt werden wird? Ich bezweifle es. Der Angriff trägt zu offen den Stempel der Leidenschaftlichkeit, als daß die Krone wohlgemeinten Rath zu erkennen vermöchte, und das Land, das niemalen polenfreundliche Stimmungen hatte, dürfte die polnisch gefärbten Reden der Abgeordneten nicht durchweg sympathisch aufnehmen, noch die fruchtlose Zeitvergeudung in unnützen Debatten billigen“[581].

daß die Regierung „ohne Armee, ohne Marine und ohne Geld, von Unruhen im Inneren bedroht, an ein kräftiges Auftreten nach außen hin gar nicht denken kann.“ *AAZ* Nr. 72 vom 13. März. *KZ* Nr. 77 vom 18. März. Dazu vgl. *E. E. Funaro:* L'Italia e l'insurrezione polacca: la politica estera e l'opinione pubblica italiana nel 1863, Modena 1964; *F. Di Tondo:* L'opinione pubblica italiana e l'insurrezione del 1863–1864 in Polonia, Bergamo 1963; zuletzt *S. Kieniewicz:* L'Italie et l'insurrection polonaise de 1863, Wrocław-Warszawa-Kraków-Gdańsk 1975.

578 Der Stockholmer Korrespondent der Augsburger „Allgemeinen Zeitung“ meldete am 26. Februar: „Die schwedischen Blätter von allen Farben bringen heftige Artikel voller Abscheues gegen die preußisch-russische Convention; sie hoffen, daß, falls dieselbe zur Ausführung gebracht werde, die Nemesis am Rhein dafür nicht fehlen werde.“ *AAZ* Nr. 61 vom 2. März.

579 Vgl. „*Die Grenzboten*“, Jg. 22/1 (1863) S. 429.

580 „*Die Grenzboten*“, a. a. O., S. 428–429; vgl. ferner *E. Zechlin:* Bismarck und die Grundlegung der deutschen Großmacht, S. 516–522.

581 *Linden an Hügel* – 1. III. 1863 – HStA Stuttgart, Best. E 73 a/III 169 / Bl. 142–141.

Überhaupt wurde der in der dreitägigen Diskussion beiderseits angeschlagene aggressive Ton durchweg alles andere als beifällig aufgenommen[582]. Zwar habe es das Abgeordnetenhaus – so hieß es in einer anderen Depesche – nicht ungeschickt vermieden, die russische Regierung mit den Aufständischen auf eine Stufe zu stellen, indem sie nur von „kämpfenden Theilen" spreche, doch bleibe „die Sache selbst dem Wesen nach dieselbe", und das Haus der Abgeordneten könne sich „eines neuen freisinnigen Beschlusses rühmen, in welchem die Ansicht Geltung gefunden, als gebühre den Insurgenten eben dieselbe Beachtung und Behandlung wie den Organen einer legitimen Regierung". Man müsse überdies bei der ohnehin gereizten Stimmung des Hauses damit rechnen, daß „aller Wahrscheinlichkeit nach der Ton, der bei den Kammerverhandlungen zu Tage tritt, in nächster Zeit sich noch weniger, wie bisher, in den Schranken der parlamentarischen Konvenienz zu erhalten wissen" werde[583].

Die Kluft zwischen Volksvertretung und Regierung stellte sich jedenfalls nahezu allen auswärtigen Beobachtern als im Augenblick unüberbrückbar dar, und es wurde allgemein bezweifelt, ob das Ministerium angesichts dieser prinzipiellen Divergenzen überhaupt noch daran dachte, ein besseres Einvernehmen mit der Abgeordnetenkammer anzustreben[584]. Gleichwohl verfehlte das bei aller Bismarck oft genug eigenen provozierenden Ironie sichere und würdevolle Auftreten des Regierungschefs seinen Eindruck auf die Abgeordneten nicht[585]. Der sächsische Gesandte in Berlin fühlte sich zwar „für Augenblicke an die heftigsten Verhandlungen der Nationalversammlung von 1848" erinnert[586], dennoch aber habe der Ministerpräsident „eine seltene Geistesgegenwart" bewiesen, „und es war unverkennbar, daß die Sicherheit und Schnelligkeit seiner Replik dem Hause imponierte"[587]. Auch der Ministerresident für die Herzogtümer Braunschweig und Nas-

582 Die Londoner „*Times*" vom 3. März hingegen nannte „Sprache und Manieren" des preußischen Ministerpräsidenten „so hochfahrend herausfordernd" und die Debatte „eines aufgeklärten Volkes würdig". Die liberale Partei sei nunmehr „die Hüterin der National-Ehre und der National-Sicherheit". *KZ* Nr. 64 vom 5. März.

583 *Wambolt an Dalwigk* – 1. III. 1863 – StA Darmstadt, Best. 87 e/1.

584 So die Augsburger „Allgemeine Zeitung", die zudem meinte, das Ministerium Bismarck müsse wohl doch fester stehen, „als man nach den Gerüchten, die in den letzten Tagen umliefen, glauben sollte." *AAZ* Nr. 59 vom 28. Februar. Der Ministerresident für Oldenburg und die Hansestädte berichtete, Bismarck habe sich benommen, „als ob er unerschüttert stehe und die Regierung entschlossen sei, an der Convention festzuhalten." *Geffcken an Rössing und an den Senat* – 26. II. 1863 – StA Hamburg, Best. G IV a, Bd. I und II.

585 „Den Ministern läßt sich wenigstens die Anerkenntnis nicht versagen, daß sie ihre Stellung gegenüber den parlamentarischen Angriffen muthig vertheidigten. Die Debatte . . . war sehr erregt, die Haltung und Sprache des Minister-Präsidenten waren fest und sicher . . ." *Linden an Hügel* – 26. II. 1863 – HStA Stuttgart, Best. 73 a/ III 169 / Bl. 146–145.

586 Die „Deutschen Jahrbücher" hingegen fühlten sich „an einen polnischen Landtag" erinnert, meinten aber, dies sei „wahrlich nicht die Schuld der bürgerlichen Landboten dahier" gewesen. Vgl. *Deutsche Jahrbücher*, Jg. 6 (1863) S. 506.

587 *Hohenthal an Beust* – 27. II. 1863 – in: *H. Kretzschmar: Die Anfänge* des Ministeriums Bismarck, S. 544.

sau lobte „die stolze Ruhe, welche er den heftigsten Ausfällen entgegenstellte, und seine vornehm abweisenden Repliken“[588], und selbst der dem preußischen Minister durchaus nicht wohlgesonnene Vertreter Oldenburgs und der Hansestädte wollte „Herrn v. Bismarck . . . Muth und Geistesgegenwart nicht absprechen“[589].

Daß die konservative „Neue Preußische Zeitung“ das Verhalten Bismarcks, der „inmitten dieses wüsten, fast ungezogenen parlamentarischen Lärmens die Ruhe und Würde des Staatsmannes und Ministers zu wahren verstanden“ habe, nachdrücklich guthieß[590], verwundert weniger als die heftigen Angriffe der im süddeutschen Raum führenden (Augsburger) „Allgemeinen Zeitung“ gegen die parlamentarische Opposition im preußischen Abgeordnetenhaus, die in ihrem Leitartikel vom 7. März vor allem den Wortführer der liberalen Fortschrittspartei, Heinrich von Sybel, scharf attackierte und u. a. bemerkte, dieser zeige sich „im Grunde noch russenfreundlicher oder wenigstens polenfeindlicher als die Urheber der verworfenen Convention“. Während sich einerseits seine „entrüstete Humanität“ gegen eine Übereinkunft, die „contra bonos mores“ sei, entschieden Luft mache, spreche er andererseits „seine zuversichtliche Erwartung aus: die polnische Insurgenten werden ihr Blut doch umsonst vergossen haben; und selbst wenn sie siegten, so werde die Lage der europäischen Verhältnisse . . . schon dafür sorgen, daß die Bäume nicht in den Himmel wachsen. Und wenn die ganze Welt Bravo dazu riefe“ – so zürnte das Blatt – „wir können diese Anschauung nur ‚erbärmlich‘, wir müssen sie unmenschlich finden. Herr v. Bismarck ist gewiß nicht der Mann unseres Herzens, aber sein Standpunkt scheint uns noch ehrlicher und humaner“. Vincke wie Sybel hätten nichts anderes „als die alte nackte Selbstsucht der preußischen Politik“ ausgesprochen. „Von wahrer Humanität, von wirklich liberalen und hochherzigen Sympathien können . . . wir in allen diesen schönen und von der ‚civilisirten Welt‘ mit so ungeheurem Beifall aufgenommenen Phrasen keine Spur finden“[591].

Beinahe noch entschiedener ging Josef Edmund Jörg[592] in seinen „Historisch-politischen Blättern“ mit den preußischen Liberalen ins Gericht, indem er an die alljährlichen Proteste der polnischen Deputierten in der Kammer gegen die preußische Germanisierungspolitik und „gegen die Vorenthaltung aller in den Einverleibungs-Tractaten von 1772 bis 1815 den Polen zugesicherten Rechte“ erinnerte, „und Jahr für Jahr hat die liberale Mehrheit der Kammer verächtlich geschwiegen, oder mit eiskaltem Hohne kurz und gut erwidert: ‚Macht geht vor Recht!‘ Und jetzt heucheln dieselben Leute Sympathie für die russischen Polen aus Haß gegen die eigene Regierung; einer selbstsüchtigen Parteitaktik zulieb gefährden sie die

588 *Löhneysen an Wittgenstein* – 28. II. 1863 – HStA Wiesbaden, Rep. 210–10723.
589 *Geffcken an Rössing* – 26. II. 1863 – StA Hamburg, Best. G IV a / Bd. I und II.
590 *NPZ* Nr. 53 vom 5. März.
591 *AAZ* Nr. 66 vom 7. März.
592 Zu Jörg vgl. *H. Gollwitzer:* Josef Edmund Jörg, in: ZfbayrLG 15 (1949) S. 125–148.

Unabhängigkeit und Integrität Preußens . . . So treibt unsere Bourgeoisie europäische Politik“[593]!

Während der politische Meinungsstreit über die polnische Frage in der deutschen Publizistik noch monatelang mit nahezu unverminderter Heftigkeit weitergehen sollte, konnte man sich in Berliner Regierungskreisen inzwischen vor allem angesichts der immer bedenklicher lautenden Berichte aus Paris und London nicht länger darüber hinwegtäuschen, daß Preußen durch den Abschluß der „berüchtigten“[594] Alvenslebenschen Konvention in eine gefährliche außenpolitische Isolierung zu geraten drohte[595]. Zu diesem Eindruck trugen nicht zuletzt die von der Wilhelmstraße aus kaum mit letzter Sicherheit vorhersehbaren Entschlüsse des russischen Vertragspartners bei, deren Festigkeit „nicht über jeden Zweifel erhaben war“[596].

Wie eingangs dieses Kapitels bereits erwähnt, hatte Gortschakow eigentlich von Anfang an einer Übereinkunft mit dem preußischen Nachbarn zur gemeinsamen Unterdrückung der polnischen Unruhen nur höchst widerstrebend und lediglich auf den ausdrücklichen Befehl Kaiser Alexanders zugestimmt[597] und war allen preußischen Versuchen, diesem „arrangement“[598] über den Schutz der gemeinsamen Grenze hinaus den Charakter einer „intervention complète et sérieuse“ zu verleihen, entschieden entgegengetreten[599].

Da diese Vorgänge auf der Grundlage vor allem der preußischen und britischen Akten inzwischen bis in Einzelheiten hinein mit größter Akribie, jedoch nicht immer ohne apologetische Tendenzen[600] durchleuchtet worden sind, mag an dieser Stelle eine skizzenhafte Darstellung des Verlaufs dieser von manchen Mißhelligkeiten und Verärgerungen begleiteten Unterhandlungen genügen[601]. Namentlich Egmont Zechlin ist in seinem beinahe schon „klassisch“ zu nennenden Werk über „Bismarck und die Grundlegung der deutschen Großmacht“ diesen Verhandlungen bis in ihre feinsten Verästelungen nachgegangen, um die Frage zu klären,

593 Vgl. *Historisch-politische Blätter* für das katholische Deutschland, Bd. 51 (1863) S. 469.

594 So noch *E. Engelberg:* Die politische Strategie und Taktik Bismarcks von 1851 bis 1866, in: Die großpreußisch-militaristische Reichsgründung 1871, Bd. I, Berlin (Ost-) 1971, S. 73 bis 117, hier S. 111.

595 Vgl. *W. E. Mosse:* The European Powers and the German Question, S. 114; *E. Zechlin:* Die Reichsgründung, S. 100.

596 Vgl. *C. Friese:* Rußland und Preußen, S. 302.

597 Vgl. *E. Zechlin:* Die Reichsgründung, S. 99–100.

598 Vgl. *R. H. Lord:* Bismarck and Russia in 1863, S. 27; *H. Scheidt:* Konvention Alvensleben, S. 39–40; *A. Hillgruber:* Bismarcks Außenpolitik, S. 49.

599 Zur wissenschaftlichen Diskussion vgl. die in den Anmerkungen 1–6 dieses Kapitels angeführten Hinweise und Belege!

600 Dies geschieht in besonders augenfälliger Weise in der Arbeit von *G. Heinze:* Bismarck und Rußland bis zur Reichsgründung, Würzburg 1939, in welcher der Autor seine Argumente stellenweise wörtlich aus Bismarcks „Erinnerung und Gedanke“ übernimmt, ohne sich wenigstens der Mühe der Paraphrasierung zu unterziehen! Vgl. dort S. 38–46.

601 Grundlegend weiterhin *C. Friese:* Rußland und Preußen, S. 295–309; *H. Scheidt:* Konvention Alvensleben, S. 49–52.

welche Seite seit dem 20. Februar die Initiative zur stillschweigenden Suspension der Petersburger Konvention vom 8. Februar ergriff und welche Motive die beiden kontrahierenden Mächte dabei leiteten[602].

Für die ältere deutsche Forschung bis in die dreißiger Jahre handelte es sich bei den wochenlangen Mißverständnissen zwischen beiden Höfen um eine gezielte „Intrige" bzw. um ein „Ränkespiel" des russischen Vizekanzlers, der versucht habe, hinter dem Rücken seines Monarchen das intime Verhältnis zwischen Kaiser Alexander und seinem königlichen Onkel zu stören[603]. Danach hätte Gortschakow sich einer drohenden diplomatischen Intervention der Westmächte dadurch zu entziehen gesucht, daß er dem Berliner Hof den Vorschlag zum Vertragsabschluß und nun auch zu dessen Aufhebung zuzuschieben trachtete, während neueren Forschungsergebnissen zufolge Bismarck seinerseits den Eindruck zu erwecken gesucht habe, als sei man in Petersburg dringend daran interessiert gewesen, die Konvention Alvensleben möglichst rasch auszusetzen[604].

Schon Christian Friese hat mit Recht darüber geklagt, daß die bislang recht schmale Quellenbasis keinen genaueren Einblick in die eigentlichen Absichten und Motive des russischen Vizekanzlers gestatte[605]. Dankenswerterweise hat eine aus russischen und polnischen Spezialisten für die Geschichte des 19. Jahrhunderts zusammengesetzte Kommission, welche seit 1963 unter dem Titel: „Powstanie styczniowe. Materiały i dokumenty". (Der Januaraufstand. Materialien und Dokumente.) in mehreren voluminösen Bänden eine imponierende Anzahl von Aktenstücken vornehmlich zur Sozialgeschichte des Aufstands publiziert hat, im Rahmen der genannten Reihe nun auch den Briefwechsel der Warschauer Statthalterschaft mit der Petersburger Zentrale veröffentlicht[606]. Diese Korrespondenz des Großfürsten-Statthalter mit seinem kaiserlichen Bruder und dessen Vizekanzler enthält auch mehrere Privatschreiben Gortschakows an Konstantin, in welchen er die ihn leitenden Motive seiner Politik entschieden offener darlegt und mit seinem – durchweg wenig schmeichelhaften – Urteil über das Verhalten des preußischen Partners weit weniger zurückhält, als dies in den bisher bekannten Dokumenten offiziellen Charakters der Fall sein konnte, da er sich einem Briefpartner gegenüber, dessen politische Grundüberzeugungen sich zudem mit den seinigen weit-

[602] Vgl. *E. Zechlin:* Bismarck und die Grundlegung der deutschen Großmacht, S. 493–499. Übrigens muß gegen *G. Heinze:* a. a. O., S. 42 festgestellt werden, daß eine förmliche „Außerkraftsetzung" der Konvention nicht erfolgte.

[603] Vgl. die „offiziöse" Darstellung *H. v. Sybels:* Die Begründung des Deutschen Reiches durch Wilhelm I., Bd. II, München und Leipzig 1889, S. 498–500; ähnlich noch *H. Scheidt:* Konvention Alvensleben, S. 39–40.

[604] Vgl. *A. Hillgruber:* Bismarcks Außenpolitik, S. 46–52; *E. Zechlin:* Die Reichsgründung, S. 98–102.

[605] Vgl. *C. Friese:* Rußland und Preußen, S. 308.

[606] Der genaue Titel lautet: *Korespondencja* namiestników Królestwa Polskiego, styczeń – sierpień 1863 r., Wrocław-Warszawa-Kraków-Gdańsk 1974.

gehend deckten[607], selbstverständlich eine sehr viel geringere Rücksichtnahme aufzuerlegen brauchte. Diese Quellengrundlage wird zusätzlich noch durch im Wortlaut oder in Auszügen publizierte Aktenstücke aus der diplomatischen sowie der privaten Korrespondenz Gortschakows nicht unerheblich erweitert, die Irena Koberdowa ihrer Arbeit über den Aufenthalt des Großfürsten Konstantin in Warschau („Wielki Książę Konstanty w Warszawie, 1862–1863“) zugrunde gelegt hat[608].

Auf Grund dieser erst kürzlich erschlossenen Dokumente, welche den bisherigen Erkenntnisstand zumindest zu ergänzen geeignet sind, dürfte nunmehr noch sicherer als zuvor sein, daß der russische Vizekanzler der von ihm gemeinsam mit dem preußischen Generaladjutanten unterzeichneten Übereinkunft vom 8. Februar von Anfang an mit unverhohlener Zurückhaltung gegenübergestanden hat[609], da sie das von ihm seit Jahren angestrebte engere Verhältnis zum französischen Kaiserhof nachhaltig zu beeinträchtigen drohte[610].

Nur so ist es wohl letztlich zu erklären, daß Gortschakow dem Herzog von Montebello offenbar bereits am Tage nach dem Vertragsabschluß den Text der preußisch-russischen Konvention vertraulich mitteilte – sehr wahrscheinlich offensichtlich in der Absicht, den französischen Botschafter von der Harmlosigkeit ihres Inhalts zu überzeugen, was letzterer offenbar auch bereitwillig einräumte[611]. Als Beweis dessen dürfte gelten, daß sich Montebello sogleich bemühte, allen gegen diesen Schritt der Petersburger Regierung eventuell geplanten oder bereits eingeleiteten Aktivitäten seines Kabinetts möglichst rasch entgegenzuwirken[612]. Wie bereits erwähnt blieben seine Bemühungen ohne Erfolg – ein Ergebnis, welches an der Newa erhebliche Irritation auslöste[613].

607 Vgl. *I. Koberdowa:* Wielki Książę Konstanty w Warszawie 1862–1863, Warszawa 1962, S. 19–60.

608 Ebda., bes. S. 261–298; enthaltend eine Denkschrift des Fürsten Gortschakow vom 15. Mai 1863, die zur Erhellung der russischen Politik von nicht zu unterschätzender Wichtigkeit ist und einer gründlichen Analyse dringend bedürfte!

609 Mit Recht hat Christian Friese darauf hingewiesen, daß man durch das preußische Vorprellen in Petersburg und Warschau seine Bemühungen vereitelt sah, die Erhebung als unbedeutend hinzustellen. Vgl. *C. Friese:* Rußland und Preußen, S. 301.

610 Vgl. *I. Koberdowa*: Wielki Książę Konstanty w Warszawie, S. 156–159; ferner *B. Jelavich*: A Century of Russian Foreign Policy, 1814–1914, Philadelphia und New York 1964, S. 144–147.

611 Montebello wollte, wie er seinem preußischen Kollegen versicherte, stets bemüht gewesen sein, „die von dem Fürsten Gortschakow und dem General Alvensleben hierselbst getroffene schriftliche Verabredung in ihrer ganzen Unschuld hinzustellen.“ *Redern an Bismarck* – 7. III. 1863 – APP III, Nr. 315.

612 Vgl. dazu die Belege in diesem Kap., Anm. 208 und 209!

613 In einem Schreiben an den Großfürsten-Statthalter in Warschau erklärte Gortschakow, er vermöge sich die wachsenden Spannungen mit Paris nicht zu erklären. Die Konvention Alvensleben reiche als Grund nicht aus; dagegen müsse Napoleon wie stets Rücksicht auf die öffentliche Meinung im Lande nehmen, „qui se prononce presqu'unanimement en faveur de la Pologne insurgée“; auch die im Mai anstehenden Wahlen dürften eine Rolle spielen. *Gortschakow an Konstantin* – 14./26. II. 1863 – *Korespondencja Namiestników* Królestwa Polskiego, Dok.-Nr. 151.

Am selben Tage aber, an welchem Napoleon III. das oben erwähnte beiderseits mit großer Diskretion behandelte Handschreiben seinem Botschafter in Petersburg zur Mitteilung an Kaiser Alexander übersandte und sich damit direkt in die durch die polnische Krise ausgelösten diplomatischen Verwicklungen einschaltete[614], traf in der russischen Botschaft in Berlin ein Telegramm Gortschakows ein, in welchem der kaiserliche Vizekanzler nochmals die gegenseitigen militärischen Hilfeleistungen im Grenzbereich auf Maßnahmen polizeilichen Charakters beschränkt wissen wollte und das wechselseitige Betreten des benachbarten Territoriums nur im äußersten Notfall „ sur la réquisition des autorités mutuelles militaires ou civiles" zugestand[615]. Jedes weitergehende „élargissement" der Vereinbarung vom 8. Februar, so hatte er Oubril bereits am 13. Februar wissen lassen, wäre „contraire aux intentions de l'Empereur"[616]. Auch Bismarck, der noch wenige Tage zuvor eine sehr entschlossene Sprache geführt hatte[617], hielt die nunmehr eingetretene Situation vor allem angesichts der düsteren Schilderungen des Grafen Goltz aus Paris und der kaum minder ernsten Warnungen Bernstorffs aus London inzwischen anscheinend für derart gravierend, daß er diesem Wunsch bereitwillig entgegenkam[618] und König Wilhelm gegenüber erklärte, Preußen müsse sich wohl damit begnügen, sich für die Zukunft die Dankbarkeit Kaiser Alexanders und die russischen Sympathien wohlfeil gesichert zu haben[619].

614 Vgl. *I. Koberdowa*: Wielki Książę Konstanty w Warszawie, S. 274–275. Die Existenz dieses Schreibens sickerte in Petersburger diplomatischen Kreisen dennoch durch. Spitzemberg meldete, man beharre darauf, „daß der Botschafter (Montebello) einen Brief des Kaisers Napoleon III. an seine Majestät zu überreichen gehabt hat". *Spitzemberg an Hügel* – 7. III. 1863 – HStA Stuttgart, Best. E 72/124/Bl. 73–72. Der bayerische Gesandte berichtete: „On continue de nier ici l'existence d'une lettre de l'Empereur Napoléon, qui est cependant arrivée comme j'ai lieu de croire. Il s'est formé actuellement ici une forte méfiance contre la France . . ." *Perglas an König Maximilian II.* – 11. III. 1863 – GStA München, MA III/2747.

615 *Gortschakow an Oubril* – 20. II. 1863 – APP III, Nr. 209.

616 *Gortschakow an Oubril* – 13. II. 1863 – APP III, Nr. 180, Anm. 1.

617 Preußen würde „nicht anstehen, sich nöthigen Falles mit großer Truppen-Macht an dem Kampfe zu betheiligen". *Montgelas an König Maximilian II.* – 13. II. 1863 – GStA München, MA III/2643; dem großherzoglich-hessischen Gesandten bedeutete der Unterstaatssekretär v. Thile, es solle notfalls „ein Kesseltreiben veranstaltet werden". *Wambolt an Dalwigk* – 14. II. 1863 – StA Darmstadt, Best. 87 e/1. „Nach den militärischen Vorkehrungen zu urtheilen, die hierzulande ins Werk gesetzt werden, ist man entschlossen, mit Waffengewalt nöthigenfalls in den Gang der Dinge in Polen einzugreifen." *Linden an Hügel* – 14. II. 1863 – HStA Stuttgart, Best. E. 73a/III 169/Bl. 158–155.

618 Der badische Gesandte in Berlin vermutete, daß Baron Budberg in Paris als erster auf eine Suspension der Vereinbarung vom 8. Februar gedrungen habe; daraufhin habe Gortschakow „das Kind ein todtgeborenes sein" lassen – „und Bismarck hatte wahrhaftig keinen Grund, Belebungsversuche damit anzustellen". *Marschall an Roggenbach* – 4. III. 1863 – GLA Karlsruhe, Best. 48/3009. Vgl. auch *C. Friese*: Rußland und Preußen, S. 304 bis 306.

619 Vgl. *Bismarck an König Wilhelm* – 20. II. 1863 – Anhang zu „Gedanken und Erinnerungen", Bd. I, S. 52. Dazu auch *E. Zechlin*: Bismarck und die Grundlegung der deutschen Großmacht, S. 479.

Jedenfalls geht eine Deutung, die in dem besagten Telegramm des russischen Vizekanzlers vom 20. Februar, dessen Inhalt im Grunde ganz auf der Linie der vom Petersburger Hof von Anfang an intendierten Absicht lag, der Konvention jeden Interventionscharakter zu nehmen[620], eine erste Anregung Gortschakows sehen möchte, das ihm unerwünschte Abkommen möglichst abzuschwächen und schließlich ganz zu suspendieren, über die eigentlichen Bestrebungen des russischen Kabinetts doch wohl deutlich hinaus[621]. Er habe, so schrieb der Fürst nämlich am 22. Februar an den Großfürsten-Statthalter in Warschau, stets darauf geachtet, den Beistand, welchen Preußen der russischen Regierung „avec empressement“ angeboten habe, in den Grenzen „d'une nécessité absolue“ zu halten. Aus eben diesem Grunde habe er es nunmehr für unumgänglich erachtet, sich dem Berliner Kabinett in aller Offenheit über den Sinn und die Tragweite dieser Vereinbarung („arrangement“) zu erklären, und er schätze sich glücklich, seine Auffassungen inzwischen auch von dem preußischen Ministerpräsidenten geteilt zu sehen[622]. Zwar sei bislang in Petersburg in der Angelegenheit noch keine Einsprache der Westmächte erfolgt, doch müsse die russische Politik angesichts der Tatsache, daß der französische Kaiser mit der öffentlichen Meinung seines Landes zu rechnen habe, und der „faiblesse du ministère anglais vis-à-vis le Parlement“ mit der größten Klugheit operieren[623].

Die von nun an mit jedem Tag wachsende Verärgerung Gortschakows und Alexanders über das preußische Verhalten resultierte vielmehr aus dem deutlichen Bestreben Bismarcks, den Wunsch des Petersburger Kabinetts, eine wechselseitige Grenzüberschreitung von Truppenteilen beider Vertragspartner für den Augenblick möglichst zu unterlassen[624], dahingehend auszulegen, als wiche Rußland nunmehr vor den möglicherweise schon in naher Zukunft zu erwartenden Interventionsdro-

[620] „Notre thèse a invariablement été qu'il faut enlever au concours prussien tout caractère d'intervention et le limiter à une police frontière pour la protection des douanes et des caisses publiques ... Nous désirons que la nécessité même de l'application de l'arrangement dans ce sens ne se présente pas. Rien de plus.“ *Gortschakow an Konstantin* – 13./25. II. 1863 – *Korrespondencja Namiestników* Królestwa Polskiego, Dok.-Nr. 144.

[621] So – mit deutlich apologetischer Tendenz – *G. Heinze:* Bismarck und Rußland bis zur Reichsgründung, Würzburg 1939, S. 39; richtiger *H. Scheidt:* Konvention Alvensleben, S. 49–51.

[622] Am selben Tag hatte Oubril nach Petersburg telegraphiert: „Des nouvelles données par Goltz engagent ici à ajourner l'exécution de la convention au delà des frontiers prussiens. Bismarck s'est rencontré avec Vous sur ce terrain.“ *Oubril an Gortschakow* – 10./22. II. 1863 – APP III, Nr. 225.

[623] *Gortschakow an Konstantin* – 10./22. II. 1863 – in: *Korespondencja Namiestników* Królestwa Polskiego, Dok.-Nr. 133.

[624] Daß dieser Vorschlag Gortschakows dem politischen Kalkül Bismarcks sehr gelegen kam, zeigt die ungewöhnliche Eile, mit welcher er dem russischen Begehren entsprach. *Bismarck an Roon* – 22. II. 1863 – APP III, Nr. 219; *ders. an Redern* – 22. II. 1863 – APP III, Nr. 221.

hungen der Westmächte zurück[625]. In Petersburg freilich hatte man auf Grund eines Telegramms des russischen Botschafters in Berlin vom 22. Februar genau den gegenteiligen Eindruck, und der Kaiser bedauerte es persönlich, daß Preußen sich offensichtlich unter dem Eindruck der bedrohlichen Entwicklung in Paris von der am 8. Februar getroffenen Vereinbarung zurückzuziehen wünsche[626]. Mindestens ebenso verstimmte ihn der Entschluß Bismarcks, Napoleon ohne vorherige Abstimmung mit dem kaiserlichen Kabinett als besonderen Beweis seines Vertrauens deren Text mitteilen zu lassen[627]. Graf Goltz mußte sich daraufhin den Vorwurf seines russischen Kollegen in Paris, Baron Budberg, gefallen lassen, er habe „avec und grande précipitation" gehandelt[628].

In einer äußerst lebhaften Unterredung vom 24. Februar mit Graf Redern, der dem russischen Vizekanzler bis zu diesem Zeitpunkt offenbar noch keinerlei Mitteilungen über die in Berlin inzwischen gefaßten Beschlüsse hatte zukommen lassen[629], betonte Gortschakow denn auch wiederholt energisch und aus seiner Sicht heraus durchaus mit gewissem Recht, daß er Oubril zu keiner Zeit zu erklären beauftragt habe, „que nous étions d'avis qu'il était urgent dans ce moment de ne pas franchir la frontière de part et d'autre"[630]. Auf gar keinen Fall habe er die Aufhebung der Konvention vom 8. Februar anregen, sondern lediglich seiner Hoffnung Ausdruck verleihen wollen, daß die Notwendigkeit, die Grenzen wechselseitig zu überschreiten, nicht eintreten möge. Dies sei denn doch ein gewisser Unterschied! Schließlich sei es doch gerade Graf Goltz in Paris gewesen, der „extrèment allarmé" den Text der Konvention von Bismarck erbeten und mit dessen Ermächtigung dem französischen Kaiser mitgeteilt habe[631].

625 Bismarck gab die Mitteilung Oubrils tatsächlich in einer Weise an den Grafen Redern in Petersburg weiter, daß bei dem Gesandten der Eindruck entstehen mußte, als wünsche Rußland dringend („urgent"), die Grenze gegenseitig nicht zu überschreiten, „pour ne pas fournir matière à des réclamations de la part des Cabinets étrangers". *Bismarck an Redern* – 22. II. 1863 – APP III, Nr. 221.

626 Auf die Mitteilung Oubrils, Preußen werde sich auf eine Überwachung der Grenze beschränken, ohne sie zu überschreiten, bemerkte Alexander: „Je n'y insiste pas puisque c'est la Prusse elle même qui se retraite (!)", doch bedaure er diesen Entschluß „sous plus d'un rapport." *Oubril an Gortschakow* – 10./22. II. 1863 – APP III, Nr. 225.

627 *Bismarck an König Wilhelm* – 20. II. 1863 – in: Anhang zu „Gedanken und Erinnerungen", hrsg. von *H. Kohl*, Bd. I, Berlin und Stuttgart 1901, S. 52.

628 Diesen Vorwurf hatte Gortschakow seinem Botschafter in Paris übermittelt und damit gedroht, die Konvention im „Journal de St. Pétersbourg" zu veröffentlichen. Vgl. *Goltz an Bismarck* – 24. II. 1863 – APP III, Nr. 239.

629 Die Vermutung Oubrils, Gortschakow werde „sans doute" inzwischen Kenntnis davon haben, das „l'arrangement Alvensleben" sei „aussi ramené à sa véritable portée", quittierte der Vizekanzler mit der ironischen Marginalie: „probablement par le Comte de Redern que je n'ai pas vu et qui ne m'a rien dit". *Oubril an Gortschakow* – 11./23. II. 1863 – APP III, Nr. 235.

630 Zum Folgenden *Redern an Bismarck* – 24. II. 1863 – APP III, Nr. 241.

631 Diese Ermächtigung erfolgte bereits am 19. Februar, die Erlaubnis, auch den Geheimartikel mitzuteilen, am 21. Februar mit der Bemerkung: „Vous voyez que ce n'est pas grand chose." *Bismarck an Goltz* – APP III, Nr. 202 und 210.

Daraufhin machte der nun offenbar seinerseits erzürnte Redern den Vizekanzler darauf aufmerksam, daß man in Paris deren Inhalt längst kenne, was Gortschakow selbstverständlich, wenngleich wider besseres Wissen energisch bestritt[632]. Mit Rücksicht auf die seit Jahrzehnten zwischen den beiden Höfen bestehenden gutnachbarlichen Beziehungen enthielt sich der preußische Gesandte jeder weiteren Rückäußerung und fügte in seinem Bericht lediglich hinzu, er führe die in Petersburg herrschende Verstimmung unter anderem auch auf die verletzte russische Eitelkeit zurück, die es nicht ertrage, sich durch das preußische Hilfsangebot auf eine Stufe mit dem im ungarischen Krieg von 1849 um seine staatliche Existenz ringenden Österreich gestellt zu sehen[633]. Sollte Oubril, so drohte Gortschakow, in Berlin tatsächlich eine eventuelle Aufhebung der Konvention russischerseits auch nur angedeutet haben, so bedeute dies eine klare Überschreitung der ihm erteilten Instruktionen, und der Kaiser werde nicht zögern, ihn deswegen zur Rechenschaft zu ziehen[634]. Gegen den heftigen Widerspruch Rederns blieb er dabei, daß der Wunsch, die Grenzsicherungsmaßnahmen auf das eigene Territorium zu beschränken, von Berlin ausgegangen und nach seinem Eindruck sowohl auf die dringenden Vorstellungen des preußischen Gesandten in Paris als auch auf die innenpolitischen Schwierigkeiten Preußens zurückzuführen sei[635].

Als Oubril am selben Tage im Anschluß an eine Audienz bei König Wilhelm aus Berlin meldete, man habe dort nichts gegen eine von Rußland angeregte Suspension der Vereinbarung einzuwenden, kommentierte Kaiser Alexander die ent-

632 Außer den Angaben in Rederns Bericht wird diese Tatsache weiter erhärtet durch eine Depesche Spitzembergs vom 1. März, in der es u. a. heißt, der englische Gesandte kenne die Konvention zwar nicht und auch der preußische Gesandte sei „zum Unglück . . . ein Muster von Verschwiegenheit (. . .). Dagegen hat Graf (!) Montebello sie gelesen und berichtet, daß sie, außer dem Recht der Truppen, die Insurgenten auf preußisches und russisches Gebiet zu verfolgen, bis dieselben entwaffnet, versprengt oder gefangen sind, nichts von Wichtigkeit enthält und die geheimen Artikel (!) die selbstverständliche Abrede enthalten, sich gegenseitig über die Operationen der Rebellen, soweit man davon Kenntniß hat, zu unterrichten. Während indes Graf v. Montebello von der Unverfänglichkeit des Inhalts der Konvention überzeugt ist, scheinen doch von Seiten des Gouvernements im Widerspruch mit dieser Anschauung Schritte vorbereitet zu werden, die von der äußersten Wichtigkeit werden könnten." Die Angaben Spitzembergs sind von einigen Ungenauigkeiten abgesehen so exakt, daß an der von Gortschakow bestrittenen Tatsache kaum zu zweifeln sein dürfte. *Spitzemberg an Hügel* – 1. III. 1863 – HStA Stuttgart, Best. E 72/124.

633 Vgl. dazu die auf den russischen und österreichischen Akten basierende Studie von *E. Andics:* Das Bündnis Habsburg-Romanow. Vorgeschichte der zaristischen Intervention in Ungarn im Jahre 1849, Budapest 1963.

634 Diese Drohung wiederholte der Kaiser persönlich im Gespräch mit dem inzwischen auf seinen Petersburger Posten zurückgekehrten preußischen Flügeladjutanten v. Loen. *Loen an Bismarck* – 1. III. 1863 – APP III, Nr. 280.

635 Voller Entrüstung schloß Redern seinen Bericht mit der Bemerkung, er werde den König und seine Regierung dem Kaiser gegenüber gegen einen Vorwurf zu verteidigen wissen, „qui se trouve en opposition flagrante avec la plus stricte vérité et dont l'effronterie dépasse toutes les bornes". *Redern an Bismarck* – 24. II. 1863 – APP III, Nr. 241.

sprechende Passage des Telegramms höchst gereizt: „Il faut absolument rectifier les idées d'Oubril. C'est ne pas moi, mais la Prusse qui a demandé a suspendre l'exécution de la Convention et j'y ai consenti, quoique à regret et le regrette encore. Voilà la chose et rien d'autre“[636]. An seinen Bruder in Warschau schrieb er voller Unmut, Preußen, das doch selbst seine bewaffnete Hilfe angeboten habe, verzichte nun angesichts des Einspruchs Englands und Frankreichs auf deren Vollzug[637].

Gortschakow aber ließ in einem gleichzeitigen Schreiben an denselben Adressaten seinem Zorn über die Aktivitäten des preußischen Ministerpräsidenten ungehemmten Lauf und nannte es ironisch die schon übliche Handlungsweise des Berliner Kabinetts, zuerst den Mund zu voll zu nehmen und dann vor Komplikationen zurückzuscheuen, die man in seinem Eifer nicht vorhergesehen hatte. Es wäre seiner Ansicht nach besser gewesen, im entgegengesetzten Sinne zu verfahren und sich gegebenenfalls über eventuelle gegenseitige Hilfeleistungen an der Grenze selbst verständigt zu haben[638].

Sinngemäß, aber im Ausdruck ungleich akzentuierter wiederholte er einen Tag später seine bitteren Vorwürfe an die Adresse seines Berliner Kollegen, indem er dem Großfürsten gegenüber bemerkte: „Mr. de Bismarck est un excellent ami, mais un enfant terrible. Ce n'est pas d'hier que je le vais. De prime abord il a donné fort un diapason beaucoup trop haut son langage et ses publications dans les journaux. Puis, lorsque ont surgi des complications qu'il n'avait pas préveus, il a aussitôt baissé de ton et cherché une issue“. Es sei ganz einfach unwahr, daß Rußland der preußischen Regierung die Aufhebung der ominösen Konvention vorgeschlagen habe; ganz im Gegenteil habe zuerst Preußen sich zurückgezogen und dann erst der Kaiser in eine Suspension eingewilligt[639].

Inzwischen nämlich hatte Bismarck bereits Schritte unternommen, um die sich für Preußen immer bedrohlicher darstellende Wirkung der Konvention vom 8. Februar abzumildern, indem er dem britischen Botschafter in Berlin, Sir Andrew Buchanan, nachdem er ihm deren Inhalt mitgeteilt hatte, wiederholt versicherte, sie werde nach seinem Dafürhalten höchstwahrscheinlich nicht mehr zur Ausführung kommen und somit ein toter Buchstabe bleiben[640]. Ferner machte er geltend, daß die Vereinbarung im Grunde formell noch gar nicht existiere, da sie weder ratifiziert noch mit näheren Ausführungsbestimmungen versehen sei[641], und

[636] *Oubril an Gortschakow* – 12./24. II. 1863 – APP III, Nr. 242; auch *Gortschakow an Konstantin* – 14./26. II. 1863 – *Korespondencja Namiestników* Królestwa Polskiego, Dok.-Nr. 150.

[637] *Alexander II. an Konstantin* – 11.–13./23.–25. II. 1863 – ebda., Dok.-Nr. 138 (S. 85).

[638] *Gortschakow an Konstantin* – 11./25. II. 1863 – ebda., Dok.-Nr. 144.

[639] *Gortschakow an Konstantin* – 14./26 II. 1863 – ebda., Dok.-Nr. 151.

[640] *Buchanan an Russell* – 27. II. 1863 – APP III, Nr. 264.

[641] *Bismarck an Goltz und Bernstorff* – 27. II. 1863 – APP III, Nr. 257, wo es hieß, die Konvention sei von Alvensleben, „der keine Vollmacht und keinen Auftrag besaß“, abgeschlossen worden, was ganz sicher der Wahrheit nur höchst unvollkommen entsprach. Vgl. aber *E. Zechlin:* Bismarck und die Grundlegung der deutschen Großmacht, S. 484; dort auch das Faksimile des eigenhändigen Telegrammentwurfs Bismarcks.

wiederholte diese Erläuterungen in Anwesenheit Oubrils, der mit ihnen einverstanden schien („appeared to concur"), so daß Buchanan am Ende seines Berichts über Bismarcks Versuche, die Übereinkunft aus der Welt zu interpretieren, mit feiner Ironie anmerken konnte, „that the engagements to which he was imprudent enough to commit himself have never actually been in existence"[642].

Immerhin aber führte dieser offensichtliche diplomatische Rückzug[634] dazu, daß die leitenden Staatsmänner im Foreign Office sich die Lesart des preußischen Ministerpräsidenten überraschend schnell zu eigen machten[644] und Lord Palmerston bereits einen Tag später vor dem über die russische Regierungsweise im Königreich Polen aufs Höchste aufgebrachten Unterhaus die begründete Hoffnung auf eine Nichtausführung der Konvention aussprach[645]. England habe – so führte der greise Premier in seiner Erwiderung auf eine Interpellation Pope Hennessys aus – als Mitunterzeichner der Wiener Verträge zwar das Recht, nicht aber die Pflicht, sich in die polnische Frage einzumischen. Zwar verurteile auch er wie seine Vorredner Geist und Absicht des preußischen Vorgehens sehr entschieden, doch dürfe man nicht vergessen, daß es die Polenpolitik Petersburgs (und nicht die in Wien und Berlin praktizierte) gewesen sei, welche zu der augenblicklichen Volkserhebung in Russisch-Polen geführt habe. Ein zertretenes und verwüstetes Polen aber „voll blutgetränkter Ebenen, zerstörter Dörfer und rauchender Schutthaufen" könne nach seiner Überzeugung dem Wunsch des wohlwollenden und gütigen russischen Kaisers nicht entsprechen, von dem man im Gegenteil hoffen dürfe, er werde dem Aufstand durch die Gewährung einer umfassenden Amnestie und durch die Wiedereinführung der den Polen in den Wiener Traktaten feierlich garantierten nationalen Institutionen ein baldiges Ende setzen[646].

Mit dieser Wendung deutete der Premierminister nun auch öffentlich die Auffassung an, welche im britischen Kabinett inzwischen Raum gegriffen hatte, daß nämlich die diplomatische Offensive Englands weniger gegen Preußen als einen zufälligen Komplizen („incidential accomplice") als gegen Rußland als den Hauptschuldigen („the real culprit" und „origin of the evil") gerichtet werden müsse[647].

642 *Buchanan an Russell* – 27. II. 1863 – APP III, Nr. 264.

643 So inzwischen im Gegensatz zu früheren Auffassungen auch *E. Zechlin:* Die Reichsgründung, S. 100.

644 *Bernstorff an Bismarck* – 28. II. 1863 – APP III, Nr. 270. Ausführliche Berichterstattung mit Übersetzung der wichtigsten Reden in *NPZ* Nr. 52 vom 3. März und *AAZ* Nr. 63 vom 4. März.

645 „Whigs et Tories, Catholiques irlandaises et radicaux, tous ont rivalisé à qui manifesterait le plus de sympathie pour la cause polonaise . . . Il est indubitable, que si le Ministère l'avait voulu, l'adresse à la Russie aurait été vôtée par acclamation", doch habe Palmerston die Verantwortung hierfür nicht übernehmen wollen. *Cetto an König Maximilian II.* – 2. III. 1863 – GStA München, MA III/2258.

646 *NPZ* Nr. 52 vom 3. März.

647 Vgl. *W. E. Mosse:* England and the Polish Insurrection of 1863, S. 31–34, auch zum Folgenden!

Zwar warnte die Königin wie schon einige Tage zuvor im Falle Preußens auch diesmal davor, auf eine andere Macht unzeitigen Druck auszuüben[648], und wies ihren Staatssekretär des Auswärtigen an, mit Ratschlägen an die Adresse Petersburg zurückzuhalten „until the insurrection is quelled“[649], doch setzte sich Lord Russell nunmehr über die Bedenken der Monarchin hinweg, indem er ihr ohne Umschweife erklärte, die Stimmung im Lande und bei allen im Unterhaus vertretenen politischen Richtungen sei inzwischen „almost unanimously Polish“, so daß die Regierung sich habe überzeugen lassen müssen: „A representation to Russia is . . . absolutely necessary to be made without delay“[650]. Am selben Tage noch ließ er zur großen Enttäuschung Napoleons und seiner Minister[651] in Paris mitteilen, daß England von einem gemeinsamen Schritt beider Regierungen in Berlin absehen wolle, dem dortigen Kabinett aber seine Bedenken und Einwände gegen dessen Politik in geeigneter Weise vortragen und der französischen Regierung abschriftlich davon Kenntnis geben werde[652].

Mittlerweile hatte man auch am Wiener Ballhausplatz allen französischen Sondierungen und Initiativen eine vorsichtige Absage erteilt. Doch sparte Graf Rechberg keineswegs mit herber Kritik an den in seinen Augen unüberlegten Entschlüssen des Berliner Kabinetts und drückte dem preußischen Gesandten in Wien, Baron Werther, seine Besorgnis darüber aus, „daß das Aufsehen, mit dem diese Konvention abgeschlossen, lästige Verwicklungen hervorrufen und die Kabinette von London und Paris gleichsam zwingen würde, eine polnische Frage als europäische Angelegenheit anzuregen“. Gleichwohl verkenne das Wiener Kabinett nicht „die Solidarität der Interessen, welche es mit Rußland und Preußen in Polen teile“, und er habe deswegen seine Botschafter in London und Paris bereits angewiesen, „sich dahin zu äußern, daß man in der polnischen Sache Österreich nichts zumuten dürfe, was es von seinem Standpunkt nicht einräumen könne“ – Erklärungen, welche Bismarck übrigens mit jeweils drei Ausrufungszeichen auf dem Rande des Berichts versah! Preußen dürfe jedenfalls zuversichtlich sein, „daß österreichischerseits die Verlegenheiten, welche uns (d. i. Preußen) die besagte Konvention zuziehen könne, nicht vermehrt werden würden“[653].

Diese Versicherung wiederholte Rechberg Baron Werther gegenüber einige Tage später nochmals auf dessen Frage, ob Frankreich, wie der preußischen Regierung

[648] Vgl. *W. E. Mosse:* The European Powers and the German Question, S. 117, Anm. 7!

[649] Dieses Verhalten Königin Viktorias zeigt im Gegensatz zur Ansicht Erich Eycks, daß ihre Haltung keineswegs „vorwiegend durch Sentimentalität und Familiensinn“ allein bestimmt zu sein brauchte! Vgl. *E. Eyck:* Bismarck. Leben und Werk, Bd. I, Zürich 1941, S. 483.

[650] Vgl. *W. E. Mosse:* England and the Polish Insurrection, S. 32.

[651] So berichtete beispielsweise Goltz, man klage in Paris England an, „Frankreich gegen diese Macht (i. e. Preußen – d. Vf.) nur haben ins Feuer schicken wollen, um es nachher im Stich zu lassen“. *Goltz an Bismarck* – 5. III. 1863 – APP III, Nr. 304; vgl. ferner *W. E. Mosse:* The European Powers, S. 116–117.

[652] Die Note wurde am 2. März im Foreign Office ausgefertigt und am 4. März in Berlin überreicht. *Russell an Buchanan* – 2. III. 1863 – APP III, Nr. 289.

[653] *Werther an Bismarck* – 25. II. 1863 – APP III, Nr. 246.

inzwischen aus Paris signalisiert worden sei, England und Österreich aufgefordert habe, in Berlin gemeinsam gegen die Konvention Alvensleben zu protestieren[654]. So sehr er auch die hierdurch heraufbeschworene Krisis bedauern müsse, versuche er doch beharrlich, beruhigend und mildernd auf das französische Kabinett einzuwirken. Werther riet daher seinem Vorgesetzten: „Wollen wir österreichisches Kabinett in dieser Haltung bewahren, so würde jetzt nach Wien hin Vertrauen und Entgegenkommen zu empfehlen sein"[655].

In einem Privatschreiben an seinen Berliner Gesandten, Graf Károlyi, vom 2. März machte der österreichische Regierungschef allerdings unter Verwendung für ihn ungewöhnlich scharfer Formulierungen seinem Herzen Luft, indem er ausführte, daß er dem preußischen Gesandten gegenüber von Anfang an seine Bedenken gegen die Sendung des Generals Alvensleben nach Petersburg unverhohlen ausgesprochen und hinzugefügt habe: „Fahre das preußische Kabinett in dieser unruhigen, eroberungssüchtigen Politik fort, so könne es nicht fehlen, daß sich alle übrigen Regierungen von demselben zurückzögen und in ihrem Bestreben, die Ruhe und Sicherheit Europas sicherzustellen, sich um anderweitige Allianzen umsehen"[656]. Immerhin werde Österreich „für jetzt" die von ihm bezogene Position nicht verlassen[657].

Auch Bismarcks Gegendarstellung, er habe in seiner Unterredung mit Behrend sozusagen lediglich ein theoretisches Modell durchgespielt und die Erwerbung weiterer polnischer Gebiete keinesfalls als positives Ziel preußischer Politik aufgefaßt wissen wollen[658], vermochte in der Wiener Staatskanzlei das tiefe Mißtrauen ihm gegenüber nicht auszuräumen, wo man nach Rechbergs Worten wirklich allen Grund hatte, „gegenüber dem unruhigen und ehrgeizigen Gebaren Preußens ebensoviel Wachsamkeit als Vorsicht anzuwenden"[659].

Bismarck seinerseits freilich beharrte an diesen ersten Märztagen wie auch im weiteren Verlauf der Krise, nachdem die russisch-preußische Konvention de facto bereits suspendiert worden war[660], unverrückbar auf dem von ihm bereits im Jahre 1848 bezogenen Standpunkt[661], wie er ihn seitdem wiederholt in Depeschen, Ge-

[654] *Bismarck an Werther* – 26. II. 1863 – APP III, Nr. 249.
[655] *Werther an Bismarck* – 27. II. 1863 – APP III, Nr. 262.
[656] *Rechberg an Károlyi* – 2. III. 1863 – in: *Quellen* zur deutschen Politik Österreichs, Bd. III, Nr. 1098.
[657] Ähnlich äußerte sich Rechberg dem großherzoglich-hessischen Gesandten gegenüber, betonte jedoch: „Il depend en ce moment même d'un oui que dirait le Cabinet de Vienne, pour qu'une guerre Européenne éclate. Et Vous ne pouvez croire avec quel empressement on cherche à s'assurer du concours de l'Autriche." *Stockhausen an Dalwigk* – 28. II. 1863 – StA Darmstadt, Best. 70 e/1/Bl. 55–58.
[658] *Károlyi an Rechberg* – 7. III. 1863 – in: *Quellen* zur deutschen Politik Österreichs, Bd. III, Nr. 1103.
[659] *Rechberg an Károlyi* – 7. III. 1863 – ebda., Nr. 1102.
[660] De iure blieb sie zwar weiterhin in Kraft, wurde jedoch nicht mehr ausgeführt. Vgl. *C. Friese:* Rußland und Preußen, S. 307–309.
[661] Vgl. *O. v. Bismarck:* Gesammelte Werke, Bd. 14/I, Berlin 1933, S. 103–104; zit. auch in *M. Broszat:* Zweihundert Jahre deutsche Polenpolitik, S. 122.

sprächen und Reden fixiert hatte: „Ein selbständiges, den Verträgen von 1815 zuwiderlaufendes Polen wäre der Todesstoß für den Besitz der der preußischen Monarchie zugefallenen Landesteile. Die Erhaltung dieser letzteren müsse als eine Lebensfrage für Preußen betrachtet werden und würde die extremsten Mittel vom Standpunkte der diesseitigen Interessen rechtfertigen“[662]. Andererseits aber seien ihm, wie er Károlyi, als dieser das Stichwort „Galizien“ in die Debatte warf, mit merklicher Eile versicherte, „preußische Eroberungs- und Vergrößerungs-Gelüste durchaus fremd und er müsse sich daher auf das entschiedenste gegen die in Rede stehende Version verwahren“[663].

Obschon diese Beteuerungen Bismarcks, denen sich zahlreiche weitere Verlautbarungen ähnlicher Art aus der Wilhelmstraße unschwer hinzufügen ließen, sicherlich seiner aufrichtigen Überzeugung entsprachen, waren sie vor allem vor dem Hintergrund der „deutschlandpolitischen“ Differenzen beider Mächte nur sehr bedingt geeignet, in Wien für ein stärkeres Vertrauen in die Stetigkeit und Solidität der preußischen Politik zu sorgen[664]. Aber auch die leitenden Staatsmänner an den kleineren deutschen Höfen und deren diplomatische Agenten an den politischen Brennpunkten Europas beobachteten die außenpolitischen Aktivitäten des neuen Ministerpräsidenten mit einer Mischung aus unverhohlenem Mißtrauen und „betrübtem Erstaunen“[665]. Der badische Gesandte in Berlin, Freiherr Marschall von Bieberstein, resümierte am 5. März nicht ohne spürbares Bedauern, daß Bismarck

[662] Weitere Äußerungen Bismarcks aus dieser Zeit bei *H. Rothfels:* Bismarck, der Osten und das Reich, Darmstadt 1960, S. 75–82.

[663] *Károlyi an Rechberg* – 7. III. 1863 – in: *Quellen* zur deutschen Politik Österreichs, Bd. III, Nr. 1103; tatsächlich gab es in diesen Tagen in Wiener diplomatischen Kreisen Spekulationen, „welche bis zu der Vermutung einer Preußischen Sekundogenitur in Polen nebst Galizien sich versteigen“. *Thienen an Wittgenstein* – 1. III. 1863 – HStA Wiesbaden, Rep. 210-3438.

[664] Am 12. März sprach Rechberg erneut Bismarck betreffend von einer „unglaublichen Verblendung dieses Staatsmannes, der durch seinen leidenschaftlichen Haß gegen Österreich sich so weit verblenden ließ, die Stellung des kaiserl.(ichen) Kabinetts in Frankreich in einem Augenblicke untergraben zu wollen, wo es bemüht war, diese günstige Stellung zu benützen, um den gegen Preußen sich vorbereitenden Sturm abzuwenden und die hochgehenden Wogen in ein ruhiges, den Frieden Europas sicherndes Geleise zurückzuführen“. *Rechberg an Károlyi* – 12. III. 1863 – in: *Quellen* zur deutschen Politik Österreichs, Bd. III, Nr. 1105. Kaiser Franz Joseph nannte es „scherzweise . . . sehr wünschenswerth“, wenn Bismarck weiterhin an der Spitze der Geschäfte verbliebe, da er „ohne es zu wollen, Oesterreich große Dienste geleistet“ habe. „Doch stände zu besorgen, daß er sich nicht mehr lange halten werde.“ *Schachten an Kurfürst Friedrich Wilhelm* – 3. III. 1863 – StA Marburg, Best. 9 a / 64 / Bl. 134–137.

[665] So äußerte der württembergische Staatsminister v. Hügel gegenüber dem österreichischen Gesandten, das preußische Ministerium „habe sich durch die Militärkonvention mit Rußland vollends um alles Ansehen in und außerhalb Deutschlands gebracht . . .“ *Handel an Rechberg* – 28. II. 1863 – in: *Quellen* zur deutschen Politik Österreichs, Nr. 1096. In Stuttgart tröstete man sich damit, daß die Stellung des Ministeriums in Berlin „eine verlorene sei“; auch in der dortigen Tagespresse sei „die Verurtheilung des Verfahrens des preussischen Ministeriums . . . eine einstimmige geworden“. *Dusch an Roggenbach* – 3. III. 1863 – GLA Karlsruhe, Best. 48/3009; dem badischen Ministerresidenten in Stutt-

durch seine "allzu lebhafte und aventuröse Politik" nun auch dem Ausland gegenüber seine Stellung „gründlich verdorben" habe. „England behandelte ihn nie mit Zutrauen, und das halbe Vertrauen, welches ihm Frankreich schenkte, hat er durch seine neueste Convention mit Rußland . . . verscherzt. Rußland, das mit der Convention, die Herr von Bismarck angeboten, keine Seide gesponnen, hat er nicht gewonnen, und wie er zu Oesterreich und Deutschland steht, ist bekannt"[666].

In der Tat schien sich in diesen Tagen eine nicht ungefährliche außenpolitische Isolierung Preußens anzubahnen, wie sie der süddeutsche Diplomat in seinem Bericht beschrieb, doch sollte sich schon bald zeigen, daß die machtpolitischen Divergenzen zwischen den europäischen Großmächten, deren jede in der polnischen Krise ihre eigenen langfristigen Interessen und Ziele selbstverständlich nicht aus den Augen verlor, tiefer gingen (oder aber sich auch als weit weniger gravierend herausstellten), als es dem zeitgenössischen Beobachter zunächst erkennbar sein mochte[667].

Die preußisch-russischen Beziehungen allerdings hatten sich in der letzten Februarwoche dem Gefrierpunkt bedenklich genähert, als Fürst Gortschakow am 28. Februar den preußischen Gesandten auf dessen Ersuchen erneut zu einer längeren Aussprache empfing. In eisiger Atmosphäre eröffnete Gortschakow die Unterredung, indem er sich gleich eingangs darüber beschwerte, „daß in Berlin zuviel gesprochen würde und man dort leicht kompromittiert werden könnte"[668]. Als Redern weisungsgemäß an den Vizekanzler die dringende Frage richtete, ob es das kaiserliche Kabinett angesichts der drohenden Haltung der Westmächte Preußen gegenüber nicht seinerseits vorziehen wolle, die Konvention vom 8. Februar fallen zu lassen[669], erklärte Gortschakow voller Herablassung und mit spürbarer

gart antwortete Roggenbach, daß „die Preussische Convention . . . für jede Preussische Regierung, und insbesondere für die dermalige, ein politischer Fehler war, wird auch hier nicht verkannt". *Roggenbach an Dusch* – 5. III. 1863 – GLA Karlsruhe, Best. 48/2809. Über die Stimmung in München wurde gemeldet: „Die Tollheiten des Hrn. v. Bismarck, seine Sprache gegen Oesterreich, sein Ungeschick zum Vortheil der Polen, erregen hier betrübtes Erstaunen." *Berckheim an Roggenbach* – 4. III. 1863 – GLA Karlsruhe, Best. 48/1923.

666 *Marschall an Roggenbach* – 5. III. 1863 – GLA Karlsruhe, Best. 48/2663.

667 Die englische Politik betreffend hat diese Tatsache mustergültig herausgearbeitet *W. E. Mosse:* England and the Polish Insurrection of 1863, S. 52–55; voller Widersprüche und Wunschdenken die französische Politik betreffend dagegen die Schlußfolgerungen bei *S. Bóbr-Tylingo:* Napoléon III, l'Europe et la Pologne en 1863–4, S. 288–294.

668 Offenbar spielte Gortschakow auf das Gespräch Bismarcks mit Behrend an, das durch die Indiskretion des letzteren in die Öffentlichkeit gedrungen war. Zum Folgenden vgl. *Redern an Bismarck* – 28. II. 1863 – APP III, Nr. 273.

669 Das Verhalten Rederns wird man als seinem Auftrag entsprechend bezeichnen müssen. Friese spricht wohl mit Unrecht von der „ungeschickten Form", in welcher der Gesandte den preußischen Standpunkt vertreten habe. Vgl. *C. Friese:* Rußland und Preußen, S. 306; richtiger wohl *H. Scheidt:* Konvention Alvensleben, S. 49–50, der mit Recht darauf hinweist, daß es keinen Nachweis dafür gibt, daß Oubril die Aufhebung der Konvention als im russischen Interesse liegend bezeichnet habe; die Einwände Heinzes überzeugen nicht. Vgl. *G. Heinze:* Bismarck und Rußland bis zur Reichsgründung, S. 39–43.

Schadenfreude, wenn Preußen denn unbedingt daran gelegen sei, die besagte Übereinkunft aufzuheben, so habe seine Regierung nichts dagegen, doch könne eine Kündigung selbstverständlich nicht von ihr ausgehen. Bekanntlich bleibe Rußland den von ihm eingegangenen Verpflichtungen stets treu: „La Russie ne recule jamais“[670]. Der Einwand Rederns, preußischerseits erwarte man doch gar keinen russischen Rückzug, sondern nur, „daß eine gemeinschaftlich getroffene Abrede auch gemeinschaftlich aufgehoben werde“, mußte unter diesen Umständen selbstverständlich erfolglos bleiben[671]. Gortschakow erklärte sich trotz dringender Vorstellungen des preußischen Gesandten zu keinerlei weiterem Entgegenkommen bereit[672].

Am selben Tag übersandte er dem Großfürsten Konstantin die Abschriften seiner nach London und Paris gerichteten Depeschen als Beleg für das Bemühen der kaiserlichen Regierung, dort beruhigend auf die erregten Gemüter einzuwirken[673]. In seinem Begleitschreiben aber bemerkte der Vizekanzler u. a., der Großfürst wisse sicherlich bereits, daß Preußen „effrayée de l'orage occidental“ die Aufhebung der Konvention angeregt und der Kaiser diesem Begehren inzwischen entsprochen habe. Er seinerseits bedaure diese Entwicklung in keiner Weise, da er von Anfang an kein sehr begeisterter Anhänger („chaud partisan“) dieser Übereinkunft gewesen sei. „Mais je regrette infiniment la pénible position où se sont placés nos amis de Prusse“[674]. Viel gravierender sei für Rußland die offensichtliche Schwäche Napoleons, der trotz aller russischen Beschwichtungsversuche vor der öffentlichen Meinung seines Landes ängstlich zurückweiche[675]. England habe sich dagegen bis-

[670] *Redern an Bismarck* – 28. II. 1863 – APP III, Nr. 273; dazu die Bemerkungen von *C. Friese*: Rußland und Preußen, S. 307.

[671] Noch am selben Tag telegraphierte Gortschakow nach Berlin: „Puisque la Prusse juge de son interêt de renoncer à l'arrangement, l'Empereur ne s'y oppose pas.“ *Gortschakow an Oubril* – 28. II. 1863 – APP III, Nr. 275.

[672] Vgl. die detaillierte Schilderung bei *E. Zechlin:* Bismarck und die Grundlegung der deutschen Großmacht, S. 496.

[673] Das Schreiben an Budberg in Paris ist im Wortlaut abgedruckt bei *I. Koberdowa:* Wielki Książę Konstanty w Warszawie 1862–1863, Warszawa 1962, S. 276–278. Darin hieß es u. a., auch Napoleon werde sich leicht überzeugen können, „que tout ce qui se passe en Pologne est l'oeuvre des sociétés secrètes du dehors et surtout de Mazzini, leur chef“. Diese Kräfte wollten den allgemeinen Umsturz „au profit du socialisme, de l'anarchie et des misères qui l'accompagnent“. *Gortschakow an Budberg* – 16./28. II. 1863.

[674] *Gortschakow an Konstantin* – 16./28. II. 1863 – in: *Korespondencja Namiestników* Królestwa Polskiego, Nr. 163. Weitere sehr negative Äußerungen Gortschakows über Bismarck bei *R. H. Lord:* Bismarck and Russia in 1863, S. 34; wieder aufgenommen von *W. E. Mosse:* The European Powers, S. 115–116.

[675] Die Steuerung der französischen Presse durch massive Einwirkung der Regierung schildert *K. Malettke:* Die Beurteilung der Außen- und Innenpolitik Bismarcks von 1862 bis 1866 in den großen Pariser Zeitungen, Lübeck und Hamburg 1966, passim.

lang sehr viel zurückhaltender und klüger verhalten „que notre allié de France“[676]. Augenscheinlich komme es – wie Gortschakow wohl mit Recht argwöhnte[677] – seinen leitenden Staatsmännern darauf an, möglichst „un refroidissement probable entre nous et la France“ herbeizuführen[678]. Der Kaiser der Franzosen habe sicherlich einen großen Fehler begangen, als er nicht voraussah, mit welch verhältnismäßiger Kühle man seinem diplomatischen Vorstoß in London begegnen würde[679].

Unterdessen aber unterließ Gortschakow nichts, um seinem preußischen Vertragspartner die Alleinschuld an den durch die heftigen Reaktionen in den westmächtlichen Hauptstädten nunmehr ausgelösten außenpolitischen Spannungen zuzuschieben[680]. So berichtete der württembergische Gesandte in Petersburg am 1. März nach Stuttgart, daß der Vizekanzler, indem er gleichzeitig der klugen Zurückhaltung des Wiener Kabinetts volle Gerechtigkeit widerfahren lasse, Preußen allein allem Anschein nach „für etwa mögliche Verwicklungen mit den Westmächten“ verantwortlich machen möchte, „das mit einer beinahe an Aufdringlichkeit grenzenden Hast seine Dienste angeboten habe, welcher in Wahrheit Rußland gar nicht bedurfte“. Es werde sich noch zeigen müssen, „ob der erste Schritt, der von Herrn von Bismarck in der auswärtigen Politik gethan sei, die Probe staatsmännischen Voraussicht aushält“[681]. In einigen anderen europäischen Hauptstädten er-

676 Dem preußischen Militärbevollmächtigten v. Loen erklärte der Kaiser selbst: „Er wisse nicht, was den Kaiser Napoleon auf einmal veranlaßt haben könnte, ganz umzuspringen und bei England einen Antrag zu gemeinsamer Protestation zu stellen. England sei aber diesmal korrekter gewesen als Frankreich und habe die Protestation zurückgewiesen.“ *Loen an König Wilhelm* – 1. III. 1863 – APP III, Nr. 280.

677 Diese Auffassung ist von englischer Seite nachdrücklich bekämpft worden: „There is no evidence whatever to suggest that Palmerston and Russell rushed blindly into the fray to forestall a Russian move in the Balkans, drive a wedge between France and Russia, or even help the Poles.“ Vgl. *W. E. Mosse:* England and the Polish Insurrection of 1863, S. 52–53; dagegen heißt es in der jüngsten Darstellung wiederum: „London was glad to see Paris and St. Petersburg drift apart but did not wish to upset the balance of powers.“ Vgl. *P. S. Wandycz:* The Lands of Partitioned Poland, 1795–1918, Seattle and London 1974, S. 173.

678 Die deutsche Forschung vertritt nahezu einhellig diese Ansicht. So z. B. *C. Friese:* Rußland und Preußen, S. 312; *A. Hillgruber:* Bismarcks Außenpolitik, S. 52; *E. Zechlin:* Die Reichsgründung, S. 101.

679 Offensichtlich irrig ist die Meinung, daß England und Österreich Napoleon zum Handeln gedrängt und dann im Stich gelassen hätten. So *R. H. Lord:* Bismarck and Russia in 1863, S. 42, der hier der späteren französischen Argumentation folgt. Vgl. dagegen *W. E. Mosse:* England and the Polish Insurrection of 1863, wo es auf S. 33 heißt: „In fact, the initiative during the early stages of the crisis came not from London but from Paris.“

680 Der sächsische Ministerresident meldete am 28. Februar Äußerungen Gortschakows, nach denen er das preußisch-russische „arrangement“ von Anfang an bekämpft habe, der Kaiser aber „profondément touché de l'offre spontanée du roi de Prusse“ diesen durch eine Zurückweisung seines Anerbietens nicht habe verletzen wollen. *Könneritz an Beust* – 2. III. 1863 – in: *H. Kretzschmar: Die Anfänge* des Ministeriums Bismarck, Dok.-Nr. 90; ferner *Redern an Bismarck* – 2. III. 1863 – APP III, Nr. 288.

681 *Spitzemberg an Hügel* – 1. III. 1863 – HStA Stuttgart, Best. E 72/124/Bl. 70–71.

klärten russische Diplomaten sogar unumwunden, daß Preußen dem Petersburger Hof die Alvenslebensche Konvention förmlich aufgedrängt und Kaiser Alexander nur aus Gefälligkeit seinem königlichen Onkel gegenüber dem Abkommen zugestimmt habe[682].

Eben diesen persönlichen Gefühlen des Kaisers für König Wilhelm und der ihm eigenen Noblesse aber war es letztlich zu verdanken, daß aus den zwischen beiden Kabinetten aufgekommenen Mißverständnissen und Gereiztheiten dieser letzten Februartage keine nachhaltigere Beeinträchtigung des traditionell freundschaftlichen preußisch-russischen Verhältnisses erwuchs[683]. Im Laufe des 25. Februar nämlich war der dem Zaren seit Jahren bekannte und von ihm offensichtlich auch persönlich geschätzte preußische Militärbevollmächtigte, Oberst von Loen, aus Berlin kommend über Warschau auf seinen Petersburger Posten zurückgekehrt und sogleich am Mittag des nächsten Tages in das Winterpalais befohlen worden[684]. Allem Anschein nach war dieser Begegnung eine lebhafte Auseinandersetzung Alexanders mit Gortschakow vorausgegangen, in welcher der Kaiser, gereizt durch die von Berlin ausgegangene Insinuation, die russische Regierung habe die Aufhebung der Militärkonvention angeregt[685], von seinem Vizekanzler weitere Aufklärung über die zwischen Petersburg und Berlin neuerdings aufgetretenen Spannungen verlangt hatte[686].

In dem von seiten des Kaisers in betont freundschaftlicher und versöhnlicher Weise geführten Gespräch erklärte Alexander Loen gegenüber, er habe sich über das spontane Anerbieten König Wilhelms, der russischen Regierung gegen ihre rebellischen polnischen Untertanen beizustehen, sehr gefreut und deswegen sogleich das Abkommen vom 8. Februar abschließen lassen. Ebenso aber sei er nun auch wieder bereit, davon zurückzutreten, wenn er Preußen auf diese Weise vor künftigen Unannehmlichkeiten bewahren könne, obschon er nicht recht einzu-

682 *Werther an Bismarck* – 25. III. 1863 – APP III, Nr. 245; *Loen an Bismarck* – 1. III. 1963 – APP III, Nr. 280; *Redern an Bismarck* – 1. III. 1863 – APP III, Nr. 281. Der sächsische Gesandte in Berlin meinte, selbst Bismarcks russische Freunde ließen ihn „so ziemlich" im Stich, „indem sie behaupten, die Convention sei ihnen gewissermaßen aufgedrungen und lediglich, um den General v. Alvensleben nicht mit leeren Händen von Petersburg abreisen zu lassen, abgeschlossen worden." *Hohenthal an Beust* – 25. II. 1863 – in: *H. Kretzschmar: Die Anfänge* des Ministeriums Bismarck, Dok.-Nr. 85. Vgl. dazu auch *S. Kieniewicz*: Powstanie styczniowe, S. 439–440.

683 Vgl. *C. Friese:* Rußland und Preußen, S. 307; *W. E. Mosse:* The European Powers, S. 116, Anm. 1.

684 *Loen an Bismarck* – 1. III. 1863 – APP III, Nr. 280. Dazu die ausführliche Zusammenfassung bei *E. Zechlin:* Bismarck und die Grundlegung der deutschen Großmacht, S. 493 bis 495.

685 Die preußische Darstellung des Sachverhalts wird man kaum als besonders „präzise" beurteilen können. So aber *C. Friese:* Rußland und Preußen, S. 306.

686 Loen telegraphierte am 26. Februar u. a.: „Kaiser Alexander ist sehr erzürnt auf seine Diplomaten." *Loen an Bismarck* – 26. II. 1863 – APP III, Nr. 255. Daß jedoch mit Loens Rückkehr nach Petersburg für Gortschakow „das Verhängnis" genaht sei, scheint übertrieben. So *E. Zechlin:* Bismarck und die Grundlegung der deutschen Großmacht, S. 493.

sehen vermöchte, was eine derartige Verabredung eine dritte Macht wie Frankreich überhaupt anginge[687]. Wenngleich Rußland angesichts der für die kaiserlichen Truppen seit einigen Tagen erfreulichen militärischen Entwicklung im Königreich Polen nunmehr aller Voraussicht nach keiner auswärtigen Hilfe mehr bedürfe, habe er zu keinem Zeitpunkt daran gedacht, von sich aus die Aufhebung der Konvention anzuregen. Er sei jedoch aus Rücksicht auf Preußen mit der Auffassung seines Berliner Gesandten einverstanden, „daß die Konvention bisher unvollendet gewesen ist, weil die Instruktion zu ihrer Ausführung fehlte“[688].

Wenn auch in der Privatkorrespondenz des Kaisers und in seinen zahlreichen Marginalien zu den Berichten Oubrils[689] kritische Äußerungen über den preußischen Vertragspartner durchaus nicht fehlen[690], war Alexander offenbar aufrichtig daran interessiert, die zwischen Petersburg und Berlin aufgekommenen Spannungen möglichst rasch zu beseitigen und keine nachhaltigere Trübung des Verhältnisses zwischen den beiden befreundeten Höfen zuzulassen[691]. Gortschakow hingegen konnte es sich nicht versagen, dem preußischen Gesandten ohne Umschweife zu erklären: „Pour nous le papier signé ici est toujours resté une lettre morte; nous n'en avons pas eu besoin, nous n'en avons pas besoin“[692].

Alexander und sein Vizekanzler aber waren überdies nicht gesonnen, sich um Preußens willen in riskante militärische Abenteuer verwickeln zu lassen. Der Kaiser selbst beantwortete die Anfrage Bismarcks, ob seine Regierung im Falle eines Konflikts mit Österreich und den Westmächten auf eine „assistence effective“ des Russischen Reiches werde zählen können, mit dem vielzitierten Satz: „Pour une guerre avec la France et l'Angleterre, merci“[693]. Eine andere Entscheidung des Kaisers durfte man preußischerseits allerdings auch schwerlich erwartet haben[694].

687 *Loen an Bismarck* – 26. II. 1863 – APP III, Nr. 255; *ders. an König Wilhelm* – 1. III. 1863 – APP III, Nr. 280.

688 Die endgültige Formel, welche der Kaiser dem preußischen Militärbevollmächtigten selbst diktierte, lautete: „Ne voyant pas la nécessité vu la tournure des affairs, de mettre la convention en exécution, nous sommes d'accord de la regarder comme suspendue.“ *Loen an Bismarck* – 3. III. 1863 – APP III, Nr. 293.

689 Vgl. die Berichte *Oubrils an Gortschakow* aus diesen Tagen, z. B. APP III, Nr. 256, 283, 285 und 308.

690 *Alexander II. an Konstantin* – 11.–13./23.–25. II. 1863 – in: *Korespondencja Namiestników* Królestwa Polskiego, Dok.-Nr. 138.

691 Vgl. auch *C. Friese:* Rußland und Preußen, S. 307.

692 Bismarck konterte diese Bemerkung Gortschakows – freilich nicht ganz überzeugend – mit der Marginalie: „et pour nous donc!“ *Redern an Bismarck* – 1. III. 1863 – APP III, Nr. 281.

693 *Oubril an Gortschakow* – 17. II./1. III. 1863 – APP III, Nr. 283; auch bei *R. H. Lord:* Bismarck and Russia in 1863, S. 35; *H. Scheidt:* Konvention Alvensleben, S. 51; *E. Zechlin:* Bismarck und die Grundlegung der deutschen Großmacht, S. 486.

694 So übereinstimmend *G. Heinze:* Bismarck und Rußland, S. 43, und *H. Scheidt:* Konvention Alvensleben, S. 51.

Inzwischen aber hatte sich für Preußen die Lage in London und Paris deutlich entspannt, da Napoleon weder am Ballhausplatz noch im Foreign Office bei den dortigen Staatsmännern mit seinem Vorschlag einer gemeinsamen Pression gegen das Berliner Kabinett auf besondere Gegenliebe gestoßen war[695]. Bismarck, der mittlerweile über diese Entwicklung unterrichtet war[696], hatte nun begreiflicherweise keine Eile mehr, in Petersburg auf eine Suspension der Konvention Alvensleben zu drängen. Er bezeichnete ihre Aufhebung sogar als überflüssig und inopportun[697], zumal der König am 2. März dem russischen Gesandten persönlich versichert hatte, er wünsche an dem Abkommen vom 8. Februar weiterhin festzuhalten[698] – eine Wendung, welche bei Kaiser Alexander auf vollstes Einverständnis stieß[699].

Dieser letzte Schachzug der preußischen Politik blieb jedoch für den weiteren Fortgang der Ereignisse insofern ohne Belang, als beide Seiten nunmehr die unfruchtbare Diskussion beendeten und von nun an darauf verzichteten, die Frage der Initiative zur Aufhebung der Konvention weiter zu erörtern[700]. In den ersten Märztagen überzeugten Gortschakow wie Bismarck die britischen Vertreter an ihren Höfen, von deren Berichterstattung die weiteren Entschlüsse des Kabinetts von St. James wesentlich abhingen[701], erfolgreich davon, daß eine Ratifikation des umstrittenen Abkommens nie beabsichtigt und somit auch nicht erfolgt sei[702] und

695 Vgl. *E. Zechlin:* Die Reichsgründung, S. 101, wo mit Recht festgestellt wird: „Englands Interesse, daß auf dem Kontinent nicht eine übermächtige Bündniskombination entstünde, hatte sich so schließlich mit dem des umklammerten Preußen verbunden.“

696 Am 26. Februar meldete Goltz aus Paris: „Die Situation hat sich seit zwei Tagen merklich gebessert; die Sprache der Minister und der offiziösen Organe ist gemäßigter und ruhiger geworden.“ *Goltz an Bismarck* – 26. II. 1863 – APP III, Nr. 254. Ähnlich telegraphierte Bernstorff aus London: „Eine Sommation durch identische Noten wird nicht beabsichtigt. Das englische Kabinett will überhaupt weder Preußen drohen, noch sonst verletzen. Es weiß aber, daß die öffentliche Meinung ihm nicht gestatten würde, Preußen beizustehen, wenn Frankreich es angriffe, und wünscht daher dringend, daß die Königliche Regierung durch Beobachtung völliger Neutralität der französischen Regierung jeden Vorwand entziehe.“ *Bernstorff an Bismarck* – 27. II. 1863 – APP III, Nr. 260.

697 Bismarck bezeichnete die förmliche Aufhebung als „zwecklos und die Auffassung, daß die Konvention bisher unvollendet ist, weil die Ausführungs-Instruktion fehlt, die richtigere.“ *Bismarck an Loen* – 28. II. 1863 – APP III, Nr. 269.

698 *Oubril an Gortschakow* – 19. II. / 3. III. 1863 – APP III, Nr. 295.

699 *Loen an Bismarck* – 4. III. 1863 – APP III, Nr. 299. Nach H. Scheidt führte sie allerdings ein „schattenhaftes Dasein“. Vgl. *H. Scheidt:* Konvention Alvensleben, S. 52.

700 So richtig *C. Friese:* Rußland und Preußen, S. 307.

701 In Petersburg erklärte der Vizekanzler: „Notre attention est principalement dirigée sur Londres. Tout le noeud de la question est là. Si les ministres anglais résistent aux clameurs de la Chambre des Communes, la situation se simplifie.“ Leider müsse man mit der Schwäche der Regierung und dem alteingewurzelten Haß Palmerstons gegen Rußland rechnen. Vgl. *Gortschakow an Konstantin* – 19. II. / 3. III. 1863 – in: *Korespondencja Namiestników* Królestwa Polskiego, Dok.-Nr. 174. Völlig irrig aber *H. Geuss:* Bismarck und Napoleon III., Köln-Graz 1959, S. 81.

702 *Buchanan an Russell* – 27. II. 1863 – APP III, Nr. 264.

die vieldiskutierte Vereinbarung demnach „ein toter Buchstabe" bleiben werde[703], und entfernten auf diese Weise die Konvention Alvensleben stillschweigend vom internationalen Parkett[704].

Auch hatte der russische Vizekanzler offensichtlich keineswegs die Absicht, einen Bruch Rußlands mit Preußen herbeizuführen, wie die ältere deutsche Forschung noch geglaubt hatte[705]. Es komme bei einer Würdigung der russisch-preußischen Beziehungen, so schrieb er nach dem Ende der Krise an seinen Berliner Gesandten, weniger darauf an, was die eine oder die andere Seite von Fall zu Fall und mit welchen Worten niedergeschrieben habe, als vielmehr auf den Geist, welcher das beiderseitige Verhältnis unwandelbar beherrsche und sich sowohl auf die persönlichen Gefühle der beiden Souveräne zueinander als auch auf eine realistische Einschätzung der gemeinsamen Interessen gründe[706]. Es dürfte keinen stichhaltigen Grund geben, an der Aufrichtigkeit dieser Erklärung Gortschakows zu zweifeln[707].

Die beiden von Gortschakow genannten Faktoren waren wohl auch in erster Linie entscheidend dafür, daß sich die außenpolitischen Schwierigkeiten Preußens, die ihm aus dem Abschluß der Alvenslebenschen Konvention erwachsen waren, überraschend schnell lösten, wenn man auch in Petersburger Regierungskreisen erst allmählich die Verärgerung über das Vorprellen des preußischen „Juniorpartners" überwand[708]. Noch am 7. März berichtete der bayerische Gesandte aus Petersburg, man verkenne dort zwar keineswegs die unbezweifelbaren politischen Fähigkeiten und Talente des neuen preußischen Ministerpräsidenten, doch mangele

[703] Der württembergische Gesandte schrieb aus Petersburg: „Ueber die vielbesprochene Convention höre ich wiederholt, daß Fürst Gortschakoff nur ungern auf sie eingegangen sei, und daß sie infolge dessen nur zwischen ihm und General Alvensleben abgeschlossen worden und weder mit der Unterschrift des Kaisers noch mit der des Königs von Preußen versehen sei. Fürst Gortschakoff bezeichnet sie als une lettre morte, und sie werde sicher ein solcher bleiben, da der Aufstand in Polen keinen Anlaß geben werde, sie zur Durchführung zu bringen." *Spitzemberg an Hügel* – 7. III. 1863 – HStA Stuttgart, Best. E 72 / 124/Bl. 74–73.

[704] Zusammenfassend *W. E. Mosse:* The European Powers, S. 116–117.

[705] So *H. v. Sybel:* Die Begründung des Deutschen Reiches durch Wilhelm I., München und Leipzig 1889, S. 499–500; dagegen schon *C. Friese:* Rußland und Preußen, S. 308.

[706] Wörtlich schrieb Gortschakow: „L'essentiel n'est pas dans quelques lignes écrites et signées, mais dans la pensée, qui les a inspirées. Cette pensée est invariable; elle continuera à subsister, quand même une feuille de papier ne l'aurait pas consacrée; car elle repose sur les sentiments personels des deux Souverains et sur l'appréciation des interêts réciproques." *Gortschakow an Oubril* – 5. III. 1863 – APP III, Nr. 306.

[707] Dies betont wohl mit Recht *C. Friese:* Rußland und Preußen, S. 308.

[708] Zu Preußens „Juniorpartnerschaft" gegenüber dem russischen Nachbarn vgl. die treffenden Ausführungen bei *B. Jelavich:* Rußland und die Einigung Deutschlands unter preußischer Führung, in: GWU 19 (1968) S. 521–538, bes. S. 527.

es letzterem augenscheinlich noch an dem für einen Staatsmann unabdingbaren Taktgefühl[709].

Trotz dieser wenig freundlichen Äußerungen aus der Umgebung des russischen Vizekanzlers bewiesen jedoch auch die mahnenden Vorhaltungen der Westmächte, die Bismarck am 4. März in der Wilhelmstraße entgegenzunehmen hatte, daß von einer in weiten Kreisen der deutschen Öffentlichkeit befürchteten außenpolitischen Isolierung Preußens vorerst keine Rede sein konnte[710]. Der französische Botschafter begnügte sich im Gegenteil mit der Verlesung des Entwurfs einer Note seiner Regierung, die diese in Berlin hätte überreichen lassen, falls es ihr gelungen wäre, eine Mitwirkung Englands an ihrem Schritt zu erreichen[711]. Wie Talleyrand bei dieser Gelegenheit erklärte, habe man in London die Fassung dieser Depesche leider als zu mild und nachsichtig empfunden und sich daher nicht entschließen können, Frankreichs Schritt zu folgen[712].

In der Tat war die Note Lord Russells zwar nicht eben unfreundlich, aber doch im Wortlaut weit entschiedener formuliert[713], betonte, daß das preußische Vorgehen gegenüber dem polnischen Aufstand durch keinerlei Notwendigkeit motiviert gewesen sei, und bat schließlich um eine Abschrift des Textes der Konvention[714]. Dieses Verlangen wies Bismarck als ein im diplomatischen Verkehr unübliches zurück[715], während König Wilhelm nur lakonisch anmerkte: „Kann ohne Rußlands Zustimmung nicht geschehen“[716]. Statt dessen erläuterte der Ministerpräsident dem britischen Botschafter in mehrstündigem Gespräch nochmals ihren Inhalt und wiederholte seine Überzeugung, daß die Verabredung vom 8. Februar nunmehr ein toter Buchstabe bleiben werde[717]. Bereits am 6. März konnte Graf Bernstorff aus London telegraphieren, daß die dortige Regierung „die Sache Preu-

[709] „La politique et la conduite de cet ainsi nommé homme d'état ne trouve pas beaucoup d'approbation ici; si Mr. de Bismarck a des capacités et talentes incontestables et beaucoup d'esprit, le tacte en général et celui d'un homme d'état lui manque assurement complètement.“ *Perglas an König Maximilian II.* – 7. III. 1863 – GStA München, MA III/2747.

[710] Mit Recht ist darauf hingewiesen worden, daß Bismarck die Reaktion der Westmächte auf die Konvention Alvensleben „bei weitem“ unterschätzt habe. Vgl. *R. Buchner:* Die deutsch-französische Tragödie, 1848–1864, Würzburg 1965, S. 132.

[711] *Entwurf einer an Preußen zu richtenden französischen Note* – ad. 21. Februar 1863 – APP III, Nr. 217.

[712] Wie Zechlin wohl richtig vermutet, handelte es sich bei dieser Fehlinformation offensichtlich um einen Versuch der französischen Regierung, jede auch nur mögliche Annäherung zwischen England und Preußen schon in ihrem Ansatz zu hintertreiben. Vgl. *E. Zechlin:* Bismarck und die Grundlegung der deutschen Großmacht, S. 503.

[713] Bismarcks Kommentar dazu lautete: „Etwas Zeitungsstil!“ Vgl. *Goltz an Bismarck* – 5. III. 1863 – APP III, Nr. 304.

[714] *Russell an Buchanan* – 2. III. 1863 – APP III, Nr. 289.

[715] *Bismarck an Bernstorff (London) und Goltz (Paris)* – 4. III. 1863 – APP III, Nr. 296.

[716] *Bernstorff an Bismarck* – 4. III. 1863 – APP III, Nr. 297.

[717] *Buchanan an Russell* – 5. III. 1863 – APP III, Nr. 305.

ßens in der polnischen Frage von der Rußlands trennt und die erstere jetzt als beseitigt ansieht"[718].

So war es vor allem die umsichtige Politik der leitenden englischen Staatsmänner[719] und die betonte Zurückhaltung der politischen Führung in Wien[720], welche Preußen eine drohende diplomatische Niederlage ersparten[721]. Bismarck hatte daher allen Grund, dem Verhalten beider Kabinette dankbare Anerkennung zu zollen[722]. Sein sicherlich bedeutendster außenpolitischer Gegenspieler, Graf Goltz, der sich bereits auf eine eventuelle Nachfolge Bismarcks in der Wilhelmstraße eingestellt hatte[723], sprach sogar von einem „unzweifelhaften diplomatischen Erfolg"

[718] *Bernstorff an Bismarck* – 6. III. 1863 – APP III, Nr. 311.

[719] Der sächsische Gesandte schrieb aus London, wenn der „Plunder des Herrn v. Bismarck vom 8. Februar" ohne nachteilige Folgen geblieben sei, „so ist dies dem Umstande zu verdanken, daß es die englischen Minister in ihrem und im Interesse Englands vorgezogen haben, sich an dem zweideutigen Vorschritt Frankreichs nicht zu beteiligen und die russisch-preußische Convention noch rechtzeitig ohne Beteiligung Frankreichs zu beseitigen." *Vitzthum an Beust* – 19. III. 1863 – in: *H. Kretzschmar: Die Anfänge* des Ministeriums Bismarck, Dok.-Nr. 102. Ganz anders lautete das Urteil des süddeutschen Publizisten Edmund Jörg: „An dem abscheulichen Benehmen Englands in der Polenfrage sieht man wohl, daß auch dieses Schauerdrama dem englischen Macchiavellismus nur als erwünschtes Mittel diente, um Frankreich von Preußen und Rußland von Frankreich recht gründlich zu trennen und gegeneinander zu verhetzen." Vgl. *Historisch-politische Blätter* für das katholische Deutschland, Bd. 52 (1863) S. 409–410.

[720] „Der Hauptwunsch, welcher sich hier fortwährend in der Staatskanzlei vernehmen läßt, ist der nach rascher Beendigung des Aufstandes." *Thienen an Wittgenstein* – 8. III. 1863 – HStA Wiesbaden, Rep. 210–3438; ähnlich *Ow an Hügel* – 28. II. 1863 – HStA Stuttgart, Best. E 70 b/Bü 73/ 2–3.

[721] So bemerkte der bayerische Gesandte in Berlin: „Der Kaiser der Franzosen nehmlich hätte gar zu gerne die ihm durch Preußens unkluges Vorgehen gebotene Gelegenheit ergriffen, um dieser Macht sofort feindlich entgegenzutreten. – Die Ausführung dieser Intention ist lediglich gescheitert an der vorsichtigen Haltung Englands und Österreichs, welche sich gehütet haben, durch Eingehen auf eine identische energische Demarche mit Frankreich sich an die Consequenzen der letzteren von vorneherein zu binden." *Montgelas an König Maximilian II.* – 12. III. 1863 – GStA München, MA III/2643.

[722] Dem österreichischen Gesandten gab Bismarck zu verstehen, „daß der König in der Tat dem Kaiserlichen Kabinett viel Dank wisse für dessen jüngsten Entschluß, sich nicht an einem gemeinschaftlichen Schritte gegen Preußen zu beteiligen, was denselben auch vereitelt habe." *Károlyi an Rechberg* – 7. III. 1863 – APP III, Nr. 317. Nach dem Bericht des württembergischen Gesandten in Berlin hatte sich das österreichisch-preußische Verhältnis zu entspannen begonnen. *Linden an Hügel* – 10. III. 1863 – HStA Stuttgart, Best. E 73/61/10, 11. Vgl. auch *Hohenthal an Beust* – 5. III. 1863 – in: *H. Kretzschmar: Die Anfänge* des Ministeriums Bismarck, Dok.-Nr. 94.

[723] In einem Privatschreiben sprach Goltz ganz unverblümt davon, daß sein Name in künftigen „Kombinationen" genannt werden könnte und bat seinen Vorgesetzten dahin zu wirken, „daß ich doch alsdann vorher gehört werden müßte." *Goltz an Bismarck* – 28. II. 1863 – in: *O. Graf zu Stolberg-Wernigerode:* Heinrich Robert Graf v. d. Goltz, Dok.-Nr. 19.

der preußischen Politik, warnte aber gleichzeitig vor jedem Triumphgeschrei[724] und beschwor seinen Vorgesetzten dringend, „unser Verhältnis zu England zu schonen" und in Zukunft mehr als bisher darauf bedacht zu sein, „die öffentliche Meinung in Deutschland wieder zu versöhnen" und „in Wien und an den deutschen Höfen möglichst konziliant" aufzutreten[725]. Lediglich Frankreich gegenüber machte sich am preußischen Hof in den kommenden Wochen wachsendes Mißtrauen geltend, dem freilich zunächst konkrete Anhaltspunkte noch fehlten[726].

Der von der älteren deutschen Geschichtsschreibung vertretenen Auffassung, der Abschluß der Konvention Alvensleben und die daraus schließlich resultierende Neubefestigung der russisch-preußischen Beziehungen sei ein glänzender Anfangserfolg Bismarckscher Außenpolitik gewesen, wie sie seit Heinrich von Sybel[727] immer wieder aufgenommen und später teilweise mit noch größerem Nachdruck vertreten wurde[728], ist zuerst von amerikanischer, später von englischer Seite und endlich auch von Erich Eyck energisch widersprochen worden[729]. Dennoch ist sie bis in die neueste Zeit in der deutschen Historiographie richtungweisend geblieben[730]. Andreas Hillgruber hat jüngst allerdings mit Recht in ausgewogener und vorsichtiger Weise darauf hingewiesen, daß ein gerechtes Urteil über diese unausgeführt gebliebene und zudem in ihrem materiellen Inhalt recht unbedeutende Vereinbarung[731] nicht zuletzt davon abhängt, ob man die Konvention im engeren

[724] *Goltz an Bismarck* – 4. III. 1863 – APP III, Nr. 298; *ders. an dens.* – 5. III. 1863 – APP III, Nr. 304, wo Goltz es als erfreulich bezeichnete, „daß Napoleon bei dem leisesten Versuch, seinem Arm nach dem Rhein auszustrecken", sich einer Koalition ausgesetzt sähe, es aber eine „bedauerliche Erfahrung" nannte, „daß solche Gelüste trotz aller entgegenstehenden früheren Versicherungen bei ihm bestehen."

[725] *Goltz an Bismarck* – 5. III. 1863 – in: *O. Graf zu Stolberg-Wernigerode:* Graf v. d. Goltz, Dok.-Nr. 21.

[726] Über die Stimmung in Berlin berichtete der württembergische Gesandte: „Ein positiver Anhaltspunkt zum Argwohn fehlt, aber es ist das Gefühl des Mißtrauens zurückgeblieben, das in den Moniteur-Artikeln über Polen weitere Nahrung entnimmt, während die Betrachtung hinzutritt, daß der ungünstige Verlauf der mexicanischen Expedition den Kaiser veranlassen könnte, zu Vorwänden zu greifen, um die dortige Schlappe auf einem den Hilfsmitteln Frankreichs näher gelegenen Boden auszugleichen." *Linden an Hügel* – 16. III. 1863 – HStA Stuttgart, Best. E 73 a / 169 / 1–955.

[727] Vgl. *H. v. Sybel:* Die Begründung des Deutschen Reiches durch Wilhelm I., Bd. II, München und Leipzig 1889, S. 502, wo es heißt, Bismarck habe durch die Konvention „den ersten Stein zum Fundamente für Preußens künftige Größe gelegt".

[728] Am ausgeprägtesten *G. Heinze:* Bismarck und Rußland, S. 45, Anm. 102.

[729] Vgl. *R. H. Lord*: Bismarck and Russia in 1863, S. 40; *W. E. Mosse*: The European Powers, S. 110. Ähnlich auch *E. Eyck*: Bismarck und das Deutsche Reich, Zürich und Stuttgart 1955, S. 85. Vgl. dagegen die ausführliche Polemik bei *E. Zechlin*: Bismarck und die Grundlegung der deutschen Großmacht, S. 640–644.

[730] So zuletzt *E. Zechlin*: Die Reichsgründung, S. 102, und *R. Buchner*: Deutsche Geschichte im europäischen Rahmen, Darmstadt 1975, S. 338–339.

[731] Bismarck selbst nannte das Abkommen später „ziemlich anodyn". Vgl. *O. v. Bismarck:* Erinnerung und Gedanke, GW 15, S. 216.

Sinne meine, „oder ob man die im Endeffekt doch erreichte Neubegründung des preußisch-russischen Verhältnisses im Auge hat“ [732]. Bismarck habe nach eigenem wiederholtem Bekunden durch seine Aktion – letzten Endes eben doch erfolgreich – versucht, einer für die deutsche Mitte in Europa bedrohlichen russisch-französischen Bündniskombination entgegenzuwirken[733].

Trotzdem wird man den unmittelbaren Erfolg dieser Bemühungen keinesfalls überschätzen wollen[734] und einräumen müssen, daß auch nach den Ereignissen des Jahres 1863 kein definitiver Bruch zwischen den Höfen von Petersburg und Paris eintrat und ein französisch-russisches Zusammengehen in der europäischen Politik auch weiterhin eine der möglichen Konstellationen blieb. Ebenso sicher aber ist, daß die durch die gleichzeitige „gewaltige Transformation“ [735] im Innern sowie den die militärischen Kräfte weitgehend absorbierenden Guerillakrieg im Königreich Polen bewirkte außenpolitische Lähmung des Russischen Reiches die preußische Einigungspolitik der kommenden Jahre nicht unwesentlich förderten, indem sie Rußland in diesen Auseinandersetzungen „zu äußerster Zurückhaltung und Passivität“ zwangen[736].

So wird im ganzen wohl doch am bisherigen Resultat der Forschung festgehalten werden dürfen, demzufolge Bismarck sich durch seine außenpolitische Aktivitäten zu Beginn des Jahres 1863 „im Endergebnis“ die weitgehende Rückendekkung Rußlands sicherte[737], welche ihm in der folgenden Zeit eine aktivere Politik in Mitteleuropa ermöglichte[738]; gleichzeitig aber hinzufügen müssen, daß eine solche Perspektive zu diesem Zeitpunkt selbstverständlich noch nicht abzusehen war und Bismarcks „risikohaftem Spiel“ allgemeine Tendenzen der europäischen

[732] Vgl. *A. Hillgruber:* Bismarcks Außenpolitik, Freiburg 1972, S. 49.

[733] Vgl. u. a. *A. Scharff:* Die deutsche Einheit und die großen Mächte 1848–1871, in: Teilung und Wiedervereinigung, S. 149–164, hier S. 157.

[734] So schon die vorsichtige Beurteilung bei *C. Friese:* Rußland und Preußen, S. 307, Anm. 50.

[735] Dazu vor allem *D. Geyer:* Rußland als Problem der vergleichenden Imperialismusforschung, in: Das Vergangene und die Geschichte (Festschrift für Reinhard Wittram zum 70. Geburtstag), Göttingen 1973, S. 337–368, hier S. 342–343.

[736] Vgl. die ausgewogenen und überzeugenden Darlegungen bei *E. Kolb:* Rußland und die Gründung des Norddeutschen Bundes, in: Europa und der Norddeutsche Bund, hrsg. von *R. Dietrich*, Berlin 1968, S. 183–219, bes. S. 189–191; ähnlich auch *I. Koberdowa:* Wielki Książę Konstanty w Warszawie, S. 191.

[737] So zuletzt *R. Buchner:* Deutsche Geschichte im europäischen Rahmen, Darmstadt 1975, S. 339; ferner *G. Wettig:* Kontinuität und Wandel der russischen Deutschlandpolitik 1815 bis 1969, in: Grundfragen sowjetischer Außenpolitik, hrsg. von *B. Meissner* und *G. Rhode*, Stuttgart 1970, S. 65–94, bes. S. 69–70.

[738] In diesem Urteil übereinstimmend *A. Hillgruber*: Bismarcks Außenpolitik, S. 52, und *E. Zechlin*: Die Reichsgründung, S. 102. Selbst die marxistische Forschung ist der Ansicht, daß Preußen sich Rußlands „Unterstützung für seine eigenen Hegemoniebestrebungen in Deutschland verschaffte.“ Vgl. *R. Dlubek/G. Wisotzki*: Arbeiterklasse, Demokratie und Nation, in: Die großpreußisch-militaristische Reichsgründung 1871, hrsg. von *H. Bartel* und *E. Engelberg*, Berlin (Ost-) 1971, hier S. 44.

Politik jetzt und später in hohem Maße zugute kamen[739], zu welchen vor allem das englische Mißtrauen gegenüber den kaum zu berechnenden Aktivitäten des französischen Kaisers[740], der latente englisch-russische Gegensatz in der „Orientfrage" [741] und die letzten Endes eben doch durch das eigene vitale Interesse zwingend gebotene konservative Haltung der Donaumonarchie zu zählen sind[742].

[739] Zusammenfassend *W. Bußmann*: Das Zeitalter Bismarcks, S. 72–73.

[740] Der Ministerresident für Oldenburg und die Hansestädte meinte, die Westmächte hätten Preußen den diplomatischen Rückzug ermöglicht, „Frankreich, weil es nicht vorbereitet ist, etwas Ernsteres für Polen zu unternehmen, England, weil es fürchtet, daß Napoleon in weiteren Verwicklungen doch einen Vorwand zu Händeln am Rhein finden könnte." *Geffcken an den Senat* – 4. III. 1863 – StA Hamburg, Best. G IV a/Bd. I und II.

[741] Sehr stark akzentuiert von *H. Wereszycki*: Great Britain and the Polish Question in 1863, in: EHR 50 (1935) S. 78–108, bes. 78 und 85, passim.

[742] Schon am 3. März prophezeite der sächsische Gesandte in Wien, „daß ... Österreich sich durch französische Liebkosungen nicht wird verleiten lassen, die aus Geschichte, Interessen und Grundsätzen gewobenen Beziehungen zu verkennen, die zwischen ihm, Rußland und Preußen bestehen." *Könneritz an Beust* – 3. III. 1863 – in: *H. Kretzschmar: Die Anfänge* des Ministeriums Bismarck, Dok.-Nr. 92. Glänzende Charakteristik der damaligen österreichischen Außenpolitik bei *F. Engel-Janosi*: „Détruisez l'Autriche-Hongrie!" Österreich und die Westmächte 1815–1918; in: Spectrum Austriae, hrsg. von *O. Schulmeister*, Wien 1957, S. 225–251, hier S. 234; von polnischer Seite treffend *H. Wereszycki*: Powstania polskie na tle sytuacji międzynarodowej, in: Historia Polski od połowy XVIII do połowy XIX wieku, Warszawa 1960, S. 95–133, hier S. 118.

KAPITEL IV:

DER DEUTSCHE BUND UND DIE INTERVENTIONSPOLITIK DER MÄCHTE

In den ersten Märztagen verdichteten sich in der deutschen Diplomatie und Publizistik die schon seit einigen Tagen umlaufenden Gerüchte zur Gewißheit, wonach der diplomatische Vorstoß der französischen Regierung gegen Preußen am Widerspruch Englands und Österreichs gescheitert war[1]. Als die in Berlin akkreditierten Gesandten der meisten deutschen Bundesstaaten am Abend des 5. März beim preußischen Ministerpräsidenten zum Diner zusammenkamen, eröffnete dieser ihnen nach Tisch vertraulich, daß die Botschafter Frankreichs und Großbritanniens am Vortage zu einer Unterredung über die Lage im Königreich Polen vorstellig geworden waren[2]. Wie die anwesenden Diplomaten ihren Höfen anschließend übereinstimmend berichteten, hatte Bismarck bei dieser Gelegenheit lobend erwähnt, daß der ihm verlesene französische Entwurf „mit größter courteoisie" abgefaßt und eigentlich „mehr ein historisches Actenstück" gewesen sei[3]. Die englische Depesche habe er hingegen als „plump ohne Pudding" bezeichnet[4],

[1] Es ist an dieser Stelle darauf hinzuweisen, daß mit dem Ende der „Februarkrise" das Interesse am weiteren Verlauf des polnischen Aufstandes und den daraus resultierenden internationalen Komplikationen in der deutschen Forschung im allgemeinen erlischt. Vgl. z. B. *W. Bußmann:* Das Zeitalter Bismarcks, S. 72–73; *A. Hillgruber:* Bismarcks Außenpolitik, S. 52; aber auch *E. Engelberg:* Strategie und Taktik Bismarcks von 1851–1866, in: Die großpreußisch-militaristische Reichsgründung 1871, Bd. I, S. 73–117, bes. S. 111. Bezeichnend scheint ferner die Tatsache, daß eine neuere Überblicksdarstellung zur Geschichte Preußens die diplomatischen Auseinandersetzungen um die polnische Frage im Jahre 1863 mit keinem Wort erwähnt. Vgl. *R. Dietrich:* Kleine Geschichte Preußens, Berlin 1966.

[2] *Linden an Hügel* – 5. III. 1863 – HStA Stuttgart, Best. E 73 a/169/Bl. 136–135.

[3] *Montgelas an König Maximilian II.* – 5. III. 1863 – GStA München MA III/2643.

[4] Wie der großherzoglich-hessische Gesandte mitteilte, hatte Buchanan außerdem die Abschrift einer an das russische Kabinett zu richtenden Depesche überreicht, „in welcher unter Hinweis auf die Notwendigkeit, die durch die Wiener Verträge den Polen versprochenen nationalen Institutionen ins Leben treten zu lassen, das detaillierte Verlangen gestellt wird, in Polen eine parlamentarische Vertretung zu berufen und den Aufständischen eine allgemeine Amnestie zu verleihen . . ." *Wambolt an Dalwigk* – 10. III. 1863 – StA Darmstadt, Best. 87e/1.

nicht ohne voller Ironie hinzuzufügen, daß er die englische Sprache, in welcher jene abgefaßt sei, im Grunde nicht zu verstehen brauche und sich daher bis auf weiteres eine förmliche Entgegnung vorbehalten werde[5].

Nach einhelliger Auffassung der deutschen Gesandten hatte sich für Preußen die Lage somit weitgehend entspannt, da nunmehr deutlich geworden war, „daß es mit den in Scene gesetzten westmächtlichen Vorstellungen nicht besonders ernst gemeint ist. Die Convention dürfte einen diplomatischen Zwischenfall nicht mehr abgeben“[6]. Der Ministerresident für die Herzogtümer Braunschweig und Hessen-Nassau resümierte: „Für Preußen scheint hiernach die drohende Verwicklung in überraschend günstiger Weise sich zu lösen. Man schreibt diese glückliche Wendung dem Scharfblick des englischen Premiers zu, welcher zeitig erkannt haben soll, daß der Konflikt mit Preußen in seinen Konsequenzen dazu dienen würde, französische Absichten am Rhein zu begünstigen. Die heftige Scene im Oberhaus soll zwischen Palmerston und Ellenborough zu dem Zwecke verabredet sein, um Preußen zu imponiren, zum Einlenken zu bewegen und damit dem Vorgehen Frankreichs die Veranlassung zu nehmen. Als dieses erreicht war, zeigte sich das Englische Kabinett befriedigt und lehnte die von Frankreich gewünschte Theilnahme an dieser nach Berlin zu erlassenden energischen Erklärung ab, Oesterreich that ein Gleiches und die Erklärung unterblieb“[7].

Diese knappe Lagebeurteilung des genannten deutschen Diplomaten deckte sich in ihren Grundzügen weitgehend mit den Analysen der überregionalen deutschen Zeitungen, deren Londoner Korrespondenten vor allem die Kommentare der dortigen Presseorgane zur augenblicklichen politischen Situation ausschöpften und auf deren Grundlage ihre Prognosen stellten[8]. So hatte bereits am 28. Februar der Londoner Berichterstatter der Augsburger „Allgemeinen Zeitung“ aus dem Verlauf der Debatten im Parlament und den Äußerungen führender britischer Blätter gefolgert, daß die öffentliche Meinung in England zwar „aufrichtig und von Herzen“ eine Wiederherstellung Polens wünsche, aber weit davon entfernt sei, „für die Erreichung oder Förderung dieses Zieles Krieg anzufangen“. Überdies hege man keineswegs den Wunsch, „das starke Frankreich noch durch den Erwerb des linken Rheinufers verstärkt zu sehen“, und möchte „dieses Unglück“ gern verhin-

[5] *Marschall an Roggenbach* – 4. III. 1863 – GLA Karlsruhe, Best. 48/3009.

[6] *Linden an Hügel* – 5. III. 1863 – HStA Stuttgart, Best. 73 a/169/Bl. 136–135.

[7] *Löhneysen an Wittgenstein* – 13. III. 1863 – HStA Wiesbaden, Rep. 210–10723.

[8] An dieser Stelle sei auf diese besondere Informationstechnik der damaligen Presse ausdrücklich hingewiesen. Zum deutschen Pressewesen des 19. Jahrhunderts grundlegend *K. Koszyk:* Deutsche Presse im 19. Jahrhundert. Geschichte der deutschen Presse, Bd. II, Berlin 1966, bes. S. 127–159 und S. 229–235. Das Problem der politischen Instrumentalisierung der Presse ist erst in jüngerer Zeit zum Gegenstand wissenschaftlicher Erforschung erhoben worden. Vgl. u. a. *E. Naujoks:* Bismarcks auswärtige Pressepolitik und die Reichsgründung (1865–1871), Wiesbaden 1968; *ders.:* Pressepolitik und Geschichtswissenschaft, in: GWU 22 (1971) S. 7–22; *M. Overesch:* Presse zwischen Lenkung und Freiheit. Preußen und seine offiziöse Zeitung von der Revolution bis zur Reichsgründung (1848–1871/72), Pullach bei München 1974.

dern. Andererseits aber werde England ebenso wenig „zur Verhütung desselben ... zu den Waffen greifen, als es sich vormals der Einverleibung Savoyens in Frankreich widersetzte“[9].

Auch die hochangesehene „Times“ lobte am 2. März in einem Leitartikel, der von zahlreichen deutschen Blättern übernommen wurde, beide Häuser des Parlaments[10] für die von ihnen bekundete Bereitschaft, die Regierung ihre außenpolitischen Entscheidungen nach eigenem Ermessen treffen zu lassen, und warnte gleichzeitig davor, über die Handlungsweise Rußlands zu Gericht zu sitzen und auf diese Weise bei dessen polnischen Untertanen ungerechtfertigte Hoffnungen zu wecken. Schließlich sei Polen nicht das einzige Land, welches im Lauf der Geschichte seine Freiheit verloren, noch Rußland der einzige Staat in Europa, welcher die Wiener Verträge gebrochen habe. „Wir müssen uns“ – so schloß das Blatt unter deutlicher Anspielung auf die Politik des französischen Kaisers – „während wir dem einen Despotismus Widerstand leisten, davor hüten, einem anderen nicht zu sehr in die Hand zu arbeiten“[11].

Noch entschiedener sprach sich zwei Tage später der „Herald“, das führende Blatt der oppositionellen britischen Konservativen aus, indem sein Leitartikler erklärte, er vermöge nicht recht einzusehen, „was Europa durch einen Krieg zu gewinnen hätte, der Norddeutschland verheeren und alle politischen Beziehungen der Welt verrücken würde . . . Die Begründung eines unabhängigen Polen als Schranke gegen Rußland wäre mit der Schwächung und Knechtung Deutschlands zu theuer erkauft.“ Der Marsch einer französischen Armee durch Deutschland würde „dieses gewerbefleißige, gesegnete Land“ zweifellos in dieselbe Verwüstung wie das unglückliche Königreich Polen stürzen und selbst in einem solchen Fall sei die Wiedererrichtung eines unabhängigen polnischen Staates „höchst unwahrscheinlich“. „Es wäre ein wunderlicher Triumph des Nationalitätsprinzips, die deutschen Rheinländer dem französischen Kaiserreich einzuverleiben, um die Unabhängigkeit Polens zu begründen. Und einmal im Besitz der Rheinprovinzen, würde

[9] *AAZ* Nr. 62 vom 3. März (Leitartikel).

[10] Nach der Sitzung des Oberhauses vom 20. Februar beschäftigte sich das Unterhaus am 27. Februar mit den Ereignissen in Polen. Lord Palmerston äußerte bei dieser Gelegenheit, nach seiner Auffassung habe Rußland die Wiener Verträge verletzt, doch gelte dies nicht für Preußen und Österreich, welche eine „gleichförmige Repräsentation“ in ihren mehrheitlich polnischen Provinzen eingeführt und Sprache, Religion und Privilegien stets respektiert hätten. Der Führer der Opposition, Disraeli, erklärte die Teilungen Polens für ein Verbrechen, an dem die Polen selbst freilich ein hohes Maß Schuld trügen; denn eine Nation von 20 Millionen Menschen könne ohne eigenes Verschulden niemals um ihre politische Existenz gebracht werden. Vgl. *NPZ* Nr. 52 vom 3. März und *NZ* Nr. 102 vom 2. März.

[11] *KZ* Nr. 63 vom 4. März und *NPZ* Nr. 54 vom 5. März (Korrespondentenbericht vom 2. März).

sich die französische Regierung wahrscheinlich damit begnügen, sie zu behalten und die Polen ihrem Schicksal überlassen"[12].

Begreiflicherweise wurden derartige Verlautbarungen britischer Presseorgane in Paris – wie zuvor schon die Absage Lord Russells zur gemeinsamen Pression gegen das Berliner Kabinett[13] – mit unverhohlener Enttäuschung und sichtlicher Verärgerung aufgenommen und stimmten den dort inzwischen aufgeflammten Enthusiasmus für die Polen erheblich herab[14]. Gleichzeitig wurde die heftige Pressekampagne gegen Preußen offensichtlich auf Weisung der Regierung allmählich eingestellt[15]. Am 5. März meldete der Pariser Korrespondent der Berliner „National-Zeitung", daß nach beinahe einhelliger Auffassung politischer Kreise in der französischen Hauptstadt eine gemeinsame Aktion Englands, Frankreichs und Österreichs in der polnischen Frage nicht mehr stattfinden werde. „Man macht hier mit Unrecht vorzugsweise die eine oder andere dieser Mächte für dieses Resultat verantwortlich"[16]. Zwei Tage später schrieb man auch der „Kölnischen Zeitung" aus Paris, das dortige Kabinett beschwere sich bitter darüber, „daß die Form seiner diplomatischen Intervention, zu welchen es . . . von England und Österreich aufgereizt war, schließlich nicht angenommen wurde". Doch fügte der Berichterstatter mit gelindem Tadel hinzu, die kaiserliche Regierung werde sich „immerhin die Initiative des ganzen Unternehmens zuschreiben dürfen"[17]. Der großherzoglich-hessische Gesandte in Paris faßte seine Eindrücke am 16. März folgendermaßen zusammen: „Le sentiment qui prédomine aujourd'hui à Paris est un grand mécontentement envers l'Angleterre, qui, après avoir poussé par sa presse la France aux aventuires, avoir réfusé sa coopération, cherche s'emparer de la position par son appel aux traités de 1815". Im übrigen paralysiere die im eigenen Lande vielum-

[12] *NPZ* Nr. 56 vom 7. März und *NZ* Nr. 110 vom 6. März. Der sächsische Gesandte hatte schon einige Tage zuvor aus Wien berichtet, daß Österreich sehr eng mit England zusammengehe, „wo die Regierung trotz aller exzentrischen Polenmeetings Frankreichs nie schlummernde Gelüste nach dem Rhein und Belgien weit schärfer im Auge behält als das dazwischen liegende Polen." *Könneritz an Beust* – 21. II. 1863 – in: *H. Kretzschmar: Die Anfänge* des Ministeriums Bismarck, Dok.-Nr. 104.

[13] Vgl. *W. E. Mosse:* The European Powers and the German Question, S. 116–117.

[14] „Die Vorsicht Lord Palmerstons und der noch behutsamere heutige Artikel der Times wirken sehr abkühlend auf die polnische Begeisterung." *AAZ* Nr. 65 vom 6. März.

[15] „Die Debatten im preußischen Abgeordnetenhause werden von der ganzen französischen Presse mit sichtlicher Zurückhaltung behandelt." *AAZ* Nr. 67 vom 8. März. Der Pariser Korrespondent der Berliner „National-Zeitung" schrieb: „Die polnische Debatte des preußischen Abgeordnetenhauses ist hier mit großer Aufmerksamkeit verfolgt worden. Man hat es sehr wohl beachtet, daß die großpolnischen Pläne nirgends in der Kammer Anklang fanden und daß die Majorität sich lediglich gegen die Einmischungspolitik aussprechen wollte. Diese Stimmung der öffentlichen Meinung hat hier ihren Eindruck nicht verfehlt und den übermäßigen Eifer gewisser Kreise gedämpft." *NZ* Nr. 102 vom 2. März. Vgl. auch *K. Malettke:* Die Beurteilung der Außen- und Innenpolitik Bismarcks, S. 87.

[16] *NZ* Nr. 112 vom 7. März.

[17] *KZ* Nr. 68 vom 9. März. Zumindest was Österreich anbetrifft, war dieser Vorwurf sicherlich unberechtigt.

strittene französische Expedition in Mexiko nahezu jede außenpolitische Aktion Frankreichs auf dem europäischen Kontinent[18].

Inzwischen erregte in Deutschland eine umfangreiche Flugschrift über die polnische Frage aus der Feder des Grafen Montelambert einiges Aufsehen[19], obgleich dieser einflußreiche Vertreter des französischen politischen Katholizismus jeden Gedanken an mögliche Kompensationen am Rhein als dem Nationalitätenprinzip strikt zuwiderlaufend scharf verworfen hatte[20]. Dagegen rief er seinem Kaiser voller Emphase zu, eine Regierung, „die so leicht 40 000 Mann nach Vera-Cruz oder Mexiko schickt" dürfe nicht davor zurückschrecken, Truppen „an der Ostsee oder am Schwarzen Meer zu landen"[21]. Damit waren Pläne angesprochen, welche deutlich an die Kriegsführung der Alliierten im Krimkrieg erinnerten und im weiteren Verlauf der Krise des Jahres 1863 noch eine nicht unerhebliche Rolle spielen sollten[22].

Vorerst aber stellte man sich in Deutschland die berechtigte Frage, welche weiteren Pläne Napoleon nach seiner offenkundigen diplomatischen Niederlage nunmehr hegte. Denn daß der Kaiser der Franzosen bei den Sympathien seiner Landsleute für die polnische Sache dieselbe ohne weitere Aktivitäten auf sich beruhen lassen würde, erschien vielen deutschen Beobachtern wenig wahrscheinlich[23]. Der badische Gesandte in Berlin sprach sicherlich für viele seiner Kollegen, wenn er ausführte: „Sehr natürlich und begründet ist wohl das Gefühl und die daraus hervorgehende Ueberzeugung, daß Napoleon, bei der ohnedies schon so unangenehm berührenden Lage der Dinge in Mexico und bei dem Anlauf, welchen er, Anfangs zugleich die Presse entfesselnd, in der Polnischen Frage genommen hat, diese letztere jetzt nicht liegenlassen kann, ohne eine Niederlage einzugestehen und die öffentliche Meinung, insbesondere Frankreichs, gegen sich zu kehren, sondern daß er in derselben, und zwar in vorderster Linie stehend, irgend einen Erfolg erzielen muß"[24].

18 *Grancy an Dalwigk* – 16. III. 1863 – StA Darmstadt, Best. 28 b/7/Bl. 32–33; ähnlich auch *Trott an Kurfürst Friedrich Wilhelm* – 12. III. 1863 – StA Marburg, Best. 9 a/193/ Bl. 36–37.

19 Vgl. *E. Birke:* Frankreich und Ostmitteleuropa, S. 205–207.

20 Montelambert hatte gewarnt: „Für Frankreich auf Entschädigungen, d. h. auf Annexionen am Rhein oder an der Maas zu sinnen, heißt der polnischen Sache einen tödtlichen Schlag versetzen, ist ein Frevel eben an dem Princip der Nationalität, auf die wir uns für Polen berufen. Das hieße gegen uns mit vollem Recht das Nationalgefühl Deutschlands und Belgiens aufrufen." *NZ* Nr. 115 vom 10. März.

21 *KZ* Nr. 68 vom 9. März. Mit Recht sind Zweifel daran angemeldet worden, ob diese „Fanfare" dem Kaiser gelegen kam. Vgl. *E. Birke:* Frankreich und Ostmitteleuropa, S. 206.

22 Diesen Aspekt überaus stark akzentuierend *S. Bóbr-Tylingo:* Do tajnej dyplomacji Napoleona III., in: Teki historyczne 11 (1960/61) S. 245–255.

23 Aus Berlin wurde berichtet: „Durch die ernste, fast feindselige Stellung, welche das französische Cabinet in der Polnischen Angelegenheit eingenommen hat, ist man hier, wie ich glaube, einigermaßen überrascht." *Löhneysen an Wittgenstein* – 28. III. 1863 – HStA Wiesbaden, Rep. 210–10723.

24 *Marschall an Roggenbach* – 14. III. 1863 – GLA Karlsruhe, Best. 48/3009.

Begreiflicherweise ließ das Prestige der politischen Führung in Paris das Eingeständnis eines diplomatischen Mißerfolgs einstweilen noch nicht zu, vor allem weil man im Wiener Außenministerium die Berechtigung der von der französischen Regierung angeregten Behandlung der polnischen Frage auf internationaler Ebene bislang nicht prinzipiell in Abrede gestellt hatte[25]. Infolgedessen konzentrierten sich alle diplomatischen Aktivitäten des Quai d'Orsay nunmehr in erster Linie darauf, die Regierung in Wien zu einer gemeinsamen Aktion zugunsten einer befriedigenden Lösung der polnischen Frage zu gewinnen[26], wobei man sich insonderheit der Person des kaiserlichen Botschafters in Paris bediente, dessen bereits erwähntem Wunsch zum Abschluß eines französisch-österreichischen Bündnisses sich das französische Kabinett mit Recht sicher sein durfte[27].

Je länger sich jedoch der Aufstand im Königreich Polen entgegen allen Prognosen aus Petersburg hinzog und sich räumlich sogar noch nach Litauen, Weißrußland und in die Ukraine ausweitete[28], desto komplizierter konnte sich in der Tat

[25] Vgl. *F. Engel-Janosi*: Graf Rechberg, München und Berlin 1927, S. 94; *S. Bóbr-Tylingo*: Napoléon III, l'Europe et la Pologne, S. 63–64.

[26] Etwas übertreibend spricht W. E. Mosse von einer „severe pressure", die Frankreich auf Österreich ausgeübt habe; richtig hingegen ist seine Bemerkung, daß von einem diplomatischen Druck Englands auf das Wiener Kabinett keine Rede sein könne. Vgl. *W. E. Mosse:* England and the Polish Insurrection of 1863, in: EHR 71 (1956) S. 28–55, hier S. 35–36.

[27] Vgl. *F. Engel-Janosi:* Graf Rechberg, S. 94–97. Danach hatte Metternich bereits am 9. März einen allgemein gehaltenen Entwurf zu einem geheimen Allianzvertrag, den er von Napoleon hatte befürworten lassen, nach Wien mitgeteilt.

[28] Vgl. dazu *H. Schallhammer:* Der polnisch-litauische Aufstand, sein Verlauf und die Verhandlungen der europäischen Großmächte, in: Litauen und seine Deutschen, Würzburg 1955, S. 25–48; *W. Kordowicz:* Konstanty Kalinowski – Rewolucyjna demokracja polska w powstaniu styczniowym na Litwie i Białorusi, Warszawa 1955; *W. Luciv:* Ukrainians and the Polish Revolt of 1863, in: East European Problems 1 (1956) S. 22–34; *ders.:* Ukrainians and the Polish Revolt of 1863 (a Contribution to the History of Ukrainian-Polish Relations), New Haven 1961; *A. Z. Baraboj:* Politika ukrainskich revoljucionerov organizovat' pomošč' pol'skom vosstaniu 1863 g., in: Voprosy Istorii 1957, Nr. 1, S. 109–116; *P. Łossowski / Z. Młynarski:* Rosjanie, Białorusini i Ukraińcy w powstaniu styczniowyn, Wrocław 1959; *D. Fajnhauz:* Niektóre zagadnienia powstania styczniowego na Kowieńszczyźnie, in: KH 69 (1962) S. 835–851; *ders.:* Prasa konspiracyjna powstania styczniowego na Litwie i Białorusi, 1861–1864, in: Rocznik Białostocki 4 (1963) S. 43–102; *J. Hoffmann:* Marian Dubiecki, sekretarz Wydziału Rusi przy Rządzie Narodowym, in: Teki historyczne 12 (1962/63) S. 145–169; *Z. Kosztyla / R. Kraśko:* Z dziejów powstania styczniowego na Białystocczyźnie 1863–1864, Białystok 1963; *J. Olechnowicz*: Polska myśl patriotyczna i postępowa na ziemiach ukrainnych w latach 1835–1863; in: Pamiętnik Kijowski, Bd. II, London 1963, S. 1–48; *A. F. Smirnov:* Vosstanie 1863 goda v Litve i Belorussii, Moskva 1963; *K. Okulicz:* Białorusini, Litwini i Polacy w powstaniu styczniowym, in: Zeszyty Histoyczne 7 (1965) S. 7–21; *G. Marachov:* Pol'skoe vosstanie 1863 g. na Pravoberežnoj Ukranie, Kiev 1967; *S. Chankowski:* Powstańcze plany wyprawy na Litwę w 1863–1864 r., in: Wiek XIX., Warszawa 1967, S. 335–343; *ders.:* Powstanie styczniowe w Augustowskim, Białystok 1972; *W. Karbowski:* Kampania Zygmunta Dołęgi-Sierakowskiego na Zmudzi w 1863 r., in: Studia i Materiały do Historii Wojskowości 14 (1968) S. 193–289; *O. Beiersdorf:* Kijów w powstaniu styczniowym, in: Kraków-Kijów.

die außenpolitische Situation für die Donaumonarchie gestalten, zumal auch die Nachrichten aus Galizien auf eine allmählich wachsende Unruhe unter der dortigen politisch führenden polnischen Bevölkerung deuteten[29] und das Kabinett in Wien seit Mitte März zu verschärften Grenzsicherungsmaßnahmen zwangen[30]. So hatte Graf Rechberg seinen deutschen Kollegen gegenüber denn auch wiederholt erklärt, daß die möglichst rasche Dämpfung der nördlich der eigenen Reichsgrenzen ausgebrochenen Insurrektion im besonderen Interesse der kaiserlichen Regierung liegen müsse[31]. Ebensowenig allerdings verbarg man in Wiener Regierungskreisen eine nicht geringe Genugtuung darüber, daß Rußland, welches aufständischen Bestrebungen jenseits seiner Grenzen in Serbien, Montenegro und in den Donaufürstentümern seit Jahren seine moralische und materielle Unterstützung

Szkice z dziejów stosunków polsko-ukraińskich, hrsg. von *A. Podraza,* Kraków 1969, S. 73–130; *L. A. Loone:* Odgłosy powstania styczniowego 1863 roku w Estonii, in: ZH 36 (1971) Nr. 3, S. 49–63; *G. I. Joanova:* Naemnye rabočie i remeslenniki v vosstanie 1863 g. v Litve i Belorussii, in: Revoljucionnaja situacija v Rossii v 1859–1861 gg., Moskva 1974, S. 45–59.

[29] Vgl. *S. M. Trusevič:* Galicija i pol'skoe vosstanie 1863–1864 gg., L'vov 1965; *J. Zdrada:* Sprawa autonomii galicyjskiej w polityce Hotelu Lambert w latach 1859–1873, in: SH 10 (1967) S. 43–72; allgemein auch *H. Wereszycki:* Dzieje Galicii jako problem historyczny, in: Małopolskie Studia Historyczne 1 (1958) S. 4–16; *ders.:* Rola Polaków w monarchii habsburskiej, in: Małopolskie Studia Historyczne 9 (1966) Heft 3/4, S. 35–53; ferner den Forschungsbericht von *M. Tyrowicz:* Galizien unter österreichischer Herrschaft, in: ÖOH 6 (1964) S. 485–499.

[30] Der kurhessische Gesandte berichtete am 16. März, in Galizien wachse die Aufregung täglich, „und wenn man daselbst auch bis jetzt noch keine Unruhen befürchtet, so sind doch etwaige Maßnahmen Gegenstand einer ernsthaften Erörterung in dem vorgestern abgehaltenen Ministerrath gewesen. Wenn ich recht unterrichtet bin, so ist darin sogar beschlossen, die militärischen Kräfte daselbst zu verstärken, da die dort befindlichen Truppen nicht mehr genügen, den immer stärker werdenden Zuzug nach Polen zu verhindern," *V. d. Malsburg an Kurfürst Friedrich Wilhelm* – 16. III. 1863 – StA Marburg, Best. 9 a/64/Bl. 121 bis 124. In einer Unterredung zwischen Staatsminister von Schmerling und dem württembergischen Gesandten erklärte ersterer, „daß die vor ein paar Tagen dahier beschlossenen militärischen Dispositionen sich hauptsächlich darauf bezögen, daß sechs Bataillone in diesem Kronlande selbst in die Umgebung von Krakau zu rücken hätten, während auch jetzt noch kein einziger Mann aus einem anderen Kronlande nach Galizien einzurücken habe." *Ow an Hügel* – 16. III. 1863 – HStA Stuttgart, Best. 70 b/Bü 73/2–3. Ähnlich auch *Bray an König Maximilian II.* – 17. III. 1863 – GStA München, MA III/2431.

[31] Der württembergische Gesandte berichtete im Anschluß an eine Unterredung mit Rechberg, er habe diesem Gespräch entnehmen können, „daß derselbe übereinstimmend mit allen oesterreichischen Staatsmännern, die ich seit einem Monat gesprochen, stets nichts sehnlicher wünscht, als daß Rußland, welches anstatt den auf dem Papiere aufgezählten 120, 000 Mann in Wirklichkeit nur 70, 000 Mann in Polen gehabt habe, den polnischen Aufstand schnellstmöglich niederschlagen möchte." *Ow an Hügel* – 28. II. 1863 – HStA Stuttgart, Best. 70 b/Bü 73/2–3. „Der Hauptwunsch, welcher sich hier fortwährend in der Staatskanzlei vernehmen läßt, ist der nach rascher Beendigung des polnischen Aufstandes." *Thienen an Wittgenstein* – 8. III. 1863 – HStA Wiesbaden, Rep. 210–3438.

habe angedeihen lassen[32] und zudem als bewußten Affront gegen Österreich am 18. August 1862 das Königreich Italien anerkannt habe[33], welches dem Aufstand in Polen mittlerweile mehrere militärische Führer stellte[34], nunmehr gewissermaßen buchstäblich mit den eigenen Waffen geschlagen werde[35].

Im übrigen aber vermied man am Ballhausplatz trotz aller traditionellen Abneigung gegen den russischen Nachbarn jede unnötige Provokation und erreichte auf diese Weise schließlich, daß sich an der Newa die zunächst wenig freundliche Stimmung gegen die dort ebenso ungeliebte Donaumonarchie spürbar besserte[36]. Seit einiger Zeit, so wußte der bayerische Gesandte am 20. März aus Anlaß der Abschiedsaudienz für seinen österreichischen Kollegen aus Petersburg zu berichten, habe sich das beiderseitige Verhältnis so vollständig geändert, „qu'aujourd'hui le Prince Gortchakow *fait l'éloge* de la *conduite sage du Comte Rechberg* relativement à la question de Pologne, en lui en exprimant sa reconnaissance, et que l'Empereur Lui-Même a exprimé au Comte Thun *sa vive satisfaction* de ce parfait rétablissement d'entente et de rapports intimes entre les deux Cours, comme elle n'avait pas existé depuis longtemps“[37]! Der württembergische Vertreter am kaiserlichen Hof meldete ebenfalls nach Stuttgart, „daß auch der Fürst Gortschakoff seine volle Anerkennung dem Verhalten des Grafen Rechberg zu Theil werden läßt und dem österreichischen Gesandten unter anderem erklärt hat, der kaiserliche Minister . . . habe sich in der ganzen Frage als ein wahrer Staatsmann benommen“[38]. Gleichzeitig signalisierten beide Gesandten ihren Höfen von Petersburg ausgehende erfolgreiche Initiativen, die Kabinette der beiden anderen Teilungs-

[32] Vgl. neben der älteren Skizze von *L. Widerszal:* Powstanie styczniowe w dziejach Słowian bałkańskich, Czechów i Rumunów, in: PH 34 (1937/38) S. 615–622; *E. E. Čertan:* Russko-rumynskie otnošenija v 1859–1863 godach, Kišinev 1968.

[33] Deutsch in: *Schultheß'* Europäischer Geschichtskalender, Jg. 1862, S. 325–326.

[34] Zusammenfassend zuletzt *S. Kieniewicz:* L'Italie et l'insurrection polonaise de 1863, Wrocław-Warszawa-Kraków-Gdańsk 1975.

[35] Bei der Abschiedsaudienz zu Ehren des scheidenden kurhessischen Gesandten bemerkte Rechberg „mit größter Genugthuung“, „daß ein großer Theil der von Rußland in die Donaufürstenthümer und nach Serbien eingebrachten Waffen, über die Moldau nach Polen eingeschmuggelt, jetzt daselbst gegen Rußland Verwendung fänden, sowie daß die hauptsächlichsten und befähigsten Anführer der Insurrection aus den Ländern des so bereitwillig von Rußland anerkannten Königs von Italien nach Polen gekommen sind.“ *V. d. Malsburg an Kurfürst Friedrich Wilhelm* – 6. III. 1863 – StA Marburg, Best. 9 a/64/Bl. 130–133.

[36] Bereits am 9. März teilte Gortschakow nach Warschau u. a. mit: „Le comte Rechberg est très correct et son mot d'ordre avoué est: solidarité sur les affaires de Pologne.“ Vgl. *Gortschakow an Tengoborski* – 25. II./9. III. 1863 – in: *Korespondencja Namiestników* . . ., Dok.-Nr. 195.

[37] *Perglas an König Maximilian II.* – 8. / 20. III. 1863 – GStA München, MA III/2747. Unterstreichungen von anderer Hand!

[38] *Spitzemberg an Hügel* – 21. III. 1863 – HStA Stuttgart, Best. 72/124/Bl. 76–75.

mächte trotz ihrer derzeitigen Differenzen auf bundespolitischem Gebiet einander wieder anzunähern[39].

In der Tat unternahm die Berliner Regierung in diesen Tagen ostensible Schritte, um mit Österreich zu einem besseren Einvernehmen zu gelangen. Am 15. März meldete Graf Károlyi in einem Privatschreiben nach Wien: „Seit den durch die polnischen Ereignisse hervorgerufenen Verwicklungen, welche Preußen im Hinblicke auf seine europäische Stellung in erster Linie auf sich gezogen hat, befleißigt sich Herr v. Bismarck in seiner Sprache und ganzen Haltung mir gegenüber, ein sichtbares Entgegenkommen an den Tag zu legen"[40]. Und eine Woche später teilte derselbe Diplomat dem Grafen Rechberg vertraulich mit: „Noch heute hat mir Herr von Bismarck gesagt, daß die Haltung des kaiserlichen Kabinetts in der polnischen Frage die lebhafte Anerkennung bei S. M. dem Könige finde, und er hat dabei ausdrücklich mit Befriedigung hervorgehoben, daß dieselbe eine Annäherung zwischen den beiden Kabinetten herbeigeführt habe"[41].

So avancierte die Staatskanzlei am Ballhausplatz für einige Wochen unvermutet und sehr gegen die Intentionen der dort verantwortlichen Persönlichkeiten zur diplomatischen Drehscheibe Europas, auf welcher die übrigen Großmächte das österreichische Kabinett mit Ausdrücken höchster Anerkennung für seine stets „korrekte" Haltung einerseits und mehr oder weniger deutlichen Bündnissondierungen andererseits unausgesetzt umwarben[42]. „Il dépend", erklärte Rechberg deshalb dem großherzoglich-hessischen Gesandten am kaiserlichen Hof, „en ce moment même d'un oui que dirait le Cabinet de Vienne, pour qu'une guerre Européenne éclate. Et vous ne pouvez croire avec quel empressement on cherche à s'assurer du concours de l'Autriche"[43].

Dies galt in besonders ausgeprägter Weise von der französischen Politik, deren Führung mit allen Kräften die diplomatische Annäherung an Wien betrieb. Gerade

39 Am 16. März telegraphierte *Bismarck an die preußischen Missionen bei den Großmächten:* „Herr von Oubril hat mir vertraulich mitgeteilt, daß Kaiser Alexander durch die Haltung des Wiener Kabinetts in betreff Polens sehr befriedigt sei, und die russische Politik sowohl aus diesem Umstande, wie aus der Gesamtlage der europäischen Politik, Anlaß nehmen werde, sich dem Wiener Kabinett freundlicher zu nähern. Fürst Gortschakow empfiehlt uns vertraulich das gleiche. Ich habe erwidert, daß die Haltung Österreichs in der polnischen Sache wesentlich zur Verbesserung unserer Wiener Beziehungen beigetragen." Vgl. APP III, Nr. 339; ähnlich *Buchanan an Russell* – 16. III. 1863 – APP III, Nr. 341.

40 *Károlyi an Rechberg* – 13. III. 1863 – in: *Quellen* zur deutschen Politik Österreichs, Bd. III, Nr. 1107.

41 *Károlyi an Rechberg* – 21. III. 1863 – Ebda., Nr. 1111; ferner *Hohenthal an Beust* – 21. III. 1863 – in: *H. Kretzschmar: Die Anfänge* des Ministeriums Bismarck, Dok.-Nr. 103.

42 Der österreichische Botschafter in London, Graf Apponyi, konstatierte „un redoublement de politesse et de cordialité" seines russischen Kollegen. *Apponyi an Rechberg* – 18. III. 1863 – in: *S. Bóbr-Tylingo:* Napoléon III, l'Europe et la Pologne, S. 59, Anm. 33 (Auszug!).

43 *Stockhausen an Dalwigk* – 28. II. 1863 – StA Darmstadt, Best. 70 e /1/Bl. 55–58.

in Pariser Blättern, so schrieb der Korrespondent der „Kölnischen Zeitung“ am 11. März aus der französischen Hauptstadt, habe man lange Zeit hindurch immer wieder lesen können, dem österreichischen Staatswesen hafte „ein gewisser Leichengeruch“ an. Niemand habe hier eine so rasche Erholung der Donaumonarchie vorausgesehen. „Oesterreich ist auf einmal wieder eine bestimmende Macht in Europa geworden und wird jetzt von jeder anderen der vier Großmächte geradezu gesucht“. Trotzdem bleibe seine Stellung „eine äußerst schwierige“, da für Österreich die polnische Frage auf das Innigste mit der italienischen verwoben sei. Wenn es daher „Frankreich die Mittel versagt, die Lösung der polnischen Frage in gemäßigt-nationalem Sinne zu erwirken, so wird Frankreich ... vielleicht in Betreff der italienischen Frage wieder in den revolutionären Weg hineingedrängt werden, so daß Österreich in dem einen Falle Krakau und in dem anderen Venedig verlieren kann“[44].

Angesichts dieser Sachlage mußte dem Wiener Kabinett vornehmlich daran gelegen sein, jeder vorzeitigen Parteinahme zugunsten der Westmächte oder der beiden nördlichen Nachbarn möglichst lange aus dem Wege zu gehen. Daher berief das Außenministerium den Fürsten Richard Metternich am 10. März zur Berichterstattung nach Wien, „um mit ihm die Lage der Dinge in Paris gründlich zu besprechen“[45]. Trotz der ausdrücklichen Bitte des Grafen Rechberg, „jeden anderweitigen Konjunkturen . . . entgegenzutreten“[46], konnte es selbstverständlich kaum ausbleiben, daß sich in allen deutschen Residenzen an die gerade zu diesem Zeitpunkt unternommene Reise des kaiserlichen Botschafters die mannigfachsten Spekulationen knüpften[47].

Der preußische Kollege des Fürsten in Paris, Graf v. d. Goltz, vermutete irrtümlicherweise sogar, daß der Plan zu dieser Reise ursprünglich von den Tuilerien selbst ausgegangen sei, wo man seit langem versuchte, über die Person Metternichs direkt auf die Politik des Wiener Kabinetts einzuwirken[48]. Wie Goltz berichtete, hatte Metternich „schon vor einigen Tagen von der Möglichkeit eines solchen Rufs gesprochen, den er nicht zu wünschen vorgab. Dessenungeachtet bin ich überzeugt,

44 *KZ* Nr. 72 vom 13. März.

45 *Rechberg an Károlyi* – 12. III. 1863 – in: *Quellen* zur deutschen Politik Österreichs, Bd. III, Nr. 1105. Der württembergische Gesandte meldete aus Paris: „Le Prince de Metternich a été appelé par son Gouvernement qui désire s'aboucher directement avec lui.“ *Wächter an Hügel* – 12. III. 1863 – HStA Stuttgart, Best. E 70/47/Bl. 123–122.

46 *Rechberg an Károlyi* – 12. III. 1863 – in: *Quellen*, Nr. 1105; ferner erschien in der offiziösen *„General-Correspondenz“* folgende Notiz: „ Dem Vernehmen nach wird in den nächsten Tagen dahier die Ankunft des kaiserlichen Botschafters in Paris, Fürsten Metternich, erwartet. Derselbe dürfte über die verschiedenen obschwebenden Verhandlungen persönlich Bericht zu erstatten und Instructionen zu empfangen haben.“ *KZ* Nr. 73 vom 14. März.

47 „Le voyage du Prince Metternich, arrivé ici hier matin, est la grande préoccupation du moment.“ *Stockhausen an Dalwigk* – 15. III. 1863 – StA Darmstadt, Best. 70 e/1/Bl. 67–71. Zum weiteren Zusammenhang vgl. *F. Engel-Janosi:* Graf Rechberg, S. 96–97.

48 *Bismarck an Werther* 12. III. 1863 – APP III, Nr. 334.

daß diese Sendung vom hiesigen Hofe betrieben worden ist, welcher die Hoffnung hegt, daß Fürst Metternich zu Gunsten derjenigen der sich dort hinsichtlich der einzuschlagenden auswärtigen Politik entgegenstehenden Ansichten den Ausschlag geben werde, welche den französischen Plänen günstig ist. Nach Äußerungen meines oesterreichischen Collegen zu schließen, ist es . . . nicht Graf Rechberg, sondern *Herr von Schmerling*, welcher sich durch ein gemeinsames polenfreundliches Auftreten mit den Westmächten die Sympathien Frankreichs zu erwerben wünscht"[49]. Allen diesen Vermutungen trat jedoch der französische Außenminister Drouyn de Lhuys in einem Runderlaß an die auswärtigen Missionen Frankreichs vom 24. März entschieden entgegen, indem er ihnen mitteilte, der österreichische Botschafter habe sich „sur l'appel spontané de son Souverain" nach Wien begeben[50].

Übermäßig große Hoffnungen auf ein für Frankreich günstiges Resultat der unvermuteten Reise des Fürsten Metternich nach Wien scheint man am Quai d'Orsay offensichtlich von vornherein nicht gehegt zu haben[51]. In Wiener diplomatischen Kreisen wunderte man sich mittlerweile ohnedies darüber, daß man in Paris ernsthaft daran geglaubt haben konnte, "que l'Autriche ne demanderait pas mieux que d'aider la France à reconstituer une Pologne indépendante"[52]. Daher bestand auch nach nahezu einhelligem Urteil der am Wiener Kaiserhof tätigen deutschen Diplomaten mehr als begründete Aussicht, „daß die Haltung der Kaiserlichen Politik durch allenfallsige französische Verlockungen keine Änderung erleiden wird"[53].

49 *Goltz an Bismarck* – 10. III. 1863 – (Durch sichere Gelegenheit!) GStA Berlin-Dahlem, HA III, Nr. 18. Ähnlich berichtete der badische Gesandte aus Paris: „Les négotiations du Prince Metternich ont donc une véritable importance. D'après ce qui me revient de bonne source, le Comte de Rechberg serait peu disposé à pencher tout à fait du côté de la France, mais par contre Monsieur de Schmerling se serait prononcé antérieusement déjà en faveur d'une alliance étroite avec cette puissance." *Schweitzer an Roggenbach* – 16. III. 1863 – GLA Karlsruhe, Best. 48/3009. Diese Spekulation erwies sich jedoch als unrichtig. Dem Vertreter Württembergs in Wien sagte Schmerling am 16. März, „erst vor ein Paar Tagen habe er dem Kaiser dargestellt, daß auch fernerhin für Österreich das Passendste seyn werde, ganz unverrückt die bisherige Stellung beizubehalten, und offen diejenige Politik zu verfolgen, welche jedem klar darlege, daß Oesterreich ohne alle Zweideutigkeit zunächst in seinem eigenen Lande Ruhe und Ordnung aufrecht erhalten werde, ohne sich in der vorliegenden Frage von der einen oder anderen Seite drängen zu lassen." *Ow an Hügel* – 10. III. 1863 – HStA Stuttgart, Best. E 70 b / Bü 73/2–3.

50 *Zirkulardepesche an die französischen Missionen im Ausland* – 24. III. 1863 – in: *Staatsarchiv*, Bd. V, Nr. 924.

51 *Goltz an Bismarck* – 10. III. 1863 – GStA Berlin-Dahlem, HA III, Nr. 18. Der Pariser Korrespondent der Berliner „National-Zeitung" versicherte am 12. März: „Im Ganzen verkennt man hier nicht Oesterreichs schwierige Stellung und man hegt schwerlich die Hoffnung, daß es noch über Englands Absichten hinaus sich in der polnischen Frage entschiedener an Frankreich anschließen werde." *NZ* Nr. 124 vom 14. März.

52 Dies äußerte der britische Botschafter in Wien, Lord Bloomfield, im Gespräch mit dem großherzoglich-hessischen Gesandten. *Stockhausen an Dalwigk* – 20. III. 1863 – StA Darmstadt, Best. 70 e/1/Bl. 72–76.

53 *Thienen an Wittgenstein* – 21. III. 1863 – HStA Wiesbaden, Rep. 210–3438.

Unterdessen war Graf Rechberg nach außen hin unausgesetzt darum bemüht, dem Besuch seines Botschafters in der Wiener Staatskanzlei jeden Anstrich des Außergewöhnlichen zu nehmen, und erklärte wiederholt, es sei durchaus üblich, daß sich bei einer derart gewichtigen politischen Frage, wie sie das virulente polnische Problem nun einmal darstelle, die Botschafter und der Minister des Auswärtigen persönlich besprächen. Doch meinte ein deutscher Diplomat: „Insgeheim heißt es, Fürst Metternich habe sich in den Tuilerien freundlicher ausgesprochen, als man hier gewünscht hätte“[54].

Auch in Stuttgarter Regierungskreisen war man der festen Überzeugung, daß Metternich lediglich nach Wien berufen worden sei, „damit dort der Eifer etwas gemäßigt werde, mit welchem der genannte Botschafter die Annäherung Oesterreichs an Frankreich zu betreiben im Zuge gewesen sei“[55]. In Berlin hatte Bismarck einen ähnlichen Eindruck und äußerte dem dortigen badischen Gesandten gegenüber: „Von Oesterreich habe Napoleon nicht das Geringste zu erwarten; dasselbe habe sich bereits ganz positiv darüber ausgesprochen, und wenn Fürst Metternich sich nach Wien begebe, so sei er wohl dahin berufen, weil er vielleicht in Paris etwas zu weit vorgegangen und eine mündliche Rücksprache mit ihm dienlich sei“[56].

Außerdem sei nicht Baron Budberg in Paris allein – so wußten deutsche Diplomaten zu berichten – von dem Verhalten des jungen Diplomaten seinem älteren russischen Kollegen gegenüber kaum sonderlich erbaut gewesen; auch auf der Staatskanzlei zweifele man inzwischen, ob der Fürst in seinen Äußerungen seinem russischen Amtskollegen gegenüber immer gut beraten gewesen sei[57]. Schon allein deswegen sei man in Wien sehr froh gewesen, „mit demselben sich recht ausführlich besprechen zu können“[58]. Der Wiener Korrespondent der „Kölnischen Zeitung“ aber meinte nach einem mehr als skeptischen Blick auf die diplomatischen Fähigkeiten des kaiserlichen Botschafters: „Eigentlich würde Oesterreich in Paris einer größeren diplomatischen Capacität bedürfen, allein die guten persönlichen Beziehungen, worin der Fürst und seine Gemahlin zum französischen Kaiserpaare stehen, haben von einem Stellenwechsel abgehalten“[59].

Bestand daher schon aus den schon genannten sachlichen wie auch in der Person des Botschafters liegenden Gründen wenig Aussicht, daß Metternich mit seinen profranzösischen Ansichten in der Staatskanzlei durchdringen konnte, so

[54] *V. d. Malsburg an Kurfürst Friedrich Wilhelm* – 16. III. 1863 – StA Marburg, Best. 9 a/64/Bl. 121–124; ähnlich auch *Bray an König Maximilian II.* – 17. III. 1863 – GStA München, MA III/2431; *Ow an Hügel* – 18. III. 1863 – HStA Stuttgart, Best. E 70 b/ Bü 73/2–3; *Berckheim (München) an Roggenbach* – 22. III. 1863 – GLA Karlsruhe, Best. 48/1923.

[55] *Dusch (Stuttgart) an Roggenbach* – 16. III. 1863 – GLA Karlsruhe, Best. 48/2809.

[56] *Marschall an Roggenbach* – 16. III. 1863 – GLA Karlsruhe, Best. 48/3009.

[57] *Stockhausen an Dalwigk* – 20. III. 1863 – StA Darmstadt, Best. 70 e/1/Bl. 72–76.

[58] *Ow an Hügel* – 24. III. 1863 – HStA Stuttgart, Best. E 70 b/Bü 73/2–3.

[59] *KZ* Nr. 78 vom 19. März (Korrespondentenbericht vom 16. März).

wurde seine außenpolitische Konzeption nahezu aussichtslos, als mitten in seine mehrtägigen intensiven Unterredungen mit Kaiser Franz Joseph und dem Grafen Rechberg[60] am 20. März aus Krakau die telegraphische Nachricht eintraf, daß der auch von denjenigen seiner Landsleute, die dem Aufstand bisher skeptisch gegenübergestanden hatten[61], mit so großen Hoffnungen begrüßte „Diktator" Marian Langiewicz[62] am Vortage mit wenigen Begleitern auf österreichisches Gebiet übergetreten und dort unverzüglich interniert worden war[63].

Es kann nicht Gegenstand der vorliegenden Untersuchung sein, den „Feldzug" des zweiten „Diktators" der polnischen Insurrektion von 1863, der nach dem kurzen Zwischenspiel des unglücklichen Mierosławski in der Nähe der preußischen Grenze die militärische Führung des Aufstandes übernommen hatte[64], in Einzelheiten darzustellen[65], doch erregte die Nachricht vom Scheitern des Langiewicz' und seiner Flucht auf österreichisches Territorium in ganz Europa beträchtliches Aufsehen und bestärkte die öffentliche Meinung in Deutschland in ihrem nahezu einhelligen Urteil, daß die eigentlich von Anfang an unausbleibliche Niederlage der Aufständischen nunmehr endgültig besiegelt sei[66].

60 Bereits unmittelbar nach seiner Ankunft wurde Metternich von Kaiser Franz-Joseph in einstündiger Audienz empfangen. *Ow an Hügel* – 15. III. 1863 – HStA Stuttgart, Best. E 70 b/Bü 73/2–3. Auch an den folgenden Tagen fanden mehrstündige Unterredungen statt. *Thienen an Wittgenstein* – 21. III. 1863 – HStA Wiesbaden, Rep. 210–3438.

61 Vgl. dazu die – allerdings stark verkürzten und deswegen nicht durchgehend zu haltenden – Äußerungen von *S. Kieniewicz:* Les insurrections polonaises du XIXe siècle et le problème de l'aide de la France, Warszawa 1971, bes. S. 12–14; *ders.*: Les chances de l'insurrection polonaise de 1863, Warszawa 1973, bes. S. 11–12.

62 Zu Langiewicz grundlegend die Arbeiten von *H. Rzadkowska:* Oblicze polityczne Mariana Langiewicza, in: Małopolskie Studia Historyczne 6 (1963) S. 75–105; *dies.*: Marian Langiewicz, Warszawa 1967; *dies.*: (Hrsg.): Marian Langiewicz. Pisma, Kraków 1971; dem Versuch der Autorin, den preußischen Offizier zum Protagonisten der radikalen Demokraten umzustilisieren, wurde lebhaft widersprochen von *Z. Stankiewicz:* W sprawie oceny Langiewicza, in: KH 76 (1969) S. 659–663.

63 Vgl. die – freilich stark ideologisch gefärbte – Arbeit von *Z. Hájek:* Internace Mariana Langiewicza v Josefově, in: Česko-polský sborník vědeckých prací. Bd. I, hrsg. v. *M. Kudělka*, Praha 1955, S. 508–549; ferner im weiteren Zusammenhang die zahlreichen Arbeiten von *V. Žáček:* Ohlas polského povstáni r. 1863 v Čechách, Praha 1935; *ders:* Česko-polská revolučni spolupracé v šedesatných letech XIX stoléti, Praha 1955; *ders.:* Češi a Poláci v době lednového povstání polského v. 1863, in: ČČH 11 (1963) S. 717–741; *ders.:* Sto let od polského povstaní r. 1863. Hrdinstvé českých dobrovolníků, in: Slovanský Přehled 39 (1963) S. 29–34; *ders:* Jakub Sztejnike, agent polskiego Rządu Narodowego w Pradze. Echa powstania styczniowego w Czechach, Wrocław 1965, ferner die Quellensammlung von *M. Orzechowski:* Echa powstania styczniowego w Czechach, Wrocław 1965.

64 Zu Ludwik Mierosławski zuletzt *M. Żychowski:* Ludwik Mierosławski 1814–1878, Warzawa 1963; *ders.:* Generał klęski. Ludwik Mierosławski 1814–1878, Warszawa 1965; ferner *M. Kukiel:* Military Aspects of the Polish Insurrection of 1863–64, in: Antemurale VII/VIII (1963) S. 363–397, bes. S. 386–388.

65 Vgl. *A. Borkiewicz:* Działania Langiewicza przed dyktaturą, in: Materiały i Studia do Historii Wojskowości 8 (1962) S. 203–273; ferner *M. Kukiel,* a. a. O., S. 387–390.

66 Zusammenfassend *S. Kieniewicz:* Powstanie styczniowe, S. 425–434.

In Wien, wo die telegraphische Nachricht vom Ende der „Kampania Langiewicza“[67] im Laufe des 20. März aus Krakau und Lemberg eintraf[68], meinte der zwar unabhängige, im übrigen aber der Regierung nahestehende „Botschafter“[69] am nächsten Tag: „Die kleine Armee, welche Langiewicz führte, war Polens Hoffnung. Sie war zahlreicher, besser bewaffnet und organisiert als irgend eine andere Schaar der Insurgenten. Ihre Niederlage und Zersprengung ist daher für den Aufstand ein furchtbarer Schlag. Bestätigen sich die zwei Krakauer Depeschen ihrem vollen Inhalt nach, dann geht es mit der polnischen Erhebung von 1863 zu Ende“, fuhr dann aber fort: „Nicht die Politik, die Humanität fordert jetzt energische Intervention . . .“[70]. Weitere zwei Tage später sprach auch die offiziöse Wiener „General-Correspondenz“ von einer „Katastrophe“, da nun „nicht einmal der Versuch zur Bildung eines polnischen Heeres erneuert werden kann“[71], und die Aufständischen in Zukunft auf einen Guerillakrieg beschränkt bleiben müßten. Ein solcher aber könne nach aller Erfahrung selbst bei längerer Dauer der Kampfhandlungen keine Entscheidung zugunsten der Insurrektion herbeiführen. Denn auch bei den Kämpfen des Jahres 1809 in Spanien hätten keine „spanischen Guerillas“ das Land gerettet, „sondern die britische Armee unter Wellington“[72], woraus nur der Schluß gezogen werden könne, daß der Kampf in Russisch-Polen mit dem „Verderben der Insurgenten und des Landes“ enden werde[73].

[67] Vgl. *R. F. Leslie:* Reform and Insurrection in Russian Poland, 1856–1865, London 1963, S. 208–215. Höchst aufschlußreich ist ferner der Briefwechsel des Mitglieds der polnischen Fraktion im preußischen Abgeordnetenhaus Bentkowski, der als ehemaliger Artillerieoffizier im März in das Lager des „Diktators“ Langiewicz kam und dort als „Chef des Stabes“ fungierte, bis er am 19. März mit letzterem gemeinsam auf österreichisches Gebiet übertrat und dort verhaftet wurde. Vgl. *Z. Grot* (Hrsg.): Listy Władysława Bentkowskiego do Hipolita Cegielskiego z czasu powstania styczniowego, in: Studia i Materiały do dziejów Wielkopolski i Pomorza 8 (1963) S. 83–122.

[68] „Das Wolffsche telegraphische Bureau brachte uns heute . . . die Nachricht, daß Langiewicz auf der Flucht und sein Corps in voller Auflösung begriffen sei.“ *Marschall an Roggenbach* – 20. III. 1863 – GLA Karlsruhe, Best. 48/3009.

[69] Nähere Aufschlüsse über die politischen Richtungen der Wiener Presse enthält ein Bericht des preußischen Gesandten in Wien vom 3. Februar. *Werther an Bismarck* – 3. II. 1863 – GStA Berlin-Dahlem, HA III, Nr. 21 (Einwirkung auf die Presse im Interesse Preußens, Bd. I, 1859–1866 Juni), Bl. 137–140.

[70] *AAZ* Nr. 82 vom 23. März.

[71] Mit Recht ist auf diesen grundlegenden Unterschied der Erhebung von 1863 zum sog. „Novemberaufstand“ von 1830/31 hingewiesen worden, vgl. *G. Rhode:* Geschichte Polens, 2. Aufl. Darmstadt 1966, S. 390.

[72] Hierzu sei bemerkt, daß die für das polnische Geschichtsbild so wichtige berühmte Reiterattacke von Somosierra im Verbande napoleonischer Truppen stattfand und damit *gegen* die Unabhängigkeitsbestrebungen der Spanier gerichtet war. Für den weiteren Zusammenhang vgl. *G. Rhode:* Polens Teilung und Wiedervereinigung, S. 38–60, bes. S. 46–47; *ders.:* Geschichte Polens, S. 331–338; zuletzt *P. S. Wandycz:* The Lands of Partitioned Poland 1795–1918, Seattle and London 1974, S. 43–56.

[73] Korrespondentenbericht der *„General-Correspondenz“* vom 22. März aus Krakau, nachgedruckt in *AAZ* Nr. 84 vom 25. März.

In Krakau herrschte nach einem Augenzeugenbericht in der Augsburger „Allgemeinen Zeitung“ der Zustand tiefer Niedergeschlagenheit: „Langiewicz gefangen! . . . Den Eindruck, den dieser Sturz von dem Gipfel der Hoffnungen in den Abgrund der furchtbarsten Enttäuschung auf die Gemüther hervorbrachte, ist die Sprache wiederzugeben nicht im Stande . . . Denn daß mit der Niederlage und der Flucht des Dictators das Schicksal des Aufstandes besiegelt sey, daran wagen selbst die Zuversichtlichsten nicht mehr zu zweifeln, und zwar um so weniger, je höher die Hoffnungen gingen, die sie in Langiewicz und seine Truppen setzten“[74].

Auch in der französischen Hauptstadt war der erste Eindruck der Nachrichten aus dem Königreich Polen förmlich niederschmetternd. Wie der Pariser Korrespondent der „Kölnischen Zeitung“ am 20. März berichtete, hatten die ersten Meldungen von der vollständigen Niederlage und der Flucht des polnischen „Diktators“ dort „ungeheure Sensation gemacht. Im ersten Augenblicke wollte Niemand an ein so schnelles Ende glauben . . .“[75]. Dennoch hatte dieses wider Erwarten rasche Scheitern des Langiewicz seiner Ansicht nach die polnischen Sympathien in Frankreich durchaus nicht geschwächt, und einen Tag später bekräftigte derselbe Berichterstatter sein Urteil mit den Worten, der Aufstand sei nunmehr militärisch zwar „so gut wie bezwungen“, doch werde dieser Ausgang die Politik Frankreichs noch weit eher darin bestärken, „sich nun erst recht für das unglückliche, niedergetretene Volk zu verwenden. Die ‚France‘ sagt, solange der Kampf gedauert, habe die Diplomatie nichts machen können, da Rußlands militärische Ehre verpfändet gewesen sei. Jetzt, wo der Pole besiegt am Boden liege, werde es Rußlands Ehre nicht zuwider sein, Großmuth zu üben“[76]. Zwar hatte inzwischen das führende Presseorgan der französischen Radikaldemokratie der kaiserlichen Regierung vorgeschlagen, sie möge ihre Flotte zur Unterstützung der Aufständischen in die Ostsee schicken, da man der schwedischen Hilfe gegen das verhaßte Rußland sicher sein könne[77], doch erschien eine solche Aussicht der „Kölnischen Zeitung“ vorerst derart phantastisch, daß sie trotz dieser aggressiven Töne an eine unmittelbare Kriegsgefahr nicht zu glauben vermochte, „mag die ‚Opinion nationale‘ auch krähen, als hätte der gallische Hahn seine Sporen bereits mit Eisen belegt“[78]. Frei-

[74] *AAZ* Nr. 85 vom 26. März. Eine weitere Korrespondenz „von der preußisch-polnischen Gränze“ vom 21. März lautete, die polnische „Revolution“ habe „unläugbar den härtesten Schlag erlitten; denn um den Namen Langiewitsch (sic!) drehte sich alles; er war die Seele und der erste Repräsentant des Aufstandes, während alle anderen gerühmten Namen nur Namen zweiten und dritten Ranges sind.“ *AAZ* Nr. 83 vom 24. März.

[75] *KZ* Nr. 81 vom 22. März (Korrespondentenbericht vom 20. März).

[76] *KZ* Nr. 82 vom 23. März (Korrespondentenbericht vom 21. März).

[77] Zum russisch-schwedischen Verhältnis vgl. *T. Höjer:* Die Genesis der schwedischen Neutralität. Die Außenpolitik Schwedens im 19. Jahrhundert, in: HZ 186 (1958) S. 65–79; zu den polnischen Beziehungen zu Skandinavien vgl. *J. Wojcicki:* Dzieje Polski nad Bałtykiem, Warszawa 1972, bes. S. 291–292; *T. Cieślak:* Polska-Skandynawia w XIX i XX wieku, Warszawa 1973, bes. S. 75–80.

[78] *KZ* Nr. 83 vom 24. März (Leitartikel).

lich sollte sich diese Meinung eines führenden Blattes der deutschen liberalen Presse im Laufe der nächsten Wochen noch gründlich wandeln![79]

Mittlerweile nämlich hatte im Palais du Luxembourg eine dreitägige Polendebatte des Senats als des einzigen Organs, dem nach der Verfassung eine politische Initiative zustand, stattgefunden[80], in welcher als letzter Redner am 18. März der Führer der radikalen Demokraten, der Prinz Napoleon[81], das Wort ergriff und in seiner fulminanten Rede lapidar erklärte: „Le rêtablissement de la Pologne est un axiome de notre politique"[82]. Im weiteren Verlauf seiner Darlegungen ließ er sich zu leidenschaftlichen Schmähungen des verstorbenen Kaisers Nikolaus und seines regierenden Sohnes hinreißen und rief schließlich aus: „Je voudrais que l'insurrection durât, qu'elle fût encouragé, parce qu'elle est juste; que l'Empereur fît ce qu'il croirait pouvoir faire, dans l'interêt de la France, pour cette grande cause"[83]. Auch England und Preußen wurden stellenweise mit massiven Vorwürfen überschüttet und nur Österreich entging nicht ohne Grund den jedes staatsmännische Maß bei weitem überschreitenden Beschuldigungen des „roten Prinzen"[84], welche die Senatoren mehrfach in helle Aufregung versetzten und schließlich den Sprechminister Billaut veranlaßten, den Abbruch der Sitzung zu verlangen und die Fortführung der Diskussion auf den nächsten Tag zu verschieben, um durch „ein ruhiges umsichtiges Wort . . . die Debatte wieder auf ihre wahre Grundlage" zurückzuführen und „um wo möglich alles zu verwischen, was Widriges, unsern wahren politischen Interessen Schädliches in den unvorsichtigen Worten liegt, die gesagt worden sind . . . "[85].

In einer ausführlichen Erwiderung, die alle großen deutschen Zeitungen teilweise in wörtlicher Übersetzung wiedergaben und mehr oder minder ausführlich kommentierten, stellte Billaut namens der kaiserlichen Regierung klar, daß Frankreich nach wie vor eine friedliche Politik verfolge und nur in Übereinstimmung mit

[79] Am 22. April erinnerte die „Kölnische Zeitung" in ihrem Leitartikel daran, daß Rußland „1808 und 1809 die Verschrobenheit, um nicht zu sagen Geistesstörung Gustavs IV. Adolph, des letzten Königs aus dem Hause Wasa, in unverantwortlicher Weise mißbraucht" habe, „um Finnland durch Überrumpelung und Bestechung wegzunehmen. Das ist die Wunde, die in jedem schwedischen Herzen brennt." *KZ* Nr. 111 vom 23. April.

[80] Zusammenfassende Angaben zum Staatsaufbau des Zweiten Kaiserreichs und zu Funktion und Zusammensetzung seiner verfassungsmäßigen Organe zuletzt bei *G. Palade* (Hrsg.): Das bürgerliche Zeitalter (= Fischer-Weltgeschichte, Bd. 27), Frankfurt a. M. 1974, S. 247 bis 255.

[81] Bis heute nicht überholt und besonders wertvoll des Dokumentenanhangs wegen *E. d'Hauterive:* Napoléon III et le Prince Napoléon. Correspondence inédite, Paris 1925.

[82] Zusammenfassende Darstellung dieser Debatten mit z. T. freilich höchst voreingenommenem Kommentar bei *S. Bóbr-Tylingo:* Napoléon III, l'Europe et la Pologne, S. 72–82.

[83] Vgl. auch *E. Birke:* Frankreich und Ostmitteleuropa, S. 196–210, bes. S. 203–204.

[84] Für Bóbr-Tylingo war die Rede des Prinzen „très habile" und im Hinblick auf die Person des Zaren „plutôt modéré" – zitiert werden allerdings nur dem Prinzen politisch nahestehende Personen. Vgl. *S. Bóbr-Tylingo:* Napoléon III, l'Europe et la Pologne, S. 80.

[85] Übersetzung nach der *NZ* Nr. 136 vom 21. März.

allen anderen europäischen Mächten handeln könne. Wie der gegenwärtige polnische Aufstand wiederum beweise, hätten die Verträge von 1815 keine befriedigende Lösung des polnischen Problems gebracht, und daher könne auch die Wiedereinführung der den Polen seinerzeit zugestandenen nationalen Institutionen nicht als Heilmittel gelten. Ferner könne die Unabhängigkeit Polens niemals auf deutsche Kosten, sondern nur „avec l'alliance et le concours de l'Allemagne" erreicht werden. Im Augenblick aber, so führte der Minister mit besonderem Hinweis auf die Rolle Rußlands in Italien aus, dürfe man das weitere Schicksal Polens getrost den vielbewiesenen großmütigen und liberalen Intentionen Kaiser Alexanders anvertrauen. Als oberste Maxime der französischen Politik aber gelte unverändert das Wort Seiner Majestät: „L'Empire, c'est la paix"[86].

Zwei Tage später erschien im offiziellen „Moniteur" ein Schreiben Napoleons an Billaut, in welchem der Kaiser sich mit seiner ganzen Autorität hinter die Ausführungen des Ministers stellte und versicherte: „Vos paroles ont été sur tous les points conformes à ma pensée et je repousse tout autre interprétation de mes sentiments"[87]. Diese öffentliche Manifestation Napoleons bedeutete nichts anderes als eine klare Absage an die hochfliegenden Pläne seines kaiserlichen Neffen und seiner Parteigänger, obgleich jener nichtsdestoweniger offenbar unbeeindruckt von dieser Erklärung in ständigen geheimen Kontakten mit dem Führer des „Hôtel Lambert", Fürst Władysław Czartoryski, die polnische Emigration ermunterte, ihre Landsleute im Königreich Polen zu weiterem Widerstand und noch größeren Opfern anzuspornen[88], da nur eine fortdauernde militärische Demonstration die europäischen Mächte zu weiteren diplomatischen Aktionen zugunsten der polnischen Sache werde veranlassen können[89]. Nicht zuletzt hat diese wiederholte Aufforderung aus dem Palais Royal der Erhebung seit dem Frühjahr ständig neue Kräfte zugeführt, die sich begreiflicherweise in der trügerischen Hoffnung wiegen mußten, ein nahe bevorstehendes diplomatisches Eingreifen der Westmächte werde mit der Zeit möglicherweise doch noch in eine militärische Operation umschlagen[90].

Inzwischen ist man über diese Vorgänge durch die Erinnerungen des Fürsten Władysław Czartoryski und die Sitzungsprotokolle des „Hôtel Lambert", die Henryk Wereszycki im Jahre 1960 publiziert hat[91], bis in die feinsten Einzelheiten – wenn auch verständlicherweise nicht ganz unparteiisch – unterrichtet, so daß die eigentümliche Doppelgleisigkeit der französischen Politik in dieser Phase der

[86] Vollständiger Abdruck nach dem Text des „Moniteur" in: *Das Staatsarchiv*, Bd. IV, Dok.-Nr. 601, S. 201–211.
[87] Ebda., Dok.-Nr. 601, S. 201.
[88] Vgl. *W. Czartoryski:* Pamiętnik 1860–1864, Warszawa 1960, bes. S. 125–134, 364–369.
[89] Vgl. *G. Rhode:* Geschichte Polens, S. 392.
[90] Vgl. *S. Kieniewicz:* Les insurrections polonaises du XIX siècle et le problème de l'aide de la France, Warszawa 1971, S. 12.
[91] Vgl. *W. Czartoryski:* Pamiętnik, hrsg. von *H. Wereszycki,* Warszawa 1960.

Krise deutlicher als bisher erkennbar wird[92]. Und doch läßt sich auch heute noch nicht mit letzter Sicherheit erweisen, ob Napoleon entgegen seinen oben erwähnten öffentlichen Verlautbarungen die führenden Politiker des „Hôtel Lambert" nicht doch insgeheim ermunterte oder doch zumindest auf dem Wege über die Kaiserin und den Prinzen Napoleon von dessen der offiziellen Politik zuwiderlaufenden Aktivitäten Kenntnis hatte und sich trotz einer gewichtigen russenfreundlichen Gruppe in seiner nächsten Umgebung nicht dazu entschließen konnte, dieselben rechtzeitig und nachhaltig zu unterbinden[93].

Es kann nicht die Aufgabe dieser Arbeit sein, eine Lösung dieses höchst diffizilen und schon vom Gegenstand her kaum lösbaren Problems auch nur anzustreben[94]. Es sollte aber nicht unerwähnt bleiben, daß trotz der monumentalen Studie von Stanisław Bóbr-Tylingo über „Napoléon III, l'Europe et la Pologne en 1863-4"[95], die freilich selber nicht selten einem ähnlich ausgeprägten Wunschdenken unterliegt, wie es in Kreisen des „Hôtel Lambert" anzutreffen war, die diplomatische Geschichte der polnischen Krise von 1863 im Grunde weiterhin ungeschrieben ist[96]. Man wird aber doch Stefan Kieniewicz, dem augenblicklich wohl besten Kenner dieser schwierigen Materie, darin folgen dürfen, daß die undurchsichtigen und widersprüchlichen Züge der napoleonischen Diplomatie entscheidend mit dazu beigetragen haben, daß die Hoffnung auf eine französische militärische Intervention zugunsten der Insurrektion die Agenten des „Hôtel Lambert" psychologisch gesehen förmlich dazu verleiten *mußte*, durch großenteils absichtliche Übertreibungen und Fehlinterpretationen der ihnen aus dem Palais Royal und dem Ministère des Affaires Étrangères zugekommenen vagen Andeutungen ihre Gesinnungsfreunde im Königreich Polen und in den beiden anderen Teilgebieten zu höchstem Einsatz und weiterem Ausharren anzuspornen. Daß dabei auch die Furcht vor einer sozialen Umwälzung und daraus resultierend dem Verlust ihrer traditionellen Führerrolle die Partei der „Weißen" dazu bewogen haben mag, Alles zu tun, um die Leitung des Aufstandes selbst in die Hand zu bekommen, ist mit einiger Wahrscheinlichkeit nicht auszuschließen, doch dürfte dieser Faktor kaum

[92] Bis dahin galt als Hauptquelle vor allem das leider nicht durchgängig zuverlässige Memoirenwerk Stanisław Koźmians als des Beauftragten der Pariser Zentrale in Krakau. Vgl. *S. Koźmian:* Das Jahr 1863, Polen und die europäische Diplomatie, übers. von *S. R. Landau*, Wien 1896.

[93] Als wichtigste Persönlichkeit dieser Gruppe galt der „zweite Mann des Kaiserreichs", Morny. Grundlegend dazu *G. Grothe:* Herzog von Morny, Der zweite Mann im Reich Napoleons III., Berlin 1966, Bes. S. 228–231.

[94] Hier sind vor allem die zahlreichen Arbeiten des exilpolnischen Historikers Stanisław Bóbr-Tylingo zu nennen, die im Literaturverzeichnis einzeln verzeichnet sind!

[95] Vgl. *S. Bóbr-Tylingo:* Napoléon III, l'Europe et la Pologne en 1863–4, in: Antemurale VII/VIII (1963) S. 1–362.

[96] Vgl. die vorbildliche, vielleicht noch zurückhaltende Besprechung der Arbeit durch *H. Euler* in: HZ 203 (1966) S. 142–144.

entscheidend ins Gewicht gefallen sein[97]. – Die schließliche Niederlage des Aufstandes aber sollte auch das Ende der bis dahin immer noch ausschlaggebenden Rolle der Emigration besiegeln[98].

Für die meisten deutschen Beobachter in Paris, die von diesen im Geheimen geführten Unterhandlungen selbstverständlich nur gelegentlich etwas erfuhren[99], war mit den Ausführungen Billauts im Senat und dem Schreiben Napoleons an seinen Sprechminister, das freilich offenbar erst nach dem Eintreffen der Nachricht von der Niederlage Langiewicz' veröffentlicht worden war[100], das Schicksal der polnischen Erhebung vorerst entschieden. Der badische Gesandte schrieb seinem Hof bereits am 20. März: „Ce discours de Monsieur Billaut est considéré comme étant l'indice d'une situation détendu pour le moment du moins, en regard du défaut de concours éprouvé par la France pour un concert simultané des puissances en faveur de la Pologne, – et de l'impossibilité de s'aventurer isolément dans la question. Les paroles de Monsieur Billaut ont calmé les vives appréhensions des Cabinets intéressés en première ligne à la question"[101].

Auch die deutsche Presse urteilte ähnlich. So hieß es im Leitartikel der Augsburger „Allgemeinen Zeitung" unter der Überschrift „Die polnische Verwicklung und ihre Rückwirkung auf die Stellung der europäischen Großstaaten", Kaiser Napoleon habe mit seiner Erklärung im „Moniteur" die Rede Billauts „zu einer Art von conservativem Manifest an Europa gemacht und damit überdieß den hohlen Declamationen seines rothen Vetters ein förmliches Dementi gegeben ..., dessen sie kaum bedurften". Dazu könne man sich nur beglückwünschen[102]. Und an anderer Stelle hieß es in derselben Nummer des Blattes, nunmehr sei „die polnische Frage in ihre letzte Phase getreten". Jetzt werde es die Diplomatie erwirken, „daß eine Ordnung der Dinge hergestellt wird, welche den billigen Ansprüchen der Polen entspricht", und dies werde um so eher geschehen, „als das Petersburger Cabinet den Wünschen der Regierungen entgegenkommen wird und überdieß schon erklärt hat, daß es sämmtliche von ihm in Polen eingeführte Reformen bestehen lassen werde ..."[103].

97 Vgl. u. a. *S. Kieniewicz:* Les insurrections polonaises du XIXe siècle et le problème de l'aide de la France, Warszawa 1971; *ders.*: Les chances de l'insurrection polonaise de 1863, Warszawa 1973; dazu die vorzügliche Rezension von *E. Halicz* in: JbGOE 23 (1975) S. 453 bis 456.

98 Vgl. dazu grundsätzlich *H. Roos:* Die polnische Nationsgesellschaft und die Staatsgewalt der Teilungsmächte in der europäischen Geschichte (1795–1863), in: JbGOE 14 (1966) S. 388–399; grundlegend *J. Zdrada:* Zmierch Czartoryskich, Warszawa 1969.

99 Dies gilt mit Ausnahme des Fürsten Metternich, der wiederholt mit Czartoryski zusammentraf und diesen offenbar mehrmals zur Fortsetzung des Aufstandes ermutigte. Vgl. *W. Czartoryski:* Pamiętnik, S. 361, 368, 371 (Gespräche am 11. März, 26. März und 1. April).

100 *Goltz an Bismarck* – 23. III. 1863 – APP III, Nr. 350, Anm. 1.

101 *Schweitzer an Roggenbach* – 20. III. 1863 – GLA Karlsruhe, Best. 48/3009.

102 *AAZ* Nr. 85 vom 26. März.

103 Korrespondentenbericht aus Paris vom 22. März, ebda. Rochau sprach von einer „neuen Schaustellung der Mäßigung und Friedensliebe des Bonapartismus". *„Wochenschrift des Nationalvereins"* Nr. 152 vom 27. März.

In der Tat war inzwischen eine am 2. März ausgefertigte, bezeichnenderweise aber mit den anderen Mächten nicht abgestimmte britische Protestnote[104] am 9. März in Petersburg überreicht worden, in welcher der russische Herrscher dringend ersucht wurde, der blutigen Revolte seiner polnischen Untertanen mittels einer sofortigen und vorbehaltlosen Amnestie und der Rekonstitution der den Polen in den Wiener Stipulationen von 1815 garantierten Rechte ein Ende zu setzen[105], und hatte bei Gortschakow eine vorsichtig ausweichende, aber doch nicht gänzlich ablehnende Aufnahme gefunden[106]. Allerdings ging der kaiserliche Vizekanzler auf die Idee einer vollständigen Amnestie zum augenblicklichen Zeitpunkt nicht ein. Auch vermochte er in der Wiener Kongreßakte[107] keinen tragfähigen Rechtsboden für eine auswärtige Einmischung zu erkennen, „und der Fürst Gortschakoff hat daher entschieden der polnischen Frage den Charakter einer inneren Angelegenheit vindicirt, in welcher die kaiserlich russische Regierung allein der kompetente Richter sey“[108].

Der bayerische Gesandte in Petersburg faßte die russische Antwort in einer Analyse vom 11. März folgendermaßen zusammen[109]: Der Kaiser halte trotz der gegenwärtigen beklagenswerten Ereignisse im Königreich Polen an der seit seinem Regierungsantritt eingeleiteten Reformpolitik weiterhin unbeirrt fest, könne freilich nationale polnische Streitkräfte nicht zugestehen. Auf der anderen Seite vermöge die kaiserliche Regierung die Rekrutierung vom Januar nicht als die eigentliche Ursache der Insurrektion zu betrachten, sondern sehe in ihr lediglich einen Vorwand („prétexte“), den revolutionäre Kräfte im Königreich selbst und im Ausland auszunutzen versucht hätten, um die polnischen Untertanen des Zaren gegen ihren legitimen Herrscher aufzuwiegeln.

Als den ausschlaggebenden Punkt in der russischen Argumentation aber bezeichnete der deutsche Diplomat die Auffassung, daß man in Petersburg die auf dem Wiener Kongreß für das Königreich Polen übernommenen Verpflichtungen zwar prinzipiell niemals in Abrede gestellt habe, sie jedoch nach wie vor als hochherziges Gnadengeschenk Kaiser Alexanders I. betrachte, welches die Polen in ihrer

[104] Vgl. *W. E. Mosse:* England and the Polish Insurrection of 1863, in: EHR 71 (1956) S. 28 bis 55, bes. S. 32.

[105] *Russell an Napier (Petersburg)* – 2. III. 1863 – in: *Das Staatsarchiv,* Bd. IV, Dok.-Nr. 685. In einem privaten Begleitschreiben fügte Russell hinzu: „I am not at all sure that the Poles would not accept the Treaty of 1815, but they would be right to do so, and it is the best card the Emperor of Russia could play.“ Zit. bei *H. Wereszycki:* Anglia a Polska w latach 1860–1865, Lwów 1934, S. 25.

[106] *Bernstorff an Bismarck* – 18. III. 1863 – APP III, Nr. 344.

[107] Der entsprechende Passus lautete: „Les Polonais, sujets respectifs de la Russie, de l'Autriche et de la Prusse, obtiendront une répésentation et des institutions nationales, reglées d'après le mode de l'existence publique, que chacun des gouvernements auxquels ils appartient, jugera utile et convenable de leur accorder.“ Zit. bei *G. Rhode:* Geschichte Polens, S. 341–342, Anm. 9.

[108] *Spitzemberg an Hügel* – 12. III. 1863 – HStA Stuttgart, Best. E 72/124/Bl. 74.

[109] *Perglas an König Maximilian II.* – 27. II. / 11. III. 1863 – GStA München, MA III/2747.

törichten Undankbarkeit im Jahre 1831 leichtfertig ausgeschlagen hätten, als sie die Dynastie der Romanows für abgesetzt erklärten[110]. Dennoch habe der jetzige Herrscher seinen undankbaren polnischen Untertanen wiederum großzügige Konzessionen eingeräumt, deren Inkraftsetzung und Durchführung er sich allerdings „complètement" reservieren müsse. Auf diese Weise, so schloß Baron Perglas, ermöglichten es die in der Wiener Schlußakte für das Königreich Polen niedergelegten Stipulationen einerseits dem englischen Kabinett, durch seinen jüngsten Protest die polnische Frage auf das europäische Terrain zu heben, während sie andererseits der Petersburger Regierung dazu dienten, eine denkbare diplomatische Intervention der Wiener Signatarmächte unter Berufung auf eben diese Bestimmung zurückzuweisen.

In der Tat war hiermit exakt die abweichende Interpretation der Wiener Kongreßakte bezeichnet, welche den Inhalt der diplomatischen Diskussionen der kommenden Wochen und Monate zwischen dem Russischen Reich, den Westmächten und Österreich bilden sollte. Im übrigen gab sich Fürst Gortschakow beim Empfang der britischen Protestnote einstweilen recht gelassen und vertrat noch am selben Tag in einem Schreiben an den Großfürsten-Statthalter in Warschau die etwas sanguinische Meinung, die Depesche Lord Russells vom 2. März sei offensichtlich nicht besonders ernst gemeint und eher für ein späteres englisches bluebook abgefaßt: „L'impression que j'en ai reçue est, que ce n'est pas une démarche sérieuse, mais un acquis de conscience parlementaire. Ni la France ni l'Angleterre ne veulent aller trop loin et il me paraît qu'elles s'observent réciproquement et calculent qui fera la démarche la moins accentuée"[111]. Bei dieser Lage der Dinge sei es von ausschlaggebender Bedeutung, daß der Aufstand unverzüglich und mit aller gebotenen Energie niedergeschlagen werde, um die außenpolitische Bewegungsfreiheit und die militärische Reputation des Reiches wiederherzustellen[112].

Um letztere stand es im übrigen Europa in der Tat nicht gerade zum besten, und vergeblich mahnte der Vizekanzler die Warschauer Regierung: „La seule condition certaine pour éviter de plus graves complications servait une prompte et énergique répression de la lutte révolutionnaire" – dies sei die einhellige Meinung aller russischen Botschaften und Agenten im Ausland[113]. In Wien ließ Graf Rech-

[110] Vgl. u. a. *W. Bortnowski:* Walka o cele powstanie listopadowego, Łódź 1960; *R. F. Leslie:* Polish Politics and the Revolution of November 1830, London 1956; *G. Rhode:* Geschichte Polens, S. 344–354. Zusammenfassend *S. Kieniewicz:* Historia Polski 1795–1918, Warszawa 1968, S. 98–112; zum Echo in Deutschland vgl. *H. Kocoj:* Niemcy a powstanie listopadowe. Sprawy powstania listopadowego w niemieckiej opinii publicznej i w polityce pruskiej 1830–1831, Warszawa 1970.

[111] *Gortschakow an Konstantin* – 25. II./9. III. 1863 – in: *Korespondencja Namiestników*, Dok.-Nr. 194.

[112] „L'essentiel est et reste que l'insurrection soit domptée au plus tôt. Cela fait, sauf l'imprévu, l'écheveau diplomatique se dévidera." *Gortschakow an Konstantin* – 25. II./9. III. 1863 – Ebda.

[113] *Gortschakow an Konstantin* – 5.–7. III. 1863 – in: *Korespondencja Namiestników*, Dok.-Nr. 223.

berg keinen Zweifel daran, daß es seiner Ansicht nach um Kampfkraft und Disziplin der im Königreich Polen operierenden Truppen schlimm bestellt sein mußte. Dem soeben in Wien eingetroffenen kurhessischen Gesandten erklärte er bei dessen Antrittsaudienz: „Die Soldaten mißtrauen den Offizieren, die sie, nachdem in neuerer Zeit die liberalen Anschauungen so reiche Wurzel im russischen Offizierscorps geschlagen hätten, als Feinde des Kaisers betrachteten und deßhalb den gegebenen Befehlen nur so weit folgten, als sie es selbst für gut und den Interessen des Kaisers für angemessen hielten. Bei solcher Lage der Dinge sei ein Ende gar nicht abzusehen“[114].

Auch aus Berlin wurde für die Tatkraft der Warschauer Administration und die dortige Armeeführung wenig Schmeichelhaftes gemeldet[115]. So berichtete der Ministerresident für die Herzogtümer Braunschweig und Nassau am 20. März aus der preußischen Hauptstadt: „Die Nachrichten, welche der Großherzog von Oldenburg und der Prinz Wilhelm von Baden, welche auf ihrer Rückreise von Petersburg Warschau berührt haben, von dort hierher brachten, lauteten für die Russen keineswegs günstig; Warschau selbst soll zwar durch eine Besatzung von etwa 20 000 Mann sicher gestellt sein, dagegen gelingt es nicht, den Revolutionscomitee (sic!) . . . zu ergreifen; das Mißlingen aller darauf gerichteten Bemühungen erweckt den Verdacht von Verrath selbst im Schooße der Polizeimacht; auch die Truppen sollen durch vieles Hin- und Hermarschieren, bei schlechter Verpflegung, ermüdet und unlustig sein . . . “. Die neueste Nachricht, daß Langiewicz gänzlich geschlagen und auf der Flucht sei, setze endlich „die Verhältnisse in günstigeres Licht“[116].

In der Tat wurde das überraschend schnelle Ende des (zweiten) polnischen „Diktators“ in Wien, Berlin und den anderen deutschen Residenzen sowie in den führenden deutschen Presseorganen durchweg mit spürbarer Erleichterung zur

[114] *Baumbach an Kurfürst Friedrich Wilhelm* – 19. III. 1863 – StA Marburg, Best. 9 a/64/Bl. 119–120. Das Vorhandensein einer „revolutionären Situation“ in der russischen Armee ist von der sowjetischen Historiographie wiederholt behauptet worden. Vgl. u. a. *V. A. D'jakov / I. S. Miller:* Revoljucionnoe dviženie v russkoj armii i vosstanie 1863 g., Moskva 1964; den dort vertretenen Auffassungen ist engegengetreten *H. P. Stein:* Der Offizier des russischen Heeres zwischen Reform und Revolution 1861–1905, in: FzoG 13 (1967) S. 346 bis 507, bes. S. 347 – 348.

[115] Nach den Beobachtungen des Prinzen Wilhelm von Baden in Warschau trat Großfürst Konstantin betont milde und zurückhaltend auf und genoß daher bei den Polen gewisse Sympathien, während die hohen Militärs sehr unzufrieden mit ihm waren. Dagegen hatte sich Wielopolski inzwischen den Haß der Polen wie der Russen zugezogen. Viel werde vom Verhalten der bäuerlichen Bevölkerung abhängen. „Ein ganz bestimmtes mit Kraft durchführbares System zur Herstellung der Ruhe und Consequenz und Einheit beim Vollzug der getroffenen Maasnahmen scheinen nicht zu bestehen.“ *Marschall an Roggenbach* – 21. III. 1863 – GLA Karlsruhe, Best. 48/3009.

[116] *Löhneysen an Wittgenstein* – 20. III. 1863 – HStA Wiesbaden, Rep. 210–10732. Ähnlich *Marschall an Roggenbach* – 23. III. 1863 – GLA Karlsruhe, Best. 48/3009. Auch der großherzoglich-hessische Gesandte hatte den Eindruck, daß man in Berlin „den Polnischen Aufstand zwar nicht als beendigt, so doch als unschädlich gemacht“ betrachte. *Wambolt an Dalwigk* – 23. III. 1863 – StA Darmstadt, Best. 87 e/1.

Kenntnis genommen, gleichzeitig jedoch an die bewährte Milde Kaiser Alexanders appelliert, das unglückselige Land nunmehr durch eine großzügige Reformpolitik dauerhaft zu pazifizieren[117], da nach der Zersprengung der Hauptmasse der Insurgenten der russischen Waffenehre Genüge getan sei[118]. Diese Ansicht unterstrich der württembergische Gesandte in Petersburg, indem er nach Stuttgart schrieb: „Daß nach Niederschlagung des Aufstandes die reformatorische Thätigkeit der Regierung wieder aufgenommen wird, kann niemand bezweifeln, der nicht absichtlich die Grundsätze verkennen will, welche von jeher die innere Politik des Reiches leiten; hat doch Seine Majestät bei der ersten Nachricht über die Unruhen in Polen ausgesprochen, daß sie keine Reaction hervorrufen werden und er zwischen den Verblendeten und dem Kern der Polen zu unterscheiden wisse"[119]. Aus London hatte Graf Bernstorff bereits am 18. März telegraphiert, Kaiser Alexander nehme „seine Absicht, dem Königreich Zugeständnisse zu machen, nicht zurück und beabsichtigt auch, eine Amnestie zu erteilen, behält sich aber die Wahl des Zeitpunktes vor"[120].

Die politische Welt Deutschlands rechnete allgemein mit einer Fortführung der seit 1861 im Königreich Polen von der russischen Regierung inaugurierten Reformen. In Berlin sprach sich Bismarck gleichfalls für eine sofortige Amnestie für alle Aufständischen aus, welche die Waffen strecken sollten, um auf diese Weise den Wirren ein baldiges Ende zu setzen[121]. Besonders befriedigt aber zeigten sich Diplomatie und Presse über die seit dem Beginn der Krise „mit vielem Geschick, richtigem Takt und Verständniß" geführte österreichische Politik, die sich durch die jüngsten französischen Verlockungen glücklicherweise zu einer abenteuerlichen und den deutschen Interessen abträglichen Handlungsweise nicht habe verleiten lassen und sich durch ihr unerschütterliches Beharren auf dem Standpunkt strikter

[117] Für die Annahme Hillgrubers und Zechlins, es sei der preußischen Politik darauf angekommen, „den Zaren bei allen Liberalen in Europa als Unterdrücker der polnischen Freiheit in Mißkredit zu bringen", hat sich aus den Akten kein Beleg beibringen lassen. Vgl. *A. Hillgruber:* Bismarcks Außenpolitik, Freiburg 1972, S. 50; ähnlich *E. Zechlin:* Die Reichsgründung, S. 100.

[118] Ähnlich urteilte man in London, wo man nach Ansicht des bayerischen Gesandten über diese Entwicklung nicht sonderlich betrübt („fâché") war. *Cetto an König Maximilian II.* – 25. III. 1863 – GStA München, MA III/2258.

[119] *Spitzemberg an Hügel* – 29. III. 1863 – HStA Stuttgart, Best. E 72/124/Bl. 78–79.

[120] *Bernstorff an Bismarck* – 18. III. 1863 – APP III, Nr. 344.

[121] „Herr von Bismarck will in diesem Sinne Vorstellungen in Petersburg gemacht haben, jedoch ohne Erfolg." *Wambolt an Dalwigk* – 23. III. 1863 – StA Darmstadt, Best. 87 e/1. Zu dem sächsischen Gesandten äußerte Bismarck, es sei „zwar immer ein gewagtes Unternehmen, einem so klugen Herrn wie dem Fürsten Gortschakoff einen Rat geben zu wollen. Ich habe dies indessen doch getan und ihm vorgeschlagen, die kaiserliche Regierung möge allen denen, welche die Waffen jetzt niederlegen wollten, vollständige und bedingungslose Amnestie gewähren, dagegen mit äußerster Strenge gegen die weiter Fechtenden verfahren." *Hohenthal an Beust* – 23. III. 1863 – in: *H. Kretzschmar: Die Anfänge* des Ministeriums Bismarck, Dok.-Nr. 105; ähnlich *Marschall an Roggenbach* – 25. III. 1863 – GLA Karlsruhe, Best. 48/3009.

Neutralität (das sich de facto freilich gegen die polnischen Unabhängigkeitsbestrebungen auswirken mußte[122]) „das Anerkenntniß (sic!) und den Dank Rußlands und Preußens" erworben habe[123]. „So bedauerlich die polnische Insurrektion ist, und so ernst sie eine Zeit lang den europäischen Frieden bedrohte", meinte der bayerische Gesandte in Wien, „scheint sie doch die erfreuliche Folge einer gegenseitigen Annäherung von Oesterreich, Preußen und Rußland nach sich zu ziehen". Namentlich in Berlin habe man die Gefahr, die von Frankreich drohe, endlich erkannt[124].

Für den Pariser Korrespondenten der „Kölnischen Zeitung" stellte sich gerade das Kaiserreich Napoleons III. als das Haupthindernis einer für alle europäischen Mächte akzeptablen Lösung des polnischen Problems heraus. „Im Ganzen genommen", so schrieb er am 25. März aus der französischen Hauptstadt, „ist die Lage der Dinge für die Polen also nicht günstig. Ohne Frankreich könnte wohl etwas für dieselben geschehen. Obgleich dasselbe große Sympathien für Polen hegt, so ist es doch das Hinderniß, das sich einer günstigen Lösung der polnischen Frage entgegenstemmt. Alle Mächte sind nämlich voll Mißtrauen und befürchten, daß Frankreich, wenn es zum Kriege kommt, andere Absichten durchzusetzen sucht"[125].

In der Tat bestand allen über die Person des Fürsten Metternich vorangetriebenen intensiven Bündnissondierungen aus Paris zum Trotz eigentlich zu keinem Zeitpunkt der polnischen Krise für die französische Politik eine echte Chance, die leitenden Staatsmänner Österreichs vom Vorteil eines unabhängigen Polen für den Bestand der Donaumonarchie zu überzeugen. Am Ballhausplatz wußte man sehr wohl, daß ein solcher Staat, dessen revolutionäre Energien eben erst wieder zutage traten[126], einerseits Anlehnung an Frankreich suchen und somit das machtpolitische Potential dieser Macht in Europa verstärken mußte und sich andererseits auf längere Sicht kaum mit den ihm auf dem Wiener Kongreß gezogenen Grenzen zufrieden geben, sondern sogleich Ansprüche auf das österreichische Kronland Galizien und das erst im Jahre 1846 im Anschluß an blutige Unruhen annektierte Krakau anmelden würde[127]. Bei aller Konzilianz gegenüber den Tuilerien ließ Graf Rechberg daher zunächst in London unmißverständlich erklären, keine Macht

[122] Diese Schlußfolgerung zieht bereits *H. Wereszycki:* Austrja a powstanie styczniowe, Lwów 1930; ähnlich wieder *E. Halicz* in: JbfGO 23 (1975) S. 453–456, bes. S. 455.

[123] *Gise (Dresden) an Schrenck* – 26. III. 1863 – GStA München, MA III/2838 (Privatbrief).

[124] *Bray an König Maximilian II.* – 28. III. 1863 – GStA München, MA III/2431.

[125] *KZ* Nr. 86 vom 27. März.

[126] Aus naheliegenden Gründen legt die neuere polnische Historiographie auf diesen Faktor besonderen Wert und bedauert, daß man den Versuch einer „levée en masse" nicht gewagt habe. Vgl. *S. Kieniewicz:* Les chances de l'insurrection polonaise de 1863, Warszawa 1973, bes. S. 12; dazu die treffenden Einwände von *E. Halicz* in: JbfGO 23 (1975) S. 453–456. 453–456.

[127] Grundlegend *M. Żychowski:* Rok 1846 w Rzeczypospolitej Krakowskiej i Galicji, Warszawa 1956; in mehr als einer Hinsicht enttäuschend *A. Gill:* Die polnische Revolution 1846, Wien-München 1974.

dürfe Österreich eine Politik zumuten, bei welcher „das Risiko gewiß und die Vorteile problematisch" seien[128] und in letzter Konsequenz zum Verlust einer seiner wertvollsten Provinzen führen müsse[129], die sich auch durch überaus vage Aussichten auf eventuellen territorialen Erwerb in den Donaufürstentümern nicht annähernd kompensieren lasse[130].

Außer dem Vertreter des Russischen Reiches in Wien gegenüber, wo eine derartige Sprache freilich durchaus auch taktisch bedingt sein mochte[131], sprach sich der kaiserliche Minister besonders anläßlich der Abschiedsaudienz für den kurhessischen Gesandten in Wien über die Position der österreichischen Regierung den polnischen Wirren gegenüber in ungewöhnlicher Offenheit aus[132]. Nach dem Bericht des württembergischen Gesandten vom 18. März hatte Graf Rechberg bei dieser Gelegenheit geäußert: „Wenn Oesterreich sich von Frankreich hinreißen ließe, zur Wiederherstellung Polens gegen Rußland und Preußen den Krieg zu machen, so wäre dieß ein in der Geschichte noch nicht da gewesenes Vorgehen, daß nämlich ein Reich einen Krieg beginne, um eine Provinz zu verlieren. Baron Schachten hätte dann darauf hingedeutet, wie Oesterreich für Galizien anderwärts z. B. durch die Moldau und Wallachei entschädigt werden könnte, worauf der K. K. Minister des Äußeren erwiedert habe, daß Galizien eine der besten und treuesten Provinzen des Kaiserreiches sey, wie sich dieß insbesondere thatsächlich in den Jahren 1848/49 während des ungarischen Krieges erwiesen habe"[133].

Begreiflicherweise bestärkten die zwei Tage später in Wien eintreffende Nachricht von der vollständigen Niederlage des größten polnischen Insurgentenkorps unter Langiewicz und die weiterhin ostensible Zurückhaltung der Regierung in London allen Initiativen des Quai d'Orsay gegenüber das Wiener Kabinett in seiner bislang nicht ohne Erfolg durchgehaltenen vorsichtigen und nach allen Seiten offenen

[128] Zit. bei *E. Eyck:* Bismarck, Leben und Werk, Bd. I, Zürich 1941, S. 481 (leider ohne Quellenangabe!); der daran geknüpften Bemerkung, ein solches Verhalten sei „die Weisheit der Mittelmäßigkeit, die das Risiko und die Probleme scheut", wird man bei genauerer Würdigung der Sachlage kaum zustimmen wollen. Wesentlich vorsichtiger urteilt *E. Engel-Janosi:* „Détruisez l'Autriche-Hongrie!" Österreich und die Westmächte 1815–1918, in: Spectrum Austriae, hrsg. von *O. Schulmeister,* Wien 1957, S. 225–251, bes. S. 234.

[129] So der Londoner Botschafter, Graf Apponyi, im Gespräch mit Lord Russell, zit. bei *W. E. Mosse:* The European Powers and the German Question, S. 118.

[130] Daß Frankreich zum Tausch gegen Galizien die Donaufürstentümer angeboten habe, wurde auch aus Paris berichtet. *Wendland an König Maximilian II.* – 1.IV. 1863 – GStA München, MA III/2121.

[131] *Werther an Bismarck* – 18. III. 1863 – APP III, Nr. 346.

[132] Freilich sprach Rechberg hier mit dem Vertreter eines Staates, dessen Herrscher zu den düstersten Figuren auf der politischen Szene des damaligen Deutschen Bundes zu rechnen ist. Das Regiment des „letzten Kurfürsten" galt den Zeitgenossen als durchaus „absolutistisch". Übrigens waren die Beziehungen zum preußischen Nachbarn schon aus geographischen Gründen häufig gespannt und gerade jetzt wieder unterbrochen. Vgl. *E. Zechlin:* Bismarck und die Grundlegung der deutschen Großmacht, S. 221–225.

[133] *Ow an Hügel* – 18. III. 1863 – HStA Stuttgart, Best. 70 b/Bü 73/2–3.

Politik[134], der es am 21. März in einem programmatischen Leitartikel in der Wiener „General-Correspondenz", „welcher den offiziösen Stempel an sich trägt", auch öffentlichen Ausdruck gab. Darin hieß es u. a., es bestehe durchaus keine „drängende Notwendigkeit", sich für die eine oder andere von zwei einander entgegengesetzten Richtungen zu entscheiden, „als handle sich's um den Anschluß an die Politik der Westmächte oder an diejenige der nordischen Großmächte". Die Erhaltung des status quo, „was gleichbedeutend mit der Erhaltung des Europäischen Friedens ist", hinge keineswegs davon ab, „daß Oesterreich irgend eine Wahl treffe, die es aus der bisher eingehaltenen Richtung treibe, sondern ganz umgekehrt darin, daß unser Cabinet unabänderlich festhalte an der Linie eines Verhaltens, die ihm Oesterreichs Stellung als mitteleuropäische Großmacht sowie das eigene Interesse vorzeichnet. Dieses Verhalten hat bis jetzt eine allgemeine Billigung gefunden und solche Billigung kann Oesterreich nur dann auf die Dauer sich erhalten, wenn es aus der ausgleichenden und moderirenden Stellung nicht heraustritt"[135].

Diese letzte Bemerkung traf für die öffentliche Meinung in Österreich und darüber hinaus wohl auch für den Bereich des Deutschen Bundes durchaus zu. Selbst das der Donaumonarchie im allgemeinen nicht besonders wohlgesonnene Sprachrohr des Nationalvereins ließ sich Ende März aus Wien schreiben: „Was die polnische Angelegenheit anbelangt, so ist ganz Oesterreich erstaunt, sich mit der Regierung in dieser Frage einig zu sehen. Es gibt keine Partei in Oesterreich, keine einzige, die das Verhalten unserer Regierung tadelt; selbst die Führer der tschechischen Nation kommen über das Bedauern über diesen slawischen Bruderkrieg nicht hinaus"[136].

Auch in den kleineren deutschen Residenzen breitete sich allgemein unverkennbare Genugtuung über die dort wegen der gefahrvollen europäischen Lage dringend erwünschte und sich augenscheinlich allmählich anbahnende Aussöhnung zwischen den Höfen von Berlin und Wien aus, in deren Beziehungen nach den Spannungen des Winters[137] nunmehr „ein milderer und fast freundschaftlicher Ton" spürbar wurde[138]. Als zusätzliches Indiz dieser positiven Entwicklung galt

[134] Den bayerischen Gesandten in Wien erinnerte die Position Österreichs an dessen Lage vor dem Krimkrieg. „Auch damals warben sowohl Rußland als die Westmächte um den Beifall und die Mitwirkung Oesterreichs." Leider seien damals durch eine fehlerhafte Politik Wiens „der italienische Krieg und der Verlust der Lombardei" das Ergebnis gewesen. Diesmal habe das österreichische Kabinett weitaus geschickter operiert. *Bray an König Maximilian II.* – 6. IV. 1863 – GStA München, MA III/2431.

[135] *Thienen an Wittgenstein* – 21. III. 1863 – HStA Wiesbaden, Rep. 210–3438.

[136] *„Wochenschrift des Nationalvereins"* Nr. 152 vom 27. März. Vgl. dazu die freilich zu anderen Ergebnissen gelangenden Arbeiten von *A. Michalek:* Czesi w powstaniu styczniowym, in: Teki Historyczne 12 (1962/63) S. 117–144; *V. Žáček:* Cesi a Poláci v době lednového povstáni polského v 1863, in: ČČH 11 (1963) S. 717–741.

[137] Vgl. *R. Isler:* Diplomatie als Gespräch. Bismarcks Auseinandersetzung mit Österreich im Winter 1862/63, Winterthur 1966.

[138] *Bray an König Maximilian II.* – 6. IV. 1863 – GStA München, MA III/2431.

der deutschen Diplomatie ferner der dem Ballhausplatz signalisierte persönliche Wunsch König Wilhelms, den kaiserlichen Gesandten in Berlin, Graf Károlyi, der eigentlich für den durch das aus persönlichen Gründen erfolgte Ausscheiden des in Petersburg akkreditierten Botschafters Grafen Friedrich Thun[139] freigewordenen Posten am Zarenhof vorgesehen war, am königlichen Hof zu belassen[140] – eine Bitte, der man in Wien bereitwillig entgegenkam[141]. Die inneren Schwierigkeiten – so schrieb der großherzoglich-hessische Gesandte nach Darmstadt –, in welche man sich durch den voreiligen Abschluß der Konvention vom 8. Februar gebracht habe, und die Aussicht, daß Frankreich demnächst in Mexiko Frieden schließen könnte, um dann der polnischen Frage seine ungeteilte Aufmerksamkeit zuzuwenden, hätten in Berlin offenbar doppelt das Bedürfnis fühlen lassen, „sich fest an Oesterreich und die anderen deutschen Bundesgenossen anzuschließen"[142].

Zur Politik Wiens in der polnischen Frage äußerte man sich beispielsweise in Stuttgart voller Anerkennung und lobte „die hervorragende Stellung, in welche sich der oesterreichische Hof bei Gelegenheit jener Verwicklung zu bringen gewußt hat". Im Augenblick werde Österreich nicht nur von Frankreich und England als Bundesgenosse umworben, sondern auch der russische Kaiser habe sich „mit lange nicht mehr vernommenen verbindlichen und freundschaftlichen Worten gegen den oesterreichischen Gesandten in Petersburg ausgesprochen", und sogar Bismarck habe nicht umhin gekonnt, „eine freundliche Miene einzunehmen"[143]. Dem preußischen Gesandten erklärte Freiherr von Hügel deshalb, er habe die Nachricht von einer „sich anbahnenden Annäherung zwischen den Höfen von Berlin und Wien mit lebhafter Befriedigung aufgenommen", und wies auf die Bedeutung dieser Entwicklung für den gesamten Deutschen Bund angesichts der Gefahren hin, „welche vielleicht in nicht zu ferner Frist der deutschen Rheingrenze drohen könnten"[144]. In Dresden hingegen herrschte der Eindruck vor, daß Österreich nach seinen negativen Erfahrungen im italienischen Krieg ohne Vertrauen in die Politik der Westmächte und seiner „notorischen" Stellung zu Rußland und Preußen wegen vorerst „in einer zuwartenden Stellung . . . verharren" werde[145].

[139] Allen anderen Spekulationen, die sich in der Presse an die Abreise des Grafen Thun aus Petersburg knüpften, trat Rechberg entschieden entgegen und erklärte: „Mit der Reise des Fürsten Metternich bez. der polnischen Frage stünden diese Personalveränderungen somit in gar keiner Verbindung." *Ow an Hügel* – 24. III. 1863 – HStA Stuttgart, Best. E 70 b/ Bü 73/2–3.

[140] *Bray an König Maximilian II.* – 6. IV. 1863 – GStA München, MA III/2431.

[141] Die Zustimmung Wiens erfolgte am 4. April. *Werther an Bismarck* – 4. IV. 1863 – APP III, Nr. 388.

[142] *Wambolt an Dalwigk* – 8. IV. 1863 – StA Darmstadt, Best. 87 e/1.

[143] *Dusch (Stuttgart) an Roggenbach* – 31. III. 1863 – GLA Karlsruhe, Best. 48/2809.

[144] *Schulenburg (Stuttgart) an Bismarck* – 30. III. 1863 – GStA Berlin-Dahlem, HA III, Nr. 18.

[145] *Rantzau (Dresden) an Bismarck* – 26. III. 1863 – GStA Berlin-Dahlem, ebda.

Unter solchen Auspizien war die Mission des Fürsten Metternich, an welche sich in Paris so weitgespannte Erwartungen geknüpft hatten, selbstverständlich zum Scheitern verurteilt[146]. Als der Botschafter daher unmittelbar nach seiner Rückkehr in die französische Hauptstadt am 23. März im dortigen Außenministerium vorsprach und anschließend auch in den Tuilerien empfangen wurde, stand er sozusagen mit leeren Händen da[147], wenn er auch seinem bayerischen Kollegen gegenüber von einer gewissen Annäherung beider Kabinette sprach[148] – wie übrigens auch die offiziöse Pariser Presse die Reise Metternichs als einen Erfolg bezeichnete[149]. Graf v. d. Goltz dagegen, dem die Vorzugsstellung seines jungen österreichischen Rivalen bei Hofe allerdings seit langem ein Dorn im Auge war, schrieb triumphierend nach Berlin: „Metternich wagt kaum die Augen aufzuschlagen, ein größeres Fiasko läßt sich kaum vorstellen"[150]. Der kurhessische Gesandte berichtete sogar von einer weitverbreiteten Verwunderung darüber, „daß der oesterreichische Botschafter, obgleich er in dieser Angelegenheit (d. i. der polnischen Frage – d. Vf.) sich viel weiter eingelassen habe, als es durch die Intentionen seiner Regierung gerechtfertigt werde, sich nicht wenigstens mit Urlaub auf eine gewisse Zeit von hier entferne"[151].

Dennoch glaubte in Pariser diplomatischen Kreisen niemand ernstlich daran, daß Napoleon angesichts der Zurückhaltung der anderen Großmächte nunmehr vor den wachsenden Schwierigkeiten seiner Polenpolitik kapitulieren würde[152], wenngleich Metternich nach Wien telegraphierte, seinem Eindruck nach habe man

[146] „Fürst Metternich ist gewiß für den Kaiser Louis Napoleon und Herrn Drouyn de Lhuys mit freundlichen Phrasen und rücksichtsvoller Schonung nach Paris zurückgekehrt, doch mit weiteren Zugeständnissen dürfte er nicht versehen sein, wenn man auch hier die moralische Isolierung Frankreichs nicht ohne Bedenken findet." *Werther an Bismarck* – 23. III. 1863 – GStA Berlin-Dahlem, HA III, Nr. 18, Bd. III.

[147] „Il se conforme de plus en plus, que le Prince Metternich reçu par Monsieur Drouyn de Lhuys et par l'Empereur, n'a rapporté ici que des paroles courteoises et sympathiques de Son Souverain, sans engagement aucun en faveur d'une action collective à exercer à Saint Pétersbourg." *Schweitzer an Roggenbach* – 27. III. 1863 – GLA Karlsruhe, Best. 48/3009.

[148] *Wendland an König Maximilian II.* – 26. III. 1863 – GStA München, MA III/2121.

[149] Der kurhessische Gesandte schrieb aus Paris, ein Artikel der „France", „welcher das Resultat der Reise des Fürsten Metternich als ein den diesseitigen Wünschen entsprechendes hinstellte", sei ebenso wie die Kongreßidee nur ein Fühler, „um das Terrain zu sondieren." *Trott an Kurfürst Friedrich Wilhelm* – 28. III. 1863 – StA Marburg, Best. 9 a/193/Bl. 46–47.

[150] *Goltz an Bismarck* – 28. III. 1863 – in: *O. Graf Stolberg-Wernigerode:* Robert Heinrich v. d. Goltz, Dok.-Nr. 27, S. 330.

[151] *Trott an Kurfürst Friedrich Wilhelm* – 3. IV. 1863 – StA Marburg, Best. 9 a/193/Bl. 50–51.

[152] „Aux affaires étrangères on continue à parler avec assez de hauteur de l'absolue nécessité du rétablissement d'un Royaume de Pologne fortement constitué, sans toutefois jusqu'ici réclamer l'autonomie." *Wächter an Hügel* – 28. III. 1863 – HStA Stuttgart, Best. E 70/47/Bl. 119–118.

in den Tuilerien die Idee einer Unabhängigkeit Polens inzwischen aufgegeben[153]. Schon erschien nämlich in der offiziösen „France" einmal mehr die Lieblingsidee des Kaisers von einem gesamteuropäischen Kongreß zur Lösung aller zwischen den Mächten schwebenden Streitfragen[154], dem in Deutschland freilich keine Erfolgsaussicht eingeräumt wurde[155], während man am Quai d'Orsay die polnische Emigration offensichtlich zu weiterem Ausharren zu ermuntern suchte[156]. Nach den – allerdings mit gewisser Vorsicht heranzuziehenden – Aufzeichnungen des Fürsten Czartoryski rieten sowohl Drouyn de Lhuys als auch Fürst Metternich (!) dem Führer des „Hôtel Lambert" zur Fortsetzung der Insurrektion[157], da Petersburg diplomatische Vorstellungen Österreichs, Englands und Frankreichs höchstwahrscheinlich zurückweisen werde, „alors c'est la guerre . . ."[158].

Auch in Wien dauerten die fortgesetzten Pressionen der Westmächte an[159]. Entgegen neuerdings wieder anzutreffenden Auffassungen[160] hat W. E. Mosse aus den Dokumenten des Foreign Office schlüssig nachweisen können, daß auch hierbei die französische Regierung die Initiative übernahm und daher die Vorstellung, England habe auf das österreichische Kabinett schweren Druck („severe pressure") ausgeübt, ebenso unbegründet ist wie die gegenteilige Anschauung, die britische Regierung habe in Wien auf eine Ablehnung der französischen Vorschläge hinge-

[153] *Werther an Bismarck* – 26. III. 1863 – APP III, Nr. 365.

[154] „Cette article a naturellement causé une grande sensation, à cause des rélations qu'on sait exister entre le journal et le Ministère des Affaires Etrangères." *Grancy an Dalwigk* – 28. III. 1863 – StA Darmstadt, Best. 28 b/7/Bl. 36–37.

[155] Der badische Gesandte in Paris meinte, die Idee eines Kongresses sei wohl eher ein Versuchsballon, da Rußland es aller Wahrscheinlichkeit nach ablehnen werde, „à se présenter devant un tribunal européen." *Schweitzer an Roggenbach* – 27. III. 1863 – GLA Karlsruhe, Best. 48/3009. Der Berliner Korrespondent der Augsburger „Allgemeinen Zeitung" schrieb, die Konferenzidee diene Paris offensichtlich nur dazu, um die diplomatische Niederlage, die es in der polnischen Frage erlitten habe, zu verdecken. *AAZ* Nr. 89 vom 30. März. Ludwig August v. Rochau meinte in seinem Leitartikel vom 3. April: „Die russische Regierung kann und wird vermutlich zu beträchtlichen Zugeständnissen an die Polen bereit sein, aber wohl kaum die Selbstverleugnung so weit treiben, die übrigen Mächte gewissermaßen als Schiedsrichter der russisch-polnischen Händel anzuerkennen." Vgl. „*Wochenschrift des Nationalvereins*" Nr. 153 vom 3. April.

[156] Vgl. *S. Bóbr-Tylingo:* Napoléon III, l'Europe et la Pologne, S. 92–93.

[157] Vgl. *W. Czartoryski:* Pamiętnik, S. 371 (Gespräche mit Drouyn de Lhuys und Metternich am 31. März bzw. 1. April).

[158] Der württembergische Gesandte in Wien erfuhr von einem galizischen Edelmann, daß der Zuzug von Freiwilligen aus Galizien in das Kampfgebiet ständig im Wachsen begriffen sei, „weil das Losungswort aus Frankreich noch stets dahin laute, daß die Insurgenten fest aushalten sollten." *Ow an Hügel* – 26. III. 1863 – HStA Stuttgart, Best. E 70 b/Bü 73/ 2–3 (Vertraulich!).

[159] *Werther an Bismarck* – 28. III. 1863 – APP III, Nr. 371.

[160] Sowohl Hillgruber wie Zechlin meinen, daß England nunmehr „nachgestoßen" habe, um eine ihm bedrohlich erscheinende „russisch-französische Allianz langfristig auszuschließen." Vgl. *A. Hillgruber:* Bismarcks Außenpolitik, S. 52; ähnlich *E. Zechlin:* Die Reichsgründung, S. 101. Der Aktenbefund widerstreitet dieser Auffassung!

wirkt[161]. Auch in den deutschen Akten ist von derartigen englischen Aktivitäten keine Rede[162]. Allerdings hegte man an der Seine zunehmend den Verdacht, daß England die französischen Pläne in Wien hintertriebe, so daß sich nun auch zwischen den Kabinetten von London und Paris argwöhnisches Mißtrauen geltend machte[163].

Die diplomatische Welt und die deutsche öffentliche Meinung waren sich nahezu einig, daß der weitere Fortgang der Ereignisse sich nun in erster Linie nach den am Wiener Ballhausplatz zu treffenden Entscheidungen richten würde[164]. In Brüssel erklärte der durch zahlreiche verwandtschaftliche und persönliche Beziehungen zu nahezu allen Höfen Europas stets auf das Genaueste unterrichtete greise belgische König Leopold I. dem neuen preußischen Gesandten v. Savigny, im Grunde sei die Erhaltung des Friedens nur „dem besonnenen und korrekten Verhalten Österreichs" zu verdanken. „Denn nur zwei Dinge sind es allein . . . , vor denen unser westlicher Nachbar . . . stets zurückschrecken wird; vor einer aufrichtigen Allianz zwischen Preußen und Österreich nämlich, und, in Folge dessen, vor einem Widerstand von ganz Deutschland . . . "[165].

In ähnlichem Sinne resümierte die Augsburger „Allgemeine Zeitung" in drei ausführlichen Leitartikeln vom 25., 26. und 27. März „die polnische Verwicklung und ihre Rückwirkung auf die Stellung der europäischen Großstaaten", indem sie u. a. darauf hinwies, daß die Wege Frankreichs und Englands nach Polen und Rußland notwendigerweise nur über Wien führen könnten und daher in der polnischen Frage nichts Entscheidendes ohne die Einwilligung Österreichs geschehen werde[166]. Daß Lord Palmerston seit dem Beginn der Krise das Einschreiten Englands zugunsten Polens nur „seiner aura popularis zu Gefallen" betrieben habe, hielt

161 Vgl. *W. E. Mosse:* England and the Polish Insurrection of 1863, S. 36.

162 Aus zwei Telegrammen des preußischen Gesandten in Wien geht die französische Initiative zweifelsfrei hervor. *Werther an Bismarck* – 28. III. 1863 – APP III, Nr. 371, und *ders. an dens.* – 29. III. 1863 – APP III, Nr. 373.

163 Der kurhessische Gesandte in Paris wollte aus zuverlässiger Quelle erfahren haben: „Der Englische Einfluß sey es, welchem man hier die Schuld an dieser reservirten Haltung Oesterreichs beymesse, und der Kaiser Napoléon habe dem Englischen Botschafter, Lord Cowley, persönlich Vorwürfe darüber gemacht, daß seine, des Kaisers, Absichten durch die Englische Politik in Wien durchkreuzt worden seyen." *Trott an Kurfürst Friedrich Wilhelm* – 28. III. 1863 – StA Marburg, Best. 9a/193/B1. 46–47. „L'Empereur est très mécontent de la conduite de l'Angleterre." *Schweitzer an Roggenbach* – 27. III. 1863 – GLA Karlsruhe, Best. 48/3009.

164 „La résolution qu'on va prende en Autriche serait par conséquent de la plus haute importance pour les évènements futurs." *Wendland an König Maximilian II.* – Paris, 1. IV. 1863 – GStA München, MA III/2121.

165 *Savigny (Brüssel) an Bismarck* – 30. III. 1863 – GStA Berlin-Dahlem, HA III, Nr. 821/Bl. 110–112.

166 Schon am 21. März hatte der britische Botschafter in Paris an Lord Russell geschrieben: „. . . without Austria, nothing really effective could be done – with her assistence, everything was possible." Zit. bei *W. E. Mosse:* The European Powers and the German Question, S. 118–119.

das Blatt für ausgemacht. Desgleichen sei begreiflich, daß das napoleonische Frankreich, „dessen Existenz selbst eine lebendige Negation der Verträge von 1815 ist“, sich angesichts des polnischen Problems kaum ebenso wie England und Österreich auf eben diese Verträge berufen könne[167].

Zwei Tage später verneinte der wiederum außergewöhnlich treffend analysierende Kommentator der „Augsburger Allgemeinen“ die Frage, ob es aus Anlaß der gegenwärtigen Krise in naher Zukunft tatsächlich zu einem erneuten Waffengang zwischen dem Russischen Reich und der ehemaligen Krimkriegskoalition kommen könne. Die wichtigste Voraussetzung für eine derartige Entwicklung sei nämlich „die vollkommene Solidarität der abendländischen Mächte“, jedoch sei im Augenblick nicht die geringste Aussicht gegeben, daß sie sich demnächst werde herstellen lassen. „Mißtrauen, tiefes Mißtrauen“, so hieß es weiter, „ist die vorherrschende Stimmung der Großmächte. England freut sich bloß, daß die viel befürchtete französisch-russische Allianz nicht fernerhin zu Stande kommen kann, und hat ein lebhaftes Interesse, Frankreich isoliert zu sehen . . . Oesterreich ist von den Zärtlichkeiten Frankreichs nicht sonderlich erbaut, denn es kann nur befremdet darüber seyn, daß jetzt dieselben Danaer, die ihm 1859 ein kostbares Besitzthum abnahmen, Geschenke darbieten, die nicht einmal ihr Eigenthum sind“. Der Leitartikel schloß sodann mit einem beinahe beschwörenden Appell an das Wiener Kabinett: „Die wichtigste Rücksicht, welche Oesterreich nunmehr im etwaigen weiteren Verlauf der Frage zu nehmen hat, ist die Sicherheit und Integrität Deutschlands. Nicht ein Fußbreit deutscher Erde, nicht ein Atom deutscher Geltung und Macht darf jemals der Preis für die Befreiung Polens seyn“[168].

Die begründete Überzeugung der Augsburger „Allgemeinen Zeitung“, daß sich angesichts des tief eingewurzelten Mißtrauens der europäischen Mächte untereinander eine gemeinsame Aktion gegen das Russische Reich kaum werde herstellen lassen, schien überraschend widerlegt zu werden, als Österreich wenige Tage später dem Drängen der Westmächte endlich nachgab und – wenn auch unter mannigfachen Vorbehalten – schließlich doch aus Sorge vor den nachteiligen Folgen einer völligen Isolierung Frankreichs[169] darin einwilligte, gemeinsam mit den Regierungen in Paris und London in Petersburg zu intervenieren, um das dortige Kabinett zur Wiederherstellung der verletzten Rechte seiner polnischen Untertanen aufzufordern[170]. Schon am 27. März hatte das Außenministerium in der offiziösen „General-Correspondenz“ erklären lassen, der intensive Gedankenaus-

[167] *AAZ* Nr. 84 vom 25. März.
[168] *AAZ* Nr. 86 vom 27. März.
[169] *Metternich an Rechberg* – 24. III. 1863 – zit. bei *S. Bóbr-Tylingo:* Napoléon III, l'Europe et la Pologne, S. 86. Den gleichen Beweggrund betrachtete der preußische Gesandte in Wien als ausschlaggebendes Motiv für das Verhalten Englands. *Werther an Bismarck* – 30. III. 1863 – APP III, Nr. 373, Anm. 2; auch *ders. an dens.* – 15. IV. 1863 – APP III, Nr. 420.
[170] Zum weiteren Zusammenhang und für das Folgende vgl. *W. E. Mosse:* The European Powers, S. 119.

tausch zwischen Wien und Paris mit dem Ziel, eine gemeinsame Basis zur Behandlung der polnischen Frage zu gewinnen, habe zu keiner Zeit eine Unterbrechung erfahren, alle Umstände deuteten vielmehr darauf hin, „daß die Verhandlungen zu einem *Einverständnis zwischen Oesterreich und den Westmächten* führen werden, insofern letztere vom Wiener Cabinet keine anderen Propositonen erwarten oder fordern, als solche, die der besonderen Stellung Oesterreichs in dieser Frage für angemessen und zusagend betrachtet werden“[171].

Zwei Tage später konnte der britische Botschafter in Wien seiner Regierung telegraphieren, daß Kaiser Franz-Joseph und sein Außenminister nunmehr bereit seien, in den Anschluß ihres Kabinetts an die in Petersburg geplanten Schritte der Westmächte einzuwilligen[172]. Allerdings sprach sich Rechberg bei dieser Gelegenheit unmißverständlich dahingehend aus, daß Österreich sich als Mitbesitzer ehemals dem polnischen Reichsverband zugehörigen Territoriums als in einer von derjenigen Frankreichs und Englands grundsätzlich verschiedenen Position befindlich betrachte[173] und sich daher auch keinesfalls zu einer diplomatischen Pression gegen seinen nördlichen Nachbarn in der von den Westmächten vorgeschlagenen Form identischer Noten bereitfinden, sondern allerhöchstens zugestehen könne, gleichzeitig mit denjenigen Frankreichs und Englands eine eigene Depesche in Petersburg überreichen zu lassen[174].

Dem russischen Botschafter erläuterte Rechberg das Verhalten seiner Regierung, indem er ihm versicherte, Österreich wünsche dringend, mildernd und abschwächend auf die vorgesehene Aktion der beiden anderen Mächte einzuwirken, und habe sich eben deswegen ihren Schritten angeschlossen, „doch nur in angemessener Form und niemals mit identischen Noten“[175]. Auch in Petersburg

[171] Nachgedruckt in *NZ* Nr. 149 vom 29. März.

[172] *Bloomfield an Russell* – 29. III. 1863 – zit. bei *W. E. Mosse:* England and the Polish Insurrection, S. 36, Anm. 2.

[173] Am 4. April meldete der kurhessische Gesandte aus Wien, Österreich habe den Westmächten erklärt, „daß wegen des Besitzes von Galizien seine eigene Stellung Rußland gegenüber eine ganz verschiedene sei von der der Westmächte, deßhalb müsse Österreich auch für sich allein handeln. (. . .) Das Verhalten des österreichischen Kabinets, welches sich der Theilnahme an einer Pression gegen Rußland entzieht und nur freundschaftlichen Rath ertheilt, findet in Petersburg selbst die größte Anerkennung, und auch in Berlin hat man sich wiederholt in gleichem Sinne geäußert.“ *Baumbach an Kurfürst Friedrich Wilhelm* – 4. IV. 1863 – StA Marburg, Best. 9 a/64/Bl. 111–112.

[174] Vgl. *W. E. Mosse:* The European Powers, S. 119.

[175] *Werther an Bismarck* – 29. III. 1863 – APP III, Nr. 373. Daß Österreich „seine Mitwirkung in Petersburg nicht versagen würde“, quittierte König Wilhelm mit der offenbar gereizten Bemerkung: „sehr wichtig zu wissen“. Noch am 4. April erklärte Rechberg dem württembergischen Gesandten, die Lage sei nach wie vor eine ernste, doch sei die in den Zeitungen verbreitete Nachricht von einer bevorstehenden Übergabe identischer Noten in Petersburg unrichtig. „Dahier habe man vielmehr den bisherigen Standpunkt nicht verlassen. Mit der Haltung Englands in dieser Frage sey er im Ganzen zufrieden und auch das Pariser Cabinet äußere sich jetzt gelassener. Allein deßhalb sey noch keine Rede von identischen Noten.“ *Ow an Hügel* – 4. IV. 1863 – HStA Stuttgart, Best. E 70b/Bü 73/2–3.

dachte man trotz aller begreiflichen Verstimmung offensichtlich vorläufig nicht an einen Bruch der Beziehungen zu Österreich[176]. Gortschakow wies Balabine im Gegenteil an, in Wien keine Gereiztheit erkennen zu lassen und die Herstellung einer russisch-österreichisch-preußischen Allianz zur Eindämmung des in Kongreßpolen ausgebrochenen Konflikts als positives Ziel der russischen Außenpolitik weiterhin nicht aus den Augen zu verlieren[177]. – Dem preußischen Gesandten gegenüber betonte Rechberg nachdrücklich, daß Österreich und Preußen als Mitbesitzer polnischer Provinzen ein solidarisches Interesse daran hätten, „daß der Aufstand in Polen möglichst rasch ein Ende erreiche und russischerseits Mittel und Wege gefunden würden, eine Erneuerung desselben zu verhindern“. Nur aus diesem Gesichtspunkt heraus leite Österreich für sich die Berechtigung ab, „sich über die polnischen Angelegenheiten in vertraulichen Eröffnungen an das St. Petersburger Kabinett zu wenden“[178].

Der nach Paris gesandte Notenentwurf des Wiener Kabinetts löste denn auch im dortigen Außenministerium nur äußerst geringe Begeisterung aus, so daß Drouyn de Lhuys den Text des österreichischen Dokuments mit den vorwurfsvollen Worten „das ist weniger als nichts“ (moins que rien) entgegennahm. Doch bedeutete die Beteiligung Österreichs an der gemeinsamen Aktion in Petersburg der französischen Regierung immerhin so viel, daß sie sogar die geringe Hilfe akzeptierte, welche Rechberg ihr bot[179]. Ebensowenig aber dachte in London Lord Palmerston daran, dem französischen Drängen nach der Formulierung identischer Noten zu entsprechen[180]. Vielmehr schrieb der Premier am 7. April an seinen Staatssekretär des Auswärtigen die vielzitierten Sätze, es könne für die britische Politik keine Übereinstimmung mit den französischen Intentionen geben, da England sich unbeirrt auf die Verträge von 1815 berufe, welche man in Paris am liebsten in Fetzen risse („We appeal to the Treaty of Vienna which the French would wish to tear to tatters“)[181]. Im Gegensatz zum Notenentwurf des Quai d'Orsay, der nach dem Urteil des britischen Regierungschefs mit wenig Worten viel

[176] Vgl. auch *C. Friese:* Rußland und Preußen, S. 316.

[177] *Gortschakow an Balabine (Wien)* – 30. III./11. IV. 1863 – zusammengefaßt bei *I. Kobordowa:* Wielki Książę Konstanty w Warszawie, Warszawa 1962, S. 177–178, mit dem zutreffenden Hinweis, daß Gortschakow diese Gedanken nur in einem Privatschreiben entwickelte, nicht jedoch in einem offiziellen Schriftstück. Vgl. auch *Redern an Bismarck* – 7. IV. 1863 – APP III, Nr. 393.

[178] *Werther an Bismarck* – 8. IV. 1863 – APP III, Nr. 394.

[179] Zum Folgenden vgl. *W. E. Mosse:* The European Powers, S. 119; *F. Engel-Janosi:* Graf Rechberg, S. 97–98.

[180] Die britische Regierung wurde hierin offensichtlich von Wien bestärkt, von wo Rechberg an seinen Londoner Botschafter schrieb, die Position Österreichs sei „essentiellement différente“ von derjenigen der beiden anderen Mächte. „En élevant sa voix en faveur des Polonais, l'Autriche, qui possède elle-même une province Polonaise, doit tenir un langage à part.“ *Rechberg an Apponyi* – 31. III. 1863 – in: *Staatsarchiv,* Bd. V, S. 362, Dok.-Nr. 696.

[181] Vgl. *W. E. Mosse:* England and the Polish Insurrection, S. 36; *ders.:* The European Powers, S. 119, Anm. 7; *E. Zechlin:* Die Reichsgründung, S. 101.

verlangte, waren die an die Adresse Petersburgs gerichteten Forderungen aus London trotz einer drohenden Sprache in der Sache äußerst zurückhaltend, zumal Königin Viktoria persönlich weitere redaktionelle Änderungswünsche durchgesetzt hatte[182], und wiederholte im Wesentlichen den Inhalt der englischen Note vom 2. März[183].

Alle diese komplizierten Vorgänge in der schwierigen Vorbereitungsphase dieser ersten diplomatischen Intervention Frankreichs, Englands und Österreichs in Petersburg zugunsten der polnischen Frage, die andernorts bereits eingehende Darstellungen erfahren haben[184], bewiesen schon manchen zeitgenössischen Beobachtern deutlich genug, daß von einer Gemeinsamkeit in den Intentionen der drei Mächte so gut wie keine Rede sein konnte und sich das analoge Handeln der beteiligten Regierungen auf den kleinstmöglichen Nenner reduzierte[185]. Der badische Gesandte in Paris schrieb mit Recht: „Ce mode d'operer ayant remontré des obstacles insurmontables à Londres aussi bien qu'à Vienne, la France pour ne pas s'embarquer dans une action isolée a du de se contenter d'une manifestation ..., constatant ... dans le présent en regard de l'opinion publique européenne la justice des griefs de la Pologne et la convenance d'y porter remède"[186].

Am 10. April verließen die entsprechenden Kuriere endlich mit den für Petersburg bestimmten Depeschen London und Paris, am 12. April folgte die Note Österreichs[187]. Wie vereinbart meldete der Herzog von Montebello sich und seine Kollegen für den Vormittag des 17. April bei Fürst Gortschakow zur Übergabe der Dokumente an.

Inzwischen hatte sich die Haltung des russischen Kabinetts, dessen Chef den französischen Kaiser noch am 20. März dafür lobte, daß er sich dem Vorstoß Englands vom Beginn des Monats nicht angeschlossen hatte[188], vor allem angesichts der in Petersburg wachsenden Erkenntnis, daß sich im weiteren Verlauf der Krise aus-

[182] Vgl. *W. E. Mosse:* The European Powers, S. 119.

[183] *Russell an Napier* – 2. III. 1863 – in: *Das Staatsarchiv*, Bd. IV, Dok.-Nr. 685.

[184] Zusammenfassend *P. S. Wandycz:* The Lands of Partitioned Poland, 1795–1918, Seattle and London 1974, S. 172–179.

[185] Goltz äußerte in einem Privatschreiben zur Haltung Österreichs: „Sobald man in Wien sieht, daß Rußland mit Konzessionen Ernst macht, die sogar über das hinausgehen, was Österreich wünschen kann, wird das Kokettieren mit den Westmächten aufhören und den auf eine österreichisch-französische Allianz gerichteten Bestrebungen der Boden entzogen." *Goltz an Bismarck* – 7. IV. 1863 – in: *O. Graf zu Stolberg-Wernigerode:* Robert Heinrich Graf v. d. Goltz, Dok.-Nr. 28.

[186] *Schweitzer an Roggenbach* – 13. IV. 1863 – GLA Karlsruhe, Best. 48/3009.

[187] Die Texte, die Anfang Mai auch in der deutschen Presse erschienen, sind im Original abgedruckt als Dokumente Nr. 705, 708 und 711, in: *Das Staatsarchiv*, Bd. IV. Dazu die russischen Antworten vom 26. April. Deutsch in: *Schultheß'* Europäischer Geschichtskalender, S. 152–153, 173–174 und S. 188.

[188] Der britische Botschafter in Petersburg, Lord Napier, hatte dazu resignierend bemerkt: „Le Prince revient toujours à ses premières amours", und die Schwäche Gortschakows für Napoleon „une passion bien malheureuse" genannt. *Redern an Bismarck* – 20. III. 1863 – APP III, Nr. 351.

gerechnet Frankreich zum Vorreiter der diplomatischen Intervention gegen das von ihm bislang als befreundet apostrophierte Russische Reich aufgeschwungen hatte, deutlich versteift[189]. Schon am 28. März hatte Gortschakow dem Großfürsten Konstantin nach Warschau geschrieben: „Nous nous livrerions à une grande illusion si, en principe, nous comptions sur l'Empereur Napoléon", und im weiteren Verlauf des Schreibens ironisch von Rußlands „soi-disant Allié" gesprochen[190]. Diese Einschätzung Gortschakows bestätigte sich, als Budberg am 4. April in Paris nochmals versuchte, Drouyn de Lhuys von der antirussischen Politik seiner Regierung abzubringen, und angesichts der Erfolglosigkeit seiner Bemühungen nach der Unterredung am Quai d'Orsay seinem britischen Kollegen gegenüber äußerte, es bleibe Rußland nun wohl nichts anderes mehr übrig, als sich auf die entschlossene Verteidigung seiner Rechte und der Integrität des Reiches einzustellen[191].

Tatsächlich machte sich in diesen Tagen in Erwartung des drohenden diplomatischen Aufmarschs der Westmächte und Österreichs in der russischen Öffentlichkeit eine schnell wachsende patriotische Erregung bemerkbar[192]. Am Anfang stand am 4. April eine Versammlung des Petersburger Adels, die eine Ergebenheitsadresse an den Kaiser beschloß, „welche mit einem unbeschreiblichen Enthusiasmus aufgenommen wurde" [193]. Darin erklärte der Adel einstimmig, er werde nicht zögern. Gut und Blut zu opfern, „pour le maintien de l'intégrité de la Russie!"[194] Diese erste Aufwallung des nationalen Stolzes korrespondierte mit einem am folgenden Tag auf Anregung des Kriegsministeriums publizierten kaiserlichen Erlaß, in welchem die Einberufung sämtlicher Armeereserven und die Instandsetzung der Kronstädter Befestigungsanlagen befohlen wurde[195], vornehmlich um die feste Entschlossenheit Rußlands zu demonstrieren, keiner auswärtigen

[189] Mit Recht ist von einem „völligen Umschwung" gesprochen worden. Vgl. *C. Friese:* Rußland und Preußen, S. 315.

[190] *Gortschakow an Konstantin* – 16./28. III. 1863 – in: *Korespondencja Namiestników,* Dok.-Nr. 259.

[191] Vgl. *W. E. Mosse:* The European Powers, S. 120.

[192] Ob die nationale Empörung von Regierungsseite geschürt wurde, wie der zeitgenössische (Schultheß') *„Europäische Geschichtskalender"* (Jg. 1863, S. 377–378) annahm, muß mangels einschlägiger Vorarbeiten, welche das Zusammenspiel von Regierung und „veröffentlichter Meinung" im damaligen Rußland zu untersuchen hätten, dahingestellt bleiben.

[193] *Spitzemberg an Hügel* – 5. IV. 1863 – HStA Stuttgart, Best. E 72/124/Bl. 80.

[194] *Perglas an König Maximilian II.* – 24. III./5. IV. 1863 – GStA München, MA I/505.

[195] *Spitzemberg an Hügel* – 5. IV. 1863 – HStA Stuttgart, Best. E 72/124/Bl. 80.

Pression zu weichen[196], sondern eher das Risiko eines bewaffneten Konflikts auf sich zu nehmen[197].

Gleichzeitig wies jedoch die Regierung ihre auswärtigen Vertretungen an, den gänzlich defensiven Charakter dieser Maßnahmen besonders zu betonen[198]. Dem russischen Gesandten in Berlin gab Gortschakow dazu noch folgende Erläuterungen: „Es sei bekannt, daß Rußland seit Jahren nichts zur Vervollständigung seiner Armee gethan habe. Wenn es jetzt das Nöthige nachhole und die Armee in schlagfertigen Zustand versetze, so dürfe aus dieser Anordnung keine aggressive Absicht nach irgend einer Seite gefolgert werden, und es geschehe damit nur, was die allgemeine politische Lage Europas nothwendig verlange. In dieser Weise, fügte Fürst Gortschakoff bei, habe er die nöthigen Erläuterungen nach Paris und London gehen lassen"[199].

In Berlin, von wo aus Bismarck in den letzten Tagen vor allem in London und Wien wiederholt vor möglichen nachtheiligen Folgen eines diplomatischen Drucks auf Petersburg hatte warnen lassen[200], da dieser sehr leicht dazu führen könnte, die russische Regierung aus Furcht vor außenpolitischer Isolierung erst recht in ein Bündnis mit Frankreich zu treiben[201], wurden diese Nachrichten zwar mit einiger Sorge vor neuen Komplikationen, ansonsten aber sehr ruhig aufgenommen[202]. Nach dem Eindruck des württembergischen Gesandten in der preußischen Hauptstadt gewann in Berliner Regierungskreisen die Auffassung zunehmend Raum, „daß diese Maaßregel wesentlich vorbereitender Natur ist und im Hinblick auf

[196] Diese Maßnahmen waren vor allem gegen Frankreich gerichtet, dessen Petersburger Botschafter über die jüngsten Schritte der russischen Regierung nicht mehr unterrichtet wurde; in Berlin gingen sogar Gerüchte um, wonach Montebello ein Gesuch um Ablösung von seinem Posten eingereicht haben sollte. *Károlyi an Rechberg* – 18. IV. 1863 – in: *Quellen* zur deutschen Politik, Bd. III, Nr. 1120.

[197] Dennoch versicherte Gortschakow dem preußischen Gesandten, er glaube an keine Kriegsgefahr. „Es wird uns niemand angreifen ... und wenn es auch Louis Napoleon wollte, England scheint dazu keineswegs geneigt, und ohne England und Österreich vermag er allein nichts zu unternehmen." Es sei ganz gut, dem Ausland zu zeigen, daß Rußland noch Tatzen und Klauen besitze. *Redern an Bismarck* – 7. IV. 1863 – APP III, Nr. 393.

[198] „Die 6 Armeekorps der russischen Armee, welche nach Abzug der Garde und der im Kaukasus und in Polen beschäftigten Truppen disponibel sind, ziehen die Beurlaubten ein und werden mobil gemacht." Man versichere in Berlin und Paris, die russische Regierung sei „von aggressiven Schritten weit entfernt"; allerdings deute „die Armierung Kronstadts unverkennbar auf Verteidigung gegen äußere Feinde". *Löhneysen an Wittgenstein* – 11. IV. 1863 – HStA Wiesbaden, Rep. 210-10723.

[199] *Marschall an Roggenbach* – 10. IV. 1863 – GLA Karlsruhe, Best. 48/3009.

[200] „Die Einmischung, insbesondere die gemeinschaftliche mehrerer Mächte, in die Beziehungen des Kaisers Alexander zu seinen Untertanen hat große Bedenken. Der Kaiser Alexander wird freiwillig tun können, was ihm unter Pression nicht möglich ist." *Bismarck an Werther* – 2. IV. 1863 – APP III, Nr. 382.

[201] *Bismarck an Bernstorff* – 7. IV. 1863 – APP III, Nr. 392; *Károlyi an Rechberg* – 10. IV. 1863 – APP III, Nr. 400.

[202] „Herr von Bismarck, höre ich, sieht in den Massnahmen Rußlands nichts Ungewöhnliches." *Marschall an Roggenbach* – 10. IV. 1863 – GLA Karlsruhe, Best. 48/3009.

Eventualitäten in der allgemeinen europäischen Lage angeordnet worden ist. Rußland sieht sich mit einer Pression Seitens anderer Groß-Mächte bedroht, es nimmt Maaßregeln der Vorsicht, um den eigenen Regierungshandlungen unter allen Verhältnissen den Charakter der Freiwilligkeit und der Selbständigkeit zu bewahren"[203]. Ähnlich gelassen fiel die Reaktion am Ballhausplatz aus[204].

Bedeutend stärkeres Aufsehen hingegen erregte in Deutschland die Nachricht von der am Ostersonntag (12. April) in einem feierlichen Manifest in Petersburg für alle Beobachter zu diesem Zeitpunkt völlig überraschend verkündeten nahezu uneingeschränkten Amnestie[205] für alle Aufständischen, die bis zum 1./13. Mai die Waffen niederlegen würden[206]. Während der bayerische Gesandte in der russischen Hauptstadt von einer „très grande sensation" sprach und sich von diesem Akte „de clemence et de générosité de l'Empereur", der den Polen die ihnen bereits gewährten Zugeständnisse auf dem Gebiet der lokalen Verwaltung zu belassen versprach und nach Beendigung der Kämpfe weitere Institutionen in Aussicht stellte, heilsame Rückwirkungen auf die Situation in Polen und Europa erhoffte[207], fiel die Reaktion auf diesen kaiserlichen Gnadenerweis außerhalb der russischen Grenzen wesentlich zurückhaltender aus[208].

Zwar zeigte sich die schwedische Regierung anscheinend von der russischen Maßnahme „très favorablement impressioné"[209], doch machte in London Lord Palmerston keinen Hehl aus seiner Enttäuschung über die seiner Ansicht nach völlig unzureichenden Konzessionen der russischen Regierung[210]. Ähnlich unzufrieden reagierte die regierungstreue und in Großbritannien tonangebende liberale Presse, und nur der „Herald" als Sprachrohr der oppositionellen Tories verteidigte

[203] *Linden an Hügel* – 8. IV. 1863 – HStA Stuttgart, Best. E 73 a/169/Bl. 117.

[204] „Die Rüstungen Rußlands findet Graf Rechberg durch die Umstände angezeigt." *Werther an Bismarck* – 9. IV. 1863 – APP III, Nr. 396. „Die Nachricht, daß Rußland sich vollständig zum Kriege rüstet, (hat) hier nicht befremdet." *Baumbach an Kurfürst Friedrich Wilhelm* – 14. IV. 1863 – StA Marburg, Best. 9a/64/Bl. 107–108. Man erkenne in Wien „keine herausfordernden Absichten Rußlands". *Thienen an Wittgenstein* – 14. IV. 1863 – HStA Wiesbaden, Rep. 210-3438. Auch in der Bevölkerung blieb es anscheinend ruhig. Vgl. *F. Engel-Janosi:* Graf Rechberg, S. 98.

[205] „Niemand hat vor dem Ostermorgen von dem Manifest gewußt, nicht einmal die Botschafter Frankreichs und Englands waren davon unterrichtet." *Spitzemberg an Hügel* – 13. IV. 1863 – HStA Stuttgart, Best. E 72/124/Bl. 84.

[206] Der Text des Manifests ist in deutscher Übersetzung abgedruckt in: *Das Staatsarchiv*, Bd. IV, Dok.-Nr. 602; Auszug in: *Schultheß'* Europäischer Geschichtskalender, Jg. 1863, S. 249. Vgl. auch *G. Rhode:* Geschichte Polens, S. 394.

[207] *Perglas an König Maximilian II.* – 1./13. IV. 1863 – GStA München, MA I/505.

[208] „Mit dem weitläufig und schwülstig abgefaßten Amnestiedecret vom 12. April/31. März lf. hat Rußland – wie ich fürchte – sein Pulver unnütz verschossen. Für die Amnestie ist zu viel, und für die Pacification zu wenig geschehen." *Marschall an Roggenbach* – 15. IV. 1863 – GLA Karlsruhe, Best. 48/3009.

[209] *Rosenberg (Stockholm) an Bismarck* – 13. IV. 1863 – APP III, Nr. 411.

[210] *Bernstorff an Bismarck* – 15. IV. 1863 – APP III, Nr. 410, Anm. 1.

mühsam die russischen Regierungsmaßnahmen[211]. Auch in Paris war das Echo äußerst zwiespältig. Immerhin nannte der offiziöse „Constitutionnel" das kaiserliche Manifest „zwar keine Lösung, aber die Hoffnung einer Lösung"[212]. Dagegen meldete der kurhessische Gesandte am 14. April aus Paris, der größte Teil der zweifellos inspirierten Presse fahre unausgesetzt fort, alle Maßnahmen der russischen Regierung, selbst die eben verkündete Amnestie „in der heftigsten und gemeinsten Weise anzugreifen und zu entstellen"[213], und auch der Pariser Korrespondent der „Neuen Preußischen Zeitung" schrieb unter demselben Datum: „Die hiesigen Blätter beschäftigen sich heute sämmtlich mit dem Manifeste des Kaisers von Rußland, und alle sind der Meinung, daß die angekündigten Maßregeln nicht hinreichen würden, um den Frieden in Polen herzustellen"[214].

Diese Ansicht wurde auch in der deutschen öffentlichen Meinung fast ausnahmslos geteilt, in welcher man diesem jüngsten Schritt der russischen Regierung so gut wie keine Erfolgschancen einräumte[215]. Sie sollte sich nicht täuschen, denn bereits unmittelbar nachdem die telegraphische Nachricht von der Osteramnestie in Warschau eingetroffen war, veröffentlichte das dortige geheime „Zentralkomitee als Nationalregierung" einen flammenden Aufruf, in welchem es das Entgegenkommen des Kaisers unbedingt und ohne Umschweife verwarf. Polen habe – so hieß es da nicht ohne Pathos – den bewaffneten Kampf nicht aufgenommen, um mehr oder weniger freie Institutionen zu erkämpfen, für welche es unter einer „moskowitischen Regierung" ohnedies keine Garantien geben könne. „Die Nation vergießt ihr Blut, denn sie will politische Existenz, denn sie will Unabhängigkeit, sie will eine selbständige Nation bilden"! (Naród krew przelewa, bo chce politycznego bytu, bo chce niepodległości, chce być samoistnym narodem). „Weg mit der Zarengnade! Wir haben das Schwert ergriffen, und nur das Schwert wird unseren Kampf mit Moskau entscheiden"![216].

In Deutschland war über alle politischen Lager hinweg keine andere Reaktion seitens der polnischen Aufständischen erwartet worden. Wie die Korrespondenten der Augsburger „Allgemeinen Zeitung" aus Warschau berichteten, stand eine Beruhigung der erregten Gemüter in Polen keineswegs in Aussicht. Im Gegenteil fiele es den Insurgenten nicht schwer, die Amnestie „als eine Errungenschaft des Auf-

[211] Korrespondentenbericht aus London vom 14. IV. in *NPZ* Nr. 89 vom 17. April.
[212] Auszug aus dem „Constitutionnel" vom 16. April in *AAZ* Nr. 109 vom 19. April.
[213] *Trott an Kurfürst Friedrich Wilhelm* – 14. IV. 1863 – StA Marburg, Best. 9 a/193/ Bl. 54–55.
[214] *NPZ* Nr. 89 vom 17. April.
[215] Aus Wien schrieb der Ministerresident für Hessen-Nassau: „Wenn die Nachrichten von der in St. Petersburg beschlossenen Amnestie der Erwartung, daß Rußland etwas tun werde, entsprechen, so läßt sich bei der bisherigen Verranntheit, mit welcher Polen und Polenfreunde den Aufstand weiter schüren, von dieser Maßregel vorerst kein Erfolg absehen." *Thienen an Wittgenstein* – 14. IV. 1863 – HStA Wiesbaden, Rep. 210-3438.
[216] Vgl. *Dokumenty* Komitetu Centralnego Narodowego i Rządu Narodowego 1862–1864, Wrocław-Warszawa-Kraków 1968, Dok.-Nr. 98; deutsche Übersetzung in *Schultheß'* Europäischer Geschichtskalender, Jg. 1863, S. 249.

standes" hinzustellen und ihren Landsleuten bei weiterem Widerstand noch größere Erfolge zu verheißen[217]. Der Wiener Berichterstatter der „Kölnischen Zeitung" meldete schon am 16. April, nach dem vorherrschenden Urteil politischer Kreise in der österreichischen Hauptstadt habe das Manifest vom 12. April, „wie dies übrigens auch zu erwarten war, einen gerade entgegengesetzten Eindruck hervorgebracht. Die Insurgenten sehen darin ein Zeichen der Schwäche und sind weniger denn je geneigt, die Waffen niederzulegen"[218]. Auch die „Wochenschrift des Nationalvereins" überraschte es kaum, daß die Aufständischen in der Amnestie weniger den Ausdruck kaiserlicher Großmut als vielmehr „ein deutliches Zeichen der Schwäche" erblickten. „Wie sehr das Cabinet von St. Petersburg sich auch geeilt hat, den Noten der drei Mächte zuvorzukommen, die Amnestie ist doch in den Augen aller Welt eine Wirkung der zwischen England, Frankreich und Oesterreich getroffenen Verabredung"[219]. Da sei es kein Wunder, wenn „den Polen der Muth und die Hoffnung schwillt" und sie zu doppelter Kraftanstrengung angefeuert würden[220]. Allerdings gaben einige Beobachter auch zu bedenken, daß die schroffe Zurückweisung des Manifests durch die aufständischen Polen „feudalen Schwärmern" in die Hände spielen könnte, die nichts sehnlicher als die Wiedererrichtung der Heiligen Allianz wünschten und gewiß nichts unterlassen würden, „die ‚Undankbarkeit' der Polen am rechten Ort in das gehörige Licht zu setzen"[221].

Diese Befürchtungen schienen die nunmehr verstärkt einsetzenden polizeilichen und militärischen Grenzsicherungsmaßnahmen der Behörden in Galizien zu bestätigen, welche die bislang eher zurückhaltende österreichische Praxis gegenüber dem Zuzug polnischer Freiwilliger aus dem Kronland nach Russisch-Polen zunehmend durch immer schärfere Repressivmaßregeln ersetzten[222]. Dazu ließ die Regierung am 12. April in der offiziösen „General-Correspondenz" verlautbaren, gerade ihr Eintreten für die polnischen Belange auf diplomatischer Ebene[223] erfordere, „jede Begründung einer Beschuldigung der Unterstützung des Aufstandes von Oester-

217 *AAZ* Nr. 109 vom 19. April.

218 *KZ* Nr. 108 vom 19. April.

219 *„Wochenschrift des Nationalvereins"* Nr. 156 vom 24. April.

220 Vgl. *S. Kieniewicz:* Les insurrections polonaises du XIXe siècle et le problème de l'aide de la France, Warszawa 1971, S. 12.

221 *KZ* Nr. 110 vom 21. April.

222 Grundlegend nach wie vor *H. Wereszycki:* Austrja a powstanie styczniowe, Lwów 1930; vgl. auch die treffenden Bemerkungen von *E. Halicz* in JbfGO 23 (1975) S. 453–456.

223 Am 10. April berichtete der Wiener Korrespondent der Berliner „National-Zeitung": „Oesterreich will aufrichtig gute Nachbarschaft halten. Sein Benehmen beweist genugsam, daß es den Polen wohl will. Aber in einem Augenblicke, wo es zu ihren Gunsten diplomatisch intervenieren will, ist es moralisch verpflichtet, Störungen hintanzuhalten, die ein nachtheiliges Licht auf seine Loyalität werfen könnten. Uebrigens bewegen sich die galizischen Behörden strengstens innerhalb der Grenzen des Gesetzes und Fälle von Polizeiwillkür und unnötigen Vexationen sind durchaus nicht vorgekommen." *NZ* Nr. 170 vom 13. April.

reich fern zu halten" und „jeder Gefährdung der öffentlichen Ruhe und Sicherheit in den der polnischen Insurrektion naheliegenden Theilen des kaiserlichen Gebietes rechtzeitig zu begegnen". Diese Vorsichtsmaßregeln bedeuteten entgegen anderslautenden Ansichten durchaus keine Kurskorrektur der kaiserlichen Polenpolitik zugunsten einer Annäherung an die beiden nördlichen Nachbarn, doch könne und dürfe es die Regierung keinesfalls dulden, „daß aus ihrem Territorium gleichsam ein Waffenplatz zu Angriffen auf einen Nachbarstaat gemacht werde, da sie sonst den Standpunkt der Unparteilichkeit verlassen und den Weg der Kooperation betreten würde". Ferner sei sie es allen Untertanen des Reiches schuldig, auf ihrem Gebiet keine offene oder geheime Nebenregierung, „die Befehle ertheilen und Strafen diktieren will" hinzunehmen und die Bürger der Monarchie „gegen den Terrorismus einer geheimen, ungesetzlichen Macht ausreichend (zu) schützen"[224].

Dieser Verlautbarung des Wiener Kabinetts ging bereits zwei Tage zuvor eine geharnischte Bekanntmachung des Statthalters in Lemberg, Grafen Mensdorff-Pouilly[225] voraus, in welcher es hieß, zumeist Ausländer hätten in jüngster Zeit unter der Bevölkerung Galiziens verstärkt Werbungen von Freiwilligen und Sammlungen von Waffen, Ausrüstungsgegenständen und Geldmitteln für den Aufstand in Russisch-Polen betrieben und leider hätten sich auch österreichische Untertanen daran beteiligt, „indem sie entweder solche Sendlinge der Revolution in ihrer Thätigkeit unterstützten . . . oder materielle Unterstützung dem Aufstande zugehen lassen". Angesichts dieser unhaltbaren Zustände mache es die Landesregierung ihren Organen nunmehr mit allem Nachdruck zur Pflicht, „mit allen zu Gebote stehenden Mitteln und unter Anwendung der vollen gesetzlichen Strenge diesem sträflichen Beginnen entgegenzutreten, um der Bevölkerung und dem Lande nutzlose Opfer zu ersparen"[226].

Erstaunlicherweise wurde etwa zur gleichen Zeit, als dieses Manifest in Lemberg publiziert wurde, die in langwierigen Verhandlungen vorbereitete Depesche nach Petersburg abgesandt, in welcher das Wiener Kabinett zur peinlichen Überraschung der dortigen Regierung gemeinsam mit den Westmächten gegen die Behandlung der polnischen Untertanen des Reiches – wenn auch vorsichtigen – Einspruch erhob[227]. Graf Rechberg vermochte indes zwischen diesem aufsehenerregenden Schritt der österreichischen Außenpolitik und den inzwischen eingeleiteten verschärften Sicherungsmaßnahmen der Behörden in Galizien keinerlei Diskrepanz zu erkennen und vertrat beispielsweise dem württembergischen Gesandten

[224] *NZ* Nr. 171 vom 14. April (Übernahme aus der „General-Correspondenz" vom 12. April!).

[225] Begreiflicherweise ist das Urteil der polnischen Historiographie über den damaligen Statthalter Galiziens, Mensdorff-Pouilly, sehr negativ. Vgl. *S. Kieniewicz*: Powstanie styczniowe, S. 502–506. *M. Zgórniak* spricht sogar vom „terror austriacki przeciw powstańcom". Vgl. Powstanie styczniowe 1863, Bd. II, Warszawa 1964, S. 188.

[226] Nachdruck in *NZ* Nr. 174 vom 15. April.

[227] Vgl. *Das Staatsarchiv*, Bd. V, Dok.-Nr. 711; deutsche Übersetzung in *Schultheß'* Europäischer Geschichtskalender, Jg. 1863, S. 152–153.

in Wien gegenüber sehr entschieden die Auffassung, daß ebensowenig wie der Kaiser von Österreich die Einmischung fremder Staaten in die inneren Angelegenheiten seiner Monarchie dulden könne, er zwischen den Zaren und seine polnischen Untertanen treten wolle. Doch sei seine Regierung eben wegen der unmittelbaren Nachbarschaft Österreichs zum Russischen Reich ganz speziell daran interessiert, „daß die durch die Unruhen in russisch-Polen hervorgerufenen Verlegenheiten der K. K. Regierung in Galizien bald möglichst ihr Ende nehmen"[228].

Zur weiteren Präzisierung seiner Ausführungen legte Rechberg seinem Gesprächspartner das Konzept der soeben nach Petersburg ausgefertigten Note vor, in welcher er der Hoffnung Ausdruck verlieh, Rußland möge, da die polnische Erhebung nunmehr zu Ende gehe und die russische Waffenehre somit wiederhergestellt sei, geeignete Mittel und Wege finden, die periodisch wiederkehrenden Ruhestörungen („convulsions périodiques") im Königreich Polen endlich zu beenden und das Land in den Zustand eines dauerhaften Friedens zu versetzen, „damit die polnische Angelegenheit keine weiteren Complicationen hervorrufe"[229].

Wenngleich die österreichische Note, wie man selbst am Zarenhof einräumen mußte[230], äußerst zuvorkommend und freundschaftlich abgefaßt[231] und noch dazu in einem inoffiziellen Begleitschreiben mit weiteren abschwächenden Erläuterungen versehen war, erklärte Gortschakow dem österreichischen Geschäftsträger bei der Übergabe des Dokuments, es berühre ihn mehr als schmerzlich, nach den Botschaftern Englands und Frankreichs nun auch ihn als den Vertreter einer Macht empfangen zu müssen, deren Interessen mit denjenigen Rußlands doch offenkundig übereinstimmten, und setzte allen Erklärungs- und Beschwichtigungsversuchen Thuns beharrliches Schweigen entgegen[232].

Freilich hatte der kaiserliche Vizekanzler anscheinend schon bei der Verlesung der englischen Depesche, welche ziemlich kategorisch der Nichtausführung der Wiener Abmachungen von 1815 durch Rußland die Hauptschuld an den gegenwärtigen Unruhen zumaß und ohne Umschweife verlangte, trotz der Ereignisse der Jahre 1830/31 die damals für Polen vorgesehenen nationalen Institutionen unver-

[228] *Ow an König Wilhelm* – 17. IV. 1863 – HStA Stuttgart, Best. 65-68/57/341.

[229] Ebda., Text in: *Das Staatsarchiv*, Bd. V, Dok.-Nr. 711.

[230] Zur Aufnahme der drei Noten in Petersburg vgl. *I. Koberdowa:* Wielki Książę Konstanty w Warszawie 1862–1863, Warszawa 1962, S. 179.

[231] Der preußische Gesandte in Wien äußerte gesprächsweise zu seinem württembergischen Kollegen, „seiner Regierung wäre es sicherlich noch lieber gewesen, wenn man sich dahier mit den Westmächten zu gar nichts verständigt hätte. Nachdem aber nun einmal eine Kundgebung von hier aus nach St. Petersburg beschlossen worden sey, so könne solche entgegenkommender und freundlicher kaum gedacht werden, als wie sie in diesem Schriftstück ausgeführt sey." *Ow an Hügel* – 18. IV. 1863 – HStA Stuttgart, Best. 70 b/Bü 73/2–3.

[232] Vgl. *F. Engel-Janosi:* Graf Rechberg, S. 99.

züglich in Kraft zu setzen[233], seine innere Erregung kaum zu verbergen vermocht und anderen Diplomaten gegenüber bitter bemerkt: „Lord John a son style, moi j'ai le mien"[234].

Noch tiefer aber mußte ihn, der nach wie vor ein Zusammengehen mit Frankreich als die für Rußland günstigste Konstellation ansah, die französische Note verletzen[235]. Obgleich Drouyn de Lhuys in einem Begleitschreiben an Montebello den Schritt seiner Regierung mit dem Drängen Englands motivierte, bezeichnete Alexander diese – zudem unaufrichtige – Entschuldigung im Gespräch mit dem preußischen Militärbevollmächtigten mit einigem Recht als „die schändlichste Komödie"[236]. Ohne präzise Forderungen anzumelden, wies der französische Außenminister den Hof in Petersburg ganz ähnlich wie Rechberg auf die in jeder Generation wiederkehrenden revolutionären Bewegungen in Polen hin, denen bislang noch keine der vielen Kombinationen, welche die Mächte im Laufe des Jahrhunderts ersonnen hätten, um die Polen mit ihrem Schicksal auszusöhnen, mit wirklichem Erfolg entgegengewirkt hätte[237]. Die zentrale Lage des Landes inmitten des europäischen Kontinents habe unausbleiblich zur Folge, daß jede dieser periodischen Eruptionen auch die benachbarten Staaten und darüber hinaus ganz

[233] Vgl. *Das Staatsarchiv,* Bd. V, Dok.-Nr. 708, dt. in: *Schultheß'* Europäischer Geschichtskalender, Jg. 1863, S. 173–174. Der württembergische Gesandte in Petersburg nannte die englische Note „in Sprache und Form die herbste, wenn nicht der Ausdruck rücksichtslos vielleicht für sie passender ist". *Spitzemberg an Hügel* – 19. IV. 1863 – HStA Stuttgart, Best. 72/124.

[234] Ebda. – Der Korrespondent der Augsburger „Allgemeinen Zeitung" schrieb am 17. April aus Petersburg: „Man erzählt sich nun hier, daß Lord Napier, welcher den Reigen zu eröffnen hatte, wegen des am wenigsten willkommenen Inhalts seiner Depesche einigermaßen besorgt über den Ernst gewesen seyn soll, und in der Tat zeigte auch Fürst Gortschakoff gegen diesen Botschafter anfangs eine starke Erregung, die im Laufe der Unterredung jedoch sich legte; der Duc de Montebello, welcher in zarter Schale die jedenfalls bitterste Frucht zu überreichen hatte, fand den Vicekanzler in einer sehr straffen Haltung und in höflichen, aber gespannten Formen; endlich kam Graf Guido Thun, und dieser hatte einen Stoßseufzer zu vernehmen, wie unerwartet und unwillkommen seine Erscheinung als dritter im Bunde sey. Man will sogar wissen, es sey das: et tu, Brute! höchst dramatisch aufgeführt worden." *AAZ* Nr. 116 vom 26. April.

[235] In einem ganz vertraulichen Schreiben vom 12. April berichtete der preußische Gesandte aus Petersburg: „(Es) herrscht hier gegen den Kaiser Napoleon die größte Gereiztheit. Fürst Gortschakow ist gegenwärtig vollständig über ihn enttäuscht." Der britische Gesandte betrachte „diese Metamorphose ... nicht ohne schadenfreudige Genugtuung. In der Tat" – so folgerte Graf Redern – „dürfte das jüngste Gebahren Frankreichs in bezug auf Polen die bisherigen Beziehungen der europäischen Kabinette zu einander gänzlich umgestaltet und die Isolierung Frankreichs zur Folge haben". *Redern an Bismarck* – 12. IV. 1863 – APP III, Nr. 407. Vgl. dazu aber *I. Koberdowa:* Wielki Książę Konstanty w Warszawie, S. 180–182.

[236] *Loen an König Wilhelm* – 7./19. IV. 1863 – APP III, Nr. 429. Vgl. auch *C. Friese:* Rußland und Preußen, S. 315–316.

[237] Alle diese Versuche und die entsprechenden polnischen politischen Konzeptionen sind knapp dargestellt bei *G. Rhode:* Polens Teilung und Wiedervereinigung im 19. und 20. Jahrhundert, in: Teilung und Wiedervereinigung, S. 38–60.

Europa immer wieder in Mitleidenschaft ziehe. Daher müsse es im Interesse der ruhigen Entwicklung aller Mächte liegen, diese sich ständig wiederholenden Gefahren „définitivement" beseitigt zu sehen. Aus diesem Grunde stelle es die französische Regierung der Weisheit des Kaisers, in dessen liberale Gesinnungen Frankreich wie stets vollstes Vertrauen setze, anheim, Polen die Bedingungen eines dauerhaften Friedens zu gewähren[238].

Trotz der recht glimpflichen Form der französischen Note[239], die es im Gegensatz zur englischen Depesche sorgfältig vermied, irgendwelche konkreten Forderungen zu artikulieren, worin Drouyn de Lhuys im Gespräch mit Budberg sogar ein besonderes Entgegenkommen seiner Regierung erblicken wollte[240], richtete sich die Empörung der russischen öffentlichen Meinung in erster Linie gegen Frankreich[241]. Dennoch bemühte sich Gortschakow auch jetzt noch, die Fäden nach Paris nach Möglichkeit nicht abreißen zu lassen[242]. Erst am 27. April schrieb er im Anschluß an die Absendung seiner Antwortnoten nach Paris, London und Wien, auf die noch ausführlich einzugehen sein wird[243], in einem Privatbrief an seinen Pariser Botschafter, seine entgegenkommende Reaktion auf den bedauerlichen Vorstoß Frankreichs vom 17. April bedeute nunmehr den letzten Versuch des Zaren, sich mit dem Kaiser der Franzosen gütlich zu einigen[244]. Sollte Napoleon jedoch wider Erwarten die ihm dargebotene Hand zur Versöhnung leichtfertig ausschlagen, so möge er die Würde des Kaisers Alexander und die nationale Ehre eines großen Volkes nicht in Rechnung zu stellen vergessen. „L'élan de la nation est immense, il n'est temperé que par la modération du gouvernement. Mais le jour où l'Empéreur serait mis dans le cas de s'y appuyer, il y trouverait une force sur laquelle nos adversaires n'ont pas compte", fügte der Vizekanzler warnend hinzu[245].

238 Vgl. *Das Staatsarchiv*, Bd. V, Dok.-Nr. 705; dt. in *Schultheß'* S. 188.

239 Der sächsische Gesandte in Paris, Baron Seebach, der sich privat einige Tage in Dresden aufhielt, glaubte nicht an kriegerische Absichten Frankreichs. Wie er dem bayerischen Ministerresidenten eröffnete, sei es nicht gelungen, „große Sympathien für Polen in Frankreich zu erwecken, und selbst in Paris mit Ausnahme des Palais royal und dessen Affiliirter keine große Neigung vorhanden sei, Complicationen herbeizuführen". *Gise (Dresden) an König Maximilian II.* – 20. IV. 1863 – GStA München, MA III/2838.

240 *Drouyn de Lhuys an Montebello* – 16. IV. 1863 – in: *Das Staatsarchiv*, Bd. IV, Dok.-Nr. 926.

241 Die Ergebenheitsadresse des Petersburger Adels richtete sich „particulièrement" gegen Frankreich. *Perglas an König Maximilian II.* – 24. III./5. IV. 1863 – GStA München, MA I/505. In Stuttgart meinte Staatsminister von Hügel, es sei „schon vor 14 Tagen in Petersburg die Besorgniß ziemlich hoch gestiegen, daß Kaiser Napoleon in der polnischen Frage ... einen Anlaß zum Kriege suchen möchte". *Dusch an Roggenbach* – 17. IV. 1863 – GLA Karlsruhe, Best. 48/3009.

242 Vgl. *I. Koberdowa:* Wielki Książę Konstanty, S. 183–187; ferner die treffenden Ausführungen bei *E. Kolb:* Rußland und die Gründung des Norddeutschen Bundes, S. 190.

243 Vgl. *Das Staatsarchiv*, Bd. V, Dok.-Nr. 706, 709, 712.

244 Vgl. *I. Koberdowa:* Wielki Książę Konstanty, S. 183.

245 *Gortschakow an Budberg* – 15./27. IV. 1863 – zit. bei *I. Koberdowa:* Wielki Książę Konstanty, S. 280–281.

In der Tat registrierten auswärtige Beobachter in Petersburg und Moskau seit der Übergabe der Noten der drei Mächte ein immer heftigeres Aufflammen des russischen Nationalgefühls[246]. Hatte man schon in Hofkreisen und in der Presse die Amnestie des Kaisers vom Ostersonntag (31. März/12. April) als gerade noch mit der Würde des Reiches verträglich angesehen[247], so verletzte die unerwartete und nach der Überzeugung seiner politischen Führung gänzlich unprovozierte Intervention des Auslandes in der polnischen Frage den Patriotismus der russischen öffentlichen Meinung auf das Empfindlichste und hatte eine – möglicherweise allerdings nicht ganz spontane – Welle kriegerischer Begeisterung im Lande zur Folge[248].

Der bayerische Gesandte in Petersburg meldete am Tage nach der Übergabe der drei Noten nach München, die diplomatische Offensive der Westmächte und Österreichs werde in der russischen Öffentlichkeit allgemein als Kriegserklärung aufgefaßt und verstärke den ohnehin charakteristischen Fremdenhaß der Bevölkerung noch beträchtlich. Tag für Tag träfen aus allen Teilen des Reiches Ergebenheitsadressen an den Kaiser und patriotische Bekundungen in der Hauptstadt ein. Das Nationalgefühl der Russen zeige sich durch die Einmischung des Auslandes in die inneren Angelegenheiten des Reiches zutiefst verletzt. Man habe vergeblich durch die großzügige Amnestie des Kaisers Europa beeindrucken und die drohenden Proteste der Mächte aufhalten zu können geglaubt und müsse nun schmerzlich erfahren, wie man seinen Herrscher beleidige, der doch schon so viele Beweise seiner liberalen und humanen Gesinnung geliefert habe[249]. Gortschakow habe im Gespräch mit ihm, Baron Perglas, die Situation zwar als „très grave" bezeichnet, doch werde Rußland, dessen Bevölkerung einmütig hinter seiner Regierung stehe, keine Einmischung auswärtiger Mächte in seine inneren Angelegenheiten hinnehmen und sei auf jede Eventualität vorbereitet, wenn es auch von sich aus keinen Krieg beginnen werde[250]. In der augenblicklichen Situation könne der Kaiser seinen polnischen Untertanen über die ihnen gewährte Amnestie hinaus keine politischen Institutionen zugestehen, die er selbst den Russen einstweilen noch vorent-

246 Mit Recht hat Dietrich Geyer darauf aufmerksam gemacht, daß das Scheitern der Petersburger Ausgleichspolitik in Polen den innergesellschaftlichen Spannungen im eigentlichen Rußland vorübergehend Erleichterung verschaffte und die öffentliche Meinung für die Regierungsmaßnahmen eingenommen habe. Vgl. *D. Geyer:* Rußland als Problem der vergleichenden Imperialismusforschung, in: Das Vergangene und die Geschichte, Festschrift für Reinhard Wittram zum 70. Geburtstag, Göttingen 1973, S. 337–368, hier S. 344.

247 Vgl. *C. Friese:* Rußland und Preußen, S. 320, der sogar von „Verständnislosigkeit, ja Widerspruch" der öffentlichen Meinung spricht.

248 Der Petersburger Korrespondent der „Neuen Preußischen Zeitung" beschwor die Gefahr einer furchtbaren Erregung der russischen Nation, „wenn der Kaiser sie zur Abwehr einer Verletzung der russischen Nationalehre und zur Vertheidigung des Vaterlandes aufrufen sollte". *NPZ* Nr. 98 vom 28. April (Korrespondentenbericht vom 20. April.).

249 Ähnlich auch *Spitzemberg an Hügel* – 16. IV. 1863 – HStA Stuttgart, Best. 72/124.

250 Auszüge aus den Berichten des englischen Botschafters in Petersburg bei *W. E. Mosse:* The European Powers and the German Question, S. 121.

halten müsse[251]. Am Beginn aller Reformen im Königreich Polen wie im ganzen Reich werde nach dem Willen des Kaisers „une organisation rationelle de l'autonomie locale" stehen, und das Ausland täte gut daran, der russischen Regierung bei der Verwirklichung ihrer Reformvorhaben durch Geduld und Vertrauen entgegenzukommen[252].

Eben diese von Wielopolski mit Einverständnis und Unterstützung der kaiserlichen Regierung seit dem Frühjahr 1861 praktizierten Reformversuche „von unten her" hatte König Wilhelm in einem von Bismarck entworfenen Schreiben an den Zaren vom 10. April nochmals vergeblich zu bekämpfen versucht[253]. Die augenblicklichen Schwierigkeiten der in Polen zur Dämpfung der dortigen Unruhen eingesetzten Truppen, so ließ der König seinen Neffen wissen, hätten seiner Ansicht nach ihre Ursache nicht zuletzt darin, daß die lokalen Behörden unter Wielopolski nach dem Grundsatz einer „Verwaltung Polens durch Polen"[254] seit zwei Jahren systematisch polonisiert worden seien und aus Abneigung gegen die vorgesetzten russischen Zentralorgane deren Anordnungen von Anfang an unterlaufen hätten[255]. Aus diesem Grunde werde es vorläufig nicht leicht sein, die verräterischen polnischen Beamten durch eine loyale Administration zu ersetzen, und daher könnten die gegenwärtigen Probleme wohl nur durch die Errichtung einer Militärdiktatur überwunden werden[256]. Wie Preußen in seinen vorwiegend polnisch besiedelten Provinzen werde auch die russische Verwaltung Adel und Geistlichkeit als die vornehmlichen Träger revolutionärer Tendenzen[257] am besten

[251] Vgl. *H. Fleischhacker:* Russische Antworten auf die polnische Frage, S. 92–106. Die Interdependenz zwischen russischer Innenpolitik und den Ereignissen im Königreich Polen wäre dennoch weiterer Erforschung wert! Ansätze bei *S. F. Starr:* Decentralization and Self-Government in Russia, 1830–1870, Princeton/New Jersey 1972, S. 256–262.

[252] *Perglas an König Maximilian II.* – 18. IV. 1863 – GStA München, MA I/505. Für den weiteren Zusammenhang vgl. *P. Scheibert:* Das Petrinische Kaiserreich, in: Rußland (= Fischer-Weltgeschichte, Bd. 31), Frankfurt a. M. 1972, S. 175–270, hier S. 219–234.

[253] *König Wilhelm I. an Kaiser Alexander II.* – 10. IV. 1863 – APP III, Nr. 397; eingehende Analysen bei *C. Friese:* Rußland und Preußen, S. 321; *E. Zechlin:* Bismarck und die Grundlegung der deutschen Großmacht, S. 555–557, mit allerdings überstarker Akzentuierung; eine unmittelbare Wirkung der preußischen Initiative auf die Entschlüsse des Kaisers und seiner Berater ist nicht festzustellen!

[254] Zu Wielopolski immer noch grundlegend das monumentale Werk von *A. Skałkowski:* Aleksander Wielopolski w świetle archiwów rodzinnych 1803–1877, 3 Teile, Poznań 1947; instruktiv, wenngleich etwas panegyrisch *G. Baron Manteuffel-Szoege:* Geschichte des polnischen Volkes während seiner Unfreiheit, Berlin 1950, S. 138–166; zusammenfassend jetzt *S. Kieniewicz:* Powstanie styczniowe, S. 142–146, passim.

[255] Vgl. dazu vor allem *S. Kieniewicz:* Społeczeństwo Królestwa Polskiego w powstaniu styczniowym, in: Powstanie styczniowe 1863, Bd. I, Warszawa 1963, S. 5–40; gekürzt u. d. T.: Polish Society and the Insurrection of 1863, in: PP 37 (1967) S. 130–148.

[256] Vgl. *C. Friese:* Rußland und Preußen, S. 321 und S. 371–372.

[257] Für Westpreußen hat Peter Böhning unlängst gezeigt, daß die nationale Führungsrolle der Szlachta „auch in der zweiten Jahrhunderthälfte der entscheidende Faktor" geblieben ist. Vgl. *P. Böhning:* Die nationalpolnische Bewegung in Westpreußen 1815–1871, Marburg/Lahn 1973, hier S. 187.

durch eine großzügige Förderung der zahlenmäßig weit überlegenen bäuerlichen Bevölkerung neutralisieren[258]. Im übrigen nehme man in Berlin die Ernennung des bereits in Finnland bewährten Grafen Berg[259] zum Adlatus des Großfürsten Konstantin und die Mobilisierung der Armeereserven mit aufrichtiger Genugtuung zur Kenntnis, denn eine Haltung, „qui fait preuve de force et d'énergie" könne ihren Effekt nicht verfehlen[260].

Im übrigen stand die preußische Regierung mit dieser Auffassung nicht allein. Auch ein so unverdächtiger und besonnener Beobachter wie der badische Gesandte in Berlin, Freiherr von Marschall, sah in den gegenwärtigen Schwierigkeiten der russischen Administration die Folgen der Unzulänglichkeiten des seit zwei Jahren im Königreich Polen inaugurierten „Systems Wielopolski". Am 15. April faßte er seine Meinung folgendermaßen zusammen: „Wenn man die Stellen der administrativen Local- und Bezirksverwaltung durchgängig mit Polnischen Beamten besetzen will, so muß man der Polnischen Bevölkerung gleichzeitig auch Institutionen verleihen, die sie einigermaßen befriedigen und zu deren Ausbildung sie mitzuwirken bereit ist, sonst organisirt man der Natur der Sache gemäß eine permanente Revolution. Wenn man einen in dieser Weise constituirten Beamtenorganismus durch eine Russische Controllbehörde leiten will, so wird er theils renitent sein, theils nur scheinbar folgen, am liebsten aber einem geheimen Stadthauptmann[261], einer unsichtbaren Centralbehörde, in die Hände arbeiten. Daß dies hier der Fall war, ist gar nicht zum Verwundern"[262].

Mittlerweile hatten für einige Wochen der europäische Norden und namentlich das schwedische Königreich, dem bereits während des Krimkrieges bei den Operationen der alliierten Verbände im Ostseeraum eine gewisse Schlüsselrolle zugefallen war[263], in den Überlegungen und Spekulationen der deutschen Öffentlichkeit

[258] Eben diese Polenpolitik wurde von der russischen Administration in der Folge tatsächlich eingeschlagen. Vgl. *S. Kieniewicz:* The Emancipation of the Polish Peasantry, Chicago and London 1969, S. 170–179, wo der Autor die russische Landreform von 1864 als einen indirekten Erfolg der Aufständischen darstellt; *ders.*: (allerdings wesentlich zurückhaltender!) Les chances de l'insurrection polonaise de 1863, Warszawa 1973, S. 12; vgl. ferner *W. B. Lincoln:* The Making of a new Polish Policy: N. A. Milyutin and the Polish Question 1861–1863, in: PR 15 (1970) S. 54–66.

[259] Die Ernennung Bergs erfolgte am 22. III./3. IV. 1863. Vgl. *Korespondencja Namiestników*, Dok.-Nr. 273 und 274. Zu Persönlichkeit und politischem Werdegang Bergs vgl. *G. v. Rauch:* Graf Friedrich Wilhelm Rembert v. Berg. Ein deutscher Staatsmann und Feldherr in russischen Diensten, in: Dt. Wiss. Zs. im Wartheland 2 (1941) S. 257–283.

[260] *König Wilhelm I. an Kaiser Alexander II.* – 10. IV. 1863 – APP III, Nr. 397.

[261] Zum letzten „Stadthauptmann" Warschaus vgl. *H. Jabłoński:* Aleksander Waszkowski, ostatni naczelnik miasta Warszawy w powstaniu 1863–1864, 2. Aufl. Warszawa 1963.

[262] *Marschall an Roggenbach* – 15. IV. 1863 – GLA Karlsruhe, Best. 48/3009.

[263] Vgl. dazu zuletzt *E. Anderson:* The Crimean War in the Baltic Area, in: Journal of Baltic Studies 5 (1974) S. 339–361; allgemein *T. Höjer:* Die Genesis der schwedischen Neutralität. Die Außenpolitik Schwedens im 19. Jahrhundert, in: HZ 186 (1958) S. 65–79; *F. Lindberg:* Skandinavien und das Deutsche Reich, in: Europa und die Einheit Deutschlands, hrsg. von *W. Hofer,* Köln 1970, S. 159–179, bes. S. 160–161.

über den weiteren Fortgang der polnischen Krise einigen Raum eingenommen[264]. Seit den ersten Märztagen nämlich hatte die deutsche Presse mit steigender Aufmerksamkeit auch die Vorgänge im schwedischen Parlament und in der öffentlichen Meinung jenes Landes registriert, welche sich zunehmend für die polnische Unabhängigkeitsbewegung zu begeistern begonnen hatte[265]. Denn es schien den Berichterstattern und Kommentatoren der großen deutschen Blätter durchweg nicht gänzlich undenkbar, daß die Westmächte analog ihrem Feldzug im Kriege von 1854/55 an der Nordküste des Schwarzen Meeres nunmehr an der russischen Ostseeküste ein Landungsunternehmen zur militärischen Unterstützung der polnischen Aufständischen in Szene setzen würden, wobei ihnen in einem solchen Fall die Insel Gotland, auf welcher ihnen Schweden schon damals einen Versorgungsstützpunkt eingeräumt hatte, zur Operationsbasis dienen konnte.

Freilich hatte das überraschend unvermittelte Ende des Krimkrieges[266], in dessen Verlauf sich die schwedische Politik seinerzeit bis zum Abschluß des „Novembertraktats" von 1855 vorgewagt hatte, in welchem England und Frankreich die territoriale Integrität des Königreichs gegen einen eventuellen russischen Angriff garantierten, das Land mit seinen langen ungeschützten und daher schwer zu verteidigenden Küsten in einer dem trotz seiner Niederlage immer noch übermächtigen russischen Nachbarn gegenüber ziemlich prekären Situation zurückgelassen, der es durch einen engeren Zusammenschluß aller nordischen Völker im Zeichen des sogenannten „Skandinavismus" ohne durchgreifenden Erfolg entgegenzuwirken suchte[267]. Die schwedische Regierung mußte es daher in ihrem eigenen Interesse sorgfältig vermeiden, nochmals ein ähnliches Risiko einzu-

264 Verf. wird die im Folgenden nur skizzierte schwedische Politik im Jahre 1863 auf der Grundlage deutscher Presseberichte in ausführlicherer Darstellung im Rahmen der demnächst erscheinenden Festschrift für Manfred Hellmann zum 65. Geburtstag vorlegen!

265 Diese Zusammenhänge haben sowohl in der schwedischen wie in der polnischen Forschung bislang erstaunlich geringe Aufmerksamkeit erregt. Vgl. die älteren Arbeiten von *F. G. Fellenius:* Polska fragan ar 1863, Stockholm 1936; *M. Handelsman:* La politique polonaise sur la Baltique au XVIIIe et XIXe siècles, in: Pirmā Baltijas Vēsturnieku Konference, Riga 1938, S. 508–514; *D. Lindström:* Manderström och emigranterna i Sverige 1863, in: Historisk Tidskrift 16 (1953) S. 3–33. Erst in jüngerer Zeit ist der europäische Norden wieder stärker in das Blickfeld polnischer Historiker gerückt. Vgl. *J. Wojcicki:* Dzieje Polski nad Bałtykiem, Warszawa 1972, bes. S. 291–292; *T. Cieślak:* Polska-Skandynawia w XIX i XX wieku, Warszawa 1973, bes. S. 75–80. Nach Abschluß des Manuskripts vorliegender Arbeit erschien *L. Kowalska-Posten:* Stosunek króla i rządu szwedzkiego do sprawy polskiej w 1863 roku, in: SH 19 (1976) S. 335–354.

266 Zum Krimkrieg vgl. den erschöpfenden Literaturbericht von *W. Baumgart:* Probleme der Krimkriegsforschung. Eine Studie über die Literatur des letzten Jahrzehnts, in: JbfGO 19 (1971) S. 49–109; 243–264; 371–400; dazu *ders.:* Der Friede von Paris 1856, München-Wien 1972.

267 Zum „Skandinavismus" in Finnland vgl. *E. Jutikkala:* Geschichte Finnlands, Stuttgart 1964, S. 285–289; allgemein *R. Hatton:* Palmerston and „Skandinavian Union", in: Studies in International History, ed. *K. Bourne* and *D. C. Watt*, London 1967, S. 119 bis 144, bes. S. 138–141.

gehen[268], geriet aber unter dem Eindruck zahlreicher spektakulärer Polen-Meetings in nahezu allen größeren Städten des Landes[269], der an Schärfe beinahe täglich gewinnenden Angriffe der ohnehin ganz überwiegend russophoben Presse gegen das Verhalten des Zarenreichs in Russisch-Polen[270] und wiederholter Interpellationen der liberalen Opposition in beiden Häusern des Reichstags[271] zunehmend unter erheblichen innenpolitischen Druck, dem sie am 7. April erstmals Rechnung trug, als sie nach dem Vorbild der inzwischen eingeleiteten diplomatischen Schritte der Westmächte eine – wenngleich freundliche – Protestnote in Petersburg überreichen ließ[272]. In ihr appellierte das schwedische Kabinett an die oft bewährte Großmut und Milde Kaiser Alexanders und ersuchte den Monarchen dringend, seinen unglücklichen polnischen Untertanen durch großzügige Reformen Ruhe und Sicherheit wiederzugeben[273].

In Deutschland wuchs unterdessen die wohl nicht gänzlich unbegründete Befürchtung, daß sich hinter diesen Aktivitäten Schwedens wachsender französischer Druck bemerkbar machte[274], zumal die radikaldemokratischen Blätter in Paris, allen voran die „Opinion nationale", Ende März bereits offen „eine Kriegserklä-

[268] Vgl. *F. Lindberg:* Skandinavien und das Deutsche Reich, in: Europa und die Einheit Deutschlands, Köln 1970, S. 159–179, hier S. 161.

[269] Am 3. März berichtete der Korrespondent der „Kölnischen Zeitung" aus Stockholm von einem von über 2000 Menschen besuchten Polen-Meeting, an dessen Ende die Versammlung eine Resolution annahm, die mit den Worten schloß: „Wir wünschen der polnischen Nation, die jetzt wiederum für ihre Unabhängigkeit kämpft, den Beistand des Höchsten, einen schließlichen Sieg und das Erlangen ihrer nationalen Freiheit nebst dem Segen der Selbständigkeit." *KZ* Nr. 73 vom 14. März; auch *NZ* Nr. 124 vom 14. März.

[270] Der Stockholmer Korrespondent der Berliner „Spener'schen Zeitung" berichtete am 7. April: „Die hiesigen Zeitungen werden von den hier anwesenden Polen mit Nachrichten versehen und stehen ihnen ganz zur Verfügung; man will hier, wie es scheint, ein polnisches Central-Agitationslager aufschlagen, solange das Ministerium es duldet." *AAZ* Nr. 104 vom 14. April.

[271] Die parlamentarischen Anfragen setzten am 4. Februar anläßlich der Haushaltsdebatte ein und fanden in der Resolution des Ritterhauses vom 16. März einen ersten Höhepunkt, in welcher es u. a. hieß, die Regierung möge „in Gemeinschaft mit anderen Staaten, welche den Wiener Tractat garantirt haben, auf diplomatischem Wege auf Wiederherstellung des Königreichs Polen dringen". Entnommen der offiziösen „Nya dagligt Allehanda" vom 17. März, nachgedruckt in *NZ* Nr. 139 vom 24. März und *KZ* Nr. 85 vom 26. März.

[272] Vgl. *S. Bóbr-Tylingo:* Napoléon III, l'Europe et la Pologne, S. 96–97 und 110–112.

[273] Vgl. *Das Staatsarchiv,* Bd. IV, Dok.-Nr 715.

[274] In einem Leitartikel der „Kölnischen Zeitung" vom 8. April hieß es u. a.: „Inzwischen hat Frankreich keineswegs nöthig, durch ganz Deutschland zu marschiren, um den Polen zu Hülfe zu kömmen. Polen hat bis 1795 ans Meer gereicht. Die Häfen von Polangen bis Riga bieten einer französischen Armee bequeme Landungspuncte dar. Es wird sich dabei nur um Englands Erlaubniß handeln; denn der Zustimmung, ja, der Unterstützung Schwedens und selbst Dänemarks könnte Frankreich gewiß sein." *KZ* Nr. 97 vom 8. April. In der Tat fürchtete man in Kopenhagen Verwicklungen im Ostseeraum. Der preußische Gesandte berichtete am 14. April im Anschluß an eine Audienz bei König Friedrich VII.: „Die allgemeine politische Situation bezeichnete der König als sehr besorgnißerregend und war besonders durch die großen militärischen Rüstungen Rußlands und nament-

rung gegen Rußland und die Transportierung von 100 000 Gewehren an die ‚Küsten' von Polen (!)" verlangt hatten[275]. Leider sind die diplomatischen Kontakte zwischen den Regierungen Frankreichs und Schwedens in der polnischen Krise von 1863 noch nicht restlos aufgeklärt, zumal die Aktenbestände des Stockholmer Reichsarchivs von der Forschung bislang allem Anschein nach noch nicht hinreichend genug herangezogen worden sind[276].

Jedenfalls gestaltete sich die außenpolitische Situation für die schwedische Regierung ohne Zweifel dadurch erheblich komplizierter, daß in eben diesen Tagen ein von polnischen Emigranten in London gechartertes und mit etwa dreihundert Freischärlern besetztes Dampfschiff mit Namen „Ward Jackson" in der Nacht auf den 22. März die Themse mit Kurs auf die Ostsee verließ, um die russische Küste bei Polangen zu erreichen, von wo aus die Passagiere in das eigentliche Aufstandsgebiet zu gelangen hofften[277]. Als das Schiff am Abend des 30. März nach einem kurzen Aufenthalt in Kopenhagen schließlich in Malmö vor Anker ging, zögerten die schwedischen Behörden zwar keinen Augenblick, den Steamer mitsamt seiner Ladung an Waffen und Munition schon am nächsten Morgen mit Sequestration zu belegen, gestatteten aber allen Teilnehmern an dieser Expedition freien und ungehinderten Abzug[278].

Wenngleich sich zwischen dem in Stockholm inzwischen recht erfolgreich operierenden „diplomatischen Agenten" des „Hôtel Lambert", dem Fürsten Konstanty Czartoryski[279], der sogar mehrfach von König Karl XV. empfangen wurde[280], und den radikaldemokratischen Führern der Expedition des „Ward

lich durch die Armierung Kronstadts präoccupirt." Eine Woche später aber hieß es: „Für das Phlegma der Dänen ist die Leidenschaftlichkeit des Polnischen Patriotismus doch etwas unbehaglich. Die Sympathie für Polen kommt hier nur als Correlat des Hasses gegen Deutschland zur Geltung." *Balan (Kopenhagen) an Bismarck* – 21. IV. 1863 – GStA Berlin-Dahlem, HA III, Nr. 476.

275 *NPZ* Nr. 72 vom 26. März.

276 Vgl. die auf der Grundlage der englischen Gesandtschaftsberichte aus Stockholm gearbeitete Skizze von *S. Bóbr-Tylingo:* Do tajnej dyplomacji Napoleona III, in: Teki Historyczne 11 (1960/61) S. 245–255, mit teilweise viel zu weit gehenden Folgerungen. *ders.:* Napoléon III, l'Europe et la Pologne, S. 110–112.

277 Vgl. die minutiöse, wenngleich nicht fehlerfreie Arbeit von *S. Gierszewski:* Wyprawa Łapińskiego a przemyt broni przez Gdańsk w 1863 r., in: Rocznik Gdański 15/16 (1956/57) S. 289–300. Zu den Vorbereitungen des Unternehmens zusammenfassend *S. Kieniewicz:* Powstanie styczniowe, S. 409–411; souverän mit den Fakten verfahrend *A. F. Smirnov:* Więzi rewolucyjne narodów Rosji i Polski, Warszawa 1972, S. 468–472.

278 Der Augsburger „Allgemeinen Zeitung" wurde am 31. März aus Stockholm berichtet: „Als die Behörden in Malmö von der Tatsache, daß ein englisches Schiff mit polnischen Emigranten an Bord in ihren Hafen eingelaufen sey, Kenntniß erhielten, wurde sofort hierüber bei der Regierung in Stockholm telegraphisch um Verhaltensmaßregeln angefragt. Sie lauteten auf Sequestration des Schiffes und unbehinderte Freiheit der Passagiere, sich zu begeben, wohin es ihnen gefalle." *AAZ* Nr. 98 vom 8. April.

279 Vgl. *K. Lepszy:* Czartoryski Konstanty Marian Adam (1822–1891), in: Polski Słownik Biograficzny 4, Kraków 1938, S. 286.

280 Vgl. *W. Czartoryski:* Pamiętnik, S. 75–83.

Jackson", welcher sich zudem in der Person Michail Bakunins gewissermaßen der Inbegriff eines Revolutionärs angeschlossen hatte[281], sogleich die heftigsten und der polnischen Sache in Schweden auf die Dauer höchst abträglichen Auseinandersetzungen abspielen sollten[282], löste die Ankunft der polnischen „Freiheitskämpfer" in dem südschwedischen Hafen nach übereinstimmenden Berichten deutscher Korrespondenten in Malmö und der näheren Umgebung beträchtlichen Enthusiasmus aus[283] und drohte die vorsichtig zurückhaltende und nach allen Seiten offene Politik des Ministerpräsidenten Manderström im ganzen Land zunehmend in Mißkredit zu bringen[284]. Es könnten, so meinte die Augsburger „Allgemeine Zeitung" am 19. April, „bei der Erregtheit des Volkes in Schweden ... aus der eingetretenen Spannung mit Rußland leicht Verwicklungen entstehen, welche zum Ausbruch kommen würden, sobald eine französische Flotte in der Ostsee erscheinen sollte"[285].

Selbst der König, ein „Großmann", „so eine Nachart des *zwölften* Karl ..., dem man einen rapiden Streich wohl zutrauen darf ...", wie ihn die „Neue Preußische Zeitung" am 17. April charakterisierte[286], schien nach dem Eindruck deutscher Beobachter diesen Stimmungen nicht ganz unzugänglich zu sein[287]. Die

[281] Zu Bakunin vgl. *E. H. Carr:* Michel Bakunin, London 1937 (Neudruck London 1975). Zu den Kontakten Bakunins zur polnischen Emigration vor 1863 grundlegend *A. Leśniewski:* Bakunin a sprawy polskie w okresie Wiosny Ludów i powstania styczniowego 1863 roku, Łódź 1962; ferner *H. Wereszycki:* Stosunki Hotelu Lambert z Hercenem i Bakuninem w przededniu powstania styczniowego, in: PH 48 (1957) S. 234–269. Zu den Aktivitäten Bakunins in Stockholm zuletzt *M. Mervaud:* Bakunin, le „Kolokol" et la question finlandaise, in: Cahiers du Monde Russe et Sovietique 7 (1966) S. 5–36.

[282] Der Wiener Korrespondent der Augsburger „Allgemeinen Zeitung" nannte es am 13. April „vom Standpunkte der polnischen Sache selbst bedauerlich, daß, wie bei der Malmöer Expedition, Elemente des absoluten Umsturzes à la Bakunin in den Vordergrund treten möchten". Es komme darauf an, „zwischen den berechtigten Klagen der Bevölkerung Polens und dem mitvermengten Revolutionsprincip sorgfältig (zu) unterscheiden". *AAZ* Nr. 105 vom 15. April.

[283] Nach einem Korrespondentenbericht war der Empfang der „polnischen Argonauten ... von einer Herzlichkeit, wie sie nur unter Freunden und Gesinnungsgenossen zu finden ist. Die Männer von Malmö riefen: ‚Unsere polnischen Brüder sollen leben! Polen hoch!' Die Legion, die sich am Kai aufgestellt hatte, rückte nun in die Stadt ein, wo ihr von den angesehensten Bürgern Quartier geboten wurde." *AAZ* Nr. 100 vom 10. April.

[284] Der öffentlichen Meinung in Schweden galt die Außenpolitik Manderströms als zu russenfreundlich und geriet nunmehr in Gefahr „unpopulär zu werden". *NZ* Nr. 177 vom 17. April.

[285] *AAZ* Nr. 109 vom 19. April.

[286] *NPZ* Nr. 89 vom 17. April.

[287] Der Ministerresident für Braunschweig und Hessen-Nassau schrieb am 20. April aus Berlin: „Am feindseligsten gegen Rußland soll Schweden gesinnt und in dem Könige Carl ein Bundesgenosse für Frankreich gesichert seyn, dem in seiner aufgeregten und ruhmsüchtigen Sinnesweise in der Wiedereroberung Finnlands eine Lebensaufgabe vorschwebt, und der in solchen Bestrebungen auf die Sympathien der Schweden zählen kann, denn nach verläßlichen Nachrichten ist die allgemeine Stimmung in Schweden in so hohem Maße gegen Rußland aufgeregt, daß es nur eines geringen Anlasses bedürfen würde, um dieselbe

„Kölnische Zeitung“ erinnerte in einem Leitartikel unter dem Titel „Schweden, Rußland und Preußen“ am 22. April daran, daß Rußland im Jahre 1809 dem letzten Herrscher aus dem Hause Wasa bei dessen „Verschrobenheit, um nicht zu sagen Geistesstörung . . . durch Überrumpelung und Bestechung“ Finnland abgenommen hatte. „Das ist eine Wunde, die in jedem schwedischen Herzen brennt“. Erst die Wiedervereinigung Finnlands mit seinem schwedischen Mutterland werde der Dynastie Bernadotte gewissermaßen das Heimatrecht im Norden erwerben[288].

Daß die Hoffnung auf eine Wiedergewinnung des ehemaligen finnischen Reichsteils auch nach dem Krimkrieg den Kurs der schwedischen Außenpolitik wesentlich mitbestimmte und in den Gedankengängen König Karls XV. ihren festen Platz einnahm, dürfte sicher sein[289]. Doch hatte sich inzwischen in den politisch bewußten Schichten der finnischen Bevölkerung die innere Loslösung vom schwedischen Mutterland bereits so weitgehend vollzogen, daß die Trennung von finnischer Seite als endgültig angesehen wurde und auch einsichtigen schwedischen Beobachtern nicht verborgen blieb[290]. Diese Erkenntnis bewirkte ebenso wie die drei in ihren Motiven deutlich divergierenden Noten der drei Mächte vom 17. April eine starke Ernüchterung in der öffentlichen Meinung des Landes und führte einen raschen Stimmungswechsel herbei.

Schon am 18. April erklärte deshalb die offizielle „Post och Inrikes Tidningar“ in einem höchstwahrscheinlich von Minister Manderström selbst verfaßten Leitartikel, Schweden müsse sich vor dem Gedanken hüten, die Initiative zu einem Kriege gegen Rußland zu ergreifen, solange nicht seine eigenen „theuersten moralischen und materiellen Interessen“ tangiert seien; und selbst das Sprachrohr der Liberalen, das bis zu diesem Zeitpunkt betont polenfreundliche „Aftonbladet“, erklärte sich gegen jeden Versuch, das Russische Reich leichtfertig herauszufordern, sondern forderte vielmehr dazu auf, Macht und Einfluß Schwedens eher Norwegen und Dänemark zuzuwenden[291].

für einen Krieg zu begeistern. Dem Einflusse des vorsichtigen und besonnenen Grafen Manderström schreibt man es zu, daß extreme Schritte bis jetzt vermieden sind.“ *Löhneysen an Wittgenstein* – 20. IV. 1863 – HStA Wiesbaden, Rep. 210-10723. Dagegen meinte Bismarck wenige Tage später, die Nachrichten aus Schweden berechtigten „keineswegs“ zu der Annahme, „daß diese Macht sich auf einen Krieg gegen Rußland vorbereite, so sehr auch der König Karl persönlich dazu geneigt sein mag“. *Bismarck an Werther* – 24. IV. 1863 – APP III, Nr. 449.

288 *KZ* Nr. 111 vom 22. April.

289 Vgl. dazu jetzt *L. Kowalska-Posten:* Stosunek króla i rządu szwedzkiego do sprawy polskiej w 1863 roku, in: SH 19 (1976) S. 335–354, die dies im wesentlichen bestätigt.

290 Vgl. u. a. *L. Krusius-Ahrenberg:* Der Durchbruch des Nationalismus und Liberalismus im politischen Leben Finnlands 1856–1863, Helsinki 1934; *dies.:* Finnischer Separatismus und russischer Imperialismus im vorigen Jahrhundert, in: Rußland, Europa und der deutsche Osten, München 1960, S. 121–160; Pentti Renvall verlegt die Entstehung eines finnischen Nationalbewußtseins bereits an das Ende des 18. Jahrhunderts, vgl. *P. Renvall:* Die Entstehung einer Staatsnation: Finnland im achtzehnten Jahrhundert, in: Finnland – gestern und heute, Köln und Opladen 1963, S. 23–34 (Schlußbemerkungen!).

291 *KZ* Nr. 114 vom 25. April (Korrespondentenbericht vom 18. April).

Der Stockholmer Berichterstatter der Berliner „National-Zeitung“ faßte am 27. April seine Eindrücke in den Sätzen zusammen: „Die Stimmung ist hier in den letzten Tagen unläugbar kühler geworden. Einmal sieht man bei den Westmächten bei Weitem nicht den Eifer für die Sache Polens, den man erwartet hatte ... Mehr aber vielleicht noch als dieser Umstand haben die jüngsten Nachrichten aus *Finnland* dazu beigetragen, der Agitation für den Krieg die Spitze abzubrechen ... Nun zeigt sich ..., daß wenigstens Finnland, auf dessen Wiedergewinnung es bei der ganzen Bewegung abgesehen ist, keineswegs von einem so brennenden Verlangen, wieder zu Schweden zurückzukehren, erfüllt ist. Finnland hat in der That auch unter schwedischer Herrschaft nicht eben die besten Tage gehabt, und seine Wünsche gehen durchaus nicht auf eine Wiederinkorporation mit Schweden ..., sondern vielmehr auf *Selbständigkeit* und *Neutralität*“[292].

Zur weiteren Abkühlung des schwedischen Polenenthusiasmus trug schließlich nicht zuletzt die russische Antwortnote vom 26. April bei, in welcher Gortschakow bei aller Verbindlichkeit in der Form sich doch den Hinweis nicht versagen konnte, man möge in Stockholm doch auf keinen Fall verkennen, „que l'agitation puise dans les instigations du dehors ses principaux aliments“[293]. – In der schwedischen Hauptstadt verstand man diese Anspielung und kehrte ohne weitere Gegenvorstellungen zu einer Politik strikter Nichteinmischung zurück[294].

Hatte sich auf diese Weise der Norden Europas gegen Ende April im Sinne des Status quo politisch stabilisiert, wurden wenige Tage zuvor auch die Staaten des Deutschen Bundes durch einen diplomatischen Vorstoß Frankreichs, dem sich in einigen Fällen wenige Tage später auch das Kabinett von St. James anschloß, zu ihrer nicht geringen Überraschung und sehr gegen ihren Willen doch noch mit der polnischen Frage direkt konfrontiert[295]. Ohne sich bezeichnenderweise über diesen Schritt mit den Regierungen in London und Wien zuvor verständigt zu haben, wandte sich Frankreich am 19. bzw. 20. April an alle deutschen Höfe mit dem dringenden Ersuchen, „sich dem von Frankreich in Gemeinschaft mit England und Österreich in Petersburg gethanen Schritte zur Erreichung einer von allen Europäischen Cabineten auf den russischen Hof zu übenden Pression anzuschließen“[296].

[292] *NZ* Nr. 203 vom 3. Mai (Korrespondentenbericht vom 27. April).

[293] Vgl. *Das Staatsarchiv*, Bd. IV, Dok.-Nr. 716.

[294] In Deutschland glaubte man freilich weiterhin an die Möglichkeit einer französischen Aktion in der Ostsee. Johann Caspar Bluntschli äußerte noch Ende April bzw. Anfang Mai in einem Brief an Heinrich v. Sybel: „Für die Aktion in Verbindung mit Frankreich ist Schweden ohne Zweifel gewonnen, wahrscheinlich auch Dänemark, und die Ostseeufer werden Kriegstheater.“ Vgl. *J. Heyderhoff/P. Wentzcke:* Deutscher Liberalismus im Zeitalter Bismarcks, Bd. I, Bonn und Leipzig 1925, S. 143. Auch Rechberg sah „solche Gedanken ... doch für ganz unmöglich nicht an“, während Bismarck nur ein lakonisches „Utopie!“ vermerkte. *Werther an Bismarck* – 23. IV. 1863 – APP III, Nr. 447.

[295] Durchaus unzureichend und lediglich auf den Akten des Quai d'Orsay basierend *S. Bóbr-Tylingo:* Państwa Związku Niemieckiego wobec powstania styczniowego, in: Teki Historyczne 1/2 (1951/52) S. 6–23.

[296] *Roggenbach an Berckheim (München)* – Karlsruhe, 20. IV. 1863 – GStA München, MA I/505 (Abschrift).

Wie W. E. Mosse mit einigem Recht bemerkt hat, bedeutete die begründete und durch den britischen Vertreter in St. Petersburg wiederholt ausgesprochene Annahme, die nationale Hochstimmung in der öffentlichen Meinung des Landes werde es der russischen Regierung kaum erlauben, den diplomatischen Pressionen der Westmächte und Österreichs nachzugeben[297], daß der Schlüssel zu einer möglichen Lösung der polnischen Frage in der Tat nunmehr in Mitteleuropa lag. Denn nur wenn die beiden deutschen Großmächte und die mittleren und kleineren deutschen Staaten – so kalkulierte man in London – sich gemeinsam mit den westlichen Mächten gegen das Russische Reich wendeten, würde letzteres auf die Dauer gezwungen sein, ohne einen Alliierten in eine europäische Konferenz über das polnische Problem einzuwilligen. Im entgegengesetzten Falle aber würde die diplomatische Offensive vom 17. April schon jetzt zum Scheitern verurteilt und jede militärische Aktion, die dann allein noch übrigbliebe, für alle Beteiligten mit einem unberechenbaren Risiko verbunden sein[298].

Aus diesem Grunde ließ die britische Regierung am 24. April in Berlin anfragen, wie sich das dortige Kabinett im Falle eines Konflikts zwischen Frankreich und dem Russischen Reich und besonders angesichts der daraus folgenden Möglichkeit einer französischen Flottenoperation an der baltischen Küste verhalten werde[299]. Bismarck erwiderte dem britischen Botschafter mit großer Entschiedenheit, Preußen werde alsdann seine eigenen Interessen befragen müssen und sich darüber hinaus mit Österreich und den übrigen deutschen Bundesstaaten über gemeinsame Abwehrmaßnahmen zu verständigen suchen, da ein Landungsunternehmen Frankreichs in der Ostsee mit Sicherheit Aufstände in der Provinz Posen und in Galizien erwarten lasse. Im übrigen vermöge er an keine derartige Expedition zu glauben, denn was sollte eine Armee von allerhöchstens dreißigtausend Mann, die man per Schiff an die russische Ostseeküste transportieren könne, angesichts der gleichzeitigen Bedrohung ihrer Flanken von Rußland und dem Deutschen Bund her zugunsten der polnischen Aufständischen überhaupt ausrichten[300]? Außerdem hoffe er zuversichtlich, daß England schließlich doch in seinem eigenen Interesse

[297] *Napier an Russell* – 29. IV. 1863 – zit. bei *W. E. Mosse:* England and the Polish Insurrection of 1863, S. 40.

[298] Vgl. *W. E. Mosse:* The European Powers and the German Question, S. 122.

[299] *Buchanan an Russell* – 24. IV. 1863 – APP III, Nr. 452.

[300] Ganz ähnlich äußerte sich der russische Gesandte in Berlin, Oubril, im Gespräch mit dem oldenburgischen Ministerresidenten, indem er u. a. zu bedenken gab, daß sich ein Expeditionskorps, wenngleich es die Küsten blockieren und verheeren könne, doch nicht weit ins Land vorwagen werde und sich im Herbst wieder einschiffen müsse. „Was Schwedens Hülfe betrifft, so weiß man in Petersburg am besten wie gering seine militärischen und finanziellen Hülfsmittel sind, gerade im Herbst; wenn die Franzosen sich zurückziehen müßten würde es dem russischen Angriff offen liegen. Auch will Finnland keineswegs schwedisch, sondern nur möglichst unabhängig werden und in dieser Hinsicht haben wir gerade in letzter Zeit die wesentlichsten Concessionen gemacht, den Ständen ist sogar der Gebrauch der finnischen Sprache eingeräumt." *Geffcken an Rössing* – 6. V. 1863 – NStA Oldenburg, Best. 45/VII.

einem Angriff Frankreichs gegen die deutsche Westgrenze – und also auch auf die preußische Rheinprovinz[301] – entschieden entgegentreten werde[302].

Zwar erklärte Palmerston dem preußischen Gesandten in London etwa zur gleichen Zeit, sein Kabinett werde bei der Sympathie des Landes für Polen eventuelle Aktionen Frankreichs in den russischen Ostseeprovinzen auf keinen Fall hindern können[303], doch trugen die Ausführungen des Premierministers allzu deutliche Kennzeichen eines Versuchs, Preußen einzuschüchtern und von einer möglichen Allianz mit Rußland zurückzuhalten, als daß man diese Absicht in Berlin nicht wahrgenommen hätte[304].

Diese, wenn auch verhüllte Warnung aus London, die durch ein persönliches Schreiben des Königs von Belgien an König Wilhelm[305], in welchem Leopold I. den preußischen Monarchen dringend darum bat, dem Kaiser der Franzosen durch eine weitere Annäherung Preußens an Rußland keinen Vorwand zu einem Angriff auf die deutsche Westgrenze zu bieten, noch unterstrichen wurde[306], bewirkte aber immerhin, daß König Wilhelm in seinem Antwortschreiben vom 5. Mai ausdrücklich versicherte, Preußen werde im Falle eines französisch-russischen Konflikts nicht aus seiner Neutralität heraustreten, außer wenn es direkt angegriffen werden sollte[307].

Bei dieser Gelegenheit wiederholte der König die von seinem Ministerpräsidenten immer wieder vorgetragene Überzeugung, daß ein rekonstruiertes Polen „ein fortgesetzter Alliierter Frankreichs im Rücken Preußens, Österreichs und Deutschlands" sein werde und aus diesem Grunde alle Betroffenen einer solchen Eventualität mit sämtlichen ihnen zu Gebote stehenden Mitteln entgegenzutreten hätten. Nichts anderes sei der Sinn der „so viel angefeindeten Konvention vom 8. Februar" gewesen, die seinerzeit „nicht im entferntesten" abgeschlossen worden sei, um mit Rußland „zu einer Alliance zu führen. Sie sollte nur Rußland zeigen: 1. daß es bessere und nähere Freunde als in Paris habe und 2. meine Grenzen der Rebellion nicht als Asyl aufzuschließen . . ." Ebenso wie Preußen werde auch Österreich auf die Dauer die Gefahren nicht verkennen können, welche die Wiederherstellung eines unabhängigen Polen, das „eine französische Armee von 150 000 Mann an der Weichsel" bedeuten würde, für den Frieden Europas nach sich ziehen müßten. König Leopold möge „eine schöne Aufgabe" darin sehen, seinen vielfältigen Möglichkeiten entsprechend dafür zu sorgen, daß

[301] Vgl. allgemein *U. Schultz:* Die Politik Bismarcks in den Jahren 1862–1866 im Spiegel der rheinischen Presse, Diss. Bonn 1933.
[302] *Bismarck an Werther* – 24. IV. 1863 – APP III, Nr. 449.
[303] *Bernstorff an Bismarck* – 26. IV. 1863 – APP III, Nr. 454.
[304] *Bernstorff an Bismarck* – 27. IV. 1863 – APP III, Nr. 456.
[305] Vgl. *W. E. Mosse:* The European Powers and the German Question, S. 122.
[306] *König Leopold von Belgien an König Wilhelm I.* – 30. IV. 1863 – APP III, Nr. 469.
[307] *König Wilhelm I. an König Leopold von Belgien* – 5. V. 1863 – APP III, Nr. 478.

sich diese Einsicht auch bei den verantwortlichen englischen Staatsmännern Bahn breche[308].

Unter diesen Umständen bestand selbstverständlich auch für einen neuerlichen französischen Vorstoß in Berlin wenig Aussicht auf Erfolg. Der preußische Ministerpräsident ließ denn auch keinen Zweifel daran, daß sich die Politik seiner Regierung nicht von derjenigen des Kaisers von Rußland trennen werde[309]. Übrigens verzichtete man in Paris von vornherein auf eine förmliche Einladung an den preußischen Hof, sich den Schritten Frankreichs, Englands und Österreichs vom 17. April anzuschließen, da man Preußen bei dessen bislang bezogener und unverändert beibehaltener Stellung zur polnischen Frage nicht zumuten wollte, nunmehr mit den anderen europäischen Mächten gemeinsam in Petersburg aufzutreten; das französische Kabinett werde freilich eine veränderte Haltung der preußischen Regierung in dieser Beziehung mit besonderer Genugtuung begrüßen[310]. „Herr von Bismarck hat darauf kurz und entschieden geantwortet, daß das Verhältniß Preußens zu Rußland und zu dem Polnischen Aufstande und die Gefahr, mit welcher ein selbständiges Polen Preußen bedrohen würde, diesem eine Theilnahme an jener Aktion nicht gestatte"[311].

Im übrigen bewegte sich diese Initiative des Quai d'Orsay im Rahmen eines großangelegten Versuchs, ganz Europa, ja sogar die Vereinigten Staaten von Nordamerika zu einer „moralischen Offensive" gegen das Russische Reich zu mobilisieren[312]. Während Spanien, Portugal, Italien, die Türkei, die Niederlande, Däne-

308 *Promemoria des Auswärtigen Amtes, Berlin* – 5. V. 1863 – APP III, Nr. 479. Dieses Aktenstück, das dem Schreiben des Königs vermutlich zur Vorlage diente, sagt ausdrücklich: „Eine Allianz Preußens mit Rußland über das Bedürfnis unserer Selbstverteidigung hinaus liegt weder in unseren Absichten, noch in unseren Interessen ... In der jetzigen Lage wird Rußland auch gar keine Kooperation von unserer Seite beanspruchen, sondern nur die Erhaltung freundnachbarlicher Beziehungen."

309 *Geffcken an Rössing* – 28. IV. 1863 – NStA Oldenburg, Best. 45/VII. Die „Kölnische Zeitung" befürchtete sogar, daß französischer Druck das preußische Kabinett nur noch eher in russische Arme treiben könnte. *KZ* Nr. 118 vom 29. April.

310 *Montgelas an König Maximilian II.* – 30. IV. 1863 – GStA München, MA I/505.

311 *Löhneysen an Wittgenstein* – 2. V. 1863 – HStA Wiesbaden, Rep. 210-10723. Zu einer Verhärtung der preußischen Haltung dürfte zudem die Entdeckung des polnischen „Nationalkomitees für das Großherzogtum Posen" (Komitet Narodowy Wielkiego Księstwa Poznańskiego) unter der Leitung des Grafen Działyński und die Beschlagnahme kompromittierender Papiere in dessen Palais, die die gesamte Organisation in der Provinz Posen aufdeckten, nicht unwesentlich beigetragen haben. Vgl. die amtlichen Polizeiberichte in: *Zabór pruski* w powstaniu styczniowym, Wrocław-Warszawa-Kraków 1968, Dok.-Nr. 48 bis 56. Dazu zusammenfassend *S. Kieniewicz:* Powstanie styczniowe, S. 506–511.

312 Vgl. dazu u. a. *H. E. Blinn:* Seward and the Polish Rebellion of 1863, in: AHR 45 (1939/40) S. 828–833; *E. Hölzle:* Rußland und Amerika. Aufbruch und Begegnung zweier Weltmächte, München 1953, S. 203–208; *ders.:* Geschichte der zweigeteilten Welt. Amerika und Rußland, Reinbek bei Hamburg 1961, S. 93; zuletzt *J. W. Wieczerzak:* A Polish Chapter in Civil War America. The Effects of the January Insurrection on American Opinion and Diplomacy, New York 1967.

mark und Schweden sich, wenngleich meist erst nach Auseinandersetzungen innerhalb der jeweiligen Kabinette und unter manchen Vorbehalten, der diplomatischen Offensive Frankreichs – und dann auch Englands – anschlossen, lehnten Belgien, die Schweiz und auch die Vereinigten Staaten eine Beteiligung am Vorgehen der beiden Westmächte unter Hinweis auf ihre traditionelle Neutralität ab[313].

Bis auf Schweden und die Türkei besaß keine der genannten Mächte gemeinsame Grenzen mit dem Russischen Reich, und daher beschränkten sie sich ausnahmslos auf einen moralischen Appell an Kaiser Alexander, seinen polnischen Untertanen durch großzügige Reformen entgegenzukommen und auf diese Weise jede weitere Gefährdung des europäischen Friedens auszuschließen, ohne die Wiener Verträge von 1815 überhaupt zu erwähnen[314].

Auch die im Deutschen Bund vereinigten Staaten waren bis auf ihre beiden Vormächte keine direkten Nachbarn des Russischen Reiches und deswegen anders als Österreich und Preußen von den Vorgängen im Königreich Polen in ihren Interessen nicht unmittelbar berührt[315]. Ebenso wie den außerdeutschen Mächten mittleren Ranges gegenüber argumentierte daher die französische Regierung auch im Falle der Staatengruppe des „Dritten Deutschland" damit, daß der europäische Charakter der polnischen Frage es keinem Staat gleich welchen politischen Einflusses und Gewichts gestatte, sich einem Anschluß an das Vorgehen Frankreichs, Englands und Österreichs zugunsten Polens zu versagen, welches allein den Gesichtspunkten der Humanität und dem allgemeinen Wunsch nach einer dauerhaften Beseitigung eines permanenten Krisenherdes inmitten des Kontinents entsprungen sei, der alle europäischen Mächte früher oder später in Mitleidenschaft ziehen müsse[316]. Das allgemeine Interesse erfordere daher unabweislich eine diplomatische Intervention *aller* europäischen Mächte in St. Petersburg. Denn man zweifle in Paris nicht an dem heilsamen Einfluß auf die Entschlüsse der russischen Regierung, „qu'exercerait certainement une manifestation unanime de l'Euro-

[313] Texte des Depeschenwechsels des Russischen Reiches mit Spanien, Schweden, Italien, den Niederlanden, Dänemark und Portugal (nur russische Entgegnung!), den Vereinigten Staaten und der Türkei in: *Das Staatsarchiv*, Bd. IV. Dok.-Nr. 713–730.

[314] Vgl. *S. Bóbr-Tylingo:* Napoléon III, l'Europe et la Pologne 1863–4, S. 109–123; der belgische Gesandte wurde allerdings mündlich in Petersburg vorstellig, ohne freilich mehr als die Erhaltung des Friedens zu verlangen, ebda. S. 112–114. Zur Rolle Belgiens in der europäischen Politik vgl. allgemein *H. Lademacher:* Die belgische Neutralität als Problem der europäischen Politik, Bonn 1971.

[315] Deutsches Bundesgebiet konnte gegebenenfalls überhaupt nur an der (ober-)schlesischen Grenze zum Königreich Polen gefährdet werden; hingegen gehörten weder die preußischen Ostprovinzen (Großherzogtum Posen, Ost- und Westpreußen) noch auch das österreichische Kronland Galizien dem Bereich des Deutschen Bundes an.

[316] *Drouyn de Lhuys an Méloizes (Karlsruhe)* – 17. IV. 1863 – GLA Karlsruhe, Best. 48/3009 (Kopie).

pe"[317]. Dabei stellte Drouyn de Lhuys die engen verwandtschaftlichen Beziehungen offensichtlich durchaus in Rechnung, welche mehrere deutsche regierende Häuser mit dem Zarenhof verbanden und jede Gemeinsamkeit einer gegen Rußland gerichteten Demonstration zumindest erschweren mußten[318], glaubte aber, daß gerade die hieraus entspringenden speziellen Rücksichten („ménagements particuliers") der deutschen Höfe dem russischen Kaiserhaus gegenüber ihren Schritten in Petersburg besonderen Nachdruck verleihen könnten[319].

Von dieser Überlegung ausgehend forderte Frankreich zunächst die badische Regierung in *Karlsruhe* zum Anschluß an die Schritte der drei Mächte in Petersburg auf[320]. Das großherzogliche Kabinett, an dessen Spitze mit dem Freiherrn von Roggenbach zudem ein liberaler Ministerpräsident (und späterer Intimfeind Bismarcks) stand[321], der seine Politik sehr bewußt den Erfordernissen der Humanität und der Moral – wie er sie verstand – anzupassen suchte[322], glaubte diesem

317 Die Meinung, Frankreich habe durch die Einbeziehung der deutschen Mittelstaaten in seine „moralische Offensive" eben wegen deren Verschwägerung mit dem kaiserlichen Hof den Zaren „in seinen persönlichen Empfindungen zu treffen" gesucht, ist aus den Akten nicht zu verifizieren! So *H. Scheidt:* Konvention Alvensleben, S. 83.

318 Vgl. *M. Lindemann:* Die Heiraten der Romanows und der deutschen Fürstenhäuser im 18. und 19. Jahrhundert und ihre Bedeutung in der Bündnispolitik der Ostmächte, Berlin-Bonn 1935. Aufschlußreich, wenn auch nicht erschöpfend auch *S. Martenson:* Württemberg und Rußland im Zeitalter der deutschen Einigung 1856–1870, Göppingen 1970.

319 Ein gutes Beispiel hierfür bietet das Großherzogtum Oldenburg. In der an seine Regierung gerichteten französischen Note hieß es abschließend: „Nous n'ignorons pas les ménagements qui recommendent à la cour d'Oldenbourg les relations qui l'unissent à la famille Impériale de Russie, mais ces liens ne feraient que donner plus d'autorité à des conseils présentés sous une forme amicable et nous nous en rapportons entièrement au Gouvernement d'Oldenbourg pour apprécier la mesure dans laquelle il pourrait le plus utilement s'en ouvrir avec le Cabinet Russe." Abschrift einer Note *Drouyn de Lhuys* an die deutschen Mächte betr. die Unruhen in Polen mit besonderem Zusatz an die Oldenburgische Regierung – 17. IV. 1863 – NStA Oldenburg, Best. 45/VII. Ganz ähnlich argumentierte das französische Kabinett gegenüber den Höfen von Stuttgart und Karlsruhe.

320 Für die Tatsache, daß die französische Zirkulardepesche zuerst in Karlsruhe überreicht wurde, war vermutlich die kürzere Distanz zwischen beiden Hauptstädten ausschlaggebend; die Note wurde an alle Staaten zweiten Ranges am 17. April ausgefertigt.

321 Zu Roggenbach vgl. u. a. *W. Andreas:* Franz Freiherr von Roggenbach, Heidelberg 1933; *W. P. Fuchs:* Franz von Roggenbach (= Karlsruher Akademische Reden, NF. Nr. 11) 1954; ferner *A. Kürbs:* Die deutsche Politik Franz Freiherr v. Roggenbachs und seiner Freunde in den Jahren 1859–1870. Ein Beitrag zur Geschichte des Liberalismus, Diss. Marburg 1956 (MS). Grundlegend für die gesamte Epoche jetzt *L. Gall:* Der Liberalismus als regierende Partei. Das Großherzogtum Baden zwischen Restauration und Reichsgründung, Wiesbaden 1968. Die in der vorliegenden Arbeit behandelten Vorgänge S. 229 bis 234.

322 Bismarck vermochte diesen Standpunkt Roggenbachs nicht zu teilen und bemerkte ironisch, der badische Minister schöpfe seine Neigung, Verhandlungen am Bunde anzuregen „aus seinem Interesse für die Sache der Humanität und Zivilisation, deren Vertreter er, wie es scheint, in den polnischen Insurgenten erblickt". *Bismarck an Werther* – 23. IV. 1863 – APP III, Nr. 444.

Ersuchen um so weniger mit einer glatten Ablehnung begegnen zu dürfen, als das Land nach den Worten seines Fürsten „unter den Kanonen von Straßburg" lag[323] und daher als erstes jeder militärischen Aktion des französischen Nachbarn an der Westgrenze des deutschen Bundesgebiets ausgesetzt gewesen wäre[324].

Roggenbach erklärte dem Gesandten Frankreichs daher, daß „die deutschen Staaten als Glieder eines Bundes von wesentlich defensivem Charakter nicht berufen sein könnten, sich einzeln in großen europäischen Fragen geltend zu machen, sondern nur in der Gemeinschaft des Bundes ihre Bedeutung gewinnen"[325]. Daher müsse nach seiner Überzeugung der Deutsche Bund die einzelnen deutschen Staaten durch einen Bundesbeschluß veranlassen, sich in Petersburg im Sinne der Kollektiverklärungen der drei Mächte zu äußern. Die badische Regierung zweifle nicht daran, „daß Rußland unter dem Eindruck der Unanimität der europäischen Cabinete in seinen Concessionen an Polen so weit gehen würde, als die Gerechtigkeit erfordere". Sie werde sich deshalb vor ihrer Entscheidung bei den beiden deutschen Großmächten und den übrigen verbündeten Regierungen über deren Anschauungen in dieser Frage zu unterrichten suchen, um sich zu vergewissern, „ob die deutschen Regierungen geneigt sind, ihren Anschauungen den Charakter einer gemeinsamen Maßregel zu verleihen". Entsprechende Weisungen Roggenbachs gingen bereits am 20. April nach Wien, Berlin und Frankfurt ab[326].

Wie sich jedoch sehr bald herausstellen sollte, stieß dieser Alleingang des badischen Ministerpräsidenten weder am Bundestag in Frankfurt noch bei den Regierungen Preußens und Österreichs auf besondere Gegenliebe. Robert von Mohl, der bedeutende Heidelberger Staatsrechtler und – seit 1861 – Vertreter seines Landes am Bundestag, riet dringend von einem Vorgehen Badens „am Bunde" ab[327]. Es bestehe dabei die Gefahr, daß ein von seinen Bundesgenossen isoliertes Preußen sich noch enger als bisher an Rußland anschließen könnte; auch sei auf Österreich kein unbedingter Verlaß. Sollte es ihm nämlich trotz seiner offenkundigen Bemühungen nicht gelingen, in der polnischen Frage auf Frankreich und England mäßi-

[323] Zum allgemeinen Hintergrund vgl. *R. Dietrich:* Das Jahr 1866 und das „Dritte Deutschland", in: Europa und der Norddeutsche Bund, hrsg. von *R. Dietrich*, Berlin 1968, S. 85 bis 108, bes. S. 88–90.

[324] Mit einigem Recht schrieb der bayerische Ministerresident aus Karlsruhe, man fühle hier doppelt, „wie man auf dem vorgerücktesten Posten steht und dem Herd, von welchem nach menschlicher Berechnung die gefürchteten Ereignisse auszugehen haben, weit näher sich befindet, als irgend ein anderer deutscher Staat". *Malzen an König Maximilian II.* – 2. V. 1863 – GStA München, MA III/2042.

[325] *Roggenbach an Schweitzer (Paris)* – 20. IV. 1863 – GLA Karlsruhe, Best. 48/3009 (Konzept).

[326] *Roggenbach an Edelsheim (Wien), Marschall (Berlin) und Mohl (Frankfurt)* – 20. IV. 1863 – GLA Karlsruhe, Best. 48/3009 (Konzept).

[327] Grundlegend *E. Angermann:* Robert von Mohl, 1799–1875. Leben und Werk eines altliberalen Staatsgelehrten, Neuwied 1962; knapper *K. v. Beyme* (Hrsg.): Robert von Mohl. Politische Schriften (= Klassiker der Politik, Bd. 3), Köln und Opladen, S. VII–XLIII (Einleitung).

gend einzuwirken, so sei eine rasche „Frontveränderung“ des Wiener Hofes und seine Annäherung an den russischen Nachbarn nicht auszuschließen.

In seinen Gesprächen mit einigen Bundestagsgesandten habe er deren ostensible Zurückhaltung der Initiative Badens gegenüber unschwer feststellen können, wenngleich in Frankfurt noch keine Instruktionen anderer Bundesregierungen an ihre Vertreter vorlägen. Bayerns Gesandter am Bundestag, Freiherr v. d. Pfordten[328], habe ihm unumwunden bedeutet, daß angesichts der französischen Bedrohung ein Zusammenstehen der beiden deutschen Großmächte für den Bestand des Bundes unerläßlich sei und darüber hinaus den besten Schutz für die einzelnen deutschen Staaten darstelle[329]. Während der Präsidialgesandte von Kübeck als Vertreter Österreichs mit seiner Stellungnahme zunächst vorsichtig zurückhielt, aber doch die voraussichtliche ablehnende Haltung seiner Regierung zum Vorschlag Badens andeutete[330], kam es zwischen Mohl und dem preußischen Bundestagsgesandten von Sydow zu einer temperamentvollen Aussprache. „Auf die erste vorsichtige Andeutung, ob nicht die Anfrage des französischen Gesandten zu einem Antrage am Bunde Veranlassung geben sollte“, berichtete der badische Gesandte, „brach er alsbald mit aufgehobenen Armen in ein ‚um Gottes willen nicht‘ aus. Preußen und Oesterreich seien in der polnischen Sache zwar nicht in der Sache, aber der Form nach auf verschiedener Linie. Dieß würde sich dann noch deutlicher herausstellen und nur von Frankreich ausgebeutet werden“[331]. Der großherzoglich-hessische Gesandte am Bundestag, Freiherr von Biegeleben[332], schließlich habe bemerkt, daß den Mittelstaaten eine Einmischung in die große Politik nicht zustehe. „Man müsse in solchen Fällen warten, bis die großen Mächte es anbringen usw. Und warum man Rußland drängen wolle; es sei in seinem Rechte. Die Mächte des Wiener Congresses haben ein Recht sich einzumischen; der Bund aber nicht“. Zwar treffe es zu, daß im Falle eines Krieges der Deutsche Bund nicht unberührt bleiben könne, doch werde er einen solchen Konflikt, wenn er im Interesse Frankreichs läge, seinerseits abzuwenden ohnehin nicht imstande sein; vorerst sei an eine solche Entwicklung aber nicht zu denken[333].

In Berlin zeigte sich Bismarck von der französischen Einladung an die deutschen Mittelstaaten zum Anschluß an die in Petersburg überreichten Protest-

[328] Vgl. *E. Franz:* Ludwig Freiherr v. d. Pfordten, München 1938; spezieller *J. Rieken:* Ludwig v. d. Pfordten und die preußischen Bundesreformbestrebungen vor Ausbruch des Krieges 1866, Diss. Kiel 1942.

[329] Daher sei es „sehr wichtig, Alles zu vermeiden, was die zwischen Oesterreich und Preussen bestehende Spannung vermehren oder auch nur besonders hervortreten lassen könnte“. *Pfordten an König Maximilian II.* – 23. IV. 1863 – GStA München, MA I/505.

[330] *Sydow (Frankfurt) an Bismarck* – 22. IV. 1863 – APP III, Nr. 438 (Telegramm).

[331] *Sydow an Bismarck* – 22. IV. 1863 – APP III, Nr. 439.

[332] Es handelt sich hier um Arnold v. Biegeleben (1822–1892), einen Bruder des „Deutschlandexperten“ Österreichs und Gegners Bismarcks, Ludwig v. Biegeleben (1812–1872). Vgl. *W. Kosch:* Biographisches Staatshandbuch, Bd. I, Bern und München 1963, S. 112.

[333] *Mohl an Roggenbach* – 22. IV. 1863 – GLA Karlsruhe, Best. 48/3009.

noten und insbesondere vom Verhalten der badischen Regierung „im höchsten Grade überrascht und unangenehm berührt“[334]. Von gemeinsamen Schritten Frankreichs, Englands und Österreichs in Petersburg, so erklärte er dem Freiherrn von Marschall, könne seiner Überzeugung nach keine Rede sein. Preußen sei im Gegenteil mit der Haltung der Wiener Regierung in der polnischen Frage „vollkommen einverstanden“[335]. Österreich und Preußen müßten als Mitbesitzer polnischer Provinzen doch wohl am besten wissen, was in der vorliegenden Lage zu tun sei, „und für Deutschland liege nirgends ein Grund vor, eine weitere Pression auf Rußland auszuüben“[336]. Übrigens sei inzwischen eine Zirkulardepesche an die preußischen Missionen im Ausland abgegangen, in welcher die deutschen Bundesregierungen unmißverständlich aufgefordert würden, das französische Ansinnen rundweg zurückzuweisen. Die preußische Regierung könne „ein etwaiges Eingehen der deutschen Regierungen auf die Einladung Frankreichs zur Unterstützung der diplomatischen Intervention weder im Interesse einer baldigen Beruhigung Polens, noch im Hinblick auf die eigentlichen Endziele der Intervention im Interesse Preußens und Deutschlands finden“[337]. – Auch König Wilhelm hatte sich nach dem Bericht des sächsischen Gesandten sehr gereizt „über den Minister seines Herrn Schwiegersohnes“[338] geäußert. „Der König hat sich, was er in Momenten der Erre-

[334] Sowohl Bismarck als auch der Unterstaatssekretär v. Thile äußerten dem großherzoglich-hessischen Gesandten gegenüber den Verdacht, „daß Kaiser Napoleon darauf sinne, aus der Polnischen die Rheinfrage zu machen, und sie glauben daher, daß dem ... von Frankreich ausgegangenen Ansinnen nur der Wunsch zu Grunde liege, das westliche Deutschland von dem nördlichen / : soll wohl Preußen heißen :/ zu trennen“. *Wambolt an Dalwigk* – 24. IV. 1863 – StA Darmstadt, Best. 87 e/1; ähnlich („die Absicht, den Westen Europas vom Osten zu trennen ...“) *Schachten an Kurfürst Friedrich Wilhelm* – 23. IV. 1863 – StA Marburg, Best. 9 a/146/Bl. 15–16; auch der württembergische Gesandte meldete: „Die Anschauungen des Ministers von Roggenbach haben entschieden mißfallen ... man nennt es einen Versuch Badens, Großmachts-Politik zu machen, und findet das Benehmen ungeeignet.“ *Linden an Hügel* – 29. IV. 1863 – HStA Stuttgart, E 65–68/57/341. Auch *Bismarck an Flemming (Karlsruhe)* – 1. V. 1863 – APP III, Nr. 471.

[335] Demnach könne, wie Marschall einräumen mußte, von einer Kollektiverklärung der drei Mächte nicht gesprochen werden. „Man nimmt ziemlich allgemein an, daß Oesterreich sich nur deswegen bereit erklärt hat, gleichzeitig mit Frankreich und England eine Depesche in Petersburg zu übergeben, um durch seinen Zutritt die Pression, die von den beiden Andern geübt werden sollte, abzuschwächen und eine allgemeine, inoffensive Fassung aller Depeschen zu erwirken, überhaupt durch seinen Beitritt dem ganzen Verfahren eine unbedenklichere Bedeutung zu geben.“ *Marschall an Roggenbach* – 27. IV. 1863 – GLA Karlsruhe, Best. 48/3009.

[336] *Marschall an Roggenbach* – 23. IV. 1863 – GLA Karlsruhe, Best. 48/3009.

[337] *Bismarck an die preußischen Missionen* – 23. IV. 1863 – APP III, Nr. 443 (Geheim).

[338] Das Standardwerk über Leben und Werk des Großherzogs ist nach wie vor *H. Oncken:* Großherzog Friedrich I. von Baden und die deutsche Politik von 1854–1871, Stuttgart 1927.

gung zu tun pflegt, auf dem Absatz herumgedreht und gesagt: das ist der erste Schritt zum Rheinbund"[339].

Ähnlich negativ wurde die Initiative Badens, dessen Verhältnis zur Donaumonarchie durch die kürzlich erfolgte Anerkennung des Königreichs Italien seitens des Karlsruher Kabinetts ohnehin nicht unerheblich belastet war[340], am Ballhausplatz aufgenommen. Rechberg stellte ebenso wie Bismarck die von Roggenbach behauptete Existenz einer „Collectiverklärung der drei Mächte" mit großer Entschiedenheit in Abrede. Zwar sei, so erklärte der Außenminister dem badischen Gesandten, gegen eine Behandlung der polnischen Frage in der Bundesversammlung im Prinzip nichts einzuwenden, doch werde eine Diskussion in Frankfurt einer Lösung dieses Problems in praktischer Beziehung wenig dienlich sein, da zum einen die russische Antwort auf die Noten der drei Mächte, welche die außenpolitische Situation vollständig verändern könne, in Wien bereits angekündigt sei, zum andern Preußen „bei seiner bekannten systematischen Abneigung gegen Verhandlungen am Bunde" jedem Bundesbeschluß opponieren und aus diesem Grunde eine Einstimmigkeit oder auch nur bedeutende Majorität der deutschen Bundesregierungen schwerlich zustande kommen werde. Das Ergebnis einer Behandlung der polnischen Frage in Frankfurt werde vielmehr aller Voraussicht nach kein anderes als „eine neue Differenz mit Preußen" sein, die angesichts der bedrohlichen Weltlage nicht im Interesse Österreichs und Deutschlands liegen könne. „Endlich sei auch der ganze Gedankengang der oesterreichischen Depesche kaum geeignet, den anderen deutschen Staaten ein einfaches Beitreten zu gestatten, indem die ganze Motivirung des Schriftstücks lediglich auf der Nachbarschaft und der Gefahr für seine eigenen Grenzprovinzen basire, eine Motivirung, die offenbar für die andern deutschen Staaten nicht passe"[341].

Somit zeigte sich schon im Falle der Anfrage Badens in Wien und Berlin eine grundsätzlich übereinstimmende Haltung beider deutscher Großmächte, deren jede eine Verwicklung der übrigen deutschen Bundesstaaten in die polnische Krise zu verhindern suchte, wenngleich die ablehnende Reaktion auf die Anregungen aus Karlsruhe in der Wilhelmstraße nicht zuletzt durch die nahen verwandtschaftlichen Beziehungen beider Höfe und die traditionellen Sympathien zwischen

[339] *Hohenthal an Beust* – 24. IV. 1863 – in: *H. Kretzschmar: Die Anfänge* des Ministeriums Bismarck, Dok.-Nr. 115.

[340] Vgl. dazu den *Erlaß (Rechbergs) an den Legationssekretär von Pilat in Karlsruhe* – 23. IV. 1863 – in: *Quellen* zur deutschen Politik Österreichs, Bd. III, Nr. 1122. Jüngste Darstellung dieser Vorgänge durch *E. R. Rosen:* Die Anerkennung des Königreichs Italien durch das Großherzogtum Baden (1861–1862) im Rahmen der deutschen und europäischen Politik, in: HZ 218 (1974) S. 1–64.

[341] *Edelsheim an Roggenbach* – 24. IV. 1863 – GLA Karlsruhe, Best. 48/3009. Aus den Akten nicht zu erhärten ist die Auffassung, Rechberg habe gegen den Vorschlag Badens nichts einzuwenden gehabt, da er geeignet schien, „Preußen mehr als bisher in Deutschland zu isolieren". Vgl. *H. Scheidt:* Konvention Alvensleben, S. 84.

beiden Ländern bedingt[342] in diesem Fall um einiges heftiger als in Wien ausfiel[343]. Prinzipiell jedenfalls stimmten Österreich und Preußen darin überein, daß dem Versuch Frankreichs, die deutschen Regierungen gegen Rußland zu engagieren, unbedingt entgegengetreten werden mußte[344] – ein Tatbestand, welcher übrigens in Berlin mit sichtlicher Genugtuung registriert wurde[345]. Angesichts dieser gemeinsamen Einsprache der beiden deutschen Großmächte blieb der Regierung in Karlsruhe schließlich nur noch der diplomatische Rückzug übrig[346], zumal sie sich wenige Tage später noch einer äußerst scharfen Zurechtweisung aus Petersburg ausgesetzt sah[347].

Auf die Nachricht hin nämlich, daß das badische Kabinett als vorläufig einziges vorgeschlagen habe, die polnische Frage zur Beratung und Beschlußfassung vor den Bundestag zu bringen, erließ Fürst Gortschakow am 21. April/3. Mai eine geharnischte Depesche an den russischen Vertreter in Karlsruhe[348], in welcher er die peinliche Überraschung Kaiser Alexanders über das höchst unüberlegte („irréfléchie") Verhalten eines dem russischen Herrscherhaus durch verwandtschaftliche Beziehungen besonders eng verbundenen Hofes kundgab und sich den hochfahrenden Rat nicht versagen konnte, man möge in Karlsuhre doch daran denken, „daß das regierende Haus Hochberg es den Bemühungen des Kaisers Alexander I. zu verdanken habe, daß es den Thron der Zähringer einnimmt, und daß Baden

[342] Roggenbach machte auf diesen Tatbestand ausdrücklich aufmerksam und fügte hinzu: „Um so wichtiger schiene es uns, wenn auch Preußen es möglich machen könnte, in diesem Stadium ... nicht von den deutschen und europäischen Staaten zu dissentiren." *Roggenbach an Marschall* – 20. IV. 1863 – GLA Karlsruhe, Best. 48/3009.

[343] Rechberg hatte zunächst das badische Verhalten „ganz correct" genannt und dem französischen Gesandten Gramont erklärt, wie gefährlich es sei, wenn sich das Ausland unter Umgehung des Bundes direkt an die einzelnen Regierungen wendete, hatte aber wenige Tage später geäußert, die polnische Frage gehöre nicht vor die Bundesversammlung. *Ow an Hügel* – 26. und 29. IV. 1863 – HStA Stuttgart, Best. E 65–68/57/Bl. 309–308 bzw. 321–320.

[344] Rechberg verhehlte dem bayerischen Gesandten gegenüber nicht „sein Befremden über dieses isolierte Vorgehen Frankreichs". *Bray an König Maximilian II.* – 24. IV. 1863 – GStA München MA I/505.

[345] Vgl. den Antwortentwurf Bismarcks zum Telegramm Sydows aus Frankfurt vom 22. April mit der Randbemerkung König Wilhelms: „Sehr glücklich. Einverstanden." APP III, Nr. 438, Anm. 1.

[346] Nach ausführlicher Darlegung der „Mißverständnisse" zwischen Karlsruhe, Berlin und Petersburg schloß Roggenbach mit dem Ausdruck der Hoffnung, man werde nunmehr nicht mehr länger darüber im Zweifel sein, „daß nichts der großherzoglichen Regierung ferner liege, als ein leidenschaftliches Parteiergreifen zu Gunsten Polens gegen Rußland." *Runderlaß Roggenbachs an alle badischen Missionen* – 9. V. 1863 – GLA Karlsruhe, Best. 48/3010 (Konzept).

[347] *Perglas an König Maximilian II.* – 22. IV./4. V. 1863 – GStA München, MA I/505.

[348] *Gortschakow an Stolipine (Karlsruhe)* – 21. IV./3. V. 1863 – GLA Karlsruhe, Best. 48/3010 (Kopie).

nicht vergessen solle, daß es nur dank der russischen Intervention auf dem Congresse von Wien noch auf der Landkarte figurire"[349].

Vergeblich versuchte Großherzog Friedrich in einer ausführlichen Denkschrift vom 1. Mai, das Verhalten Badens seinem preußischen Schwiegervater gegenüber persönlich zu rechtfertigen, indem er die unabsehbaren Gefahren beschwor, welche ein Verharren des Berliner Kabinetts auf der Linie seiner prorussischen Politik nach sich ziehen müsse[350]. Die Regierung in Karlsruhe mußte erkennen, daß ihr geringes Machtpotential nicht hinreichte, um in Fragen der großen europäischen Politik ihre Auffassungen mit einiger Aussicht auf Erfolg zur Geltung zu bringen[351].

Die nahen verwandtschaftlichen Beziehungen des *Stuttgarter* Hofes zum russischen Kaiserhaus[352] boten der französischen Diplomatie auch in diesem Falle den willkommenen Ansatzpunkt, um die dortige Regierung zum Anschluß an ihre Interventionspolitik in Petersburg zugunsten der polnischen Frage zu bewegen[353]. Wie der württembergische Ministerpräsident, Freiherr von Hügel, schon einen Tag nach der französischen Einladung nach Petersburg schrieb, ging die Regierung in Paris nach den Worten ihres Vertreters in Stuttgart dabei von der Überlegung aus, „daß in dieser großen Europäischen Frage auch die Stimme eines Mittelstaates

349 *Spitzemberg an Hügel* – 4. V. 1863 – HStA Stuttgart, Best. 65–68/57/341. Der württembergische Ministerresident in Karlsruhe sprach davon, daß Roggenbach „für den Augenblick wenigstens von seiner Großmannssucht geheilt" sei. *Thumb an Hügel* – 28. IV. 1863 – HStA Stuttgart, Best. E 70/33/13/Bl. 204–205. Auch *Bismarck an Flemming (Karlsruhe)* – 1. V. 1863 – APP III, Nr. 471, Anm. 1.

350 *Großherzog Friedrich an König Wilhelm* – 1. V. 1863 – in: *H. Oncken:* Großherzog Friedrich I. von Baden und die deutsche Politik von 1854–1871, Bd. I, Stuttgart 1927, Dok.-Nr. 164. Am selben Tage wurde die Denkschrift auch an König Leopold von Belgien gesandt, Dok.-Nr. 165. Hier machte Großherzog Friedrich in einem Begleitschreiben seinem Herzen Luft, indem er seiner Gewißheit Ausdruck verlieh, „daß die Entfernung des jetzigen Ministeriums ein wahrer Segen wäre".

351 Der württembergische Ministerresident zeichnete ein düsteres Bild der außenpolitischen Situation Badens, indem er schrieb: „Oesterreich tief gekränkt, mit Preußens Regierung im principiellen Widerspruch, mit seinen Nachbarn und der Mehrzahl der übrigen Bundesgenossen auf üblem Fuße – dieß ist die Lage des badischen Ministeriums angesichts ernstlicher europäischer Verwicklungen." *Thumb an Hügel* – 26. IV. 1863 – HStA Stuttgart, Best. E 70/33/13/Bl. 206–206a. Vgl. auch *L. Gall:* Der Liberalismus als regierende Partei. Das Großherzogtum Baden zwischen Restauration und Reichsgründung, Wiesbaden 1968, S. 234.

352 Die württembergische Kronprinzessin und spätere Königin Ol'ga Nikolaevna war eine Schwester des regierenden Zaren und langjährige Briefpartnerin Gortschakows, der mit ihr seit seiner Stuttgarter Gesandtentätigkeit eine politische Korrespondenz führte, deren wichtigste Stücke im Jahre 1931 publiziert wurden. Vgl. *C. Friese:* Rußland und Preußen, S. 335–356.

353 Vgl. *S. Martenson:* Württemberg und Rußland im Zeitalter der deutschen Einigung 1856 bis 1870, Göppingen 1970, bes. S. 134–139; allgemein auch *T. Mästle:* Württemberg und die Großmächte vom Wiener Kongreß bis zum Tode Wilhelms I. (1815–1864), Diss. Tübingen 1951.

in Petersburg besonders dann von Bedeutung sein werde, wenn . . . zwischen den beiderseitigen Höfen so enge verwandtschaftliche und freundschaftliche Beziehungen vorwalten". Der König habe sich dem französischen Ersuchen nicht gänzlich verschließen zu dürfen geglaubt und erteile daher seinem Geschäftsträger in Petersburg den Auftrag, sich der Argumentation der österreichischen Depesche anzuschließen und deren Betrachtungen in vertraulicher Weise „der wohlwollenden Erwägung Seiner Majestät des Kaisers Alexander zu empfehlen"[354].

Dem raschen Entschluß König Wilhelms[355] zu einem selbständigen Auftreten Württembergs in Petersburg im Sinne der österreichischen Depesche vom 17. April folgten im Stuttgarter Außenministerium intensive Unterredungen mit den Vertretern der anderen deutschen Regierungen, in welchen Hügel sich dem badischen Vorschlag, die polnische Frage vor der Bundesversammlung in Frankfurt zur Sprache zu bringen, entschieden widersetzte, da der divergierenden Haltung der beiden deutschen Großmächte wegen ein einstimmiger Beschluß des Bundes, „wie er allein Werth haben würde", aller Wahrscheinlichkeit nach nicht zustande kommen werde. Das von Württemberg eingeschlagene Verfahren, die französische Demarche durch eine freundschaftliche Mitteilung in Petersburg „rasch und auf vertraulichem Wege" zu erledigen, sei seiner Ansicht nach das „minder gefährliche"[356]. Wie der badische Ministerresident am 22. April nach Karlsruhe meldete, werde nach in Stuttgarter Regierungskreisen allgemein verbreiteter Überzeugung auch Preußen „mit rascher Umkehr" Anlehnung an Österreich und den Westmächten suchen müssen, wenn Deutschland nicht der größten Gefahr entgegentreiben solle. „Die Erbitterung und der Haß gegen das Ministerium Bismarck sind grenzenlos"[357].

Ebensowenig freilich glaubte Hügel an eine günstige Aufnahme der badischen Vorschläge in Wien, da sich seiner Überzeugung nach das dortige Kabinett auf keinen Fall dem Verdacht ausgesetzt zu sehen wünschte, an der Spitze einer vom Bund gegen das Russische Reich gerichteten Pression zu stehen[358]. Aus diesem Grunde erschien es dem württembergischen Minister geratener, wenn sich die deutschen Bundesregierungen unter Berufung auf die Note Österreichs einzeln in freundschaftlicher Form in Petersburg aussprechen würden. Gleichzeitig ließ er diesen Entschluß seines Kabinetts in Wien vertraulich mitteilen[359].

[354] *Hügel an Spitzemberg* – 21. IV. 1863 – HStA Stuttgart, Best. E 72/124/Bl. 92–91.

[355] Grundlegend die Biographie von *K.-J. Grauer:* Wilhelm I. König von Württemberg. Ein Bild seines Lebens und seiner Zeit, Stuttgart 1960, *ders.:* König Wilhelm I. von Württemberg und die europäischen Dynastien, in: ZfwürttLG 15 (1956) S. 253–278.

[356] *Dusch an Roggenbach* – 22. IV. 1863 – GLA Karlsruhe, Best. 48/3009.

[357] *Dusch an Roggenbach* – 24. IV. 1863 – GLA Karlsruhe, Best. 48/3009. In Stuttgart bestehe der dringende Wunsch, „in der Stille über den unangenehmen Vorgang hinwegzukommen".

[358] *Dusch an Roggenbach* – 24. IV. 1863 – GLA Karlsruhe, Best. 48/3009.

[359] *Hügel an Ow* – 23. IV. 1863 – HStA Stuttgart, Best. 65–68/57/Bl. 267–266.

Wie Hügel richtig vermutet hatte, bezeichnete Rechberg auch dem württembergischen Gesandten gegenüber die Anregung Badens zur Verhandlung der polnischen Frage vor dem Bundestag als zum gegenwärtigen Zeitpunkt durchaus „unerwünscht". Hingegen lobte er die Regierung in Stuttgart für ihre „gute Antwort", welche sie Frankreich durch ihre Entscheidung erteilt habe, sich den österreichischen Vorstellungen in möglichst schonender Form anzuschließen[360]. Nach der Meinung des kaiserlichen Kabinetts müsse im Augenblick alles vermieden werden, was im Ausland den Eindruck der Uneinigkeit unter den deutschen Bundesgenossen erwecken könnte. „Er habe deßhalb auch nach Dresden und ebenso an den Fürsten Metternich, sowie auch hier mündlich den Herzog von Gramont wissen lassen, wie ungern man es in Wien sehen würde, wenn diese Frage an den Bund käme"[361].

Inzwischen hatte man in Stuttgart erfahren, daß die französische Demarche, der eine englische drei Tage später folgte[362], an sämtliche deutsche Bundesstaaten (mit Ausnahme der beiden Mecklenburg und der Freien Städte[363]) ergangen war, und daraus den Schluß gezogen, daß es sich bei der polnischen Frage nunmehr um eine „rein europäische" Angelegenheit handelte, die in erster Linie die deutschen Großmächte als Mitbesitzer ehemals polnischen Territoriums angehe, die Interessen der deutschen Mittelstaaten hingegen nicht unmittelbar berühre. Infolgedessen wies Hügel Spitzemberg telegraphisch an, den ihm zugegangenen Auftrag zunächst unausgeführt zu lassen, da die königliche Regierung bei dieser Sachlage jeden Schritt vermeiden müsse, der am kaiserlichen Hof in Petersburg „unangenehm auffallen" könnte[364]. Wenn sich Württemberg der österreichischen Auffassung angeschlossen habe, so sei dies allein in Würdigung der Tatsache geschehen, daß man sich in Wien jeder direkten Einmischung in die inneren Verhältnisse des Russischen Reiches enthalten habe. Eben hierin aber unterscheide sich die Wiener Mitteilung nach Petersburg doch ganz wesentlich von derjenigen der beiden Westmächte, so daß sie nach dem in Stuttgart vorherrschenden Eindruck „sich eher als eine Ablehnung des

360 *Ow an Hügel* – 26. IV. 1863 – Ebda., Bl. 309–308.

361 *Ow an Hügel* – 29. IV. 1863 – Ebda., Bl. 321–320.

362 Am 25. April übergab der englische Gesandte in Stuttgart die Abschrift einer Note seiner Regierung vom 10. April mit dem Zusatz: „In communicating a copy of this despatch to Your Excellency, I have been further instructed to invite the Governement of His Majesty the King of Wurtemberg to make a communication of a similar tendency to the Russian Government." *Earl Baillie an Hügel* – 25. IV. 1863 – HStA Stuttgart, Ebda., Bl. 299–297.

363 Mecklenburg lehnte seine äußere Politik ganz an Preußen an, die Freien Städte hielt man in Paris offensichtlich für zu unbedeutend. *Bismarck an die preußischen Missionen* – 4. V. 1863 – APP III, Nr. 477.

364 Da die russischen Antworten auf die Noten der drei Großmächte am 3. Mai im „Journal de St. Pétersbourg" publiziert wurden, fragte Spitzemberg telegraphisch an, ob seine Demarche noch vollzogen werden solle: „Sehr üble Aufnahme zu erwarten (chiffriert)! Baden der einzige deutsche Staat, der sich der Demarche angeschlossen, und höchste Erbitterung darüber." *Spitzemberg an Hügel* – 3. V. 1863 – HStA Stuttgart, Best. E 72/124/Bl. 100 (Konzept).

von Frankreich und England verlangten Anschlusses an die Kundgebungen dieser beiden Mächte darstellt". Jedenfalls könnten „die Interessen Deutschlands wohl nicht als identisch mit denjenigen der Westmächte betrachtet werden"[365].

Weitere Nuancierungen und inhaltliche Interpretationen Hügels in seinen Weisungen an die Gesandtschaft in Petersburg sorgten schließlich dafür, daß Spitzemberg Gortschakow gegenüber nur gesprächsweise die Stellung seiner Regierung erläuterte und keine nachhaltigere Verstimmung des russischen Kabinetts über das Verhalten Württembergs eintrat[366]. Auch russischerseits bestand offenbar schon mit Rücksicht auf die Gemahlin des Thronfolgers wenig Neigung, die beiderseitigen Beziehungen über Gebühr zu strapazieren, zumal die Großfürstin Ol'ga Nikolaevna unausgesetzt im Interesse der Petersburger Politik Einfluß zu gewinnen suchte und sich namentlich dem österreichischen Gesandten in Stuttgart gegenüber „die unglaublichste Mühe" gab, im rußlandfreundlichen Sinne zu wirken[367].

Daran, daß die Wiederherstellung eines polnischen Staates keinesfalls im Interesse Deutschlands liegen konnte, zweifelte man in Stuttgarter Regierungskreisen ebensowenig wie im benachbarten *München*[368]. Bereits unmittelbar nach dem Eintreffen der französischen Note in der bayerischen Hauptstadt empfahl der dortige Ministerpräsident, Baron Schrenck, daher seinem König, das Begehren des Quai d'Orsay zum Anschluß Bayerns an die diplomatische Intervention der drei Großmächte in Petersburg als den Interessen des Königreichs zuwiderlaufend umgehend zurückzuweisen.

Der bayerische Regierungschef machte König Maximilian II. nachdrücklich darauf aufmerksam, daß auch die äußerst maßvolle Form der drei Depeschen nicht über deren Charakter als einer Einmischung in die inneren Angelegenheiten des Russischen Reiches und die hierin liegende Drohung hinwegtäuschen könne, man werde sich bei einer Weigerung der Petersburger Regierung, auf die Mahnungen der drei Mächte einzugehen, weitere Maßnahmen vorbehalten. Wenn die Großmächte auf diese Weise dem Artikel 1 der Wiener Kongreßakte, der den Polen eine gewisse Selbstverwaltung im Rahmen des russischen Staatsverbandes einräume[369], Geltung zu verschaffen suchten, so seien sie dazu völkerrechtlich zwar nicht verpflichtet,

[365] *Hügel an Spitzemberg* – 27. IV. 1863 – Ebda., Bl. 99–98.

[366] Einer Belastung des Verhältnisses zwischen beiden Höfen wirkte offenbar auch der russische Geschäftsträger in Stuttgart erfolgreich entgegen. Vgl. *S. Martenson:* Württemberg und Rußland, S. 138.

[367] *Handel an Rechberg* – 9. V. 1863 – zit. bei *S. Bóbr-Tylingo:* Napoléon III, l'Europe et la Pologne, S. 125, Anm. 352.

[368] Auf die These des württembergischen Gesandten am Bundestag v. Reinhard, der in einer ausführlichen Denkschrift zur polnischen Frage Stellung genommen hatte, es könne nicht im Interesse Deutschlands liegen, „ein mehr oder weniger selbständiges Polen zu schaffen", bemerkte Hügel: „gewiß nicht!" *Reinhard an Hügel* – 24. IV. 1863 – HStA Stuttgart, Best. E. 65–68/57/Bl. 295–291.

[369] Vgl. Anm. 107. Gotthold Rhode nennt den fraglichen Artikel 1 mit Recht einen „allerdings dehnbaren". Vgl. *G. Rhode:* Geschichte Polens, S. 341.

wohl aber berechtigt, und auch Österreich sei die Befugnis nicht zu bestreiten, „der russischen Regierung Vorstellungen wegen der Ereignisse in Polen zu machen, welche die Sicherheit und Ruhe seiner Staaten, ja den eigenen Besitzstand so sehr gefährden".

Bayern hingegen, welches man trotz seines damaligen Bemühens nicht in das concert européen eingeladen und somit auch zur Mitunterzeichnung der Wiener Schlußakte nicht zugelassen hatte, besitze keinen Teil Polens und sei überdies von dessen Gebiet durch andere Länder getrennt. Vor allem aber seien die Machtverhältnisse Bayerns von denjenigen Rußlands derart verschieden, „daß ein Schritt, wie er der königlichen Regierung von Frankreich angesonnen wird, kaum dazu beitragen dürfte, die russische Regierung zu bestimmen, den Vorstellungen der drei Großmächte Gehör zu geben". Da zudem die beiden deutschen Vormächte in der gegenwärtigen Krise anscheinend eine unterschiedliche Politik verfolgten, sei damit zu rechnen, daß, „falls die polnische Frage in eine ernstere Phase eintreten sollte", auch der Bund noch eingeschaltet werden dürfte, dessen Entschließungen Bayern nach Ansicht des Ministerpräsidenten nicht vorgreifen sollte. Daher möge der König der Regierung erlauben, das Ansinnen Frankreichs unter Würdigung seines materiellen Inhalts aus den erwähnten Gründen abzulehnen[370].

Am 25. April erklärte sich König Maximilian II. mit dem Standpunkt seines Kabinetts vollständig einverstanden, wies jedoch darüber hinaus seinen Staatsminister an, in seiner Antwort an die französische Regierung noch besonders darauf Gewicht zu legen, „daß Bayern aus Grundsatz in europäischen Fragen nicht für eigene Rechnung sich einmischt, sondern deren Behandlung dem deutschen Bunde überläßt. Es soll aber die Antwort an die französische Regierung einfach auf die Ablehnung des an uns gestellten Ansinnens beschränkt und nicht einmal die Billigung des Inhalts der fraglichen Note ausgesprochen werden, weil hierin schon eine Abweichung von obigem Prinzip läge"[371]. Mit den gleichen Argumenten wurde auch die wenige Tage später in München eintreffende Einladung der britischen Regierung „unter dem Ausdruck des verbindlichsten Dankes für das damit bewiesene Zutrauen"[372] ablehnend beantwortet[373].

Trotz eines gelegentlich recht massiven französischen Drucks erfuhr dieser Standpunkt Bayerns im weiteren Verlauf der polnischen Krise keinerlei Modifika-

[370] *Schrenck an König Maximilian II.* – 20. IV. 1863 – GStA München, MA I/505.
[371] *Entscheidung des Königs* als Marginalie auf vorstehender Eingabe – 25. IV. 1863 – Ebda.
[372] *Schrenck an Reigersberg (Stuttgart)* – 3. V. 1863 – HStA Stuttgart, Best. 65–68/37/Bl. 349–348 (Abschrift).
[373] *Schrenck an König Maximilian II.* – 26. IV. 1863 – GStA München, MA I/505; *Degenfeld (München) an Hügel* – 27. IV. 1863 – HStA Stuttgart, Best. 65–68/37/Bl. 305–304.

tionen mehr[374], obschon sich der bayerische Gesandte in Wien sehr beunruhigt über die „ernste, ja drohende Gestalt . . . der europäischen Politik" äußerte. Wieder war es die Besorgnis vor den „kaum verhehlten" Absichten Napoleons, die den Grafen Bray fürchten ließ, Frankreich werde selbst auf friedlichem Wege eine „Rektifikation" seiner Westgrenze auf Kosten Deutschlands zu erreichen suchen und bei dieser Gelegenheit die Abtretung von Landau, Saarlouis und Saarbrücken (also auch der bayerischen Rheinpfalz!) verlangen. Im übrigen – so fuhr der Gesandte fort – wachse an der Donau das Mißtrauen gegenüber weitergehenden Plänen der französischen Regierung, und die ständig wiederholte Mahnung aus Berlin, Österreich möge die Gemeinsamkeit der Interessen beider Staaten in der polnischen Frage nicht aus dem Auge verlieren, finde im Wiener Außenministerium – ungeachtet seiner fortdauernden Gemeinsamkeit mit den Westmächten – wachsenden Anklang[375].

Nicht zuletzt unter dem Eindruck dieser Mitteilungen aus Wien und angesichts vertraulicher Anfragen aus Dresden, Hannover und Karlsruhe[376], welche Richtung die Politik Bayerns nunmehr einschlagen werde, wandte sich Schrenck am 22. April nochmals an König Maximilian und verlieh dabei seiner Befürchtung Ausdruck, daß es Frankreich bei seiner Einladung an die bedeutenderen deutschen Staaten ganz offensichtlich in erster Linie darauf ankomme, sich vorderhand möglichst vielseitiger Zustimmung zu versichern, falls es in der polnischen Frage tatsächlich zur kriegerischen Aktion übergehen sollte[377]. Ein weiteres Motiv sei wohl in der Absicht des Pariser Kabinetts zu suchen, Preußen, „auf welches allem Anschein nach es vorzugsweise abgesehen ist", möglichst vollständig von seinen deut-

[374] So hatte der französische Gesandte in München u. a. erklärt, „es überrasche ihn, daß Bayern, seitdem es in die Reihe der Großmächte eingetreten und die drittgrößte Macht in Deutschland mit einer Armee von 120 000 Mann bilde, sich in seinen Entschließungen so ängstlich zeige und eine solche Gelegenheit, in eine Frage großer europäischer Politik selbständig einzugreifen, aus Rücksicht auf seine Eigenschaft als Bundesmitglied von der Hand weise, während das Kurfürstentum Bayern wiederholt eine weit selbständigere kühnere Rolle gespielt habe". Schrenck hatte darauf erwidert, daß Bayern durch die polnische Frage nicht unmittelbar berührt sei. *Bose (München) an Beust* – 7. V. 1863 – in: *H. Kretzschmar: Die Anfänge* des Ministeriums Bismarck, Dok.-Nr. 123.

[375] *Bray an König Maximilian II.* – 21. IV. 1863 – GStA München, MA I/505.

[376] *Gise (Dresden) an König Maximilian II.* – 23. IV. 1863 – Ebda.

[377] Aufs äußerste besorgt schrieb Hermann Baumgarten am 21. April aus Karlsruhe: „Die Kriegsgefahr rückt mit raschen Schritten heran. Schweden ist zur Offensive entschlossen; Frankreich steht dahinter und tut sehr bezeichnende Schritte, um Preußen vollständig auch in Deutschland zu isolieren. Bei den süddeutschen Kabinetten ist die Aufforderung eingetroffen, sich den Schritten Frankreichs gegen Rußland anzuschließen. Kein Kabinett ist in der Lage, zu Preußen zu halten." *Baumgarten an Sybel* – 21. IV. 1863 – in: *Heyderhoff/Wentzcke:* Deutscher Liberalismus im Zeitalter Bismarcks, Bd. I, S. 142–143. Hermann Baumgarten, der Verfasser der berühmten „Selbstkritik" des deutschen Liberalismus von 1866, stand dem Kreise um den badischen Ministerpräsidenten Roggenbach nahe. Vgl. *H. Baumgarten:* Der deutsche Liberalismus. Eine Selbstkritik (1866), hrsg. von *A. M. Birke*, Frankfurt-Berlin-Wien 1974 (Einleitung).

schen Bundesgenossen zu isolieren[378]. „Unter diesen Verhältnissen", so schloß der bayerische leitende Minister, „scheint es . . . doppelt nöthig, und im Interesse der Erhaltung des Friedens gelegen, sich auf das Ansinnen Frankreichs nicht einzulassen, und die übrigen deutschen Regierungen zu einer gleichen Haltung zu bestimmen, wofür bei denselben gewiß Geneigtheit besteht"[379].

Bei dieser entschiedenen Position der bayerischen Regierung kann es nicht verwundern, daß die Vorschläge Roggenbachs ebenso wie in Stuttgart auch in München mit unverhohlener Skepsis aufgenommen wurden. Baron Schrenck äußerte denn auch in seiner Aussprache mit dem Vertreter Badens „die lebhaftesten Bedenken" und benutzte die Gelegenheit, um die Auffassungen seines Kabinetts nochmals zu präzisieren. Dabei machte er den Freiherrn von Berckheim noch zusätzlich darauf aufmerksam, daß die deutsche Präsidialmacht, welche doch ebenso wie Frankreich in Petersburg zugunsten Polens aufgetreten sei, bekanntlich darauf verzichtet habe, ihre Bundesgenossen zu analogen Schritten bei der russischen Regierung aufzufordern, und seiner Überzeugung nach doch wohl selbst eventuelle Anträge dieser Art in Frankfurt gestellt haben würde, „wenn sie rathsam wären". Da ferner nicht auszuschließen sei, daß Napoleon eine militärische Aktion gegen Rußland bzw. Preußen im Schilde führe, habe er selbstverständlich ein großes Interesse daran, die deutschen Mittelstaaten „zu engagiren". Er (Schrenck) müsse aber den Frieden für um so gefährdeter halten, je vielseitiger die Unterstützung sei, welche der Kaiser der Franzosen finde[380].

Die auswärtige Politik Bayerns, dessen „korrekte Haltung" in Petersburg wie in Berlin begreiflicherweise lebhafte Befriedigung auslöste[381], diente in gewissem Sinne auch anderen Bundesregierungen zur Richtschnur, die sich – naturgemäß auch unter dem Eindruck der dringenden Mahnungen der beiden deutschen Groß-

[378] Bismarck erklärte dem großherzoglich-hessischen Gesandten, Frankreichs Absicht sei offenbar darauf gerichtet, „das westliche Deutschland von dem nördlichen . . . zu trennen". *Wambolt an Dalwigk* – 24. IV. 1863 – StA Darmstadt, Best. 87e/1. Ähnlich *Schachten an Kurfürst Friedrich Wilhelm* – 24. IV. 1863 – StA Marburg, Best. 9 a/146/Bl. 19–20. Nach Wiesbaden wurde geschrieben: „Die . . . Schritte der Westmächte bei den deutschen Höfen sieht die hiesige Regierung mit ungünstigem Auge an und glaubt darin das Bestreben zu erkennen, nicht sowohl die Pression gegen Rußland zu verstärken, als Uneinigkeit unter den Bundesgliedern anzuschüren und Preußen immer mehr zu isolieren. Diese Auffassung hat der Ministerpräsident mehrfach zu erkennen gegeben." *Löhneysen an Wittgenstein* – 2. V. 1863 – HStA Wiesbaden, Rep. 210-10723.

[379] *Schrenck an König Maximilian II.* – 22. IV. 1863 – GStA München, MA I/505.

[380] *Berckheim (München) an Roggenbach* – 25. IV. 1863 – GLA Karlsruhe, Best. 48/3009.

[381] In Petersburg drückte Gortschakow dem bayerischen Gesandten „la plus vive satisfaction pour la conduite complètement correcte du gouvernement bavarois" aus. *Perglas an König Maximilian II.* – 20. IV. 1863 – GStA München, MA III/2747; ähnlich war auch die Reaktion in Berlin. *Montgelas an König Maximilian II.* – 30. IV. 1863 – GStA München, MA I/505.

mächte[382] – nach einigem Schwanken mehr oder weniger dem Standpunkt des mächtigsten deutschen Mittelstaates anschlossen[383].

Dies galt schließlich auch für das traditionell polenfreundliche Königreich *Sachsen*[384], das schon seiner geographischen Lage wegen beständig im politischen Spannungsfeld zwischen Österreich und Preußen lavieren mußte[385]. Sein ehrgeiziger Ministerpräsident, Freiherr Friedrich Ferdinand von Beust[386], rivalisierte dazu noch auf bundespolitischem Gebiet mit dem in erster Linie von dem derzeitigen Bundestagsgesandten und ehemaligen Ministerpräsidenten Bayerns, von der Pfordten, mit Nachdruck verfochtenen Anspruch des drittgrößten Bundesstaates, zumindest in einer „geistigen Trias" das „dritte Deutschland" anzuführen[387]. Sobald jedoch die französische Einladung zum Beitritt an die Schritte der drei Großmächte in Dresden eintraf[388], nahmen beide Kabinette trotz seit einiger Zeit auf-

[382] Zum engen außenpolitischen Spielraum der deutschen Mittelstaaten im Falle eines Zusammengehens Österreichs und Preußens vgl. *R. Dietrich:* Das Jahr 1866 und das „Dritte Deutschland", in: Europa und der Norddeutsche Bund, Berlin 1968, S. 85–108, bes. S. 89–90.

[383] Die Forschung zur Politik des „Dritten Deutschlands" steckt noch immer in den Anfängen. Vgl. u. a. *W. P. Fuchs:* Die deutschen Mittelstaaten und die Bundesreform 1853 bis 1860, Berlin 1934; *F. Greve:* Die Politik der deutschen Mittelstaaten und die österreichischen Bundesreformbestrebungen bis zum Frankfurter Fürstentag (1861–1863), Diss. Rostock 1938. Zusammenfassend *W. Bußmann:* Das Zeitalter Bismarcks, S. 53–57, dazu die Literaturhinweise S. 258–259.

[384] Die Erinnerung an die polnisch-sächsische Personalunion des 18. Jahrhunderts, der die Wettiner ursprünglich die Königskrone verdankten, war in Sachsen noch nicht verblaßt, wirkte sich jedoch politisch nicht mehr aus. Vgl. dazu allgemein *H. Kretzschmar:* Das sächsische Königtum im 19. Jahrhundert. Ein Beitrag zur Typologie der Monarchie in Deutschland, in: HZ 170 (1950) S. 457–493, bes. S. 459–466; dagegen *S. Bóbr-Tylingo:* Państwa Związku Niemieckiego wobec powstania styczniowego, in: Teki Historyczne 1/2 (1951/52) S. 6–23, bes. S. 18–22, der den sächsischen Hof als den einzig polenfreundlichen besonders herausstellt.

[385] Grundlegend das enzyklopädische Werk von *R. Kötzschke* und *H. Kretzschmar:* Sächsische Geschichte, Dresden 1935, neu hrsg. von *H. Schieckel,* Frankfurt a. M. 1965, hier S. 351–352.

[386] Beusts Memoiren sind stark apologetisch gefärbt, gehören aber dennoch zu den bedeutendsten Quellen zur Geschichte des 19. Jahrhunderts. Vgl. *F. F. Graf von Beust:* Aus drei Viertel-Jahrhunderten. Erinnerungen und Aufzeichnungen 1809–1885, 2 Bde., Stuttgart 1887; panegyrisch *W. Ebeling:* Friedrich Ferdinand Graf von Beust, 2 Bde., Leipzig 1870/71. Eine moderne politische Biographie Beusts fehlt noch. Für eine spätere Phase materialreich und gründlich *H. Potthoff:* Die deutsche Politik Beusts von seiner Berufung zum österreichischen Außenminister Oktober 1866 bis zum Ausbruch des deutsch-französischen Krieges 1870/71, Bonn 1968.

[387] Zu den sämtlich erfolglosen sächsischen Bundesreformplänen vgl. *H. H. Thumann:* Beusts Plan zur Reform des Deutschen Bundes vom 15. Oktober 1861, in: Neues Archiv für sächsische Geschichte 46 (1925) S. 46–77; *M. Daerr:* Beust und die Bundesreformpläne der deutschen Mittelstaaten, in: Neues Archiv 52 (1931) S. 42–120.

[388] *Drouyn de Lhuys an Forth-Rouen (Dresden)* – 17. IV. 1863 – in: *H. Kretzschmar: Die Anfänge* des Ministeriums Bismarck, Dok.-Nr. 111.

getretener Spannungen in der Deutschlandpolitik[389] sofort Kontakte auf, um sich über ihr Vorgehen in der polnischen Frage miteinander zu verständigen.

Ebenso wie in München beherrschte auch in Dresden argwöhnisches Mißtrauen gegen mögliche Aktivitäten Napoleons am Rhein die politische Führung des Landes, obgleich der sächsische Gesandte in Paris und Schwiegersohn Graf Nesselrodes, des langjährigen Leiters der russischen Außenpolitik[390], Baron Seebach[391], aus der französischen Hauptstadt sehr beruhigende Nachrichten mitbrachte, als er in Privatangelegenheiten vorübergehend in Dresden weilte. Die Polenagitation der Pariser Presse, so berichtete der erfahrene Diplomat, werde von der Regierung augenscheinlich nur betrieben, um die öffentliche Meinung zu beschäftigen und sie von der höchst unpopulären Expedition in Mexiko abzulenken. Seinem Eindruck nach sei es trotz allen mit beträchtlicher Ostentation ins Werk gesetzten Eifers zugunsten der polnischen Frage bislang nicht gelungen, in der Bevölkerung große Sympathien für Polen zu erwecken. Bis auf das Palais royal und dessen radikaldemokratische Anhängerschaft bestehe auch in Hofkreisen wenig Neigung, in Europa „Complicationen herbeizuführen". Ein weiteres sicheres Indiz für die Richtigkeit seiner Ansicht sei ferner darin zu sehen, daß die nach Petersburg gerichtete französische Note vom 17. April in sehr maßvoller Sprache keine bestimmten Forderungen formuliert, sondern lediglich an die Weisheit und Großmut Kaiser Alexanders appelliert habe[392].

Diese etwas optimistischen Anschauungen Seebachs reichten indes nicht hin, um die Besorgnisse des sächsischen Ministerpräsidenten vor den vermeintlichen Absichten Napoleons zu zerstreuen, wie sie Beust am 24. April im Gespräch mit dem preußischen Gesandten in Dresden sehr prägnant formulierte. Die polnische Frage, so führte er aus, überschatte unzweifelhaft alle politischen Gegenwartsprobleme und erfordere dringend eine Verständigung aller deutschen Regierungen

389 *Bose (München) an Beust* – 18. IV. 1863 – Ebda., Dok.-Nr. 112.

390 Eine unschätzbare Quelle für die russische Außenpolitik unter der Leitung Nesselrodes ist *P. von Meyendorff:* Ein russischer Diplomat an den Höfen von Berlin und Wien. Politischer und privater Briefwechsel 1826–1863, hrsg. von *O. Hoetzsch,* 3 Bde., Berlin 1923. Die neuesten Zusammenfassungen sind *B. Jelavich:* A Century of Russian Foreign Policy, 1814–1914, Philadelphia and New York 1964; *dies.:* St. Petersburg and Moscow. Tsarist and Soviet Foreign Policy, 1814–1974, Bloomington and London 1974. Einen knappen Abriß bietet *G. Wettig:* Kontinuität und Wandel der russischen Deutschland-Politik 1815 bis 1969, in: Grundfragen sowjetischer Außenpolitik, hrsg. von *B. Meissner* und *G. Rhode,* Stuttgart 1970, S. 65–94, bes. S. 67–73. Ein interessantes Detailproblem behandelt – freilich nicht ohne Tendenz – *E. Andics:* Das Bündnis Habsburg-Romanow. Vorgeschichte der zaristischen Intervention in Ungarn im Jahre 1849, Budapest 1963.

391 Baron Seebach hatte der französischen Regierung während der Endphase des Krimkriegs als Kontaktperson zum Zarenhof gedient. Vgl. *W. Baumgart:* Der Friede von Paris 1856, München-Wien 1972, S. 99–108.

392 Vgl. Bericht des Wiener „Botschafters" vom 26. April über die Reise Baron Seebachs, in: *H. Kretzschmar: Die Anfänge* des Ministeriums Bismarck, Dok.-Nr. 117.

darüber, „ob man ein von Rußland unabhängiges Polen wolle oder nicht“[393]. Auf Rantzaus Hinweis, daß sich bei der Klarheit des preußischen Standpunktes in dieser Frage eine Übereinstimmung des Königreichs Sachsen mit seinem nördlichen Nachbarn leicht ermöglichen lassen werde, weniger dagegen mit Österreich, erwiderte Beust: „Das Wiener Cabinet hat diesen Schritt gethan, ohne zu wissen, was es morgen thun will“. Zu allem Unglück aber wisse Napoleon genau, was er wolle, und die Gelegenheit sei für ihn leider sehr günstig; darüber könne man sich nicht täuschen[394]. Bei dieser Sachlage sei er nunmehr damit einverstanden, in der ersten Maihälfte mit dem preußischen Regierungschef in Berlin zusammenzutreffen, da „die Verwicklungen und großen Gefahren der Gegenwart ganz dazu angethan sind, die deutschen Regierungen zur Einigkeit und zum gemeinsamen Handeln zu drängen“[395].

Wenige Tage später teilte Beust dem österreichischen Gesandten seinen Entschluß mit und erklärte bei dieser Gelegenheit, er habe die preußische Einladung in erster Linie deswegen angenommen, weil die polnische Frage gegenwärtig alle anderen beherrsche und zweifelsohne die größten Gefahren für Europa heraufbeschwören werde, „bildet sich nicht in der Mitte des Weltteils ein Kern, stark genug, um nach Osten und Westen Ruhe zu gebieten. Dieser Kern kann nur Deutschland sein“. Daher müsse im Deutschen Bund der traurige Zustand „jämmerlicher Zerrissenheit“ endlich aufhören. Dies sei jedoch nur möglich, wenn sich Österreich und Preußen verständigten, und diesem Zweck werde auch seine Reise nach Berlin dienen[396].

Am Tage seiner Unterredung mit dem preußischen Gesandten ließ Beust einige Vertreter anderer Staaten – darunter auch den russischen Geschäftsträger! – in den von König Johann bereits genehmigten Entwurf einer nach Petersburg zu richtenden Depesche Einsicht nehmen, die in allgemeinen und unverfänglichen Wendungen im Sinne der Darlegungen Österreichs den Wunsch der sächsischen Regierung ausdrückte, Kaiser Alexander möge seinen Untertanen im Königreich Polen durch Konzessionen entgegenkommen, die geeignet schienen, den dortigen Unruhen möglichst bald ein Ende zu setzen, da ihm „das beste und sicherste Urtheil über die zur Beruhigung Polens zu ergreifenden Maßnahmen“ zustehe. „Auf diese

393 *Rantzau (Dresden) an Bismarck* – 24. IV. 1863 – GStA Berlin, HA III/Nr. 762. Bismarck bemerkte dazu in einer Marginalie: „sicher nicht!“.

394 In bezug auf die österreichische Politik pflichtete Bismarck dem Urteil Beusts mit einem „wahr!“ bei, wollte aber an die französischen Absichten nicht glauben („schwerlich!“). Ebda. Auch dem Vertreter Bayerns gegenüber äußerte Beust, die österreichische Politik lasse „eine gewisse Unsicherheit in den Anschauungen durchscheinen“. *Gise an König Maximilian II.* – 30. IV. 1863 – GStA München, MA III/2838.

395 Zum Besuch Beusts in Berlin vgl *F. F. Graf von Beust:* Aus drei Vierteljahrhunderten, Bd. I (1809–1866), Stuttgart 1887, S. 317–321.

396 *Werner (Dresden) an Rechberg* – 29. IV. 1863 – in: *Quellen* zur deutschen Politik, Nr. 1124.

Weise", so habe König Johann[397] bei der Vorlage des Notenentwurfs geäußert, „ziehen wir uns am besten aus der Schlinge". Vor allem komme es jetzt darauf an, die Sache schnell zu erledigen, um weiterem Druck unter Hinweis auf den in Petersburg bereits erfolgten Schritt widerstehen zu können[398].

Inzwischen hatte Rechberg in Dresden telegraphisch mitteilen lassen, daß die russische Antwort auf die Propositionen der drei Großmächte bereits in Wien angekündigt sei, und die Frage daran geknüpft, ob bei dieser Sachlage eine sächsische Depesche in Petersburg nicht entweder zu spät oder zu früh komme, zumal wenn sie vereinzelt bliebe, und ob angesichts der Stellung Preußens eine Verhandlung am Bunde überhaupt „räthlich" sei[399]. Der letzte Teil der Frage wurde von Beust sogleich verneint, denn auch in Dresden wurde der badische Vorschlag, die polnische Frage zum Gegenstand einer Verhandlung vor der Bundesversammlung in Frankfurt zu machen, als „durchaus unzeitgemäß" äußerst mißbilligend zur Kenntnis genommen, zumal Baden sich nach sächsischer Auffassung bei der Anerkennung des Königreiches Italien im Grunde bundeswidrig verhalten hatte[400] und nun erstaunlicherweise „eine untergeordnete (!) und zur Zeit weder mit dem Wesen noch mit den Grundsätzen des Bundes verflochtene Frage an das Forum desselben zu verweisen beabsichtigt". Ein solches Verhalten entspringe einmal mehr den „dilettanten Einfällen" des badischen Ministerpräsidenten[401].

Einem derart erfahrenen Diplomaten wie Beust, der nach dem Urteil Walter Bußmanns zu den großen politischen Talenten der Reichsgründungszeit gehörte[402], konnte es selbstverständlich nicht entgehen, daß Österreich sich anders als die Westmächte auf eine mündliche Mitteilung seiner in Petersburg überreichten Depesche beschränkt hatte und damit zu erkennen gab, daß es ebensowenig wie Preußen eine Einmischung der anderen deutschen Bundesstaaten in die polnische Frage wünschte[403]. Daher änderte auch die der französischen folgende – übrigens

[397] Grundlegende Biographie von *H. Kretzschmar:* Die Zeit König Johanns von Sachsen, Berlin (Ost-) 1960.

[398] *Gise an König Maximilian II.* – 24. IV. 1863 – GStA München, MA III/2838.

[399] *Rechberg an Werner (Dresden)* – 24. IV. 1863 – (Telegramm) in: *H. Kretzschmar: Die Anfänge* des Ministeriums Bismarck, Dok.-Nr. 114.

[400] Vgl. *E. R. Rosen:* Die Anerkennung des Königreichs Italien durch das Großherzogtum Baden (1861–1862) im Rahmen der deutschen und europäischen Politik, in: HZ 218 (1974) S. 1–64.

[401] *Gise an König Maximilian II.* – 26. IV. 1863 – GStA München, MA III/2838.

[402] Vgl. *W. Bußmann:* Das Zeitalter Bismarcks, 4. Aufl. Frankfurt 1968, S. 53; ihm folgt *R. Dietrich:* Das Jahr 1866 und das „Dritte Deutschland", in: Europa und der Norddeutsche Bund, S. 85–108, hier S. 95.

[403] Dieses Motiv wird mit Recht betont bei *S. Bóbr-Tylingo:* Państwa Związku Niemieckiego wobec powstania styczniowego, in: Teki Historyczne 1/2 (1950/51) S. 6–23, bes. S. 20.

nicht sonderlich ernst gemeinte[404] – englische Aufforderung zum Anschluß Sachsens an die Schritte der drei Großmächte in Petersburg nichts an der in Dresden von nun an befolgten Taktik eines vorsichtigen Aufschiebens und Abwartens[405].

Unter dem bestimmenden Einfluß Wiens[406] und dem Beispiel Bayerns folgend[407] verzichtete das sächsische Kabinett nach längerem Zögern schließlich ganz auf eine eigene Initiative in Petersburg und motivierte seine Absage an die Regierungen in Paris und London damit, daß es die Bedeutung eines Staates zweiten Ranges wie des Königreichs Sachsens ungeachtet seiner Souveränität nicht zulasse, in großen europäischen Fragen selbständig handelnd aufzutreten. Außerdem gestatteten es die ihm durch sein Bundesverhältnis auferlegten Pflichten nicht, einer möglicherweise im weiteren Verlauf der Krise noch zu treffenden Entscheidung des Deutschen Bundes vorzugreifen, „zumal das Sachsen verbündete Österreich sich der französisch-englischen Anregung nicht angeschlossen hat"[408]. Über den allgemeinen Wunsch nach einer möglichst raschen und dauerhaften Wiederherstellung friedlicher Zustände im Königreich Polen, in welchem Sachsen sich mit den Regierungen Frankreichs und Englands einig wisse, hätte das sächsische Kabinett ohnehin schwerlich hinausgehen können und habe es deswegen für ein Gebot „non seulement de courteoisie, mais encore de convenance" erachtet, der Bitte der russischen Regierung um Aufschub einer eventuellen Äußerung Sachsens in der polnischen Frage bis zum Eintreffen ihrer Antwortnoten auf die Depeschen der drei Mächte vom 17. April zu entsprechen[409]. Da diese Entgegnung Rußlands inzwischen erfolgt sei und allem Anschein nach zu weiterer Verständigung zwischen den Mächten Raum geben werde, „sei zu Sachsens Befriedigung dasjenige

[404] Als Hauptgrund ihres Schrittes gab die britische Regierung in Dresden an, man habe Frankreich nicht allein handeln lassen wollen. Daher sei man mit der sächsischen Entscheidung sehr einverstanden und wünsche, daß dem Land ein dauerhafter Frieden erhalten bliebe. *Vitzthum an Beust* – 7. V. 1863 – in: *H. Kretzschmar: Die Anfänge* des Ministeriums Bismarck, Dok.-Nr. 124.

[405] In Berlin zeigte man sich zwar nicht eben unzufrieden, bemerkte aber, daß man nicht sehr einverstanden sein könne „mit der mehr ausweichenden und zuwartenden Haltung, welche Graf Platen und Freiherr von Beust ... einzunehmen für gut befunden hätten". *Montgelas an Schrenck* – 28. IV. 1863 – GStA München, MA I/505. Die Übergabe einer Abschrift der sächsischen Note nach Paris gab Bismarck Gelegenheit zu einer breiten Erläuterung der preußischen Polenpolitik. *Hohenthal an Beust* – 6. V. 1863 – in: *H. Kretzschmar: Die Anfänge* des Ministeriums Bismarck, Dok.-Nr. 121.

[406] Vgl. *R. Kötzschke/H. Kretzschmar:* Sächsische Geschichte, 2. Aufl. Frankfurt a. M. 1965, S. 352.

[407] Schon am 26. April hatte Beust sich bereit erklärt, auf die Ansicht Bayerns zu warten, bis „ein gegenseitiges Einvernehmen über eine gleichmäßige Haltung ermöglicht wäre". *Gise an König Maximilian II.* – 26. IV. 1863 – GStA München, MA III/2838. Am 7. Mai hieß es: „Die Haltung Bayerns in der polnischen Frage stimmt mit der sächsischen im wesentlichen überein." *Bose (München) an Beust* – 7. V. 1863 – in: *Die Anfänge,* Dok.-Nr. 123.

[408] *Beust an Lüttichau (Paris)* – 3. V. 1863 – in: *Die Anfänge,* Dok.-Nr. 119.

[409] *Beust an Lüttichau (Paris)* – 3. V. 1863 – in: *Das Staatsarchiv,* Bd. IV, Nr. 727.

bereits erzielt, was man erstrebt und ins Auge gefaßt habe, und eine weitere Mitwirkung seinerseits also ohne Gegenstand"[410].

Trotz unverhohlener Verärgerung in Paris, wo Drouyn de Lhuys den sächsischen Geschäftsträger unter anderem wissen ließ, die französische Regierung werde sich in Zukunft ebensowenig an das Dresdener Kabinett wie an die anderen deutschen Höfe wenden, wenn Probleme von wahrhaft europäischer Tragweite wie das vorliegende auf der Tagesordnung ständen[411], war die polnische Frage damit auf diplomatischer Ebene für Sachsen erledigt[412]. Andererseits aber wurde Dresden noch einmal wie schon nach den polnischen Aufständen von 1830/31, 1846 und 1848 zum Zufluchtsort für viele politische Flüchtlinge[413], deren prominentester, der Markgraf Wielopolski, hier sein Leben im Jahre 1877 beschließen sollte[414]. Die Funktion Sachsens als eines „bequem gelegenen Tummelplatzes für die revolutionären polnischen Elemente" führte außerdem auch noch nach dem Erlöschen des Aufstandes zu einer diplomatischen Intervention des preußischen Nachbarn, welcher sich bitter darüber beschwerte, „daß diese Regierung weder den bundesfreundlichen Gesinnungen gegen uns entsprochen noch diejenigen Rücksichten beobachtet hat, welche das solidarische Interesse konservativer Regierungen dem Revolutionstreiben gegenüber erheischt"[415].

Den solcherart gegen Sachsen vorgebrachten Vorwurf, durch seine allzu nachsichtige Innenpolitik der „Revolution" in Europa Vorschub zu leisten, konnte die preußische Regierung gegen das fünfte Königreich im Verband des Deutschen

410 *Marschall an Roggenbach* – 6. V. 1863 – GLA Karlsruhe, Best. 48/3010. Sinngemäß auch *Dusch (Stuttgart) an Roggenbach* – 12. V. 1863 – GLA Karlsruhe, Best. 48/3010, mit der Bemerkung: „Hiernach wäre die Sache in Stuttgart und in Dresden auf ziemlich ähnliche Weise behandelt worden."

411 „Si les Etats de l'Allemagne n'aiment pas qu'on fasse de pareilles démarches auprès d'eux on n'en fera plus." *Lüttichau an Beust* – 8. V. 1863 – in: *Die Anfänge*, Dok.-Nr. 125.

412 Am 9. Mai äußerte sich Drouyn de Lhuys in einer Zirkulardepesche „in befriedigender Weise über die sächsische Rückantwort in Bezug auf die polnische Angelegenheit". *Gise an König Maximilian II.* – 10. V. 1863 – GStA München, MA I/505. Dennoch zeigte sich Beust über die „etwas schnöde Mitteilung" aus Paris verärgert und antwortete am 27. Mai mit einem Schriftstück, dem man nach Ansicht des österreichischen Gesandten in Dresden „das Zeugnis einer gediegenen Schärfe nicht vorenthalten" konnte. *Werner an Rechberg* – 27. V. 1863 – in: *Quellen* zur deutschen Politik, Dok.-Nr. 1144.

413 Vgl. *G. Mühlpfordt:* Warschau und Dresden. Zur polnisch-sächsischen Union zwischen 1697 und 1813 und zu ihrem Nachwirken im 19. Jahrhundert, in: Jahrbuch für Geschichte der UdSSR und der volksdemokratischen Länder Europas 8 (1964) S. 475–491, bes. S. 490.

414 Vgl. *A. Skałkowski:* Aleksander Wielopolski w świetle archiwów rodzinnych, 3 Bde., Poznań 1947.

415 Die entsprechenden Dokumente aus dem Deutschen Zentralarchiv, Abteilung Merseburg, wurden mit einer höchst tendenziösen Einleitung veröffentlicht von *S. Quilitzsch:* Gemeinsame Aktionen der russisch-preußischen Reaktion gegen polnische Revolutionäre im Jahre 1864 in Sachsen, in: Jahrbuch für Geschichte der UdSSR und der volksdemokratischen Länder Europas 8 (1964) S. 447–461; Zitate S. 453 und 461 *(Thile an Übel (Dresden)* – 22. 10. 1864!).

Bundes ganz sicher nicht erheben. Denn in *Hannover* standen mit dem blinden König Georg V.[416], einem Herrscher, der sich einem neueren Urteil zufolge „allen liberalen und nationalen Zeittendenzen entgegen an die für gottgegeben gehaltene Unteilbarkeit seiner Souveränität klammerte"[417], und seinem Minister des Auswärtigen, Grafen Platen-Hallermund, zwei Persönlichkeiten an der Spitze des Staates, deren konservative, ja absolutistische Gesinnungen keinem Zweifel unterlagen[418].

Leider erlaubt es die durch den Totalverlust der für diese Arbeit in Frage kommenden Aktenbestände des ehemaligen hannoverschen Außenministeriums[419] bedingte desperate Quellenlage nicht, die auswärtige Politik dieses Landes in der durch den polnischen Aufstand von 1863 ausgelösten europäischen Krise hinreichend zu rekonstruieren. Immerhin läßt sich aus den diplomatischen Akten der übrigen deutschen Bundesstaaten über den politischen Entscheidungsprozeß in Hannover doch so viel erkennen, daß die französische Anfrage dort zunächst ausweichend beantwortet wurde[420]. Allem Anschein nach hatte Graf Platen zunächst zu bedenken gegeben, daß ein Anschluß Hannovers an die Demarche der drei Großmächte bei der nachgeordneten Bedeutung des Königreichs in Petersburg kaum irgendwelchen nennenswerten Effekt werde bewirken können, eine endgültige Entscheidung allerdings dem Entschluß des Königs vorbehalten[421]. Diese ostensible Zurückhaltung, welche in Berlin sehr beifällig aufgenommen wurde[422], relativierte die Regierung in Hannover indes einige Tage später, als sie in München,

[416] Bis heute nicht durch eine neuere Darstellung ersetzte Biographie: *E. Rosendahl:* König Georg V. von Hannover, Hannover 1928.

[417] Vgl. *H. Schmidt:* Das Land Niedersachsen, in; Niedersachsen und Bremen (= Handbuch der historischen Stätten Deutschlands, Bd. II), 3. Aufl. Stuttgart 1969, S. LXXIV.

[418] Absolutistischen Neigungen in noch stärkerem Maße zugänglich war der hannoversche Innenminister jener Zeit, Otto von Borries. Vgl. *H. v. Srbik:* Deutsche Einheit. Idee und Wirklichkeit von Villafranca bis Königgrätz, Bd. III, München 1942, S. 241–253.

[419] Laut Auskunft des Niedersächsischen Staatsarchivs Hannover vom 31. März 1970 fielen diese Bestände im Jahre 1943 einem Bombenangriff zum Opfer. Die Registraturen der hannoverschen Gesandtschaften befinden sich als Depositum im Niedersächsischen Staatsarchiv Wolfenbüttel.

[420] Vgl. *S. Bóbr-Tylingo:* Napoléon III, l'Europe et la Pologne, S. 128–129.

[421] „Hannover und Braunschweig haben unter Bezugnahme darauf, daß sie keine großmächtliche Stellung in Europa einnehmen, vorläufig ausweichend geantwortet." *Ysenburg (Preußischer Gesandter für Hannover und Oldenburg) an Rössing (Oldenburgischer Ministerpräsident)* – 27. IV. 1863 – NStA Oldenburg, Best. 45/VII; *Bismarck an die Missionen in Deutschland* – 29. IV. 1863 – APP III, Nr. 464.

[422] *Bismarck an die preußischen Missionen* – 23. IV. 1863 – APP III, Nr. 443, Zusatz für Hannover, S. 504: „Graf Platen scheint in richtiger Würdigung der Sachlage jedes Eingehen auf Separatverhandlungen mit Frankreich abzulehnen." *Bismarck an Werther* – 23. IV. 1863 – APP III, Nr. 444.

Stuttgart und Dresden Erkundigungen darüber einziehen ließ, welchen Kurs man dort der französischen Demarche gegenüber einzuschlagen gedächte[423].

Höchstwahrscheinlich hatte Platen die Regierung in Paris bereits wissen lassen, daß das hannoversche Kabinett sich nach Absprache mit seinen Bundesgenossen dem französischen Vorgehen in Petersburg anschließen werde[424], verzichtete dann aber unter dem Eindruck des Widerstandes Bayerns und später auch Württembergs gegen einen solchen Schritt sehr bald auf eine Realisierung seines Wunsches, die „mittleren deutschen Regierungen möchten sich dahin vereinigen, in mildester Form dem Wunsche in Petersburg Ausdruck zu geben, daß es thunlich seyn möge, bald in Polen die Ruhe auf soliden Grundlagen wieder herzustellen"[425]. In Hannover verzögerte man nunmehr wie in Dresden eine Rückantwort auf die Anfrage aus Paris bis zum Eintreffen der russischen Antwortnoten vom 26. April und erklärte danach eine eigene Beteiligung an den Schritten der drei Großmächte in Petersburg für durch die seitherige Entwicklung überholt.

Nachträglich mißbilligte die hannoversche Regierung nun sogar das selbständige Auftreten Württembergs in der polnischen Angelegenheit, da seiner Ansicht nach eine Verhandlung am Bunde eigentlich das korrektere Verfahren dargestellt hätte[426], während man umgekehrt in München wie in Stuttgart das Verhalten Hannovers „kein sehr glückliches" nannte. Der bayerische Ministerpräsident bezeichnete die Antwort Platens nach Paris daher „als eine ganz ungeschickte; denn nachdem Graf Platen in seinem Schreiben auseinandergesetzt habe, daß er eigentlich sehr gerne die gewünschten Schritte in St. Petersburg gethan hätte, komme er zu dem Beschlusse, jene zu unterlassen"[427].

Auch das ganz vom Gebiet des Königreichs Hannover umschlossene Großherzogtum *Oldenburg* wurde unter ausdrücklichem Hinweis auf die engen verwandtschaftlichen Beziehungen der großherzoglichen Familie zum russischen Herrscherhaus[428] von der französischen Regierung aufgefordert, in Petersburg im Sinne der Depeschen der drei Großmächte vom 17. April vorstellig zu werden, da gerade das nahe Verhältnis der beiden Höfe zueinander den Ratschlägen Oldenburgs besonde-

[423] In Berlin wurde nunmehr erklärt, man könne „mit der mehr ausweichenden und zuwartenden Haltung, welche Graf Platen und Freiherr von Beust . . . einzunehmen für gut befunden", kaum einverstanden sein. *Montgelas an Schrenck* – 28. IV. 1863 – GStA München, MA I/505.

[424] Diese Vermutung wird angeblich durch die französischen Akten nahegelegt. Vgl. *S. Bóbr-Tylingo:* Napoléon III, l'Europe et la Pologne, S. 129.

[425] *Knesebeck (Hannoverscher Gesandter in München) an Hügel* – München, 1. V. 1863 – HStA Stuttgart, Best. E 65–68/57/Bl. 325–324.

[426] *Bismarck an die preußischen Missionen* – 4. V. 1863 – APP III, Nr. 477.

[427] *Degenfeld (München) an Hügel* – 15. V. 1863 – HStA Stuttgart, Best. E 65–68/57/Bl. 398–397.

[428] Auf die dynastischen Beziehungen Oldenburgs zum dänischen und zum russischen Hof, „die eine Art verwandtschaftlichen Protektorates ausübten", weist mit Recht hin *H. v. Srbik:* Deutsche Einheit, Bd. III, München 1942, S. 255–257.

ren Nachdruck verleihen könnte[429]. Nach diskreten Andeutungen aus Berlin jedoch, daß man dort wie in Wien einen Anschluß der deutschen Staaten zweiten Ranges an die diplomatische Intervention Frankreichs am russischen Hof sehr ungern sehen würde[430], ließ Freiherr von Rössing am 1. Mai namens seines Kabinetts in sehr knapper Form erklären, Oldenburg verkenne zwar keineswegs seine besonderen Beziehungen zum Russischen Reich, doch gestatte das politische Gewicht des Großherzogtums als einer zweitrangigen Macht keine Abweichung des von ihm stets befolgten Grundsatzes, sich in die inneren Angelegenheiten anderer Staaten niemals einzumischen, welche die eigenen Interessen auch nicht entfernt berührten[431].

Beinahe noch entschiedener fiel die abweisende Reaktion auf die französische Offerte in *Darmstadt* aus, wo die großherzogliche Regierung unter der Führung ihres konservativen Ministerpräsidenten Reinhard Dalwigk zu Lichtenfels[432] jede auch nur vorstellbare revolutionäre Veränderung in Europa mit dem größten Nachdruck bekämpfte[433]. Das Großherzogtum Hessen-Darmstadt war zudem als Herkunfsland der russischen Kaiserin Maria Alexandrovna[434] mit dem Zarenreich auf das freundschaftlichste verbunden[485]. Zahlreiche Besuche des Kaiserpaares und regelmäßige Reisen des Prinzen Alexander von Hessen, des Bruders des regierenden Großherzogs Ludwig III. und der Kaiserin, an die Newa hatten die Beziehungen zwischen St. Petersburg und Darmstadt besonders intim gestaltet[436]. Da der Prinz außerdem als kaiserlicher Feldmarschall im Dienste des Hauses Habsburg

[429] *Drouyn de Lhuys* an die europäischen Mächte betr. die Unruhen in Polen mit besonderem Zusatz an die *Oldenburgische Regierung* – 17. IV. 1863 – NStA Oldenburg, Best. 31-15/7-22. Vgl. auch Anm. 319.

[430] *Ysenburg (Hannover) an Rössing* – 27. IV. 1863 – NStA Oldenburg, Best. 45/VII.

[431] *Rössing an Cintrat* (Beamter im französischen Außenministerium) – 1. V. 1863 – in: *Das Staatsarchiv*, Bd. IV. Dok.-Nr. 726.

[432] Seine Tagebücher gelten mit Recht als eine der wichtigsten Quellen zur Reichsgründungszeit. Vgl. *(R. Freiherr Dalwigk zu Lichtenfels):* Die Tagebücher des Freiherrn Reinhard von Dalwigk zu Lichtenfels aus den Jahren 1860–1871, hrsg. von *W. Schüßler,* Stuttgart und Berlin 1920 (= Deutsche Geschichtsquellen des 19. Jahrhunderts, Bd. II). Vgl. ferner *E. Vogt:* Die hessische Politik in der Zeit der Reichsgründung 1863–1871, München 1914; *K. Volz:* Dalwigk und die Politik der deutschen Mittelstaaten 1860–1871, Diss. Heidelberg 1926; *L. Clemm:* Freiherr Dalwigk zu Lichtenfels, in: NDB, Bd. III, Berlin 1957, S. 495–496.

[433] Es ist eine unzulässige Verkürzung, wenn gesagt wird, Dalwigk sei „antipolnisch" eingestellt gewesen; er wehrte sich vielmehr gegen jede Art von „Revolution". Vgl. *S. Bóbr-Tylingo:* Napoléon III, l'Europe et la Pologne, S. 129.

[434] Ein – freilich eher feuilletonistisches – Porträt der Kaiserin zeichnet *C. de Grünwald:* An den Wurzeln der Revolution. Alexander II. und seine Zeit, Wien-Berlin-Stuttgart 1965, S. 210–229.

[435] Vgl. *S. Bóbr-Tylingo:* Państwa Związku Niemieckiego wobec powstania styczniowego, in: Teki Historyczne 1/2 (1951/52) S. 6–23, bes. S. 16–17.

[436] Zum allgemeinen Hintergrund vgl. die gründliche Studie von *N. M. Hope:* The Alternative to German Unification. The Anti-Prussian Party Frankfurt, Nassau, and the two Hessen, 1859–1867, Wiesbaden 1972.

stand und in dieser Eigenschaft an den Friedensverhandlungen von Villafranca maßgeblich beteiligt gewesen war, bestanden auch zur Wiener Hofburg sehr enge Kontakte, welche das hessische Großherzogtum ungeachtet seiner verhältnismäßig nachgeordneten machtpolitischen Position zu einem wichtigen diplomatischen Mittelpunkt erhoben[437].

Außerdem stand mit Dalwigk ein Politiker an der Spitze der großherzoglich-hessischen Regierung, der aus beständiger Sorge vor den Hegemonialbestrebungen Preußens nördlich der Mainlinie, die den oberhessischen Landesteil des von ihm geführten Staates bedrohten, eifersüchtig über die uneingeschränkte Souveränität Hessen-Darmstadts wachte und sich in seinem Bestreben nicht allein österreichischen, sondern auch französischen Rückhalts zu versichern suchte[438]. Eine solche Politik, welche in den folgenden Jahren bis zur Reichsgründung zum offenen Konflikt zwischen diesem unversöhnlichen Gegner Preußens und dem preußischen Ministerpräsidenten führen sollte, der den hessischen Staatsmann beinahe noch glühender haßte als den Sachsen Beust und ihn im Jahre 1870 schließlich zum Rücktritt zwang, hat das Bild Dalwigks als das eines intriganten Rheinbündlers und finsteren Reaktionärs in der Geschichtsschreibung nachhaltig verdüstert[439].

Dabei hatte Dalwigk auf dem Felde der Innenpolitik recht erfolgreich operiert und das Großherzogtum während seiner Regierungstätigkeit in einen der wirtschaftlich prosperierendsten deutschen Mittelstaaten verwandelt[440]. Seine außenpolitischen Vorstellungen bewegten sich allerdings noch ganz in den Geleisen einer traditionellen, auf der strikten Bewahrung des in den Wiener Verträgen von 1815 niedergelegten europäischen Rechtszustandes gegründeten „Legitimität“, die ihm allein die ungeschmälerte Souveränität seines Staates zu gewährleisten schien. Infolgedessen stand er allen nationalpolitischen Bestrebungen in Deutschland mit äußerstem Mißtrauen und nicht selten offen feindselig gegenüber[441]. Der politischen Gedankenwelt Dalwigks konnte selbstverständlich auch die Erhebung der polnischen Untertanen des Russischen Reiches nur als eine verwerfliche Rebellion gesetzloser Aufrührer gegen ihr rechtmäßiges Herrscherhaus erscheinen.

[437] „Alexander von Hessen ist gleichsam die Zentrale, wo alle Nachrichten zusammenkommen, die man irgendwie zur Kenntnis des Zaren bringen will.“ Vgl. *E. C. Conte Corti:* Unter Zaren und gekrönten Frauen, Graz 1943, hier S. 201. Eine systematische Durchsicht der betreffenden Bestände des Staatsarchivs Darmstadt müßte äußerst ertragreich sein!

[438] „Rußland war die eine große Protektormacht des Mittelstaates, die andere sollte Frankreich sein.“ Vgl. *H. v. Srbik:* Deutsche Einheit, Bd. III, München 1942, S. 223.

[439] Im Jahre 1861 äußerte Bismarck über Dalwigk: „Die Lüge ist ihm so zur Natur geworden, daß ein wahres Wort ihm Blasen auf der Zunge zieht.“ Vgl. *K. v. Schlözer:* Petersburger Briefe von Kurd von Schlözer 1857–1862, hrsg. von *L. v. Schlözer,* Stuttgart-Berlin 1921, S. 224.

[440] Vgl. *G. Schult:* Die hessische Innenpolitik unter dem Minister von Dalwigk, Diss. Mainz 1950.

[441] Vgl. z. B. *G. Heck:* Dalwigk und der Nationalverein im Großherzogtum Hessen, Darmstadt 1968; dazu die Besprechung von *E. Fehrenbach* in HZ 210 (1970) S. 143–144.

In einem Memorandum zur polnischen Frage, das der französischen Regierung am 16. Mai in Form einer Verbalnote übermittelt wurde[442], machte sich Dalwigk zum Fürsprecher deutscher Interessen, indem er erklärte, daß die polnische Bewegung in Deutschland wenig Sympathien hervorrufe, denn „man wisse in Deutschland nur zu gut, wie wenig man auf die Zuneigung der Polen zählen könne". Eine Wiederherstellung des alten Polen, „so sehr man die Thatsache der Theilung dieses Landes beklagen müsse", halte er für unvereinbar mit dem Interesse Deutschlands, „dessen dermaliger Besitzstand auf das Ernsteste würde bedroht werden". Eine freiwillige Aufgabe Polens durch Rußland sei aber im Augenblick unmöglich, denn sie müsse den russischen Nationalstolz tödlich verletzen und könne in ihren Konsequenzen sogar die Person und die Dynastie des Kaisers gefährden[443]. Jeder von außen auf den Petersburger Hof ausgeübte Druck werde seiner Ansicht nach alle Verbesserungen der Lage Polens, „welche das edle Herz des Kaisers Alexander jenem unglücklichen Lande gewiß nicht vorenthalten wolle", eher verzögern als beschleunigen. Im Gegensatz zu den drei Großmächten habe Hessen-Darmstadt in der polnischen Frage keine eigenen Interessen zu vertreten und müsse im Falle seines Anschlusses an deren Schritte überdies befürchten, seine guten Beziehungen zum russischen Kaiserreich zu gefährden, „ohne den gewünschten Zweck zu fördern". Außerdem würde eine Depesche der großherzoglichen Regierung in Petersburg lediglich dahin führen, die Divergenzen in den politischen Auffassungen Österreichs und Preußens zu vertiefen, „während es der natürliche Wunsch einer jeden deutschen Regierung seyn müsse, diese Gegensätze auszugleichen". Im übrigen sei das von Marquis Wielopolski im Königreich Polen mit dem Einverständnis der russischen Regierung inaugurierte System in den Augen des großherzoglich-hessischen Kabinetts der beste Weg, um die Lage seines Vaterlandes zu verbessern.

Als der französische Gesandte die polnische Frage etwa vierzehn Tage später nochmals zur Sprache brachte, zeigte sich Dalwigk noch tiefer als zuvor von der „Unmöglichkeit durchdrungen . . . , Polen auf friedlichem Wege zu beruhigen". In für seine politische Denkweise höchst bezeichnender Weise führte er dabei aus: „An dem dermaligen Polnischen Aufstande betheiligen sich seit Kurzem die Revolutionäre aller Länder, Italiäner, Deutsche, Engländer und Franzosen. Polen werde, wenn es ganz oder theilweise unabhängig werden sollte, ein zweites Italien im Norden, welches als Herd fortwährend revolutionärer Versuche wirke. Das alte Polen mit seiner mächtigen Aristokratie existiere nicht mehr. Die republikanische Parthei, welche sogar den Meuchelmord als Mittel für ihre Zwecke gebrauche, habe die Oberhand". Nichtsdestoweniger verkenne er Frankreichs „edle Beweggründe" keineswegs und wünsche daher den Bemühungen der drei Mächte um die möglichst

[442] Abgedruckt bei *S. Bóbr-Tylingo:* Napoléon III, l'Europe et la Pologne, S. 308–310, Dok.-Nr. 7.

[443] Vgl. *H. Fleischhacker:* Russische Antworten auf die polnische Frage 1795–1917, München und Berlin 1941, S. 93–99.

baldige Herstellung eines dauerhaften Friedens im Königreich Polen den besten Erfolg[444].

Wie in Darmstadt wurde die französische Einladung vom 17. April auch im benachbarten *Kassel* kategorisch zurückgewiesen, wo mit dem letzten deutschen Kurfürsten Friedrich Wilhelm I. ein wenig anziehender Herrscher, „der zu den Bizarrerien der deutschen Politik im 19. Jahrhundert gehört“[445], sein Land nach dem Grundsatz regierte: „Nie wird der Kurfürst mit Preußen und den Liberalen gehen“[446]. Das kurfürstliche Hessen, dessen Gebiet die beiden Teile der preußischen Monarchie voneinander trennte, stand seit Jahren in einem ständigen Spannungsverhältnis zum Berliner Hof[447]. Nach der beleidigenden Behandlung des preußischen Sondergesandten von Willisen, der mit der Forderung seiner Regierung nach einer Wiederherstellung verfassungsmäßiger Zustände im Kurfürstentum Hessen in Kassel vorstellig geworden war, mobilisierte Preußen am 15. Mai 1862 sogar zwei seiner Armeekorps und brach gleichzeitig seine diplomatischen Beziehungen zum kurfürstlichen Hof ab[448].

Von einem Monarchen, der jede konstitutionelle Regung im eigenen Lande gegen einen ebenso halsstarrigen Landtag mit hartnäckiger Verbissenheit und den höchst anfechtbaren Methoden permanenter Landtagsauflösungen, Kabinettsumbildungen und unausgesetzter Maßregelung von Beamtenschaft und Offizierskorps mit Hilfe seines ergebenen Ministerpräsidenden Abée[449] bekämpfte und außer seiner prinzipiellen Gegnerschaft gegen das sein Land umklammernde Preußen offenbar keinerlei „außenpolitische“ Interessen hegte[450], waren irgendwelche Sympathien für das aufständische Polen kaum zu erwarten. Ebensowenig vermochten die Ereignisse im Königreich Polen in der durch eine rigoros gehandhabte Pressezensur geknebelten öffentlichen Meinung Kurhessens irgendeinen Widerhall zu finden[451]. Dementsprechend erklärte die kurhessische Regierung in einem Ministererlaß vom 30. April, daß sie mit Rücksicht auf die ihr durch ihr Bundesverhältnis

[444] *Memorandum des Ministerpräsidenten von Dalwigk (Entwurf)* 13. V. 1863 StA Darmstadt, Staatsministerium, Konv. 79/Fsc. 21/Fol. 1–27 (Acta ministeralia betreffend die Polnische Angelegenheit 1863).

[445] Vgl. *W. Bußmann:* Das Zeitalter Bismarcks, S. 63. Den im ganzen wohl mißlungenen Versuch, den Kurfürsten zu rehabilitieren, unternimmt *Ph. Losch:* Der letzte deutsche Kurfürst Friedrich Wilhelm I. von Hessen, Marburg 1937; *ders.:* Geschichte des Kurfürstentums Hessen 1806–1866, Marburg 1922, Neudruck Kassel 1972.

[446] Vgl. *H. v. Srbik:* Deutsche Einheit, Bd. III, München 1942, S. 229–239, zit. S. 233.

[447] Vgl. *Erlaß an den o. a. Gesandten in Kassel Grafen zu Münster-Meinhövel* – 13. III. 1863 – in: *O. v. Bismarck: Gesammelte Werke,* Bd. IV, S. 82–84.

[448] Vgl. *Schultheß'* Europäischer Geschichtskalender, Jg. 1862, S. 42–93, passim.

[449] Vgl. *Ph. Losch:* Conrad Abée (= Lebensbilder aus Kurhessen und Waldeck, Bd. I), Marburg 1939; *K. Dülfer:* Conrad Abée, in: NDB, Bd. I, Berlin 1953, S. 6.

[450] Vgl. *H. v. Srbik:* Deutsche Einheit, Bd. III, S. 229–239.

[451] Zur kurhessischen Presse in dieser Zeit vgl. *H. O. Hitzerodt:* Die politische Presse Kurhessens 1831–1866, Marburg 1935.

auferlegten Pflichten eine separate Beteiligung am Vorgehen der drei Großmächte in Petersburg ablehnen müsse[452].

Begreiflicherweise war der außenpolitische Spielraum der kleineren deutschen Staaten innerhalb des Deutschen Bundes auf europäischer Ebene noch um vieles geringer, so daß ihre Reaktion auf die französische Aufforderung zum Anschluß an die Protestnoten der drei Mächte in Petersburg an dieser Stelle summarisch behandelt werden kann[453]. Auf höchst drastische Weise machte Herzog Adolf von *Nassau* das Machtgefälle zwischen seinem Herzogtum und dem russischen Kaiserreich deutlich, als er dem österreichischen Gesandten in Wiesbaden erklärte: „Fürst Gortschakoff würde mich einfach auslachen, wenn ich ihm eine Predigt über die Polnischen Zustände halten wollte"[454]. Ganz ähnlich reagierten die Kabinette des Herzogtums *Braunschweig* und der kleineren mitteldeutschen Höfe, die unter Hinweis auf ihre geringe Größe und ihre nachgeordnete Stellung innerhalb des Deutschen Bundes jeden Gedanken an ein selbständiges Auftreten in Petersburg als unangemessen und aussichtslos zurückwiesen[455].

In den ersten Maitagen übergaben die Vertreter sämtlicher deutscher Mittelstaaten in Paris zur unverhohlenen Enttäuschung der dortigen Regierung die ablehnenden Bescheide ihrer Kabinette[456]. In Wien und Berlin hingegen zeigte man sich mit dieser Entscheidung seiner deutschen Bundesgenossen begreiflicherweise völlig einverstanden, wenngleich eine übereinstimmende Haltung aller deutschen Staaten lebhaft vermißt wurde[457].

[452] *Schachten an Kurfürst Friedrich Wilhelm* – Dresden, 3. V. 1863 – StA Marburg, Best. 9 a/146/Bl. 178–179. In Wien äußerte Rechberg, „er finde das Verfahren der Kurfürstlichen Regierung im höchsten Grade correct". *Baumbach an Kurfürst Friedrich Wilhelm* – Wien, 9. V. 1863 – StA Marburg, Best. 9 a/64/Bl. 93–96.

[453] Zur inneren Situation in den deutschen Kleinstaaten vgl. *H. v. Srbik:* Deutsche Einheit, Bd. III, Kap. 6: „Das dritte Deutschland", S. 167–262.

[454] Zit. bei *S. Bóbr-Tylingo:* Napoléon III, l'Europe et la Pologne, S. 130, Anm. 379. Der Sohn des nassauischen Ministerpräsidenten, Fürsten August Sayn-Wittgenstein, führte einen der in Polen operierenden russischen Truppenteile. Vgl. dazu *C. Friese:* Rußland und Preußen, S. 319.

[455] Vgl. *S. Bóbr-Tylingo:* Napoléon III, l'Europe et la Pologne, S. 130–131.

[456] Der bayerische Gesandte in Paris schrieb am 17. Mai an seinen König, „daß Frankreich von nun an in Deutschland nur Oesterreich und Preußen dans la plénitude de leurs droits souverains anerkennen könne, daher nach dem gegenwärtigen refus an die deutschen Staaten als solche – die beiden Großmächte ausgenommen – keinerlei Mitteilungen mehr gelangen lassen werde, indem dieselben als Glieder des deutschen Bundes sich selbst des Rechtes begeben, in politischen Fragen mitzusprechen, eine Äußerung, welche übrigens Herr Drouyn de Lhuys in gleichem Sinne auch dem königlichen sächsischen Geschäftsträger gegenüber gemacht hat". *Wendland an König Maximilian II.* – 17. V. 1863 – GStA München, MA I/505.

[457] Rechberg erklärte dem preußischen Gesandten in Wien, daß es, „um der Zerfahrenheit in Deutschland entgegenzutreten", notwendig sei, „daß zwischen den beiden deutschen Großmächten in der polnischen Frage wie über die europäischen Fragen überhaupt wenigstens in den Hauptzügen ein bestimmtes Programm bestehe", ließ sich aber über konkrete Schritte hierzu nicht aus. *Werther an Bismarck* – 5. V. 1863 – APP III, Nr. 477, Anm. 3.

Einmal mehr hatte sich somit herausgestellt, daß sich in einem Falle wie dem vorliegenden, in welchem bei aller Divergenz im Detail österreichische und preußische Interessen letztlich eben doch parallel gingen, der außenpolitische Bewegungsspielraum der deutschen Mittel- und Kleinstaaten sehr schmal ausnahm[458]. Wenn es auch bei der durchaus selbständigen Handlungsweise namentlich der süddeutschen Regierungen überspitzt sein dürfte, von einem schweren Druck Berlins, Wiens und St. Petersburgs auf die deutschen Bundesstaaten zu sprechen[459], so waren sich die Kabinette in den kleineren deutschen Residenzen auch angesichts der polnischen Krise des Jahres 1863 doch ihrer begrenzten Möglichkeiten sehr bewußt, auf die Entscheidungen der Großmächte in einer wichtigen europäischen Frage wie der polnischen irgendwelchen Einfluß zu gewinnen, und übten daher im eigenen Interesse eine vorsichtige Zurückhaltung[460]. Ebenso aber stand es für sie fest, daß sie ihre ungeschmälerte Souveränität und Eigenstaatlichkeit nicht anders als im Rahmen des in den Wiener Verträgen auf dem europäischen Kontinent fixierten Rechtszustandes bewahren konnten[461]. Daher bezeichnete Bismarck den bestehenden Sachverhalt sehr genau, als er am 15. April in einen Erlaß an den preußischen Gesandten in Kassel eigenhändig den Satz einfügte, man könne sich nicht verhehlen, „daß Erschütterungen des europäischen Rechtssystemes in ihren letzten Wirkungen vorzugsweise den kleineren Staaten gefährlich werden können“[462].

So uneinheitlich und gelegentlich beinahe hilflos[463] die Reaktion der deutschen Bundesstaaten außerhalb Österreichs und Preußens auf die durch die polnische Erhebung und die französische diplomatische Initiative ausgelöste europäische Krise auch ausfiel, so läßt sich doch unschwer verkennen, daß alle ihre Bestrebungen von dem Wunsche geleitet wurden, den Frieden in Europa durch eine möglichst rasche Lokalisierung des an der deutschen Ostgrenze ausgebrochenen Konflikts bewahrt zu sehen. Die Wiederherstellung eines polnischen Staates selbst in einem auf das Territorium des Königreichs Polen begrenzten Umfang mit ihren auch für die deutsche Mitte Europas auf lange Sicht unausbleiblichen Folgen

[458] Vgl. *R. Dietrich:* Das Jahr 1866 und das „Dritte Deutschland“, in: Europa und der Norddeutsche Bund, S. 85–108, bes. S. 90.

[459] So *S. Bóbr-Tylingo:* Napoléon III, l'Europe et la Pologne, S. 109.

[460] „Die deutschen Staaten benehmen sich bis jetzt anständig: sie haben alle den Beitritt zu dem Schritt in Petersburg abgelehnt, selbst Württemberg seine ursprüngliche Zustimmung zurückgezogen.“ *Goltz an Bismarck* – 11. V. 1863 – in: *O. Graf zu Stolberg-Wernigerode:* Robert Heinrich Graf von der Goltz, Dok.-Nr. 31.

[461] Vgl. u. a. *Th. Schieder:* Europäische Friedensschlüsse von Wien bis Versailles, in: Entspannung – Sicherheit – Frieden, hrsg. von *A. Domes,* Köln 1968, S. 33–52, bes. S. 41–44.

[462] Vgl. *Bismarck an Graf Münster-Meinhövel (Kassel)* – 15. V. 1863 – in: *O. v. Bismarck:* Gesammelte Werke, Bd. IV, S. 97.

[463] Für die Stuttgarter Politik vgl. *S. Martenson:* Württemberg und Rußland im Zeitalter der deutschen Einigung 1856–1870, Göppingen 1970, S. 137.

konnte aus dieser prinzipiellen Position heraus nicht im Interesse der im Deutschen Bund vereinigten Staaten liegen[464].

Dennoch hofften nahezu alle im Deutschen Bund führenden Staatsmänner, daß es der russischen Regierung nach Beendigung der Kämpfe gelingen würde, ihre polnischen Untertanen durch großzügiges Entgegenkommen und weitgehende Reformen mit ihrem Schicksal dauerhaft auszusöhnen[465]. Daher wandten sie sich – von der öffentlichen Meinung mehrheitlich unterstützt – auch mitunter sehr entschieden gegen die preußische Politik einer engeren Kooperation mit dem Russischen Reich, welche das Berliner Kabinett in den Augen der europäischen Öffentlichkeit als Mitschuldigen an einer längst für überwunden gehaltenen Unterdrückungspolitik nachhaltig kompromittieren mußte, wohingegen sie gleichzeitig die vitalen Interessen Österreichs und Preußens an der Aufrechterhaltung ihrer territorialen Integrität als unzweifelhaft berechtigt anerkannten[466]. Vor allem aber lag es den deutschen Bundesregierungen nach den Erfahrungen des Jahres 1859 bei aller gelegentlich spürbaren Abneigung gegen die russische Flügelmacht im Osten psychologisch völlig fern, etwa Seite an Seite mit dem Frankreich Napoleons III. in einen Krieg zur Befreiung Polens zu ziehen[467].

Freilich war bei der territorialen Zersplitterung des Deutschen Bundes eine einheitliche politische Willensbildung schon auf Regierungsebene nahezu unmöglich[468]. Dies galt nicht minder für die sich eben erst konsolidierenden politischen Parteien[469], von denen selbst die Liberalen den Polen nur insoweit ihre Sympathien zuwandten, als deren historische Ansprüche die eigene Nationalität nicht gefährdeten[470]. So waren sie in ihrer übergroßen Mehrzahl im Jahre 1863 noch weniger als zuvor zu einer aktiven Parteinahme zugunsten der um ihre Unabhän-

464 Diesen Aspekt übersieht völlig *S. Bóbr-Tylingo:* Państwa Związku Niemieckiego wobec powstania styczniowego, in: Teki Historyczne 1/2 (1951/52) S. 6–23.

465 Die Behauptung, der großherzoglich-hessische Ministerpräsident Dalwigk sei „très hostile à la Pologne" gewesen, wird durch dessen Gegnerschaft gegen alles „Revolutionäre" einigermaßen relativiert. Daß er für die Wiedereinführung des nikolaitischen Systems im Königreich Polen gewesen sei, läßt sich aus den Akten nicht belegen, vielmehr favorisierte er das „System Wielopolski". Vgl. *S. Bóbr-Tylingo:* Napoléon III, l'Europe et la Pologne, S. 129.

466 Vgl. *W. Bußmann:* Das Zeitalter Bismarcks, S. 73; *R. Buchner:* Deutsche Geschichte im europäischen Rahmen, Darmstadt 1975, hier S. 339.

467 Ähnliches galt für die politische Publizistik. Vgl. *H. Gollwitzer:* Der Caesarismus Napoleons III. im Widerhall der öffentlichen Meinung Deutschlands, in: HZ 173 (1952) S. 23–75; grundlegend *R. Buchner:* Die deutsch-französische Tragödie 1848–1864, Würzburg 1965.

468 Zu Struktur und Funktion der Verfassung des Deutschen Bundes *F. Hartung:* Deutsche Verfassungsgeschichte, 7. Aufl. Stuttgart 1959, S. 169–192.

469 Zur deutschen Parteiengeschichte zusammenfassend *W. Treue:* Die deutschen Parteien (= Deutsche Geschichte – Ereignisse und Probleme, Bd. 15), Frankfurt-Berlin-Wien 1975, bes. S. 36–53.

470 Vgl. *R. Buchner:* Die deutsch-französische Tragödie 1848–1864, Würzburg, 1965, S. 128.

gigkeit ringenden Polen bereit[471], so daß schließlich nur eine Handvoll radikaldemokratischer deutscher Freiwilliger an der Seite der Aufständischen in das militärische Geschehen im Königreich Polen eingriff[472].

Vor allem aber ist daran zu erinnern, daß bis zum Ende des Ersten Weltkrieges keine politische Partei in einem der deutschen Bundesstaaten (und nach 1871 im Reich) zum „Träger der Regierungsgewalt“ avancierte und damit bestimmenden Einfluß auf die Außenpolitik ihres Landes gewann[473] – wenn man vom Sonderfall des Großherzogtums Baden absieht, dessen auswärtige Politik sich jedoch gerade auch im Jahre 1863 dem schärfsten Widerspruch und Tadel seiner deutschen Bundesgenossen ausgesetzt sah[474]. Denn selbst ein traditionell polenfreundliches Land wie das Königreich Sachsen[475], dessen leitender Minister eine Politik „mit liberal-westlichen Gesten nach außen, aber doch unverkennbar konservativ-partikularistischer Tendenz nach innen“[476] verfolgte, verzichtete unter dem bestimmenden Einfluß Wiens darauf, irgendwelche außenpolitischen Risiken einzugehen[477].

Betrachtet man zusammenfassend das Verhalten der deutschen Regierungen und der sich vor allem in der Presse und im preußischen Abgeordnetenhaus artikulierenden öffentlichen Meinung im Frühjahr des Jahres 1863, so läßt sich nicht verkennen, daß im damaligen Deutschland schon aus Furcht vor einer Hegemonie Frankreichs auf dem europäischen Kontinent keine politische Kraft von einigem Gewicht die Wiedererrichtung Polens als ihr positives Ziel anstrebte[478]. Zwar fehlte

471 Eberhard Kolb hat jüngst mit Recht auf die erstaunliche Kurzlebigkeit des vormärzlichen Polenenthusiasmus hingewiesen. Vgl. *E. Kolb:* Polenbild und Polenfreundschaft der deutschen Frühliberalen. Zu Motivation und Funktion außenpolitischer Parteinahme im Vormärz, in: Saeculum 26 (1975) S. 111–127.

472 Vgl. *G. Rhode:* Geschichte Polens, S. 395, der darauf aufmerksam macht, daß die auffallend zahlreichen Träger deutscher Namen unter den Aufständischen längst polonisiert waren.

473 Vgl. u. a. *E. Pikart:* Die Rolle der Parteien im deutschen konstitutionellen System vor 1914, in: Moderne deutsche Verfassungsgeschichte (1815–1918), hrsg. von *E. W. Böckenförde,* Köln 1972, S. 258–281.

474 Zu Baden im 19. Jahrhundert grundlegend *L. Gall:* Der Liberalismus als regierende Partei. Das Großherzogtum Baden zwischen Restauration und Reichsgründung, Wiesbaden 1968, bes. S. 229–234.

475 Vgl. *G. Mühlpfordt:* Warschau und Dresden, in: Jahrbuch für Geschichte der UdSSR und der volksdemokratischen Länder 8 (1964) S. 475–492, das Jahr 1863 betreffend bes. S. 491–492; zum Vergleich auch *R. Weber:* Das Verhältnis der kleinbürgerlichen Demokratie in Sachsen zur polnischen Frage 1848, in: ZfG 16 (1968) S. 855–873.

476 Vgl. *H. Kretzschmar:* Das sächsische Königtum im 19. Jahrhundert. Ein Beitrag zur Typologie der Monarchie in Deutschland, in: HZ 170 (1950) S. 457–493, zit. S. 479.

477 Vgl. *R. Kötzschke / H. Kretzschmar:* Sächsische Geschichte, Frankfurt a. M. 1965, S. 352.

478 „Nicht als ob in München, Stuttgart, Hannover und Dresden die Polenschwärmerei oder der Russenhaß zu Hause wären, aber man hat dort wenigstens zu viel gesunden Menschenverstand, um sich ohne den mindesten Nutzen zu Gunsten des Moskowiterthums bloßzustellen.“ Vgl. „*Wochenschrift des Nationalvereins*“ Nr. 158 vom 3. Mai.

es wie im übrigen Europa in nahezu keinem deutschen Bundesstaat an Sympathiekundgebungen für den als gerecht empfundenen Kampf der Polen um ihre Befreiung von der russischen Herrschaft, doch fanden alle diese Bekundungen aufrichtigen Mitgefühls selbst in der eben organisatorisch ins Leben tretenden deutschen Arbeiterbewegung[479] ihre Grenze an den wie immer auch verstandenen Interessen der eigenen Nation[480].

479 Vgl. u. a. *H. Grebing:* Geschichte der deutschen Arbeiterbewegung. Ein Überblick, München 1970, S. 61–68.

480 Im Oktober 1863 wies Ferdinand Lassalle zwar „den Schein der Mitschuld" an der „Teilnahmslosigkeit der deutschen Bourgeoisie" angesichts der Vorgänge in Polen entschieden zurück, stellte jedoch – genau wie die Liberalen – fest: „Rußland hat nur mit Waffengewalt zu Boden gehalten gewußt, Deutschland hat vielfach ursprünglich gewaltsam eroberte Provinzen zu germanisieren und in Eroberungen deutscher Kultur zu verwandeln gewußt." Zit. bei *H. U. Wehler:* Sozialdemokratie und Nationalstaat, Würzburg 1962, S. 37. Zur ganz anderen Auffassung von Marx und Engels zum polnischen Problem vgl. die Einleitung von *W. Conze* zu: *Karl Marx*, Manuskripte über die polnische Frage (1863–1864), hrsg. von *W. Conze* und *D. Hertz-Eichenrode,* 's-Gravenhage 1961, S. 7–41.

KAPITEL V:

HÖHEPUNKT UND AUSKLANG DER POLNISCHEN KRISE

Mittlerweile war die polnische Krise am 26. April durch die Absendung der russischen Antwortnoten auf die Proteste der drei Mächte vom 17. April und deren gleichzeitige Veröffentlichung im „Journal de St. Pétersbourg" in eine neue Phase getreten[1]. Wie man in der deutschen Diplomatie nicht anders erwartet hatte, beantwortete Gortschakow die Vorschläge Österreichs und der Westmächte darin zwar entgegenkommend, räumte jedoch substantiell nicht die geringsten Zugeständnisse ein[2]. Den allen drei Schriftstücken gemeinsamen Gedankengang faßte der Ministerresident für Nassau und Braunschweig in Berlin folgendermaßen bündig zusammen:

„Man erkenne die Verträge von 1815 als Grundlage an, vindiziere sich jedoch das Recht der Auslegung derselben, so weit die Stipulationen Rußland beträfen. Die Intentionen des Kaisers bezielten die Aufrechterhaltung und weitere Errichtung der den Polen verliehenen Institutionen, welche jedoch notwendiger Weise von der Rückkehr der Ruhe und des Vertrauens in Polen abhängig sei. Das Haupthindernis sei die im Auslande organisierte permanente Verschwörung. Die Stellung der Mächte zu dem Aufstande, welcher in seinen Endzielen ganz Europa bedrohe, sei von großem Einfluß; sie würden den einzuschlagenden Weg auf das Sorgfältigste zu prüfen haben; dann sei die Hoffnung vorhanden, daß die großmüthigen Intentionen des Kaisers für seine polnischen Unterthanen bald verwirklicht werden dürften"[3].

Das für Paris bestimmte Dokument zeichnete sich allerdings im Unterschied zu den beiden anderen Noten durch eine derart ostensible Höflichkeit aus[4], daß sich

[1] Vgl. *Das Staatsarchiv,* Bd. IV, Dok.-Nr. 706 (Gortschakow an Budberg – Paris), Nr. 709 (Gortschakow an Brunnow – London), Nr. 712 (Gortschakow an Balabine – Wien).

[2] W. E. Mosse nennt die russischen Antworten mit Recht „verbose, polite and entirely noncommittal". Vgl. *W. E. Mosse:* England and the Polish Insurrection of 1863, in: EHR 71 (1956) S. 28–55, hier S. 40.

[3] *Löhneysen an Wittgenstein* – 3. V. 1863 – HStA Wiesbaden, Rep. 210-10732.

[4] Beispielsweise erregte in Dresden der „besondere Eifer, den das Petersburger Cabinet bekundet hat, die nach Paris gerichtete Antwort mit dem Charakter der größten Höflichkeit auszustatten", einiges Bedenken, „zumal bei den bekannten Gesinnungen und Sympathien des Fürsten Gortschakoff". *Gise an König Maximilian II.* – 7. V. 1863 – GStA München, MA III/2838.

in der preußischen Hauptstadt sogleich der Argwohn verstärkte, Gortschakow werde nun doch mit Frankreich allein ins Einvernehmen zu gelangen und die in Berlin als für Preußen äußerst gefährlich eingeschätzte französisch-russische Kombination anzubahnen versuchen[5]. Am 5. Mai faßte daher das Auswärtige Amt in einem Promemoria die preußische Position nochmals in den Sätzen zusammen: „Daß Fürst Gortschakow seit dem Pariser Frieden nach der französischen Allianz strebte, ist unbezweifelt. Das Mittel, zu derselben zu gelangen, bildet die polnische Frage. In letzterer ist Rußland *durch unsere Konvention* vom 8. Februar in eine Bahn getreten, auf welcher das Zusammengehen mit Frankreich notwendig *aufhörte*. Dieses wichtigste Ergebnis war mit ihrer Unterschrift erreicht; ihre übrigen Folgen waren sekundärer Natur“[6]. Nichtsdestoweniger verstärkte sich in Petersburger diplomatischen Kreisen anscheinend der Eindruck einer neuerlichen Annäherung des kaiserlichen Vizekanzlers an Frankreich. So meldete der dortige bayerische Gesandte am 4. Mai chiffriert nach München: „En dernier lieu le Ministre des affaires étrangères tente de retablir ses rapports intimes avec la France“[7].

In der Tat zeigte man sich am Quai d'Orsay und in der französischen Öffentlichkeit mit der russischen Antwort durchaus einverstanden, zumal in ihr – wenngleich verklausuliert – sogar die Anregung Gortschakows enthalten war, die französische Regierung möge ihre bereits geäußerten Wünsche zur dauerhaften Pazifikation Polens präzisieren und dem russischen Kabinett ihre praktischen Ratschläge zu deren Realisierung mitteilen[8]. Vor allem aber war in der russischen Note die Bereitschaft angedeutet, „in internationale Verhandlungen über die innere Konstituierung des Königreichs Polens einzutreten“, und damit der polnischen Frage als einer bis dahin in den Augen Petersburgs rein innerrussischen Angelegenheit der Rang eines Gegenstandes von allgemeinem europäischem Interesse eingeräumt[9]. Den Abdruck der russischen Noten an die drei Mächte versah der offizielle „Moniteur“ daher am 4. Mai mit einem Vorspann, in welchem die kaiserliche Regierung u. a. betonte: „Il est facile ... en lisant ces documents de se convaincre qu'ils ouvrent la voie à des plans de conciliation et qu'on y trouve les bases de négociations pouvent aboutir à une entente entre les différents Cours qui

5 Vgl. *C. Friese:* Rußland und Preußen, S. 318–319; *I. Koberdowa:* Wielki Książę Konstanty w Warszawie, S. 180.

6 *Promemoria des Auswärtigen Amtes Berlin* – 5. V. 1863 – APP III, Nr. 479; auch *Károlyi an Rechberg* – 2. V. 1863 – ebda., Nr. 476.

7 *Perglas an König Maximilian II.* – 22. IV./4. V. 1863 – GStA München, MA I/505.

8 In der russischen Note hieß es u. a.: „Notre Auguste Maître admet le juste interêt que les Puissances limitrophes et celles qui ont concouru à régler le sort de l'Europe doivent naturellement vouer à toutes les complications qui pourraient tendre à le troubler“, und ferner gebe die Haltung der französischen Regierung „l'opportunité d'aviser aux moyens de placer la Pologne dans les conditions d'une paix durable.“ Vgl. *Das Staatsarchiv,* Bd. IV, Dok.-Nr. 706.

9 *Goltz an Bismarck* – 5. V. 1863 – APP III, Nr. 480.

recherchent en ce moment les moyens de sauvegarder les intérêts légitimes de la Pologne"[10].

Am selben Tage sprach sich Drouyn de Lhuys außerdem in Depeschen nach London und Wien besonders befriedigt über die „forme conciliante et amicale" der russischen Antwort an Frankreich aus, in welcher zur Genugtuung der Regierung die Berechtigung der Mächte anerkannt sei, nach Mitteln zu forschen, um einem Zustand ständiger Beunruhigung inmitten Europas ein Ende zu setzen. Frankreich könne dem kaiserlichen Vizekanzler nur beipflichten, wenn er die Berufung auf die Verträge von 1815 als für die russische Regierung inzwischen kaum mehr akzeptabel zurückweise, und werde sich deshalb gemeinsam mit den beiden anderen Mächten um neue Lösungsmöglichkeiten des leidigen polnischen Problems bemühen. Leider werde die Kommunikation der Kabinette untereinander der langen Distanz zwischen den Hauptstädten wegen über Gebühr erschwert. Daher bitte die französische Regierung um praktische Vorschläge aus London und Wien, auf welche Weise der Meinungsaustausch beschleunigt werden könne[11].

Die in diesem Schreiben bereits angedeutete Idee, die Lösung der polnischen Krise einem europäischen Kongreß anzuvertrauen, wurde am nächsten Tag von Napoleon selbst anläßlich eines Gesprächs mit dem russischen Botschafter in Paris offen ausgesprochen, freilich offensichtlich erst, nachdem Budberg dem Versuch des Kaisers, die völlige Aufgabe Polens als den russischen Interessen am besten entsprechend hinzustellen, entschieden entgegengetreten war. Napoleon wünschte nach dem ersten Eindruck des Diplomaten offenbar einen Kongreß aller europäischen Staaten, wohingegen sein Gesprächspartner nur eventuelle Konferenzen zur weiteren Präzisierung der in der Tat recht vagen Bestimmungen der Wiener Verträge in Aussicht stellen konnte, an welchen selbstverständlich nur deren Unterzeichner teilzunehmen hätten[12].

Nach der Auffassung des Grafen Goltz, mit welchem Budberg anschließend konferierte, bedeutete diese Bereitschaft Petersburgs, auswärtigen Mächten gewissermaßen ein Mitspracherecht in inneren Angelegenheiten des Königreichs Polen einzuräumen, für das Russische Reich „ein schweres Opfer", welches sich nur durch eine neue und förmliche Bestätigung seines durch die Verträge von 1815 garantierten Besitzstandes kompensieren ließe. Da Gortschakow im Gegensatz zu Budberg jedoch die Idee eines Kongresses anscheinend „ohne große Besorgnis" betrachtete, schien Goltz für Preußen durch eine Unterstützung des französischen Vorschlages eine willkommene Gelegenheit gegeben, „um aus seiner gegenwärtigen gefahrvollen Lage herauszutreten", da auf einem derartigen Kongreß mit Sicherheit auch andere europäische Probleme wie beispielsweise das italienische und

10 *Schweitzer an Roggenbach* – 4. V. 1863 – GLA Karlsruhe, Best. 48/3010.

11 *Drouyn de Lhuys an Gros (London) und Gramont (Wien)* – 4. V. 1863 – *Staatsarchiv*, Bd. IV, Nr. 928.

12 Leider liegt der Bericht Budbergs über diese Unterredung nicht vor, kann aber im wesentlichen erschlossen werden. *Goltz an Bismarck* – 5. V. 1863 – APP III, Nr. 480.

orientalische zur Beratung gelangen würden, welche die seiner Ansicht nach in der polnischen Frage bezogene „höchst ungünstige“ Stellung Preußens durch eine Unterstützung dieses Lieblingsgedankens des Kaisers Napoleon vor allem auch Frankreich gegenüber entscheidend verbessern konnte. Zwar vermochte Bismarck keine besondere Gefährdung Preußens zu erkennen und hielt insbesondere den Beistand Englands bei einem Feldzug Frankreichs gegen die Ostmächte, die es für die Zukunft jedes potentiellen Verbündeten auf dem Kontinent berauben würde, für „ganz unmöglich“, erteilte jedoch sein Einverständnis zur Teilnahme seiner Regierung an dem in Paris offenbar proponierten Kongreß, da ein solcher immer akzeptabel sei, „wenn er nicht gerade zum Kriege führt“[13].

Wenn der preußische Botschafter in Paris indes ebenso wie die dortige Regierung und die öffentliche Meinung eine gewisse Bereitschaft Gortschakows hatte erkennen wollen, der Idee eines allgemeinen europäischen Kongresses zur Lösung der polnischen Frage näherzutreten, so sollte sich eine derartige Einschätzung doch als einigermaßen voreilig und irrig herausstellen, da angesichts der nationalen Hochstimmung in Petersburg die Insinuation Napoleons, die Aufgabe des Königreichs Polen liege seiner Überzeugung nach im eigentlichen Interesse des Russischen Reiches, dort mit Entrüstung zur Kenntnis genommen wurde[14]. Am 11. Mai ließ auch der kaiserliche Vizekanzler in seiner Erwiderung auf den Bericht Budbergs seiner Enttäuschung über die Ergebnislosigkeit des russischen Entgegenkommens in Paris freien Lauf und betonte, niemand werde von Rußland verlangen können, daß es dem Trugbild einer erdichteten Entente („simulacre d'une entente fictive“) die Erfordernisse seiner Existenz und Würde unterordnen werde. Die leitende Idee Napoleons sei offenkundig die Wiederherstellung eines unabhängigen Königreichs Polen, und die Zusicherung des Kaiser von Frankreich, er werde die Verträge von 1815 als Basis weiterer Verhandlungen anerkennen, sei nichts als ein Lockvogel. Augenscheinlich müsse Napoleon Frankreich und der Welt beweisen, daß er für die Polen mehr zu tun imstande sei „que la dynastie détronée par la révolution de 1848“. Einer solchen Befriedigung der Eitelkeit Napoleons werde Rußland seine Lebensinteressen niemals opfern[15]!

Entgegen auch in Berlin wiederholt geäußerten Befürchtungen, Gortschakow werde sich unter dem Eindruck des diplomatischen Aufmarsches der Westmächte

[13] Ebda. – Vgl. ferner *E. Zechlin:* Bismarck und die Grundlegung der deutschen Großmacht, S. 561–565.

[14] Der württembergische Gesandte in Berlin sprach zwar die Hoffnung auf einen friedlichen Ausgang der Krise aus, meinte aber andererseits, man dürfe nicht übersehen, „daß mittlerweile ein neuer Faktor, unabhängig von dem Willen der Cabinette, in Mitwirkung getreten ist, der russische *Nationalstolz* ist durch die Einmischung des Auslandes wachgerufen“. *Linden an Hügel* – 6. V. 1863 – HStA Stuttgart, Best. E 65–68/57/341. Vgl. dazu *H. Fleischhacker:* Russische Antworten auf die polnische Frage, S. 92–114; *I. Koberdowa:* Wielki Książę Konstanty w Warszawie, S. 185.

[15] *Gortschakow an Budberg* – 29. IV./11. V. 1863 – zit. bei *I. Koberdowa,* ebda., S. 183 bis 184.

und Österreichs doch noch mit Frankreich direkt zu verständigen suchen[16], vollzog sich im russischen Kabinett jedoch nunmehr der Bruch mit seiner seit sieben Jahren an einem guten Verhältnis zu Paris orientierten Außenpolitik[17]. Die Genesis dieser Entwicklung ist trotz der gediegenen Arbeit von Irena Koberdowa noch nicht bis in die letzten Einzelheiten aufgehellt, doch gipfelte sie in einem offenbar nur für den „inneren Dienstgebrauch" bestimmten Memorandum Gortschakows vom 3./15. Mai, welches nach Ansicht der genannten Verfasserin zu den bedeutendsten Aktenstücken zur russischen Außenpolitik dieser Zeit gezählt werden darf und daher eine eingehendere Analyse verdient hätte, als dies in der Studie von Irena Koberdowa zum Aufenthalt des Großfürsten Konstantin in Warschau geschehen konnte[18].

Selbstverständlich würde eine umfassende Würdigung dieses umfangreichen und grundlegenden Dokuments auch den Rahmen der vorliegenden Arbeit sprengen und ist im Grunde nur in Form einer Spezialuntersuchung zu leisten, die bedauerlicherweise noch aussteht[19]. Daher können dessen Grundzüge an dieser Stelle lediglich in einer groben Skizze festgehalten werden.

Gleich eingangs stellte Gortschakow fest, daß die Grundlage seines politischen Systems durch das gegenwärtige Verhalten der französischen Regierung unzweifelhaft erschüttert sei und erinnerte an die prophetischen Warnungen seines Vorgängers Nesselrode vor einer Nation „trop instable, trop mobile, trop fatalement vouée aux excentricités révolutionnaires". Dennoch müsse er an seiner Überzeugung festhalten, daß eine solche apodiktische Anschauung nach dem für Rußland so beklagenswerten Ausgang des Krimkrieges nicht länger praktikabel gewesen sei, als sich die Annäherung an Frankreich als der allein mögliche Ausweg aus der außenpolitischen Isolierung des Reiches angeboten habe. Die Tatsache, daß beide Reiche in ihren Interessen nirgends kollidierten, bleibe trotz der augenblicklichen Verirrungen („aberrations actuelles") Napoleons bestehen. „Nous avons voulu une entente avec la France et non avec telle ou telle dynastie, nous l'avons basée sur les interêts permanents des deux pays et non les fantaisies ou les erreurs de tel ou tel gouvernement".

Daher habe Rußland allen revolutionären Bestrebungen Frankreichs ständig entgegengewirkt, weil man in Petersburg wußte, daß Napoleon – einmal im Besitz

16 Am 7. Mai schrieb Bismarck nach Petersburg, die Gefahr einer erneuten Belastung des Verhältnisses zwischen Rußland und Österreich trete wieder näher, und man werde an der Newa „bald genug ... das Streben nach einer erneuten Entente mit Frankreich aufleben sehen". *Bismarck an Redern* – 7. V. 1863 – APP III, Nr. 488.

17 Die Befürchtung Budbergs, Gortschakow könnte „leicht geneigt" sein, die „Unabhängigkeit Polens als Ausgangspunkt" für einen Kongreß zu betrachten, erwies sich als grundlos! *Goltz an Bismarck* – 8. V. 1863 – APP III, Nr. 489.

18 Vgl. *I. Koberdowa:* Wielki Książę Konstanty w Warszawie, S. 284–294.

19 Ebda., S. 185–186. Welch reichen Ertrag derartige Spezialuntersuchungen erbringen können, zeigt die Arbeit von *E. Schüle:* Die Verhandlungen zwischen Rußland und Frankreich während des italienischen Krieges 1858/59. Nach Dokumenten aus dem Archiv des französischen Außenministeriums, in: ZfO 8 (N. F. IV) (1934) S. 188–221.

des Rheins und Italiens – bei passender Gelegenheit auch die polnische Frage erneut aufrollen würde. Bei aller Abneigung aber gegen alle derartigen abenteuerlichen Kombinationen sei Kaiser Alexander stets zu einer freundschaftlichen Unterstützung Napoleons bereit gewesen, allerdings „restreint à des limites raisonnables" wie im Falle Serbiens, Montenegros und der Donaufürstentümer. Freilich habe der Kaiser der Franzosen Rußland wenig Dank dafür gewußt und offenbar nicht begriffen, daß sich die russische Politik nach wie vor gründe „au maintien de l'ordre, de l'équilibre et de la paix de l'Europe". Sollte die kaiserliche Regierung daher vergeblich versucht haben, Napoleon von seinen Abenteuern zurückzuhalten, so werde sie angesichts der allen Staaten Europas hierdurch drohenden Gefahr ihre Beziehungen zu den anderen Mächten wieder fester zu knüpfen suchen.

Immerhin habe die Politik der letzten sieben Jahre Rußland auf dem Felde der Außenpolitik diejenige Ruhe verschafft, deren es zur inneren Umformung des Reiches so dringend bedurfte, und es vor eben denjenigen Gefahren zu bewahren verstanden, welche es nunmehr bedrohten. Man bilde sich russischerseits durchaus nicht ein, in dem besagten Zeitraum keine politischen Fehler begangen zu haben. Vielleicht habe die Regierung die Anerkennung des Königreichs Italien allzu forciert betrieben und durch ihre Balkanpolitik die Engländer möglicherweise unnötig alarmiert, doch habe man auch hier bei aller begreiflichen Sympathie für seine Glaubensgenossen eher mäßigend denn fördernd auf die revolutionären Bestrebungen in diesem Gebiet eingewirkt[20].

Die größte Gefahr für einen Staat bestehe immer darin, schwach zu sein oder zumindest zu scheinen, da dieser Zustand potentielle Gegner stets herausfordern werde[21]. Die Reform des Reiches aber könne ohne innenpolitische Schwierigkeiten nicht vollendet werden und müsse die russische Aktionsfähigkeit nach außen notwendigerweise einschränken. Im Ausland sei man von Rußlands Machtlosigkeit überzeugt, und Napoleon habe offenbar begonnen, weniger Wert auf die russische Allianz zu legen, und glaube an einen leichten außenpolitischen Erfolg. – Die Diplomatie habe alles getan, um eine solche Entwicklung zu verhindern.

Der etwas resignierende Ton der Denkschrift läßt vermuten, daß es Gortschakow nicht leichtgefallen sein dürfte, die von ihm im ganzen erfolgreich durchgehaltene außenpolitische Konzeption modifizieren zu müssen. Begreiflicherweise deutete er die Neuorientierung seiner Politik deswegen auch nur vorsichtig an. Es scheint daher fraglich, ob man mit Irena Koberdowa davon sprechen kann, daß der russische Vizekanzler nunmehr bereit gewesen sei, eine Gesamtrevision seiner

[20] Vgl. dazu vor allem *B. Jelavich:* Russia and the Rumanian National Cause, 1856–1859, Bloomington/Ind. 1958; zusammenfassend *dies.:* A Century of Russian Foreign Policy, 1814–1914, Philadelphia-New York 1964, bes. S. 136–141.

[21] Ähnliche Auffassungen finden sich bereits in einer Denkschrift vom März 1856 z. d. T.: „O političeskom položenii Rossii posle zaključenija mira". Vgl. K istorii parižkogo mira 1856 g., hrsg. von *M. Ja. Bessmertaja,* in: Krasnyj Archiv 75 (1936) S. 45–51; dazu *A. Rohde:* Rußlands Stellung zur Gründung des Deutschen Reiches, Staatsexamensarbeit (MS), Münster 1976, S. 13–18.

Außenpolitik zu vollziehen[22]. Eher wird man Eberhard Kolb folgen dürfen, der wohl mit Recht darauf hingewiesen hat, daß ein russisch-französisches Zusammenwirken trotz der Konvention Alvensleben auch nach 1863 immer noch eine der möglichen Konstellationen der europäischen Politik darstellte und in den folgenden Jahren eher an dem mangelnden Interesse Frankreichs an einer derartigen Kooperation als an der Haltung Rußlands scheiterte[23].

Höchst aufschlußreich für den politischen Stellenwert Preußens in der außenpolitischen Gesamtkonzeption Gortschakows nämlich ist die Tatsache, daß es in dem soeben skizzierten Memorandum des Vizekanzlers an keiner Stelle Erwähnung findet[24]. Die Frage dürfte deswegen nicht ganz unberechtigt sein, ob die von Bismarck noch in dem zu Beginn dieses Kapitels erwähnten Promemoria vom 5. Mai[25] getroffene – und später in seinen Memoiren wiederholte[26] – Feststellung, die Konvention vom 8. Februar habe einen „Sieg der preußischen Politik" über die in Petersburg bis dahin dominierende französische Orientierung bedeutet, in dieser von ihm gebrauchten apodiktischen Form aufrecht erhalten werden kann[27].

Die für den hier zu behandelnden Zeitraum bislang (freilich noch sehr lückenhaft) publizierten Akten aus dem Archiv des russischen Außenministeriums[28] legen jedenfalls den Schluß nahe, daß man in Petersburg das preußische Machtpotential nicht sonderlich hoch veranschlagte[29]. Mindestens ebenso stark wie das – zudem unerbetene – Hilfsangebot aus Berlin dürfte die Enttäuschung des Kaisers und der führenden russischen Staatsmänner über das Verhalten Napoleons, der nach russischer Auffassung eine momentane Schwäche des Reiches ohne Rücksicht auf die ihm in den vergangenen Jahren russischerseits geleisteten Dienste aus-

22 Vgl. *I. Koberdowa:* Wielki Książę Konstanty, S. 185; ebensowenig ergibt sich aus dem Aktenbefund, daß Rechberg die profranzösische Richtung der österreichischen Außenpolitik vertreten habe!

23 Vgl. *E. Kolb:* Rußland und die Gründung des Norddeutschen Bundes, in: Europa und der Norddeutsche Bund, Berlin 1968, S. 183–219, bes. S. 213–214.

24 Nur an einer Stelle ist ganz allgemein von den russischen „préférences germaniques" (!) die Rede. Vgl. *I. Koberdowa:* Wielki Książę Konstanty, S. 285.

25 Vgl. Anm. 6!

26 Vgl. *O. v. Bismarck:* Erinnerung und Gedanke, Gesammelte Werke (Friedrichsruher Ausgabe) Bd. 15, 2. Aufl. Berlin 1932, S. 216.

27 So noch *A. Hillgruber:* Bismarcks Außenpolitik, Freiburg 1972, S. 52; *E. Zechlin:* Die Reichsgründung, 2. Aufl. Frankfurt a. M.-Berlin 1974, S. 102.

28 Der bisherige Erkenntnisstand zur russischen Außenpolitik im 19. Jahrhundert verspricht durch die seit einigen Jahren vom Außenministerium der Sowjetunion in mustergültiger Edition herausgegebene Dokumentensammlung: *Vnešnaja politika Rossii* XIX i načale XX veka. Dokumenty rossijskogo ministerstva inostrannych del, Moskva 1960 ff., auf eine völlig neue Grundlage gestellt zu werden. Leider reicht sie zur Zeit erst bis in das Jahr 1819.

29 Hierauf weist mit Recht hin *B. Jelavich:* Rußland und die Einigung Deutschlands unter preußischer Führung, in: GWU 19 (1968) S. 521–538, bes. S. 527; *dies.:* A Century of Russian Foreign Policy, 1814–1914, S. 144.

zubeuten versuchte, für die nunmehr einsetzende Neuorientierung der Außenpolitik des Russischen Reiches ins Gewicht gefallen sein[30].

Währenddessen verstärkte sich bei deutschen Beobachtern in Paris der Eindruck, daß im laufenden Jahr mit einem bewaffneten Konflikt auf dem europäischen Kontinent nicht mehr zu rechnen war[31]. Der kurhessische Gesandte in der französischen Hauptstadt wollte aus sicherer Quelle erfahren haben, „daß hochgestellte Offiziere sich dahin aussprechen, es sey in diesem Jahre an einen großen Krieg nicht mehr zu denken, weil keine Vorbereitungen getroffen seyen, und keine Zeit mehr bleibe, dieselben in der nothwenigen Ausdehnung zu bewirken. Zu einem Krieg gegen Rußland würde hauptsächlich die Flotte mitwirken müssen; dieselbe ist aber augenblicklich in Amerika und Asien, an den Küsten von Mexiko, China, Cochinchina und Japan zerstreut, und würde mehrere Monate brauchen, um in hinreichender Stärke in den Europäischen Gewässern auftreten zu können. Es würde somit der Herbst herbeikommen, und die Ost-See durch das Eis vor feindlichen Unternehmungen geschützt seyn"[32]. Ähnlich schrieb der großherzoglich-hessische Gesandte aus Paris: „Les prévisions d'une guerre pour cette année perdent journellement de leur vraisemblances. J'ai entendu des personnages militaires exprimer l'opinion que la saison est déjà trop avancée pour se préparer, au milieu des embarras de la guerre du Mexique, à une campagne sérieuse"[33].

Trotz dieser etwas optimistischen Stimmen aus Paris, die der Hoffnung Ausdruck verliehen, daß durch die Bereitschaft Rußlands, die polnische Frage zum Gegenstand internationaler Beratungen zu erheben, die unmittelbare Kriegsgefahr vorerst beseitigt sei, blieb vor allem in der liberalen deutschen Presse die weit verbreitete Furcht vor den schwer zu berechnenden weiteren Absichten Napoleons bestehen[34]. Einem Korrespondentenbericht der Berliner „National-Zeitung" zufolge fand man es in Paris „anmaßend von Rußland, bei den Mächten gegen die polnische Emigration zu reklamieren, statt auf die Frage selbst einzugehen. Die Regierung mag ihre guten Gründe haben, sich anscheinend für befriedigt zu erklären; im Grunde ist sie es sicherlich nicht, und die Kriegsgefahr ist somit keineswegs

[30] Mit einigem Recht hat man die französische Rußlandpolitik in dieser Phase „disastrous" genannt. Vgl. *R. H. Lord:* Bismarck and Russia in 1863, in: AHR 29 (1923/24) S. 24–48, hier S. 42. Eine geheime Mission des russischen Gesandten in Brüssel, Orlov, nach Paris wurde im Juni von Petersburg desavouiert. Vgl. *I. Koberdowa:* Wielki Książę Konstanty, S. 187–194; *S. Kieniewicz:* Powstanie styczniowe, Warszawa 1972, S. 547.

[31] Der Vorgänger Drouyn de Lhuys' im Außenministerium, Thouvenel, teilte mit dem preußischen Botschafter in Paris die Ansicht, „daß die Kriegsgefahr für dieses Jahr beseitigt ist". *Goltz an Bismarck* – 5. V. 1863 – APP III, Nr. 480.

[32] *Trott an Kurfürst Friedrich Wilhelm* – 5. V. 1863 – StA Marburg, Best. 9 a/193/Bl. 62 bis 66.

[33] *Grancy an Dalwigk* – 1. V. 1863 (Nachschrift vom 4. V.) – StA Darmstadt, Best. 28 b/7/ Bl. 47–48.

[34] Vgl. dazu u. a. *H. Gollwitzer:* Der Caesarismus Napoleons III. im Widerhall der öffentlichen Meinung Deutschlands, in: HZ 173 (1952) S. 23–75; *R. Buchner:* Die deutsch-französische Tragödie 1848–1864, Würzburg 1965, bes. S. 115.

beseitigt . . . In den nicht gouvernementalen Kreisen betrachtet man . . . alle offiziösen Versicherungen mit großem Mißtrauen“[35]. Und in Berlin faßte Heinrich Geffcken[36] in seiner Eigenschaft als Ministerresident für Oldenburg und die Hansestädte seine Lagebeurteilung in den Sätzen zusammen: „Man kann nicht leugnen, daß augenblicklich die Chancen des Friedens gestiegen sind . . . , aber aus einer höflichen Moniteurnote über die russische Antwort wird man nicht schließen, daß Napoleon die Sache fallen läßt; er geht nicht gegen Bündnisse an, die ihm zu stark sind, aber er weiß sie zu umgehen . . .“[37].

Ungleich schwieriger noch gestaltete sich für deutsche Beobachter die Aufgabe, die weitere Entwicklung in London zu prognostizieren, wohin Gortschakow die ausführlichste der drei Noten hatte gelangen lassen[38]. In ihr stellte er sich ebenso wie die britische Regierung auf den Rechtsboden der Verträge von 1815, die er jedoch, was den völkerrechtlichen Status des Königreichs Polen betraf, durchaus anders als das Londoner Kabinett interpretierte. Wie oben bereits erwähnt war nämlich nach russischer Rechtsauffassung die Sonderstellung des Königreichs im Verband des Russischen Reiches, wie sie der Artikel I der Wiener Kongreßakte vorgesehen und die am 12./24. Dezember 1815 dem Land oktroyierte Verfassung festgelegt hatten, einzig und allein Ausfluß der kaiserlichen Gnade Alexanders I., „une acte spontané de son initiative souveraine“, welche die Polen durch ihre Erhebung von 1830/31 und die Absetzung des Hauses Romanow verwirkt hätten[39]. Offensichtlich erachte die britische Regierung – so argumentierte Gortschakow – die Wiederherstellung des in besagter Konstitution fixierten Zustandes als das einzige Heilmittel zur Wiedereinführung geordneter Verhältnisse im Königreich Polen. Bekanntlich werde jedoch die Entwicklung dorthin durch die Reformen des regierenden Kaisers Alexander seit Jahren erfolgreich vorangetrieben, doch könne – wie gerade das englische Beispiel beweise[40] – eine solche „transformation sociale“ nur allmählich vor sich gehen. Leider würden nunmehr diese Reformvorhaben durch die Partei des Umsturzes nachhaltig gestört, doch werde Kaiser Alexander auch weiterhin unbeirrt an seiner hochherzigen Absicht festhalten, das unglückliche Land durch die stufenweise Einführung von nationalen Selbstverwal-

35 *NZ* Nr. 206 vom 5. Mai.

36 Zu Heinrich Geffcken – nach Bismarck ein „beständiger Reichsfeind“ – vgl. die einleitenden Bemerkungen bei *C. Hinrichs:* Unveröffentlichte Briefe Gustav Freytags an Heinrich Geffcken aus der Zeit der Reichsgründung, in: JbGMOD 3 (1954) S. 65–117, bes. S. 67–72.

37 *Geffcken an Rössing* – 6. V. 1863 – NStA Oldenburg, Best. 31–35/7–22.

38 *Gortschakow an Brunnow (London)* – 14./26. V. 1863 – in: *Das Staatsarchiv,* Bd. IV, Dok.-Nr. 709.

39 Zum sog. Novemberaufstand zuletzt *H. Kocoj:* Niemcy a powstanie listopadowe, Warszawa 1970.

40 Mit Recht ist bemerkt worden: „Als Gortschakov das Recht der Mächte auf Einmischung zurückwies, tat er es mit dem sichtbaren Gefühl der Verlegenheit des liberalen russischen Staatsmannes gegenüber dem politisch höher stehenden England.“ Vgl. *H. Fleischhacker:* Russische Antworten auf die polnische Frage 1795–1917, München-Berlin 1941, S. 93.

tungsorganen einer gedeihlichen Entwicklung zuzuführen. Da das englische Kabinett nach eigenem Bekunden ebenso wie die russische Regierung auf die Wiederkehr geordneter und gesetzmäßiger Zustände im Königreich Polen hinarbeite, werde es dieser Absicht am ehesten dienen, wenn es jeder von außen kommenden Agitation („instigations permanentes du parti de la Révolution Cosmopolite") entschlossen entgegenwirke, da diese schwerlich an den Grenzen Polens haltmachen werde[41].

Begreiflicherweise fand diese Erklärung aus Petersburg in England eine sehr zwiespältige Aufnahme. Die unabhängige, eher liberale „Times" vermutete, daß durch das „nicht ungeschickte Farbenspiel" der russischen Noten die Diskussion weiter in der Schwebe gehalten werde, fügte aber hinzu: „Die Polen haben nicht den geringsten Glauben an russische Versprechungen, Amnestien oder Übereinkünfte. Wenn durch einen Kongreß aller Mächte die Verfassung von 1815, die nie in Kraft getreten ist, wieder eingeführt würde – die Polen würden sie verwerfen"[42]! Und zwei Tage später schrieb dasselbe Blatt mißbilligend: „Die Antwort des Fürsten Gortschakow scheint uns weder zu der Sachlage zu passen, noch zu dem Geiste, in welchem die vereinigten Mächte gesprochen haben"[43]. Ähnlich meinten die „Daily News", daß die Politik des russischen Vizekanzlers die „Kluft zwischen Rußland und Westeuropa erweitern und die Friedensbürgschaften vermindern" müsse, und schlossen ihren Leitartikel vom 6. Mai mit den Worten: „Es ist in der That eine traurige Aussicht für Polen und Europa, wenn, wie der Fürst zu verstehen giebt, die Bedingungen eines dauerhaften Friedens nur in der unbedingten Unterwerfung der Polen und im Stillschweigen der civilisirten Welt zu finden sind"[44]. Der konservative „Herald" als das führende Blatt der oppositionellen Tories hingegen nannte die Ausführungen Gortschakows „vortrefflich" und zeigte sich davon überzeugt, daß der Friede nunmehr vollständig gesichert sei[45].

[41] Vgl. *Schultheß'* Europäischer Geschichtskalender, Jg. 1863, S. 250–253.

[42] *NZ* Nr. 208 vom 6. Mai (Korrespondentenbericht aus London vom 4. Mai), *NPZ* Nr. 104 vom 7. Mai.

[43] *KZ* Nr. 127 vom 8. Mai (Bericht aus London vom 6. Mai).

[44] *NZ* Nr. 212 vom 8. Mai (Bericht aus London vom 6. Mai).

[45] *NZ* Nr. 208 vom 6. Mai (Bericht aus London vom 4. Mai). Am 1. Mai bereits hatte der „Herald" verlauten lassen, die Westmächte dächten gar nicht daran, „das Polen von 1772 von den Toten zu erwecken, Preußen zu vernichten, und russische Provinzen von dem vierfachen Umfange des eigentlichen Polens dem polnischen Joche zu unterwerfen". – „Selbst wenn die Schwierigkeiten", so spekulierte das Hauptorgan der Tories weiter, „welche gegen diesen Versuch streiten, überwunden wären, würde der wiedererwachte Staat, ohne den Willen der nordischen Mächte, seine Unabhängigkeit nicht eine Stunde lang nach dem Aufhören des westmächtlichen materiellen Beistandes behaupten können. Ganz vom Gebiete seiner Feinde eingeschlossen, nicht nur ohne eine Meile Küstenstrich, sondern ohne einen Fußbreit neutralen Nachbarlandes, in Bezug auf Ein- und Ausfuhr ganz von Preußen, Oesterreich oder Rußland abhängig, würde solch ein Staat keine der unentbehrlichen Bedingungen nationalen Daseins entbehren?" *NPZ* Nr. 103 vom 5. Mai (Bericht aus London vom 1. Mai).

Ein ähnlich widerspruchsvolles Bild bot dem Betrachter die Politik der englischen Regierung dar, die sich durch die russische Note vom 26. April augenscheinlich einer nicht geringen Verlegenheit ausgesetzt sah[46]. Einerseits war die öffentliche Meinung in England anders als in den meisten kontinentalen Staaten ein Faktor, den kein Minister ohne die Gefahr der Beeinträchtigung seiner Autorität auf die Dauer ignorieren konnte[47], andererseits waren Palmerston und Russell seit Beginn der polnischen Krise sichtlich darauf bedacht, jeden Alleingang Frankreichs, der die Gefahr einer kriegerischen Auseinandersetzung heraufbeschwören konnte, gemeinsam mit dem Wiener Kabinett zu unterbinden[48]. Als daher am 6. Mai aus Paris die Anregung zur Einberufung eines allgemeinen europäischen Kongresses zum Zweck der Regelung aller anstehenden Probleme in London eintraf, wurde dieser Antrag im Foreign Office sogleich mit dem sicherlich nicht sonderlich überzeugenden Argument, Rußland habe sich mit seinen Noten ausschließlich an drei, nicht aber an zwölf Mächte gewandt, zurückgewiesen[49] und noch am selben Tage mit dem nach Paris und Wien gerichteten Gegenvorschlag beantwortet, die drei Mächte möchten übereinkommen, in Petersburg zur Erleichterung der nun einzuleitenden Verhandlungen über die Zukunft Polens einen einjährigen Waffenstillstand zu beantragen[50]. Während dieser Zeit sollte die russische Armee Festungen und Militärposten weiterhin besetzt halten, die Verwaltung des flachen Landes hingegen einstweilen in polnische Hände übergehen[51].

Während diese Anregung aus London an der Seine außerordentlich beifällig aufgenommen wurde[52], hegte man in Wien und Berlin erhebliche Zweifel an der

46 *Bernstorff an Bismarck* – 6. V. 1863 – APP III, Nr. 485, wonach sich Russell über die russische Anerkennung der Wiener Verträge als Basis weiterer Verhandlungen zufrieden äußerte, aber dennoch „die Ungewißheit der daraus jetzt zu ziehenden weiteren Folgerungen" spüren ließ.

47 Vgl. dazu u. a. *R. F. Leslie:* Brytyjska opinia publiczna a powstanie styczniowe, in: PH 54 (1963) S. 206–222; *K. S. Pasieha:* The British Press and the Polish Insurrection of 1863, in: SEER 42 (1963) S. 15–37; *W. E. Mosse:* England and the Polish Insurrection of 1863, in: EHR 71 (1956) S. 28–55, hier S. 52.

48 Dazu wurde am 8. Mai aus Wien geschrieben: „Man ist in hiesigen diplomatischen Kreisen fortwährend der Ansicht, daß England die Macht sei, von welcher der allgemeine Krieg oder Frieden abhänge. Bisher habe es mäßigend auf Frankreich gewirkt, wie Oesterreich mäßigend auf England." *Thienen an Wittgenstein* – 8. V. 1863 – HStA Wiesbaden, Rep. 210-3438.

49 Vgl. *S. Bóbr-Tylingo:* Napoléon III, l'Europe et la Pologne, in: Antemurale VII/VIII (1963) S. 1–362, hier S. 143.

50 Die Anregung ging offensichtlich von Russell aus. Vgl. *W. E. Mosse:* England and the Polish Insurrection of 1863, S. 43–44; *ders.:* The European Powers and the German Question, S. 124.

51 *Goltz an Bismarck* – 8. V. 1863 – APP III, Nr. 490.

52 Am 9. Mai teilte Drouyn de Lhuys dem britischen Gesandten in Paris mit: „L'Empereur m'autorise à vous dire qu'il accepte la suggestion fait par l'Angleterre." *Goltz an Bismarck* – 9. V. 1863 – APP III, Nr. 494.

Ernsthaftigkeit und Praktibilität einer derartigen Initiative[53]. Am 18. Mai resümierte der sächsische Gesandte in der britischen Hauptstadt, Graf Vitzthum von Eckstädt, diese Vorgänge in einem Privatschreiben nach Dresden, indem er u. a. ausführte: „Der englische Vorschlag eines einjährigen Waffenstillstandes ist in Paris mit Freuden aufgenommen worden, obgleich der ehrliche Baron Gros (Französischer Botschafter in London – d. Vf.) denselben als eine ‚idée fabuleuse' bezeichnet hatte. Man würde in den Tuilerien nie auf den Gedanken gekommen sein und ist nur zu froh, den britischen Ministern die Verantwortlichkeit dafür zuschieben zu können. Oesterreich dagegen weigert sich entschieden, sich an einem Vorschlage zu betheiligen, dessen Ablehnung in Petersburg unzweifelhaft ist"[54].

Der Eindruck einer gewissen Ratlosigkeit und Uneinigkeit innerhalb des britischen Kabinetts[55] verstärkte sich noch, als Earl Russell in seiner Entgegnung auf eine fulminante Rede Lord Shaftesburys, des wortgewaltigen Führers des propolnischen Flügels der regierenden Whigs[56], am 8. Mai vor dem Oberhaus seine bisherige Politik nachdrücklich verteidigte und bei dieser Gelegenheit nochmals versicherte, daß die Regierung zwar weiterhin in Petersburg auf die Einführung bzw. Wiederherstellung verfassungsmäßiger Zustände im Königreich Polen dringen werde, allen weitergehenden Ambitionen jedoch, wie sie in den Proklamationen

[53] Am 9. Mai telegraphierte Bismarck an Goltz: „La proposition anglaise d'un armistice etc. est absurde." *Bismarck an Goltz* – 9. V. 1863 – APP III, Nr. 480; Rechberg „hardly considered that Your Lordship's last suggestions were serious". *Cowley an Russell* – 12. V. 1863 – zit. bei *W. E. Mosse:* That European Powers and the German Question, S. 124, Anm. 4. „Das Unpraktische einer derartigen Proposition springt in die Augen." *Montgelas an König Maximilian II.* – 12. V. 1863 – GStA München, MA III/2643. Goltz nannte die englische Anregung einen „wahnsinnigen Vorschlag". *Goltz an Bernstorff* – 11. V. 1863 – in: *O. Graf zu Stolberg-Wernigerode:* Robert Heinrich Graf von der Goltz, Dok.-Nr. 31. In Paris meinte Budberg zu Goltz, „man solle den Lord John beauftragen, ein solches Projekt selbst zur Ausführung zu bringen". *Wächter an Hügel* – 13. V. 1863 – HStA Stuttgart, Best. E 70/47/Bl. 107–106. Für den württembergischen Gesandten in Berlin grenzte der englische Vorschlag „ans Abenteuerliche". *Linden an Hügel* – 12. V. 1863 – HStA Stuttgart, Best. 73 a/169/Bl. 101–99.

[54] *Vitzthum an Beust (Privatbrief)* – 18. V. 1863 – in: *C. F. Graf Vitzthum von Eckstädt:* St. Petersburg und London in den Jahren 1852–1864, Stuttgart 1886, S. 225.

[55] Bereits am 12. Mai hatte Vitzthum aus London geschrieben, es sei ausgeschlossen, sich ein zutreffendes Bild von der augenblicklichen Politik der englischen Minister zu machen: „In Wahrheit wissen sie selbst nicht, was sie wollen und wie sie das polnische Problem anfassen sollen. Heute herrscht in dem uneinigen Cabinet die Furcht vor Kaiser Napoleon, morgen die Besorgnis vor der öffentlichen Meinung . . ." Schließlich kam der sächsische Gesandte jedoch zu dem Schluß: „Die englischen Minister wollen den Frieden d. h. sie wollen den Krieg nicht." *Vitzthum an Beust* – 12. V. 1863 – Ebda., S. 223.

[56] „Une pétition de la Municipalité et des habitants de la cité de Londres en faveur de la Pologne était présentée hier soir à la Chambre haute par le Comte Shaftesbury . . . il reprochait à la Russie d'avoir manqué à tous ses engagements et invoquait l'intérêt de l'Angleterre et de son gouvernement pour une nation à laquelle, en récompense des services jadis rendus par elle à la civilisation, l'Europe le devait de demander qu'elle fut au moins régi avec justice et humanité." *Cetto an König Maximilian II.* – 9. V. 1863 – GStA München, MA I/505.

der polnischen Aufständischen zutage träten, eine eindeutige Absage erteilen müsse[57]. Wenn man vom Kabinett die Annahme einer Petition verlange, nach welcher Polen gänzlich von Rußland zu trennen sei, da letzteres durch die Nichteinhaltung der in den Wiener Verträgen niedergelegten Bestimmungen jedes Recht auf den Besitz des Königreiches verwirkt habe, so müsse er eine solche Aufforderung namens der Regierung Ihrer Majestät entschieden zurückweisen. Aber selbst wenn Kaiser Alexander das besagte Gebiet aus freien Stücken aufgeben sollte, bliebe immer noch die Frage, ob dessen Bewohner nicht sogleich auch Ansprüche auf weitere ehemals polnische Gebiete erheben würden. „Dann haben wir nicht nur Rußlands, sondern auch Preußens und Oesterreichs Widerstand zu bekämpfen", und es sei mehr als gewiß, daß ein „ewiges Streben (der Polen) nach Posen, Galizien und Danzig die Ruhe Osteuropas stören" würde. Noch sei übrigens in Petersburg keinerlei Bereitschaft zu erkennen, „daß große Russische Reich zerstückeln zu lassen". Freilich aber habe die Sache Polens, so schloß Russell nicht ohne Seitenhieb auf die Anspielungen Gortschakows, „nicht etwa die bloßen Störenfriede und Revolutionsstifter Europas, sondern die wirkliche und gewissenhafte Meinung Europas für sich", auf die gestützt das Kabinett seine bisher verfolgte Politik einer rein diplomatischen Intervention unbeirrt fortsetzen werde[58].

In der englischen Presse wurde diese Rede des Staatssekretärs des Auswärtigen durchweg beifällig aufgenommen. Die hochangesehene „Times" erklärte sich „vollkommen damit einverstanden", die polnischen Angelegenheiten in den bewährten Händen Lord Palmerstons und Earl Russells zu wissen, und die dem Premierminister nahestehende „Morning Post" schrieb am 9. Mai: „Wir müssen in Gemeinschaft mit den übrigen europäischen Mächten sacht und behutsam vorwärts gehen, dem Einflusse der öffentlichen Meinung und der gemeinsamen Vorstellungen der verschiedenen Mächte auf die Entschlüsse des Kaisers mehr als der Anwendung roher Gewalt vertrauen. Großbritannien ist nicht gesonnen, sich für die Schöpfung eines unabhängigen Polens in den Krieg zu stürzen"[59].

Währenddessen hielt der Premierminister unbeirrt an der Idee eines einjährigen Waffenstillstandes für das Königreich Polen fest und verfolgte in den folgenden Wochen in gewisser Weise eine – im übrigen wenig erfolgreiche – Politik des Bluffs und der Einschüchterung[60]. Als ihm der preußische Gesandte zu bedenken

[57] Deutsche Übersetzung der Rede in *NZ* Nr. 216 vom 11. Mai und *NPZ* Nr. 109 vom 12. Mai.

[58] „Lord Russell ... erklärte sich gegen jede andere als diplomatische Handlung Englands und gegen die Forderung eines unabhängigen Polens, verlangte aber die polnische Verwaltung und die Verfassung von 1815. Tories schwiegen." *Bernstorff an Bismarck* – 9. V. 1863 – APP III, Nr. 493. „Le cabinet persévérerait, en commun avec ses deux puissances alliés, à élever la voix à St. Pétersbourg à y adresser des répresentations auxquelles il serait salutaire de faire attention, mais il ne promettait pas et n'était pas préparé à aller au delà." *Cetto an Maximilian II.* – 9. V. 1863 – GStA München, MA I/505.

[59] Britische Pressestimmen vom 9. Mai übernommen von *NZ* Nr. 217 vom 12. Mai und *NPZ* Nr. 109 vom 12. Mai.

[60] Knappe Zusammenfassung der – schließlich erfolglosen – britischen Polenpolitik im Jahre 1863 bei *W. E. Mosse:* England and the Polish Insurrection of 1863, S. 52–55.

gab, daß sein Vorschlag praktisch die Anerkennung der Insurgenten als kriegführende Partei bedeute und zwangsläufig früher oder später zur Unabhängigkeit Polens führen müsse, antwortete Palmerston „mit seiner gewohnten Leichtfertigkeit, das sei ja kein Unglück". Auch den Einwand Bernstorffs, ein solcherart wiederhergestelltes unabhängiges Polen bedrohe Preußens Existenz, da es sogleich danach trachten werde, die anderen ehemals polnischen Landesteile bei nächster Gelegenheit gleichfalls an sich zu reißen, ließ der britische Regierungschef nicht gelten und meinte leichthin, eine solche Entwicklung könne man ja abwarten und ein unabhängiges Polen zunächst einmal bestehen lassen – „gewissermaßen versuchsweise, wie es scheint", merkte der Botschafter Preußens ironisch an und fügte als persönliche Bemerkung hinzu, entweder sage der Premierminister mehr als er denke oder der Chef des englischen Kabinetts dissentiere in seinen Ansichten erheblich von denjenigen seines Staatssekretärs. Leider stehe zu befürchten, daß die englischen Staatsmänner „durch das Bedürfnis, der sogenannten öffentlichen Meinung Zugeständnisse zu machen, und durch die doktrinären Freiheits- und Nationalitätenideen Lord Russells gegen ihren Wunsch und ihre eigene Überzeugung dennoch wie im Jahre 1853 in den Krieg gegen Rußland hineingetrieben werden könnte(n)"[61].

Schließlich erwähnte Lord Palmerston im Laufe der Unterredung noch, daß Österreich selbstverständlich das Gebiet der ehemaligen Freien Stadt Krakau, welches mit dem zu errichtenden polnischen Staat vereinigt werden müsse, herauszugeben haben werde[62]. Diesen Verzicht beabsichtigte der britische Premierminister, wie er seinem Staatssekretär am 5. Mai vertraulich mitteilte, den Staatsmännern am Ballhausplatz dadurch zu versüßen, daß er ihnen für den Thron eines zukünftigen Königreichs Polen einen Erzherzog aus dem Hause Habsburg vorschlagen wollte[63].

In Wien wußte man nichts von derartigen in Londoner Regierungskreisen kursierenden Kombinationen[64] und lehnte es sofort ab, die von dort ausgehende Idee eines einjährigen Waffenstillstands wegen der völligen Aussichtslosigkeit der Annahme eines derartigen Vorschlages in Petersburg zu unterstützen[65], wenngleich die öffentliche Meinung in der Donaustadt auf die russische Antwortnote

[61] *Bernstorff an Bismarck* – 11. V. 1863 – APP III, Nr. 499.

[62] Die Republik Krakau war erst im Jahre 1846 von Österreich annektiert worden. Vgl. *M. Żychowski:* Rok 1846 w Rzeczypospolitej Krakowskiej i Galicji, Warszawa 1956; auch im Jahre 1848 spielte Krakau eine wichtige Rolle. Vgl. u. a. *I. Koberdowa:* Polska Wiosna Ludów, Warszawa 1967, bes. S. 123–150.

[63] Vgl. *R. F. Leslie:* Reform and Insurrection in Russian Poland, 1856–1865, London 1963, bes. S. 191; *S. Kieniewicz:* Powstanie styczniowe, S. 546.

[64] Vgl. *W. E. Mosse:* England and the Polish Insurrection of 1863, S. 44; *ders.:* The European Powers and the German Question, S. 124.

[65] „Der englische Vorschlag eines Waffenstillstandes ist hier gleich entschieden abgelehnt worden und hat ihn das Wiener Kabinett niemals als eine ernste Idee betrachtet, da sie praktisch als ganz unausführbar angesehen wurde. Die Haltung Englands gegen Konferenz und Kongreß wird hier geteilt." *Werther an Bismarck* – 13. V. 1863 – APP III, Nr. 504.

vom 26. April mit „Entrüstung und Erbitterung“ reagierte[66]. Namentlich der Schlußsatz der sehr knappen und nicht ohne einen ironischen Unterton verfaßten Replik[67], „worin dem Wiener Cabinet im Tone vornehmer Herablassung empfohlen wird, es möge sowohl in seinem eigenen Interesse, als im Interesse seiner internationalen Beziehungen zu Rußland in Zukunft fortfahren, zu trachten, sich die Zufriedenheit der russischen Regierung zu verdienen“, wurde von der liberalen Wiener „Presse“ als „Gipfelpunkt der Anmaßung“ bezeichnet und mit dem bissigen Kommentar versehen: „Man scheint sich in Petersburg wie in Berlin in dem Wahn zu wiegen, daß Oesterreich gar nicht anders kann, als schließlich der Dritte im Bunde mit Preußen und Rußland zu sein. Darauf sündigen der zungenflinke Bismarck und der mit ihm auf ganz gleicher Höhe staatsmännischer Weisheit stehende Fürst Gortschakow . . .“[68]. Auch der regierungstreue „Botschafter“[69] zürnte: „Oesterreich wird behandelt wie ein ungebetener Gast in diesem kühlen, knappen, nüchternen Schriftstücke! . . . Es klopft Oesterreich gleichsam gnädig auf die Schulter und sagt: Du hast Gendarmendienste für uns geleistet, nur so fort und wir werden mit Dir auch in Zukunft zufrieden sein“[70].

In den ersten Maitagen steigerte sich die Polemik des überwiegenden Teils der österreichischen Presse gegen den russischen Nachbarn zu einer derart drohenden Schärfe, daß deutsche Diplomaten in Wien einen wachsenden Einfluß der öffentlichen Meinung auf die Entscheidungen der kaiserlichen Regierung nicht länger in Abrede stellen wollten und sich besorgt fragten, wie lange man am Ballhausplatz

[66] *Werther an Bismarck* – 6. V. 1863 – APP III, Nr. 486.

[67] Der inkriminierte Schlußsatz lautete: „Nous avons la ferme conviction que, pour sa part, le Cabinet de Vienne, persévérant dans l'attitude qu'il a adoptée dès le début des agitations actuelles, ne négligera rien de ce qui peut dépendre de lui pour opposer à ces menées dangereuses des mesures aussi conformes à ses propres intérêts qu'à ses rapports internationaux avec la Russie.“ *Gortschakow an Balabine* – 14./26. V. 1863 – in: *Das Staatsarchiv,* Bd. IV, Dok-Nr. 712; dt. in *Schultheß'* Europäischer Geschichtskalender, Jg. 1863, S. 254.

[68] *NZ* Nr. 209 vom 7. Mai (Bericht aus Wien vom 5. Mai).

[69] Der preußische Gesandte in Wien nannte den „Botschafter“ ein „Angriffsorgan gegen Preußen . . . und obgleich durchaus nicht vom Ministerium abhängig . . ., so dient dies Blatt doch stets den Wünschen der Regierung . . .“ *Werther an Bismarck* – 3. II. 1863 – GStA Berlin-Dahlem, HA III, Nr. 21, Bl. 137–140.

[70] *NZ* Nr. 213 vom 9. Mai (Bericht aus Wien vom 7. Mai). Gortschakow bemühte sich denn auch sogleich, dem zu erwartenden ungünstigen Eindruck seiner nach Wien gesandten Depesche durch den Hinweis entgegenzuwirken, „Österreich möge sich durch das besondere Entgegenkommen der russischen Antwort nach Paris nicht befremden lassen. Rußland wisse, daß in dem französischen Kabinett der Hauptgegner zu suchen sei.“ *Werther an Bismarck* – 6. V. 1863 – APP III, Nr. 486, Anm. 2.

diesem Druck noch werde standhalten können[71]. Die meisten Blätter, so meldete der württembergische Gesandte am 10. Mai, hetzten „in neuerer Zeit so sehr gegen Rußland, daß die bisherige mehr neutrale Haltung Oesterreichs bei einem weiteren Drängen der Westmächte immer schwieriger werden möchte"[72]. Namentlich liberale Presseorgane täten alles, um Österreich im westmächtlichen Lager festzuhalten. So schrieb die Wiener „Presse" am 24. Mai über die polnische Frage u. a.: „Die Allianz Oesterreichs mit den Westmächten verbürgt die Gebundenheit der Kräfte Italiens, gewinnt uns den Beifall von ganz Deutschland, die öffentliche Meinung in Preußen mit inbegriffen, hindert das Berliner Cabinet, für Rußland die Waffen zu schwingen, schützt den Rhein und Belgien – denn die Allianz Oesterreichs und Englands neutralisiert die französische Politik der „alten Grenzen" vollständig – und gestattet, ohne einen Weltbrand zu entzünden, rasch und verhältnismäßig leicht einen großen Act historischer Gerechtigkeit ins Werk zu setzen"[73].

In Berlin wuchs indessen einmal mehr die Befürchtung, daß Gortschakow durch seine schroffe Antwort das gerade angebahnte etwas entspanntere Verhältnis zum Wiener Kabinett unnötigerweise erneut belastet hatte, um sich zuletzt doch wieder Frankreich zu nähern. „Der wenig höfliche Ton der russischen Antworts-Depesche auf die österreichische Verwendung wegen Polen", so meldete der württembergische Gesandte am 12. Mai aus Berlin, „wird hier nicht gebilligt. Die Stellung, welche Oestreich zur Frage einnimmt, ist zu wichtig, als daß der russische Vicekanzler nicht Ursache gehabt hätte, an Oesterreich mindestens ebenso höflich zu antworten, als dieß an Frankreich gesehehen ist"[74]. – Bismarck wies daher bereits unmittelbar nach dem Eintreffen der alarmierenden Nachrichten aus Wien seinen Petersburger Gesandten an, alles unter den gegebenen Umständen eben Mögliche zu unternehmen, um die Pflege freundschaftlicher Beziehungen zwischen beiden Kaiserhöfen nach Kräften zu fördern[75].

71 „Toutes les feuilles et même celles qu'on sait d'être à la disposition du Gouvernement, ne cessent de répéter que la dépêche à Monsieur de Balabine, comparée surtout aux deux autres réponses, est conçue de manière à devoir froisser la dignité de l'Autriche . . . il est à apprehender que les tendances très hostiles à la Russie se manifestant dans la presse avec une remarquable unité, ne finissent pas influencer le Gouvernement dans une certaine limite." *Stockhausen an Dalwigk* – 10. V. 1863 – StA Darmstadt, Best. 70 e/1/Bl. 121 bis 124. „Die österreichische Presse . . ., auch die der Regierung ergebene, drängt das kaiserliche Kabinett – mit allen ihr zu Gebote stehenden Argumenten und Reizmitteln – zum Anschluß an die Westmächte." *Bray an König Maximilian II.* – 12. V. 1863 – GStA München, MA I/505.

72 *Ow an Hügel* – 10. V. 1863 – HStA Stuttgart, Best. E 65–68/57/Bl. 394–395.

73 *KZ* Nr. 145 vom 27. Mai (Bericht aus Wien vom 24. Mai).

74 *Linden an König Wilhelm I.* – 12. V. 1863 – HStA Stuttgart, Best. E 73 a/169/Bl. 101–99.

75 *Bismarck an Redern (Petersburg)* – 7. V. 1863 – APP III, Nr. 488. Am 10. Mai erklärte Gortschakow dem preußischen Gesandten, es sei sein „aufrichtiger Wunsch, mit Österreich im besten Einvernehmen zu bleiben und bei der Identität der Interessen in der polnischen Frage mit den Höfen von Berlin und Wien Hand in Hand zu gehen". Zit. bei *C. Friese:* Rußland und Preußen, S. 322.

Gleichzeitig bemühte sich der preußische Ministerpräsident, Österreich unter Hinweis auf das beiden Monarchien gemeinsame konservative Interesse, der „Solidarität aller revolutionären Elemente Europas" entgegenzuwirken, in ein engeres Verhältnis zu Preußen zu ziehen. In der polnischen Frage seien die Interessen beider Staaten „so vollständig identisch, daß meines Dafürhaltens das übereinstimmende Verhalten beider Regierungen durch die Natur der Dinge selbst gegeben ist und nur der Formulierung durch gegenseitige Aussprache bedarf"[76]. Noch immer beherrschte die Regierung in Berlin demnach die Sorge, Rußland könnte seine polnischen Besitzungen doch noch freiwillig räumen, und Bismarck sondierte von dieser Eventualität ausgehend eine Woche später nochmals den österreichischen Gesandten, indem er ihn fragte, ob in einem solchen Falle nicht ein bereits vorher vereinbartes Einverständnis zwischen Österreich und Preußen über die dann zu ergreifenden Maßnahmen ratsam sei. Offenkundig, so vermutete Graf Károlyi, ging es Bismarck um den Anschluß des Wiener Kabinetts an eine Politik, „welche zum Zwecke hat, die Selbständigkeit Polens schon im Keime zu ersticken". An der Bündnisfähigkeit Preußens, so beteuerte dessen Regierungschef, bestehe trotz vorübergehender innenpolitischer Schwierigkeiten kein Zweifel, und gebrauchte schließlich den vielzitierten Satz: „Wir würden Ihnen Bajonette für Bajonette bieten, die Garantie Galiziens z. B. für die Garantie Posens"[77]. Als Károlyi indes die Frage einer gegenseitigen Garantie des gesamten Territoriums beider Staaten (also auch Venetiens!) aufwarf, ließ sich sein preußischer Gesprächspartner auf keine weitere Präzisierung seiner Vorschläge ein[78]. In Wien wurden Bismarcks Anregungen offensichtlich auch nicht besonders ernst genommen; jedenfalls blieben sie ohne erkennbaren Einfluß auf den weiteren Kurs der österreichischen Außenpolitik[79].

Im Gegensatz zu der russophoben Stimmung in der öffentlichen Meinung des Landes hatte Graf Rechberg sich freilich von vornherein wesentlich zurückhaltender und im ganzen nicht unzufrieden über die russische Antwort geäußert, da sie ihm immerhin Anknüpfungspunkte für weitere Verhandlungen zu bieten schien[80]. Der französischen Idee eines allgemeinen europäischen Kongresses freilich konnte Österreich schon mit Rücksicht auf seine venezianische Besitzung nicht zustim-

76 *Bismarck an Werther* – 10. V. 1863 – APP III, Nr. 496.

77 *Károlyi an Rechberg* – 16. V. 1863 – APP III, Nr. 508.

78 Vgl. *E. Zechlin:* Bismarck und die Grundlegung der deutschen Großmacht, S. 570–571.

79 Vgl. *F. Engel-Janosi:* Graf Rechberg, München-Berlin 1927, S. 102, Anm. 90.

80 „Gestern konnte ich aus dem eigenen Munde des Grafen Rechberg vernehmen, daß er mit der russischen Antwort in der polnischen Frage nicht unzufrieden sey. Die an Herrn von Balabine gerichtete, für hier bestimmte Depesche sey im Ganzen versöhnlich gehalten, und es ließen sich immerhin Anknüpfungspunkte zu weiteren Verhandlungen und zur Verständigung finden." *Ow an Hügel* – 3. V. 1863 – HStA Stuttgart, Best. E 70 b/Bü 73/2–3. Rechberg sei „très satisfait" meldete *Stockhausen an Dalwigk* – 3. V. 1863 – StA Darmstadt, Best. 70 e/1/Bl. 118–120. „Die russischen Antworten in der polnischen Sache lassen Anknüpfungspunkte finden, um die Verhandlungen fortzusetzen." *Thienen an Wittgenstein* – 8. V. 1863 – HStA Wiesbaden, Rep. 210-3438.

men[81], und dem Waffenstillstandsvorschlag Englands maß man am Ballhausplatz ohnehin keinerlei Bedeutung bei, da man dort mit Recht davon ausging, „daß die Annahme eines solchen Vorschlages für Rußland eine Unmöglichkeit sey“[82].

Um jedoch allen für die Regierung in Wien indiskutablen Plänen der Westmächte zuvorzukommen, entschloß sich Rechberg zu einem eigenen Vorstoß. Am 11. Mai unterbreitete er deshalb seinen beiden „Alliierten“ die berühmten „sechs Punkte“ als das seiner Ansicht nach Äußerste, was man auf friedlichem Wege allenfalls von der Petersburger Regierung für das Königreich Polen zu erreichen hoffen könnte, und schlug den Kabinetten in London und Paris vor, auf dieser Basis in weitere Verhandlungen mit Rußland einzutreten[83]. Im einzelnen lauteten die vom Ballhausplatz proponierten Forderungen an die russische Regierung:

– Vollständige und uneingeschränkte Amnestie;
– nationale Repräsentation im Sinne der Charte vom 27. November 1815;
– Besetzung der Verwaltung mit Polen, die das Vertrauen der Bevölkerung genießen;
– volle und ungeschmälerte Freiheit des Glaubens und des Gewissens;
– ausschließlicher Gebrauch des Polnischen als amtlicher Sprache in Verwaltung, Justiz und Unterrichtswesen;
– Einführung eines gerechten und gesetzmäßigen Rekrutierungssystems[84].

Es sollten noch mehr als sechs Wochen vergehen, ehe sich die drei Mächte – und auch da nur mit mannigfachen Modifikationen und Abschwächungen – auf diesen Katalog einigen konnten[85]. Schuld daran trugen nicht zuletzt eine fiebrige Erkrankung des Grafen Rechberg, die ihn zwang, die Amtsgeschäfte zeitweise vom Krankenbett aus zu führen[86], sowie die Wahlen zur gesetzgebenden Versammlung

[81] Zur Rolle Italiens in der polnischen Krise des Jahres 1863 – freilich unter Ausschluß aller außenpolitischen Implikationen – zuletzt zusammenfassend *S. Kieniewicz:* L'Italie et l'insurrection polonaise de 1863, Wrocław-Warszawa-Kraków-Gdańsk 1975.

[82] *Ow an Hügel* – 5. V. 1863 – HStA Stuttgart, Best. 70 b/Bü 73/2–3.

[83] Zum Folgenden vgl. *F. Engel-Janosi:* Graf Rechberg, S. 101–122.

[84] Vgl. *Schultheß'* Europäischer Geschichtskalender, Jg. 1863, S. 156–157.

[85] Nach dem Urteil Heinrich von Sybels erschien „die Erzielung eines Einverständnisses ... während mehrerer Wochen ... beinahe hoffnungslos“. Vgl. *H. v. Sybel:* Die Begründung des Deutschen Reiches durch Wilhelm I., Bd. II, München und Leipzig 1889, S. 513.

[86] Durch Rechbergs Erkrankung verzögerten sich die Unterhandlungen einige Zeit. Am 18. Mai meldete der großherzoglich-hessische Gesandte aus Wien: „La maladie du Comte Rechberg s'est aggravé ... Pendant toute la semaine dernière il n'a reçu aucun membre du corps diplomatique. Les répresentants des grandes puissances et surtout ceux d'Angleterre et de France en sont très contrariés, la négation sur la question du jour se trouvant ainsi forcement arrêté, tandis que les faits continuent à marcher.“ *Stockhausen an Dalwigk* – 18. V. 1863 – StA Darmstadt, Best. 70 e/1/Bl. 131–135. Nach Wiesbaden wurde berichtet: „Graf Rechberg war einige Tage bettlägerig ... Die Verhandlungen in der polnischen Angelegenheit erhielten dadurch einen Hemmschuh, in Folge dessen die westmächtlichen Botschafter – sit venia verbo – herumliefen wie die brüllenden Löwen.“ *Thienen an Wittgenstein* – 20. V. 1863 – HStA Wiesbaden, Rep. 210-3438; ähnlich *Ow an Hügel* – 20. V. 1863 – HStA Stuttgart, Best. 70 b/Bü 73/2–3: „Die hiesigen Botschafter

in Frankreich am 31. Mai und 1. Juni, welche das politische Interesse des Landes weitgehend absorbierten[87] und in denen außenpolitischen Fragen so gut wie keine Rolle spielten[88].

Wie der Verlauf einer unter Vorsitz des Kaisers im Hause des erkrankten Außenministers anberaumten Sitzung des Ministerrats in Wien vom 19. Mai zeigen sollte, bestanden innerhalb dieses höchsten Gremiums der Donaumonarchie bereits starke Tendenzen, den bisherigen Kurs der österreichischen Politik in der polnischen Frage überhaupt grundsätzlich zu korrigieren[89]. Vor allem der liberale Gegenspieler Rechbergs im Kabinett, Staatsminister von Schmerling[90], wies nachdrücklich darauf hin, daß eine Wiederherstellung Polens früher oder später den Verlust Galiziens nach sich ziehen müsse, ohne daß Österreich mit irgendeiner Kompensation rechnen könne[91]. Eine Allianz mit den Westmächten bringe daher seiner Meinung nach keinen Nutzen. „Wenn man besorgt, daß ein uns feindliches Frankreich in einigen unserer Provinzen Aufruhr hervorrufen wolle, so kann man versichert sein, daß das von uns bedrohte Rußland in dieser Hinsicht nicht minder tätig sein werde“[92]. Ebenso wie Schmerling plädierte auch der Polizeiminister

der Westmächte haben in den letzten Tagen sehr darüber geklagt, daß durch das Unwohlsein des Grafen Rechberg die so äußerst pressirenden Verhandlungen immerhin eine sehr unerwünschte Stockung erhielten.“

87 Einen Eindruck von der Intensität des Wahlkampfes vermitteln die Wahlaufrufe der Opposition sowie die Manipulationen und repressiven Maßnahmen seitens der Regierung, die trotzdem in der Hauptstadt eine katastrophale Niederlage erlitt. Vgl. *Schultheß'* Europäischer Geschichtskalender, Jg. 1863, S. 188–192. Wohl nicht ohne Grund nannte Drouyn de Lhuys die Kammerwahlen nicht als Ursache für den „seit einiger Zeit eingetretenen(n) Stillstand“ in der polnischen Frage. *Goltz an Bismarck* – 23. V. 1863 – APP III, Nr. 524. Einen Teilaspekt beleuchtet *R. Marlin:* La tentative électorale de Montelambert aux élections de 1863, in: Revue d'histoire moderne 17 (1970) S. 999–1018.

88 Wie der badische Gesandte aus Paris berichtete, hütete man sich dort in Regierungskreisen davor, die polnische Frage und die mit ihr verbundene Kriegsgefahr zum Wahlkampfthema zu machen. *Schweitzer an Roggenbach* – 15. V. 1863 – GLA Karlsruhe, Best. 48/2060. Am 24. Mai wurde der „Neuen Preußischen Zeitung“ aus Paris geschrieben, keiner der Kandidaten habe Sympathien für Polen erkennen lassen. „Es beweist dies klar und deutlich, daß der sogenannte Polenenthusiasmus nur ein sehr oberflächlicher, ein künstlich hervorgerufener ist.“ *NPZ* Nr. 121 vom 28. Mai.

89 Zum Folgenden vgl. vor allem *F. Engel-Janosi*: Graf Rechberg, S. 102–105.

90 Zu Schmerling zusammenfassend *R. A. Kann:* Das Nationalitätenproblem der Habsburgermonarchie, Bd. II, Graz-Köln 1964, S. 123–132; *E. Winter:* Frühliberalismus in der Donaumonarchie, Berlin (Ost-) 1968, S. 279–280.

91 Schon im März hatte Rechberg jeden Gedanken an einen Erwerb der Donaufürstentümer nachdrücklich zurückgewiesen. Als ein deutscher Diplomat darauf anspielte, „wie Oesterreich für Galizien anderwärts z. B. durch die Moldau und Wallachei entschädigt werden könnte“, erwiderte er, „daß Galizien eine der besten und treuesten Provinzen des Kaiserreiches sey, wie sich dieß insbesondere thatsächlich in den Jahren 1848/49 während des ungarischen Krieges erwiesen habe“. *Ow an Hügel* – 18. III. 1863 – HStA Stuttgart, Best. E 70 b/Bü 73/2–3. Einige Wochen später wies er jeden Kompensationsgedanken wiederum „mit Entschiedenheit“ zurück. *Werther an Bismarck* – 27. IV. 1863 – APP III, Nr. 458.

92 Nach dem Ministerratsprotokoll zit. bei *F. Engel-Janosi:* Graf Rechberg, S. 103.

Mecséry dafür, sich von England und Frankreich zu trennen und sich statt dessen der Bundesgenossenschaft ganz Deutschlands zu versichern. Der einflußreiche Minister Esterházy schließlich zeichnete ein recht düsteres Bild von der Zukunft der Monarchie und erklärte die Neutralitätspolitik Österreichs für auf die Dauer nicht durchführbar. Ein Kongreß werde zwar zunächst einen gewissen Zeitgewinn bringen, doch werde man dort von der Regierung in Wien mit ziemlicher Sicherheit die Herausgabe Krakaus fordern – das aber würde den Krieg bedeuten, dem man unbedingt ausweichen müsse.

Rechberg dagegen setzte sich dafür ein, die österreichische Außenpolitik auch weiterhin nach allen Seiten offenzuhalten und den Bruch mit Rußland, dessen gegenwärtiges Machtpotential man freilich äußerst gering veranschlagen müsse[93], als auch mit den Seemächten möglichst zu vermeiden. In dieser Absicht wurde er von Kaiser Franz Joseph ausdrücklich unterstützt, der am Ende der Aussprache befahl, die Regierung habe ihre Bereitschaft zur Teilnahme an einem Kongreß zu erklären, auf welchem ausschließlich die polnische Frage verhandelt werde, und solle außerdem zur Stützung ihrer Neutralitätspolitik ein engeres Verhältnis zu Preußen anstreben[94]. – Inwieweit diese Weisung des Kaisers sich realisieren lassen würde, mußte sich in erneuten Unterhandlungen in Paris und London herausstellen. Jedenfalls war mit ihr die äußerste Grenze dessen bezeichnet, was Herrscher und Ministerrat im weiteren Verlauf der polnischen Krise von Rußland fordern sollten.

Im Foreign Office zeigte man sich nach kurzem Schwanken mit den österreichischen Propositionen sehr unzufrieden und hielt sie für viel zu schwach, um an der Newa irgendwelchen nachhaltigeren Eindruck hervorzurufen. Als jedoch der kaiserliche Botschafter in London, Graf Apponyi, weisungsgemäß von Lord Russell feste Garantien für den Konfliktfall verlangte, da die Donaumonarchie ihrer exponierten geographischen Lage wegen in jedem Fall die Hauptlast einer kriegerischen Auseinandersetzung zu tragen haben würde, erhielt er die evasive Antwort, „es werde England an Gelegenheit und Mitteln nicht fehlen, um Oesterreich im Kriegsfall dienlich zu sein“[95]. Begreiflicherweise konnte eine derart vage

[93] Einen Tag später schrieb der kurhessische Gesandte, man hege in Wien „kein großes Vertrauen zu der Zuverlässigkeit der russischen Politik und Macht“. *Baumbach an Kurfürst Friedrich Wilhelm* – 20. V. 1863 – StA Marburg, Best. 9 a/64/Bl. 89–90.

[94] Vgl. *F. Engel-Janosi:* Graf Rechberg, S. 103. Zu diesem Entschluß hatte nach Meinung des preußischen Gesandten „der verletzende Eindruck, den hier die für Wien bestimmte Depesche des Fürsten Gortschakoff (sic!) vom 14./26. April allgemein und wohl auch persönlich auf den Kaiser hervorgebracht“, beigetragen. *Werther an Bismarck* – 13. V. 1863 – GStA Berlin-Dahlem, HA III, Nr. 728, Bl. 47–48.

[95] Vgl. *F. Engel-Janosi:* Graf Rechberg, S. 104.

Zusicherung am Ballhausplatz nicht befriedigen, wo man sich von nun an noch stärker als bisher schon auf eine Politik des Abwartens und Verzögerns verlegte[96].

Wie man in Wien sehr wohl wußte, mußte auch dem Petersburger Kabinett daran gelegen sein, möglichst Zeit zu gewinnen, um durch die Niederschlagung der Insurrektion im Königreich Polen allen weiteren außenpolitischen Schwierigkeiten zu entgehen[97], und sekundierte der russischen Regierung mindestens indirekt in diesem Bestreben, so daß ein deutscher Diplomat in Wien mit einigem Recht dazu bemerken konnte: „Wenn man hier langsam erwägt, und darüber die Zeit verstreicht, welche einen diesjährigen Feldzug noch möglich machen würde, so ist zur Erreichung eines Zieles mit beigetragen, welches zunächst von der Geschicklichkeit der russischen Diplomatie abhängen muß, und deren Aufgabe ist“[98]. Dabei wird man vom russischen Standpunkt aus durchaus einräumen müssen, daß Gortschakow – getragen von der nationalen Hochstimmung des Landes[99] – in diesen kritischen Wochen die Interessen des Reiches sehr geschickt vertrat[100], indem er die Lokalisierung des Konflikts und seine Reduzierung auf die Ausmaße einer „inneren Angelegenheit“ durch eine äußerst wendungsreiche und elastische Politik nach außen erfolgreich vorantrieb, während im Innern nun mehr als energische Repressivmaßregeln Platz griffen[101].

Am 15. Mai löste Fürst Muravev („Amurski“)[102] den unglücklich operierenden General Nazimov als Statthalter in Litauen ab und übernahm gleichzeitig den mili-

[96] In Wiener diplomatischen Kreisen war man „der gegründeten Ansicht, daß Oesterreich keine Verbindlichkeit eingehen wird, die ihm im Wege stehen würde, seine eigenen, im Falle eines Krieges etwa in Frage kommenden Interessen nach allen Seiten hin zu wahren“. *Baumbach an Kurfürst Friedrich Wilhelm* – 2. V. 1863 – StA Marburg, Best. 9 a/64/Bl. 85–86. Friedrich Engel-Janosi spricht wohl mit Recht davon, daß Rechberg eine „pessimistische Palliativ-Politik“ getrieben habe. Vgl. *F. Engel-Janosi:* „Détruisez l'Autriche-Hongrie!“ Österreich und die Westmächte von 1815 bis 1918, in: Spectrum Austriae, hrsg. von *O. Schulmeister*, Wien 1957, S. 225–251, hier S. 234.

[97] Insofern war auf der anderen Seite die Berechtigung der französischen Ermunterung an die polnische Emigration zum weiteren Ausharren nicht von der Hand zu weisen, da hierin die einzige Chance der westmächtlichen Diplomatie zur Hilfe für Polen lag, wenngleich das angebliche „Durez!“ Napoleons lediglich in einer wenig zuverlässigen Quelle überliefert ist. Vgl. *S. Bóbr-Tylingo:* Napoléon III, l'Europe et la Pologne, S. 181. Wesentlich zurückhaltender äußerte sich Władysław Czartoryski in seinem Bericht über eine Unterredung mit dem französischen Kaiser vom 10. Mai. Vgl. *W. Czartoryski:* Pamiętnik, Warszawa 1960, S. 134 und S. 377–378.

[98] *Thienen an Wittgenstein* – 27. V. 1863 – HStA Wiesbaden, Rep. 210-3438.

[99] Eine Zusammenstellung diplomatischer Berichte aus Petersburg aus dieser Zeit bei *S. Bóbr-Tylingo:* Napoléon III, l'Europe et la Pologne, S. 137–139; vgl. auch *W. E. Mosse:* England and the Polish Insurrection, S. 48.

[100] Eine besondere Bewunderung für das politische Geschick Gortschakows spricht vor allem aus den Berichten des württembergischen Gesandten in Petersburg, Spitzemberg. Vgl. *S. Martenson:* Württemberg und Rußland im Zeitalter der deutschen Einigung 1856 bis 1870, Göppingen 1970, S. 138–139.

[101] Vgl. *G. Rhode:* Geschichte Polens, S. 396.

[102] Zu Muravev vgl. vor allem *H. Fleischhacker:* Russische Antworten auf die polnische Frage, S. 101–103.

tärischen Oberbefehl über die Gouvernements Wilna, Grodno, Kowno und Minsk, wobei er, der sich wegen seines äußerst brutalen Vorgehens gegen die Insurgenten in diesem Gebiet nicht mit Unrecht in der polnischen Historiographie den Beinamen „Wieszatiel" (der Henker) erwerben sollte[103], unter dem Jubel der russischen Öffentlichkeit[104] unverzüglich damit begann, Terror gegen Terror zu setzen und den polnischen Adel und die katholische Geistlichkeit als die Hauptträger der Rebellion in ihrer materiellen Existenz zu vernichten und in manchen Fällen sogar physisch zu dezimieren[105].

Die „Erfolge" Muravevs blieben naturgemäß nicht ohne Auswirkung auf die Statthalterschaft in Warschau, wo schon seit dem 3. April der bis dahin als Generalgouverneur in Finnland amtierende Friedrich Wilhelm Graf Berg als Adlatus des Großfürsten Konstantin fungierte[106]. Auch dort wurde nun sukzessive ein schärferer Kurs eingeschlagen, dem auch die schwungvolle Proklamation des „Zentralkomitees" als das den Aufstand leitenden Gremiums zur „Nationalregierung" am 10. Mai nur deklamatorisch begegnen konnte[107]. Die nun verstärkt einsetzenden äußerst harten Repressivmaßnahmen der russischen Militäradministration, die sich wie in Litauen in erster Linie gegen Adel und Klerus richteten und in zahlreichen Todesurteilen, Zwangsverschickungen nach Sibirien sowie Konfiskationen von Gütern und Höfen ihren traurigen Ausdruck fanden[108], stießen in der euro-

103 Diesen Namen brachte er freilich bereits nach Wilna mit; vgl. *H. Fleischhacker:* Russische Antworten, S. 101.

104 Am 30. Juni berichtete der württembergische Gesandte aus Petersburg von einem „großartigen Bankett" in Moskau zu Ehren Muravevs und meinte: „Während man mit froher Zuversicht die energische Thätigkeit Murawiofs (sic!) verfolgt, herrscht eine lautlose Stille über das Regiment in Warschau." *Spitzemberg an Hügel* – 30. VI. 1863 – HStA Stuttgart, Best. 72/124. Vgl. auch *C. Friese:* Rußland und Preußen, S. 320.

105 Der bayerische Gesandte in Petersburg nannte die Maßnahmen Muravevs einer zivilisierten Regierung unwürdig. Sie riefen selbst in der russischen Hauptstadt „une mauvaise impression" hervor und könnten auf die Dauer von Kaiser Alexander nicht gutgeheißen werden. *Perglas an König Maximilian II.* – 26. VI./8. VII. 1863 – GStA München, MA I/505. Die Dekrete Muravevs sind in deutscher Sprache abgedruckt in: *Schultheß'* Europäischer Geschichtskalender, Jg. 1863, S. 256–257.

106 Zu Berg vgl. *G. v. Rauch:* Graf Friedrich Wilhelm Rembert v. Berg. Ein deutscher Staatsmann und Feldherr in russischen Diensten, in: Dt. wiss. Zeitschrift im Wartheland 2 (1941) S. 257–282; neuerdings *S. Kieniewicz:* Teodor hr. Berg – wielkorządza w feudalnym, czy też w burżuaznym stylu?, in: Między feudalizmen a kapitalizmem. Prace ofiarowane Witoldowi Kuli, Wrocław-Warszawa-Kraków-Gdańsk 1976, S. 277–285.

107 Vgl. *Dokumenty* Komitetu Centralnego i Rządu Narodowego, 1862–1864, Wrocław-Warszawa-Kraków 1968, Dok.-Nr. 111, deutsch in *Schultheß'* Europäischer Geschichtskalender, S. 255.

108 Die Zahlen der – unvollständigen – russischen Liste bei *W. Feldman:* Geschichte der politischen Ideen in Polen seit dessen Teilungen (1795–1914), München und Berlin 1917, S. 214; „Im Zeitraum 1863–65 fielen gegen 30 000 Polen in den Kämpfen, es wurden 396 Todesurteile vollstreckt, 3399 Personen zur Zwangsarbeit verdammt, 6959 in die Arrestanten-Kompanien, 18 673 nach dem inneren Sibirien verbannt." Vgl. auch *S. Kieniewicz:* Powstanie styczniowe, S. 733–740.

päischen Öffentlichkeit zwar durchweg auf Widerwillen und Abscheu[109], bewiesen manchen zeitgenössischen Beobachtern jedoch durch ihre verhältnismäßig rasche Wirkung, daß sich die Erfolgsaussichten der Insurrektion ohne auswärtige Hilfe rapide vermindern mußten, vornehmlich weil sich die Kluft zwischen den Aufständischen und der Masse der ländlichen Bevölkerung anscheinend trotz aller – nicht selten gewaltsamer – Anstrengungen in Litauen und mehr noch im Königreich Polen nicht schließen ließ[110].

Ebensowenig half es der Warschauer „Nationalregierung“, gegen die nach ihrer Auffassung völlig unzureichenden österreichischen sechs Punkte leidenschaftlich zu protestieren[111] und erneut die historische Einheit Polens, Litauens und der rechtsufrigen Ukraine (Polska, Litwa i Ruś) feierlich zu beschwören. Sie rief damit nur den russischen Patriotismus auf den Plan, dessen Wortführer anfänglich zwar notfalls über den zukünftigen Status des Königreichs Polen, niemals aber über die für sie unwiderruflich in das russische Imperium integrierten „Westprovinzen“ mit sich hatten reden lassen[112]. Mit Recht konstatierte die „Kölnische Zeitung“ in einem Leitartikel am 14. Juli: „Die russische National-Partei, so liberal sie auch sonst ist und so polenfreundlich sie Anfangs that, um der gemeinsam ersehnten Freiheit willen, ist jetzt fanatisch polenfeindlich, seit der Kampf offen den Charakter der Lostrennung von Rußland angenommen hat und die Stimmung der Westmächte nachdrücklicher geworden ist“[113].

Zahlreichen Berichten deutscher Diplomaten und Korrespondenten zufolge wuchs in Petersburg sowohl in der öffentlichen Meinung als auch in der Regierung die feste Entschlossenheit, allen weiteren Pressionen aus dem Ausland nunmehr entschiedenen Widerstand zu leisten[114]. Nachdem der russische Gesandte in Berlin bereits am 14. Mai versichert hatte, „Rußland werde lieber Krieg führen, als zugeben, daß nur seine polnischen Angelegenheiten Gegenstand eines Kongresses

109 Die „Wochenschrift des Nationalvereins“ nannte Muravév „ein Scheusal“, das „zur unauslöschlichen Schande der Regierung Kaiser Alexander II.“ in Litauen sein Unwesen treibe. Vgl. *Wochenschrift* . . . Nr. 174 vom 27. August.

110 Das Verhalten der ländlichen Bevölkerung, das regional sehr stark differierte, ist in der Forschung nach wie vor umstritten. Für Litauen vgl. *M. Hellmann:* Grundzüge der Geschichte Litauens, Darmstadt 1966, S. 101–102; von polnischer Seite u. a. *S. Kieniewicz:* The Emancipation of the Polish Peasantry, Chicago and London 1969, S. 154–169; *ders.:* Les chances de l'insurrection polonaise de 1863, Warszawa 1973, S. 10–12; dagegen *E. Halicz* in seiner Besprechung in JbfGO 23 (1975) S. 453–456.

111 Zur Reaktion in Galizien zuletzt *K. Olszański:* Prasa galicyjska wobec powstania styczniowego, Kraków 1976, bes. S. 171–174.

112 Vgl. *H. Fleischhacker:* Russische Antworten auf die polnische Frage, S. 92–114; *G. Stökl:* Russische Gesichte, S. 512–515.

113 *KZ* Nr. 193 vom 14. Juli 1863.

114 Am 8. Mai wurde der „National-Zeitung“ aus Petersburg geschrieben, die dortige Regierung wolle zwar keinen Krieg, doch werde sie ihm nicht aus dem Wege gehen können, „falls die ausländischen Zumuthungen einen beleidigenden Charakter annehmen sollten. Das Nationalgefühl ist in einem sehr hohen Grade erregt und täglich mehr sehe ich dies bestätigt“. *NZ* Nr. 217 vom 12. Mai.

würden"[115], eröffnete Gortschakow am 2. Juni dem Grafen Redern vertraulich, daß Rußland in Konferenzen Polen allein betreffend niemals einwilligen könne, da es mit der Würde des Kaisers unvereinbar sei, sich irgendwelche Vorschriften machen zu lassen, da dies „eine Abdikation der russischen Autorität . . . involviere"[116].

Inzwischen wurden die russischen Truppen im Königreich Polen planmäßig weiter verstärkt und die Instandsetzung der Seefestungen an der baltischen und der finnischen Küste ohne Unterbrechung vorangetrieben[117]. Ein diplomatischer Ausgleich der russischen Regierung mit den Westmächten begann nach in Petersburg verbreiteter Überzeugung zunehmend schwieriger zu werden[118], da Gortschakow als äußerste Konzession allenfalls einem Gedankenaustausch mit den Repräsentanten Österreichs, Frankreichs und Englands in der russischen Hauptstadt zustimmen wollte[119], ein Vorschlag, der in Paris kategorisch zurückgewiesen wurde[120], während man in Wien prinzipiell nichts gegen eine solche Anregung einzuwenden hatte[121].

In diese Zeit fällt auch der seit Heinrich von Sybel in der deutschen Forschung heftig diskutierte Versuch Alexanders II., Preußen durch eine, wenn auch sehr verklausulierte, „Bündnisforderung" näher an Rußland heranzuziehen[122]. Der be-

115 *Bernstorff an Bismarck* – 14. V. 1863 – APP III, Nr. 506 (Marginalie Bismarcks).

116 *Redern an Bismarck* – 2. VI. 1863 – APP III, Nr. 536.

117 Am 10. Mai richteten die Ritterschaften der baltischen Provinzen außerdem eine Ergebenheitsadresse an den Kaiser, in welcher sie versicherten, er werde „in der ernsten Stunde der Gefahr nichts vermissen von der unerschütterlichen Treue und der opferfreudigen Hingebung unserer Vorfahren". Vgl. *Schultheß'* Europäischer Geschichtskalender, S. 255.

118 Vgl. *W. E. Mosse:* England and the Polish Insurrection of 1863, S. 48; *ders.:* The European Powers and the German Question, S. 125.

119 Bismarck nannte schon dieses Entgegenkommen ein „bedeutungsvolles Zugeständnis", das man der „Charaktereigentümlichkeit des Fürsten Gortschakow" zuschreiben dürfe. Alle weiteren „Interpretationen" aber werde man in Petersburg als „direkte Eingriffe in Rußlands Souveränität" ablehnen. *Bismarck an Werther* – 9. VI. 1863 – APP III, Nr. 546.

120 An der Seine stieß man sich vor allem am vorgesehenen Konferenzort, lehnte aber auch London und Wien als Sitz der Verhandlungen ab. *Werther an Bismarck* – 11. VI. 1863 – APP III, Nr. 551.

121 Am 17. Juni berichtete der bayerische Gesandte aus Wien: Frankreich lehne „die Verlegung der Unterhandlung nach der russischen Hauptstadt absolut ab und verlangt einen neutralen Ort, während man hier gegen die Wahl St. Petersburgs zum Sitz der Verhandlungen keine Einwendungen erhebt". *Bray an König Maximilian II.* – 17. VI. 1863 – GStA München, MA III/2431.

122 Zum Stand der Diskussion vgl. *H. v. Sybel:* Die Begründung des Deutschen Reiches, Bd. II, München und Leipzig 1889, S. 518–519; *C. Friese:* Rußland und Preußen, S. 322–324; *H. Scheidt:* Konvention Alvensleben, S. 92–93; *G. Heinze:* Bismarck und Rußland bis zur Reichsgründung, S. 46–48; *E. Zechlin:* Bismarck und die Grundlegung der deutschen Großmacht, S. 574–576; mit scharfer Polemik *E. Eyck:* Bismarck und das Deutsche Reich, Zürich und Stuttgart 1955, S. 89; *V. G. Revunenkov:* Pol'skoe vosstanie 1863 goda i evropejskaja diplomatija, Leningrad 1957, S. 185–186; *W. E. Mosse:* The European Powers, S. 125–126; *I. Koberdowa:* Wielki Książę Konstanty w Warszawie, S. 194–195; *S. Kieniewicz:* Powstanie styczniowe, S. 547–548.

rühmte Brief des Kaisers an seinen königlichen Onkel in Berlin vom 17. Mai/ 1. Juni 1863 entsprang, wie die neuere Forschung wohl doch zweifelsfrei erwiesen haben dürfte, kaum dem Entschluß Kaiser Alexanders, „den Degen zu ziehen", wie Bismarck später in seinen Memoiren berichten sollte[123]. Vielmehr lag der Regierung in Petersburg im Frühsommer dieses Jahres jeder Gedanke an einen Präventivkrieg völlig fern, der bei der desolaten inneren Lage des Reiches auch nahezu ausgeschlossen gewesen wäre[124]. Allerdings diente die russische Sondierung offenbar dazu, sich angesichts einer immer noch für nicht gänzlich ausgeschlossen gehaltenen französischen Expedition in der Ostsee sozusagen für alle Fälle zumindest der diplomatischen Flankensicherung Preußens zu versichern[125].

Diese Aktion Kaiser Alexanders vollzog sich im tiefsten Geheimnis, das erst ein Vierteljahrhundert später von Bismarck in einer großen Reichstagsrede vom 6. Februar 1888 gelüftet werden sollte – freilich auch da auf eine Weise, die den wahren Sachverhalt eher verbarg als enthüllte, indem der Reichskanzler bei dieser Gelegenheit der Legende Vorschub leistete, der Zar habe Preußen damals ein Bündnis gegen Österreich angeboten[126]. – Es dürfte sich angesichts der seit langem vorliegenden eingehenden und vorläufig abschließenden Analysen erübrigen, an dieser Stelle nochmals in eine erneute Diskussion über den politischen Stellenwert des Kaiserbriefes einzutreten. Es sollte vielmehr genügen, den Inhalt des Schreibens in wenigen Strichen zu skizzieren. Reduziert man es nämlich auf seinen Grundgedanken, so steht neben der Bitte um Aufklärung über die im Kriegsfall von Preußen zu erwartende Haltung als dem Hauptanliegen des Kaisers deutlich der Wunsch nach preußischer Hilfe bei dem Versuch einer Wiederherstellung des in den Jahren 1812 und 1813 bewährten Einvernehmens zwischen den drei nordischen Mächten[127].

Man könne sich nicht länger verhehlen, so schrieb Alexander, daß sich die außenpolitische Lage inzwischen rapide verschlechtert habe und sich trotz des mäßigenden Einflusses der Wiener Regierung auf die Entschlüsse der westmächt-

[123] Vgl. *O. v. Bismarck:* Erinnerung und Gedanke, Gesammelte Werke (Friedrichsruher Ausgabe), Bd. 15/1, S. 214; dazu die Diskussion bei *G. Heinze:* Bismarck und Rußland bis zur Reichsgründung, S. 47.

[124] Mit Recht hat W. E. Mosse gegen frühere Auffassungen gemeint: „Russia was embarrassed and ill-prepared, but the nation was united and capable of great sacrifices. The Russians were reluctant to contemplate war but their patriotism was roused." Vgl. *W. E. Mosse:* England and the Polish Insurrection, S. 49.

[125] Vgl. *C. Friese:* Rußland und Preußen, S. 322–324; dazu auch *B. Jelavich:* St. Petersburg and Moscow. Tsarist and Soviet Foreign Policy, 1814–1974, Bloomington/Ind.-London 1974, S. 146.

[126] Mit der Korrektur Zechlins an Sybel dürfte dieser Trugschluß erledigt sein. Vgl. *E. Zechlin:* Bismarck und die Grundlegung der deutschen Großmacht, S. 575–576. Unverständlich daher die nochmalige Polemik bei *E. Eyck:* Bismarck und das Deutsche Reich, S. 89.

[127] *Kaiser Alexander II. an König Wilhelm I.* – 20. V./1. VI. 1863 – APP III, Nr. 533; Zusammenfassungen bei *H. Scheidt:* Konvention Alvensleben, S. 92–93; *E. Zechlin:* Bismarck und die Grundlegung der deutschen Großmacht, S. 574–575; dort auch ein Faksimile des Zarenbriefes!

lichen Kabinette zwischen London und Paris eine Entente anzubahnen scheine, die befürchten lasse, daß es im August entweder an der baltischen Küste und an der Weichsel oder am Rhein zum Kriege kommen könnte. In dieser Situation sei es ihm ein dringendes Bedürfnis, sich Preußen gegenüber offen zu erklären. „J'ai toujours pensé que dès le début une attitude ferme et unie de la Prusse, de l'Autriche et de l'Allemagne aurait conjuré cette crise, retenu l'Angleterre et paralysée les vues aggressives de la France". Wenn daher ein bewaffneter Konflikt ausbrechen sollte, so fragte der Kaiser weiter, „quelle sera Votre marche, qu'attendez-Vous de l'Allemagne, que prévoyez-Vous de l'Autriche? – Je sais que je puis compter sur Vous: – – mais dans quelles éventualités et dans quelle mesure Vous intérêts Vous porterons-ils à un concours actif?" Diese Frage bedeute keine diplomatische Eröffnung, sondern lediglich „un appel que je fais à Votre loyal amitié". Rußland sei fest entschlossen, seine Ehre und seine Interessen gegen jeden Angriff zu verteidigen. Vielleicht könne es der Einfluß des Königs in Wien überdies erreichen, daß auch Österreich dem bewährten russisch-preußischen Einvernehmen beitrete, um auf diese Weise eine Allianz wiederherzustellen, welcher Europa seit fünfzig Jahren seine Unabhängigkeit verdanke, und eine Gefahr zu beseitigen, die wie zu Beginn des Jahrhunderts, wenn auch unter anderen Formen und Namen, Europa seit nunmehr zehn Jahren in eine schwere Krise gestürzt habe[128].

Die Ansicht, daß es sich bei diesen Eröffnungen Kaiser Alexanders „sehr klar und eindeutig"[129] um einen russischen „Allianz-Antrag"[130] gehandelt habe, wird mit Recht inzwischen nicht mehr geteilt[131]; wohl aber kommt in ihnen ein grundlegender Wandel der russischen Außenpolitik zum Ausdruck, welcher sich seit den frühen Februartagen vollzogen hatte, als die politische Führung in Petersburg – mit Ausnahme des Kaisers – jeder Einmischung Preußens in die polnische Frage mehr als zurückhaltend gegenübergestanden hatte, während sich Alexander nunmehr der preußischen Unterstützung in einer nach seiner Überzeugung für den Bestand seines Reiches bedrohlichen Situation zu versichern veranlaßt sah[132].

In Berlin war man aber nicht geneigt, sich enger als den eigenen Interessen förderlich an den östlichen Nachbarn anzuschließen[133]. Noch vor dem Erhalt des kaiserlichen Schreibens aus Petersburg hatte Bismarck am 28. Mai in einem nach

[128] Diese Anspielung Alexanders auf Napoleon III. bezeichnet in besonders augenfälliger Weise das Ende des russisch-französischen Einvernehmens. Vgl. *H. Scheidt:* Konvention Alvensleben, S. 92.

[129] So noch *G. Heinze:* Bismarck und Rußland bis zur Reichsgründung, S. 47.

[130] Zur telegraphischen Ankündigung des Kaiserbriefes bemerkte König Wilhelm: „Fürchte, daß dies ein Allianz-Antrag sein wird." *Kaiser Alexander II. an König Wilhelm I.* – 20. V./1. VI. 1863 – APP III, Nr. 533.

[131] Dagegen nochmals *E. Eyck:* Bismarck und das Deutsche Reich, S. 89.

[132] Vgl. *I. Koberdowa:* Wielki Książę Konstanty w Warszawie, S. 194–195.

[133] Schon am 5. Mai hatte Bismarck betont: „Eine Allianz Preußens mit Rußland über das Bedürfnis unserer Selbstverteidigung hinaus liegt weder in unseren Absichten noch in unseren Interessen." *Promemoria des Auswärtigen Amtes Berlin* – 5. V. 1863 – APP III, Nr. 479.

London gerichteten Erlaß die preußische Position nochmals mit den oft zitierten Worten gekennzeichnet, „daß die Haltung, welche Preußen zu seinem Schutze gegen die polnische Insurrektion annahm und unser Widerstreben gegen Konzessionen, welche der Errichtung eines unabhängigen Polens förderlich sein können, *in keiner Weise der Absicht entspringt, für Rußland und seine Politik Partei zu ergreifen.* Die polnische Frage berührt in ihren Schlußkonsequenzen Preußen bei weitem *tiefer* als Rußland und Österreich. Ein neues Polenreich sprengt die alten Provinzen, die Kernlande der Monarchie, und bedroht den Staat an der letalsten Stelle. Es kommt in jedem Zustande, im anarchischen wie im geordneten, einer französischen Armee in unserem Rücken der Wirkung nach gleich, denn es hält uns in Schach". Bei dieser Sachlage sei Preußen zu einer Politik der Notwehr gezwungen, „und eine solche *allein* ist unser Verhalten in der polnischen Frage"[134]. Die wiederholten Warnungen aus London und Brüssel[135] vor einer russisch-preußischen Allianz mögen zusätzlich dahin gewirkt haben, daß die preußische Antwort, die erst nach langem Zögern erfolgte, für das Kabinett in Petersburg kaum befriedigend ausfallen mußte[136].

Unter Hinweis auf die ihm durch seine Bundespflichten auferlegten Rücksichten gab König Wilhelm seinem Neffen zu bedenken, daß ein Offensivbündnis zwischen Preußen und Rußland dem völkerrechtlichen Charakter des Deutschen Bundes widerspreche und daher eine vorherige Absprache mit den deutschen Bundesgenossen Preußens – in erster Linie also Österreichs als dessen Präsidialmacht – erfordere. Sollte aber im Falle eines französischen Angriffs auf Preußen der Bündnisfall eintreten, so werde die Regierung in Wien seiner festen Überzeugung nach gemeinsam mit den anderen deutschen Staaten ihren Verpflichtungen nachkommen. Sollte Preußen jedoch ohne vorherige Absprache mit Österreich seinem russischen Nachbarn zu Hilfe eilen, so könnte dies dem Wiener Kabinett zum bequemen Vorwand dazu dienen, sich diesen seinen Pflichten zu entziehen. Überdies werde selbst bei der Landung einer französischen Flotte an der baltischen Küste, an die man freilich angesichts der fortgeschrittenen Jahreszeit kaum mehr glauben könne, preußische Hilfe kaum ins Gewicht fallen; denn es sei durchaus zu erwarten, daß sich Österreich schon zum Schutz seiner eigenen polnischen Provinzen ebenso wie die anderen deutschen Bundesstaaten zu einem System wohlwollender Neutralität bereitfinden würde. Preußen werde daher seinerseits bei seinen deutschen Bundesgenossen auf alle Weise die Überzeugung zu stärken suchen, daß sich alle Sonderinteressen der einzelnen Staaten der Notwendigkeit unterzuordnen hätten, sich im Widerstand gegen eine Macht zu vereinigen, „qui se constitue l'allié de toutes les révolutions". Um dieses Ziel zu erreichen, müsse die Regierung in Petersburg dem Wiener Kabinett verbindlich versichern, daß sie jeden Gedanken

134 *Bismarck an Bernstorff* – 28. V. 1863 – APP III, Nr. 529.
135 Vgl. dazu die Überlegungen über die Rolle des belgischen Königs bei *W. E. Mosse:* England and the Polish Insurrection, S. 42–43.
136 Zusammenfassung ebda., S. 48–49.

an eine Allianz mit Frankreich aufgegeben habe, damit Österreich, dessen unstete Politik allein aus seiner Furcht vor außenpolitischer Isolierung resultiere, durch den Hinweis auf seine mit Rußland und Preußen gemeinsamen Interessen in der polnischen Frage von den Westmächten getrennt werden könne.

Zu diesem Zweck erklärte sich der König seinem Neffen gegenüber bereit, in Wien zwischen den drei Teilungsmächten „par une voie indirecte" eine wechselseitige Garantie ihrer polnischen Provinzen anzuregen. Zwar werde Österreich wahrscheinlich für den Fall eines kombinierten italienisch-französischen Angriffs von Preußen als Gegenleistung die Garantie Venetiens verlangen, doch sei seine Regierung damit einverstanden, eine solche für eine gewisse Frist zuzugestehen, falls Rußland sich daran beteiligen sollte[137]. Eine derartige Defensivallianz werde voraussichtlich auch die übrigen deutschen Bundesstaaten zum Anschluß bewegen und Österreich so schließlich von dem beklagenswerten Kurs einer Politik abbringen, wie sie sich zuletzt im Krimkrieg gezeigt habe[138]. Selbstverständlich werde Preußen seinerseits alle russischen Verständigungsversuche mit der Wiener Regierung nach besten Kräften unterstützen, doch zögere er (der König), sich die russischen Vorschläge zu eigen zu machen, und dürfe zudem nicht verschweigen, daß die öffentliche Meinung des Landes entschieden gegen eine russisch-preußische Allianz eingestellt sei, doch werde man deren Unpopularität mit Hilfe einer Verbesserung der Handelsbeziehungen zwischen beiden Staaten sicherlich wirksam begegnen können[139].

Somit hatten König Wilhelm und sein Ministerpräsident die russischen Anregungen trotz freundschaftlicher Versicherungen vorsichtig zurückgewiesen und durch eine Reihe von Gegenvorschlägen neutralisiert[140], indem sie ihre Argumentation auf die ihnen durch das Bundesverhältnis Preußens vorgegebenen Rücksichten stützten, das Bündnisse mit auswärtigen Mächten untersagte, die sich gegen die Sicherheit des Bundes oder eines seiner Glieder richten konnten[141]. Völkerrechtlich war der preußische Standpunkt folglich völlig korrekt und sollte außerdem

[137] Über die Ernsthaftigkeit dieser Offerte, die hier nicht zur Erörterung steht, vgl. die Kontroverse zwischen *E. Zechlin:* Bismarck und die Grundlegung der deutschen Großmacht, S. 578–583, und *H. Scheidt:* Konvention Alvensleben, S. 93–94.

[138] Dieses Urteil König Wilhelms wurde von der Forschung bis in die jüngste Zeit fast ausnahmslos geteilt! Eine überzeugende Neubewertung der österreichischen Außenpolitik bei *W. Baumgart:* Der Friede von Paris 1856, München 1972, bes. S. 64–88; S. 255–256.

[139] *König Wilhelm an Kaiser Alexander II.* – 17. V. 1863 – APP III, Nr. 557.

[140] Selbst Erich Eyck meinte, man müsse „die Geschicklichkeit bewundern, mit der er (Bismarck) seine Ablehnung unter Gegenvorschlägen verbarg, die ihr den Stachel nahmen". Vgl. *E. Eyck:* Bismarck und das Deutsche Reich, S. 88.

[141] Artikel 11 der Bundesakte vom 8. Juni 1815 beließ „allen Bundesgliedern das Recht der Bündnisse aller Art, er verbot aber zugleich alle Verbindungen, die gegen die Sicherheit des Bundes oder einzelner Bundesstaaten gerichtet wären". Vgl. *F. Hartung:* Deutsche Verfassungsgeschichte, 8. Aufl. Stuttgart 1964, S. 175; ferner *H. Conrad:* Der deutsche Staat. Epochen seiner Verfassungsentwicklung (1843–1945), Frankfurt a. M.-Berlin 1969, S. 129: „Dem Bund war nur ein Verteidigungskrieg erlaubt."

den russischen Wünschen gemäß eine tragfähige Basis dafür bieten, auch Österreich in die bewährte Solidarität der drei nordischen Mächte zurückzuführen. – Welche tieferen politischen Absichten der preußische Ministerpräsident darüber hinaus verfolgte, geht aus den Akten nicht hervor und muß dahingestellt bleiben[142], wenngleich Bismarck in seinen Erinnerungen ausführliche Betrachtungen über seinen im Juni 1863 gefaßten Entschluß anstellen sollte[143], den russischerseits angedeuteten Vorschlag zum Abschluß eines Bündnisses abzulehnen. Sie tragen jedenfalls deutliche Spuren nachträglicher Retuschen[144] und sind daher in neueren Darstellungen mit Recht nicht weiter berücksichtigt worden[145].

In seinem Antwortschreiben vom 12. Juli, in welchem die Enttäuschung über die preußische Absage noch deutlich zu spüren war[146], zeigte Kaiser Alexander zwar ein gewisses Verständnis für die preußischen Bedenken, zweifelte jedoch, ob die ihm von Berlin in Aussicht gestellte wohlwollende Neutralität im Kriegsfall ausreichen könnte, um die Sicherheit der drei nordischen Mächte und des Deutschen Bundes zu gewährleisten. Eine Garantie Venetiens liege außerhalb der russischen Interessen und biete kein Gegengewicht zur Sicherstellung des russischen Territoriums. Dennoch bitte er König Wilhelm, wie bisher mäßigend auf den Wiener Hof einzuwirken; denn ein nach den Vorstellungen der Westmächte rekonstruiertes Polen werde diese Region unzweifelhaft in einen permanenten Revolutionsherd verwandeln, der die benachbarten Staaten nicht weniger gefährden müsse als Rußland selbst. Daher hoffe er auf eine Verständigung der drei Teilungsmächte wenigstens auf lokaler Ebene („une solidarité qui doit les conduire à une entente locale"), während sie im europäischen Rahmen die Ruhe des Kontinents gegen französische Ambitionen und revolutionäre Abenteuer sicherstellen könnten. Zu seiner großen Freude wisse er sich in diesem Bemühen mit der preußischen Regierung einig. Die polnische Insurrektion scheine übrigens in letzter Zeit durch die Erfolge der russischen Waffen zunehmend an Schlagkraft zu verlieren und werde mittlerweile allein durch die Hoffnung auf eine militärische Intervention von außen noch am Leben erhalten. „Espérons", so schloß Alexander emphatisch, „qu'elle n'aura pas lieu et que Dieu n'abandonnera pas notre juste cause"[147].

Der Bitte des Kaisers, auf das Wiener Kabinett im Sinne der russischen Vorstellungen einzuwirken, war die preußische Regierung schon nach dem ersten Meinungsaustausch bereitwillig nachgekommen, hatte damit freilich nur teilweise Erfolg. Zwar erkannte Graf Rechberg die vollständige Identität der Interessen

142 Auch der Hinweis auf eventuelle mündliche Verhandlungen, die es sicher gegeben haben wird, hilft nicht weiter. Vgl. *G. Heinze:* Bismarck und Rußland, S. 49.
143 Vgl. *O. v. Bismarck:* Erinnerung und Gedanke, S. 290–292.
144 Vgl. *G. Heinze:* Bismarck und Rußland, S. 49, der immerhin einräumt, daß die späteren Aufzeichnungen „nicht ganz" den Tatsachen entsprächen, „die sie zur Voraussetzung haben müßten".
145 So z. B. *W. E. Mosse:* The European Powers and the German Question, S. 126.
146 Vgl. *C. Friese:* Rußland und Preußen, S. 327; *W. E. Mosse:* The European Powers, S. 126.
147 *Kaiser Alexander II. an König Wilhelm I.* – 30. VI./12. VII. 1863 – APP III, Nr. 583.

Preußens und Österreichs in der polnischen Frage an und bezeichnete es als in der Natur der Sache liegend, „daß Preußen den Besitz Posens, Österreich den Galiziens und Krakaus behalten will", betonte aber gleichzeitig, seine Regierung habe sich in ihren Beziehungen zu Frankreich und England von dem Wunsch leiten lassen, „den Frieden zu wahren", und werde denselben „sofort als bedroht ansehen, wenn Österreich sich von dieser Verständigung mit den Westmächten zurückziehen sollte. Österreich werde an Rußland nur für letzteres annehmbare Vorschläge machen, verwerfe daher das Waffenstillstandsprojekt und trete nur einer Konferenz über Polen ad hoc bei, wenn dazu die Zustimmung des russischen Kabinetts vorausgegangen sei"[148].

Trotz seiner Weigerung, sich von den Westmächten zu trennen, wurden diese Darlegungen des österreichischen Außenministers in Berlin durchaus positiv aufgenommen, da sie nach Bismarcks Eindruck „für eine Annäherung und Verständigung zwischen uns und den Kabinetten von Wien und St. Petersburg sehr günstige Momente zu bieten" schienen. Rußland werde zwar auf keinen Fall eine Einmischung in seine inneren Angelegenheiten zulassen, doch enthielten die Wiener Ansichten eigentlich nichts, was der russischen Regierung prinzipiell widerstreben müsse, und böten somit der politischen Führung in Petersburg die Möglichkeit, in vertraulichen Unterredungen „die eigenen guten Absichten darlegen und zu einer ehrenvollen Lösung der Frage in den Grenzen der Verträge von 1815 gelangen zu können"[149].

Einen Tag bevor Bismarck diese Mitteilung an Freiherrn von Werther nach Wien gelangen ließ, traf in Fontainebleau als Stellvertreter des aus Gesundheitsgründen abwesenden Grafen Goltz[150] der dem Kaiser persönlich weitaus sympathischere preußische Legationsrat Prinz Heinrich VII. Reuß mit Napoleon zu einer denkwürdigen Unterredung zusammen[151]. Wenn man auch bei allen bei dieser Gelegenheit geäußerten Ansichten Napoleons den Gesprächspartner nicht vergessen darf, so dürfte das besondere Vertrauensverhältnis, welches der preußische Diplo-

[148] *Werther an Bismarck* – 4. VI. 1863 – APP III, Nr. 537; *ders. an dens.* – 11. VI. 1863 – APP III, Nr. 551.

[149] *Bismarck an Werther* – 9. VI. 1863 – APP III, Nr. 546.

[150] Graf Goltz reiste für drei Wochen zur Kur nach Kissingen. „Il est convaincu que d'ici à son retour il ne se passera rien de nouveau." *Grancy an Dalwigk* – 8. VI. 1863 – StA Darmstadt, Best. 28 b/7/Bl. 61–62.

[151] *Aufzeichnung des Legationsrats Prinzen Heinrich VII. Reuß* über eine Unterredung mit Kaiser Napoleon III., in: *H. Oncken*: Die Rheinpolitik Kaiser Napoleons III., Bd. I, Dokumententeil, Dok.-Nr. 8, S. 17–21; dazu auch *E. Birke:* Frankreich und Ostmitteleuropa im 19. Jahrhundert, Köln-Graz 1960, S. 209–210.

mat in Hofkreisen genoß[152], doch in gewissem Maße dafür bürgen, daß sich der Kaiser ihm gegenüber mit einiger Offenheit ausgesprochen hat[153].

Nach ausführlichen Betrachtungen über die innenpolitische Lage Preußens, die sich durch den in den letzten Maitagen wiederum aufgeflammten Konflikt zwischen der Krone und dem Abgeordnetenhaus dramatisch verschärft und am 27. Mai zur Auflösung des Landtages und wenige Tage später zu der berüchtigten Preßordonnanz vom 1. Juni geführt hatte[154], durch welche die Freiheit der Presse mittels einer rigorosen Zensur weitgehend eingeschränkt wurde[155], kam Napoleon auf die polnische Frage zu sprechen.

Er könne unmöglich sagen, so ließ er den Prinzen Reuß wissen, wie er die beklagenswerte Situation im Königreich Polen einer befriedigenden Lösung werde zuführen können. – Als der preußische Diplomat daraufhin bemerkte, er verstehe nicht, weshalb der Kaiser „um den Preis, sich mit seinen Freunden zu brouillieren", derart entschieden für die polnische Sache Partei ergriffen habe, wo doch „die Leidenschaft für Polen in Frankreich gar nicht so groß (sei), wie man dies hätte glauben machen wollen", machte Napoleon zu seiner Rechtfertigung geltend, daß er um des französischen Prestiges willen unmöglich so schwächlich habe handeln können wie Louis Philippe in den Jahren 1830/31[156]. Er habe die traditionellen Sympathien des Landes für Polen nicht gänzlich ignorieren können und dies habe, wie er immer befürchten mußte, leider auf Kosten seiner Freundschaft mit Rußland geschehen müssen. Freilich mußte er wenig später einräumen: „Was die Sympathien in Frankreich anbetreffe, so wisse er sehr wohl, daß jedermann die Unabhängigkeit Polens wolle, aber niemand gesonnen sei, einen Krieg zu führen".

Auf die Frage, was denn Rußland seiner Ansicht nach für Polen tun müsse, erwiderte der Kaiser, die einzig reale Lösung sei, das Land unabhängig zu erklären. Die Russen könnten diesen Schritt bequem ihren Interessen entsprechend arrangieren, denn es müsse ihnen doch lieber sein, anstelle eines fortwährenden Herdes „der Revolution und der Anarchie" an ihren Grenzen geordnete Zustände vorzufinden. Alle Konzessionen Kaiser Alexanders unterhalb der Schwelle der Unab-

[152] Als der Hof am 8. Juni nach Fontainebleau in Ferien ging, wurde er nur von wenigen Diplomaten begleitet. „Il n'y a d'invité du Corps diplomatique, que je sache, que le Prince et la Princesse de Metternich et le Prince de Reuß." *Grancy an Dalwigk* – 8. VI. 1863 – StA Darmstadt, Best. 28b/7/Bl. 61–62.

[153] Mit Recht weist Stanisław Bóbr-Tylingo auf die Undurchsichtigkeit und Widersprüchlichkeit der napoleonischen Geheimpolitik hin, die auch vor bewußten Irreführungen nicht zurückschreckte. Vgl. *S. Bóbr-Tylingo:* Napoléon III, l'Europe et la Pologne, S. 292.

[154] Vgl. *Schultheß'* Europäischer Geschichtskalender, Jg. 1863, S. 129–135.

[155] Mit Recht wird diese Maßnahme in der deutschen Geschichtsschreibung beinahe einhellig verurteilt. Paul Sethe nannte sie „das beschämendste Ereignis in Bismarcks Leben." Vgl. *P. Sethe:* Deutsche Geschichte im letzten Jahrhundert, Frankfurt a. M. 1960, S. 96; vgl. ferner *W. Bußmann:* Das Zeitalter Bismarcks, S. 68; *W. Mommsen:* Otto von Bismarck, Reinbek bei Hamburg 1966, S. 52; zuletzt *E. Zechlin:* Die Reichsgründung, S. 90.

[156] Vgl. die noch durchgehend vom „idealistischen" Standpunkt her konzipierte Darstellung von *J. Dutkiewicz:* Francja a Polska w 1831 r., Łódź 1950.

hängigkeit würden auf die Dauer nichts fruchten, wie das analoge Beispiel Venetien zeige. Daher müsse man es so einrichten, „daß die Länder unabhängig erklärt würden, aber ohne Freiheit ... Auf meine Frage, wie er sich die Ausführung seiner Pläne für Polen denke, erwiderte er mir: Man müsse durch feierlichen Akt erklären, Polen sei ein unabhängiges Königreich in seinen jetzigen Grenzen, Großfürst Konstantin König unter dem Schutze Rußlands, mit einer Verfassung, die alle möglichen Freiheiten gäbe, aber der Volksvertretung sehr enge Grenzen ziehe, um alle Übergriffe zu vermeiden. Bis zur Herstellung einer polnischen Armee bleibe die russische im Lande ... Auf diese Weise behalte Rußland stets einen überwiegenden Einfluß auf Polen. Alle Welt würde zufrieden sein, „excepté les Polonais", warf ich ein; „qu'est-ce que cela fait, on leur donnera tort", antwortete der Kaiser, „et on n'aurait plus à s'en occuper".

Wenn sich die Authentizität dieser Bemerkung Napoleons selbstverständlich auch nicht mit letzter Sicherheit erweisen läßt, so deutet doch ihr ausgesprochen negativer Charakter ebensowenig auf eine besondere Wertschätzung der Polen seitens des Kaisers hin wie das von ihm später gebrauchte Bild von den „Flügeln", die man „beschneiden" müsse, um den Polen den Weg an die Küste zu verlegen. Es folgten weitere Auslassungen des Kaisers über die skandalöse russische Mißwirtschaft im Königreich Polen, die der preußische Diplomat jedoch durch den Hinweis auf die sich in jüngster Zeit häufenden politischen Morde und Attentate leicht konterkarrieren konnte. Am meisten wunderte sich Prinz Reuß darüber, daß Napoleon trotz ihm seitens seines Gesprächspartners mehrfach gebotener Gelegenheit mit keiner Silbe auf die Haltung Preußens in der polnischen Frage einging. Offensichtlich hatte man die Konvention Alvensleben in Paris inzwischen endgültig zu den Akten gelegt[157].

Großbritannien hatte diesen Schritt seit langem vollzogen[158]. Lord Russell erklärte in der Sitzung des Oberhauses am 8. Juni namens seiner Regierung nochmals ausdrücklich, England werde in der polnischen Frage keinesfalls über diplomatische Schritte hinausgehen[159]. Nachdem der Staatssekretär seine Idee eines einjährigen Waffenstillstands im Königreich Polen trotz eigener Bedenken nochmals verteidigt hatte, äußerte er die Überzeugung, daß sich eine große Nation wie die englische an Verträge gebunden erachten müsse, und fügte hinzu: „Unsere Unterhandlungen müssen einen friedlichen Charakter haben, und unsere Empfehlungen halten sich streng auf der Basis der Tractate von 1815"[160]. Offenbar hatte man in Londoner Regierungskreisen keine Lust, die wenig erfreulichen Erfahrun-

[157] *Aufzeichnung des Legationsrats Prinzen Heinrich VII. Reuß* über eine Unterredung mit Kaiser Napoleon III. – Fontainebleau, 8. VI. 1863 – in: *H. Oncken:* Die Rheinpolitik Kaiser Napoleons III., Bd. I, Berlin-Leipzig 1926, Dok.-Nr. 8, S. 17–21.

[158] *Bernstorff an Bismarck* – 12. VI. 1863 – APP III, Nr. 553.

[159] Vgl. *H. Wereszycki:* Anglia a Polska w latach 1860–1865, Lwów 1934, S. 139–140.

[160] *NPZ* Nr. 134 vom 12. Juni (Bericht aus London vom 9. Juni).

gen des Krimkrieges zu wiederholen[161]. So berichtete der bayerische Gesandte aus der britischen Hauptstadt: „Au Parlement, comme en particulier Lord Palmerston et Lord Russell se plaisent à assurer que l'objet pour lequel les trois puissances se sont unies est le maintien de la paix générale. L'Ambassadeur d'Autriche non moins que celui de France parlent sur le même ton. Tous rejettent . . . la pensée de résoudre la question polonaise autrement que par les voies diplomatiques"[162].

Auch die englische Presse machte sich keine Illusionen über die Erfolgsaussichten weiterer Verhandlungen mit dem russischen Kabinett. So hielt es die „Times" für ausgeschlossen, daß Kaiser Alexander dem britischen Waffenstillstandsvorschlag beipflichten könnte, und meinte: „Rußland weiß sehr wohl, daß es Polen in keiner Weise aufgeben oder nur ein permanentes Vicekönigtum, wie Ägypten im Verhältnis zur Pforte ist, daraus machen kann. Was würden auch Preußen und Oesterreich von einem Plane sagen, der die Posener und Galizier bewegen würde, die Vereinigung mit dem neuen Königreich zu wünschen"[163]. Die „Wochenschrift des Nationalvereins" aber nannte den Gedanken einer terminierten Waffenruhe, „den man in London ausgeheckt haben soll (!)", ein „leeres Hirngespinst, so lange nicht einige hunderttausend Mann hinter ihm stehen". Bis zu einer etwaigen späteren Rechtfertigung müsse sich Frankreich den Vorwurf gefallen lassen, „die Polen wieder ein Mal angestiftet, vorgeschoben und zuletzt im Stich gelassen zu haben"[164].

In Paris wurden die Ausführungen Lord Russells vor dem Oberhaus, die an der Seine „große Sensation gemacht" hatten, mit unverhohlener Enttäuschung aufgenommen[165]. „Man wird durch dieselben in der Neigung bestätigt, daß die diplomatische Intervention in der polnischen Frage auf die größten Schwierigkeiten stoßen dürfte"[166]. Dieses Eingeständnis der Ohnmacht eines Ministers, zu dessen Haupttugenden in der Außenpolitik nicht gerade Maß und Redlichkeit gehörten, so schrieb ein deutscher Diplomat aus der französischen Hauptstadt, habe in Paris einen höchst unangenehmen Eindruck hervorgerufen. Schließlich gebe es nichts Erstaunlicheres als den Anblick eines leitenden Ministers einer Großmacht, der die Fruchtlosigkeit seiner Bemühungen, die er selbst mit all seinen Kräften betrieben habe, von der Rednertribüne verkünde. „Bien ne dénote mieux", so schloß der Be-

[161] Vgl. das fundierte Urteil von *W. Baumgart:* Der Friede von Paris 1856, München-Wien 1972, S. 257–258.

[162] *Cetto an König Maximilian II.* – 16. VI. 1863 – GStA München, MA III/2258.

[163] *NPZ* Nr. 134 vom 12. Juni.

[164] *„Wochenschrift des Nationalvereins"* Nr. 163 vom 14. Juni.

[165] Nicht ohne Genugtuung meldete der Korrespondent der „Neuen Preußischen Zeitung" am 10. Juni aus Paris: „Die Rede des Earl Russell in der Sitzung des Oberhauses von vorgestern hat die Hoffnung der französischen Polaken (!) bedeutend herabgestimmt." *NPZ* Nr. 135 vom 13. Juni.

[166] *Wächter an Hügel* – 11. VI. 1863 – HStA Stuttgart, Best. E 70/47/Bl. 86–85.

richterstatter bitter, „combien, dans cette question, le manteau de l'humanité et du libéralisme cache d'intentions inavouées et de perfidie“ [167].

Mit dieser bedrückenden Bilanz stand der großherzoglich-hessische Gesandte nicht allein. In Paris rückte die polnische Frage sogleich an die zweite Stelle des allgemeinen Interesses, als nach langen Wochen entmutigender Nachrichten über die Operationen der gegen unerwartet hartnäckigen Widerstand in Mexiko nur sehr allmählich an Boden gewinnenden französischen Armee endlich die Siegesmeldung vom am 17. Mai erfolgten Fall des fünfzig Tage lang belagerten Puebla an der Seine eintraf[168].

Freilich konstatierten Beobachter in der französischen Metropole trotz des offiziellen Jubels der regierungsnahen Presse anders als nach den siegreichen Schlachten der kaiserlichen Truppen im Krimkrieg und im Italienfeldzug unter der Bevölkerung eher Erleichterung als Begeisterung und die Hoffnung auf ein baldiges Ende der mehr als unpopulären mexikanischen Expedition[169]. Zugleich wuchs indessen angesichts der in der offiziösen Presse mit Ostentation vertretenen Auffassung, daß Frankreich nunmehr in Europa freie Hand bekommen habe[170], im Ausland noch einmal die Befürchtung, Napoleon könne seine Truppen nach einem ehrenvollen Friedensschluß zurückrufen, um sich näherliegenden Zielen, d. h. Polen, zuzuwenden[171]. Andererseits aber verstärkte sich in Pariser diplomatischen Kreisen der Eindruck, daß die übergroße Mehrheit der Franzosen weiterer militärischer Expeditionen herzlich überdrüssig war[172].

167 *Grancy an Dalwig* – 19. VI. 1863 – StA Darmstadt, Best. 28 b/7/Bl. 63–64.

168 Die Depesche Marschall Foreys wurde am 11. Juni im „Moniteur“ publiziert; bereits am folgenden Tag trafen aus Berlin und Wien telegraphische Glückwünsche in den Tuilerien ein – nur Großbritannien verweigerte eine Gratulation. *Schweitzer an Roggenbach* – 11. VI. 1863 – GLA Karlsruhe, Best. 48/3010; *NZ* Nr. 270 vom 13. Juni.

169 *Grancy an Dalwigk* – 19. VI. 1863 – StA Darmstadt, Best. 28 b/7/Bl. 63–64.

170 Wie aus Paris berichtet wurde, war die Sprache der Presse seit dem Fall Pueblas wieder deutlich schroffer geworden. „Der französische Uebermuth zeigt sich wieder einmal recht deutlich seit der Siegesbotschaft; wenige Tage zuvor war man ganz kleinlaut.“ *Wächter an Hügel* – 13. VI. 1863 – HStA Stuttgart, Best. E 70/47/Bl. 82–81.

171 Aus Paris wurde der „Neuen Preußischen Zeitung“ geschrieben: „Es versteht sich von selbst, daß unsere Kriegspartei sich der Hoffnung hingibt, der Kaiser werde jetzt in der polnischen Frage entschiedener vorgehen. Nicht zu läugnen ist, daß die französische Politik sich von nun an freier bewegen kann.“ *NPZ* Nr. 136 vom 14. Juni. Der Korrespondent der „National-Zeitung“ berichtete aus London, man spekuliere in konservativen Kreisen darüber, „daß die Lorbeeren von Puebla es dem Kaiser Napoleon möglich machen werden, seine Armee in Ehren aus Mexiko abzurufen und auf einen anderen Schauplatz – nach *Polen* zu senden“. *NZ* Nr. 273 vom 16. Juni.

172 „Im allgemeinen herrscht fortwährend die Überzeugung vor, daß in diesem Jahre, wenn nicht unvorhergesehene Ereignisse eintreten, der Friede werde erhalten bleiben.“ Angeblich habe Drouyn de Lhuys dem Kaiser erklärt, daß das Land keine weiteren Kriegsexpeditionen mehr wolle. *Wächter an Hügel* – 20. VI. 1863 – HStA Stuttgart, Best. E 70/47/Bl. 80–79.

Noch weniger als an der Seine konnte in Wien von irgendwelcher Kriegsbereitschaft die Rede sein, wo das öffentliche Interesse mittlerweile vor allem von den Vorbereitungen zur Jahressession der beiden Häuser des Reichsrates absorbiert wurde[173]. Am gleichen 18. Juni, an welchem die österreichische Note mit den oben erwähnten „sechs Punkten" nach Petersburg abging[174], eröffnete Erzherzog Karl Ludwig im Namen des Kaisers die Versammlung[175], die freilich durch den vorzeitigen Auszug eines Teiles der tschechischen Abgeordneten bereits vor dem Beginn der eigentlichen Beratungen in ihrer Funktion als höchste Vertretung der gesamten Monarchie nicht unerheblich beeinträchtigt wurde[176]. Die galizischen Deputierten hingegen nahmen in der konstituierenden Sitzung des Abgeordnetenhauses ihre Plätze ein, erschienen allerdings zum Zeichen nationaler Trauer demonstrativ schwarz gekleidet[177].

Die liberalen Blätter in der Donaustadt vermerkten mißfällig, daß die aktuellen politischen Ereignisse außerhalb der Monarchie in der Ansprache des Erzherzogs mit keinem Wort Erwähnung fanden. Die „Ostdeutsche Post" beispielsweise nannte das offenkundige Bemühen des Ministeriums, jede Anspielung auf die Vorgänge im benachbarten Königreich Polen zu vermeiden, ein Verfahren, das nicht dazu angetan sein könne, „die Würde und das politische Bewußtsein der Reichsvertretung zu heben"[178]. Der Wiener Korrespondent der „Neuen Preußischen Zeitung" wollte wissen, daß man gegen den Rat des Staatsministers von Schmerling „höheren Orts" den – juristisch übrigens völlig korrekten – Standpunkt eingenommen habe, die geltende Verfassung enthalte keine Bestimmung, welche dem Reichsrat ein Mitspracherecht in Angelegenheiten der äußeren Politik einräume[179].

Diese Auffassung der Regierung hinderte die liberale Fraktion im Abgeordnetenhaus freilich nicht daran, die polnische Frage sogleich zur Sprache zu brin-

173 Dazu zuletzt *R. A. Kann:* Das Nationalitätenproblem der Habsburgermonarchie, Bd. II, 2. Aufl. Graz-Köln 1964, S. 107–114.

174 Vgl. *Das Staatsarchiv*, Bd. V, Dok.-Nr. 887; deutsch in: *Schultheß'* Europäischer Geschichtskalender, Jg. 1863, S. 156–157 (Auszug!).

175 Vgl. *Schultheß'*, S. 155–156.

176 Diese Aktion stand offenbar in keinem direkten Zusammenhang mit der polnischen Frage. Nach einem Artikel der „Kölnischen Zeitung" über das Verhältnis beider Nachbarvölker zueinander sympathisierten die Jungtschechen mit den Polen, während Palacký und Rieger wie bisher die Russen favorisierten. *KZ* Nr. 171 vom 22. Juni; auch *NZ* Nr. 285 vom 23. Juni. Vgl. dazu den Sammelband: *M. Orzechowski* (Hrsg.): Echa powstania styczniowego w Czechach, Warszawa 1965.

177 *NPZ* Nr. 143 vom 23. Juni (Korrespondentenbericht aus Wien vom 18. Juni).

178 *NZ* Nr. 283 vom 21. Juni (Auszug aus der *„Ostdeutschen Post"* vom 19. Juni).

179 Der preußische Geschäftsträger in Wien wunderte sich darüber, daß die Minister mit Graf Rechberg an der Spitze in der Adreß-Kommission aufgetreten seien, obwohl der Minister des Auswärtigen prinzipiell gegen eine allzu enge Bindung an die Westmächte eingestellt sei; dennoch lasse er sich leider zu solchen Demonstrationen „fortreißen, weil er eben, ohne Unterstützung von Seiten seiner Collegen, zu schwach ist, den Anmaßungen des Reichsraths entgegen zu treten". *Solms an Bismarck* – 25. VI. 1863 – GStA Berlin-Dahlem, HA III, Nr. 728, Bl. 66–67.

gen[180]. Schon in der konstituierenden Sitzung des Ausschusses zur Beratung einer Adresse an den Kaiser kam es zwischen dem Grafen Alfred Potocki, der in den Jahren 1870/71 zum österreichischen Ministerpräsidenten aufsteigen sollte, und den Ministern Rechberg, Schmerling und Mescéry (Polizeiminister) zu einer heftigen Auseinandersetzung, als der Sprecher der polnischen Fraktion die inzwischen verstärkt einsetzenden Polizeimaßregeln in Galizien einer scharfen Kritik unterzog[181]. Ihm trat Staatsminister Schmerling entschieden entgegen, indem er der Auffassung Potockis von der Unzulänglichkeit der Autonomie Galiziens lebhaft widersprach und betonte, daß die in Österreich lebenden Polen sowohl im galizischen Landtag als auch im Reichsrat alle konstitutionellen Rechte uneingeschränkt besäßen. Trotz dieser Meinungsverschiedenheiten aber schloß sich Graf Potocki dem gegen die Stimme des tschechischen Vertreters gefaßten Beschluß an, in der Adresse die „Zustimmung des Abgeordnetenhauses zu dem gemeinsamen Vorgehen Oesterreichs mit England und Frankreich in der polnischen Sache" auszusprechen[182].

Als das Plenum wenige Tage später in die Debatte über die Thronrede und die auf sie zu erteilende Antwort und somit zugleich auch über die außenpolitische Situation der Monarchie eintrat, sollte sich erweisen, daß sich die bei dieser Gelegenheit von der linken Seite des Hauses vorgebrachten Argumente nur unwesentlich von denjenigen unterschieden, welche im Februar in der Polendebatte des preußischen Abgeordnetenhauses von der liberalen Opposition ins Feld geführt worden waren, wenngleich in der Diskussion selbstverständlich auch die spezifische Situation Österreichs gebührende Berücksichtigung fand[183]. Darin aber erwies sich die politische Position der österreichischen Deutschliberalen als ganz wesentlich verschieden von derjenigen ihrer preußischen Kollegen, daß sie die Polenpolitik ihrer Regierung einhellig guthießen[184], wohingegen die Opposition im

[180] Zum Liberalismus in der Donaumonarchie vgl. allgemein *G. Franz:* Liberalismus. Die deutsch-liberale Bewegung in der Habsburgischen Monarchie, München 1955; *E. Winter:* Frühliberalismus in der Donaumonarchie, Berlin (Ost-) 1968.

[181] Zu den politischen Strömungen in Galizien seien aus einer reichen Literatur wenigstens genannt: *W. Feldman:* Geschichte der politischen Ideen in Polen seit dessen Teilungen (1795–1914); München und Berlin 1917, S. 215–268; *S. Kieniewicz:* Orientacja austriacka w Polsce porozbiorowej, in: Roczniki Historyczne 18 (1949) S. 205–231; *ders.:* Galicja w dobie autonomicznej 1850–1914. Wybór tekstów, Wrocław 1950; *G. Baron Manteuffel-Szoege:* Geschichte des polnischen Volkes während seiner Unfreiheit 1772 bis 1914, Berlin 1950, S. 187–203; *H. Wereszycki:* Rola Polaków w monarchii habsburgskiej, in: Małopolskie Studia Historyczne 9 (1966) Heft 3/4, S. 35–53; zusammenfassend *G. Rhode:* Geschichte Polens, 2. Aufl. Darmstadt 1966, S. 410–417, und *S. Kieniewicz:* Powstanie styczniowe, S. 502–506.

[182] *NZ* Nr. 285 vom 23. Juni und *NPZ* Nr. 144 vom 24. Juni (Auszug aus der Wiener „Presse" vom 20. Juni).

[183] Die grundlegende zusammenfassende Darstellung der besonderen innenpolitischen Struktur der Donaumonarchie und ihrer daraus resultierenden Probleme bietet *R. A. Kann:* Werden und Zerfall des Habsburgerreiches, Graz-Wien-Köln 1962.

[184] Vgl. *F. Engel-Janosi:* Graf Rechberg, München und Berlin, S. 107.

Berliner Abgeordnetenhaus dem Ministerium auch in der polnischen Frage in unversöhnlicher Gegnerschaft gegenübergestanden hatte[185].

Im übrigen aber sparte man auch in Wien nicht mit Bekundungen der Sympathie und des Mitleids für ein niedergedrücktes Volk und erinnerte daran, daß dessen König die Hauptstadt der Monarchie einstmals aus tödlicher Bedrohung befreit hatte. Es gebe, so rief Johann Nepomuk Berger[186], einer der profiliertesten Sprecher der Deutschliberalen, unter dem Beifall der Versammlung aus, angesichts der „Henkersfeste" der „Tartaren-Chane" in Wilna, Dünaburg, Lublin und Warschau, welche „die Grenzen Asiens bis an die unsrige zu verrücken drohen" nur eine Lösung des polnischen Problems, nämlich Gerechtigkeit. Daher freue er sich über die von Österreich ins Werk gesetzte „Politik der sechs Punkte", hoffe aber darüber hinaus, daß die Regierung nunmehr entschlossen handeln und eine diplomatische Verschleppung der Frage auf langen Konferenzen nicht zulassen werde[187].

Während sich Berger jedoch trotz aller Invektiven gegen die russische Unterdrückungspolitik im Königreich Polen hütete, über die von der Regierung angeregten Maßnahmen zur Befriedung des unglücklichen Landes hinauszugehen, forderte der Obmann des „Polenklubs" (Koło Polskie) im Reichsrat und Führer des podolischen Adels, Kazimierz Grocholski[188], in flammender Rede die völlige Befreiung und Selbständigkeit Polens. Der Erwerb Galiziens habe für Österreich bei weitem den Schaden nicht aufgewogen, welchen ihm der Untergang Polens zufügte. Erst Polens Fall habe Preußen geschaffen, „diesen ewigen Rivalen Österreichs". Die polnischen Teilungen schließlich hätten die Preisgabe der traditionellen Stellung des Habsburgerreiches im Norden und Osten bedeutet, an dessen Stelle „im Orient" nunmehr Rußland getreten sei; und was die Monarchie dort an Prestige und Einfluß verloren habe, mußte sie sich folgerichtig in Italien zu ersetzen suchen. Eindringlich beschwor Grocholski die Gefahr des Panslawismus, welcher das Reich nach der erneuten Niederwerfung der polnischen Nation bedrohe[189]. Der einzige Damm, der Europa vor den unausgesetzten Eroberungsge-

[185] Vgl. *I. Goldschmidt:* Der polnische Aufstand von 1863 in den Verhandlungen des preußischen Abgeordnetenhauses, Diss. Köln 1937; von polnischer Seite *Z. Grot:* Demokracja niemiecka a powstanie styczniowe, in: Przegląd Zachodni 10 (1954) S. 357–375; *ders.:* Rok 1863 w zaborze pruskim, Poznań 1963, bes. S. 58–78.

[186] Vgl. *K. G. Hugelmann:* Johann Nepomuk Berger, in: NDB, Bd. 2 (1955) S. 79–80; ein weiterer Redner war der Besitzer der „Ostdeutschen Post", Ignaz Kuranda. Vgl. *M. Baumgartner:* Kurandas Ostdeutsche Post und die deutsche Frage von 1859–63, Diss. Wien 1948 (MS).

[187] *Solms an Bismarck* – 28. VI. 1863 – GStA Berlin-Dahlem, HA III, Nr. 728, Bl. 72–73; ferner *KZ* Nr. 177 vom 28. Juni und *NPZ* Nr. 148 vom 28. Juni.

[188] Vgl. *S. Kieniewicz:* Kazimierz Grocholski (1815–1888), in: Polski Słownik Biograficzny 8 (1959–60), S. 585–587.

[189] Vgl. *W. Feldman:* Geschichte der politischen Ideen in Polen seit dessen Teilungen, München und Berlin 1917, S. 223.

lüsten des Zarenreiches schütze[190] und es vor der Vollziehung des Testaments Peters des Großen noch bewahre[191], müßte dann zusammenbrechen, „und der erste Schlag würde Österreich treffen"; denn über die Leiden Polens hinweg strecke Rußland schon jetzt seine Arme zum Adriatischen Meer aus[192]. „Polen will keinen Panslawismus!" rief Grocholski den Abgeordneten zu; sollte es jedoch gezwungen sein, den unerschütterlichen Willen zu seinem staatlichen Fortbestand aufzugeben und sich in seiner Verzweiflung Rußland auszuliefern, so werde der Tag nicht mehr fern sein, an dem der Panslawismus „gepanzert vor die Welt treten" würde. „Europa wolle bedenken, ob ihm ein solcher Gast willkommen wäre"[193].

Mit diesen Passagen seiner Rede, in welchen zumindest implizit auch der weitere Verbleib Galiziens im Verbande der Monarchie zur Diskussion gestellt wurde, hatte der Sprecher der polnischen Fraktion in den Augen seiner deutschliberalen Gesinnungsfreunde den Bogen allerdings überspannt. Bezeichnenderweise ließen am zweiten Tag der Debatte die ostensiblen Sympathiekundgebungen für das um seine Befreiung ringende Polen spürbar nach und gaben der Sorge um die Integrität des Reiches Raum[194].

[190] Die Vorstellung von der Funktion Polens als eines Schutzwalles gegen Osten ist in der exilpolnischen Historiographie der Nachkriegszeit immer noch lebendig. Vgl. vor allem *O. Halecki:* Europa – Grenzen und Gliederungen seiner Geschichte, Darmstadt 1957, bes. S. 94–110; *ders.:* Das europäische Jahrtausend, Salzburg 1966, bes. das Kapitel „Freiheit und Despotismus in Osteuropa" (!), S. 289–300. Es sei ferner angemerkt, daß das führende Organ der exilpolnischen Geschichtswissenschaft den programmatischen Titel „Antemurale" trägt.

[191] Zur ideologischen Folgewirkung dieser historischen Fälschung vgl. *E. Oberländer:* Zur Wirkungsgeschichte historischer Fälschungen: Das „Testament" Peters des Großen, in: JbfGO 21 (1973) S. 46–60.

[192] Am 30. Juni schrieb der Wiener Korrespondent der „Kölnischen Zeitung": „Während es (Rußland) die Erhebung der Polen ... mit Grausamkeit niederzuschlagen trachtet, ladet Fürst Gortschakow gleichzeitig die Rumänen in den Donaufürstenthümern, die Montegriner, Bosniaken, Bulgaren, Serben – und wohl auch die Magyaren – zum Aufruhre ein." *KZ* Nr. 182 vom 3. Juli.

[193] *NPZ* Nr. 148 vom 28. VI. 1863; vgl. ferner *G. Kolmer:* Parlament und Verfassung in Österreich, Bd. I: 1848–1869, Wien und Leipzig 1902, S. 149; *R. A. Kann:* Das Nationalitätenproblem der Habsburgermonarchie, Bd. I, S. 227.

[194] Nach Ansicht des preußischen Geschäftsträgers hatte die Rede Grocholskis die Polenfreunde offensichtlich wieder zur Besinnung gebracht, „denn am 2ten Tage wurde die Integrität Österreichs und das Aufhören der polnischen Sympathien, wo jene bedroht ist, als Hauptgrundsatz aufgestellt". *Solms an Bismarck* – 28. VI. 1863 – GStA Berlin-Dahlem, HA III, Nr. 728, Bl. 72–73.

Er erkenne, so erklärte der liberale Brünner Rechtsanwalt Dr. Giskra[195], wie sein polnischer Kollege in Rußland den Todfeind Österreichs und wünsche wie viele seiner Landsleute die Wiederherstellung Polens, „soweit es ohne Gefährdung Österreichs geschehen könne", doch könne Galizien nicht Gegenstand der Debatte sein. Das österreichische Parlament werde niemals seine Zustimmung dazu geben, „daß von Österreich etwas abhanden komme". Das Gespenst des Panslawismus, so schloß der Redner, sei ein Hirngespinst, dem man gegebenenfalls mit dem „Stahlschild der Civilisation" und dem „Schwert der Freiheit" entgegentreten werde[196].

Der gleichfalls der linken Seite des Hauses zugehörige Abgeordnete Schindler[197] warnte die polnischen Deputierten mit für einen Liberalen recht bezeichnender Argumentation vor der Illusion, man könne Polen in den seit einem Jahrhundert überlebten Formen vergangener Adelsherrschaft wiedererrichten; denn niemals werde „das alte Königreich Polen ohne entwickelten Mittelstand mit einer Alles verschlingenden Adelsherrschaft, mit einer Wahlkrone, den bekannten Landtagen und allen jenen Attributen, welche die Schuld des Untergangs waren, bestehen". Seiner Ansicht nach dürfte es der polnischen Nation nicht schwerfallen, unter den drei Staaten, welchen ihre Länder und Menschen zugewiesen seien, denjenigen zu benennen, welcher ihnen „die meiste Garantie für ihre Entwicklung und Nationalität gibt"[198].

Den ebenfalls eher liberalen Justizminister Freiherrn von Pratobevera aus Niederösterreich[199] erfüllte der Gedanke mit tiefem Schmerz, daß es offenbar Österreicher gäbe, die, obschon im Genuß staatlicher Zustände, „wie sie die alte Starostenwirtschaft nie kannte", aus dem Reichsverband auszuscheiden wünschten[200]. Der von Grocholski angedeutete Gedanke, Österreich möge sich für Galizien anderswo „auf der Karte Europas" Entschädigung suchen, sei mit der gerade von polnischer Seite vielbeschworenen „heiligen Mission" des Reiches unverein-

195 Karl Giskra war als Professor der Staatswissenschaften zu Wien 1848 in die Frankfurter Nationalversammlung gewählt worden und hatte beim Wiener Märzaufstand die „Akademische Legion" organisiert; 1860 wurde er Advokat (und später Bürgermeister) in Brünn und gehörte seit 1861 als deutschliberaler Abgeordneter dem Reichsrat an, dessen Präsident er 1867 wurde. Vgl. *G. Franz:* Liberalismus. Die deutschliberale Bewegung in der habsburgischen Monarchie, München 1955, passim; *E. Obermayer-Marnach:* Karl Giskra, in: Österreichisches Biographisches Lexikon, Bd. I (1957) S. 446–447.

196 *„Ostdeutsche Post"* Nr. 175 vom 27. Juni 1863; Beilage zu *Thienen an Wittgenstein* – 28. VI. 1863 – HStA Wiesbaden, Rep. 210-3438.

197 Alexander Julius Schindler war außerdem Generalsekretär der „Privilegierten Staatsbahngesellschaft in Wien". Vgl. *R. Boxberger* in: ADB 31, Leipzig 1890, S. 290–291; *W. Kosch:* Biographisches Staatshandbuch, Bd. II, Bern und München 1963, S. 1154.

198 *„Ostdeutsche Post"* Nr. 175 vom 27. Juni (wie Anm. 196!).

199 Vgl. *G. Franz:* Liberalismus. Die deutsch-liberale Bewegung in der habsburgischen Monarchie, München 1955, passim, bes. S. 269.

200 Freilich erhob sich gegen diese Passage aus den Reihen der polnischen Fraktion heftiger Widerspruch, da eine solche Äußerung tatsächlich expressis verbis nicht gefallen war. *„Ostdeutsche Post"* (wie Anm. 196!).

bar, die es niemals erfüllen könne, wenn es zuvor „eine seiner schönsten und edelsten Provinzen“ aufopfere.

Nachdem sich auch der Domherr Mogielnickij als Sprecher der ruthenischen Minderheit in Ostgalizien[201] mit großem Nachdruck für die ungeschmälerte Einheit der Monarchie ausgesprochen hatte, erklärte schließlich der Prager Stadtverordnete und spätere Führer der Deutschliberalen in Böhmen, Eduard Herbst[202], unter dem Beifall des Hauses, man sei in der Adreßkommission der Auffassung gewesen, die sogenannte polnische Frage (!) stelle für Österreich ein Problem seiner auswärtigen Politik dar, während es innerhalb der Grenzen des Reiches keine polnische Frage gäbe, „welche nicht in der Verfassung bereits ihre Lösung gefunden hätte“. Niemand habe ahnen können, daß nun im Plenum Anträge gestellt würden, die mit der Aufrechterhaltung der Einheit der Monarchie unvereinbar wären. Seinem Vorschlag, in den Text der Adresse, welche u. a. das gemeinsame Vorgehen Österreichs mit England und Frankreich als einen „Ausdruck weiser und gerechter Politik nach Außen“ bezeichnete, den Passus „unveränderlich festhaltend an der Integrität des Reiches“ einzufügen, wurde mit großer Mehrheit zugestimmt[203].

Nunmehr modifizierte Grocholski seine am Vortage geäußerten Ansichten und teilte den Abgeordneten mit, er habe mit seinen Ausführungen nicht im Entferntesten die Absicht gehabt, das Verhältnis Galiziens zur Gesamtmonarchie in die Debatte zu ziehen oder die Integrität des Reiches in Frage zu stellen. Die Polen vertrauten der von der kaiserlichen Regierung verfolgten Politik, „und dieses Gefühl ist ein allgemeines“[204]. Nach dem Urteil des preußischen Geschäftsträgers in Wien war man „nachsichtig genug, diese Entschuldigung gelten zu lassen“[205].

201 Dazu zusammenfassend *R. A. Kann:* Das Nationalitätenproblem der Habsburgermonarchie, Bd. I, s. Aufl. Graz-Köln 1964, S. 322–335; ferner *I. Zeguc:* Die nationalpolitischen Bestrebungen der Karpatho-Ruthenen 1848–1914, Wiesbaden 1965.

202 Vgl. *E. Obermayer-Marnack:* Eduard Herbst, in: Österreichisches Biographisches Lexikon, Bd. II (1959) S. 280–281, wo es u. a. heißt, Herbst sei ein „gefürchteter Spezialist“ bei der Abfassung von Adressen gewesen.

203 Text des „Amendement Herbst“ in: *Schultheß'* Europäischer Geschichtskalender, Jg. 1863, S. 157–158.

204 *NZ* Nr. 297 vom 30. Juni. Schon am 27. Juni hatte die *„Ostdeutsche Post“* in ihrem Leitartikel geäußert, die Erklärung Grocholskis habe „die Atmosphäre geläutert und der polnischen Angelegenheit heute im Hause der Abgeordneten einen Abschluß gegeben, der ein viel harmonischerer und befriedigender ist, als wir noch gestern zu hoffen wagten“. Beilage zu *Thienen an Wittgenstein* – 28. VI. 1863 – HStA Wiesbaden, Rep. 210-3438.

205 *Solms an Bismarck* – 28. VI. 1863 – GStA Berlin-Dahlem, HA III, Nr. 728, Bl. 72–73. Drei Tage später meinte Solms: „Daß das Haus sich mit der erwähnten Rechtfertigung Grocholski's abfertigen ließ, hat seinen Grund in der engen Allianz, welche die deutschen Liberalen des Hauses mit den Polen geschlossen haben“, wozu Bismarck lakonisch bemerkte: „tous comme chez nous“. *Solms an Bismarck* – 1. VII. 1863 – GStA Berlin-Dahlem, HA III, Nr. 728, Bl. 76–79.

Daraufhin dankte der Minister des Auswärtigen dem Hause für die ihm gewährte Unterstützung und versicherte, die Regierung werde auch in Zukunft das Interesse und die Machtstellung Österreichs als den alleinigen Leitfaden ihrer Politik gelten lassen; dazu gehörten die von ihr unausgesetzt angestrebte Aufrechterhaltung des Friedens in Europa ebenso wie ihre Entschlossenheit, die Integrität des Reiches gegen jeden Angriff zu wahren[206].

Im Gespräch mit dem preußischen Geschäftsträger nach dem Abschluß der Adreßdebatte verlieh Rechberg seiner Genugtuung darüber Ausdruck, daß die polnischerseits offen proklamierte Idee der Wiederherstellung eines unabhängigen polnischen Staates bei den anderen Abgeordneten die Betonung der Integrität der Monarchie provoziert habe[207], beklagte sich freilich auch darüber, daß der Reichsrat das Ministerium allzu sehr an die Seite der Westmächte habe drängen wollen. Niemand könne wissen, ob die ferneren Absichten der führenden Staatsmänner in London und Paris friedlicher Natur seien, und er fürchte daher, daß für Österreich, „für dessen Gedeihen der Frieden unumgänglich nothwenig ist", demnächst der Moment eintreten könnte, „wo wir entschieden Halt machen müßten"[208].

Vorderhand ließ sich Rechberg jedoch zu keiner Kurskorrektur seiner Außenpolitik bestimmen, da nach seiner schon seit Wochen vertretenen Überzeugung allein die fortwährende Fühlung des Wiener Kabinetts mit den Westmächten letztere von einer aggressiven Politik zurückgehalten hatte[209]. Dennoch war man in Wien ebensowenig wie in London gesonnen, sich der am 20. Juni von Paris zur Diskussion gestellten Idee einer gemeinsamen Willenserklärung der drei Mächte anzuschließen, wonach Frankreich, England und Österreich sich ihre künftige Haltung der russischen Regierung gegenüber für den Fall vorbehalten müßten, daß ihre Bemühungen um eine friedliche Lösung der polnischen Frage am Widerstand Petersburgs scheitern sollten[210].

Im Gegenteil veranlaßte die französische Anregung die führenden Staatsmänner im Foreign Office, ihre Position nunmehr offen darzulegen, zumal Drouyn de Lhuys im Gespräch mit dem britischen Botschafter die Möglichkeit einer bewaff-

[206] *NPZ* Nr. 149 vom 30. Juni.

[207] Der kurfürstlich-hessische Gesandte schrieb am 26. Juni aus Wien, das Abgeordnetenhaus habe, wie erwartet, die Regierungspolitik unterstützt. „Nur macht sich bezüglich der polnischen Frage der Unterschied geltend, daß, während die übrigen Abgeordneten neben dem Ausdruck der Sympathie für Polen, die Aufrechterhaltung des Friedens und die Integrität der österreichischen Monarchie betonen, die galizischen Deputierten die Wiederherstellung Polens verlangen und über die letzten beiden Fragen hinweggehen. Eine bedeutsame Warnung an Österreich!" *Baumbach an Kurfürst Friedrich Wilhelm* – 26. VI. 1863 – StA Marburg, Best. 9 a/64/Bl. 75–76.

[208] *Solms an Bismarck* – 1. VIII. 1863 – GStA Berlin-Dahlem, HA III, Nr. 728/Bl. 76–79; im Auszug auch APP III, Nr. 527. Nach diesem Bericht stimmten die polnischen Deputierten trotz der Entschuldigung Grocholskis dem Passus über die Integrität des Reiches nicht zu!

[209] Vgl. vor allem *F. Engel-Janosi:* Graf Rechberg, S. 106–108.

[210] Vgl. *W. E. Mosse:* The European Powers and the German Question, S. 126–127.

neten Auseinandersetzung nicht hatte ausschließen wollen. Diese Drohung bestimmte Lord Russell in seinem Antwortschreiben vom 3. Juli zu der Feststellung, daß Großbritannien für den Fall, daß Frankreich für Polen zu den Waffen greifen sollte, bestimmte Bedingungen „in favour of the integrity of Germany and against encroachments on the part of France" stellen werde. Diese Mitteilung sei selbstverständlich nur zur persönlichen Orientierung des Botschafters bestimmt. Einstweilen möge Lord Cowley der Regierung in Paris mitteilen, daß sein Kabinett im Falle eines Krieges gegen das Russische Reich zugunsten einer Wiederherstellung Polens weder im Parlament noch im Lande Unterstützung finden würde, so deutlich sich die Sympathien und das Mitgefühl für den Kampf der Polen auch allenthalben kundgäben[211].

Als der Botschafter diese Anschauung seiner Regierung dem Quai d'Orsay weisungsgemäß mitteilte, stimmte ihm Drouyn de Lhuys bei aller begreiflichen Enttäuschung darin zu, daß ohne die aktive Unterstützung Österreichs nichts zugunsten Polens auszurichten sei[212]. In Wien aber behielt man nach den Worten des dortigen bayerischen Gesandten nach wie vor „als einzigen, oder doch vor Allem wichtigen Endzweck vor Augen: die Erhaltung des Weltfriedens. Hierin haben sich in der letzten Zeit die Aussichten entschieden gebessert, und sowohl in England als in Frankreich beginnt der Eifer für die polnische Sache zu erkalten"[213].

In der Tat wuchs auch in der deutschen Diplomatie und in der öffentlichen Meinung die Zuversicht, daß im laufenden Jahr der Friede sich würde bewahren lassen[214], falls sich die Petersburger Regierung zu echten ihren polnischen Untertanen zu gewährenden Konzessionen auf der Grundlage der von den Westmächten und Österreich proponierten „sechs Punkte" bereitfände[215]. Offensichtlich nämlich war keine der seit dem Frühjahr in Petersburg intervenierenden Mächte mehr daran interessiert, es Polens wegen zu einem bewaffneten Konflikt in Europa kommen zu lassen, sondern nur noch darauf bedacht, der öffentlichen Meinung in ihren Ländern möglichst ohne Prestigeverlust irgendein konkretes Ergebnis ihrer monatelangen Bemühungen um eine Revision der russischen Polenpolitik vorweisen zu können[216].

[211] Vgl. *W. E. Mosse:* England and the Polish Insurrection of 1863, S. 50.

[212] Vgl. *W. E. Mosse:* The European Powers, S. 127–128.

[213] *Bray an König Maximilian II.* – 6. VI. 1863 – GStA München, MA III/2431.

[214] So meinte der großherzoglich-hessische Gesandte in Berlin, ehe sich die drei Mächte über weitere gemeinsame Schritte einigen könnten, würden weitere Wochen vergangen und „die Jahreszeit bis dahin bereits so weit vorgerückt sein, daß Frankreich ohne thätige Beihülfe Oesterreichs den Polen eine thatsächliche und bewaffnete Unterstützung nicht mehr wird gewähren können. Daß aber gerade hierin die beste Garantie für die Erhaltung des Friedens während mindestens des laufenden Jahres liegt, scheint mir selbstverständlich." *Wambolt an Dalwigk* – 26. VI. 1863 – StA Darmstadt, Best. 87 e/1.

[215] Aus Wien wurde gemeldet: „Auf der hiesigen Staatskanzlei scheint man mit viel Vertrauen zu erwarten, daß Rußland die bekannten sechs Punkte in der polnischen Frage annehme." *Ow an Hügel* – 26. VI. 1863 – HStA Stuttgart, Best. E 70 b/Bü 73/2–3.

[216] Vgl. *W. E. Mosse:* England and the Polish Insurrection of 1863, S. 50–52.

Selbst aus Paris, wo der Kaiser am 24. Juni in der Person des Grafen Walewski[217] einen der entschiedensten Fürsprecher einer aktiven französischen Polenpolitik aus dem Ministerium entlassen hatte[218], wurde nunmehr berichtet, „man werde, wenn Rußland auf Conferenzen eingehe und mit entgegenkommendem Benehmen und Vorschlägen auftrete, Alles thun, um die Frage, ohne Rußland irgendwie zu verletzen, zu allgemeiner Zufriedenheit zu lösen“[219]. In London war bereits die Rede davon, daß man die polnische Frage gänzlich auf sich beruhen lassen werde, falls die russische Antwort auf die erneuten Vorschläge der Westmächte und Österreichs negativ ausfallen sollte[220], und in Wien wurde Graf Rechberg nicht müde, seinen deutschen Kollegen gegenüber immer wieder auf das unabdingbare Friedensbedürfnis Österreichs hinzuweisen, welches es in seinem Kabinett nicht gestatte, über freundschaftliche Vorstellungen an die Adresse der russischen Regierung hinauszugehen[221].

217 Alexander Graf Walewski (1810–1868) war ein unehelicher Sohn Napoleons I. und der polnischen Gräfin Maria Walewska. In seiner Eigenschaft als französischer Außenminister der Jahre 1855 bis 1860 spielte er eine wichtige Rolle in den Verhandlungen des Pariser Kongresses von 1856. Vgl. *W. Baumgart:* Der Friede von Paris 1856, München-Wien 1972, passim.

218 „Die Entfernung des Grafen Walewsky (sic!) . . . kann als eine politische Concession betrachtet werden in dem Augenblick, in welchem man mit Rußland wegen Polen unterhandelt.“ *Wächter an Hügel* – 24. VI. 1863 – HStA Stuttgart, Best. E 70/47/Bl. 76–75. Am selben Tage schrieb der Pariser Korrespondent der „Neuen Preußischen Zeitung“: „Obschon die heute angekündigten Modifikationen des Ministeriums sich nicht auf das Departement des Auswärtigen erstrecken, so ist es doch nicht in Abrede zu stellen, daß die Partei der *russischen Allianz* Ursache hat, zufrieden zu sein. Denn mit dem Grafen *Walewski* scheidet ein warmer Fürsprecher *Polens* aus dem Cabinette aus . . .“ *NPZ* Nr. 147 vom 27. Juni.

219 *Wächter an Hügel* – 5. VIII. 1863 – HStA Stuttgart, Best. E 70/47/Bl. 74–71.

220 Am 23. Juni schrieb der bayerische Gesandte aus London: „L'intérêt qu'inspire la cause polonaise ne va pas jusqu'à vouloir tirer l'épée pour elle. Le langage des hommes politiques et des journeaux, qui, comme le Times, comprennent et rendent le mieux l'opinion du pays, est fort significatif à cet égard.“ *Cetto an König Maximilian II.* – 23. VI. 1863 – GStA München, MA I/505. Vgl. auch *F. Engel-Janosi:* Graf Rechberg, S. 108.

221 „Graf Rechberg spricht sich mit Entschiedenheit dahin aus, daß für Oesterreich die Erhaltung des Weltfriedens als erste und entscheidende Rücksicht und Richtschnur dienen werde. Zur Zeit beweist die fortschreitende Armee-Reduzirung, daß an eine nahe Kriegsgefahr hier gar nicht gedacht wird.“ *Bray an König Maximilian II.* – 11. VII. 1863 – GStA München, MA III/2431. Vgl. auch die Berichte des preußischen Geschäftsträgers in Wien. *Solms an Bismarck* – 8. VII. 1863 – APP III, Nr. 579, und *ders. an dens.:* – 15. VII. 1863 – APP III, Nr. 586, mit der Bemerkung Rechbergs, Rußland möge aus eigenem Interesse die Propositionen der drei Mächte annehmen. „Ist man erst über Konferenzen einig, so wird sich die Sache lange hinziehen und der Kampf in Polen beendet sein, bevor jene ein Resultat geliefert.“

Während man in den westlichen Hauptstädten und in Berlin[222] mit steigender Ungeduld, im Grunde aber ohne große Illusionen[223] auf die russischen Rückäußerungen wartete, entschloß sich die Regierung in Petersburg zur strikten Zurückweisung jeglicher Einmischungsversuche in die inneren Angelegenheiten des Russischen Reiches. In einer Lagebesprechung des Kaisers und seiner engsten Ratgeber vom 7. Juli setzte sich Gortschakow gegen die Bedenken einiger seiner Ministerkollegen mit seiner Auffassung durch, daß nunmehr der Zeitpunkt gekommen sei, allen Zumutungen auswärtiger Mächte eine entschiedene Absage zu erteilen[224]. Die patriotische Erregung des Landes, an dessen Spitze sich mittlerweile Michail Katkov mit flammenden Artikeln in seinen beiden Moskauer Presseorganen, den „Moskovskie Vedomosti" (Moskauer Nachrichten) und dem „Russkij Vestnik" (Russischer Bote), gesetzt hatte, schien ihm eine andere Sprache der russischen Diplomatie nicht länger zuzulassen[225].

Bestärkt wurde der Vizekanzler in diesem Entschluß durch eine offensichtliche Fehlinformation seines Botschafters in Wien, der am Vortage nach Petersburg die Bereitschaft der österreichischen Regierung telegraphiert hatte, mit Rußland und Preußen in Spezialunterhandlungen über eine Lösung der polnischen Frage einzutreten[226]. Ob die nach allen Seiten offene politische Taktik des Grafen Rechberg bei dem russischen Diplomaten den Eindruck hervorrufen mußte, als ob sich die Bindungen des österreichischen Kabinetts an die Westmächte tatsächlich zu lockern begonnen hatten[227], oder ob, wie man gelegentlich geglaubt hat, Gortschakow den Bericht Balabines bewußt mißdeutete, um die Regierung am Ballhausplatz von den Westmächten zu trennen[228], mag dahingestellt bleiben. Jedenfalls löste ein sofortiges scharfes Dementi aus der Staatskanzlei und eine gleichzeitig nach London und Paris abgesandte aufklärende Note Rechbergs, worin er

222 Der badische Geschäftsträger in Berlin erfuhr freilich gesprächsweise von seinem russischen Kollegen, daß bis zu einer Äußerung des kaiserlichen Kabinetts noch einige Zeit vergehen werde – „und damit die Möglichkeit eines noch in diesem Jahr zum Ausbruch kommenden Kriegs sich vermindern wird". *Mollenbeck an Roggenbach* – 9. VII. 1863 – GLA Karlsruhe, MA 48/2663.

223 Vgl. *W. E. Mosse:* The European Powers, S. 126.

224 Detaillierte Darstellung der Sitzung bei *I. Koberdowa:* Wielki Książę Konstanty w Warszawie, S. 198–201; zusammenfassend *S. Kieniewicz:* Powstanie styczniowe, S. 589–590; der davon überzeugt ist, daß die Entscheidung hierfür bereits in einer Unterredung Gortschakows mit dem Kaiser gefallen und dann erst dem Kabinett mitgeteilt worden sei.

225 Vgl. *H. Fleischhacker:* Russische Antworten auf die polnische Frage, München und Berlin 1941, S. 92–114.

226 Auf Grund der preußischen Akten *H. Scheidt:* Konvention Alvensleben, S. 96–98; dagegen *I. Koberdowa:* Wielki Książę Konstanty w Warszawie, S. 200–201 (auf der Grundlage der russischen Dokumente!).

227 Der preußische Gesandte in Wien fand dieses Mißverständnis Balabines „unerklärlich". *Werther an Bismarck* – 22. VII. 1863 – APP III, Nr. 599.

228 Diese – schwerlich haltbare – These verficht *E. Zechlin:* Bismarck und die Grundlegung der deutschen Großmacht, 2. Aufl. Darmstadt 1960, S. 593–598.

mit einer Entschlossenheit, die fast auf ein „böses Gewissen" schließen ließ[229], jeden russischen Versuch zurückwies, Österreich aus der Front der drei Mächte herauszubrechen[230], in der Wiener Presse zwar ostentative Genugtuung[231], an der Newa jedoch begreifliche Empörung aus[232].

Im außerösterreichischen Deutschland hingegen fiel die Reaktion auf diese Vorgänge erstaunlich zurückhaltend aus, wie überhaupt das Interesse an den Ereignissen östlich der Grenzen des Deutschen Bundes allmählich erlahmte. Außerdem führten sich inzwischen häufende Nachrichten aus Warschau über die terroristische Tätigkeit sogenannter Revolutionstribunale[233], deren Dolchen immer häufiger auch offensichtlich Unschuldige zum Opfer fielen, zu einem spürbaren Rückgang deutscher Sympathiekundgebungen für die polnische Unabhängigkeitsbewegung[234]. Auch das Manifest der polnischen „Nationalregierung" vom 14. Juli, worin sie die von den drei Mächten in Petersburg angeregten „sechs Punkte" rundweg

229 „Mit einer Gereiztheit, die fast auf ein böses Gewissen deutet, hat Graf Rechberg die russische Lockung von der Hand gewiesen und dem Fürsten Gortschakoff vorgeworfen, daß er auf die Absichten Oesterreichs ein zweideutiges Licht werfen wolle." Vgl. *„Preußische Jahrbücher"*, Bd. XII, Berlin 1863, S. 78.

230 *Rechberg an Metternich* – 19. VII. 1863 – in: *Das Staatsarchiv*, Bd. V, Dok.-Nr. 890; deutsch in: *Schultheß'* Europäischer Geschichtskalender 1863, S. 159–160.

231 Vgl. *F. Engel-Janosi:* Graf Rechberg, S. 109. „Die von Graf Rechberg an die Westmächte gerichtete Depesche vom 19ten d. Mts. wurde hier mit großem Beifall aufgenommen." *Ow an Hügel* – 24. VII. 1863 – HStA Stuttgart, Best. E 70 b/73/Bü 2–3. „Die Depesche ist in der Tat epochemachend. Sie bezeichnet das Aufgeben der bisher gewahrten Mittelstellung, und den vollständigen Anschluß des hiesigen Kabinetts an die Westmächte." *Thienen an Wittgenstein* – 23. VII. 1863 – HStA Wiesbaden, Rep. 210-3438.

232 Der württembergische Gesandte schrieb dazu aus Petersburg: „Die Depesche des Grafen Rechberg wird hier von mancher, und nicht zuletzt von russischer Seite aufrichtig bedauert. Der beinahe an Uebereilung grenzende Eifer und die gereizte Sprache müssen das hiesige Cabinet schwer verletzen. Es war beides durch die Umstände nicht geboten, und die Erklärung kann nur in einer übertriebenen Ängstlichkeit, den Westmächten sich angenehm zu machen, gefunden werden." *Spitzemberg an Hügel* – 19./31. VII. 1863 – HStA Stuttgart, Best. E 72/124/Bl. 136. Ein weiteres Zeugnis für die aufgebrachte Stimmung am Zarenhof bietet ein Schreiben der Zarin Maria Alexandrowna an ihren Bruder, den Prinzen Alexander von Hessen, vom 18. Juli. Vgl. *E. C. Conte Corti*: Unter Zaren und gekrönten Frauen, Graz 1953, S. 199–201.

233 Vgl. *Dokumenty* Komitetu Centralnego i Rządu Narodowego 1862–1864, Wrocław-Warszawa-Kraków 1968, Dok.-Nr. 166; dt. Inhaltsangabe in: *Schultheß'* Europäischer Geschichtskalender, Jg. 1863, S. 260–261.

234 In seinem Leitartikel vom 21. Juni schrieb August Ludwig von Rochau: „Die Bluturtheile gegen angebliche oder wirkliche Verräther und Schwächlinge mehren sich in erschreckender Weise, und niemals fehlt es an bereitwilligen Händen zu deren pünktlicher Vollstreckung. Die Masse des Volkes steht wie zwischen zwei Feuern, zwischen der russischen und der polnischen Schreckensherrschaft. Daß die polnische Sache durch solche Werkzeuge vollends zu Grunde gerichtet werden muß, leuchtet der unbefangenen Beobachtung von selber ein." Vgl. *„Wochenschrift des Nationalvereins"* Nr. 164 vom 21. Juni.

als völlig unzureichend verwarf[235] und erneut die Wiedererrichtung eines polnischen Staates in den Grenzen von 1772 als ihr unverzichtbares Ziel proklamierte[236], trug in den Augen der deutschen Öffentlichkeit nicht dazu bei, die Erfolgsaussichten der Erhebung zu vermehren[237]. „Ist es heute an der Zeit", so fragte der Leitartikler der Berliner „National-Zeitung" am 5. Juli, „die polnische Unabhängigkeit in den Grenzen von 1772 zurückzufordern? Auf die Welt macht dies nur den Eindruck des ungewöhnlichen Grades von Unfähigkeit, gegebene Verhältnisse zu erkennen, und die fremde Diplomatie, weit entfernt, sich damit imponieren zu lassen, wird durch eine solche Forderung vielmehr zu dem Zweifel geführt, ob die Polen den gesunden Sinn haben würden, die Freiheit, die sie ihnen verschaffen soll, verständig auszuüben. Jeder Pole, der heute lieber träumen als die Augen offen halten will, vergeht sich an seinem Lande mehr, als dessen Bedrücker"[238].

Erst die hochfahrenden und herausfordernden Antwortnoten des Fürsten Gortschakow vom 13. Juli, in welchen der Vizekanzler unter dem frenetischen Jubel der öffentlichen Meinung[239] in erster Linie der französischen Regierung unter Hinweis auf die vor allem von Paris ausgehende „kosmopolitische Revolution" eine schneidende Abfuhr erteilte, ließ noch einmal die drohende Gefahr eines bewaffneten Konflikts am politischen Horizont aufsteigen[240]. Die russische Regierung erklärte es als mit der Würde des Kaisers und den Gefühlen der russischen Nation unverträglich, die von England ausgehende Idee eines Waffenstillstandes mit den Rebellen auch nur zu erörtern und vor einer Einstellung der Feindseligkeiten durch die vollständige Kapitulation der Aufständischen in eine Diskussion über die von den Mächten proponierten sechs Punkte einzutreten. Ebensowenig vermöge sie im Vorschlag einer Konferenz der acht Signatarmächte der Wiener Verträge irgendei-

235 Das Untergrundblatt „Niepodległość" (Unabhängigkeit) nannte die Propositionen der drei Mächte „eine bittre Verspottung unseres Unglücks" (Korrespondentenbericht aus Warschau vom 16. Juli), *NZ* Nr. 330 vom 18. Juli.

236 Am 31. Juli publizierte die geheime „Nationalregierung" eine Proklamation „An die Völker und Regierungen Europas". Vgl. *Dokumenty* Komitetu Centralnego Narodowego, Dok.-Nr. 189. Auszugsweise Übersetzung in *NZ* Nr. 358 vom 4. August, wo es u. a. hieß: „Eure Sympathien sind unser, aber eure Macht ist für Rußland."

237 Der Leitartikler der „Wochenschrift des Nationalvereins" meinte im Juli: „Die Polen wollen nicht Frieden halten, bis man ihnen die Herrschaft über wenigstens eben so viele Millionen Deutsche und Russen zugesteht, als sie selbst Köpfe zählen. Auf solche Bedingungen ist es denn freilich eine Unmöglichkeit, ihre Sache im Rathe der europäischen Mächte zu führen, geschweige denn, sie durchzusetzen." Vgl. *„Wochenschrift des Nationalvereins"* Nr. 167 vom 12. Juli. Oppenheim nannte die Proklamation, die zum „Nationalitätsprinzip" in „offenbarem Widerspruch" stehe, eine „unkluge Manifestation". Vgl. *Deutsche Jahrbücher,* Bd. 8 (Juli-September), Berlin 1863, S. 504–505.

238 *NZ* Nr. 307 vom 5. Juli.

239 In Moskau jubelte Katkov über die russischen Depeschen mit den Worten: „Bei jedem ihrer Worte muß der russische Mensch Ehre und Lob erteilen dem, der sie geschrieben hat." Zit. bei *C. Friese:* Rußland und Preußen, S. 329.

240 Vgl. *Das Staatsarchiv,* Dok.-Nr. 884, 886, 888 (Bd. V); Auszüge in: *Schultheß'* Europäischer Geschichtskalender, Jg. 1863, S. 263–266.

nen Zweck zu erkennen, da keines der seinerzeit dort getroffenen Abkommen das Recht der übrigen Vertragspartner involviere, sich in die inneren Angelegenheiten des Russischen Reiches einzumischen. Hingegen sei sie damit einverstanden, demnächst in Petersburg mit den Höfen von Wien und Berlin Besprechungen über weitere „détails administratifs" und „arrangements intérieurs" zur endgültigen und dauerhaften Pazifikation Polens aufzunehmen.

Die brüske Zurückweisung ihrer monatelangen Initiativen traf die daran beteiligten Regierungen, welche bei aller Skepsis insgeheim doch noch Hoffnungen auf eine Annahme ihrer Anregungen durch das russische Kabinett gehegt haben mochten und sich nun von allen Verhandlungen über das zukünftige Schicksal des Königreichs Polen ausgeschlossen sehen sollten, in dieser Schärfe überraschend[241]. In Zarskoe Selo, dem Sommersitz der kaiserlichen Familie, kam es in Anwesenheit des preußischen Gesandten zu einer temperamentvollen Auseinandersetzung zwischen Gortschakow und dem Herzog von Montebello, der sich nach Einsichtnahme in den russischen Notenentwurf nicht vorstellen konnte, daß man an der Seine eine derartige Beleidigung Frankreichs ungesühnt hinnehmen würde[242]. Auch Lord Napier, sein britischer Kollege, hielt im ersten Augenblick den Abbruch der diplomatischen Beziehungen für unmittelbar bevorstehend[243] und versuchte vergeblich, bei Gortschakow eine Milderung des russischen Entwurfs zu erwirken[244]. Zweifellos standen die Mächte nunmehr vor der Alternative, entweder eine empfindliche diplomatische Niederlage einzustecken oder aber ihre friedlichen Mittel für erschöpft zu erklären und trotz der fortgeschrittenen Jahreszeit Vorbereitungen zu einem Feldzug gegen das Russische Reich zu treffen[245]!

Wie sich jedoch rasch zeigen sollte, war in Wahrheit der Kulminationspunkt der polnischen Krise bereits überschritten. Wie nicht anders zu erwarten, wurde die russische Note in London zwar als „very unsatisfactory" bezeichnet, nichtsdestoweniger aber schlug Lord Russell der französischen Regierung sogleich die Einstellung aller weiteren gemeinsamen diplomatischen Schritte vor, da auf eine friedliche Lösung des Konflikts nicht mehr zu hoffen sei, und regte statt dessen eine Erklärung Frankreichs und Englands an, derzufolge man dem Kabinett in St. Petersburg die alleinige Verantwortung für alle weiteren Folgen seiner unnachgie-

241 In der Tat übertraf sie alle Erwartungen. Vgl. *F. Engel-Janosi:* Graf Rechberg, S. 108.

242 *Redern an Bismarck* – 21. VII. 1863 – APP III, Nr. 597; darauf fußend *E. Zechlin:* Bismarck und die Grundlegung der deutschen Großmacht . . ., S. 602–603.

243 Lord Napier traf bereits Vorbereitungen zum Abtransport seiner Habe und bat das Foreign Office um die Erlaubnis, seine Familie vorausschicken zu dürfen. Vgl. *S. Bóbr-Tylingo:* Napoléon III, l'Europe et la Pologne, S. 186, Anm. 27.

244 Gortschakow sagte lediglich zu, die sechs Punkte zum Ausgangspunkt seiner Überlegungen zu nehmen und die Ergebnisse der Beratungen der drei Teilungsmächte anschließend nach Paris und London mitzuteilen. *Napier an Russell* – 18. VII. 1863 – in: *Das Staatsarchiv,* Bd. V, Dok.-Nr. 889.

245 Zum Verlauf dieser Krise zusammenfassend *S. Bóbr-Tylingo:* Napoléon III, l'Europe et la Pologne, S. 182–209.

bigen Haltung überlasse und sich für alle künftigen Eventualitäten seine aus den Wiener Verträgen resultierenden Rechte vorbehalte[246].

In der öffentlichen Meinung des Landes schlug die allgemeine Entrüstung über die schnöde Herausforderung der russischen Antwortnote noch einmal hohe Wellen[247] und fand ihren Ausdruck in vor allem von der arbeitenden Bevölkerung Londons stark besuchten Polenmeetings, die in der polnischen Historiographie aus naheliegenden Gründen als wichtiger Ausgangspunkt der Ersten Internationale besondere Beachtung gefunden haben[248]. Als jedoch am 22. Juli die Teilnehmer an einer Massenversammlung in der St. James Hall eine Resolution mit der Forderung nach einer bewaffneten Intervention Englands in Polen verabschiedeten, die dem Premierminister anschließend überreicht werden sollte, lehnte Palmerston deren Entgegennahme kategorisch ab[249].

Bereits zwei Tage zuvor hatte der Regierungschef vor dem Unterhaus erklärt, daß der Wiener Vertrag allein Ihrer Majestät Regierung dazu berechtige, Rußland seiner in britischen Augen verfehlten Polenpolitik wegen Vorhaltungen zu machen, und daß jede Aufgabe dieses Rechtsbodens eine Verschlechterung der Lage der Polen nach sich ziehen müsse. Allen weitergehenden Forderungen könne nur durch einen siegreichen Krieg Geltung verschafft werden; das königliche Ministerium sei jedoch nicht bereit, diese Bahn einzuschlagen[250]. Mit dieser Äußerung hatte Palmerston, dessen friedfertigen Absichten einige seiner engsten Mitarbeiter

246 Vgl. *W. E. Mosse:* England and the Polish Insurrection, S. 49.

247 Vgl. *R. F. Leslie:* Brytyjska opinia publiczna a powstanie styczniowe, in: PH 54 (1963) S. 206–222; *ders.:* Information and Foreign Policy: An Aspect of the British Official Attitude towards the Polish Insurrection, in: Wiek XIX, Warszawa 1967, S. 345–353.

248 Vgl. *F. Romaniukowa:* W sprawie udziału Polaków w I Międzynarodówce, in: KH 68 (1961) S. 321–343; *H. Katz:* Robotnicy angielscy wobec powstania styczniowego, Łódź 1964; *ders.:* Die englischen Arbeiter, der polnische nationale Aufstand und die Entstehung der Ersten Internationale, in: BzG 8 (1966) S. 846–860; *I. Koberdowa:* Pierwsza Międzynarodówka a sprawa polska, Warszawa 1964; *G. Bobińska:* Les débuts de la Ie Internationale, les Polonais et la question polonaise, in: La Pologne au XIIe Congrès International des Sciences Historiques à Vienne, Warszawa 1965, S. 85–100.

249 Diese Entscheidung des Premierministers bezeichnete die „Kölnische Zeitung" als „höchst erfreulich". *KZ* Nr. 176 vom 31. Juli. Vgl. ferner *H. Katz:* Delegacja robotnicza u Palmerstona. Epizod ruchu na rzecz powstania styczniowego, in: PH 54 (1963) S. 333–337.

250 Zusammenfassung der Debatte in *NZ* Nr. 338 vom 23. Juli und *NPZ* Nr. 170 vom 24. Juli. Vgl. dazu ferner *H. Wereszycki:* Anglia a Polska w latach 1860–1865, Lwów 1934, S. 147 bis 152.

noch kurz zuvor mißtraut hatten[251], nach dem zutreffenden Urteil W. E. Mosses seiner polnischen Kampagne den Totenschein ausgestellt[252].

Nun schwenkten auch die führenden britischen Presseorgane sehr rasch auf die politische Linie des Premierministers und seines Staatssekretärs ein[253]. In der Londoner „Times" erschien eine Serie von Artikeln, in welchen zwar der Mangel an „Ernst und Realität" auf seiten der Regierung beklagt wurde, der zwangsläufig zum Scheitern der Interventionspolitik habe führen müssen[254], ansonsten aber der Friedenspolitik Palmerstons Anerkennung und publizistische Unterstützung zuteil wurden[255]. In seiner Ausgabe vom 25. Juli erklärte das Blatt unumwunden, daß die Interessen Englands und Frankreichs in Europa diametral auseinanderliefen. Niemand, so hieß es unter Anspielung auf die Rheinpläne Napoleons, könne um des europäischen Gleichgewichts willen Rußland zugunsten Frankreichs schwächen wollen[256]. Das Ende der französisch-britischen „Allianz" kündigte sich unübersehbar an[257].

Am Quai d'Orsay, wo man sich im Frühjahr noch ausgesucht höflicher Behandlung von seiten des russischen Vizekanzlers hatte erfreuen dürfen, erregte die alle über den Fortbestand der russisch-französischen „Allianz" dort noch gehegten Illusionen rücksichtslos zerstörende Note Gortschakows eine derartige Betroffenheit, daß man sie erst nach einigen Tagen im „Moniteur" zu veröffentlichen wagte[258]. Daraufhin erhob sich ein Sturm der Entrüstung in der Pariser Presse, die in seltener Einmütigkeit die russische Antwort als völlig unannehmbar und mit der Ehre der französischen Nation vollkommen unverträglich bezeichnete[259],

[251] Vgl. *W. E. Mosse:* England and the Polish Insurrection, S. 54, Anm. 1.

[252] Ebda., S. 49. Begreiflicherweise war der russische Gesandte in London, Baron Brunnow, über diese Wendung der Dinge sehr erfreut. Seinem sächsischen Kollegen gegenüber äußerte er seine tiefe Befriedigung über die „unquestionable aversion" der Londoner Börsenwelt gegen den Gedanken eines Krieges; auch über die Reden Gladstones und Palmerstons im Parlament könne er nicht klagen. *Vitzthum von Eckstädt an Beust* – 23. VII. 1863 – in: *C. F. Vitzthum von Eckstädt:* St. Petersburg und London in den Jahren 1852–1864, Stuttgart 1886, S. 237.

[253] Diese Schwenkung wird in der neueren polnischen Historiographie vor allem Londoner Börsenkreisen zugeschrieben, doch dürfte das Land insgesamt einem Krieg gegen Rußland entschieden abgeneigt gewesen sein! Vgl. *S. Kieniewicz:* Powstanie styczniowe, S. 592.

[254] Leitartikel der „Times" vom 22. Juli, nachgedruckt in *NZ* Nr. 340 vom 24. Juli und *NPZ* Nr. 171 vom 25. Juli.

[255] „En ce moment le cours de l'opinion est décidément pour le maintien de la paix. On pourrait en trouver dans l'article ci-joint du Times de ce matin, qui prédit la chute de tout Ministère qui déclarerait la guerre." *Cetto an König Maximilian II.* – 25. VII. 1863 – GStA München, MA III/2258. Vgl. auch *H. Wereszycki:* Anglia a Polska, S. 161–164.

[256] *Bernstorff an Bismarck* – 25. VII. 1863 – APP III, Nr. 603.

[257] Zu den Folgen dieser Entwicklung vgl. *W. E. Mosse:* England and the Polish Insurrection, S. 52–55.

[258] Vgl. *S. Kieniewicz:* Powstanie styczniowe, S. 591.

[259] Vgl. *K. Kaiser*: Napoleon III. und der polnische Aufstand von 1863, Berlin 1932; *S. Bóbr-Tylingo:* Napoléon III, l'Europe et la Pologne, S. 188–189.

während einige Häuserwände in der Hauptstadt bereits mit Kriegsparolen bedeckt wurden[260]. Schon prognostizierten deutsche Beobachter in der französischen Metropole angesichts der fulminanten Sprache selbst inspirierter Presseorgane den nahe bevorstehenden Kriegsausbruch[261]. So meldete z. B. der sonst gewöhnlich eher zurückhaltende Pariser Korrespondent der „Neuen Preußischen Zeitung" am 22. Juli, vor allem die revolutionäre Presse speie „Feuer und Flamme", und schloß seinen Bericht mit der Bemerkung, daß „die Eventualität ernster Verwicklungen ... selbst von den gemäßigsten Staatsmännern ins Auge gefaßt" werde[262].

In diplomatischen Kreisen freilich gab man sich erheblich gelassener. Zwar äußerte Drouyn de Lhuys in einer Unterredung mit dem preußischen Gesandten, die russische Antwort habe die Hoffnung auf einen Erfolg der diplomatischen Aktion in der polnischen Frage zerstört und Gortschakow sei bei der Abfassung seiner Depeschen offenbar „nicht glücklich inspiriert" gewesen[263]. Dennoch bestand nach dem Eindruck des Grafen Goltz vorerst keine unmittelbare Kriegsgefahr[264]. Ähnlich zuversichtlich äußerte sich der bayerische Gesandte in Paris, der zwar konstatierte: „Le sentiment est ici très alarmé et l'on se croyrait déjà à la veille de la guerre", dann aber abschließend beruhigend meinte: „L'impression des hommes sérieux est que, malgré tout le bruit qui se fait autour de cette question, une guerre n'est pas à craindre"[265].

Dennoch konnte es sich das Ministerium angesichts einer aufs höchste aufgebrachten Öffentlichkeit kaum leisten, eine drohende diplomatische Niederlage ohne geeignete Gegenmaßnahmen hinzunehmen. Infolgedessen entwickelte Drouyn de Lhuys erneut beträchtliche diplomatische Aktivitäten und schlug den „alliierten" Regierungen in Wien und London vor, dem bisherigen gemeinsamen Vorgehen durch die Abfassung nunmehr tatsächlich identischer Noten eine schärfere Akzentuierung zu verleihen, obwohl er sich der Aussichtslosigkeit dieses Schrittes augenscheinlich von vornherein bewußt war[266]. Die britische Regierung wies denn auch den Vorschlag des Quai d'Orsay umgehend zurück[267], während man am Ballhausplatz wiederum hinhaltend taktierte und sich beinahe verzwei-

[260] Vgl. *S. Kieniewicz:* Powstanie styczniowe, S. 591.

[261] Der Korrespondent der „Kölnischen Zeitung" schrieb am 23. Juli, die öffentliche Meinung sei „sehr gegen Rußland eingenommen, und wenn man im Volke auch den Krieg nicht gerade wünscht, so erwartet ihn doch fast Jedermann". *KZ* Nr. 204 vom 25. Juli.

[262] *NPZ* Nr. 171 vom 25. Juli.

[263] Auf die Frage des sächsischen Gesandten in London, ob eine versöhnlichere Sprache Gortschakows nicht zweckmäßiger gewesen wäre, antwortete Baron Brunnow, dies sei ihm aus der Seele gesprochen: „Leider gehört Fürst Gortschakoff zu den Ministern, die die Tinte nicht halten können und das Schreiben mehr lieben als das Handeln." *Vitzthum an Beust* – 23. VII. 1863 – in: *C. F. Vitzthum von Eckstädt:* St. Petersburg und London in den Jahren 1852–1864, Stuttgart 1886, S. 237.

[264] *Goltz an Bismarck* – 23. VII. 1863 – APP III, Nr. 601.

[265] *Wendland an König Maximilian II.* – 24. VII. 1863 – GStA München, MA I/505.

[266] Vgl. *H. Scheidt:* Konvention Alvensleben, S. 99–100.

[267] Vgl. *W. E. Mosse:* England and the Polish Insurrection, S. 51.

felt bemühte, die Westmächte vor durch die russische Note ausgelösten „irreparablen Schritten“ zurückzuhalten[268]. Als der französische Regierungschef jedoch nach der prompten englischen Absage in Wien wenigstens identische Noten à deux anregte, stieß er auch dort auf taube Ohren, da man sich in der Staatskanzlei nach langwierigen Diskussionen nur auf einen nochmaligen gemeinsamen Schritt der drei Mächte mit allenfalls identischer Schlußpassage verstehen wollte, falls dazu das Einverständnis des englischen Kabinetts zu erreichen sein sollte[269].

Nachdem sich die drei Regierungen nach wiederum wochenlagen Konsultationen endlich auf diesen Minimalkonsens verständigt hatten, entschloß sich das französische Außenministerium dazu, gleichsam als „Vorreiter“ zum drittenmal an der Newa vorstellig zu werden[270]. Bereits am 3. August wurde eine weitere Note nach Petersburg ausgefertigt, in welcher Drouyn de Lhuys den russischen Vorwurf, die revolutionären Ereignisse im Königreich Polen erhielten ihre Nahrung hauptsächlich aus Frankreich als dem Zentrum der „kosmopolitischen Demagogie“, mit aller Entschiedenheit zurückwies und betonte, daß die augenblicklich in Polen herrschenden beklagenswerten Zustände ein Ergebnis jahrzehntelanger russischer Mißregierung darstellten, auf welche „die ganze polnische Nation“ schließlich in ihrer Verzweiflung im Namen der Gerechtigkeit, des Vaterlandes und der Religion mit bewaffnetem Widerstand geantwortet habe[271]. Diesen unerträglichen Verhältnissen durch ihren freundschaftlichen Rat abzuhelfen sei allein das leitende Motiv der drei Mächte gewesen. Um so lebhafter müsse die französische Regierung nunmehr die Nutzlosigkeit aller ihrer Bemühungen bedauern und gemeinsam mit Österreich und England dem russischen Hof die Verantwortung für alle Folgen überlassen, welche die Fortdauer der polnischen Wirren nach sich ziehen könnten[272].

Konkrete Forderungen an das Kabinett in St. Petersburg enthielt das Dokument keine mehr, und so fiel es Gortschakow nicht schwer, die Note etwas herablassend als „évidement pour la galerie française“ zu charakterisieren[273]. Während der Presselärm in Paris offensichtlich nicht ohne höhere Weisung rasch verebbte[274],

268 Der bayerische Gesandte in Wien meinte, Graf Rechberg habe „eine gewisse Ängstlichkeit über die Situation“ nicht verbergen können. *Bray an König Maximilian II.* – 23. VII. 1863 – GStA München, MA I/505.

269 Vgl. *F. Engel-Janosi:* Graf Rechberg, S. 110.

270 Vgl. *S. Bóbr-Tylingo:* Napoléon III, l'Europe et la Pologne, S. 202–203.

271 Vgl. *C. Friese:* Rußland und Preußen, S. 329–330.

272 „Si la Russie ne fait pas tout ce qui dépend d'elle pour réaliser les intentions modérées et conciliantes des trois Puissances, si elle n'entre pas dans la voie qui lui a été indiquée par des conseils amicaux, elle est responsable des graves consequences que la prolongation des troubles de la Pologne peut entrainer.“ *Drouyn de Lhuys an Montebello* – 3. VIII. 1863 – in: *Das Staatsarchiv*, Bd. V, Dok.-Nr. 893; dt. in: *Schultheß'* Europäischer Geschichtskalender, Jg. 1863, S. 195–196.

273 *Gortschakow an Brunnow (London)* – 17./29. VIII. 1863 – zit. bei *I. Koberdowa:* Wielki Książę Konstanty w Warszawie, S. 205, Anm. 44.

274 Am 27. Juli betonte „La France“, daß es zwischen Rußland und Frankreich keinen Kriegsgrund gebe; zwei Tage später erklärte „La Nation“, die Regierung denke an kein Ultimatum. *NZ* Nr. 348 vom 29. Juli und Nr. 352 vom 31. Juli.

blieb dem Ministerpräsidenten schließlich nur noch das Eingeständnis des Scheiterns seiner monatelangen Bemühungen übrig, als sich am 5. August nach siebenstündiger Sitzung unter Vorsitz des Kaisers trotz seiner Rücktrittsdrohung alle seine Kollegen gegen einen Krieg aussprachen[275]. Nach dieser Entscheidung mußten die polnischen Patrioten ihre hochgespannten Hoffnungen auf französische Waffenhilfe, die im Frühjahr namentlich die gemäßigte Gruppierung der „Weißen" erst zum Anschluß an die Insurrektion veranlaßt hatte[276], endgültig begraben[277]. Freilich sollte Napoleon III. die führenden Persönlichkeiten im Pariser „Hôtel Lambert", dem Zentrum der hocharistokratischen polnischen Emigration, über seine Absichten noch lange im Ungewissen lassen. Erst im April des Jahres 1864 eröffnete der Kaiser dem Fürsten Czartoryski, daß er für ihn und seine Landsleute nichts mehr tun könne: „En effet la situation est mauvaise: Vous devez la vérité à Vos compatriotes; il n'y a en ce moment aucune chance de succès pour Vous"[278].

Anders als in Paris hatte sich in Wien von Anfang an niemals die Alternative zwischen Krieg und Frieden gestellt, sondern es war – wie vielfach gezeigt – am Ballhausplatz seit dem Ausbruch der Krise die Erhaltung des Friedens unausgesetzt die oberste Richtschnur der dortigen Außenpolitik geblieben. Als auch die liberale Presse in der Donaustadt überaus allergisch auf die russische Zurückweisung aller Verständigungsversuche reagierte[279] und vereinzelt sogar die Forderung nach bewaffneter Genugtuung laut wurde[280], ließ das Ministerium in die ihr naheste-

[275] Vgl. *S. Bóbr-Tylingo:* Napoléon III, l'Europe et la Pologne, S. 198–199; *S. Kieniewicz:* Les insurrections polonaises du XIX siècle et le problème de l'aide de la France, Warszawa 1971, S. 15.

[276] Vgl. dazu vor allem *I. Koberdowa:* Polityka czartoryszczyzny w okresie powstania styczniowego, Warszawa 1957; für die Vorbereitungsphase *H. Wereszycki:* Hôtel Lambert i obóz białych przed wybuchem powstania styczniowego, in: PH 50 (1959) S. 514–544.

[277] Vgl. zusammenfassend *S. Kieniewicz:* Les insurrections polonaises du XIXe siècle et le problème de l'aide de la France, Warszawa 1971. Seiner Bemerkung, daß im Jahre 1863 der Friede an einem seidenen Faden gehangen habe (z. B. anläßlich der Sitzung des französischen Ministerrats vom 5. August), können – mit durchaus demselben Recht – andere Urteile entgegengestellt werden, denen zufolge ein militärisches Eingreifen der Westmächte zu keiner Zeit wahrscheinlich war. Vgl. z. B. *P. S. Wandycz:* The Lands of Partitioned Poland, 1795–1918, Seattle and London 1974, S. 176; ferner *G. Labuda:* Polska granica zachodnia, Poznań 1971, wonach der Aufstand nicht die geringsten Erfolgsaussichten hatte (S. 145).

[278] Vgl. *W. Czartoryski:* Pamiętnik, Warszawa 1960, S. 392; dazu *S. Kieniewicz:* Les insurrections polonaises, S. 16, der Napoleon gegen spätere polnische Vorwürfe in Schutz nimmt.

[279] „Die russische Depesche klopft Oesterreich herablassend auf die Achsel, als wollte man sagen: Gebärdet euch in Wien so westmächtlich als ihr wollt, ihr könnt am Ende doch nicht anders als mit Rußland gehen", schrieb die Wiener „Presse" am 3. August. *KZ* Nr. 216 vom 6. August.

[280] Am 22. Juli berichtete der Korrespondent der „Neuen Preußischen Zeitung" aus Wien: „Die österreichischen Noten sind diesen Leitern der öffentlichen Meinung alle zu demüthig, zu friedlich, die russischen Antworten zu hochmüthig, zu herausfordernd, und das erheischt eine sofortige Waffenergreifung." *NPZ* Nr. 171 vom 25. Juli.

hende „Constitutionelle Oesterreichische Zeitung“ umgehend einen Artikel einrücken, in welchem es beinahe beschwörend hieß: „Oesterreich will keinen Krieg; Oesterreich will mit Niemandem und gegen Niemanden Krieg führen . . . ; Oesterreichs höchste und heiligste Interessen, jene der Krone wie der Länder und Völker, erfordern die Aufrechterhaltung des Friedens. Die polnische Angelegenheit ist für Oesterreich nicht dahin gediehen, daß man eine Heer-Aufstellung in Galizien beordern müßte“[281]. Auch seinen deutschen Kollegen gegenüber ließ Graf Rechberg keinen Zweifel darüber aufkommen, daß seine Regierung trotz aller Animositäten[282] nicht daran dachte, etwa Repressalien gegen den russischen Nachbarn wie beispielsweise den Abbruch der diplomatischen Beziehungen oder gar militärische Demonstrationen in Galizien in Szene zu setzen[283].

Als daher am 11. und 12. August die Noten Englands und Österreichs im Anschluß an diejenige Frankreichs nach Petersburg geschickt wurden, handelte es sich im Grunde nur noch um Deklarationen zur Wahrung des eigenen Rechtsstandpunktes, ohne daß hinter ihnen noch ernsthafte Interventionsabsichten standen[284]. Im Gegenteil setzten nun auch in Galizien verstärkte Grenzsicherungsmaßnahmen gegen die Zuzüge polnischer Freischärler in das Königreich Polen ein, während es im Landesinnern zu ersten Verhaftungswellen kam[285].

Freilich waren diese in ihrer Härte nicht entfernt mit den Maßregeln zu vergleichen, welche seit Anfang Juli im Königreich Polen Raum griffen. Bereits am 7. dieses Monats war mit dem Markgrafen Alexander Wielopolski der Exponent eines polnisch-russischen Ausgleichs „aus Gesundheitsgründen“ beurlaubt und somit

[281] *KZ* Nr. 206 vom 27. Juli.

[282] Ausdruck dafür waren Spekulationen um die Abberufung des an sich strikt antiösterreichischen Gesandten Balabine aus Wien am 22. Juli. *Edelsheim an Roggenbach* – 27. VII. 1863 – GLA Karlsruhe, Best. 48/3010. Den Sachverhalt hat nach den russischen Akten abschließend geklärt *I. Koberdowa:* Wielki Książę Konstanty w Warszawie, S. 199–201.

[283] *Werther an Bismarck* – 27. VII. 1863 – APP III, Nr. 605; der bayerische Geschäftsträger faßte seinen Eindruck in den Worten zusammen: „Österreich geht mit den Westmächten, so lange es sich nur um eine friedliche Lösung der Frage handelt.“ *Malzen an König Maximilian II.* – 29. VII. 1863 – GStA München, MA III/2431.

[284] *Russell an Napier* – 11. VIII. 1863 – in: *Das Staatsarchiv,* Bd. V, Dok.-Nr. 894; *Rechberg an Thun* – 12. VIII. 1863 – ebda., Dok.-Nr. 895. Der württembergische Gesandte in Petersburg berichtete am 24. August, Gortschakow sei bei der Verlesung „in der besten Laune“ gewesen; ob er überhaupt antworten werde, sei unbekannt. „Jedenfalls hält man vorerst die diplomatischen Verhandlungen über die polnische Frage für geschlossen.“ *Spitzemberg an Hügel* – 24. VIII. 1863 – HStA Stuttgart, Best. E 72/124.

[285] Neben den älteren grundlegenden Arbeiten von *H. Wereszycki:* Austrja a powstanie styczniowe, Lwów 1930; *S. Kieniewicz:* Adam Sapieha, Lwów 1939; neuerdings *K. Olszański:* Prasa galicyjska wobec powstania styczniowego, Wrocław-Warszawa-Kraków-Gdańsk 1975, bes. S. 181–200; ferner die Berichte der Wiener Agenten der „außenpolitischen“ Zentrale der „Nationalregierung“ in Paris vom 13. Juni und 11. Juli, in: *Polska działalność dyplomatyczna* 1863–1864, hrsg. von *A. Lewak*, Bd. II, Warszawa 1963, S. 55 bis 60.

auch formell durch den Grafen Berg abgelöst worden[286], der nach kurzer Übergangsfrist nun auch in seinem Herrschaftsbereich die revolutionäre Bewegung nach dem Vorbild seines Kollegen Muravev in Wilna mit drakonischer Strenge zu bekämpfen begann[287]. Diesem erbarmungslosen Vorgehen korrespondierte auf seiten der Aufständischen der verstärkte Einsatz sogenannter „Revolutionstribunale", die mit Dolch und Strick gegen alle des Vaterlandsverrats Verdächtigen vorzugehen begannen. „So wie die Lage jetzt ist", schrieb der Warschauer Korrespondent der Berliner „National-Zeitung" am 6. September, „kann sie unmöglich lange mehr dauern. Von beiden Seiten geschehen Gewaltthätigkeiten fast beispielloser Art. In der Citadelle in Modlin wird auf die Folter gespannt, gehenkt, erschossen, und die revolutionären Machthaber ihrerseits errichten Revolutionstribunale, bewaffnen die Hände junger Leute zur Rache und üben einen eisernen Terrorismus auf die Bevölkerung aus"[288].

Während man in weiten Kreisen der deutschen Öffentlichkeit noch hilflos, aber doch voller Entrüstung zusehen mußte, wie „der materielle Ruin der polnischen Bevölkerung von Stadt und Land planmäßig und mit einer kaltblütigen Grausamkeit betrieben" wurde, „welche allen Gesetzen der europäischen Gesittung offen Hohn spricht"[289], stieß eine weitere Proklamation der polnischen „Nationalregierung", in welcher sie feierlich verkündete, auf die Wiederherstellung Polens in den Grenzen von 1772 nicht verzichten zu können, in der deutschen Presse bereits auf Unverständnis, ja bisweilen auf schroffe Ablehnung[290].

Namentlich das führende liberale Blatt der preußischen Rheinprovinz, die in ganz Deutschland viel gelesene und ihrer soliden Berichterstattung wegen hochgeschätzte „Kölnische Zeitung", die im Frühjahr den außenpolitischen Kurs der Regierung in Berlin vehement attackiert hatte, nannte unter Übernahme eines Berichts des Warschauer Korrespondenten der „National-Zeitung" das Manifest der polnischen „Nationalregierung" vom 1. August das „Non plus ulta polnischer Unbesonnenheit" und fügte hinzu: „Rußland konnte keinen wirksameren Bundesgenossen bekommen, als es ihn jetzt an dieser polnischen sogenannten National-Re-

[286] Der bayerische Gesandte meldete dazu aus Petersburg: „L'opinion publique ici applaudit à cette mesure, sans être cependant complètement satisfaite." Man erwarte vielmehr die baldige Abberufung des Großfürsten Konstantin, da dessen Regierungstätigkeit in Warschau „peu heureux", um nicht zu sagen „peu habile" gewesen sei. *Perglas an König Maximilian II.* – 1./13. VIII. 1863 – GStA München, MA III/2747.

[287] Diese setzten in voller Schärfe nach einem Attentat auf den Grafen Berg am 19. September ein, nach welchem das Palais der Fürsten Zamoyski, aus dem angeblich geschossen worden war, vom Militär geplündert und verwüstet wurde. Vgl. dazu *S. Kieniewicz:* Powstanie styczniowe, S. 637–640, auch Abb. S. 657.

[288] *NZ* Nr. 250 vom 9. September.

[289] *„Wochenschrift des Nationalvereins"* Nr. 183 vom 29. Oktober.

[290] Vgl. *Dokumenty* Komitetu Centralnego Narodowego i Rządu Narodowego, Dok.-Nr. 188, S. 190–192. Der Leitartikler der „Kölnischen Zeitung" fragte: „Was würde wohl ein Cavour zu solchen Fieberphantasien gesagt haben?" *KZ* Nr. 215 vom 5. August.

gierung erhalten hat". Mit ihrer Erklärung habe sie notwendigerweise die Solidarität der Teilungsmächte zementiert, und da sie offenbar weder Österreich noch England zu Freunden haben wolle, müsse man sich fragen, ob sie allen Ernstes daran glaube, „daß Frankreich allein, etwa an der Seite Italiens, der Türkei und Schwedens, einen abenteuerlichen Feldzug gegen die Felsenwände von Sveaborg und Kronstadt und gegen die Steppenländer des russischen Bessarabiens unternehmen werde?"[291]

Einige Tage später sprach der Leitartikler desselben renommierten Presseorgans erneut von der Warschauer Proklamation als von einem „folgenschweren politischen Fehler", der sich vor allem in Wien bereits höchst nachteilig ausgewirkt habe. Polen sei jetzt auf allen drei Seiten hermetisch abgeschlossen. Augenscheinlich habe die geheime Nationalregierung die öffentliche Meinung Europas falsch eingeschätzt, „die den polnischen Führern bis dahin nicht bloß Muth und Ausdauer, sondern auch politischen Verstand zugetraut hatte"[292]. Der polnischen Sache, so hieß es an anderer Stelle, werde ferner ungemein geschadet „durch das maßlose Streben, aus den kleinsten Begebenheiten große Erfolge zu machen und mit der Wahrhaftigkeit in den Berichten wahrhaft asiatisch zu verfahren". Das „abentheuerliche Programm der National-Regierung für den Territorialbesitz von 1772" bedeute nicht nur eine „Thorheit", sondern einen „schweren politischen Fehler, und diese Überzeugung wird von allen unbefangenen deutschen und englischen Blättern getheilt"[293].

In der Tat ließen sich auch aus der Donaumetropole ähnliche Töne vernehmen, wo die liberalen „Neuesten Nachrichten" angesichts besagten Manifests der Nationalregierung zunächst sogar an einen russischen Propagandatrick glauben wollten, „um die Intervenienten (!) gegen Polen zu hetzen". Mit Recht teilte die eher konservative „Ostdeutsche Post" diese Illusion keineswegs und konnte sich nicht vorstellen, „daß Preußen Posen und Oesterreich Galizien kraft des Nationalitäts-Princips der provisorischen Regierung unbedenklich aushändigen werden", zumal diese im Widerspruch zu eben diesem Prinzip zwei Millionen Ruthenen für sich beanspruche. Was aber solle – so fragte das Blatt weiter – denn mit den Gebieten „Altpreußens" geschehen, welche das Ziel polnischer Sehnsucht darstellten, „mit Elbing, Thorn, Kulm, Marienwerder, Braunsberg, Frauenburg, der alten Ordensburg Marienburg, der herrlichen Hansestadt Danzig?" Kein Mensch spreche dort auch nur eine Silbe Polnisch und wäre nicht weniger erstaunt, wenn statt der polnischen Nationalregierung „der Kaiser von China" diese Gebiete für sich reklamierte. „Keiner anderen Nation gegenüber", so schloß das Blatt nicht ohne tadelnden Seitenhieb, „würde die ‚National-Regierung' in ihrer heutigen Lage sich

[291] *KZ* Nr. 219 vom 9. August. Derart phantastische Vorstellungen, die von den Zeitgenossen bereits bekämpft wurden, finden in der exilpolnischen Historiographie bis heute ihren Niederschlag. Vgl. *S. Bóbr-Tylingo:* Napoléon III, l'Europe et la Pologne, S. 288–294, bes. S. 291–292.

[292] *KZ* Nr. 225 vom 15. August.

[293] *KZ* Nr. 229 vom 19. August.

mit einer solchen Forderung hervorwagen; aber sie weiß auch, daß eine gewisse Sorte Liberalismus eben bloß in Deutschland zu Hause ist“[294].

In der Tat geriet nun auch die Politik Österreichs, die der preußischen Regierung im Frühjahr noch in der deutschen öffentlichen Meinung vielerorts als Muster umsichtiger und humaner Verhaltensweise vorgehalten worden war, immer mehr ins Kreuzfeuer der Kritik, zumal sich die Zustände in Galizien zunehmend verschlimmerten und seitens der Wiener Zentrale nunmehr scharfe Repressivmaßnahmen auslösten[295]. Im Laufe des Sommers häuften sich in der überregionalen deutschen Presse Berichte über ein immer rigoroseres Einschreiten der österreichischen Behörden gegen sogenannte revolutionäre Umtriebe und illegale Grenzüberschreitungen in das benachbarte Russisch-Polen[296]. Am 31. August erinnerte der Wiener Korrespondent der „Neuen Preußischen Zeitung“ seine Leser an die im Frühjahr geäußerten optimistischen Prognosen des Grafen Rechberg, es werde seiner Regierung im Gegensatz zu den in Berlin in Szene gesetzten spektakulären Grenzsicherungsmaßnahmen „eine verhältnismäßig kleine Besatzung“ genügen, um Österreichs polnische Besitzungen zu sichern, und fügte nicht ohne eine gewisse Genugtuung hinzu: „Heut stehen die Dinge anders, und nicht bloß sind die Truppen in Galizien nach und nach vermehrt worden, sondern es stehen auch weitere strenge Maßregeln in Aussicht, welche dem immer unerträglicher werdenden Zustande der revolutionären Drohungen und Vergewaltigungen, der an vielen Orten Galiziens herrscht, ein Ende zu machen bestimmt sind“[297]. Auch im liberalen Lager wurden diese Vorgänge nicht ohne besorgte Aufmerksamkeit verfolgt. So wurde z. B. der „Kölnischen Zeitung“ Anfang September aus der Donaustadt geschrieben: „Die Beschwerden über übertriebenen Diensteifer der österreichischen Polizei und der Truppen an der Gränze nehmen zu, selbst in Wiener Blättern. Haussuchungen sind zur Tagesordnung geworden, und Arretierungen der Edelleute auf ihrem Grund und Boden deßgleichen“[298].

Während somit der innenpolitische Kurs der Wiener Regierung immer stärker mit der nach wie vor eingehaltenen außenpolitischen Orientierung an der Seite der Westmächte zu kontrastieren begann[299], signalisierten deutsche Diplomaten und Korrespondenten aus sämtlichen europäischen Hauptstädten das nahe bevorste-

[294] *KZ* Nr. 217 vom 7. August.

[295] „Wie man hört“, berichtete der kurhessische Gesandte aus Wien, „sind 25 000 Mann Truppen nach Galizien beordert worden.“ *Baumbach an Kurfürst Friedrich Wilhelm* – 23. VII. 1863 – StA Marburg, Best. 9 a/64/Bl. 65–66.

[296] Zur Organisation der Aufständischen in Galizien zusammenfassend *S. Kieniewicz*: Powstanie styczniowe, S. 615–619.

[297] *NPZ* Nr. 205 vom 3. September.

[298] *KZ* Nr. 245 vom 4. September.

[299] Über diese Entwicklung wurde in Pariser Regierungskreisen lebhafte Klage geführt. *Goltz an Bismarck* – 1. IX. 1863 – APP III, Nr. 674.

hende Ende des monatelangen Meinungsaustausches über die polnische Frage[300]. Als äußeres Indiz für die allgemeine Überzeugung, daß die polnische Krise im laufenden Jahr wenigstens nicht mehr in einen allgemeinen bewaffneten Konflikt münden würde, galt ihnen die Abreise beinahe aller leitenden Staatsmänner und diplomatischen Vertreter in die Sommerferien. Schon am 12. Juli meldete der württembergische Gesandte aus Paris: „Der Kaiser ist in Vichy, sämtliche Botschafter, selbst Baron Budberg, sind im Auslande oder in französischen Seebädern, meine Collegen von Sachsen, Bayern und anderen längst von hier abgereist, was am Besten beweist, daß man vor der Hand nichts von Bedeutung erwartet"[301].

Vierzehn Tage später beendete auch das Parlament in London seine Sitzungsperiode. In der aus diesem Anlaß verlesenen Thronrede drückte der Lordkanzler im Namen der Königin das tiefe Bedauern der Regierung über die gegenwärtige Lage Polens aus und äußerte zugleich die Hoffnung, daß die nach wie vor gültigen Stipulationen des Wiener Vertrages von 1815 endlich ausgeführt würden, damit dadurch „ein für die Menschheit schmerzlicher, für die Ruhe Europa's gefährlicher Conflict zum Abschlusse gebracht werde"[302]. Gleichzeitig mit den Abgeordneten verließen auch die Kabinettsmitglieder die Hauptstadt[303].

Wie an der Themse so erstarb auch an der Newa hinsichtlich der polnischen Frage allmählich jede außenpolitische Aktivität[304]. Statt dessen nahm die russische Regierung ihre seit einiger Zeit im Großfürstentum Finnland eingeleitete

300 So meldete der bayerische Gesandte aus London: „On s'accorde à regarder tout danger de guerre comme écarté pour cette année." *Cetto an König Maximilian II.* – 3. VIII. 1863 – GStA München, MA III/2258. Aus Wien wurde berichtet, die Großmächte hätten sich „nach allen den großen Worten und langen Verhandlungen ... über Nichts geeinigt, als über eine Wiederholung des vorigen Schrittes". *Edelsheim an Roggenbach* – 8. VIII. 1863 – GLA Karlsruhe, Best. 48/3010. Der bayerische Geschäftsträger schrieb eine Woche später aus Wien. „Die polnische Sache schläfert hier übrigens merklich ein – und wenn es gelingt, die friedlichen Dispositionen bis in den Herbst hinein zu erhalten, so ist diese Angelegenheit bis zum nächsten Frühjahr wohl als zu Grabe getragen zu betrachten." *Malzen an König Maximilian II.* – 13. VIII. 1863 – GStA München, MA III/2431. „La question polonaise est à peu pris oubliée." *Cetto an König Maximilian II.* – 22. VIII. 1863 – GStA München, MA III/2258.

301 *Wächter an Hügel* – 12. VII. 1863 – HStA Stuttgart, Best. E 70/47/Bl. 70–69.

302 *NZ* Nr. 350 vom 30. Juli und *KZ* Nr. 210 vom 31. Juli (Korrespondentenbericht aus London vom 29. Juli).

303 Am 3. August wurde der „Kölnischen Zeitung" aus London geschrieben, daß Palmerston in die Broadlands und Russell nach Schottland abgereist seien und von den Botschaftern alle bis auf diejenigen Rußlands und der Vereinigten Staaten London verlassen hätten. *KZ* Nr. 216 vom 6. August.

304 Nach Auskunft des Petersburger Korrespondenten der Berliner „National-Zeitung" betrachtete man „hier jetzt die Kriegsgefahr als beseitigt und den diplomatischen Feldzug als zu Gunsten Rußlands beendet". *NZ* Nr. 381 vom 18. August.

Liberalisierungspolitik wieder auf[305]. Nachdem am 18. Juni ein kaiserliches Manifest die Wiedereröffnung des seit dem Jahre 1809 geschlossenen Landtages für den 15. September angekündigt hatte, folgte im Juli anläßlich eines Kaiserbesuches in Parola eine weitere Anordnung, welche die Gleichstellung des Finnischen mit der bis dahin amtlichen schwedischen Sprache verfügte[306]. Diese angesichts der im Königreich Polen soeben gescheiterten Reformpolitik einigermaßen überraschende Einführung bzw. Wiederbelebung konstitutioneller Institutionen sollte augenscheinlich zum einen allen schwedischen Ambitionen auf seinen ehemaligen finnischen Besitz, wie sie sich noch im Frühjahr in einigen Stockholmer politischen Kreisen und bei Hofe geäußert hatten, entgegenwirken[307], zum anderen aber wohl auch dem Ausland demonstrieren, daß polnische Undankbarkeit und verstockte Uneinsichtigkeit allein eine ähnliche Entwicklung dortzulande verhindert hatten[308]. Trotz einer gewissen Unzufriedenheit in russischen Regierungskreisen und in der öffentlichen Meinung über diese dem eigentlichen Rußland gegenüber bevorzugte Behandlung des Großfürstentums Finnland[309] reiste der Kaiser im September nach Helsingfors, um den Landtag in eigener Person feierlich zu eröffnen[310]. Bei dieser Gelegenheit wies Alexander auf die Grundgedanken einer Verfassung für das Land hin und versprach, die verbrieften Rechte der Stände zu erweitern[311].

Den aufständischen Polen gegenüber freilich konnte von derartigen liberalen Gesten inzwischen keine Rede mehr sein[312].

305 Grundlegend immer noch *L. Krusius-Ahrenberg:* Der Durchbruch des Nationalismus und Liberalismus im politischen Leben Finnlands 1856–1863, Helsinki 1934; ferner *dies.:* Finnischer Separatismus und russischer Imperialismus im vorigen Jahrhundert, in: Rußland, Europa und der deutsche Osten, München 1960, S. 121–160.

306 Vgl. *E. Jutikkala:* Geschichte Finnlands, Stuttgart 1964, S. 289–297; zuletzt diese Problematik streifend *L. Kowalska-Posten:* Stosunek króla i rządu szwedzkiego do sprawy polskiej w 1863 roku, in: SH 19 (1976) S. 335–354.

307 Vgl. *I. Koberdowa:* Wielki Książę Konstanty w Warszawie, S. 206–208.

308 Was die „gesetzmäßige Entwicklung der repräsentativen Institutionen" für Finnland anging, so bestand dabei für den bayerischen Gesandten in der russischen Hauptstadt kein Zweifel an der Aufrichtigkeit des Kaisers. *Perglas an König Maximilian II.* – 12. IV. 1864 – Politischer Hauptbericht für das Jahr 1863, in: Rußland 1852–1871, hrsg. von *B. Jelavich,* Wiesbaden 1963, S. 112.

309 Vgl. die Äußerung von D. Miljutin: „Der Kaiser hat die russische Gesellschaft mit keinem Wort erwähnt; und wir?" zit. bei *I. Koberdowa:* Wielki Książę Konstanty, S. 208.

310 Vgl. *E. Jutikkala:* Geschichte Finnlands, Stuttgart 1964, S. 289–297.

311 Text der Thronrede des Kaisers in: *Schultheß'* Europäischer Geschichtskalender, Jg. 1863, S. 269.

312 Kennzeichnend für die Stimmungslage in Rußland ist u. a. ein Brief der Baronin Editha von Rahden an den Freiherrn von Haxthausen vom 1. August, worin es u. a. heißt: „Das Ausland ahnt nicht, welche Fortschritte die öffentliche Meinung gemacht hat. Moskau ist wie immer der Herd jener patriotischen Gluth, welche wie ein flüssiges Meer sich bis in die entlegensten Gouvernements verbreitet hat." Vgl. *A. Cohausz* (Hrsg.): August von Haxthausen – Editha von Rahden. Ein Briefwechsel im Hintergrund der russischen Bauernbefreiung von 1861, Paderborn 1975, Nr. 167, S. 173–175; vgl. *E. Zechlin:* Bismarck und die Grundlegung der deutschen Großmacht, S. 611 (nach den Berichten des preußischen Geschäftsträgers in Petersburg).

Mittlerweile nämlich hatte Muraév in Litauen unter dem Beifall einer enthusiastischen Öffentlichkeit[313] die revolutionäre Bewegung in seinem Machtbereich mit gnadenloser Strenge, nichtsdestoweniger aber äußerst nachhaltigem Erfolg bekämpft und bereits nahezu erdrückt[314]. Unter diesen Umständen wurde die Position der großfürstlichen Familie in Warschau, welche nach der Berufung des Grafen Berg zum Chef der Militäradministration und Stellvertreter Konstantins bei dessen Abwesenheit ohnehin sukzessive untergraben worden war, beinahe täglich unhaltbarer[315]. Die immer unverhohlenere Kritik der öffentlichen Meinung an der vermeintlich allzu milden und nachsichtigen Amtsführung des Großfürsten-Statthalters, die sich nur aus Rücksicht auf den kaiserlichen Bruder eine gewisse Zurückhaltung aufzuerlegen hatte, nahm im Laufe des Sommers derart schroffe Formen an, daß die Abberufung Konstantins schließlich unumgänglich wurde[316]. Am 25. August beorderte Alexander daher den Großfürsten nach Zarskoe Selo zurück, da, wie es in dem kaiserlichen Handschreiben hieß, „das polnische Volk den Sinn der Ernennung Eurer Kaiserlichen Hoheit zu meinem Statthalter nicht verstehen und nicht würdigen wollte"[317]. Mit der großfürstlichen Familie verließen auch alle anderen Repräsentanten des „Systems Wielopolski" die polnische

[313] Mit Recht spricht Günther Stökl von einer „Welle des russischen Nationalismus . . ., in der alle konservativen, liberalen und revolutionären Prinzipien untergingen". Vgl. *G. Stökl:* Russische Geschichte, Stuttgart 1962, S. 514.

[314] Schon am 15. Oktober wurden die Gouvernements Wilna, Grodno, Kowno und Minsk von Muraév für „befriedet" erklärt. Vgl. *Schultheß'* Europäischer Geschichtskalender, Jg. 1863, S. 270.

[315] Noch am 10. Juni hatte die Großfürstin Alexandra die drohende Abberufung ihres Mannes als „das Allerschlimmste, das Demütigendste, was uns geschehen könnte", bezeichnet. Vgl. *I. Koberdowa:* Wielki Książę Konstanty, S. 240, Anm. 35.

[316] Am 27. August berichtete der bayerische Gesandte in Petersburg von begeisterten Ergebenheitsbekundungen der Bevölkerung anläßlich eines Kaiserbesuchs in Nižny Novgorod und Moskau, während die Ankunft Konstantins in Zarskoe Selo fast nicht bemerkt wurde. *Perglas an König Maximilian II.* – 15./27. VIII. 1863 – GStA München, MA III/2747. Der „Kölnischen Zeitung" wurde am 7. September aus Petersburg geschrieben: „Die Reisen des Kaisers gleichen jetzt wahren Triumphzügen, sowohl in Finnland als an der Wolga, . . . und immer wiederholte sich dabei: der Kaiser möge nur ja um Gottes Willen nicht nachgeben. Alte Leute erzählen, so ungefähr sei es auch im Jahre 1812 gewesen." *KZ* Nr. 264 vom 23. September.

[317] Zit. bei *H. Fleischhacker:* Russische Antworten auf die polnische Frage, S. 107. Am 3. September schrieb Gortschakow, man habe den Großfürsten zur Wiederherstellung seiner Gesundheit auf die Krim geschickt. „Son éloignement de Varsovie était devenu une necessité démontrée." Vgl. *I. Koberdowa:* Wielki Książę Konstanty, S. 247, Anm. 47.

Hauptstadt[318]; das definitive Ende der vom Markgrafen Wielopolski und dem Großfürsten Konstantin symbolisierten Versöhnungspolitik war gekommen[319].

Dem endgültigen Scheitern aller russisch-polnischen Ausgleichsbestrebungen entsprachen auf außenpolitischem Gebiet die unmittelbar vor der Abreise des Kaisers nach Helsingfors ausgefertigten knappen Noten nach London, Paris und Wien vom 7. September, in welchen Fürst Gortschakow die internationale Diskussion über die polnische Frage rundweg für geschlossen erklärte, da nach russischer Überzeugung jede weitere Erörterung zwischen den Mächten keine positiven Resultate mehr zeitigen konnte[320]. Noch einmal erregte der herablassende und höhnische Ton der Schriftstücke die europäische Öffentlichkeit. – Während in der Pariser Presse wie schon so oft wieder einmal von einem unmittelbar bevorstehenden Kriegsausbruch die Rede war[321], drohte Lord Russell in einer Rede im schottischen Blairgowrie, seine Regierung werde nunmehr die russischen Rechte auf das Königreich Polen für erloschen erklären, da ihre Geduld endgültig erschöpft sei[322]. Wieder einmal aber beeilte man sich am Ballhausplatz, jeder Verschärfung der internationalen Situation entgegenzuwirken[323], so daß sich die von England angekündigten energischen Schritte schließlich auf eine mehr als zahme Ermahnung an das Petersburger Kabinett reduzierten, die dort selbstverständlich nur noch wenig imponieren konnte, zumal Frankreich und Österreich auf einen solchen Schritt von vornherein verzichteten[324].

318 *Valbezen* (Französischer Generalkonsul in Warschau) *an Drouyn de Lhuys* – 9. IX. 1863 – in: *I. Koberdowa* (Hrsg.): *Raporty polityczne* Konsulów Generalnych w Francji w Warszawie 1860–1864, Wrocław-Warszawa-Kraków 1965, Nr. 282, S. 439–442.

319 Zur Entlassung Konstantins bemerkte der Warschauer Berichterstatter der Stettiner „Ostsee-Zeitung" am 18. August: „In Rußland, wo er sonst der populärste aller Großfürsten und als der energischste von ihnen bekannt war, hat er durch das völlige Mißlingen seiner hiesigen Regierung nicht nur bei Hofe, sondern auch im ganzen Lande fast allen Credit verloren, und hier ist durch sein Haschen nach friedlicher Lösung seiner Pacifications-Aufgabe Niemand befriedigt . . ." *NPZ* Nr. 194 vom 21. August und *NZ* Nr. 387 vom selben Tage. Vgl. ferner *I. Koberdowa:* Wielki Książę Konstanty, S. 215–260; zusammenfassend *S. Kieniewicz:* Powstanie styczniowe, S. 628–631.

320 Vgl. *Das Staatsarchiv,* Bd. V, Dok.-Nr. 896, 897, 898; Auszüge in *Schultheß'* Europäischer Geschichtskalender, Jg. 1863, S. 268–269; in seiner Antwort an die französische Regierung verbat sich Gortschakow überdies jede Anspielung auf die westlichen Provinzen des Russischen Reiches!

321 Vgl. *S. Bóbr-Tylingo:* Napoléon III, l'Europe et la Pologne, S. 210–215.

322 Nach den Aufzeichnungen Lord Redesdales, denen Robert Frank *Leslie* glauben möchte, stand Russell während seiner Rede unter Alkoholeinfluß. Vgl. seinen Diskussionsbeitrag in: *Powstanie styczniowe,* Bd. II, Warszawa 1964, S. 176–181, bes. S. 177.

323 Vgl. *F. Engel-Janosi*: Graf Rechberg, S. 112–114; ferner *S. Bóbr-Tylingo*: Napoléon III, l'Europe et la Pologne, S. 213, Anm. 25 (mit viel zu weit gehenden Folgerungen!).

324 Diese Depesche wurde am 20. Oktober nach Petersburg gesandt. Nach Auskunft des *„Schultheß"* (S. 179) war sie die letzte in der polnischen Frage. Die Angabe bei Gotthold Rhode, die Westmächte hätten im Jahre 1864 „letztmalig in Petersburg zugunsten Polens interveniert", ließ sich nicht erhärten. Vgl. *G. Rhode:* Polens Teilung und Wiedervereinigung im 19. und 20. Jahrhundert, in: Teilung und Wiedervereinigung, Göttingen 1963, S. 38–60, hier S. 55.

Das für die intervenierenden Mächte alles andere als rühmliche Ende ihres monatelangen Notenwechsels mit dem Petersburger Hof wurde in der deutschen Öffentlichkeit – wenn überhaupt – ohne sonderliche Überraschung aufgenommen; man hatte im Grunde von vornherein an keinen anderen Ausgang der polnischen Krise geglaubt. Die europäische Diplomatie, so zürnte Heinrich Bernhard Oppenheim schon Ende Juli in den Berliner „Deutschen Jahrbüchern", habe „dieser großartigen Bewegung, dieser geschichtlichen Erscheinung sonder Gleichen" gegenüber wieder einmal „so recht ihren Charakter der *Kleinlichkeit und Unfruchtbarkeit* offenbart", indem sie „die Polnischen Insurgenten, die sie ermuntert, unterdessen ohne Unterstützung dem entsetzlichsten Terrorismus preisgiebt und kaltblütig über den Schutz verhandelt, bis von den Schützlingen kaum Einer übrig bleibt"[325]. Nicht anders urteilte die liberale „Neue Presse" in Wien, als sie wenige Tage später schrieb, es sei nun kein Zweifel mehr darüber möglich, „daß die Sache Polens auf dem Punkte steht, preisgegeben zu werden, und daß alle an das Einverständniß der drei Mächte geknüpften Hoffnungen in nichts zerrinnen". Fürst Gortschakows Verschleppungstaktik habe zu einem unbestreitbaren diplomatischen Erfolg geführt, und es werde ihn zweifelsohne wenig Mühe kosten, die Verhandlungen bis zum Winter fortzuführen, „dann aber wird der von allen Seiten bedrängte polnische Aufstand unter den Schlägen der russischen Macht erlöschen und die Kirchhofruhe in Polen wiederhergestellt sein"[326]. Auch für die „Wochenschrift des Nationalvereins" stand fest, daß es die Regierung in Petersburg von Anfang an darauf angelegt hatte, bis zum Herbst Zeit zu gewinnen, „um bis dahin vermittelst ihres Exstirpationssystems und nöthigenfalls mit Hinzunahme des Winters und der nun ausgehobenen Mannschaft die letzten Kräfte Polens zu vernichten"[327].

Während nach dem nahezu einhelligen Urteil der deutschen Öffentlichkeit die russische Taktik des Verschleppens und der anfänglichen vermeintlichen Konzessionsbereitschaft ihr Ziel, nämlich die Vorgänge im Königreich Polen auf die Ausmaße einer innerrussischen Angelegenheit zu reduzieren, unbestreitbar erreicht hatte, führte man das nun nicht mehr zu verkennende vollständige Scheitern der westmächtlichen Interventionspolitik mit Recht auf die nicht zu überbrückenden Interessengegensätze zwischen den daran beteiligten Regierungen zurück[328]. In diplomatischen Kreisen und in der deutschen Presse herrschte inzwischen der Ein-

[325] Vgl. „*Deutsche Jahrbücher* für Politik und Literatur", Bd. 8 (Juli bis September 1863), Berlin 25. Juli, S. 337.

[326] *NZ* Nr. 347 vom 4. August (Korrespondentenbericht aus Wien vom 2. August).

[327] Vgl. „*Wochenschrift des Nationalvereins*" Nr. 171 vom 9. August.

[328] Unter der Überschrift „Rußland und Polen" hieß es am 19. Juli im Organ des deutschen Nationalvereins, Rußland gehe offensichtlich darauf aus, so viel Zeit wie möglich zu gewinnen, „denn die Zeit ist allerdings sein sicherster Bundesgenosse, welcher die längst unzweifelhafte Uneinigkeit der drei Mächte über kurz oder lang zum vollen Ausbruch bringen und zugleich den polnischen Aufstand seinem unvermeidlichen Schicksal ausliefern wird". Vgl. „*Wochenschrift des Nationalvereins*" Nr. 168 vom 19. Juli.

druck vor, als hätte England sich in eben dem Augenblick von jeder weiteren gemeinsamen Aktion zurückgezogen, in welchem es seine Absicht, „die Sprengung des französisch-russischen Einvernehmens", erfüllt sah[329]. Nach Meinung der „Preußischen Jahrbücher" hatten die englischen Staatsmänner die polnische Sache am Anfang zwar „mit großem Geräusch" aufgenommen und bisweilen den Eindruck zu erwecken gesucht, als sollte „der Krieg provocirt werden", doch sei offenbar alles nicht so ernst gemeint gewesen; „zum Theil rechneten sie wohl auf die moralische Macht der Tripelallianz und auf die schwachen Nerven des Petersburger Hofes, zum anderen Theil übten sie die etwas jesuitische Kunst zu hetzen und zu treiben, um die vielgefürchtete Freundschaft zwischen Rußland und Frankreich gründlich zu verderben"[330].

Derartige Absichten konnten der Regierung am Ballhausplatz ganz sicher nicht unterstellt werden, die an ihrem absoluten Friedensbedürfnis und Friedenswillen von Anfang an keine Zweifel hatte aufkommen lassen. Vielmehr hatte sich die Donaumonarchie als einziger deutscher Bundesstaat nicht zuletzt deswegen den Westmächten angeschlossen, um den Kaiser der Franzosen vor politischen Abenteuern abzuhalten[331]. Nach seit Jahren in Deutschland weitverbreiteter Überzeugung drohten vor allem am Rhein derartige militärische Aktionen Napoleons III., dessen Aktivitäten in der polnischen Krise allen Beschwichtigungsgesten aus Paris zum Trotz deutscherseits die größten Besorgnisse ausgelöst hatten[332]. So wußte man der deutschen Präsidialmacht Dank dafür, daß sie mit England gemeinsam diese Gefahr erfolgreich zu beschwören vermocht hatte[333].

329 *Goltz an Bismarck* – 27. und 28. VII. 1863 – APP III, Nr. 606. Der bayerische Gesandte in Paris sprach von „efforts faits par le Gouvernement anglais pour provoquer une rupture entre la France et la Russie". *Wendland an König Maximilian II.* – 29. VIII. 1863 – GStA München, MA III/2121. Diese Absicht bestreitet entschieden *W. E. Mosse:* England and the Polish Insurrection of 1863, in EHR 71 (1956) S. 28–55, bes. S. 52 und 54. Nichtsdestoweniger hat diese Auffassung wohl nicht mit Unrecht bis heute Gültigkeit behalten. Vgl. *A. Hillgruber:* Bismarcks Außenpolitik, S. 52; *E. Zechlin:* Die Reichsgründung, S. 101.

330 Vgl. *„Preußische Jahrbücher"*, Bd. 11 (26. November 1863), S. 515.

331 So richtig *S. Bóbr-Tylingo:* Napoléon III, l'Europe et la Pologne, S. 227.

332 Vgl. dazu allgemein *H. Gollwitzer:* Der Caesarismus Napoleons III. im Widerhall der öffentlichen Meinung Deutschlands, in: HZ 173 (1952) S. 23–75; ferner *R. Buchner:* Die deutsch-französische Tragödie. Politische Beziehungen und psychologisches Verhältnis, Würzburg 1965.

333 Diese Auffassung wurde auch in Brüssel geteilt, wo König Leopold dem preußischen Gesandten eröffnete, er halte es für angemessen, „der ebenso klugen und umsichtigen als festen Haltung des Oesterreichischen Kabinetts das Hauptverdienst zuzuschreiben, bei der friedlichen Wendung, welche man Englischer Seits einzuschlagen für rathsam gefunden habe". *Savigny an König Wilhelm* – 15. VII. 1863 – GStA Berlin-Dahlem, HA III, Nr. 821/ Bl. 124–128; Auszug in APP III, Nr. 585.

Zudem konnte deutschen Beobachtern die innere Widersprüchlichkeit der außenpolitischen Aktionen Napoleons III. kaum verborgen bleiben[334]. Als führendes Presseorgan der im Falle einer eventuellen französischen Aggression besonders gefährdeten preußischen Rheinprovinz meinte die „Kölnische Zeitung"[335] Ende September, als sich in der Wiener Presse an die Abreise des französischen Botschafters Montebello aus Petersburg die phantastischsten Spekulationen knüpften: „Man kann nicht zweien Herren dienen und in Mexiko für die Fremdherrschaft die Waffen führen, während man in Polen gegen die Fremdherrschaft mit Worten ficht . . . Man hat nicht ungestraft Nizza und Savoyen eingesteckt, nachdem man in Mailand vor Großmuth überfloß, und man trägt nicht umsonst in derselben Zeit für die Sclavenhalter (in Nordamerika – d. Vf.) Sympathien zur Schau, in welcher man gegen die Berg und Murawiew halbofficielle Donnerkeile schleudert . . ."[336].

Bereits einige Wochen vor dieser gewiß nicht unzutreffenden Charakterisierung der französischen Außenpolitik[337] hatte die gleichfalls als gemäßigt liberal geltende Berliner „National-Zeitung" das sich nunmehr deutlich abzeichnende Ende der internationalen Diskussion über die polnische Frage zum Anlaß genommen, grundsätzliche Betrachtungen zur derzeitigen Lage Deutschlands anzustellen, wie sie sich dem Beobachter in der durch die Vorgänge im Königreich Polen ausgelösten europäischen Krise darstellte[338]. Am 7. August äußerte das in der preußischen Hauptstadt meistgelesene Blatt, es gebe zur Bewahrung des Friedens in Europa kein besseres Mittel als die Eintracht Deutschlands, und knüpfte daran die Frage, ob Rußland seinen Widerstand gegen die Erfüllung der Wiener Verträge gegen den vereinten Druck der Westmächte und des Deutschen Bundes tatsächlich würde fortsetzen können. Die bisherigen diplomatischen Verhandlungen hätten gewiß einen ganz anderen Verlauf genommen, wenn Deutschland nicht zerrissen wäre, sondern sich als eine „zusammenwirkende Macht" präsentiert hätte. „Die russische Regierung stützt sich bis jetzt hauptsächlich darauf, daß unter den deutschen Mächten nur Oesterreich sie gegen sich hat; da der Zugang zu jenem Theil

334 Eindrucksvolle Charakteristik der Politik Napoleons III. bei *F. Valsecchi:* Das Zeitalter Napoleons III. und Bismarcks 1854–1878, in: Das 19. und 20. Jahrhundert (= Historia Mundi, Bd. 10), Bern und München 1961, S. 53–92, bes. S. 75–76; für die Außenpolitik unergiebig *G. Palmade:* Das bürgerliche Zeitalter (= Fischer-Weltgeschichte, Bd. 27), Frankfurt a. M. 1974, bes. S. 247–269.

335 Dazu im einzelnen *U. Schultz:* Die Politik Bismarcks in den Jahren 1862–1866 im Spiegel der rheinischen Presse, Diss. Bonn 1933.

336 *KZ* Nr. 264 vom 23. September.

337 Der Korrespondent der „Neuen Preußischen Zeitung" schrieb dazu am 3. September aus Paris: „Diese vielgerühmte kaiserliche Politik lebt von der Hand in den Mund; sie schwankt hin und her, sucht bald hier bald dort Anhaltspunkte, Einverständnisse, Bündnisse usw. und wird ganz gewiß in letzter Instanz eine totale Isolierung Frankreichs zur Folge haben." *NPZ* Nr. 208 vom 6. September.

338 Zur Einschätzung der Lage in Breslau vgl. *H. Wereszycki:* Echa powstania styczniowego w dziennikach wrocławskich, in: Sobótka 9 (1954) S. 505–590.

des Reiches, der in einem Kriege Schauplatz werden müßte, durch Norddeutschland führt und von diesem bis jetzt verschlossen und gedeckt wird, so fürchtet sie die übrigen Mächte und ihren Angriff nur wenig". Andererseits aber – so schloß der Leitartikel – nähre eben diese Schwäche Deutschlands „in den Führern der polnischen Insurrektion die Hoffnung auf eine kriegerische Intervention Frankreichs und auf die Wiederherstellung des Polenreiches in den Grenzen von 1772"[339].

Die sich aus der geographischen Lage Deutschlands zwischen Frankreich und Rußland für die Staaten des Deutschen Bundes ergebenden politischen Folgerungen zog die „National-Zeitung" in einem „Deutschland und die polnische Frage" überschriebenen Leitartikel vom 12. August, der am folgenden Tag sogar von der konservativen „Neuen Preußischen Zeitung" – ihrem ansonsten beständigen „ideologischen" Widerpart – übernommen wurde[340]. Es bedürfe, so hieß es dort, keiner langen Beweisführung, daß für Deutschland nichts wichtiger sei „als die Herstellung leidlicher Zustände an unserer Ostgrenze". Daher liege es durchaus auch im deutschen Interesse, wenn die Westmächte von Rußland eine schonende und gerechte Behandlung seiner polnischen Untertanen verlangten. Sollten sie jedoch eine militärische Lösung beabsichtigen, „so würden wir Deutschen dazu bemerken müssen, daß die polnische Frage sich durch einen westmächtlichen Krieg nicht lösen läßt". Denn selbst wenn Frankreich als Hauptförderer der polnischen Unabhängigkeitsbestrebungen einem von ihm besiegten Russischen Reich die Wiederherstellung eines selbständigen polnischen Staates mit Erfolg abfordern sollte, würde seine Macht dann auch hinreichen, um eine solche „Staatseinrichtung" gegen den vereinten Widerstand Deutschlands und Rußlands vor einem Rückfall in ihre frühere Unfreiheit zu bewahren?[341] Nur bei einem entschiedenen Übergewicht des napoleonischen Frankreich in Europa könne diese Frage bejahend beantwortet werden, denn in diesem Falle müßte die französische Armee zuvor nicht nur die Russen schlagen, „sondern auch uns: denn niemals würden wir einen solchen Staat an unserer Ostgrenze gutwillig aufkommen lassen". Einen bleibenden Gewinn könne Frankreich demnach aus einer bewaffneten Intervention in Polen nur dann ziehen, wenn es Deutschland bedeutend schwächte. Da dieses je-

339 *NZ* Nr. 363 vom 7. August.

340 Der Brauch, aus der Presse der eigenen politischen Färbung entsprechende Artikel im Wortlaut zu übernehmen, war im 19. Jahrhundert weitaus üblicher als heutzutage. Die Übernahme in die Spalten eines Blattes der normalerweise gegnerischen politischen Richtung aber dürfte grundsätzliche Zustimmung bedeuten. Zum Pressewesen des 19. Jahrhunderts grundlegend *K. Koszyk:* Deutsche Presse im 19. Jahrhundert (= Geschichte der deutschen Presse, Bd. II), Berlin 1966.

341 In eben diese Situation sah sich bekanntlich das Polen der Zwischenkriegszeit gestellt, als sich die französische Orientierung seiner Außenpolitik schließlich als nicht tragfähig erweisen sollte. Vgl. dazu vor allem *H. Roos:* Geschichte der polnischen Nation 1916–1960, 2. Aufl. Stuttgart 1961, bes. S. 52–61 und 127–134; ferner die – trotz mancher einseitiger Konklusionen – sehr gründliche Skizze von *H. Jablonowski:* Probleme der deutsch-polnischen Beziehungen zwischen den beiden Weltkriegen, in: Jahrbuch der Albertus-Universität zu Königsberg/Pr. 19 (1969) S. 27–61.

doch auch im Falle einer augenblicklichen Niederlage jederzeit sich wieder aufraffen „und alsdann einen von Frankreich geschaffenen Polenstaat als seinen Todfeind ansehen würde“[342], könne eine kriegerische Aktion der Westmächte kein Mittel zur Lösung der polnischen Frage bieten. Wenn andererseits jedoch „der Westen diplomatische Schritte in Petersburg thut, um zu erlangen, daß in Polen Recht und Gesetz, Bildung und Ordnung herrschen, so liegt es Deutschland ob, diese Schritte zu unterstützen. Denn das Ziel ist des Strebens werth, und nicht zum wenigsten zu Deutschlands Vortheil würden Recht und Gesittung in Polen wieder zu Ehren kommen“[343].

Mit diesen Sätzen dürfte ziemlich exakt die Grenze dessen bezeichnet sein, was der deutsche Liberalismus – soweit eine derart generalisierende Bezeichnung überhaupt gestattet ist[344] – im Jahre 1863 in der polnischen Frage allenfalls zu konzedieren bereit gewesen wäre[345]. Während er einerseits – ähnlich wie seine Gesinnungsfreunde in England – im gesamten Verlauf der polnischen Krise unaufhörlich für eine reformfreudige russische Polenpolitik eintrat, stand er doch anderer-

[342] Die Geschichte der deutsch-polnischen Beziehungen in unserem Jahrhundert hat diese Prognose auf tragische Weise bestätigt. Vgl. von polnischer Seite *J. Krasuski:* Stosunki polsko-niemieckie 1919–1925, Poznań 1962; *ders.:* Stosunki polsko-niemieckie 1926–1932, Poznań 1964; *M. Wojciechowski*: Stosunki polsko-niemieckie 1933–1938, Poznań 1965; *Cz. Madajczyk:* Polityka III Rzeczy w okupowanej Polsce, 2 Bde., Warszawa 1970. Von deutscher Seite – obwohl aus zweiter Hand – *V. Kellermann:* Schwarzer Adler – Weißer Adler. Die Polenpolitik der Weimarer Republik, Köln 1970; *M. Broszat:* Nationalsozialistische Polenpolitik 1939–1945, 2. Aufl. Frankfurt a. M. und Hamburg 1965; *ders.:* Zweihundert Jahre deutsche Polenpolitik, 2. Aufl. Frankfurt a. M. 1972, bes. S. 201–306.

[343] *NZ* Nr. 371 vom 12. August.

[344] Zu diesem komplexen Problem vgl. die grundlegenden Betrachtungen bei *W. Bußmann:* Zur Geschichte des deutschen Liberalismus im 19. Jahrhundert, in: HZ 186 (1958) S. 527 bis 577, auch in: Probleme der Reichsgründungszeit, hrsg. von *H. Böhme*, Köln-Berlin 1968, S. 85–103; allgemein *Th. Nipperdey:* Die Organisation der deutschen Parteien vor 1918, Düsseldorf 1961.

[345] Darin unterschied sich der deutsche Liberalismus der sechziger Jahre wesentlich vom Frühliberalismus der dreißiger Jahre des 19. Jahrhunderts. Vgl. dazu u. a. *A. Gerecke:* Das deutsche Echo auf die polnische Erhebung von 1830. Wiesbaden 1964; dazu mit ungerechtfertigter Kritik, aber ergänzend *H. E. Volkmann:* Der polnische Aufstand 1830/31 und die deutsche Öffentlichkeit. Mit besonderer Berücksichtigung der bayerischen Rheinpfalz, in: ZfO 16 (1967) S. 439–452; auf Preußen konzentriert *H. Kocoj:* Niemcy a powstanie listopadowe. Sprawy powstania listopadowego w niemieckiej opinii publicznej i w politice pruskiej 1830–1831, Warszawa 1970; das Pendant für Österreich liefert *G. Seide:* Regierungspolitik und öffentliche Meinung im Kaisertum Österreich anläßlich der polnischen Novemberrevolution (1830–31), Wiesbaden 1971; vor einer Überschätzung der vormärzlichen deutschen Polenbegeisterung warnt mit Recht *E. Kolb:* Polenbild und Polenfreundschaft der deutschen Frühliberalen. Zu Motivation und Funktion politischer Parteinahme im Vormärz, in: Saeculum 26 (1975) S. 111–127.

seits jeder Schwächung der deutschen Stellung im Osten entschieden ablehnend gegenüber[346].

Es dürfte sich an dieser Stelle erübrigen, die im dritten Kapitel dieser Arbeit bereits ausführlich gekennzeichnete Argumentation der Liberalen in Preußen wie in Österreich nochmals zu wiederholen. Dennoch läßt sich alles in allem festhalten, daß der deutsche Liberalismus keineswegs, wie dies der vor allem in der deutschen marxistischen Historiographie viel, aber selten vollständig zitierte „Aufruf des Londoner Deutschen Arbeiterbildungsvereins zur Polenfrage“ vom Oktober 1863 behauptete, „stumm, thatlos und gleichgültig dem Abschlachten des Heldenvolkes“ zugesehen hat[347]. Zumindest dürfte die mehr als undifferenzierte Bezeichnung der „liberalen Koryphäen des Nationalvereins“ als „nützlichste Werkzeuge“ Rußlands höchst problematisch und eher kennzeichnend für die Verfasser der genannten Resolution als den wahren Sachverhalt erhellend anzusehen sein. Denn falls aus den publizistischen und privaten Äußerungen des damaligen deutschen Liberalismus eines mit ziemlicher Sicherheit hervorgeht, dann ist es die von seinen vormärzlichen Vorgängern ererbte und seitdem – und somit auch im Jahre 1863 – unbeirrt festgehaltene prinzipielle Abneigung gegen das als Hort der Reaktion und Feind allen Fortschritts angesehene Rußland[348]. Auf der anderen Seite fehlten infolgedessen ausgesprochen antipolnische Stimmen selbst in den östlichen Grenzprovinzen Preußens mit ihrer gemischt nationalen Bevölkerung, die im 20. Jahrhundert vehemente Ausbrüche beiderseitigen nationalen Chauvinismus'

[346] Eine synthetische Darstellung des Polenbildes des deutschen Liberalismus im 19. Jahrhundert und seiner allmählichen Wandlung steht noch aus. Einige Bemerkungen dazu bei *H. Scheidt:* Konvention Alvensleben, S. 55–57. Für die deutsche Arbeiterbewegung grundlegend *H. U. Wehler:* Sozialdemokratie und Nationalstaat, Würzburg 1962, der in bezug auf Marx und Engels mit Recht feststellt: „Zum Selbstzweck hat die nationale Unabhängigkeit Polens niemals werden sollen.“ (S. 23.)

[347] Vollständiger Text bei *F. H. Gentzen:* Großpolen im Januaraufstand, Berlin (Ost-) 1958, S. 308–309; jetzt auch in *Marx-Engels-Werke* (MEW), Bd. 15, S. 576–577; Auszüge bei *C. Bobińska:* Marx und Engels über polnische Probleme, Berlin (Ost-) 1958, S. 238–240, wo die „Lassalleaner“ recht kühn als „opportunistische Splittergruppe der Arbeiterbewegung“ erscheinen! Vgl. auch *R. Dlubek/G. Wisotzki:* Arbeiterklasse, Demokratie und Nation, in: Die großpreußisch-militaristische Reichsgründung 1871, Bd. I, hrsg. von *H. Bartel* und *E. Engelberg*, Berlin (Ost-) 1971, S. 24–72, hier S. 45; ferner *M. Broszat:* Zweihundert Jahre deutsche Polenpolitik, 2. Aufl. Frankfurt a. M. 1972, S. 125.

[348] Vgl. *Z. Grot:* Demokracja niemiecka a powstanie styczniowe, in: PH 10 (1954) S. 357 bis 375; ähnlich *F. H. Gentzen:* Großpolen im Januaraufstand, Berlin (Ost-) 1958, S. 245 bis 256, wo es auf S. 247 u. a. heißt, die Opposition der „liberalen Bourgeoisie“ sei „im Grunde genommen nichts anderes als Schaumschlägerei“ gewesen!

und Vernichtungswillen erleben sollten[349], in einer Zeit noch ganz, in welcher Konservative wie Liberale darauf hofften, die „revolutionäre“ Dynamik der auf die Wiedererlangung der verlorenen nationalen Unabhängigkeit gerichteten Bestrebungen des polnischen Bevölkerungsteils in ihren Monarchien durch die strikte Gleichbehandlung aller Untertanen ungeachtet ihrer Nationalität und eine gerechte und unparteiische Verwaltung und mit Hilfe der integrierenden Kraft eines übernationalen Staatsgedankens abfangen zu können. Diese Hoffnung sollte sich bekanntlich als trügerisch erweisen[350].

Die im Vorstehenden skizzierten und kommentierten Betrachtungen der „National-Zeitung“ standen im übrigen bereits unter dem Eindruck eines deutschlandpolitischen Ereignisses, das in diesen Wochen die Anteilnahme der gesamten deutschen Öffentlichkeit fast ausschließlich beanspruchen sollte. Als das Königreich Polen allmählich in blutige Agonie zu versinken begann und die diplomatischen Aktivitäten der Mächte während der Sommerpause in allen europäischen Metropolen stagnierten, erfolgte in die außenpolitische Windstille hinein völlig überraschend für das außerösterreichische Deutschland die – wie sich erweisen sollte letzte – bundespolitische Initiative der Wiener Regierung, die von Kaiser Franz Joseph mit seinem Besuch bei dem in Bad Gastein zur Kur weilenden preußischen König und die bei dieser Gelegenheit ausgesprochene Einladung an die Souveräne aller deutschen Bundesstaaten und die Freien Städte, sich am 16. August zu Beratungen über eine Reorganisation des Bundes in Frankfurt zu versammeln, eröffnet wurde[351].

Vorgeschichte und Verlauf des Frankfurter Fürstentages sind im Rahmen dieser Untersuchung nicht mehr zu schildern[352], wenngleich der innere Zusam-

[349] Zum zutiefst negativen Deutschlandbild Polens in der Zwischenkriegszeit vgl. die freilich stellenweise äußerst problematische Arbeit von *F. Golczewski:* Das Deutschlandbild der Polen 1918–1939. Eine Untersuchung der Historiographie und der Publizistik, Düsseldorf 1974. Zur deutschen Polenpolitik im zweiten Weltkrieg vgl. *M. Broszat:* Nationalsozialistische Polenpolitik 1939–1945, 2. Aufl. Frankfurt a. M. und Hamburg 1965; ferner *Ch. Kleßmann:* Die Selbstbehauptung einer Nation. NS-Kulturpolitik und polnische Widerstandsbewegung, Düsseldorf 1971.

[350] Vgl. die sehr differenzierten und behutsamen Beobachtungen bei *S. Baske:* Praxis und Prinzipien der preußischen Polenpolitik, in: FzoG 9 (1963) S. 7–268, bes. S. 189–207; ferner *O. Hauser:* Zum Problem der Nationalisierung Preußens, in: HZ 202 (1966) S. 529 bis 541; jetzt auch in: Moderne deutsche Verfassungsgeschichte (1815–1918), hrsg. von *E. W. Böckenförde,* Köln 1972, S. 95–105; *ders.:* Polen und Dänen im Deutschen Reich, in: Reichsgründung 1870/71, hrsg. von *Th. Schieder* und *E. Deuerlein,* Stuttgart 1970, S. 291–318.

[351] Die Einladungen waren auf den 31. Juli datiert und wurden am 3. August abgesandt. Vgl. *Schultheß'* Europäischer Geschichtskalender, Jg. 1863, S. 51.

[352] Dazu grundlegend noch immer *H. v. Srbik:* Deutsche Einheit. Idee und Wirklichkeit von Villafranca bis Königgrätz, Bd. IV, München 1942, S. 1–38; gegen eine negative Bewertung des österreichischen Reformplans neuerdings *W. Lipgens:* Zum geschichtlichen Standort der Reichsgründung 1870/71, in: GWU 22 (1971) S. 513–528, bes. S. 520! Zusammenfassend *W. Bußmann:* Das Zeitalter Bismarcks, S. 73–75; *A. Hillgruber:* Bismarcks Außenpolitik, S. 54–56.

menhang zwischen der polnischen Krise und dem Entschluß der Hofburg, die Bundesreform notfalls gegen Preußen auf großdeutsch-föderalistischer Grundlage voranzutreiben, noch näherer Untersuchung bedürfte[353]. Wohl aber läßt sich anhand nahezu aller zeitgenössischen Äußerungen in Diplomatie und öffentlicher Meinung mit einiger Sicherheit erweisen, daß die Ereignisse in der alten Krönungsstadt am Main ganz Deutschland in gespannteste Aufmerksamkeit versetzten und vorderhand alle außerdeutschen Probleme in den Hintergrund treten ließen[354].

Noch einmal konstatierten deutsche Beobachter im Laufe des Herbstes eine erneute Belebung der polnischen Insurrektion[335], doch zeigten die ausgesprochen matten deutschen Reaktionen auf den Vorschlag Napoleons III. vom 5. November, zur Beratung aller strittigen Fragen und somit auch des polnischen Problems einen gesamteuropäischen Kongreß einzuberufen[356], der zunächst von England und dann auch von allen anderen Mächten entschieden zurückgewiesen wurde[357], daß dieser Schritt der Tuilerien weithin nur noch als diplomatisches Nachhutgefecht eingeschätzt und keine dramatische Verschärfung der internationalen Lage

353 Heinrich Bernhard Oppenheim schrieb am 23. August in seinem politischen Monatsbericht, die polnische Frage sei vor der deutschen in den Hintergrund getreten „trotz des engen Zusammenhangs, in welchem der beschleunigte Entschluß der österreichischen Regierung mit der polnischen Verwicklung steht", ohne diese Feststellung näher zu begründen. Vgl. *„Deutsche Jahrbücher"*, Jg. 11 (1863) S. 503. Diesen Konnex leugnet *F. Engel-Janosi:* Graf Rechberg, S. 111; vgl. aber *H. Scheidt:* Konvention Alvensleben, S. 101.

354 „Das große Ereigniß des Tages, die Zusammenkunft der deutschen Souveräne in Frankfurt zur Besprechung der Reform der Bundesverfassung, hat alle anderen die politische Welt beschäftigenden Fragen vollständig in den Hintergrund gedrängt." *Baumbach (Wien) an Kurfürst Friedrich Wilhelm* – 17. VIII. 1863 – StA Marburg, Best. 9 a/64/Bl. 55–56. In Gastein kam jedoch auch die polnische Frage zur Sprache, wobei der Kaiser äußerte, er werde „weder ... ein Dorf von Galizien hergeben, noch würde er zugeben, daß wir eines von Posen verlören, sowie denn auch das Königreich Polen bei Rußland, gemäß des Wiener Friedens von 1815 verbleiben müsse". *Aufzeichnung König Wilhelms I.* – Gastein, 4. August 1863 – APP III, Nr. 619; vgl. auch *S. Bóbr-Tylingo:* Napoléon III, l'Europe et la Pologne, S. 206–208.

355 Ende August schien deutschen Beobachtern „die Spannkraft" des Aufstandes „bis auf eine zuvor nicht erreichte Höhe gesteigert zu sein"; die Zahl der Aufständischen werde auf 40 000 Mann geschätzt, an Waffen und Munition herrsche kein Mangel; dennoch sei „das Aufgebot der Masse" einstweilen noch nicht in Erscheinung getreten. Vgl. *„Wochenschrift des Nationalvereins"* Nr. 174 vom 27. August.

356 Vgl. *Schultheß'* Europäischer Gesichtskalender, Jg. 1863, S. 197–200. Eine Ausnahme bildete die „Kölnische Zeitung", welche die Kriegsgefahr bereits wieder herannahen sah und sich über die Gelassenheit der übrigen Presseorgane wunderte. Vgl. *KZ* Nr. 309 und 310 vom 7. bzw. 8. November. Das Urteil, die Thronrede habe eine „wahre Sensation" ausgelöst, gilt jedenfalls kaum für Deutschland. Vgl. *S. Kieniewicz:* Powstanie styczniowe, S. 652.

357 Am 17. November äußerte die „Times", die französische Einladung habe in England eine Wirkung hervorgebracht, wie sie auch im Privatleben vorkomme, „wenn Leute von zweifelhafter Stellung so frei sind, ihre Nachbarn mit einer Einladung zu beehren". *NZ* Nr. 541 vom 19. November. Vgl. dazu auch *F. Valsecchi:* Das Zeitalter Napoleons III. und Bismarcks, S. 68–70.

mehr befürchtet wurde[358]. Zwar wurde in den Depeschen deutscher Diplomaten und in der deutschen Presse noch über den Jahreswechsel hinaus bis zum tatsächlichen Zusammenbruch der Insurrektion im April 1864 über die Vorgänge im Königreich Polen und deren außenpolitische Aspekte regelmäßig und vergleichsweise ausführlich berichtet, doch gab man sich nun nirgends mehr irgendwelchen Illusionen darüber hin, daß die Unabhängigkeitsbestrebungen der Polen angesichts der Uneinigkeit und Ohnmacht Europas wieder einmal wie schon drei Jahrzehnte zuvor gescheitert waren.

Wieder war es die Berliner „National-Zeitung", die in ihrem „Die Verhandlungen über Polen" überschriebenen Leitartikel vom 24. September gewissermaßen das Schlußwort sprach. Man tue recht daran, so hieß es dort, die Diskussion über die „sogenannte (!) polnische Frage" endgültig zu schließen, zumal es augenscheinlich nie in der Absicht der intervenierenden Mächte gelegen habe, ihren Forderungen notfalls mit Waffengewalt Nachdruck zu verleihen. Die russische Niederlage im Krimkrieg habe man seinerzeit leider nicht dazu ausgenutzt, um das Zarenreich zu Konzessionen in der polnischen Frage zu zwingen[359]. „Mit siegreichen Waffen in der Hand konnten die fremden Mächte zum Schutz der polnischen Nationalität vielleicht etwas thun und jedenfalls etwas versuchen; mit diplomatischen Schreibereien in Friedenszeit ist nichts auszurichten". Andererseits aber waren die Polen nach Auffassung des Blattes „nie berechtigt, auf eine westmächtliche Einmischung und Kriegserklärung zu rechnen". Sie hätten nicht glauben dürfen, daß sie sich nur zu erheben brauchten, um „das Zeichen zu einem Kriege zu geben". Große Staaten ließen sich stets allein von der Gesamtheit ihrer Interessen leiten; „um einem unterdrückten Volke zu Hilfe zu kommen, zieht keine Großmacht gegen eine andere zu Felde". Der unglückselige Hang der Polen, Franzosen und Engländer als ihre Freunde anzusehen, habe sie wieder einmal irregeführt. In Wahrheit nämlich habe gerade Frankreich sie nie gefördert, oftmals aber „angestachelt, benutzt und ausgebeutet . . . Zu diesen Ueberlieferungen", so schloß das Blatt, „stimmen auch ihre neuesten Erfahrungen"[360].

358 Vgl. *G. Rhode:* Geschichte Polens, S. 394; *S. Kieniewicz:* Powstanie styczniowe, S. 651 bis 652.

359 Zum Bestreben des Hôtel Lambert, im Krimkrieg die „polnische Karte" ins Spiel zu bringen, vgl. *W. Baumgart:* Der Friede von Paris 1856, München 1972, S. 33–35; zum Scheitern dieses Versuchs infolge des „französisch-russischen Rapprochements" ebda., S. 184 bis 185.

360 *NZ* Nr. 445 vom 24. September.

Schlußbetrachtung

RÜCKBLICK UND AUSBLICK

Für mehr als ein halbes Jahrhundert verschwand die polnische Frage nunmehr von der Bühne der großen internationalen Politik[1], wenngleich es noch Monate dauern sollte, bis der verzweifelte und hoffnungslose Widerstand der Aufständischen nach einem gnadenlosen Ringen unter der erdrückenden Übermacht der russischen Truppen schließlich zusammenbrach[2]. Das Land hatte ungeheure Verluste an Menschen und materiellen Gütern zu beklagen, Handel und Wirtschaft waren in einer nun einsetzenden Phase allgemeiner nationaler Depression auf Jahre hinaus ruiniert[3]. Von irgendwelchen Liberalisierungstendenzen im Sinne des „Systems Wielopolski", wie sie Gortschakow zu Beginn der Krise noch mehrfach angekündigt hatte, war russischerseits nach den Erfahrungen des Jahres 1863 keine Rede mehr[4]. Selbst nach der Gefangennahme und Hinrichtung des letzten „Dikta-

1 Diese Feststellung wird etwas korrigiert durch die Rolle, die das polnische Problem auch nach 1863/64 in den Beziehungen der drei nordischen Mächte spielte. Vgl. *H. Wereszycki:* Sojusz trzech Cesarzy. Geneza 1866–1872, Warszawa 1965; ferner *J. W. Borejsza:* De Sedan à Versailles (Esquisse des relations franco-polonaises 1870–1919), in: APH 24 (1971) S. 73–99.

2 Zur letzten Phase des Aufstandes vgl. *S. Kieniewicz:* Powstanie styczniowe, Warszawa 1972, S. 623–715; *P. S. Wandycz:* The Lands of Partitioned Poland, 1795–1918, Seattle and London 1974, S. 176–179.

3 „Im Zeitraum 1863–1865 fielen gegen 30,000 Polen in den Kämpfen, es wurden 396 Todesurteile vollstreckt, 3399 Personen zur Zwangsarbeit verdammt, 6959 in die Arrestanten-Kompanien, 18 673 nach dem inneren Sibirien verbannt. Unter den zur Katorga Verurteilten waren 1699 Adlige, 98 Geistliche, 676 Bürgerliche, 705 Bauern, 212 Soldaten. Verbannt nach Sibirien wurden 4252 Adlige, 226 Geistliche, 1148 Bürgerliche, 849 Bauern, 249 Soldaten, 249 Fremde. Diese offizielle russische Liste ist nicht vollständig." Vgl. *W. Feldman:* Geschichte der politischen Ideen in Polen 1795–1917, München und Berlin 1917, S. 214. Vgl. ferner *S. Kieniewicz:* Powstanie styczniowe, S. 733–740.

4 Vgl. *G. Rhode:* Geschichte Polens, S. 400–403.

tors" Romuald Traugutt und seiner „Nationalregierung" am 5. August 1864[5] nahmen die Strafexpeditionen der kaiserlichen Armee noch kein Ende[6].

Gleichzeitig mit dem Einsetzen rigoroser Russifizierungsmaßnahmen jedoch, in deren Verlauf selbst der Name „Polen" von der Landkarte Europas verschwand[7], wurde auf den Tag genau drei Jahre nach der Bauernbefreiung im eigentlichen Rußland auch die ländliche Bevölkerung des Königreichs Polen in die persönliche Freiheit entlassen[8]. Diese in der polnischen Forschung von jeher viel diskutierte Landreform (uwłaszczenie) sollte den Adel als den Hauptträger der soeben unter hohen Opfern unterdrückten Rebellion in seiner Existenz vernichtend treffen und zugleich die Masse der Bevölkerung mit der Herrschaft des Zaren möglichst versöhnen[9]. Höchstwahrscheinlich stellte diese unter der maßgeblichen Leitung von Nikolaj Miljutin realisierte Agrargesetzgebung, soviel man über die eigentlichen Motive der russischen Regierung auch debattieren mag, in der Tat das Hauptergebnis des so tragisch gescheiterten polnischen Aufstands von 1863 dar[10]. Diese Landzuteilung, welche die Bauern und selbst bislang landlose Landarbeiter mit Eigentum ausstattete, leitete eine – in ihren Folgen auf die Dauer den russischen Intentionen freilich zuwiderlaufende[11] – soziale Umschichtung der polnischen Bevölkerung ein und stand in dieser Hinsicht sicherlich an der Schwelle der modernen polnischen Sozialgeschichte[12].

5 Die Akten dieses Prozesses, auf deren Analyse hier verzichtet werden muß, liegen gedruckt vor. Vgl. *Proces Romualda Traugutta* i członków Rządu Narodowego. Akta Audytoriatu Polowego z lat 1863–1864, 3 Bde., hrsg. von *E. Halicz* und *A. Borkiewicz*, Warszawa 1960–61. Vgl. auch die Skizze von *H. Winnicka:* Romuald Traugutt, Warszawa 1964.

6 Erst am 19. Dezember 1864 wurde das letzte „Stadtoberhaupt" Warschaus von der Polizei verhaftet. Vgl. *H. Jabłoński:* Aleksander Waszkowski, ostatni naczelnik miasta Warszawy w powstaniu 1863–64, 2. Aufl. Warszawa 1963, S. 169; zusammenfassend *S. Kieniewicz:* Powstanie styczniowe, S. 725–727.

7 Im amtlichen Sprachgebrauch hieß das Königreich Polen von nun an „privislinskij kraj" (Weichselland) bzw. „privislinskie gubernie" (Weichselgouvernements). Vgl. *G. Rhode:* Geschichte Polens, S. 401; ferner *S. Kieniewicz:* Historia Polski, 1795–1918, Warszawa 1968, S. 299–303.

8 Vgl. *I. I. Kostjusko:* Krest'janskaja reforma 1864 goda v Carstve Pol'skom, Moskva 1962; *K. Groniowski:* Realizacja reformy uwłaszczeniowej 1864 r., Warszawa 1963.

9 Vgl. *P. Scheibert:* Das Petrinische Kaiserreich, in: Rußland (= Fischer-Weltgeschichte, Bd. 31), Frankfurt a. M. 1972, S. 175–270, bes. S. 228.

10 Wohl mit Recht konstatiert Stefan Kieniewicz, daß der Aufstand von 1863 trotz seines Scheiterns eine positive Rolle in der polnischen Nationalgeschichte gespielt habe, „puisqu'elle a tranché le problème de la réforme agraire". Vgl. *S. Kieniewicz:* Les chances de l'insurrection polonaise de 1863, Warszawa 1973, S. 15.

11 Dieser Umschichtungsprozeß schuf nämlich aus depossediertem Adel und wirtschaftlich tüchtigem Bürgertum allmählich eine nicht minder nationalbewußte Mittelschicht. Vgl. *G. Stökl:* Russische Geschichte, Stuttgart 1962, S. 514; zur sozialen Komponente der modernen Nationalstaatsbildungen vgl. allgemein auch *Th. Schieder:* Typologie und Erscheinungsformen des Nationalismus in Europa, in: HZ 202 (1966) S. 58–81, bes. S. 79–80.

12 „It was a virtual watershed seperating the past from the contemporary stage." So *P. S. Wandycz:* The Lands of Partitioned Poland, 1795–1918, Seattle and London 1974, S. 179; vgl. auch *G. Rhode:* Geschichte Polens, S. 398.

Als mindestens ebenso bedeutend aber dürfte nach dem zutreffenden Urteil von Hans Roos die Tatsache zu bewerten sein, daß infolge des Januaraufstandes die Geschichte der polyethnischen, von der alten „Adelsintelligenz“ geprägten polnischen „Rzeczpospolita“ unwiderruflich zu Ende ging und sich nach der „Wiedergeburt“ Polens am Ende des Ersten Weltkriegs[13] gegen den Widerstand der zu eigenem Nationalbewußtsein erwachten Litauer, Ukrainer und Weißrussen nicht wiederbeleben ließ[14]. Nach dem Ende der Erhebung der Jahre 1863/64 begann die endgültige Auflösung der traditionellen „Vielvölkernation“, während sich „der Begriff des Polentums nunmehr auf das viel kleinere polnische Volk reduzierte“[15]. Dementsprechend wurden als Reaktion auf die unbarmherzigen Repressivmaßnahmen der russischen Regierung nach der Niederwerfung des letzten polnischen Aufstandes die frühesten Ursprünge nationaler Bewegungen in Litauen, Weißrußland und in der Ukraine wahrnehmbar[16].

Auch in den beiden anderen Teilgebieten sollte noch einige Zeit vergehen, bis die letzten Spuren des Januaraufstandes endgültig beseitigt wurden, obschon seine Auswirkungen hier begreiflicherweise weit weniger einschneidend als in Russisch-Polen geblieben waren[17]. – Annähernd einhundertundfünfzig preußische Untertanen, die nachweislich an der „Polenverschwörung“ teilgenommen hatten, wurden am 22. April 1864 vor dem Berliner Kammergericht des Hochverrats angeklagt und einem bis zum Jahresende andauernden Gerichtsverfahren unterworfen. Dabei gelang es der Verteidigung unter der glänzenden Führung des bedeutendsten preu-

13 So der Titel des Werkes von *T. Komarnicki:* Rebirth (!) of the Polish Republic. A Study in the Diplomatic History of Europe, 1914–1920, Melbourne-London-Toronto 1957; zur Fragwürdigkeit dieser Terminologie vgl. die grundsätzlichen Bemerkungen bei *H. Lemberg:* Politische Konzeptionen für ein neues Polen in der Zeit vor 1918, in: Staatsgründungen und Nationalitätsprinzip, hrsg. von *Th. Schieder*, München-Wien 1974, S. 85–104, hier S. 85.

14 Zu diesen von Piłsudski nochmals aufgegriffenen Versuchen vgl. *H. Roos:* Geschichte der polnischen Nation 1916–1960, 2. Aufl. Stuttgart 1961, S. 62–99.

15 Vgl. *H. Roos:* Die polnische Nationsgesellschaft und die Staatsgewalt der Teilungsmächte in der europäischen Geschichte, in: JbfGO 14 (1966) S. 388–399, hier S. 398.

16 Vgl. *S. Kieniewicz:* Diskussionsbeitrag zum Referat von Irena Koberdowa: Międzynarodowy aspekt powstania styczniowego, in: Powstanie styczniowe 1863, Bd. II, Warszawa 1964, S. 202–204. Zur Entwicklung in Litauen vgl. *M. Hellmann:* Die litauische Nationalbewegung im 19. und 20. Jahrhundert, in: ZfO 2 (1953) S. 66–106; *ders.:* Grundzüge der Geschichte Litauens, Darmstadt 1966, bes. S. 105–133; ferner *A. E. Senn:* The Emergence of Modern Lithuania, New York 1959.

17 Einen Sonderfall stellte das Königreich Sachsen dar, das nach dem Ende der Kämpfe in Polen zahlreiche Flüchtlinge (u. a. Wielopolski) aufnahm. Vgl. *S. Bóbr-Tylingo:* Państwa Związku Niemieckiego wobec powstania styczniowego, in: Teki Historyczne 1/2 (1951/52) S. 6–23, bes. S. 21–23; *S. Quilitzsch:* Gemeinsame Aktionen der russisch-preußischen Reaktion gegen polnische Revolutionäre im Jahre 1864 in Sachsen, in: Jahrbuch für Geschichte der UdSSR und der volksdemokratischen Länder 8 (1964) S. 447–462; *G. Mühlpfordt:* Warschau und Dresden, ebda., S. 475–492, bes. S. 491–492; *S. Kieniewicz:* Powstanie styczniowe, S. 723–724.

ßischen Völkerrechtlers Rudolf Gneist[18], für alle Angeklagten – bis auf elf, die in absentia zum Tode verurteilt, aber schon kurze Zeit später von König Wilhelm sämtlich begnadigt wurden – sehr milde, zum größten Teil als durch die Untersuchungshaft bereits verbüßte Strafen zu erwirken[19]. – Im Königreich Galizien aber, an dessen nördlicher Grenze sich die letzten bewaffneten Auseinandersetzungen abspielen sollten, verschlimmerten sich die Zustände nach der Ermordung einiger angeblicher Volksverräter durch polnische „Nationalgendarmen" derart, daß sich die kaiserliche Regierung in Wien am 24. Februar 1864 zur Ausrufung des Belagerungszustandes gezwungen sah, der erst über ein Jahr später außer Kraft gesetzt werden konnte[20].

Auf internationaler Ebene freilich hatten andere Ereignisse diese Vorgänge inzwischen längst in den Hintergrund treten lassen. Der letzte polnische Aufstand, der bis in den Spätsommer des Jahres 1863 hinein die europäische Diplomatie unausgesetzt beschäftigt hatte, blieb allen hochgespannten Erwartungen der polnischen Patrioten zum Trotz isoliert[21] und verlor nun auch in der öffentlichen Meinung Europas allmählich an Interesse. Österreichs die politische Welt vollständig überraschende Einladung an die deutschen Souveräne zum Frankfurter Fürstentag und seine durch das vieldiskutierte preußische Fernbleiben verursachte Ergebnislosigkeit und schließlich der Tod des dänischen Königs Friedrichs VII. am 15. November 1863 mit allen sich aus dem vertragswidrigen Vorgehen seines Nachfolgers ergebenden politischen Konsequenzen lenkten die Aufmerksamkeit Deutschlands und Europas nunmehr in eine gänzlich andere Richtung.

18 Zur Person Rudolf Gneists zusammenfassend jetzt *E. Angermann:* Rudolf Gneist, in: NDB, Bd. VI, Berlin 1974, S. 487–489.

19 Vgl. *F. H. Gentzen:* Großpolen im Januaraufstand, Berlin (Ost-) 1958, S. 234–244 (mit unqualifiziertem Kommentar!).

20 In diesem kaiserlichen Manifest hieß es u. a.: „Hochverrätherische Verbindungen haben sich innerhalb der Grenzen meines Reiches organisiert, Anwerbungen und Erpressungen zur Unterstützung des Aufstandes finden ununterbrochen statt ... Eine revolutionäre, im Geheimen wirkende Gewalt, deren Endziele auch gegen die Sicherheit und Integrität Oesterreichs gerichtet sind, maßt sich in meinen Landen eine förmliche Regierungsmacht an, nimmt ihre Organe in Eid und Pflicht und sucht ihren Befehlen durch Einschüchterung und Mittel aller Art, selbst vor dem Meuchelmorde nicht zurückschreckend, Gehorsam und Vollzug zu verschaffen ... Zustände solcher Art dürfen nicht geduldet werden." Vgl. *G. Kolmer:* Parlament und Verfassung in Österreich, Bd. I: 1848–1869, Wien und Leipzig 1902, S. 160–161.

21 Zu den Erfolgsaussichten des Januaraufstands, wie sie heute von polnischer Seite eingeschätzt werden, vgl. *S. Kieniewicz:* Les insurrections polonaises du XIXe siècle et le problème de l'aide de la France, Warszawa 1971; *ders.:* Les chances de l'insurrection polonaise de 1863, Warszawa 1973; dazu kritisch und mit berechtigten Einwänden *E. Halicz* in: JbfGO 23 (1975) S. 453–456.

Eine Woge nationaler Hochstimmung erfaßte ganz Deutschland, als der Konflikt um Schleswig-Holstein entbrannte[22], und die einsame Stimme Heinrich Kruses, des Herausgebers der „Kölnischen Zeitung", vermochte sich kein Gehör mehr zu verschaffen, als er seine Leser noch am 2. Dezember daran erinnerte, wie wenig „die Begeisterung, mit der wir das Princip der Nationalität im Norden vertreten und dafür die allgemeine Anerkennung in Europa verlangen", sich vertrüge „mit der Seelenruhe, mit welcher wir oder doch die meisten ganz dasselbe Princip im Osten (Polen) erhängen, erschießen oder zu Tode knuten lassen"[23]. In Deutschland, wo die öffentliche Meinung in der polnischen Frage durchweg, wenn auch nicht ohne gewisse Vorbehalte die Partei der Unterdrückten ergriffen und die russische Polenpolitik heftig attackiert und kritisiert hatte, war dieses Thema offensichtlich nicht mehr aktuell[24].

Ein ähnliches Schicksal war dem hier erörterten Gegenstand übrigens auch in der außerpolnischen Historiographie beschieden[25]. Während nämlich der Aufstand von 1863 – wie die nahezu unermeßliche Fülle der über ihn nach allen Richtungen vorangetriebenen Untersuchungen eindrucksvoll demonstriert[26] – in der polnischen Geschichtsschreibung eigentlich schon unmittelbar seit seinem Scheitern bis zur Gegenwart stets ein beinahe unerschöpfliches Thema und gewissermaßen ein „sujet célèbre" gewesen ist und trotz der vorläufig abschließenden Synthese von Stefan Kieniewicz aus dem Jahre 1972 wohl auch in Zukunft bleiben dürfte, geriet die Bedeutung der Ereignisse des Jahres 1863 im Königreich Polen für den weiteren Fortgang der deutschen Geschichte durch die ihr folgende Epoche der Reichseinigung für die Geschichtsforschung hierzulande nahezu vollständig aus

22 Vgl. *H. J. Daebel:* Die Schleswig-Holstein-Bewegung in Deutschland 1863/64, Diss. Köln 1969; zusammenfassend *W. Bußmann:* Das Zeitalter Bismarcks, S. 75–81.

23 *KZ* Nr. 334 vom 2. Dezember; auch in *J. Heyderhoff/P. Wentzcke* (Hrsg.): Deutscher Liberalismus im Zeitalter Bismarcks, Bd. I, Bonn 1925, S. 191, Anm. 2; ähnlich *H. Kruse an H. v. Sybel* – Köln, 30. November 1863 – ebda., S. 189–192, hier S. 191–192.

24 Mit Recht hat Hans Lemberg darauf aufmerksam gemacht, daß sich nach 1848 die Polensympathien in Deutschland zunehmend in das radikaldemokratische Lager verschoben, während die Polen für das Bürgertum immer mehr in den Geruch „heißspornigen Revoluzzertums" gerieten. Vgl. *H. Lemberg:* Polnische Konzeptionen für ein neues Polen in der Zeit vor 1918, in: Staatsgründungen und Nationalitätsprinzip, hrsg. von *Th. Schieder,* München-Wien 1974, S. 85–104, hier S. 86.

25 Außer einigen sowjetrussischen Arbeiten zur „russisch-polnischen revolutionären Zusammenarbeit" in den sechziger Jahren des 19. Jahrhunderts sind lediglich wichtig *V. G. Revunenkov:* Pol'skoe vosstanie 1863 goda i evropejskaja diplomatija, Leningrad 1957, und die Arbeiten des britischen Historikers *R. F. Leslie:* Politics and Economics in Congress Poland, 1815–1864, in: PP 8 (1955) S. 43–63; *ders.:* Reform and Insurrection in Russian Poland, 1856–1865, London 1963.

26 Die von Eligiusz Kozłowski im Jahre 1964 zusammengestellte Bibliographie enthält mehr als 10 000 Titel, nicht inbegriffen die aus Anlaß des 100. Jahrestages des Aufstandes erschienene wissenschaftliche Produktion! Vgl. *E. Kozłowski:* Bibliografia powstania styczniowgo, Warszawa 1964.

dem historischen Blickfeld[27]. Ganz im Gegensatz zur polnischen Historiographie blieben die blutigen Auseinandersetzungen in Polen lediglich Episode und wurden von den nachfolgenden siegreichen „Einigungskriegen" der Jahre 1864, 1866 und 1870/71 völlig in den Schatten gedrängt[28].

Dabei steht die Bedeutung der Vorgänge von 1863 für deutsche wie polnische Historiker außer allem Zweifel. Denn nach ihrem übereinstimmenden Urteil bewirkte der letzte vergebliche polnische Aufstand in seinen letzten Konsequenzen sowohl die erneute Zementierung der russisch-preußischen Allianz[29] als auch das Ende der von Gortschakow inaugurierten Politik einer Zusammenarbeit zwischen den Höfen von St. Petersburg und Paris[30]. Noch einmal sollte sich für weitere fünf Jahrzehnte zum Schaden der polnischen Unabhängigskeitsbestrebungen die Mechanik des im Jahre 1815 in Wien installierten europäischen Staatensystems bewähren[31], und es bedurfte erst des für Polen außerordentlichen Glücksfalls eines Krieges zwischen den Teilungsmächten und der militärischen Katastrophe aller drei, um zu Beginn unseres Jahrhunderts einen polnischen Staat erneut ins Leben

[27] Dieser Befund hat den Autor einer auch sonst stellenweise überaus problematischen Arbeit zu dem recht souveränen Urteil bestimmt: „Uns scheint es heute nicht einleuchten zu wollen, wie eine im gesamteuropäischen oder gesamthistorischen Zusammenhang doch recht unwichtige Episode wie der letzte polnische Aufstand so entscheidend den Lauf der Geschichte bestimmt haben soll." Vgl. *F. Golczewski:* Das Deutschlandbild der Polen 1918–1939, Düsseldorf 1974, S. 213.

[28] Die Neuinterpretation der Reichsgründungszeit von ihren ökonomischen Voraussetzungen her hat die diplomatische Geschichte und damit auch den hier in Rede stehenden Gegenstand vollends an den Rand des historischen Interesses gedrängt. Vgl. *H. Böhme:* Deutschlands Weg zur Großmacht, 3. Aufl. Köln 1974, S. 135–136.

[29] So heißt es beispielsweise in der großen Monographie über die polnische Westgrenze aus der Feder von Gerard Labuda: „Dieser Aufstand, in der aussichtslosesten Lage unternommen, hatte nicht die geringsten Erfolgsaussichten. Er bewirkte lediglich die erneute Zementierung des russisch-preußischen Bündnisses (Konvention Alvensleben). Dieses Bündnis wurde zum Ausgangspunkt auf dem Wege zur Errichtung des neuen deutschen Imperiums." Vgl. *C. Labuda:* Polska granica zachodnia. Tysiąc lat dziejów politycznych, Poznań 1971, S. 145. Auch für Paul Kluke wurde „die einmal erprobte und immer notwendig bleibende Aufgabe der Niederhaltung der polnischen Nation (!) zum festesten Kitt" der preußisch-russischen „Interessengemeinschaft". Vgl. *P. Kluke:* Der Kampf der beiden deutschen Großmächte um die Gestaltung Deutschlands, 1851–1866, in: Deutsche Geschichte im Überblick, hrsg. von *P. Rassow,* 3. Aufl. Stuttgart 1973, S. 457–492, hier S. 482.

[30] Von einem völligen Scheitern der Diplomatie Napoleons III. spricht *W. E. Mosse:* The European Powers and the German Question, S. 138. Helmut Burckhardt nennt die Polenpolitik des Kaisers seinen „vielleicht einzigen unwiederbringlichen Fehler". Vgl. *H. Burckhardt:* Deutschland-England-Frankreich, München 1970, S. 100; auch polnischerseits spricht man von einer „‚perte de face' sensationnelle". Vgl. *S. Kieniewicz:* Les insurrections polonaises du XIXe siècle et le problème de l'aide de la France, Warszawa 1971, S. 14.

[31] Vgl. dazu den wegweisenden Aufsatz von *Th. Schieder:* Europäische Friedensschlüsse von Wien bis Versailles, in: Entspannung – Sicherheit – Frieden, hrsg. von *A. Domes,* Köln 1968, S. 33–52, bes. S. 43–44.

treten zu lassen[32]; nicht minder freilich des unbeugsamen Willens des polnischen Volkes zu nationaler Identität und Selbstbehauptung, für welche nicht zuletzt der Aufstand von 1863 im Bewußtsein der polnischen Patrioten damals wie heute einen unwiderleglichen Beweis liefert.

[32] Vgl. *G. Rhode:* Polens Teilung und Wiedervereinigung im 19. und 20. Jahrhundert, in: Teilung und Wiedervereinigung, hrsg. von *G. Franz,* Göttingen 1963, S. 38–60, hier S. 50.

QUELLEN- UND LITERATURVERZEICHNIS

A. UNGEDRUCKTE QUELLEN

1. Preußisches Geheimes Staatsarchiv Berlin-Dahlem

Auswärtiges Amt – Hauptabteilung III

a) Generalia:

HA III/Best. Nr. 15: Darstellung der allgemeinen politischen Lage sowie Preußens politische Beziehungen zu den verschiedenen Staaten.

HA III/Best. Nr. 18: Stellung der europäischen Großmächte zueinander, Bd. III, 1862 Juli bis 1866 Mai.

HA III/Best. Nr. 21: Einwirkung auf die Presse im Interesse Preußens, Bd. I, 1859–1866 Juni.

HA III/Best. Nr. 30: Schriftwechsel mit den preußischen Gesandtschaften über preußische innere Zustände.

HA III/Best. Nr. 34: Ganz vertrauliche Korrespondenz Bismarcks an den Jahren 1862–1864 (Bd. I).

HA III/Best. Nr. 185: Äußerungen außerdeutscher Kabinette und Zeitungen über deutsche Verhältnisse 1861–1865.

HA III/Best. Nr. 191/2: Frankfurt a. M. Politischer Schriftwechsel mit der Kgl. Bundesgesandtschaft. Bd. I 1863 Januar–Juni. Bd. II 1863 Juli–Dezember.

b) Gesandtschaften:

HA III/Best. Nr. 282: *Karlsruhe.* Politischer Schriftwechsel mit der preußischen Gesandtschaft daselbst. 1861–1864.

HA III/Best. Nr. 476: *Kopenhagen.* Politischer Schriftwechsel mit der preußischen Gesandtschaft daselbst. 1863–1864.

HA III/Best. Nr. 569: *Hannover.* Politischer Schriftwechsel mit der preußischen Gesandtschaft daselbst. 1863–1865.

HA III/Best. Nr. 595: *Frankfurt a.M.* Politischer Schriftwechsel mit der preußischen Gesandtschaft daselbst. 1850–1865.

HA III/Best. Nr. 643: *Darmstadt.* Politischer Schriftwechsel mit der preußischen Gesandtschaft daselbst. 1857–1864.

HA III/Best. Nr. 682: *Haag.* Politischer Schriftwechsel mit der preußischen Gesandtschaft daselbst. 1862–1864.

HA III/Best. Nr. 728: *Wien*. Politischer Schriftwechsel mit der preußischen Gesandtschaft daselbst. 1863–1864.

HA III/Best. Nr. 762: *Dresden*. Politischer Schriftwechsel mit der preußischen Gesandtschaft daselbst. 1862–1864.

HA III/Best. Nr. 786: *Stuttgart*. Politischer Schriftwechsel mit der preußischen Gesandtschaft daselbst. 1863–1864.

HA III/Best. Nr. 821: *Brüssel*. Politischer Schriftwechsel mit der preußischen Gesandtschaft daselbst. 1862–1864.

HA III/Best. Nr. 894: *Paris*. Politischer Schriftwechsel mit der preußischen Gesandtschaft daselbst. Bd. II. 1863.

2. *Hessisches Staatsarchiv Darmstadt*

a) Staatsministerium:

Best. 79/21/1–27: Acta ministerialia betreffend die Polnische Angelegenheit 1863.

b) Gesandtschaften:

Best. 28b/7/1–66: Großherzogliche Gesandtschaft in *Paris*. 1857–1865.

Best. 70e/1/1–303: Politische Berichte der großherzoglichen Gesandtschaft in *Wien*. 1863.

Best. 87/1: Politische Berichte der großherzoglichen Gesandtschaft *Berlin*. 1863.

3. *Staatsarchiv Hamburg*

Best. G IV a, Bd. I und II: Archiv der Hanseatischen Gesandtschaft *Berlin*. Politische Berichte 1859–1864 (Konzepte des Ministerresidenten *Geffcken*).

4. *Badisches Generallandesarchiv Karlsruhe*

a) Gesandtschaften:

Best. 48/1483: Berichte des Bundestagsgesandten *von Mohl* an den Minister der auswärtigen Angelegenheiten (DEUTSCHER BUND).

Best. 48/1923: Correspondenz des badischen Gesandten Freiherrn von *Berckheim* in München mit dem Ministerialpräsidenten Freiherrn von Roggenbach 1863–1865 (BAYERN).

Best. 48/2060: Correspondenz des badischen Gesandten Freiherrn von *Schweizer* mit dem Ministerialpräsidenten Freiherrn von Roggenbach 1863–1965 (FRANKREICH).

Best. 48/2256: Correspondenz des Gesandten von *Mohl* und des Geschäftsträgers von *Bohlen und Halbach* mit dem Ministerialpräsidenten Freiherrn von Roggenbach 1863–1865 (NIEDERLANDE).

Best. 48/2519: Correspondenz des Gesandten Freiherrn von *Edelsheim* und des Legationssekretärs Freiherrn von *Althaus* mit dem Ministerialpräsidenten Freiherrn von Roggenbach 1863 (OESTERREICH).

Best. 48/2663: Correspondenz des Gesandten Freiherrn *Marschall von Bieberstein* und in dessen Vertretung des Legationssekretärs von *Mollenbeck* mit dem Ministerialpräsidenten Freiherrn von Roggenbach 1863 (PREUSSEN).

Best. 48/2809: Correspondenz des Ministerialresidenten Herrn von *Dusch* mit dem Ministerialpräsidenten Freiherrn von Roggenbach 1863 (WÜRTTEMBERG).

b) Diplomatische Spezialakten: Rußland II, 1855–1866.

Best. 48/3009–3010: Die im Königreich Polen ausgebrochenen Unruhen, die Stellung der europäischen, insbesondere der deutschen Mächte zu denselben, sowie preußisch-russische Convention betr. Akten der diplomatischen Sektion.

5. *Hessisches Staatsarchiv Marburg*

Best. 9a/64/1–179: Berichte der kurhessischen Gesandtschaft in *Wien*. 1863.

Best. 9a/146/1–187: Berichte der kurhessischen Gesandtschaft in *Berlin* und *Dresden*. 1863.

Best. 9a/193/1–113: Berichte der kurhessischen Gesandtschaft in *Paris*. 1863.

6. *Bayerisches Geheimes Staatsarchiv München*

a) Ministerium des Auswärtigen: Spezialakten.

Best. MA I/505: Die Ereignisse in Polen 1863–1864.

b) Ministerium des Auswärtigen: Missionen.

Best. MA III/2012: Politische *Hauptberichte* des Jahres 1863.

Best. MA III/2042: Berichte des königlichen Gesandten Freiherrn von *Malzen* (BADEN).

Best. MA III/2065: Berichte des königlichen Gesandten Graf von *Marogna* (NIEDERLANDE).

Best. MA III/2121: Berichte des königlichen Gesandten Freiherrn von *Wendland* (FRANKREICH).

Best. MA III/2258: Berichte des königlichen Gesandten Freiherrn von *Cetto* (GROSSBRITANNIEN).

Best. MA III/2289: Berichte des königlichen Gesandten Grafen *Quadt* (HANNOVER).

Best. MA III/2311: Berichte des königlichen Ministerresidenten Freiherrn von *Thüngen* (HESSEN-KASSEL).

Best. MA III/2431: Berichte des königlichen Gesandten Grafen *Bray-Steinburg* (OESTERREICH).

Best. MA III/2518: Berichte des königlichen Gesandten am Päpstlichen Stuhl, Freiherrn von *Verger* (ROM).

Best. MA III/2643: Berichte des königlichen Gesandten Grafen *Montgelas* (PREUSSEN).

Best. MA III/2747: Berichte des königlichen Gesandten Freiherrn *Perger von Perglas* (RUSSLAND).

Best. MA III/2838: Berichte des königlichen Gesandten Freiherrn von *Gise* (SACHSEN).

Best. MA III/2932: Berichte des königlichen Ministerresidenten Herrn von *Doenniges* (SCHWEIZ).

Best. MA III/3023: Berichte des königlichen Gesandten Grafen *Reigersberg* (WÜRTTEMBERG).

7. *Niedersächsisches Staatsarchiv Oldenburg*

a) Staatsministerium. Spezialakten.

Best. 31–15/7–22: Aufstand in Warschau – Politische Zustände in Polen – Kloster-Reform im Königreich Polen (1861–1865).

Best. 31–15/9–4: Sendungen an den Kaiserlich Russischen Hof (1860–1867).

Best. 31–15/12–32: Ministerielle Korrespondenz: Rußland (1858–1869).

b) Gesandtschaften.

Best. 45/VII: Großherzogliche Gesandtschaft in *Berlin*. X. Notizen über die durchgehende Korrespondenz des Großherzoglichen Staatsministeriums mit dem Preußischen Staatsministerium (1854–1864).

Best. 45/XXVIII: „Currente" Sachen (1862–1864).

8. *Württembergisches Hauptstaatsarchiv Stuttgart*

a) Ministerium des Auswärtigen. Spezialakten.

Best. E 65–68/57/341: Acten des Königl. Ministeriums der auswärtigen Angelegenheiten betreffend *Polnische Insurrection*, diplomatische Intervention der Westmächte und Österreichs, Adhäsion der Mittelstaaten/: Württemberg :/, Antworten Rußlands, weitere Demarchen der Westmächte.

b) Gesandtschaften.

Best. E 70/33/13/1–577: Acten des Königl. Ministeriums der auswärtigen Angelegenheiten betreffend Berichte der Königl. Gesandtschaft in *Carlsruhe*, 1860–1865.

Best. E 70/47/1–534: Acten des Königl. Ministeriums der auswärtigen Angelegenheiten betreffend Berichte der Königl. Gesandtschaft in *Paris*, 1860–1863.

Best. E 70b/73/2–3: Abschriften der Berichtschreiben des Gesandten von *Ow* an den Kabinettschef des Königs während dessen Aufenthalt in Nizza (Gesandtschaft in *Wien*).

Best. E 72/124: Königl. Gesandtschaft in *St. Petersburg*. Gesandtschaftsberichte 1862–1863. Konzepte des Königl. Württembergischen Gesandten Grafen von Spitzemberg.

Best. E 73a/169/1–955: Acten des Königl. Ministeriums der auswärtigen Angelegenheiten betreffend Berichte der Königl. Gesandtschaft in *Berlin*, 1860–1863.

9. *Hessisches Hauptstaatsarchiv in Wiesbaden*

Gesandtschaften:

Rep. 210–3438: Berichte der hzgl. Hessen-Nassauischen Gesandtschaft zu *Wien*, vol. II, 1863–1864.

Rep. 210–10723: Berichte der hzgl. Hessen-Nassauischen Gesandtschaft *am preußischen Hofe*, vol. III, 1862–1866 (Juli).

B. GEDRUCKTE QUELLEN

1. Akten – und sonstige Quellenpublikationen

Die *Anfänge* des Ministeriums Bismarck 1862/63 nach den sächsischen Gesandtschaftsberichten, hrsg. von *H. Kretzschmar*, in: Archivar und Historiker, Festschrift für *H. O. Meisner*, Berlin(Ost-) 1956, S. 511–570.

Anhang zu den „Gedanken und Erinnerungen", hrsg. von *H. Kohl*, Stuttgart und Berlin 1901.

Die *Auswärtige Politik Preußens* 1858–1871 (APP), hrsg. von der Historischen Reichskommission unter Leitung von E. Brandenburg, O. Hoetzsch und H. Oncken. Bd. II, 2: (1860 XII bis 1862 X), bearb. von *C. Friese*, Oldenburg 1945. Bd. III: (1862 X–1863 IX), bearb. von *R. Ibbeken*, Oldenburg 1932.

Die politischen *Berichte* des Fürsten Bismarck aus Petersburg und Paris 1859–1862, 2 Bde., hrsg. von *L. Raschdau*, Berlin 1920.

O. v. Bismarck: Die gesammelten Werke (GW), Bd. 1–15, Berlin (1924–1935) (= Friedrichsruher Ausgabe). Bd. 4: Politische Schriften 1862–1864, bearb. von *F. Thimme*, 2. Aufl. Berlin 1927. Bd. 10: Reden 1847–1869, bearb. von *W. Schüßler*, 2. Aufl. Berlin 1928. Bd. 14/2: Briefe 1862–1869, bearb. von *W. Windelband* und *W. Frauendienst*, 2. Aufl. Berlin 1933. Bd. 15: Erinnerung und Gedanke. Kritische Neuausgabe auf Grund des gesamten schriftlichen Nachlasses, hrsg. von *G. Ritter* und *R. Stadelmann*, 2. Aufl. Berlin 1932.

Confidential Correspondence of the British Governement respecting the Insurrection in Poland 1863, ed. *T. Filipowicz*, Paris 1914.

La *Correspondance* des papes et des empereurs de Russie (1814–1878). Selon des documents authentiques, hrsg. von *S. Olszamowska-Skowrońska*, Roma 1970.

Demokracja polska w powstaniu styczniowym. Wybór źródeł. (Die polnische Demokratie im Januaraufstand. Quellenauswahl), hrsg. von *E. Halicz* u. a., Warszawa 1960.

Polska *działalność* dyplomatyczna, 1863–1864. Zbiór dokumentów [Die polnische diplomatische Tätigkeit, 1863–1864. Dokumentensammlung], hrsg. von *A. Lewak*, Bd. I, Warszawa 1937; Bd. II, Warszawa 1963.

Foundations of British Foreign Policy from Pitt (1792) to Salisbury (1902). Old and New Documents, Selected and Edited by *H. Temperly* and *L. M. Penson*, London and Edinburgh 1966.

Galicja w dobie autonomicznej, 1850–1914. Wybór tekstów [Galizien zur Zeit seiner Autonomie, 1850–1914. Text-Auswahl], hrsg. von *S. Kieniewicz*, Wrocław 1950.

Deutscher *Liberalismus* im Zeitalter Bismarcks. Eine politische Briefsammlung. Hrsg. von *P. Wentzcke* und *J. Heyderhoff*, Bd. I [1859–1870], Bonn 1925.

Karl *Marx* – Friedrich *Engels*: Briefwechsel, Bd. III, Berlin (Ost-) 1950.

Papiestwo wobec sprawy polskiej w latach 1772–1864 [Das Papsttum und die polnische Frage in den Jahren 1772–1864], hrsg. von *O. Beiersdorf*, Wrocław 1960.

Proces R. Traugutta i członków Rządu Narodowego. Akta Audytoriatu Polowego z lat 1863–1864 [Der Prozeß gegen R. Traugutt und die Mitglieder der Nationalregierung. Akten des Kriegsgerichtes aus den Jahren 1863–1864], 3 Bde., Warszawa 1960–1961.

Powstanie styczniowe. Materiały i dokumenty. [Russ. Nebent.: Vosstanie 1863 goda. Materiały i dokumenty] (Der Januaraufstand. Materialien und Dokumente). Moskva-Wrocław 1963ff.

Współpraca rewolucyjna polska-rosyjska (Die polnisch-russische revolutionäre Zusammenarbeit), Bd. I., Moskva 1963; Bd. II. Moskva 1964.

Ruch społeczno-polityczny na Ukrainie w 1863–1864 r. [Die gesellschaftspolitische Bewegung in der Ukraine in den Jahren 1863–1864], Kiew 1964.

Powstanie na Litwie i Białorusi [Der Aufstand in Litauen und Weißrußland], Moskva 1965.

Zbiór zeznań śledczych o przebiegu powstania styczniowego [Sammlung von Untersuchungsaussagen über den Verlauf des Januaraufstandes], Wrocław-Warszawa-Kraków 1965.

Prasa tajna z lat 1861–1864 [Die geheime Presse in den Jahren 1861–1864], Bd. I, Wrocław-Moskva 1966.

Dokumenty Komitetu Centralnego Narodowego i Rządu Narodowego 1862–1864 [Dokumente des nationalen Zentralkomitees und der Nationalregierung 1862–1864], Wrocław 1968.

Zabór pruski w powstaniu styczniowym [Das preußische Teilgebiet im Januaraufstand], Wrocław-Warszawa-Kraków 1968.

Korespondencja namiestników Królestwa Polskiego z lat 1861–1863 [Der Briefwechsel der Statthalter des Königreichs Polen in den Jahren 1861–1863], Wrocław-Moskva 1973.

Korespondencja namiestników Królestwa Polskiego, styczeń – sierpień 1863 r. [Briefwechsel der Statthalter des Königreichs Polen. Januar bis August 1863], Wrocław-Moskva 1974.

Quellen zur deutschen Politik Österreichs, 1859–1866. Unter Mitwirkung von Oskar Schmid hrsg. von *H. Ritter v. Srbik*, Oldenburg i. O. – Berlin 1934–1938.
Bd. III (1863 I – 1864 III), 1936.

Raporty polityczne Konsulów Generalnych Francji w Warszawie 1860–1864 [Politische Berichte der französischen Generalkonsuln in Warschau 1860–1864], hrsg. von *I. Koberdowa*, Wrocław-Warszawa-Kraków 1965.

Sept *rapports* des agents français sur la Pologne en 1863, hrsg. von *S. Bóbr-Tylingo,* in: Antemurale 15 (1971) S. 3–44.

La *Russie,* l'Eglise et la Pologne 1860–1866 (Rapports des consuls français), hrsg. von *S. Bóbr-Tylingo,* in: Antemurale 13 (1969) S. 49–299.

Recueil des actes diplomatiques, traités et documents concernant la Pologne, hrsg. von *K. Lutostanski,* Lausanne-Paris 1918.

Recueil des traités, conventions et actes diplomatiques concernant la Pologne 1762–1862, hrsg. von *Comte d'Angeberg*, Paris und Leipzig 1862.

Die politischen *Reden* des Fürsten Bismarck. Historisch-kritische Gesamtausgabe, hrsg. von *H. Kohl*, 14 Bde., Stuttgart 1892–1905.

Rußland 1852–1871. Aus den Berichten der Bayerischen Gesandtschaft in St. Petersburg, hrsg. von *B. Jelavich,* Wiesbaden 1963.

Das *Staatsarchiv*, Sammlung der offiziellen Aktenstücke zur Geschichte der Gegenwart, Bd. 4 und 5, hrsg. von *L. K. Aegidi* und *A. Klauhold*, Hamburg 1863.

2. *Briefwechsel, Tagebücher, Memoiren*

[*Bakunin,* Michail] Social-politischer Briefwechsel mit Alexander I. Herzen und N. Ogariev, hrsg. von *M. Dragomanov*, Stuttgart 1895.

[*Bentkowski,* Władysław] Listy Władysława Bentkowskiego do Hipolta Cegielskiego z czasa powstania styczniowego 1863–1864 [Briefe Władysław Bentkowskis an Hipolit Cegielski aus der Zeit des Januaraufstands, 1863–1864], hrsg. von *Z. Grot*, in: Studia i Materiały do dziejów Wielkopolski i Pomorza 8 (1963) S. 83–122.

[*Bernhardi,* Theodor v.] Aus dem Leben Theodor v. Bernhardis 1805–1871, 9 Bde., Leipzig 1893–1906; Bd. 5: Tagebuchblätter 1863–1864, Leipzig 1895.

Beust, Friedrich Ferdinand Graf v.: Aus drei Viertel-Jahrhunderten, Erinnerungen und Aufzeichnungen 1809–1885, 2 Bde., Stuttgart 1887.

Biedermann, Karl: Mein Leben und ein Stück Zeitgeschichte, 1812–1886, 2 Bde., Breslau 1886–1887.

Bluntschli, Johann Caspar: Denkwürdigkeiten aus meinem Leben, 3 Bde., Nördlingen 1884.

Czartoryski, Władysław: Pamiętnik 1860–1864. Protokoly posiedzeń Biura Hotelu Lambert, 1861–1864 [Erinnerungen 1860–1864. Protokolle der Sitzungen des Büros des Hotel Lambert, 1861–1864], hrsg. von *H. Wereszycki,* Warszawa 1960.

[*Dalwigk zu Lichtenfels,* Franz Freiherr] Die Tagebücher des Freiherrn Dalwigk zu Lichtenfels aus den Jahren 1860–1871, hrsg. von *W. Schüßler*, Stuttgart und Berlin 1920.

Droysen, Johann Gustav: Briefwechsel 1829–1884, hrsg. von *R. Hubner,* 2 Bde., Stuttgart 1929.

Ernst II. Herzog von Sachsen-Coburg-Gotha: Aus meinem Leben und aus meiner Zeit, 3 Bde., Stuttgart 1889–1892.

Eulenberg-Hertefeld, Fürst Philipp zu: Aus 50 Jahren. Erinnerungen, Tagebücher und Briefe aus dem Nachlaß, hrsg. von *J. Haller,* Berlin 1923.

[*Franz-Joseph I.*] Briefe Kaiser Franz Josephs I. an seine Mutter, 1838–1872, hrsg. von *F. Schnürer,* München 1930.

Freytag, Gustav: Erinnerungen aus meinem Leben, Leipzig 1887.

[*Gerlach,* Ernst Ludwig v.] Von der Revolution zum Norddeutschen Bund. Politik und Ideengut der preußischen Hochkonservativen 1848–1866. Aus dem Nachlaß von Ernst-Ludwig von Gerlach. I. Teil: Tagebuch 1848–1866; II. Teil: Briefe, Denkschriften, Aufzeichnungen, Hrsg. von *H. Diwald,* Göttingen 1970.

[*Goltz,* Robert Heinrich v. d.] *Stolberg-Wernigerode,* Otto Graf: Robert Heinrich Graf v. d. Goltz. Botschafter in Paris 1863–1869, Oldenburg i. O.-Berlin 1941 [Dokumentenanhang].

Górecki, Zbysław: Pierwsza księga moich przygód [Das erste Buch meiner Abenteuer (Aus dem Januaraufstand)], Warszawa 1971.

[*Grekowicz,* Józef] Źródla do dziejów 1863 (Nieznane materiały dotyczące płka. Józefa Grekowicza i jego potyczki pod szklarami) [Quellen zur Geschichte des Aufstandes von 1863. Unbekannte Dokumente betreffend Oberst Josef Grekowicz und seine Scharmützel], hrsg. von *T. Wroński,* in: Małopolskie Studia Historyczne 3/4 (1962) S. 88–97.

Gruner, Justus v.: Rückblick auf mein Leben, in: Deutsche Revue 1901, Bd. 1, Heft 3, Stuttgart-Berlin 1901.

[*Haxthausen,* August v.] August von Haxthausen – Editha von Rahden. Ein Briefwechsel im Hintergrund der russischen Bauernbefreiung 1861, hrsg. von *A. Cohausz,* Paderborn 1975.

[*Haym,* Rudolf] Ausgewählter Briefwechsel Rudolf Hayms, hrsg. von *H. Rosenberg,* Stuttgart 1930.

Herzen, Alexander: Erlebtes und Gedachtes, übers. und hrsg. von *C. Bergmann,* Weimar 1953.

Herzen, Alexander: Mein Leben. Memoiren und Reflexionen, 1812–1866, aus dem Russ. von *H. v. Schulz,* 3 Bde., Berlin (Ost-) 1962.

Herzen, Alexander [Gercen, Aleksandr Ivanovič]: O powstaniu styczniowym. Wybór pism [Über den Januaraufstand, Sammlung von Briefen], bearb. *L. Bazylow* und *M. Wierzchowski,* Warszawa 1962.

Kalinowski, Jan: Wspomnienia 1835–1877 [Erinnerungen], hrsg. von *R. Bender,* Lublin 1965.

Kopernicki, Franciszek: Pamiętnik z powstania styczniowego. Notatki z powstania w województwie kaliskim 1863 i 1864 r. [Notizen zum Januaraufstand. Bemerkungen zum Aufstand im Gebiet von Kalisch in den Jahren 1863 und 1864], hrsg. von *E. Halicz* und *L. Ratajczyk,* Warszawa 1959.

[*Krąg* wielkich wygnańców] W kręgu wielkich wygnańców (1845–1895) [Im Kreise großer Vertriebener], hrsg. von *J. W. Borejsza,* Warszawa 1963.

[*Kronenberg,* Leopold] Listy Leopolda Kronenberga do Mieczysława Waligórskiego z 1863 r. [Die Briefe Leopold Kronenbergs an Mieczysław Waligórski im Jahre 1863], hrsg. von *S. Kieniewicz,* Wrocław 1955.

[*Langiewicz,* Marian] Marian Langiewicz, Pisma [Briefe], hrsg. von *H. Rzadkowska,* Kraków 1971.

Lassalle, Ferdinand v.: Gesammelte Reden und Schriften, 4 Bde, hrsg. von *E. Bernstein,* Berlin 1919.

Limanowski, Bolesław: Pamiętniki 1835–1870 [Erinnerungen], hrsg. von *J. Durko,* Warszawa 1957.

Łukaszewski, Julian: Pamiętnik z lat 1862–1864 [Erinnerungen aus den Jahren 1862–1864], hrsg. von *S. Kieniewicz,* Warszawa 1973.

[*Marks*] Marx, Karl: K istorii pol'skogo voprosa. Rukopisi 1863–1864 gg. [Zur Geschichte der polnischen Frage, Manuskripte aus den Jahren 1863–1864], Moskva 1973.

Marx, Karl: Manuskripte über die polnische Frage 1863/64, hrsg. von *W. Conze* und *D. Hertz-Eichenrode,* s'Gravenhage 1961.

Marx, Karl [Marks, Karol]: Przyczynki do historii kwestii polskiej. Rękopisy z lat 1863–1864 [Beiträge zur Geschichte der polnischen Frage. Manuskripte aus den Jahren 1863–1864], hrsg. und eingel. von *C. Bobińska,* Warszawa 1971.

Meyendorff, Peter von: Ein russischer Diplomat an den Höfen von Berlin und Wien. Politischer und privater Briefwechsel 1826–1863, hrsg. und eingel. von *O. Hoetzsch,* 3 Bde. [Bd. III: 1852–1863], Berlin 1923.

[*Mierosławski,* Ludwik] Pamiętnik Mierosławskiego 1861–1863 [Erinnerungen Mierosławskis], hrsg. von *J. Frejlich,* Warszawa 1924.

[*Napoléon III.*] *d'Hauterive,* Ernest: Napoléon III et le Prince Napoléon. Correspondance inédite, Paris 1925.

[*Palmerston*, Viscount John] The Life and Correspondence of Viscount Palmerston, hrsg. von *E. Ashley*, London 1879.

Revertera, Friedrich Graf: Erinnerungen eines Diplomaten in St. Petersburg 1860/1863 und 1864/1868, in: Deutsche Revue 28 (1903) Heft 1, S. 257–272; Heft 2, S. 33–50.

Die polnische *Revolution* vom Jahre 1863. Aus dem Tagebuche eines verstorbenen Diplomaten, in: Deutsche Revue 17 (1892) Heft 4, S. 84–98; 203–219; 339–352. Jg. 18 (1893) Heft 1, S. 121–131; 235–245; 361–370.

Śladkowski, W.: Powstanie styczniowe na Lubelszczyźnie. Pamiętniki [Der Januaraufstand im Gebiet von Lublin. Erinnerungen], hrsg. *T. Mencel,* Lublin 1966.

Spiskowcy i partyzanci 1863 roku [Verschwörer und Partisanen des Jahres 1863], Warszawa 1967.

Szwarce, Bronisław: Zeznania warszawskie Bronisława Szwarcego (1862–1863) [Warschauer Zeugenaussagen Bronisław Szwarces (1862–1863)], hrsg. von *M. Złotorska*, in: PH 52 (1961) S. 526–546.

Schweinitz, Hans-Lothar von: Denkwürdigkeiten des Botschafters General von Schweinitz, Bd. I, Berlin 1927.

Schlözer, Kurd von: Petersburger Briefe von Kurd von Schlözer 1857–1862 nebst einem Anhang: Briefe aus Berlin und Kopenhagen 1862–1864 und einer Anlage, hrsg. von *L. von Schlözer*, Stuttgart-Berlin 1921.

[*Schulze-Delitzsch*, Hermann] Hermann Schulze-Delitzsch' Schriften und Reden, hrsg. von *F. Thorwart*, 5 Bde., Berlin 1909–1913.

[*Traugutt,* Romuald] Traugutt: Dokumenty [Traugutt: Dokumente] hrsg. von *J. Jarzębowski,* London 1970.

[*Treitschke* Heinrich von] Briefe 1834–1896, hrsg. von *M. Cornicelius,* 3 Bde., Leipzig 1912/13–1920.

Verdy du Vernois, Julius von: Im Hauptquartier der russischen Armee in Polen 1863–65. Persönliche Erinnerungen, Berlin 1905.

[*Viktoria*] Königin Viktorias Briefe während der Jahre 1862–1878, hrsg. von *G. E. Buckle,* dt. von *R. Lennox*, Bd. I, Berlin 1926.

Vitzthum von Eckstädt, Graf Carl Friedrich: St. Petersburg und London. Denkwürdigkeiten aus den Jahren 1852–1864, 2 Bde., Stuttgart 1886.

[*Waldersee, Alfred von*] Denkwürdigkeiten des General-Feldmarschalls Grafen von Waldersee. Auf Veranlassung des Generalleutnants Georg von Waldersee bearbeitet und herausgegeben von *H. O. Meisner*, Bd. 1 (1832–1888), Berlin 1925.

Wyhowski, Stefan: Memoires d'un combattant de 1863 [Hrsg. Comité de Rédaction], in: Antemurale 14 (1970) S. 47–55.

[*Zamoyska,* Jadwiga] Wspomnienia Jadwigi Zamoyskiej [Die Erinnerungen der Jadwiga Zamoyska], hrsg. von *M. Czapska,* London 1961.

Zeznania śledcze o powstaniu styczniowym [Untersuchungsaussagen über den Januaraufstand], hrsg. von *S. Kieniewicz,* Wroclaw 1956.

3. Flugschriften und zeitgenössische Literatur

Buddeus, Aurelio: Rußland unter Alexander II. Nikolajewitsch. Zur inneren Geschichte und äußeren Politik vom Thronwechsel bis auf die Gegenwart 1855–1860, Leipzig 1860.

Eckardt, Julius von: Aus der Petersburger Gesellschaft. Von einem Russen, 2. Aufl. Leipzig 1874.

ders.: Neue Bilder aus der Petersburger Gesellschaft. Von einem Russen, 4. Aufl. Leipzig 1874.

ders.: Von Nicolaus I. bis Alexander III. St. Petersburger Beiträge zur neuesten russischen Geschichte, Leipzig 1881.

ders.: Berlin und St. Petersburg. Preußische Beiträge zur Geschichte der russisch-deutschen Beziehungen, Leipzig 1880.

ders.: Bismarck in Petersburg – Paris – Berlin, Leipzig 1885.

ders.: Lebenserinnerungen. 2 Bde, Leipzig 1910.

Erlach, Franz L. von: Die Kriegsführung der Polen im Jahre 1863. Nach eigenen Beobachtungen von März bis August an Ort und Stelle gesammelt von Franz L. von Erlach, Darmstadt und Leipzig 1866 [Ins Polnische übersetzt und neu herausgegeben von *E. Halicz,* Warszawa 1960.]

Europa; wird es republikanisch oder kosakisch? – Eine auf den Memoiren Napoleons, dem Testament Peters des Großen und viele andere gewichtsvolle Dokumente gestützte Abhandlung über die unserem Weltall drohenden Gefahren und die Mittel zu deren Abwendung als Vorlage für einen europäischen Kongreß, 2. Aufl. Leipzig 1866.

Feddersen, P.: Polens Untergang und seine Kämpfe um Wiedergeburt. Drei Vorträge, Basel 1863.

Das *Geheimnis* Rußlands oder der Schlüssel zum Verständnis der modernen Geschichte und Politik, Stuttgart 1863.

[*Keller,* Gottfried] Gottfried Keller und der polnische Freiheitskampf von 1863/64, Akten und Briefe, hrsg. von *A. Lewak,* Zürich 1927.

Klokow, C.: Der Hochverraths-Prozeß im Jahre 1864, Berlin 1865.

Löwenthal, J.: Die polnische Frage, Wien 1863.

Łukaszewski, Julian Xaver: Zabór pruski w czasie powstaniu styczniowego 1863/64 [Das preußische Teilgebiet zur Zeit des Januaraufstandes], Jassy-Dresden 1870.

Noah, G. A.: Die staatsrechtliche Stellung der Polen in Preußen, Berlin 1861.

Die *Vorläufer* des polnischen Aufstandes, Leipzig 1864.

Wattenbach, Wilhelm: Die Germanisierung der östlichen Grenzmarken des deutschen Reiches, in: HZ 9 (1863) S. 386–417.

4. *Parlamentsprotokolle*

Hansard's Parliamentary Debates, 3. Series, CLXIX–CLXII, London 1863.

Stenographische Berichte über die Verhandlungen der durch die Allerhöchste Verordnung vom 22. Dezember 1862 einberufenen beiden Häuser des Landtages. Haus der Abgeordneten. Bd. 1, Berlin 1863.

Stenographische Berichte über die Verhandlungen der durch die Allerhöchste Verordnung vom 22. Dezember 1862 einberufenen beiden Häuser des Landtages. Herrenhaus. Berlin 1863.

5. *Periodika*

a) *Politische Wochen- und Monatsschriften*

Deutsche Jahrbücher für Politik und Literatur, hrsg. von Heinrich Bernhard Oppenheim, Bd. 6–9, Berlin 1863.

Die Grenzboten. Zeitschrift für Politik und Literatur, hrsg. von Moritz Busch, Jg. 22, Leipzig 1863.

Historisch-politische Blätter für das katholische Deutschland, redigiert von Edmund Jörg und Franz Binder, Bd. 51–52, München 1863.

Preußische Jahrbücher, hrsg. von Rudolf Haym, Bd. 11–12, Berlin 1863.

Wochenschrift des Nationalvereins, hrsg. von August Ludwig von Rochau, Coburg 1863.

b) *Tagespresse*

[Augsburger] „*Allgemeine Zeitung*" [AAZ];

„*Kölnische Zeitung*" [KZ];

„*National-Zeitung*" [NZ] (Berlin);

„*Neue Preußische [Kreuz-] Zeitung*" (Berlin).

Dazu zahlreiche *Ausschnitte* aus der deutschen und europäischen Presse als Beilagen bei den diplomatischen Akten.

6. *Geschichtskalender und Spezialbibliographien*

Schultheß' Europäischer Geschichtskalender, Jg. 2–5, 1861–1864, Nördlingen 1862–1865.

Bismarck-Bibliographie. Quellen und Literatur zur Geschichte Bismarcks und seiner Zeit. Hrsg. von *K. E. Born,* bearb. von *W. Hertel* unter Mitarbeit von *H. J. Henning*, Köln und Berlin 1966.

Bibliografia powstania styczniowego [Bibliographie des Januaraufstandes], hrsg. von *E. Kozłowski,* Warszawa 1964.

C. SEKUNDÄRLITERATUR

Adler, Ch. C.: The „Revolutionary Situation 1859–1861". The Uses of an Historical Conception, in: Canadian Slavonic Studies 3 (1969) S. 383–399.

Almedingen, E. M.: The Emperor Alexander II., London 1962.

Ammann, T.: Die Stellung der deutschen politischen Gruppen zum Habsburgerstaat in den Jahren 1859–1866, Hamburg 1948 [MS].

Anderson, E. N.: The Prussian Election Statistics 1862 and 1863, Lincoln/Nebraska 1954.

ders.: The Social and Political Conflict in Prussia, 1858–1864 (=University of Nebraska Studies, NF 12), Lincoln/Nebraska 1954.

Andreas, W.: Die Wandlungen des großdeutschen Gedankens, Berlin-Leipzig 1924.

ders.: Franz Freiherr von Roggenbach, Heidelberg 1933.

Angermann, E.: Robert von Mohl, 1799–1875. Leben und Werk eines altliberalen Staatsgelehrten, Neuwied 1962.

ders.: Die deutsche Frage 1806–1866, in: Reichsgründung 1870/71. Tatsachen–Kontroversen–Interpretationen, hrsg. von *Th. Schieder* und *E. Deuerlein*, Stuttgart 1970, S. 9–32.

ders.: Rudolf Gneist, in: NDB 6 (Berlin 1974), S. 487–489.

Arnold, S./*Żychowski*, M.: Abriß der Geschichte Polens, Warszawa 1967.

Baasch, E.: Hamburg und Österreich 1814–1866, Freiburg i. Br. 1930.

ders.: Geschichte des hamburgischen Zeitungswesens, Hamburg 1930.

Bachem, C.: Vorgeschichte, Geschichte und Politik der deutschen Zentrumspartei, 9 Bde., Köln 1926–1932.

[*Bakunin*, M. A.] Michail Bakunin i expedicija na parochode „Ward Jackson". S primečaniem V. P. Polonskago [Michail Bakunin und die Expedition auf dem Dampfer „Ward Jackson". Mit Randbemerkungen von W. P. Polonskij], in: Krasnyj Archiv 7 (1924) S. 108–145.

Banasiewicz, M.: Problem oświaty polskiej w obradach sejmu pruskiego w latach 1850–1862 [Die Frage des polnischen Schulwesens in den Beratungen des preußischen Landtages in den Jahren 1850–1862], Poznań 1968.

Bangert, D.: Polnischer Adel – österreichisches und preußisches Heer. Das Verhältnis des polnischen Adels zur k. k. Armee und zur kgl. Preußischen Armee 1816–1914 [Forschungsbericht], in: ZfO 21 (1972) S. 446–521.

Baraboj, A. Z.: Politika ukrainskich revoljucionerov organizovat' pomošč pol'skom vosstaniju 1863 g. [Die Politik revolutionärer Ukrainer, um dem polnischen Aufstand von 1863 Hilfe zu bringen], in: Voprosy Istorii 1957, Nr. 1, S. 109–116.

Bardach, J.: Powstanie styczniowe [Der Januaraufstand], Warszawa 1953.

Baretski, C. A.: American Foreign Relations with East Central Europe 1823–1867, Notre Dame 1958.

Barker, N. N.: Distaff Diplomacy. The Empress Eugénie and the Foreign Policy of the Second Empire, Austin-London 1968.

Barraclough, G.: Europa, Amerika und Rußland in Vorstellung und Denken des 19. Jahrhunderts, in: HZ 203 (1966) S. 280–315.

Barycz, H.: Polska młodzież akademicka w Wrocławiu przed powstaniem styczniowym 1853–1863 [Die polnische akademische Jugend in Breslau vor dem Januaraufstand 1853–1863], in: Sobótka 1 (1946) S. 151–199.

Baske, S.: Praxis und Prinzipien der preußischen Polenpolitik vom Beginn der Reaktionszeit bis zur Gründung des Deutschen Reiches, in: FzoG 9 (1963) S. 7–268 [Diss. Hamburg 1960].

Batowski, H.: Rewolucyjna współpraca Słowian zachodnych i południowych w okresie powstania styczniowego [Die revolutionäre Zusammenarbeit der West- und Südslawen in der Zeit des Januaraufstandes], Warszawa 1963.

ders.: Zapomniany agent polski w Turynie podczas powstania styczniowego [Ein vergessener polnischer Agent in Turin während des Januaraufstandes], in: Roczniki Historyczne 30 (1964) S. 161–166.

ders.: Polityka Rządu Narodowego w roku 1864 wobec Austrii (stosunki z Węgrami, Włochami, Czechami, Slowianami Południowymi i Rumunami) [Die Politik der Nationalregierung im Jahre 1864 gegenüber Österreich (Beziehungen zu den Ungarn, den Italienern, den Tschechen, den Südslawen und den Rumänen)], in: Powstanie styczniowe 1863, Bd. II, Warszawa 1964, S. 36–86.

ders.: Schwierige Nachbarschaft, in: Europa und die Einheit Deutschlands. Eine Bilanz nach hundert Jahren, hrsg. von *W. Hofer*, Köln 1970, S. 181–200.

Bauer, R.: Österreich, Preußen und Deutschland: Der Weg nach Königgrätz und seine Folgen, in: Europa und der Norddeutsche Bund, hrsg. von *R. Dietrich*, Berlin 1968, S. 57–84.

Baumgart, W.: Probleme der Krimkriegsforschung. Eine Studie über die Literatur des letzten Jahrzehnts, in: JfGO 19 (1971) S. 49–109; 243–264; 371–400.

ders.: Der Friede von Paris 1856. Studien zum Verhältnis von Kriegführung, Politik und Friedensbewahrung, München-Wien 1972.

Baumhauer, A.: Der badische Staatsmann und letzte badische Außenminister Franz Freiherr von Roggenbach, in: GWU 10 (1959) S. 461–478.

Bazylow, L.: Dzieje Rosji (1801–1917) [Geschichte Rußlands], Warszawa 1970.

Becker, O.: Bismarcks Ringen um Deutschlands Gestaltung, hrsg. und ergänzt von *A. Scharff*, Heidelberg 1958.

Becker, W. F.: Die preußischen Militärstraßen im Deutschen Bund (1815–1866), vornehmlich in Hessen, in: Hess Jb für Landesgeschichte 8 (1958) S. 171–234.

Beiersdorf, O.: Walka polityczna Czerwonych i Białych na terenie Krakowa w okresie powstania styczniowego [Der politische Kampf zwischen Roten und Weißen auf dem Gebiet Krakaus während des Januaraufstandes], in: Małopolskie Studia Historyczne 3/4 (1960) S. 3–53.

ders.: Tajna prasa krakowska w okresie powstania styczniowego [Die geheime Krakauer Presse in der Zeit des Januaraufstandes], in: Kraków w powstaniu styczniowym, Kraków 1968, S. 305–358.

ders.: Kijów w powstaniu styczniowym [Kiew im Januaraufstand], in: Kraków-Kijów. Szkice z dziejów stosunków polsko-ukraińskich, hrsg. von *A. Podraza*, Kraków 1969, S. 73–130.

ders.: Świat dyplomatyczny w Rzymie w okresu powstania styczniowego [Die diplomatische Welt in Rom zur Zeit des Januaraufstandes], in: SH 16 (1973) S. 195–230.

Beljavskaja, I. M.: A. I. Gercen i pol'skoe nacional'no-osvoboditel'noe dviženie 60-ch godov VIV veka [A. I. Herzen und die polnische nationale Befreiungsbewegung in den sechziger Jahren des 19. Jahrhunderts], Moskva 1954.

Bell, H. C. F.: Lord Palmerston, 2 Bde., London-New York York-Toronto 1936.

Bender, R.: Ludność miejska Lubelskiego w akcji przedpowstaniowej w latach 1861–1862 [Die Bevölkerung der Stadt Lublin in den Aktionen vor dem Aufstand in den Jahren 1861–1862], Lublin 1961.

ders.: Rewolucja moralna 1861 roku [Die moralische Revolution des Jahres 1861], in: Zeszyty Naukowe Katolickiego Uniwersiteta Lubelskiego 4 (1961) S. 83–94.

ders.: „Głos Kapłana Polskiego“ (Z dziejów prasy religijnej powstania styczniowego) [„Die Stimme eines polnischen Kaplans“ – Aus der Geschichte der religiösen Presse des Januaraufstands], in Zeszyty Naukowe Katolickiego Universiteta Lubelskiego 16 (1973) S. 29–38.

Bergsträsser, L.: Geschichte der politischen Parteien in Deutschland, 11. Aufl. hrsg. von *W. Mommsen,* München 1965.

Bernhard, L.: Das polnische Gemeinwesen im preußischen Staat, Leipzig 1907.

ders.: Die Polenfrage. Der Nationalitätenkampf der Polen in Preußen, München 1920.

Bernhardi, Th. v.: Zum polnischen Aufstand von 1863, in: HZ 73 (1894) S. 33–58.

Beyrau, D.: Russische Orientpolitik und die Entstehung des Deutschen Kaiserreiches 1866–1870/71, Wiesbaden 1974.

Biedermann, G. S.: Polen im Urteil der nationalpreußischen Historiographie des 19. Jahrhunderts, Diss. Erlangen-Nürnberg 1967 [MS].

Biedermann, K.: Dreißig Jahre deutscher Geschichte 1840–1870. Von der Thronbesteigung Friedrich Wilhelms IV. bis zur Aufrichtung des neuen deutschen Kaisertums, 2 Bde., 4. Aufl. Breslau 1896.

Biermann, W.: Franz Leo Benedikt Waldeck, Paderborn 1928.

Bikulič, V. B.: O russko-pol'sko-litovsko-belorusskich revoljucionnych svjazjach vosstanija 1863–1864 gg. [Über die russisch-polnisch-litauisch-weißrussischen revolutionären Beziehungen des Aufstandes von 1863–1864], in: Revoljucionnaja situacija v Rossii v 1859–1861 gg., Moskva 1965, S. 301–313.

Birke, E.: Französische Beziehungen zu Ostmitteleuropa im 19. Jahrhundert bis 1870/71, in: ZfO 6 (1957) S. 321–387.

ders.: Frankreich und Ostmitteleuropa im 19. Jahrhundert. Beiträge zur Politik und Geistesgeschichte, Köln-Graz 1960.

Birtsch, G.: Die Nation als sittliche Idee. Der Nationalstaatsbegriff in Geschichtsschreibung und politischer Gedankenwelt Johann Gustav Droysens, Köln-Graz 1964.

Black, J. L.: Interpretations of Poland in Nineteenth Century Russian Nationalist-Conservative Historiography, in: Polish Review 18 (1973) S. 20–41.

Blayau, N.: Billaut, Ministre de Napoléon III, d'après ses papiers personnels 1805–1863, Paris 1969.

Blejwas, S. A.: The Origins and Practice of “Organic Work” in Poland: 1795–1863, in: PR 15 (1970) Heft 4, S. 23–54.

Blinn, H. E.: Seward and the Polish Rebellion of 1863, in: AHR 45 (1939/40) S. 828–833.

Blumberg, A.: Russian Policy and the Franco-Austrian War of 1859, in: JMH 26 (1954) S. 137–153.

Bobińska, C.: Marks i Engels wobec powstania styczniowego [Marx und Engels und der Januaraufstand], in: KH 60 (1953) Heft 2, S. 52–84.

dies. Marks i Engels a sprawy polskie do osiemdziesiątych lat XIX wieku [Marx und Engels und die polnischen Probleme bis in die achtziger Jahre des 19. Jahrhunderts], Warszawa 1954.

dies.: Ideologia rewolucyjnych demokratów polskich w latach sześćdziesiątych XIX w. [Die Ideologie der polnischen revolutionären Demokraten in den sechziger Jahren des 19. Jahrhunderts], in: KH 62 (1955) Heft 6, S. 4–51.

dies.: Marx und Engels über polnische Probleme, Berlin (Ost-) 1958.

dies.: Les débuts de la Ie Internationale, les Polonais et la question polonaise, in: La Pologne au XIIe Congrès International des Sciences Historiques à Vienne, Warszawa 1965, S. 85 bis 100.

dies.: Les mouvements paysans en Pologne aux XVIII-XIX siècles: problèmes et méthodes, in: APH 22 (1970) S. 136–157.

dies.: Marksa spotkania z Polską [Marx' Begegnungen mit Polen], Kraków 1971.

Bobińska, C./Galos, A.: Poland: Land of Mass Migration, 19th and 20th Centuries, in: Poland at the 14th International Congress of Historical Sciences in San Francisco. Studies in Comparative History, Wrocław-Warszawa-Kraków-Gdańsk 1975, S. 169-209.

Bóbr-Tylingo, S.: Państwa Związku Niemieckiego wobec powstania styczniowego [Die Staaten des Deutschen Bundes und der Januaraufstand], in: Teki Historyczne 1/2 (1951/52) S. 6–23.

ders.: Napoléon III et le problème polonais (1830–1859), in: Revue International d'Histoire Politique et Constitutionelle 19/20 (1955) S. 259–280.

ders.: O niedoszłych sojuszach Francij w 1863 r. [Über die vergeblichen Bündnisversuche Frankreichs im Jahre 1863], in: Teki Historyczne 7 (1955) S. 87–102.

ders.: Polityka polska Napoleona III [Die polnische Politik Napoleons III.], in: Rocznik Polskiego Towarzystwa Naukowego na Obczyźnie 6 (1955/56) S. 42–45.

ders.: Międzynarodowe koła finansowe wobec powstania styczniowego [Die internationalen Finanzkreise und der Januaraufstand], in: Teki Historyczne 8 (1956/57) S. 881–893.

ders.: La France et les rapports polono-russes 1860–1862, in: Antemurale 4 (1958) S. 91 bis 127.

ders.: Ogólnoeuropejska interwencja dyplomatyczna w 1863 r. [Die gesamteuropäische diplomatische Intervention im Jahre 1863], in: Teki Historyczne 9 (1958) S. 63–78.

ders.: Polska wyprawa na Kaukaz w 1863 r. [Der polnische Feldzug im Kaukasus im Jahre 1863], in: Bellona 40 (1958) Heft 2, S. 150–165.

ders.: La convention d'Alvensleben, in: Études Slaves et Est-Européennes 4 (1959) S. 4–21.

ders.: Un congrès européen manqué (1863), in: PR 5 (1960) S. 76–94.

ders.: Stany Zjednoczone A. P. a powstanie styczniowe [Die Vereinigten Staaten von Nordamerika und der Januaraufstand], in: Teki Historyczne 11 (1960/61) S. 133–147.

ders.: Do tajnej dyplomacji Napoleona III [Über die Geheimdiplomatie Napoleons III.], in: Teki Historyczne 11 (1960/61) S. 245–255.

ders.: Polska wyprawa przez Księstwa Naddunańskie w 1863 roku [Der polnische Feldzug durch die Donaufürstentümer im Jahre 1863], in: Bellona 43 (1961) S. 3–18.

ders.: L'influence de l'entourage de Napoléon III sur la politique polonaise en 1863, in: Revue d'Histoire Moderne et Contemporaine 9 (1962) S. 219–226.

ders.: Prusy wobec wypadków warszawskich 1861–1862 roku [Preußen und die Warschauer Ereignisse der Jahre 1861–1862], in: Bellona 44 (1962) S. 147–165.

ders.: Obecny stan badań nad historią diplomatyczną powstania styczniowego [Der augenblickliche Forschungsstand zur diplomatischen Geschichte des Januaraufstands], in: Teki Historyczne 12 (1962/63) S. 73–91.

ders.: La première intervention diplomatique en 1863, in: Etudes Slaves et Est-Européennes 7 (1963) S. 23–60; 131–153.

ders.: Napoléon III, l'Europe et la Pologne 1863–64, in: Antemurale VII–VIII (1963) S. 1–362.

ders.: Sprawa polska przed wybuchem powstania styczniowego (czerwiec 1862 – styczeń 1863) [Die polnische Frage vor dem Ausbruch des Januaraufstandes (Juni 1862–Januar 1863)], in: Teki Historyczne 13 (1964/65) S. 103–121.

ders.: Lord Clarendon's mission to Germany in 1863, in: Antemurale XI (1967) S. 185–189.

ders.: Les conversations du Baron de Hübner à Paris (1863), in: Antemurale XVI (1972) S. 3–14.

Böhme, H.: Vor 1866. Aktenstücke zur Wirtschaftspolitik der deutschen Mittelstaaten (= Hamburger Studien zur neueren Geschichte, Bd. 7), Frankfurt 1966.

ders.: Deutschlands Weg zur Großmacht. Studien zum Verhältnis von Wirtschaft und Staat während der Reichsgründungszeit, 1848–1881, Köln 1966.

Böhning, P.: Die nationalpolnische Bewegung in Westpreußen 1815–1871, Marburg 1973.

ders.: Westpreußisches Polentum und polnische Nation. Zur Außenorientierung der nationalpolnischen Bewegung in Westpreußen vor der Reichsgründung, in: ZfO 20 (1971) S. 78–94.

Boguslawski, A. v.: 85 Jahre preußische Regierungspolitik in Posen und Westpreußen 1815 bis 1900, Berlin 1901.

Bolsover, G. H.: Aspects of Russian Foreign Policy, 1815–1914, in: Essays presented to Sir Lewis Namier, hrsg. von *R. Pares* und *A. J. P. Taylor,* London 1956, S. 320–356.

Borejsza, Jerzy W.: Sprawa polska i Polacy w I Międzynarodówce [Die polnische Frage und die Polen in der Ersten Internationale], in: Z pola walki 7 (1964) Heft 4, S. 23–44.

ders.: Emigracja polska po powstaniu styczniowym [Die polnische Emigration nach dem Januaraufstand], Warszawa 1966.

ders.: Patriota bez paszportu [Patriot ohne Paß] (Walery Wróblewski), Warszawa 1970.

ders.: De Sedan à Versailles (Esquisse des relations franco-polonaises 1870–1919), in: APH 24 (1971) S. 73–99.

Borkiewicz, A.: Działania Langiewicza przed dyktaturą [Die Operationen des Langiewicz während seiner Diktatur], in: Materiały i Studia do Historii Wojskowości 8 (1962) S. 203 bis 273.

Bormann, C.: Bismarck und Südosteuropa vom Krimkrieg bis zur Pontuskonferenz (Die politische und wirtschaftliche Bedeutung der „Orientalischen Frage" von 1853/54 bis 1871 für die Politik Bismarcks), Hamburg 1967.

Born, K. E.: Sozialpolitische Probleme und Bestrebungen in Deutschland von 1848 bis zur Bismarckschen Sozialgesetzgebung, in: VSWG 46 (1959) S. 29–44.

ders.: Deutschland als Kaiserreich 1871–1918, in: Handbuch der europäischen Geschichte, Bd. 6, hrsg. von *Th. Schieder*, Stuttgart 1968, S. 198–230.

Bornemann, H.: Die deutsch-russischen Handelsbeziehungen in der zweiten Hälfte des 19. Jahrhunderts, Diss. Berlin (Ost-) 1957.

Borodovčák, V.: Přispevok k ohlasu pol'ského povstania roku 1863 na Slovensku [Übersicht über das Echo des polnischen Aufstandes von 1863 in der Slowakei], in: Slovanské Študié, Bratislava 1958, S. 73–140.

ders.: Ohlas pol'ského povstania roku 1863 na Slovensku. Slovenské polonofilii a spolupráca demokratických sil Rákuska v boji proti petrohradskému a viedenskému absolutizmu [Das Echo des polnischen Aufstandes des Jahres 1863 in der Slowakei. Die slowakischen Polonophilen und die Zusammenarbeit mit den demokratischen Kräften Österreichs gegen den Petersburger und den Wiener Absolutismus], Bratislava 1960.

Borowski, S.: Szkoła Glówna Warszawska 1862–1869. Wydział Prawa i Administracju [Die Warschauer Hauptschule 1862–1869. Die Rechts- und Staatswissenschaftliche Fakultät], Warszawa 1937.

Borries, K.: Zur Politik der deutschen Mächte in der Zeit des Krimkrieges und der italienischen Einigung, in: HZ 151 (1935) S. 294–310.

ders.: Deutschland im Kreis der europäischen Mächte. Eine historisch-politische Analyse, Stuttgart 1963.

Bosl, K.: Deutsche romantisch-liberale Geschichtsauffassung und „slawische Legende". Germanismus und Slawismus. Bemerkungen zur Geschichte zweier Ideologien, in: Bohemia 5 (1964) S. 12–52.

ders.: Die deutschen Mittelstaaten in der Entscheidung von 1866, in: ZfbayrLG 29 (1966) S. 665–679.

ders.: Das „Dritte Deutschland" und die Lösung der deutschen Frage im 19. Jahrhundert. Souveränität – Defensivsystem – Aggressivität. Das bayerische Beispiel, in: Bohemia 11 (1970) S. 20–33.

ders.: Die Verhandlungen über den Eintritt der süddeutschen Staaten in den Norddeutschen Bund und die Entstehung der Reichsverfassung, in: Reichsgründung 1870/71. Tatsachen – Kontroversen – Interpretationen, hrsg. von *E. Deuerlein* und *Th. Schieder,* Stuttgart 1970, S. 148–163.

Bossy, R.: Napoléon III et l'Autriche de Villafranca à Sadowa (1859–1866), in: Revue d'histoire diplomatique 73 (1959) S. 220–230.

ders.: La diplomatie russe et l'union des Principautés roumaines (1858 1859). D'après la correspondance Gortchakoff-Giers, in: Revue d'histoire diplomatique 76 (1962) S. 255 bis 266.

Bracher, K. D.: Kritische Betrachtungen über den Primat der Außenpolitik, in: Faktoren der politischen Entscheidung [Festschrift für Ernst Fraenkel], Berlin 1963, S. 115–148.

Brackmann, A./*Brandi,* K. [Hrsg.]: Deutschland und Polen. Beiträge zu ihren geschichtlichen Beziehungen, München 1933.

Brackmann, A.: Grundrichtungen und Wendepunkte in der europäischen Ostpolitik, in: JbGOE 1 (1953) S. 97–116.

Brandt, O.: Mittelstaatliche Politik im Deutschen Bund nach der Revolution von 1848, in: ZfbayrLG 2 (1929) S. 299–328.

Brock, P.: Polish Democrats and English Radicals, 1832–1862. A Chapter in the History of Anglo-Polish Relations, in: JMH 25 (1953) S. 139–156.

ders.: The Polish Revolutionary Commune in London, in: SEER 35 (1956) S. 116–128.

ders.: Z dziejów Wielkiej Emigracji w Anglii [Aus der Geschichte der Großen Emigration in England], Warszawa 1958.

ders.: The Political Program of the Polish Democratic Society, in: PR 14 (1969) Heft 2, S. 89–105; Heft 3, S. 5–24.

Brodowska, H.: Spory serwitutowe chłopów z obszarnikami w Królestwie Polskim w drugiej polowie XIX w. [Die Kämpfe der untertänigen Bauern mit den Gutsbesitzern im Königreich Polen in der zweiten Hälfte des 19. Jahrhunderts], in: KH 63 (1956) Heft 4/5, S. 283–298.

dies.: Ruch chłopski po uwłaszczeniu w Królestwie Polskim 1861–1904 [Die Bauernbewegung nach der Landreform im Königreich Polen], Warszawa 1967.

dies.: Chłopskie ruchy agrarne w środkowowschodniej Europie w XIX i na początku XX wieku [Bäuerliche Agrarbewegungen in Ostmitteleuropa im 19. und zu Beginn des 20. Jahrhunderts], in: KH 77 (1970) S. 702–716.

Broszat, M.: 200 Jahre deutsche Polenpolitik, 2. Aufl. Frankfurt a. M. 1972 [1. Aufl. München 1963].

Brunswig, H.: L'Allemagne au XIXe siècle. Liberaux et conservateurs, in: RH 213 (1955) S. 303–318.

ders.: Bismarck et la diplomatie de l'Empire, in: RH 222 (1959) S. 311–330.

Buchner, R.: Die deutsch-französische Tragödie 1848–1864. Politische Beziehungen und psychologisches Verhältnis, Würzburg 1965.

ders.: Der Krieg und das europäische Gleichgewicht, in: Entscheidung 1870, hrsg. von *W. v. Groote* und *U. v. Gersdorff,* Stuttgart 1970, S. 290–315.

ders.: Rußlands Haltung zur Reichsgründung, in: Jahrbuch der Albertus-Universität zu Königsberg/Preußen 22 (1972) S. 88–109.

ders.: Deutsche Geschichte im europäischen Rahmen. Darstellung und Betrachtungen, Darmstadt 1975.

Bukowski, A.: Pomorze Gdańskie w powstaniu styczniowym [Westpreußen im Januaraufstand], Gdańsk 1964.

Burckhardt, H.: Deutschland, England, Frankreich. Die politischen Beziehungen Deutschlands zu den westeuropäischen Großmächten 1864–1866, München 1970.

Burian, P.: Die Olmützer Punktation von 1850 und die deutsche Frage, in: GWU 25 (1974) S. 668–676.

Bury, J. P. T.: Nationalities and Nationalism, in: The New Cambridge Modern History, Bd. 10: The Zenith of European Power 1830–1870, Cambridge 1960, S. 213–245.

ders.: Napoleon III and the Second Empire, London 1964.

Bušuev, S. K.: A. M. Gorčakov, Moskva 1961.

Bußmann, W.: Treitschke – sein Welt- und Geschichtsbild, Göttingen 1952.

ders.: Gustav Freytag – Maßstäbe seiner Zeitkritik, in: AfKG 34 (1952) S. 261–287.

ders.: Treitschke als Politiker, in: HZ 177 (1954) S. 249–279.

ders.: Wandel und Kontinuität der Bismarck-Wertung, in: WaG 15 (1955) S. 126–136.

ders.: Bismarck im Urteil der Zeitgenossen und der Nachwelt, Stuttgart 1958.

ders.: Zur Geschichte des deutschen Liberalismus im 19. Jahrhundert, in: HZ 186 (1958) S. 527–557.

ders.: Europa und das Bismarckreich, in: Die deutsche Einheit als Problem der europäischen Geschichte, hrsg. von *C. Hinrichs* und *W. Berges,* GWU (Beiheft) 1960, S. 156–173.

ders.: Bismarck, in: GWU 16 (1965) S. 197–207.

ders.: Otto von Bismarck. Geschichte, Staat und Politik, Wiesbaden 1966.

ders.: Die deutsche und die polnische Frage im 19. und 20. Jahrhundert, in: Politik – Vierteljahresschrift des Unteilbaren Deutschland 1967, S. 3–21.

ders.: Das Zeitalter Bismarcks (= Brandt/Meyer/Just: Handbuch der deutschen Geschichte, Bd. III/2), 4., ergänzte Aufl. Frankfurt a. M. 1968.

ders.: Bismarck, Preußen und Deutschland, in: Europa und der Norddeutsche Bund, hrsg. von *R. Dietrich,* Berlin 1968, S. 35–56.

ders.: Bismarck: Seine Helfer und seine Gegner, in: Reichsgründung 1870/71, hrsg. von *Th. Schieder* und *E. Deuerlein,* Stuttgart 1970, S. 119–147.

Buzek, J.: Historya polityki narodowościowej rządu pruskiego wobec Polaków od traktatów wiedeńskich do ustaw wyjątkowych z r. 1908 [Geschichte der Nationalitätenpolitik der preußischen Regierung gegenüber den Polen von den Wiener Verträgen bis zu den Ausnahmegesetzen des Jahres 1908], Lemberg 1909.

Canis, K.: Die politische Taktik führender preußischer Militärs 1858 bis 1866, in: Die großpreußisch-militaristische Reichsgründung, Bd. I, hrsg. von *H. Bartel* und *E. Engelberg,* Berlin (Ost-) 1971, S. 118–156.

Case, L.M.: French Opinion on War and Diplomacy during the Second Empire, Philadelphia 1954.

dies.: La sécession aux Etats-Unis. Problème diplomatique français en 1861, in: Revue d'histoire diplomatique 77 (1963) S. 290–313.

Čertan, E. E.: Russko-rumynskie otnošenija v 1859–1863 gg. [Die russisch-rumänischen Beziehungen in den Jahren 1859–1863], Kišinev 1968.

Chałasiński, W.: Genealogia społeczna inteligencji polskiej [Die soziale Herkunft der polnischen Intelligentsia], Warszawa 1946.

Chamerska, H.: Powstanie styczniowe [Der Januaraufstand], in: KH 71 (1964) S. 226–230.

Chankowski, S.: Powstańcze plany wyprawy na Litwę w 1863–1864 r. [Feldzugspläne der Aufständischen nach Litauen in den Jahren 1963–1864], in: Wiek XIX. Prace ofiarowane Stefanowi Kieniewiczowi w 60 rocznicę urodzin, Warszawa 1967, S. 335–343.

ders.: Powstanie styczniowe w Augustowskiem [Der Januaraufstand im Gebiet von Augustowo], Białystok 1972.

ders.: Powstanie styczniowe. Materiały i dokumenty [Besprechung des Reihenwerks], in: Acta baltico-slavica 8 (1973) S. 195–203.

Charles-Roux, F.: Alexandre II., Gortchakoff et Napoléon III., Paris 1913.

Chlebowczyk, J.: Marks i Engels a problem małych narodów w Europie środkowo-wschodniej [Marx und Engels und das Problem der kleinen Völker in Ostmitteleuropa], in: Z pola walki 13 (1970) Heft 2, S. 15–43.

Chodera, J.: „Deutsche Mission im Osten" und Germanisierung der polnischen Bevölkerung in der deutschen Literatur des 20. Jh., in: Studia historica slavo-germanica 1 (1972) S. 195–213.

Chojnacki, W.: Mazury i Warmia [Masuren und Ermland], Wrocław 1959.

ders.: Wydawnictwa polskie i ich drukarnie w Elblągu (w. XVII–XIX) [Polnische Verlage und ihre Druckerzeugnisse in Elbing vom 17.–19. Jahrhundert], in: Rocznik Elbląski 3 (1966) S. 105–117.

Cieślak, T.: Z dziejów prasy polskiej na Pomorzu Gdańskim w okresie zaboru pruskiego [Aus der Geschichte der polnischen Presse in Westpreußen unter preußischer Herrschaft], Gdańsk 1964.

ders.: Prasa polska na Mazurach i Warmii 1718–1939 [Die polnische Presse in Masuren und im Ermland 1718–1939], Olsztyn 1964.

ders.: Warmia and Mazury in the 19th and 20th Century History of Poland's Territories, in: Polish Western Affairs 6 (1965) S. 314–328.

ders. Prasa Pomorza Wschodniego w XIX i XX wieku [Die Presse in Ostpommern im 19. und 20. Jahrhundert], Warszawa 1966.

ders.: Polska-Skandynawia w XIX i XX wieku [Polen und Skandinavien im 19. und 20.Jahrhundert], Warszawa 1973.

Ciołkosz, A.: Karol Marks a powstanie styczniowe [Karl Marx und der Januaraufstand], in: Teki Historyczne 12 (1962/63) S. 23–71.

ders.: Karl Marx and the Polish Insurrection of 1863, in: PR 10 (1965) S. 8–51.

Ciszak, A.: Ziemie wrzesińska w powstaniu stycniowym 1863–1864 [Das Gebiet um Wreschen im Januaraufstand], Wreźnia 1964.

Clark, C. W.: Franz Joseph and Bismarck. The Diplomacy of Austria before the War of 1866 [= Harvard Historical Studies 36], Cambridge-London 1934.

ders.: Bismarck, Russia and the Origins of the War of 1866, in: JMH 14 (1942) S. 195–208.

Coleman, A. P. und M. M.: The Polish Insurrection of 1863 in the Light of New York Editorial Opinion, Williamsport, Pa. 1934.

Coleman, A. P.: Poland under Alexander II. The Insurrection of 1863, in: The Cambridge History of Poland, Bd. II, 1951, S. 365–386.

Conze, W.: Die Wirkungen der liberalen Agrarreform auf die Volksordnung in Mitteleuropa im 19. Jahrhundert, in: VSWG 38 (1950) S. 2–43.

ders.: Die Strukturkrise des östlichen Mitteleuropas vor und nach 1919, in: VZG 1 (1953) S. 319–338.

ders.: Polnische Nation und deutsche Politik im Ersten Weltkrieg, Köln-Graz 1958.

ders.: Die deutsche Nation. Ergebnis der Geschichte, Göttingen 1963.

ders.: Nation und Gesellschaft. Zwei Grundbegriffe der revolutionären Epoche, in: HZ 198 (1964) S. 1–16.

ders.: Möglichkeiten und Grenzen der liberalen Arbeiterbewegung in Deutschland. Das Beispiel Schulze-Delitzsch, Heidelberg 1965.

ders.: Die Ermöglichung des Nationalstaats, in: Entscheidung 1866, hrsg. von *W. v. Groote* und *U. v. Gersdorff,* Stuttgart 1966, S. 196–242.

ders.: Das deutsch-russische Verhältnis im Wandel der modernen Welt, Göttingen 1967.

Copson-Niećko, M. I. E.: Pro-Polish Agitation in Great Britain 1832–1867, Diss. London 1968.

dies.: British Religious Demonstrations and the Poles between 1832 and 1870, in: Antemurale 16 (1972) S. 41–94.

Corti, E. C. C.: Unter Zaren und gekrönten Frauen. Schicksal und Chronik europäischer Kaiserreiche an Hand von Briefen, Tagebüchern und Geheimdokumenten der Zarin Maria von Rußland und des Prinzen Alexander von Hessen, Graz 1953.

Craig, G. A.: The System of Alliances and the Balance of Power, in: The Modern Cambridge History, Bd. X: The Zenith of European Power 1830–1870, Cambridge 1960, S. 246–273.

ders.: Porträt eines politischen Generals: Edwin von Manteuffel und der Verfassungskonflikt in Preußen, in: *ders.:* Krieg, Politik und Diplomatie, Wien-Hamburg 1968, S. 121–156.

Croce, B.: Geschichte Europas im neunzehnten Jahrhundert (1932), Frankfurt 1968.

Csaplaroś, I.: Das Echo des polnischen Aufstandes im Januar 1863 in der ungarischen Literatur, in: Studia Slavica 10 (1964) S. 343–371.

Ćwiek, Z.: Przywódzy powstania styczniowego. Sześć sylwetek [Die Führer des Januaraufstands. Sechs Umrisse], Warszawa 1955.

ders.: Polskie organizacje patriotyczne i spiskowo-rewolucyjne w Rosji w dobie powstania styczniowego [Polnische patriotische und verschwörerisch-revolutionäre Organisationen in Rußland in der Zeit des Januaraufstandes], in: Wiadomości Historyczne 5 (1963) S. 257–281 und 6 (1963) S. 7–25.

Cygler, B.: Pomorze Gdańskie w polskim ruchu narodowo-wyzloweńczym w latach 1794 do 1864 [Westpreußen in der polnischen Befreiungsbewegung in den Jahren 1794–1864], in: Pomorze pod zaborem pruskim, Gdańsk 1973, S. 63–112.

Czastek, O.: Österreich und der polnische Aufstand im Jahre 1863, Diss. Wien 1950 [MS].

Czepulis, R.: Myśl społeczna twórców Towarzystwa Rolniczego (1842–1861) [Das gesellschaftliche Denken der Mitglieder der „Landwirtschaftlichen Gesellschaft" (1842–1861)], Wrocław 1964.

Czepulis-Rastenis, R.: „Klasa umysłowa". Inteligencja Królestwa Polskiego 1832–1862 [Die „gebildete Klasse". Die Intelligenz im Königreich Polen 1832–1862], Warszawa 1973.

dies.: La structure et la situation sociale de l'intelligentsia du Royaume de Pologne dans la période entre l'insurrection de 1830 et celle de 1863, in: APH 33 (1976) S. 69–91.

Czubiński, A.: Powstanie styczniowe w województwie kaliskim [Der Januaraufstand in der Wojewodschaft Kalisch], in: Studia i Materiały do dziejów Wielkopolski i Pomorza 8 (1963) S. 49–71.

ders.: Powstanie 1863/64 na Ziemie Kaliskiej [Der Aufstand von 1863/64 im Gebiet von Kalisch], in: Zeszyty Naukowe Uniwersyteta imienia Adama Mickiewicza w Poznaniu, Nr. 47, Historia Nr. 6, 1964, S. 125–230.

Dąbkowski, W.: Powstanie styczniowe w Puszczy Kozienice [Der Januaraufstand in den Wäldern von Kozienice (bei Radom)], Diss. Warszawa 1974.

Daerr, M.: Beust und die Bundesreformpläne der deutschen Mittelstaaten 1859, in: Neues Archiv für sächsische Geschichte 52 (1931) S. 42–125.

Dahlkötter, E. M.: Franz von Roggenbachs politische Zeitkritik, Diss. Göttingen 1952 [MS].

Dehio, L.: Benedikt Waldeck, in: HZ 136 (1927) S. 25–57.

ders.: Die Taktik der Opposition während des Konfliktes, in: HZ 140 (1929) S. 279–347.

Demel, J.: Stosunki gospodarcze i społeczne Krakowa w latach 1853–1866 [Wirtschaftliche und gesellschaftliche Verhältnisse Krakaus in den Jahren 1853–1866], Wrocław 1958.

Di Tondo, F.: L'opinione pubblica italiana e l'insurrezione del 1863–1864 in Polonia, Bergamo 1963.

Diener, G.: Die preußische und die deutsche Politik im Verhältnis zu England und zu Rußland in der zweiten Hälfte des 19. Jahrhunderts, Diss. München 1951 [MS].

Dietrich, R.: Preußen und Deutschland im 19. Jahrhundert, in: Preußen. Epochen und Probleme seiner Geschichte, hrsg. von *R. Dietrich,* Berlin 1964, S. 99–144.

ders.: Kleine Geschichte Preußens, Berlin 1966.

ders.: Das Jahr 1866 und das „Dritte Deutschland", in: Europa und der Norddeutsche Bund, hrsg. von *R. Dietrich,* Berlin 1968, S. 85–108.

D'jakov, V. A.: Gercen, Ogarev i Komitet Russkich Oficerov v Pol'še [Herzen, Ogariew und das Komitee Russischer Offiziere in Polen], in: Revoljucionnaja situacija v Rossii v 1859–1861 gg., hrsg. von *V. A. D'jakov* und *I. S. Miller,* Moskva 1963, S. 3–82.

D'jakov, V. A. und *Miller,* I. S.: Revoljucionnoe dviženie v russkoj armii i vosstanie 1863 g. [Die revolutionäre Bewegung in der russischen Armee und der Aufstand von 1863], Moskva 1964.

D'jakov, V. A./*Miller,* I. S./*Smirnov,* A. F.: Z našu i vašu svobodu. Geroi 1863 goda [Für unsere und eure Freiheit. Die Helden des Jahres 1863], Moskva 1964.

D'jakov, V. A.: Dejateli russkogo i pol'skogo osvoboditel'nogo dviženija v carskoj armii 1856 do 1865 godov [Aktivisten der russischen und polnischen Befreiungsbewegung in der zaristischen Armee in den Jahren 1856–1865]. Moskva 1964.

ders.: Rewolucyjna organizacja oficerów rosyjskich w Polsce (1861–1863) [Die revolutionäre Organisation russischer Offiziere in Polen (1861–1863)], in: Ruch rewolucyjny w armii rosyjskiej a powstanie styczniowe, hrsg. von *V. A. D'jakov* und *I. S. Miller,* Wroclaw 1967, S. 14–207.

ders.: Marks, Engel's i polskoe osvoboditel'noe dviženie [Marx, Engels und die polnische Befreiungsbewegung], Moskva 1968.

ders.: Revoljucionnaja Rossija i revoljucionnaja Pol'ša (vtoraja polovina XIX v.) [Das revolutionäre Rußland und das revolutionäre Polen (in der zweiten Hälfte des 19. Jahrhunderts)], Moskva 1967.

ders.: Jaroslav Dombrovskij [= Jarosław Dąbrowski], Moskva 1969.

Di Nolfo, E.: Adam J. Czartoryski e il Congresso di Parigi. (Questione polacca e politica europea nel 1855–56), Padua 1964.

Diószegi, I.: Die österreichisch-ungarische Monarchie in der internationalen Politik im letzten Drittel des 19. Jahrhunderts, in: Etudes historiques 1970, publiées à l'occasion du XIIIe Congrès International des Sciences Historiques, Budapest 1970, Bd. I, S. 363–395.

Donati-Petteni, G.: Francesco Nullo, cavaliere della libertá, Bergamo 1963.

Dorpalen, A.: The German Historians and Bismarck, in: The Review of Politics 15 (1953) S. 53–67.

ders.: The Unification of Germany in East German Perspective, in: AHR 73 (1968) S. 1069 bis 1083.

Dranicyn, S. N.: Pol'skoe vosstanie 1863 g. i ego klassovaja suščnost [Der polnische Aufstand von 1863 und sein Klassencharakter], Leningrad 1957.

Drewniak, B.: Emigracja z Pomorza Zachodniego 1816–1914 [Die Emigration aus Westpommern 1816–1914], Poznań 1966.

Drobiszewski, J.: Kregi czytelnicze „Czasu" w latach 1848–1865 [Lesekreise des „Czas" in den Jahren 1848–1865], in: SH 12 (1969) S. 377–394.

Droz, J.: L'idée fédéraliste en Allemagne autour de 1860, in: Revue d'histoire diplomatique 75 (1961) S. 205–214.

ders.: Histoire de l'Allemagne (1789–1914). Bulletin historique, in: RH 242 (1969) S. 141 bis 172.

Dudek, L.: Służby kwatermistrzowski w powstaniu styczniowym – próba analizy [Die Dienste eines Quartiermeisters im Januaraufstand – Versuch einer Analyse], in: Studia i Materiały do Historii Wojskowości 14 (1968) S. 291–326.

Dunin-Wąsowicz, K.: Zygmunt Padlewski, in: Z dziejów współpracy rewolucyjnej Polaków i Rosjan w drugiej połowie XIX wieku, Wrocław 1956, S. 71–131.

ders.: O powstańczym generale. Życie i walka Zygmunta Padlewskiego [Über einen General der Aufständischen. Leben und Kampf Zygmunt Padlewskis], Warszawa 1960.

ders.: Ruch ludowy na ziemiach polskich w XIX i na początku XX wieku [Die Volkserhebung in Polen im 19. und zu Beginn des 20. Jahrhunderts], in: Historia najnowsza Polski, Warszawa 1960, S. 59–102.

ders.: Mózg i serce czerwonych (Stefan Bobrowski) [Gehirn und Herz der „Roten"], Warszawa 1963.

ders.: Próba analizy składu społeczno-zawodowego oddziału powstańczego z 1863 roku [Versuch einer Analyse der gesellschaftlich-beruflichen Zusammensetzung einer Truppe von Aufständischen im Jahre 1863], in: KH 70 (1963) S. 873–888.

ders.: Marian Borelowski „Lelewel", blacharz-pułkownik powstania 1863 r. [Marian Borelowski „Lelewel", ein Blechschmied als Oberst im Aufstand von 1863], Warszawa 1964.

Duroselle, J. B.: Die europäischen Staaten und die Gründung des Deutschen Reiches, in: Reichsgründung 1870/71, hrsg. von *Th. Schieder* und *E. Deuerlein,* Stuttgart 1970, S. 386 bis 421.

Duzinchevici, G.: Cuza-Vodă şi revoluţia polonă din 1863 [Fürst Cuza und die polnische Revolution des Jahres 1863], Bukarest 1935.

ders.: Quelques aspects des relations roumano-polonaises au XIXe siècle (Interprétations, corrections, complètements), in: Revue Roumaine d'Histoire 12 (1973) S. 731–755.

Dziewanowski, M. K.: Herzen, Bakunin, and the Polish Insurrection of 1863, in: Journal of Central European Affairs 8 (1948) S. 58–78.

ders.: Czartoryski and his „Essai sur la diplomatie", in: Slavic Review 30 (1971) S. 589 bis 605.

Dziewulski, W.: Górny Śląsk a powstanie listopadowe [Oberschlesien und der Novemberaufstand], in: Studia Śląskie 20 (1971) S. 83–93.

Ebel, W.: Bismarck und Rußland vom Prager Frieden bis zum Ausbruch des Krieges von 1870, Diss. Frankfurt-Gelnhausen 1936.

Eisenbach, A.: Le problème des Juifs polonaises en 1861 et les projets de réforme du marquis Aleksander Wielopolski, in: APH 20 (1969) S. 138–162.

ders.: Kwestia równouprawnienia Żydów w Królestwie Polskim [Die Frage der Gleichberechtigung der Juden im Königreich Polen], Warszawa 1972.

Eisfeld, G.: Die Entstehung der liberalen Parteien in Deutschland 1858–1870. Studien zu den Organisationen und Programmen der Liberalen und Demokraten, Hannover 1969.

Engel-Janosi, F.: Graf Rechberg. Vier Kapitel zu seiner und Österreichs Geschichte, München und Berlin 1927.

ders.: Der Freiherr von Hübner 1811–1892. Eine Gestalt aus dem Österreich Kaiser Franz-Josephs, Innsbruck 1933.

ders.: „Détruisez l'Autriche Hongrie!" Österreich und die Westmächte 1815–1918, in: Spectrum Austriae, hrsg. von *O. Schulmeister,* Wien 1957, S. 225–251.

ders.: Der „Ballhausplatz" 1848–1918, in: Geschichte auf dem Ballhausplatz. Essays zur österreichischen Außenpolitik 1830–1945, Graz-Köln-Wien 1963, S. 9–28.

Engelberg, E.: [Hrsg.] Diplomatie und Kriegspolitik vor und nach der Reichsgründung, Berlin (Ost-) 1971.

ders.: Die politische Strategie und Taktik Bismarcks von 1815 bis 1866, in: Die großpreußisch-militaristische Reichsgründung 1871, hrsg. von *H. Bartel* und *E. Engelberg,* Bd. I, Berlin (Ost-) 1971, S. 73–117.

Engelsing, R.: Zur politischen Bildung der deutschen Unterschichten 1789–1863, in: HZ 206 (1968) S. 337–369.

Epstein, F. T.: Der Komplex „Die Russische Gefahr" und sein Einfluß auf die deutsch-russischen Beziehungen im 19. Jahrhundert, in: Deutschland in der Weltpolitik des 19. und 20. Jahrhunderts (Fritz Fischer zum 65. Geburtstag), hrsg. von *I. Geiss* und *B. J. Wendt,* Düsseldorf 1973, S. 143–159.

Euler, H.: Napoleon III. Versuch einer Deutung, München 1973.

Eustachiewicz, T.: Młodzież wielkopolska na tle lat 1861–64 [Die Jugend in Großpolen in den Jahren 1861–1864], Poznań 1932.

Eyck, E.: Bismarck. Leben und Werk, 3 Bde., Zürich 1941–1944.

ders.: Bismarck und das Deutsche Reich, Zürich und Stuttgart 1955.

Faber, K. G.: Realpolitik als Ideologie. Die Bedeutung des Jahres 1866 für das politische Denken in Deutschland, in: HZ 203 (1966) S. 1–45.

Fajnhauz, D.: Niemcy a powstanie styczniowe na Litwie i Białorusi [Die Deutschen und der Januaraufstand in Litauen und Weißrußland], in: PH 51 (1960) S. 683–700.

ders.: Niektóre zagadnienia powstania styczniowego na Kowieńszczyźnie [Einige Probleme des Januaraufstands im Gouvernement Kowno], in: KH 69 (1962) S. 835–851.

ders.: Prasa konspiracyjna powstania styczniowego na Litwie i Białorusi (1861–1864) [Die konspirative Presse des Januaraufstands in Litauen und Weißrußland (1861–1864)], in: Rocznik Białostocki 4 (1963) S. 43–102.

Fal'kovič, S. M.: Levye tečenija v Pol'skoj emigracii nakanune vosstanija 1863 g. [Linke Tendenzen in der polnischen Emigration am Vorabend des Aufstandes von 1863], in: Russko-pol'skie revolucionnye svjazi 60-ch godov i vosstanie 1863 goda. Sbornik statej i materialov, Moskva 1962, S. 49–164.

dies.: Idejno-političeskaja bor'ba v pol'skom osvoboditenom dvizenii 50–60-ch godov XIX veka [Der ideenpolitische Kampf in der polnischen Befreiungsbewegung in den fünziger und sechziger Jahren des 19. Jahrhunderts], Moskva 1966.

dies.: Pol'skaja ėmigrackaja pečat' v Bel'gii v period vosstanija 1863–1864 gg. [Schriften der polnischen Emigration in der Zeit des Aufstandes der Jahre 1863–1864 in Belgien], in: Centralnaja i jugovostočnaja evropa v novoe vremja, Moskva 1974, S. 124–134.

Fechner. H.: Deutschland und Polen 1772–1945, Würzburg 1964.

Fehrenbach, E.: Die Reichsgründung in der deutschen Geschichtsschreibung, in: Reichsgründung 1870/71, hrsg. von *Th. Schieder* und *E. Deuerlein,* Stuttgart 1970, S. 259–290.

Feldman, J. Mocarstwa wobec powstania styczniowego [Die Mächte und der Januaraufstand], Kraków 1929.

ders.: Bismarck und die polnische Frage, in: Ostland-Berichte 5 (1931) S. 222–230.

ders.: Negocjacja Kłobukowskiego w Berlinie w 1863/64 [Die Verhandlungen Klobukowskis in Berlin 1863/64], in: KH 47 (1933) S. 182–211.

ders.: Bismarck et la question polonaise, in: RH 173 (1934) S. 540–558.

ders.: Problem polsko-niemiecko w dziejach [Das deutsch-polnische Problem in der Geschichte], Katowice 1946 [Dt. Übers. Herder-Institut Nr. 40, Marburg 1961.]

ders.: Bismarck a Polska [Bismarck und Polen], 2. Aufl. Kraków 1947.

Feldman, W.: Geschichte der politischen Ideen in Polen seit dessen Teilungen 1795–1914, München-Berlin 1917.

Fischel, A.: Der Panslawismus bis zum Weltkrieg, Stuttgart 1919.

Fischer, F.: Der deutsche Protestantismus und die Politik im 19. Jahrhundert, in: HZ 171 (1951) S. 473–518.

Fischer-Frauendienst, I.: Bismarcks Pressepolitik, Diss. Münster/Westf. 1963.

Fleischhacker, H.: Russische Antworten auf die polnische Frage 1795–1917, München-Berlin 1941.

dies.: Russische Ideenpolitik in Polen, Hamburg 1959.

Fleischhauer, E.: Bismarcks Rußlandpolitik im Jahrzehnt vor der Reichsgründung und ihre Darstellung in der sowjetischen Historiographie, Wien-Köln 1976.

Forst-Battaglia, J.: Deutschland und die Polen, 1830–1831, in: ÖOH 15 (1973) S. 207–209.

Franz, E.: Ludwig Freiherr v. d. Pfordtens Kampf gegen den preußisch-französischen Handelsvertrag vom 29. März 1862, in: Forschungen zur brandenburgisch-preußischen Geschichte 44 (1932) S. 130–155.

ders.: Der Entscheidungskampf um die wirtschaftspolitische Führung Deutschlands (1856 bis 1867) [= Schriftenreihe zur bayerischen Landesgeschichte, Bd. 12], München 1933 [Neudruck Aalen 1973].

ders.: Ludwig Freiherr v. d. Pfordten [= Schriftenreihe zur bayerischen Landesgeschichte, Bd. 29], München 1938.

ders.: Persönlichkeiten um Ludwig Freiherr v. d. Pfordten, in: ZfbayrLG 12 (1939) S. 137 bis 162.

Franz, Georg: Liberalismus. Die deutsch-liberale Bewegung in der Habsburgischen Monarchie, München 1955.

Franz, Günter: Der Krimkrieg als Wendepunkt des europäischen Schicksals, in: GWU 7 (1956) S. 448–463.

Frauendienst, W.: Preußisches Staatsbewußtsein und polnischer Nationalismus. Preußisch-deutsche Polenpolitik 1815–1890, in: Das östliche Deutschland, ein Handbuch, Würzburg 1959, S. 305–362.

ders.: Frankreich und die Slawen. Zu Ernst Birkes Werk, in: Ostdeutsche Wissenschaft 9 (1962) S. 275–286.

Frelek, S.: Współczesna tradycja ludowa powstania 1863–1864 roku na Suwałszczyźnie [Die zeitgenössische Tradition des Aufstandes von 1863/64 im Gebiet von Suwałki], in: Rocznik Białostocki 6 (1965) S. 405–425.

Friede, D.: Der verheimlichte Bismarck. Neue Untersuchungen über Bismarcks Rußlandpolitik, Würzburg 1960.

Fridieff, M.: L'opinion publique français et l'insurrection polonaise de 1863, in: Le Monde Slave 15 (1938) Heft 2, S. 347–378; Heft 3, S. 57–92.

Friedjung, H.: Der Kampf um die Vorherrschaft in Deutschland, 1859–1866, 2 Bde., Stuttgart und Berlin, 8. Aufl. 1910.

Friehe, E. G.: Die Geschichte der Berliner National-Zeitung in den Jahren 1848–1878, Diss. Berlin 1933.

Friese, C.: Rußland und Preußen vom Krimkrieg bis zum Polnischen Aufstand, Berlin und Königsberg 1931.

Fritze, W. H.: Polen, Preußen und Deutschland. Bemerkungen zur Neuausgabe der gleichnamigen Schrift von Constantin Frantz, in: JbGMOD 20 (1971) S. 262–293.

Frybes, S.: Znaczenie powstania styczniowego dla rozwoju literatury polskiej [Die Bedeutung des Januaraufstands für die Entwicklung der polnischen Literatur], in: Powstanie styczniowe, Bd. I, Warszawa 1963, S. 163–184.

Fuchs, W. P.: Die deutschen Mittelstaaten und die Bundesreform 1853–1860, Berlin 1934.

ders.: Franz von Roggenbach [= Karlsruher Akademische Reden, N. F. Nr. 11], Karlsruhe 1954.

Fülling, E.: Die preußischen Altliberalen im Heeres- und Verfassungskampf und die Entstehung der Nationalliberalen Partei, Bad Essen 1933.

Funaro, E. L.: L'Italia e l'insurrezione polacca: la politica estera e l'opinione italiana nel 1863, Modena 1964.

Gall, L.: Der Liberalismus als regierende Partei. Das Großherzogtum Baden zwischen Restauration und Reichsgründung, Wiesbaden 1968.

ders.: Staat und Wirtschaft in der Reichsgründungszeit, in: HZ 209 (1969) S. 616–630.

ders.: Die „deutsche Frage“ im 19. Jahrhundert, in: 1871 – Fragen an die deutsche Geschichte, Berlin 1971, S. 19–52.

ders.: Liberalismus und „bürgerliche Gesellschaft“. Zu Charakter und Entwicklung der liberalen Bewegung in Deutschland, in: HZ 220 (1975) S. 324–356.

Garleff, M.: Zum Rußlandbild Julius von Eckardts, in: Rußland und Deutschland (Festschrift für Georg v. Rauch zum 70. Geburtstag), Stuttgart 1974, S. 206–224.

Gause, F.: Deutsch-slawische Schicksalsgemeinschaft, 3. Aufl. Würzburg 1967.

Gawronski, E.: Bismarcks Formen des außenpolitischen Handelns bis zur Reichsgründung, Diss. Kiel 1931.

Gebhardt, W.: Die deutsche Politik der Augsburger Allgemeinen Zeitung, 1859–1866. Diss. München 1935.

Geffcken, H.: Preußen, Rußland und die Polen seit dem Untergang des polnischen Reiches, Berlin 1906.

Geiss, I.: Der polnische Grenzstreifen 1914–1918. Ein Beitrag zur deutschen Kriegszielpolitik im Ersten Weltkrieg, Lübeck und Hamburg 1960.

ders.: Le Reich et les relations germano-polonaises, in: Cahiers Pologne-Allemagne 17 (1963) S. 25–41.

Gellert, W.: Die öffentliche Meinung in Baden und die deutsche Frage 1862–1866, Diss. Heidelberg [o. J.].

Gentzen, F. H.: Karl Marx über Polen, in: ZfG 2 (1953) S. 310–354.

ders.: Zabór pruski w dobie powstania styczniowego [Das preußische Teilgebiet während des Januaraufstands], in: KH 62 (1955) Heft 2, S. 36–62.

ders.: Großpolen im Januaraufstand. Das Großherzogtum Posen 1858–1864, Berlin (Ost-) 1958.

ders.: Der Januaraufstand 1863 und die beiden Konzeptionen der deutschen Polenpolitik, in: ZfG 9 (1963) S. 1129–1134.

ders.: Powstanie styczniowe i dwie koncepcje polityki niemieckiej wobec Polaków [Der Januaraufstand und die beiden Konzeptionen der deutschen Politik gegenüber den Polen], in: Studia i Materiały do dziejów Wielkopolski i Pomorza 8 (1963) S. 40–48.

Georgiev, V. A./*Pančenkova,* M. T.: Problemy vnešnej politiki Rossi XIX v. v trudach sovetskich istorikov [Probleme der Außenpolitik Rußlands im 19. Jahrhundert in den Arbeiten sowjetischer Historiker], in: Voprosy istorii 45 (1970) Heft 7, S. 138–147.

Georgiev, V. A.: Materialy po russkoj istorii v archive ministerstva inostrannich del Francii [Materialien zur russischen Geschichte im Archiv des Ministeriums der Auswärtigen Angelegenheiten Frankreichs], in: Voprosy istorii 49 (1974) Heft 10, S. 182–189.

Gerecke, Anneliese: Das deutsche Echo auf die polnische Erhebung von 1830, Wiesbaden 1964.

Gertler, J.: Die deutsche Rußlandpublizistik der Jahre 1853 bis 1870, in: FzoG 7 (1959) S. 72–195.

Geuss, H.: Bismarck und Napoleon III. Ein Beitrag zur Geschichte der preußisch-französischen Beziehungen 1851–1871, Köln-Graz 1959.

Geyer, D.: Rußland als Problem der vergleichenden Imperialismusforschung, in: Das Vergangene und die Geschichte (Festschrift für Reinhard Wittram zum 70. Geburtstag), Göttingen 1973, S. 337–368.

Giełżyński, W.: Prasa warszawska, 1661–1914 [Die Warschauer Presse 1661–1914], Warszawa 1962.

Giergielewicz, M.: Echoes of the Polish January Uprising in „Punch", in: PR 8 (1963) S. 3–27.

Gierszewski, S.: Wyprawa morska Lapińskiego a przemyt broni przez Gdańsk w r. 1863 [Der Seefeldzug Lapińskis und der Waffenschmuggel über Danzig im Jahre 1863], in: Rocznik Gdański 15/16 (1956/57) S. 289–300.

ders.: Udział Pomorza Gdańskiego w powstaniu styczniowym [Der Anteil „Westpreußens" am Januaraufstand], in: Szkice z dziejów Pomorza 3 (1961) S. 210–243.

Gill, A.: Die polnische Revolution 1846. Zwischen nationalem Befreiungskampf des Landadels und antifeudaler Bauernerhebung, Wien-München 1974.

Gillesen, G.: Lord Palmerston und die Einigung Deutschlands. Die englische Politik von der Paulskirche bis zu den Dresdener Konferenzen, Lübeck-Hamburg 1961.

Gillis, J. R. Aristocracy and Bureaucracy in Nineteenth Century Prussia, in: PP 41 (1968) S. 105–129.

Gitermann, V.: Geschichte Rußlands, Bd. III, Hamburg 1949.

Görlich, E.: „Großmitteleuropäisch" und „Kleinmitteleuropäisch" um die Mitte des 19. Jahrhunderts, in: WaG 7 (1941) S. 259–266.

Goldschmidt, I.: Der polnische Aufstand von 1863 in den Verhandlungen des preußischen Abgeordnetenhauses, Diss. Köln 1937.

Gollwitzer, H.: Josef Edmund Jörg, in: ZfbayrLG 15 (1949) S. 125–148.

ders.: Der Caesarismus Napoleons III. im Widerhall der öffentlichen Meinung Deutschlands, in: HZ 173 (1952) S. 23–75.

ders.: Der erste Karlistenkrieg und das Problem der internationalen Parteigängerschaft, in: HZ 176 (1953) S. 479–520.

ders.: Ludwig Aegidi, in: NDB 1 (1955) S. 88.

ders.: Heinrich Abeken, in: NDB 1 (1955) S. 8–9.

ders.: Albrecht Graf von Bernstorff, in: NDB 2 (1955) S. 136–137.

ders.: Die Reichsgründung 1848–1871, in: Kontinuität und Tradition. Ihre Problematik in der neueren deutschen Geschichte. Konferenzen der Ranke-Gesellschaft und der Historisch-theologischen Kommission der Evangelischen Akademie, Frankfurt a. M.-Berlin-Bonn 1956, S. 37–46.

ders.: Europabild und Europagedanke. Beiträge zur deutschen Geistesgeschichte des 18. und 19. Jahrhunderts, 2. Aufl. München 1964.

ders.: Die politische Landschaft in der deutschen Geschichte des 19./20. Jahrhunderts. Eine Skizze zum deutschen Regionalismus, in: ZfbayrLG 27 (1964) S. 523–553.

ders.: Ideologische Blockbildung als Bestandteil internationaler Politik im 19. Jahrhundert, in: HZ 201 (1965) S. 303–333.

Góra, S.: Działalność powstańcza Romana Rogińskiego na Podlasiu [Die Tätigkeit des Aufständischen Roman Rogiński in Podlachien], in: Rocznik Białostocki 6 (1965) S. 361 bis 404.

Gorce, P. de la: Histoire du Second Empire, 8. Aufl. Paris 1908.

ders.: Napoléon III et sa politique, Paris 1933.

Gospodarek, T.: Walka o kulturę narodową ludu na Śląsku (1825–1863) [Der Kampf um die nationale Kultur des Volkes in Schlesien (1825–1863)], Wrocław 1968.

Grabski, W.: Historya Towarzystwa Rolniczego [Geschichte der Landwirtschaftlichen Gesellschaft], Warszawa 1904.

Grant, A. J. und *Temperley, H.:* Europe in the 19th and 20th Centuries (1789–1939), 5. Aufl. London-New York-Toronto 1939.

Grauer, K. J.: König Wilhelm I. von Württemberg und die europäischen Dynastien, in: ZfwürttLG 15 (1956) S. 253–278.

ders.: Wilhelm I. König von Württemberg. Ein Bild seines Lebens und seiner Zeit, Stuttgart 1960.

Grebing, H.: Geschichte der deutschen Parteien, Wiesbaden 1962.

Greve, F.: Die Politik der deutschen Mittelstaaten und die österreichischen Bundesreformbestrebungen bis zum Frankfurter Fürstentag (1861–63), Diss. Rostock 1938.

Griewank, T. und *Hellwag*, F.: Württemberg und die deutsche Politik 1859–1866, Stuttgart 1934.

Groh, D.: Rußland und das Selbstverständnis Europas, Neuwied 1961.

Groniowska, B.: Rola Prus Wschodnich w powstaniu styczniowym [Die Rolle Ostpreußens im Januaraufstand], in: Komunikaty Mazursko-Warmińskie 4 (1960) S. 3–45.

Groniowski, K.: Problem rewoljucji agrarnej w ideologii obozów burżuazyjno-demokratycznego i rewoljucyjno-demokratycznego w Polsce w latach 1850–1864 [Das Problem der agrarischen Revolution des bürgerlich-demokratischen Lagers und der revolutionär-demokratischen Richtung in Polen in den Jahren 1850–1864], in: PH 47 (1956) S. 170–213.

ders.: Problem rewoljucji agrarnej w ideologii obozów politycznych w latach 1846–1870 [Das Problem der agrarischen Revolution in der Ideologie der politischen Lager in den Jahren 1846–1870], Warszawa 1957.

ders.: W sprawie dróg i sposobów przenikania świadomości narodowej na wieś w latach 60-ch XIX wieku [Zur Frage des Weges und der Art und Weise des Durchdringens eines Nationalbewußtseins im Dorf in den sechziger Jahren des 19. Jahrhunderts], in: Historia Polski od połowy XVIII do połowy XIX wieku, Warszawa 1960, S. 256–269.

ders.: Przygotowania do obchodu 100-nej rocznicy powstania styczniowego [Die Vorbereitungen zur Feier des 100. Jahrestages des Januaraufstandes], in: KH 67 (1960) S. 556 bis 560.

ders.: Dowództwo rosyskie wobec manifestacji warszawskich 1861 r. [Die russische Führung und die Warschauer Manifestationen des Jahres 1861], in: PH 52 (1961) S. 724–730.

ders.: Walka Milutina z Bergiem (spór o reorganizacje Królestwa Polskiego po r. 1863) [Der Kampf Milutins mit Berg (der Streit um die Reorganisation des Königreichs Polen nach 1863)], in: KH 69 (1962) S. 891–906.

ders.: Realizacja reformy uwłaszczeniowej 1864 r. [Die Durchführung der Agrarreform des Jahres 1864], Warszawa 1963.

ders.: Wieś lubelska w okresie upadku powstania styczniowego [Ein Dorf bei Lublin in der Zeit des Niedergangs des Januaraufstands], in: Rocznik Lubelski 6 (1963) S. 156–168.

ders.: Wyniki reformy uwłaszczeniowej w Królestwie Polskim [Ergebnisse der Reformen zur Bauernbefreiung im Königreich Polen], in: Powstanie styczniowe 1863, Bd. I, Warszawa 1963, S. 97–128.

Groniowski, K./*Skowronek,* J.: Historia Polski 1795–1914, Warszawa 1971.

Grot, Z.: Demokracja niemiecka a powstanie styczniowe [Die deutsche Demokratie und der Januaraufstand], in: PZ 10 (1954) S. 357–375.

ders.: Działalność posłów polskich w sejmie pruskim (1848–1850) [Die Tätigkeit der polnischen Abgeordneten im preußischen Landtag (1848–1850)], Poznań 1961.

ders.: Rok 1863 w zaborze pruskim. Udział społeczeństwa polskiego w powstaniu styczniowym [Das Jahr 1863 im preußischen Teilgebiet. Der Anteil der polnischen Gesellschaft am Januaraufstand], Poznań 1963.

ders.: Wielkie Księstwo Poznańskie a powstanie styczniowe [Das Großherzogtum Posen und der Januaraufstand], in: Studia i Materiały do dziejów Wielkopolski i Pomorza 8 (1963) Heft 2, S. 23–40.

ders.: Die Stellung der preußischen Fortschrittspartei zur Minderheitenfrage, in: WZ der Friedrich-Schiller-Universität Jena, Gesellschafts- und Sprachwissenschaftliche Reihe 19 (1965) Heft 2, S. 225–228.

ders.: Pruska polityka narodowościowa w północnym Szlezwiku 1864–1920 [Die preußische Nationalitätenpolitik in Nordschleswig 1864–1920], Poznań 1967 [zum Vergleich!].

ders.: Koła polskie w Berlinie [Polnische Fraktionen in Berlin], in: Wiek XIX. Prace ofiarowane Stefanowi Kieniewiczowi w 60 rocznice urodzin, Warszawa 1967, S. 237–250.

ders.: Pruska partia postępowa a zagadnienie mniejszości narodowych w latach 1863–1866 [Die preußische Fortschrittspartei und das Problem der nationalen Minderheiten in den Jahren 1863–1866], in: Zeszyty naukowe Uniwersyteta imienia Adama Mickiewicza w Poznaniu, Nr. 63 [Historia 7] (1967) S. 297–305.

ders.: Koła polskie – Polnische Fraktionen im preußischen Landtag und im Reichstag (KoPo) 1849–1918, in: Die bürgerlichen Parteien in Deutschland, hrsg. von *D. Fricke* u. a., Bd. II, Berlin (Ost-) 1970, S. 285–295.

ders.: Badania dziejów Wielkopolski okresu zaboru (1793–1918) [Forschungen zur Geschichte Großpolens in der Teilungszeit (1793–1918)], in: Dzieje Wielkopolski, Bd. II, Poznań 1973, S. 881–908.

Grothe, G.: Herzog von Morny. Der zweite Mann im Reich Napoleons III., Berlin 1966.

Grube, W.: Die Neue Ära und der Nationalverein. Ein Beitrag zur Geschichte der deutschen Einheitsbewegung, Marburg 1933.

Grüning, I.: Die russische öffentliche Meinung und ihre Stellung zu den Großmächten, Berlin 1929.

Grünwald, C. de: An den Wurzeln der Revolution. Alexander II. und seine Zeit, Wien-Berlin-Stuttgart 1965.

Grupp, R.: Die diplomatischen Beziehungen Württembergs zu Österreich in der Zeit der Reichsgründung (1849–1870), Diss. München 1957.

Grynwasser, H.: Sprawa włościańska w Królestwie Polskim [Die Bauernfrage im Königreich Polen], Bd. III, Warszawa 1951.

Grzybowski, K.: Galicja 1848–1914. Historia ustroju politycznego na tle historii ustroju Austrii [Galizien 1848–1914. Geschichte der politischen Verfassung im Rahmen der österreichischen Verfassungsgeschichte], Wrocław 1959.

Gullberg, E.: Tyskland i svensk opinion 1856–1871 [Deutschland in der schwedischen öffentlichen Meinung 1856 bis 1871], Lund 1952.

Gumplowicz, L.: Das Recht der Nationalitäten und Sprachen in Österreich-Ungarn, Innsbruck 1879.

Hagen, W. L.: Poles, Germans and Jews: The Nationality Conflict in Prussian Poland in the Nineteenth and Early Twentieth Century, Chicago 1971.

ders.: National Solidarity and Organic Work in Prussian Poland, 1815–1914, in: JMH 44 (1972) S. 38–64.

ders.: The Impact of Economic Modernization on Traditional Relations in Prussian Poland 1815–1914, in: Journal of Social History 4 (1973) S. 306–324.

Hahn, A.: Die Polenfrage in Preußen, in: Deutsche Ostforschung, Bd. II, Leipzig 1943, S. 335 bis 356.

Hahn, H. H.: Die Diplomatie des Hotel Lambert 1831–1847, in: JbfGO 21 (1973) S. 345–374 [zum Vergleich!].

Hájek, Z.: Internace Mariana Langiewicza v Josefově [Die Internierung Marian Langiewicz' in der Josefstadt], in: Česka-polský sborník vědeckých prací, Bd. I, hrsg. von *M. Kudělka*, Praha 1955, S. 508–549.

Halecki, O.: Geschichte Polens, Frankfurt a. M. 1963.

Halicz, E.: Materiały do dziejów ruchu chłopskiego w 1861 r. [Materialien zur Geschichte der Bauernbewegung im Jahre 1861], in: KH 60 (1953) Heft 1, S. 168–180.

ders.: Ruchy chłopskie a powstanie styczniowe [Die Bauernbewegungen und der Januaraufstand], in: Pierwsza konferencja metodologiczna historików polskich, Bd. II, Warszawa 1953, S. 155–157.

ders.: Polska sztuka wojskowa w okresie powstania styczniowego [Die polnische Kriegskunst im Januaraufstand], Warszawa 1954.

ders.: Kwestia chłopska w Królestwie Polskim w dobie powstania styczniowego [Die Bauernfrage im Königreich Polen zur Zeit des Januaraufstandes], Warszawa 1955.

ders.: [Galič, E.] O roli narodno-osvoboditel'nogo dviženia v formirovanii pol'skoj buržuaznoj nacii [Über die Rolle der nationalen Befreiungsbewegungen bei der Entstehung der polnischen bürgerlichen Nation], in: Voprosy istorii 1955, Nr. 12, S. 67–75.

ders.: Proces Romualda Traugutta [Der Prozeß Romuald Traugutts], in: Wojskowy Przegląd Historyczny 2 (1957) S. 242–265.

ders.: Polska szkoła wojskowa w Genui i Cuneo (1861–1862) [Die polnische Militärschule in Genua und Cuneo (1861 bis 1862)], in: Biuletyn Wojskowej Akademie Politycznej, Hist. Ser. 5 (1959) Nr. 3, S. 110–133 [nicht zugänglich!].

ders.: Marks o sprawie polskiej [Marx über die polnische Frage], in: KH 70 (1963) S. 115–120.

ders.: Koncepcje militarne powstania styczniowego i ich realizacja [Militärische Konzeptionen des Januaraufstands und ihre Verwirklichung], in: Studia i Materiały do dziejów Wielkopolski i Pomorza 8 (1963) S. 5–22.

ders.: Korespondencja Teodora Berga z Aleksandrem II w związki z procesami politycznymi w Królestwie Polskim w latach powstania styczniowego [Die Korrespondenz Theodor Bergs mit Alexander II. im Zusammenhang mit den politischen Prozessen im Königreich Polen in den Jahren des Januaraufstands], in: Zeszyty Naukowe WAP 9 (1963) Ser. Hist. Nr. 9, S. 104–112.

ders.: Problematyka wojskowa powstania styczniowego [Die militärische Problematik des Januaraufstands], in: Powstanie styczniowe 1863, Bd. I, Warszawa 1963, S. 129–162.

ders.: La guerre de partisans en Pologne au XIXe siècle, in: Etudes polonaises d'histoire militaire, Varsovie 1965, S. 75–81.

ders.: Katechizm demokratyczny polskich walk narodowo-wyzwoleńczych w XIX wieku („Czy Polacy wybić się mogą na niepodległość?") [Der demokratische Katechismus der polnischen Befreiungskämpfe im 19. Jahrhundert („Können die Polen ihre Freiheit erringen?")], in: Zeszyty nakowe WAP, Ser. Hist. Nr. 14 (1966) S. 37–53.

ders.: Partisan Warfare in 19th Century Poland. The Development of a Concept, Odense 1975.

ders.: [Rez.] Stefan Kieniewicz: Les chances de l'insurrection polonaise de 1863, Warszawa 1973, in: JbfGO 23 (1975) S. 453–456.

Hallberg, Ch. W.: Franz Joseph and Napoleon III. A Study of Austro-French Relations, New York 1955.

Hamerow, Th. S.: Restoration, Revolution, Reaction: Economics and Politics in Germany, 1815–1871, Princeton/New Jersey 1958.

Handelsman, M.: Anglia-Polska 1814–1864 [England und Polen 1814–1864], Warszawa Lwów 1917.

ders.: Les idées françaises et la mentalité politique en Pologne au XIX siècle, Paris 1927.

ders.: La politique polonaise sur la Baltique au XVIIIe et XIXe siècles, in: Pirma Baltijas Vēsturnieku Konference, Rīga 1938, S. 508–519.

ders.: Adam Czartoryski, 2 Bde., Warszawa 1947–1949.

Hanisch, E.: Geschichte Polens, Bonn-Leipzig 1923.

Hartmann, H. E. O.: Probleme des Polentums in Preußen zwischen 1815 und 1871. Das preußische Staatsgefüge, seine Gesetzgebung und die Nationalitätenfrage, die rechtliche Stellung der polnischen Untertanen und ihre Konflikte mit der preußischen Staatsregierung, Diss. Erlangen-Nürnberg 1973 [MS].

Hartung, F.: Verantwortliche Regierung, Kabinetts- und Nebenregierungen im konstitutionellen Preußen 1848 bis 1918, in: Forschungen zur brandenburgisch-preußischen Geschichte 44 (1932) S. 303–373.

ders.: Der preußische Staat und die Grundfragen der politischen Geschichte des Nordostens in der Neuzeit, in: Deutsche Ostforschung, Leipzig 1943, S. 84–104.

ders.: Deutsche Verfassungsgeschichte vom 15. Jahrhundert bis zur Gegenwart, 8. Aufl. Stuttgart 1964.

Hassell, W. v.: Geschichte des Königreichs Hannover, 2 Teile in 3 Bd. (1813–1866), Bremen 1897–1901.

Hatton, R.: Palmerston and „Scandinavian Union", in: Studies in International History, ed. *K. Bourne* and *D. C. Watt,* London 1967, S. 119–144.

Hauser, O.: Preußische Staatsräson und nationaler Gedanke, Neumünster 1960.

ders.: Obrigkeitsstaat und demokratisches Prinzip im Nationalitätenkampf, in: HZ 192 (1961) S. 318–361.

ders.: Staatliche Einheit und regionale Vielfalt in Preußen. Der Aufbau der Verwaltung in Schleswig-Holstein nach 1867, Neumünster 1967 [zum Vergleich!].

ders.: Polen und Dänen im Deutschen Reich, in: Reichsgründung 1870/71, hrsg. von *Th. Schieder* und *E. Deuerlein,* Stuttgart 1970, S. 291–318.

ders.: Zum Problem der Nationalisierung Preußens, in: HZ 202 (1966) S. 529–541; auch in: Moderne deutsche Verfassungsgeschichte, hrsg. von *E. W. Böckenförde,* Köln 1972, S. 95 bis 105.

Haustein, U.: Sozialismus und nationale Frage in Polen, Köln-Wien 1969.

Hearder, H.: Europe in the Nineteenth Century 1830–1880 (= A General History of Europe, ed. by *D. Hay),* London 1966.

Heck, G.: Dalwigk und der Nationalverein im Großherzogtum Hessen, Darmstadt 1968.

Heffter, H.: Die deutsche Selbstverwaltung im 19. Jahrhundert, Geschichte der Ideen und Institutionen, Stuttgart 1950.

ders.: Vom Primat der Außenpolitik, in: HZ 171 (1951) S. 2–20.

Heike, O.: Das Verhältnis zwischen Polen und Deutschen in Kongreßpolen vor 1914, in: ZfO 13 (1964) S. 92–106.

Heinze, G.: Bismarck und Rußland bis zur Reichsgründung, Diss. Hamburg 1939.

Hellmann, M.: Die litauische Nationalbewegung im 19. und 20. Jahrhundert, in: ZfO 2 (1953) S. 66–106.

ders.: Grundzüge der Geschichte Litauens, Darmstadt 1966.

Helmert, H.: Kriegspolitik und Strategie. Politische und militärische Ziele der Kriegführung des preußischen Generalstabes vor der Reichsgründung (1859–1869), Berlin (Ost-) 1970.

Helms, A.: Bismarck und Rußland, Diss. Freiburg 1927.

Hencke, A.: Zur Vorgeschichte des Krieges von 1864. Nach den nassauischen Gesandtschaftsberichten aus Berlin, in: Nassauische Annalen 67 (1956) S. 265–268.

Henderson, G. B.: Ein Beitrag zur Entwicklung der napoleonischen Ideen über Polen und Italien während des Krimkrieges, in: ZfO 4 (1934) S. 552–567.

Henze, M.: Die politischen Gegenwartsfragen im Spiegel der Publizistik von Constantin Frantz, Diss. Göttingen 1954.

Herdt, G.: Der württembergische Hof im 19. Jahrhundert. Studien über das Verhältnis zwischen Königtum und Adel in der absoluten und konstitutionellen Monarchie, Diss. Göttingen 1970.

Herre, F.: Nation ohne Staat. Die Entstehung der deutschen Frage, Köln-Berlin 1967.

Hermann, P.: Die Entstehung des deutschen Nationalvereins und die Gründung seiner Wochenschrift, Diss. Berlin 1932.

Herzfeld, H.: Johannes v. Miquel. Sein Anteil am Ausbau des Deutschen Reiches bis zur Jahrhundertwende, 2 Bde. Detmold 1938.

ders.: Politik und Geschichte bei Leopold von Ranke im Zeitraum von 1848–1871, in: Festschrift für G. Ritter zu seinem 60. Geburtstag, Tübingen 1950, S. 322–341.

ders.: Die moderne Welt 1789–1945. Teil I: Die Epoche der bürgerlichen Nationalstaaten, 1789–1890, Braunschweig 1966.

Hess, A.: Das Parlament, das Bismarck widerstrebte. Zur Politik und sozialen Zusammensetzung des preußischen Abgeordnetenhauses der Konfliktszeit (1862–1866), Köln und Opladen 1964.

Heyderhoff, J.: Karl Twestens Wendung zur Politik und seine erste politische Broschüre, in: HZ 126 (1922) S. 242–270.

Hildebrandt, A.: Die Pressepolitik der hannoverschen Regierung vom Beginn der Reaktionszeit bis zum Ende des Königreichs Hannover, Diss. Leipzig 1932.

Hillerbrand, D.: Bismarck and Gorchakov: A Study in Bismarck's Russian Policy, 1852–1871, PhD Diss. Stanford/Cal. 1968.

Hillgruber, A.: Bismarcks Außenpolitik, Freiburg 1972.

ders.: Politische Geschichte in moderner Sicht, in: HZ 216 (1973) S. 529–552.

Hitzerodt, H. O.: Die politische Presse Kurhessens 1831–1866 (= Zeitung und Leben, Bd. 22), Marburg 1935.

Höjer, T.: Die Genesis der schwedischen Neutralität. Die Außenpolitik Schwedens im 19. Jahrhundert, in: HZ 186 (1958) S. 65–79.

Hölzle, E.: Rußland und Amerika. Aufbruch und Begegnung zweier Weltmächte, München 1953.

ders.: Geschichte der zweigeteilten Welt. Amerika und Rußland, Reinbek b. Hamburg 1961 (= rde 135).

Hoetzsch, O.: Nationalitätenkampf und Nationalitätenpolitik in der Ostmark, in: Osteuropa und der deutsche Osten, Königsberg 1934. S. 304–389.

Hoffmann, Joachim: Rußland und die Olmützer Punktation vom 29. November 1850, in: FzoG 7 (1959) S. 59–71.

Hoffman, Jakub: Maria Dubiecki, sekretarz Wydziału Rusi przy Rzadzie Narodowym [Marian Dubiecki, Sekretär der Abteilung „Ruś" bei der Nationalregierung], in: Teki Historyczne 12 (1962/63) S. 145–169.

Holborn H.: Russia and the European Political System, in: Russian Foreign Policy, ed. by *I. Lederer*, New Haven and London 1962, S. 377–415.

Holldack, H.: Probleme des Risorgimento. Nationalgefühl, Demokratie und Liberalismus in der italienischen Vergangenheit, in: HZ 173 (1952) S. 505–527.

Holst, K. H.: Die Stellung Hamburgs zum inneren Konflikt in Preußen 1862–1866, Diss. Rostock 1932.

Hope, N. M.: The Alternative to German Unification. The Anti-Prussian Party Frankfurt, Nassau, and the two Hessen, 1859–1867, Wiesbaden 1972.

Hroch, M.: Die Vorkämpfer der nationalen Bewegung bei den kleinen Völkern Europas. Eine vergleichende Analyse zur gesellschaftlichen Schichtung der patriotischen Gruppen, Praha 1968.

Huber, E. R.: Deutsche Verfassungsgeschichte seit 1789, Bd. III: Bismarck und das Reich, Stuttgart 1963.

ders.: Dokumente zur deutschen Verfassungsgeschichte, Bd. II: Deutsche Verfassungsdokumente 1851–1918, Stuttgart 1964.

ders.: Nationalstaat und Verfassungsstaat. Studien zur Geschichte der modernen Staatsidee, Stuttgart 1965.

Huberti, F. H.: Maritime Aspekte der Weltgeschichte im 19. Jahrhundert, in: Saeculum 22 (1971), S. 274–304.

Inglot, M.: Die Bauernfrage in der polnischen Literatur in der Zeit der Romantik (1822–1863), in: Der Bauer Mittel- und Osteuropas im sozio-ökonomischen Wandel des 18. und 19. Jahrhunderts, Köln-Wien 1973, S. 312–326.

Isler, R.: Diplomatie als Gespräch. Bismarcks Auseinandersetzung mit Österreich im Winter 1862/63, Winterthur 1966.

Jablonowski, H.: Die deutsch-polnischen Beziehungen im 19. und 20. Jahrhundert, in: GWU 12 (1961) S. 448–453.

ders.: Die preußische Polenpolitik von 1815 bis 1914, Würzburg 1964.

ders.: Die politischen Veränderungen im nordostdeutschen Raum von der Mitte des 18. Jahrhunderts bis zum Zweiten Weltkrieg, in: ZfO 15 (1966) S. 232–261.

Jabłoński, H.: Aleksander Waszkowski, ostatni naczelnik miasta Warszawy w powstaniu 1863–64 [Alexander Waszkowski, der letzte Bürgermeister der Stadt Warschau im Aufstand 1863–64], Warszawa 1937, 2. Aufl. Warszawa 1963.

ders.: Portée internationale des luttes de libération nationale au XVIIIe et XIXe siècles en Pologne, in: La Pologne au Xe Congrès International des Sciences Historiques à Rome, Warszawa 1955, S. 253–298.

ders.: Die internationale Bedeutung der nationalen Befreiungskämpfe im 18. und 19. Jahrhundert in Polen, in: ZfG 4 (1956), Beiheft 3, S. 63–107.

ders.: Międzynarodowe znaczenie polskich walk narodowowyzwoleńczych XVIII i XIX w. [Die internationale Bedeutung der polnischen Kämpfe um die Unabhängigkeit im 18. und 19. Jahrhundert], 2. Aufl. Warszawa 1966.

Jacyniak, J.: Rola Władysława Zamojskiego w próbach tworzenia przez Hotel Lambert formacji wojskowych w okresie Wiosny Ludów [Die Rolle Władysław Zamojskis bei den Versuchen zur Aufstellung militärischer Formationen des Hotel Lambert in der Zeit des Völkerfrühling], in: Acta Universitatis Nicolai Copernici, Historia X (1975) S. 55–65.

Jakóbczyk, W.: Studia nad dziejami Wielkopolskimi w XIX wieku (Dzieje pracy organicznej) [Studien zur Geschichte Großpolens im 19. Jahrhundert. Die Geschichte der „Organischen Arbeit"], 2 Bde., Poznań 1951–1959.

ders.: Prusy-Polacy-nacjonalizm (1815–1914) [Preußen-Polen-Nationalismus], in: Naród i Państwo [Festschrift für H. Jabłoński zum 60. Geburtstag], Warszawa 1969, S. 127–137.

ders.: Lata 1850–1870. Sprawy polityczne, społeczne i kulturalne [Die Jahre 1850–1870. Politische, gesellschaftliche und kulturelle Fragen], in: Dzieje Wielkopolski, Bd. II, hrsg. von *W. Jakóbczyk*, Poznań 1973, S. 326–357.

Janke, Z. W.: Brygada generała Edmunda Taczanowskiego i jej ostatnie boje 1863 [Die Brigade des Generals Edmund Taczanowski und ihr letzter Kampf 1863], in: PH 58 (1967) S. 267–294.

Jasienica, P.: Dwie drogi. O powstaniu styczniowym [Zwei Wege. Über den Januaraufstand], 2. Aufl. Warszawa 1962.

Jasiński, J.: Warmia wobec powstania styczniowego [Das Ermland und der Januaraufstand], in: Roczniki Humanistyczne 20 (1972) S. 227–242.

Jászay, M.: Dix ans de la politique viennoise après Villafranca à la lumière des lettres d'un diplomate autrichien, in: Acta Historica 12 (1966) S. 395–427.

Jedlicki, J.: Industrial State Economy in the Kingdom of Poland in the 19th Century, in: APH 18 (1968) S. 221–237.

ders.: Native Culture and Western Civilisation (Essay from the History of Polish Social Thought of the Years 1764–1863), in: APH 28 (1973) S. 63–85.

Jeglinschi, V.: L'insurrection polonaise des années 1863–64 dans la presse Roumaine, in: Revue Roumaine d'Histoire 6 (1967) S. 433–450.

Jeismann, K. E.: Das Problem des Präventivkriegs im europäischen Staatensystem mit besonderem Blick auf die Bismarckzeit, Freiburg-München 1957.

Jelavich, B.: Russia and the Rumanian National Cause, 1858–1859, Bloomington/Ind. 1958.

dies.: Russia, Bavaria and the Greek Revolution of 1862/63, in: Balkan Studies 2 (1961) S. 125–150.

dies.: [Hrsg.] Rußland 1852–1871. Aus den Berichten der Bayerischen Gesandtschaft in St. Petersburg, Wiesbaden 1963.

dies.: A Century of Russian Foreign Policy, 1814–1914, Philadelphia and New York 1964.

dies.: Rußland und die Einigung Deutschlands unter preußischer Führung, in: GWU 19 (1968) S. 521–538.

dies.: St. Petersburg and Moscow. Tsarist and Soviet Policy, 1814–1974, Bloomington/Ind.-London 1974.

Jerussalimski, A. S.: Bismarck. Diplomatie und Militarismus, Berlin (Ost-)-Frankfurt a. M. 1970.

Joachimsen, P.: Vom deutschen Volk zum deutschen Staat. Eine Geschichte des deutschen Nationalbewußtseins, Göttingen 1956.

Joanova, G. I.: Naemnye rabočie i remeslenniki v vosstanie 1863 g. v Litve i Belorussii [Einige Arbeiter und Handwerker im Aufstand des Jahres 1863 in Litauen und Weißrußland], in: Revoljucionnaja situacija v Rossii v 1859–1861 gg., Moskva 1974, S. 45–59.

Jutikkala, E.: Geschichte Finnlands, Stuttgart 1964.

Kaczmarczyk, Z.: One Thousend Years of the History of the Polish Western Frontier, in: APH 5 (1962) S. 79–106.

Kaehler, S. A.: Realpolitik zur Zeit des Krimkrieges – eine Saekularbetrachtung, in: HZ 174 (1952) S. 417–478.

Kaiser, K.: Napoleon III. und der polnische Aufstand von 1863. Beiträge zur Geschichte der öffentlichen Meinung in Frankreich, Diss. Berlin 1932.

Kalembka, S.: Przywódzy i członkowie Towarzystwa Demokratycznego Polskiego. Uwagi i uzupełnienia do Przewódnika Bibliograficznego [Führungsspitze und Mitglieder der Polnischen Demokratischen Gesellschaft. Bemerkungen und Vervollständigungen zu einem bibliographischen Führer], in: KH 72 (1965) S. 901–917.

ders.: Towarzystwo Demokratyczne Polskie w latach 1832–1846 [Die polnische Demokratische Gesellschaft in den Jahren 1832–1846], Toruń 1966.

ders.: Polska prasa emigracyjna do 1863 roku [Die polnische Presse in der Emigration bis zum Jahre 1863], in: Historia prasej polskiej a kszałtowanie się kultury narodowej 1 (1967) S. 81–89.

ders.: Tradycje rewolucji francuskiej w publicystyce obozu demokratycznego Wielkiej Emigracji [Die Tradition der französischen Revolution in der Publizistik des demokratischen Lagers der Großen Emigration], in: Zeszyty naukowe 14 (1967) S. 145–175.

ders.: Wielka Emigracja. Polskie wychodźstwo polityczne w latach 1831–1862 [Die Große Emigration. Die polnische politische Auswanderung in den Jahren 1831–1862], Warszawa 1971.

ders.: Koncepcje granic i ustroju politycznego Polski niepodległej przestawiane na łamach prasy demokratycznej Wielkiej Emigracji [Konzeptionen der Grenzen und des politischen Aufbaus eines unabhängigen Polen, niedergelegt in den Spalten der demokratischen Presse in der Großen Emigration], in: Acta Universitatis Nicolai Copernici, Historia 9 (1973) S. 199–212.

ders.: Walki partii Leona Younga de Blankenheima w kwietniu 1863 r. na Kujawach [Die Kämpfe der Aufständischenabteilung Leo Young de Blankenheims im April 1863 in Kujawien], in: ZH 39 (1974) S. 195–218.

Kalisch, J.: Schlachta, Bourgeoisie und Bauernschaft in der polnischen nationalen Befreiungsbewegung von 1794 bis 1863, in: Vom Mittelalter zur Neuzeit (= Forschungen zur mittelalterlichen Geschichte, Bd. I), Berlin (Ost-) 1956, S. 350–370.

Kamiński, H. E.: Michel Bakounine. La vie d'un révolutionnaire, Paris 1938.

Kaminski, K.: Verfassung und Verfassungskonflikt in Preußen 1862–1866. Ein Beitrag zu den politischen Kernfragen von Bismarcks Reichsgründung, Königsberg-Berlin 1938.

Kann, R. A.: Werden und Zerfall des Habsburgerreiches, Graz-Köln-Wien 1962.

ders.: Das Nationalitätenproblem der Habsburger Monarchie, Bd. I: Das Reich und die Völker, 2. Aufl. Graz-Köln 1964.

Karbowski, W.: Polska Szkoła Wojskowa we Włoszech (1861–1862) [Die polnische Militärschule in Italien (1861–1862)], in: Studia i Materiały do Historii Wojskowości 8 (1962) S. 3–82.

ders.: Kampania Zygmunta Dołęgi-Sierakowskiego na Żmudzi w 1863 r. [Der Feldzug Zygmunt Sierakowskis nach Schamaiten im Jahre 1863], in: Studia i Materiały do Historii Wojskowości 14 (1968) S. 193–289.

ders.: Zygmunt Padlewski (1835–1863), Warszawa 1969.

Karwowski, S.: Historja Wielkiego Księstwa Poznańskiego [Geschichte des Großherzogtums Posen], 3 Bde., Poznań 1918–1931.

Katz, H.: Delegacja robotnicza u Palmerstona. Epizod ruchu na rzecz powstania styczniowego [Eine Arbeiterdelegation bei Palmerston. Eine Episode aus der Bewegung zugunsten des Januaraufstands], in: PH 54 (1963) S. 333–337.

ders.: Robotnicy angielscy wobec powstania styczniowego [Die englischen Arbeiter und der Januaraufstand], Łódź 1964.

ders.: Die englischen Arbeiter, der polnische nationale Aufstand 1863 und die Entstehung der Ersten Internationale, in: BzG 8 (1966) S. 846–860.

Katz, M.: Michail N. Katkov. A Political Biography 1818–1887, Den Haag-Paris 1966.

Keyser, E.: Westpreußen. Aus der deutschen Geschichte des Weichsellandes, Würzburg 1962.

Kieniewicz, S.: Adam Sapieha, Lwów 1939.

ders.: Giller Agaton (1831–1887), in: Polski Słownik Biograficzny 7 (1948) S. 467–470.

ders.: Orientacja austriacka w Polsce porozbiorowej [Die österreichische Orientierung im geteilten Polen], in: Roczniki Historyczne 18 (1949) S. 205–231.

ders.: Walka klasowa chłopów polskich w XIX i XX wieku w oświetleniu historiografii polskiej [Der Klassenkampf der polnischen Bauern im 19. und 20. Jahrhundert im Lichte der polnischen Geschichtsschreibung], in: KH 58 (1950/51) Heft 1/2, S. 39–57.

ders.: Sprawa włościańska w powstaniu styczniowym [Die Agrarfrage im Januaraufstand], Wrocław 1953.

ders.: Ruchy chłopskie a powstanie styczniowe [Die Bauernbewegungen und der Januaraufstand], in: Pierwsza konferencja metodologiczna historyków polskich, Bd. II, Warszawa 1953, S. 149–154.

ders.: Z postępowych tradycji polskich ruchów narodowo-wyzwoleńczych [Aus den fortschrittlichen Traditionen der polnischen Befreiungsbewegungen], in: KH 60 (1953) S. 183 bis 206.

ders.: Historiografia polska wobec powstania styczniowego [Die polnische Historiographie und der Januaraufstand], in: PH 44 (1953) S. 1–34.

ders.: Warszawa w powstaniu styczniowym [Warschau im Januaraufstand], Warszawa 1954, 2. Aufl. Warszawa 1956.

ders.: La question agraire et la lutte pour la libération nationale en Pologne et en Italie à l'epoque du Printemps des Peuples, in: La Pologne au Xe Congrès International des Sciences Historiques à Rome, Warszawa 1955, S. 237–252.

ders.: Problem rewoljucji agrarnej w Polsce w okresie kształtowania się układu kapitalistycznego [Das Problem der Agrarrevolution in Polen in der Zeit der Herausbildung des kapitalistischen Systems], in: PH 47 (1956) S. 3–39.

ders.: Stosunki polsko-ukraińskie w latach 1820–1870 [Polnisch ukrainische Beziehungen in den Jahren 1820–1870], in: Sesja naukowa w trzechsetną rocznicę zjednoczenia Ukrainy z Rosją 1654–1954. Materiały. Warszawa 1956, S. 131–157.

ders.: Chłopi a walki powstańcze o niepodległość. Rola klas posiadających i ich ocena [Die Bauern und die Kämpfe um die Unabhängigkeit. Die Rolle der besitzenden Klassen und ihre Beurteilung], in: KH 64 (1957) Nr. 4/5, S. 195–200.

ders.: Les récentes études historiques sur la Pologne au temps des partages, in: APH 1 (1958) S. 59–73.

ders.: Prace nad historią dyplomacji okresu powstania styczniowego [Arbeiten zur Diplomatiegeschichte in der Zeit des Januaraufstandes], in: KH 66 (1959) S. 917–919.

ders.: Rządy austriackie w Galicji [Die österreichische Herrschaft in Galizien], in: Historia Polski, Bd. IV, Warszawa 1959, S. 61–65.

ders.: Grocholski Kazimierz (1815–1888), in: Polski Słownik Biograficzny 8 (1959–1960) S. 585–587.

ders.: Społeczeństwo polskie w powstaniu poznańskim 1848 [Die polnische Gesellschaft im Posener Aufstand von 1848], Warszawa 1960.

ders.: Między ugodą a rewolucją. Andrzej Zamoyski w latach 1861–1862 [Zwischen Ausgleich und Revolution. Andrzej Zamoyski in den Jahren 1861–1862], Warszawa 1962.

ders.: W przededniu 100 rocznicy powstania styczniowego [Am Vorabend des hundertjährigen Jahrestages des Januaraufstands], in: KH 69 (1962) S. 799–817.

ders.: Czarne Bractwo. Kartka z dziejów konspiracji warszawskiej 1861 roku [Die „Schwarze Bruderschaft". Ein Blatt aus der Geschichte der Warschauer Verschwörung des Jahres 1861], in: Rocznik Warszawski 3 (1962) S. 196–211.

ders.: Społeczeństwo Królestwa Polskiego w powstaniu styczniowym [Die Gesellschaft des Königreichs Polen im Januaraufstand], in: Powstanie styczniowe, Bd. I, Warszawa 1963, S. 5–40.

ders.: Polska dzialalność dyplomatyczna w Niemczech [Die polnische diplomatische Tätigkeit in Deutschland], in: Polska działalność dyplomatyczna 1863–1864. Zbiór dokumentów, pod. red. A. *Lewaka*, Bd. II, Warszawa 1963, S. 393–407.

ders.: A propos du centenaire de l'insurrection polonaise de 1863–64, in: APH 8 (1963) S. 31 bis 53.

ders.: Dwa konsulaty warszawskie (francuski i angielski) wobec powstania styczniowego [Zwei Warschauer Konsulate (das französische und das englische) und der Januaraufstand], in: PH 54 (1963) S. 181–202.

ders.: Le centenaire de l'insurrection polonaise de 1863, in: RH 88 [231,2] (1964) S. 377 bis 386.

ders.: Notatnik Władysława Kryżanowskiego z 1861 roku [Das Notizbuch des Władysław Kryżanowski aus dem Jahre 1861], in: Rocznik Warszawski 5 (1964) S. 123–135.

ders.: Pokłosie rocznicy powstania styczniowego [Nachlese zum Jahrestag des Januaraufstands], in: PH 55 (1964) S. 46–61.

ders.: „Komitet Miejski" z 1861 r. Skład osobowy i nazwa [Das städtische Komitee von 1861. Personen- und Namenbestand], in: Studia Historyczne. Księga jubileuszowa St. Arnolda, Warszawa 1965, S. 178–186.

ders.: Historiografia lat 1795–1914 w dorobku dwusziestolecia [Die Historiographie der Jahre 1795–1914 im Ertrag zweier Jahrzehnte], in: KH 72 (1965) S. 9–27.

ders.: Polish Society and the Insurrection of 1863, in: PP 37 (1967) S. 130–148.

ders.: Le développement de la conscience nationale polonaise au XIXe siècle, in: APH 19 (1968) S. 37–48.

ders.: Historia Polski 1795–1918, Warszawa 1968.

ders.: Poland under Foreign Rule (1795–1918). The Period of the January Insurrection (1850–1864), in: History of Poland, Warszawa 1968, S. 508–527.

ders.: The Emancipation of the Polish Peasantry, Chicago 1969.

ders.: Geneza Komitetu Centralnego Narodowego w 1862 roku [Die Entstehung des nationalen Zentralkomitees im Jahre 1862], in: Zeszyty Naukowe Uniw. Jagiell. Nr. 206 [Prace Hist. Z. 26] (1969) S. 79–89.

ders.: Trzy statuty organizacji Warszawskiej 1863 r. [Drei Statuten der Organisation Warschaus im Jahre 1863], in: Naród i Państwo, Warszawa 1969, S. 157–167.

ders.: Les insurrections polonaises du XIXe siècle et le problème de l'aide de la France, Warszawa 1971.

ders.: Powstanie styczniowe [Der Januaraufstand], Warszawa 1972.

ders.: Rewolucyjny sojusz polsko-rosyjski w dobie powstania styczniowego [Das polnisch-russische revolutionäre Bündnis in der Zeit des Januaraufstandes], in: Związki rewolucjonistów polskich i rosyjskich w XIX w., Wrocław-Warszawa-Kraków-Gdańsk 1972, S. 111 bis 124.

ders.: Les chances de l'insurrection polonaise de 1863, Warszawa 1973.

ders.: Uwagi o stanie i potrzebach badań historycznych nad wiekiem XIX [Bemerkungen über Stand und Erfordernisse der historischen Forschung über das 19. Jahrhundert], in: KH 80 (1973) S. 290–294.

ders.: L'Italie et l'insurrection polonaise de 1863, Wrocław-Warszawa-Kraków-Gdańsk 1975.

ders.: Teodor hr. Berg – wielkorządza w feudalnym, czy też w burżuazyjnym stylu? [Theodor Graf Berg – Statthalter im feudalen oder schon bürgerlichen Stil?], in: Między feudalizmem a kapitalizmem, Prace ofiarowane Witoldowi Kuli, Wrocław-Warszawa-Kraków-Gdańsk 1976, S. 277–285.

ders.: La culture politique polonaise au XIX siècle, in: APH 33 (1976) S. 141–164.

Kinjapina, N. S.: Bor'ba Rossii za otmenu ograničitel'nych uslovij Parižkogo dogovora 1856 goda [Rußlands Ringen um die Aufhebung der einengenden Bedingungen des Pariser Friedens von 1856], in: Voprosy istorii 1972, Heft 8, S. 35–51.

dies.: Vnešnjaja politika Rossii vtoroj poloviny XIX v. [Russische Außenpolitik in der zweiten Hälfte des 19. Jahrhunderts.], Moskva 1974.

Kipp, J. W..: Consequences of Defeat: Modernizing the Russian Navy 1856–1863, in: JbGOE 20 (1972) S. 210–225.

Klaczko, J.: Etudes de diplomatie contemporaine. Les cabinets de l'Europe en 1863–64, Paris 1866.

ders.: Deux Chanceliers, le Prince de Gortchakof et le Prince de Bismarck, Paris 1876.

ders.: Zwei Kanzler. Fürst Gortschakow und Fürst Bismarck, Basel 1877.

Kloeber, W. v.: Die Entwicklung der deutschen Frage 1859 bis 1871 in großdeutscher und antiliberaler Beurteilung. Die Zeitläufte Dr. Jörgs in den Historisch-politischen Blättern für das katholische Deutschland, Diss. München 1932.

Kluke, P.: Selbstbestimmung. Vom Weg einer Idee durch die Geschichte, Göttingen 1963.

ders.: Neuere Geschichte. Deutsche Außenpolitik im Zeitalter des Nationalstaats, Frankfurt a. M. 1969.

ders.: Der Kampf der beiden deutschen Großmächte um die Gestaltung Deutschlands, 1851 bis 1866, in: Deutsche Geschichte im Überblick, hrsg. von *P. Rassow* [†], 3. Aufl. Stuttgart 1973, S. 457–492.

Knoll, J. H.: Werk und Methode des Historikers Erich Eyck, in: GWU 16 (1965) S. 277–285.

Knorr, E.: Die polnischen Aufstände seit 1830 in ihrem Zusammenhang mit den internationalen Umsturzbestrebungen. Unter Benutzung archivalischer Quellen, Berlin 1880.

Koberdowa, I.: W sprawie stosunku Traugutta do mas ludowych w walce wyzwoleńczej [Zur Frage des Verhältnisses von Traugutt zu den Volksmassen im Befreiungskampf], in: KH 62 (1955) Nr. 3, S. 99–102.

dies.: Niektóre aspekty polityki zagranicznej czartoryszczyzny w okresie powstania styczniowego [Einige Aspekte der Außenpolitik der Partei Czartoryskis in der Zeit des Januaraufstandes], in: Materiały i Studia 4 (1956) S. 80–107.

dies.: Walka czartoryszczyzny przeciwko sojuszowi polskich i rosyjskich rewolucjonistów w czasie powstania styczniowego [Der Kampf der Partei Czartoryskis gegen das gemeinschaftliche Handeln polnischer und russischer Revolutionäre in der Zeit des Januaraufstands], in: PH 47 (1956) S. 214–239.

dies.: Polityka czartoryszczyzny w okresie powstania styczniowego [Die Politik des Kreises um Czartoryski in der Zeit des Januaraufstandes], Warszawa 1957.

dies.: Watykan a powstanie styczniowe [Der Vatikan und der Januaraufstand], Warszawa 1958.

dies.: Warszawska Rada Miejska 1861–1863 [Der Warschauer Stadtrat 1861–1863], in: Rocznik Warszawski 2 (1961) S. 100–134.

dies.: Wielki Książę Konstanty w Warszawie 1862–1863 [Großfürst Konstantin in Warschau 1862–1863], Warszawa 1962.

dies.: W sprawie stosunku Rosji wobec powstania styczniowego [Zur Frage des Verhältnisses Rußlands zum Januaraufstand], in: KH 69 (1962) S. 875–890.

dies.: Emigracja polska wobec powstania styczniowego [Die polnische Emigration und der Januaraufstand], in: Problemy Polonii Zagranicznej 3 (1962/63) S. 7–20.

dies.: Międzynarodowy aspekt powstania styczniowego [Der internationale Aspekt des Januaraufstandes], in: Powstanie styczniowe 1863, Bd. I, Warszawa 1963, S. 67–96.

dies.: The January Insurrection, in: Polish Perspectives 6 (1963) Heft 3, S. 15–22.

dies.: Klasa robotnicza a powstanie styczniowe [Die Arbeiterklasse und der Januaraufstand], in: Z pola walki 6 (1963) S. 3–14.

dies.: Powstanie styczniowe w opinii społeczeństw zachodnioeuropejskich [Der Januaraufstand in der Meinung der westeuropäischen Gesellschaften], in: Przegląd Humanistyczny 7 (1963) Heft 3, S. 1–25.

dies.: Pierwsza Międzynarodówka a sprawa polska [Die Erste Internationale und die polnische Frage], Warszawa 1964.

dies.: Polska Wiosna Ludów [Der polnische Völkerfrühling], Warszawa 1967.

dies.: Rękopisy Marksa z czasów powstania styczniowego [Manuskripte von Marx aus der Zeit des Januaraufstandes], in: KH 78 (1971) S. 907–912.

Koch, F.: Bismarck über die Polen, Berlin 1913.

Kochan, L.. The Making of Modern Russia, Edinburgh 1962.

Kochański, W.: Powstanie styczniowe w oczach czeskiego pisarza [Der Januaraufstand in den Augen eines tschechischen Schriftstellers], in: PZ 5 (1949) S. 100–105.

Kocój, H.: Rząd i pruska opinia publiczna wobec powstania listopadowego [Die preußische Regierung, die preußische öffentliche Meinung und der Novemberaufstand], in: KH 71 (1964) S. 47–58.

ders.: Władze pruskie oraz opinia publiczna Prus i Niemiec wobec powstania listopadowego [Die preußischen Behörden, die öffentliche Meinung in Preußen und Deutschland und der Novemberaufstand], in: Roczniki historyczne 30 (1964) S. 87–128.

ders.: Opinia publiczna Stuttgartu wobec powstania listopadowego [Die öffentliche Meinung Stuttgarts und der Novemberaufstand], in: KH 75 (1968) S. 97–104.

ders.: Niemcy a powstanie listopadowe, Sprawy powstania listopadowego w niemieckiej opinii publicznej i w politice pruskiej 1830–1831 [Deutschland und der Novemberaufstand. Probleme des Novemberaufstands in der deutschen öffentlichen Meinung und in der preußischen Politik 1830–1831], Warszawa 1970.

ders.: Österreich und die Polen, 1830–1831, in: ÖOH 15 (1973) S. 203–207.

Köhler, A. Das Königreich Hannover und der innere Konflikt in Preußen von 1860 bis 1864, Diss. Rostock 1933.

Köllmann, W.: Politische und soziale Entwicklung der deutschen Arbeiterschaft 1850–1914, in: VSWG 50 (1963) S. 480–504.

König, H.: Bismarck und die Reichsgründung in der sowjetischen Geschichtsforschung, in: Osteuropa 21 (1971) S. 950–957.

König-Warthausen, W. Frhr. v.: Karl Eugen Freiherr von Hügel. Württembergischer Minister des Auswärtigen, 1805–1870 (= Lebensbilder aus Schwaben, Bd. 9), Stuttgart 1963.

Kohn, H.: Propheten ihrer Völker, Studien zur Geschichte des europäischen Nationalismus im 19. Jahrhundert, Bern 1949.

ders.: Die Slawen und der Westen. Die Geschichte des Panslawismus, Wien-München 1956.

ders.: Wege und Irrwege. Vom Geist des deutschen Bürgertums, Düsseldorf 1962.

Kokot, J.: Charakterystyka polsko-niemieckiej granicy narodowościowej na Śląsku (w XIX i XX wieku) [Die Charakteristik der polnisch-deutschen Volkstumsgrenze in Schlesien (im 19. und 20. Jahrhundert)], in: Studia Śląskie 10 (1966) S. 145–166.

Kolb, E.: Rußland und die Gründung des Norddeutschen Bundes, in: Europa und der Norddeutsche Bund, hrsg. von *R. Dietrich*, Berlin 1968, S. 183–220.

ders.: Polenbild und Polenfreundschaft der deutschen Frühliberalen. Zu Motivation und Funktion außenpolitischer Parteinahme im Vormärz, in: Saeculum 26 (1975) S. 111 bis 127.

Kolmer, G.: Parlament und Verfassung in Österreich, Bd. I: 1848–1869, Wien und Leipzig 1902.

Kołodzieczyk, R.: Warszawska żandarmeria narodowa w powstaniu styczniowym [Die Warschauer National-Gendarmerie im Januaraufstand], in: Rocznik Warszawski 1 (1960) S. 143–180.

ders.: Królestwo Polskie u progu powstania styczniowego [Das Königreich Polen im Verlauf des Januaraufstandes], in: Powstanie styczniowe 1863, Bd. I, Warszawa 1963, S. 41–66.

Komar, J.: Grodzieńskie manifestacje przed powstaniem styczniowym [Die Manifestationen von Grodzień vor dem Januaraufstand], in: PH 51 (1960) S. 95–122.

ders.: Manifestacje lutowe w Warszawie (25 i 27 lutego 1861 r.) [Die Februarmanifestationen in Warschau (25. und 27. Februar 1861)], in: Rocznik Warszawski 9 (1969) S. 173–192.

ders.: Początkowy okres manifestacji w Warszawie przed powstaniem styczniowym (od 1859 r. do 24 lutego 1861 r.) [Die Anfangsphase der Warschauer Manifestationen vor dem Januaraufstand (von 1859 bis zum 24. Februar 1861)], in: KH 76 (1969) S. 621–637.

ders.: Warszawskie manifestacje patriotyczne 1860–1861 [Die Warschauer patriotischen Manifestationen 1860–1861], Warszawa 1970.

Konieczny, J.: Ziemia chełmińska w świetle korespondencji z Pomorza do J. J. Kraszewski [Das Kulmer Land im Lichte der Korrespondenz aus Westpreußen an J. J. Kraszewski], in: Rocznik Grudziądzki 3 (1963) S. 95–123.

Kordowicz, W.: Konstanty Kalinowski. Rewolucyjna demokracja polska w powstaniu styczniowym na Litwie i Białorusi [Konstantin Kalinowski. Die revolutionäre polnische Demokratie im Januaraufstand in Litauen und Weißrußland], Warszawa 1955.

Koroljuk, V. D./*Miller*, I. S.: [Red.] Vosstanie 1863 g. i russko-pol'skie revoljucionnye svjazi 60-ch godov. Sbornik statej i materialov [Der Aufstand von 1863 und die russisch-polnischen revolutionären Beziehungen der sechziger Jahre. Sammlung von Aufsätzen und Materialien], Moskva 1960.

dies.: Wydawnictwo źródeł do dziejów powstania 1863–1864 [Eine Quellenpublikation zur Geschichte des Aufstandes der Jahre 1863–1864], in: KH 66 (1959) S. 299–303.

Kostjuško, I. I.: Krest'janskaja reforma 1864 goda v Carstve Pol'skom [Die Bauernreform des Jahres 1864 im Zartum Polen], Moskva 1962.

Kosztyla, Z./*Kraśko*, R.: Z dziejów powstania styczniowego na Białystocczyźnie 1863–1864 [Zur Geschichte des Januaraufstandes im Gebiet von Białystok], Białystok 1963.

Koszyk, K. Deutsche Presse im 19. Jahrhundert. Geschichte der deutschen Presse, Teil II, Berlin 1966.

Koszyk, K./*Pruys*, K. H.: dtv-Wörterbuch zur Publizistik, München 1969.

Kothe, W.: Zur Volkstumsentwicklung Posens und Westpreußens im deutschen Wirtschaftsgefüge des 19. Jahrhunderts, in: Deutsche Zeitschrift für Wirtschaftskunde 3 (1938) S. 172 bis 187.

Kovács, E.: L'insurrection polonaise de 1863 et l'émigration hongroise, in: Etudes historiques, publiés par la Comission Nationale des Historiens Hongrois, Bd. II, Budapest 1960, S. 137 bis 166.

Kowalska-Posten, L.: Stosunek króla i rządu szwedzkiego do sprawy polskiej w 1863 roku [Die Haltung des schwedischen Königs und der Regierung zur polnischen Frage im Jahre 1863]. in: SH 19(1976) S. 335–354.

Kowalski, J.: Herzen i Czernyszewski – wielcy nauczyciele polskich działaczych demokratycznych lat sześćdziesiatych XIX w. [Herzen und Černyševskij – große Lehrmeister polnischer Demokraten in den sechziger Jahren des 19. Jahrhunderts], in: Nowe drogi 4 (1950) S. 243–252.

ders.: Rewoluccyjna demokracja rosyjska a powstanie styczniowe [Die russische revolutionäre Demokratie und der Januaraufstand], Warszawa 1949, 2. erw. Aufl. Warszawa 1955.

ders.: Die russische revolutionäre Demokratie und der polnische Aufstand 1863, Berlin (Ost-) 1954.

Kozłowski, E.: Od Węgrowa do Opatowa. 3. II. 1863–21. II. 1864. Wybrany bitwy z powstania styczniowego [Von Węgrów nach Opatów. Ausgewählte Schlachten aus dem Januaraufstand], Warszawa 1962.

ders.: Piechota w powstaniu 1863–1864 r. (zarys organizacji) [Die Infanterie im Aufstand der Jahre 1863–1864 (Abriß ihrer Organisation)], in: Studia i Materiały do Historii Wojskowości 9 (1963) S. 257–280.

ders.: Generał Józef Hauke-Bosak w powstaniu styczniowym [General Josef Hauke-Bosak im Januaraufstand], in: Zeszyty Naukowe Uniwersyteta Jagiellońskiej 91: Prace Hist. 13 (1964) S. 47–67.

ders.: Wyprawy wojenne z Krakowa w 1863 r. [Militärische Zuzüge aus Krakau im Jahre 1863], in: Kraków w powstaniu styczniowym, Kraków 1968, S. 127–140.

ders.: Wydział Efektów i Ekspedytura okręga krakowskiego [Effektenkammer und Expedition des Krakauer Bezirkes], in: Kraków w powstaniu styczniowym, Kraków 1968, S. 157–192.

ders.: General Józef Hauke-Bosak 1834–1871, Warszawa 1973.

Kozłowski, E./*Ratusiński,* B.: Powstanie 1863 roku w wspomnieniach Stanisława Tarnowskiego o bracie Juliuszu [Der Aufstand von 1863 in den Erinnerungen Stanisław Tarnowskis an seinen Bruder Juliusz], in: KH 69 (1962) S. 927–931.

Koźmian, S. v.: Das Jahr 1863. Polen und die europäische Diplomatie [Deutsche Bearbeitung von *S. R. Landau*], Wien 1896.

Kraehe, E. E.: A History of the German Confederation 1850–1866, Diss. Minneapolis 1948.

ders.: Austria and the Problems of Reform in the German Confederation 1851–1863, in: AHR 56 (1951) S. 276–294.

Krakowski, E.: Pologne et Russie, Paris 1946.

Krasuski, J.: Dylemat Prus. Gerlach – Bismarck – Moltke [Das preußische Dilemma. Gerlach – Bismarck – Moltke], in: PZ 13 (1957) S. 389–405.

ders.: The Problem of Prussia in Germany's Modern History in the Light of Modern German Historiography, in: Polish Western Affairs 2 (1961) S. 103–118.

ders.: Kulturkampf. Katolicyzm i liberalizm w Niemczech XIX wieku [Kulturkampf. Katholizismus und Liberalismus im Deutschland des 19. Jahrhunderts], Poznań 1963.

ders.: W sprawie Prus [Zur Frage Preußens], in: PZ 21 (1965) S. 197–212.

ders.: The Unholy Reich, in: Polish Perspectives 14 (1971) Heft 4, S. 8–16.

ders.: Rzesza niemiecka a problem równowagi Europejskiej [Das Deutsche Reich und das Problem des europäischen Gleichgewichts], in: Studia historica slavo-germanica 1 (1972) S. 167–179.

ders.: The German Reich and the Balance of Power in Europe, in: Polish Western Affairs 14 (1973) S. 33–48.

Krause, H.: Marx und Engels und das zeitgenössische Rußland, Gießen 1958.

Kretzschmar, H.: Das sächsische Königtum im 19. Jahrhundert. Ein Beitrag zur Typologie der Monarchie in Deutschland, in: HZ 170 (1950) S. 457–493.

ders.: Die Zeit König Johanns von Sachsen, Berlin (Ost-) 1960.

Krieger, A.: Bremische Politik im Jahrzehnt der Reichsgründung, Diss. Kiel 1939, Bremen 1939.

Krohn, M.: Zwei Jahrzehnte schlesischer Geschichte in den Spalten der „Times" von 1848 bis 1870, in: Jahrbuch der Schlesischen Friedrich-Wilhelms-Universität zu Breslau 9 (1964) S. 207–260.

Król, J.: Odgłosy powstania styczniowego na Śląsku Cieszyńskim [Der Widerhall des Januaraufstands im Teschener Schlesien], in: Zaranie Śląskie 26 (1963) S. 21–42.

Królik, S.: Hierarchia kościelna w Królestwie Polskim wobec przygotowania i wybuchu powstania styczniowego [Die kirchliche Hierarchie im Königreich Polen bei der Vorbereitung und beim Ausbruch des Januaraufstands], Warszawa 1962.

Krupinski, K.: Die Westmächte und Polen von Napoleon I. bis Versailles, München-Berlin 1941.

Krusius-Ahrenberg, L.: Der Durchbruch des Nationalismus und Liberalismus im politischen Leben Finnlands 1856–1863, Helsinki 1934.

dies.: Finnischer Separatismus und russischer Imperialismus im vorigen Jahrhundert, in: Rußland, Europa und der deutsche Osten, München 1960, S. 121–160.

Kucharzewski, J.: The Origins of Modern Russia, New York 1948.

Kühne, J.: Das Ende des maximilianischen Kaiserreichs in Mexiko, Göttingen 1965.

Kürbs, A.: Die deutsche Politik Franz von Roggenbachs und seiner Freunde in den Jahren 1859–1870. Ein Beitrag zur Geschichte des Liberalismus, Diss. Marburg 1956 [MS].

Kukiel, M.: Czartoryski Władysław książę (1828–1894) [Fürst Ladislaus Czartoryski], in: Polski Słownik Biograficzny 4 (1938) S. 300–303.

ders.: Zarys historii wojskowości w Polsce [Abriß der polnischen Kriegsgeschichte], London 1949.

ders.: Les origins de la stratégie et de la tactique des insurrections polonaises au XVIII et XIX siècles, in: Revue Internationale d'Histoire Militaire 3 (1951/52) S. 526–545.

ders.: Czartoryski and European Unity, Princeton/N. J. 1955.

ders.: Problèmes des guerres d'insurrections au XIX siècle, in: Antemurale 2 (1955) S. 363 bis 397.

ders.: Najnowsze dzieje Polski porozbiorowe 1795–1921 [Neueste Geschichte Polens seit den Teilungen 1795–1921], London 1961.

ders.: Zagadnienia wojskowe powstania styczniowego [Militärische Probleme des Januaraufstandes], in: Teki Historyczne 12 (1962/63) S. 93–115.

ders.: Military Aspects of the Polish Insurrection of 1863–64, in: Antemurale VII/VIII (1963) S. 363–397.

Kula, W.: Karol Marks – przyjaciel i obrońca Polski [Karl Marx – Freund und Verteidiger Polens], in: Nowe Drogi 7 (1953) Nr. 4, S. 60–73.

ders./Jedlicki, J.: Struktura społeczna Królestwa Polskiego w przededniu powstania styczniowego [Die gesellschaftliche Struktur des Königreichs Polen am Vorabend des Januaraufstands], in: Powstanie styczniowe 1863, Bd. II, Warszawa 1964, S. 7–35.

ders.: [Hrsg.] Społeczeństwo Królestwa Polskiego. Studia o uwarstwieniu i ruchliwości społecznej [Die Gesellschaftsordnung des Königreichs Polen. Studien zur sozialen Streuung und Mobilität], Bd. I, Warszawa 1965.

Kulczycka-Saloni, J.:Bohaterczy wychowankowie pieśni (Literatura piękna a powstanie styczniowe) [Heldenlieder. Die Schöne Literatur und der Januaraufstand], in: KH 70 (1963) S. 851–871.

dies.: L'insurrection de 1863 dans la littérature polonaise, in: APH 11 (1965) S. 5–21.

Kumpf, S.: Ein Bündnis zwischen proletarischen und kleinbürgerlichen Revolutionären. Zum Briefwechsel von Marx und Engels mit russischen revolutionären Demokraten, in: Ost und West in der Geschichte des Denkens und der kulturellen Beziehungen, Festschrift für *E. Winter* zum 70. Geburtstag, Berlin (Ost-) 1966, S. 659–669.

Kurpisowa, G.: Aleksander Hercen a emigracja polska w latach 1847–1870 [Alexander Herzen und die polnische Emigration in den Jahren 1847–1870], Gdańsk 1964.

dies.: „Dzień" i „Kolokol" – polemika w sprawie polskiej (Na marginesie odnalezionego rękopisu A. Hercena) [„Tag" und „Glocke" – Die Polemik um die polnische Frage als Marginalie zu einer Handschrift Alexander Herzens)], in: Gdańskie Zeszyty Humanistyczne 10 (1967) S. 55–64.

Kutolowski, J. F.: The Effect of the Polish Insurrection of 1863 on the American Civil War Diplomacy, in: The Historian, August 1965, S. 560–577.

ders.: English Radicals and the Polish Insurrection of 1863–1864, in: PR 11 (1966) S. 3–28.

ders.: Mid-Victorian Religious Attitudes and the Polish January Uprising, in: PR 14 (1969) Heft 3, S. 39–56.

Labuda, G.: The Territorial, Ethnical, and Demographic Aspects of Polish-German Relations in the Past (X.–XX. Centuries), in: Polish Western Affairs 3 (1962) S. 223–260.

ders.: [Hrsg.] Wschodnia expansja Niemiec w Europie środkowej. Zbiór studiów nad tzw. niemieckim „Drang nach Osten" [Die Ostexpansion Deutschlands in Mitteleuropa. Sammlung von Studien zum sog. deutschen „Drang nach Osten"], Poznań 1963.

ders.: A Historiographic Analysis of the German „Drang nach Osten", in: Polish Western Affairs 5 (1964) S. 221–265.

ders.: Dzieje Prus jako zagadnienie historiograficzne [Die Geschichte Preußens als historiographisches Problem], in: PZ 23 (1967) S. 1–20.

ders.: Les slaves et l'historiographie allemande du XIXe siècle, in: La Pologne et les Affaires Occidentales 5 (1969) S. 199–256.

ders.: The Slavs in Nineteenth Century German Historiography, in: Polish Western Affairs 10 (1969) S. 177–234.

ders.: Polska granica zachodnia. Tysiąc lat dziejów politycznych [Die polnische Westgrenze. Tausend Jahre politischer Geschichte], Poznań 1971.

ders.: [Red.], Wyzłowe problemy dziejów Prus XVII–XX wieku [Grundlegende Probleme der preußischen Geschichte vom 17. bis 20. Jahrhundert], Poznań 1971.

ders.: Umstrittene Fragen der deutsch-polnischen Beziehungen, in: Internationales Jahrbuch für Geschichts- und Geographieunterricht 14 (1972/73) S. 166–177.

ders.: Das Bild des Deutschen und die deutsch-polnischen Beziehungen in den polnischen Schulbüchern, in: Internationales Jahrbuch für Geschichts- und Geographieunterricht 14 (1972/73) S. 178–187.

Lademacher, H.: Die belgische Neutralität als Problem der europäischen Politik 1830–1918, Bonn 1971.

Lamberti, A.: Die Bündnisverhandlungen Napoleons III. gegen Preußen in den Jahren vor 1870, Würzburg 1939.

Langer, W. L.: European Alliances and Alignments, 1871–1890, 2. Aufl. New York 1962.

Łaniec, S.: Partyzanci żelaznych dróg roku 1863 [Eisenbahnerpartisanen des Jahres 1863], Warszawa 1973.

Lattermann, A.: Oberschlesien und die polnischen Aufstände im 19. Jahrhundert, in: Zeitschrift des Vereins für die Geschichte Schlesiens 64 (1930) S. 219–259.

Laubert, M.: Westpreußen und die polnischen Aufstände des 19. Jahrhunderts, in: Der Deutsche im Osten 3 (1940) S. 211–224.

ders.: Die preußische Polenpolitik 1772–1914, 3. Aufl. Krakau 1944.

Lederer, I. J.: Russian Foreign Policy. Essays in Historical Perspective, New Haven-London 1962.

Leijkina-Svirskaja, V. R.: Andrej Potebnja, in: Revoljucionnaja situacija v Rossii v 1859–1861 gg., hrsg. von *V. A. D'jakov* und *I. S. Miller*, Moskva 1963, S. 83–114.

dies.: Novaja sovetskaja literatura o vosstanii 1863 g. [Neue sowjetische Literatur zum Aufstand des Jahres 1863], in: Istorija SSSR 9 (1965) Heft 6, S. 136–143.

Lemberg, E.: Geschichte des Nationalismus in Europa, Stuttgart 1950.

ders.: Ostmitteleuropa im deutschen Geschichtsbewußtsein, in: Deutscher Osten und slawischer Westen. Tübinger Vorträge, hrsg. von *H. Rothfels* und *W. Markert*, Tübingen 1955, S. 111–127.

ders.:/E. Birke: Geschichtsbewußtsein in Ostmitteleuropa, Marburg 1961.

ders.: Nationalismus I. Psychologie und Geschichte, Reinbek bei Hamburg 1964 (= rde 197/198).

ders.: Soziologische Theorien zum Nationalstaatsproblem, in: Sozialstruktur und Organisation europäischer Nationalbewegungen, hrsg. von *Th. Schieder*, München-Wien 1971, S. 19 bis 30.

Lemberg, H.: Der Panslawismus, in: Die Deutschen und ihre östlichen Nachbarn, hrsg. von *V. Aschenbrenner* u. a., Frankfurt 1967, S. 481–488.

ders.: Polnische Konzeptionen für ein neues Polen in der Zeit vor 1918, in: Staatsgründungen und Nationalitätsprinzip, hrsg. von *Th. Schieder*, München-Wien 1974, S. 85–104.

Leontovitsch, V.: Geschichte des Liberalismus in Rußland, Frankfurt a. M. 1957.

Łepkowski, T.: Polska – narodziny nowoczesnego narodu 1764–1870 [Polen – die Geburt einer modernen Nation 1764–1870], Warszawa 1967.

ders.: La formation de la nation polonaise moderne dans les conditions d'un pays démembré, in: APH 19 (1968) S. 18–36.

ders.: Formováni polského národa v 19. století [Die Entstehung der polnischen Nation im 19. Jahrhundert], in: ČČH 19 (1971) S. 821–838.

Lepszy, K.: Czartoryski, Konstanty Marian Adam (1822–1891), in: Polski Słownik Biograficzny 4 (1938) S. 286.

Lerner, H.: The Question of a Polish Legion and Polish Immigration during the Second Mexican Empire, in: PR 6 (1961) Heft 3, S. 99–107.

Leroy-Beaulieu, A.: Un homme d'état russe (Nicolas Milutin) d'après sa correspondance inédite. Etude sur la Russie et la Pologne pendant le règne d'Alexandre II (1855–1872), Paris 1884.

Leskiewicz, J.: Studies in Social Structures in 19th Century Poland. A Report, in: Poland at the 14th International Congress of Historical Sciences in San Francisco. Studies in Comparative History, Wrocław-Warszawa-Kraków-Gdańsk 1975, S. 149–167.

Leslie, R. F.: Politics and Economics in Congress Poland, 1815–1864, in: PP 8 (1955) S. 43 bis 63.

ders.: Reform and Insurrection in Russian Poland, 1856–1865, London 1963.

ders.: Brytyjska opinia publiczna a powstanie styczniowe [Die britische öffentliche Meinung und der Januaraufstand], in: PH 54 (1963) S. 206–222.

ders.: The Polish Question: Poland's Place in Modern History, London 1964.

ders.: Information and Foreign Policy: An Aspect of the British Official Attitude towards the Polish Question (1856–1863), in: Wiek XIX. Prace ofiarowane Stefanowi Kieniewiczowi w 60 rocznicę urodzin, Warszawa 1967, S. 345–353.

Leśniewski, A.: Bakunin a sprawy polskie w okresie Wiosny Ludów i powstania styczniowego 1863 roku [Bakunin und die polnische Frage zur Zeit des „Völkerfrühlings" und des Januaraufstandes von 1863], Łódź 1962.

ders.: Bakunin a Hercen wobec powstania styczniowego [Bakunin und Herzen und der Januaraufstand], in: Zeszyty naukowe Uniwersyteta Łódźkiego, Bd. 30: Historia (1963) S. 123 bis 137.

Lesure, M.: Aperçu sur les fonds russes dans les Archives du Ministère des Affaires Etrangères français, in: Cahiers du Monde Russe et Sovietique 4 (1963) S. 312–330.

Letkemann, P.: Die preußische Verwaltung des Regierungsbezirks Danzig (1815–1870), Marburg/Lahn 1967.

Lewak, A.: Włoskie stronnictwo ruchu wobec powstania styczniowego [Die italienische Bewegungspartei und der Januaraufstand], in: KH 37 (1923) S. 358–372.

ders.: Gottfried Keller und der polnische Freiheitskampf im Jahre 1863/64. Akten und Briefe, Zürich-Leipzig-Berlin 1927.

ders.: Dzieje emigracji polskiej w Turcji (1831–1878) [Geschichte der polnischen Emigration in der Türkei (1831–1878)], Warszawa 1935.

ders.: La Suisse et l'insurrection de 1863–1864, Warszawa 1938.

ders.: Demontowicz, Józef Błażej (1823–1876), in: Polski Słownik Biograficzny 5/1 (1939) S. 106–108.

ders.: Polska działalność dyplomatyczna w Watykanie [Die polnische diplomatische Tätigkeit beim Vatikan], in: Polska działalność dyplomatyczna 1863–1864. Zbiór dokumentów, hrsg. von *A. Lewak,* Bd. II, Warszawa 1963, S. 139–177.

Lincoln, B. W.: The Making of a New Polish Policy: N. A. Milyutin and the Polish Question 1861–1863, in: PR 15 (1970) S. 54–66.

Lindberg, F.: Skandinavien und das Deutsche Reich, in: Europa und die Einheit Deutschlands, hrsg. von *W. Hofer*, Köln 1970, S. 159–179.

Lindemann, M.: Die Heiraten der Romanows und der deutschen Fürstenhäuser im 18. und 19. Jahrhundert und ihre Bedeutung in der Bündnispolitik der Ostmächte, Berlin-Bonn 1935.

Lipgens, W.: Bismarcks Österreich-Politik vor 1866. Die Urheberschaft des Schönbrunner Vertragsentwurfs vom August 1864, in: GWU 10 (1950) S. 240–263.

ders.: Zum geschichtlichen Standort der Reichsgründung 1870/71, in: GWU 22 (1971) S. 513 bis 528.

Lisicki, H.: Le Marquis Wielopolski, sa vie et son temps, 1803–1878, 4 Bde., Kraków 1878 bis 1879.

Lobanov-Rostovsky, A.: Russia and Europa, 1825–1878, Ann Arbor 1954.

Loeber, I.: Bismarcks Pressepolitik in den Jahren des Verfassungskonflikts 1862–1866, München 1936.

Loone, L. A.: Odgłosy powstania styczniowego 1863 roku w Estonii [Der Widerhall des Januaraufstandes von 1863 in Estland], in: ZH 36 (1971) Heft 3, S. 49–63.

Lord, R. H.: Bismarck and Russia in 1863, in: AHR (1923/24) S. 24–48.

Losch, Ph.: Geschichte des Kurfürstentums Hessen 1806–1866, Marburg 1922 [ND Kassel 1972].

ders.: Der letzte deutsche Kurfürst Friedrich Wilhelm I. von Hessen, Marburg 1937.

Łossowski, P./*Młynarski*, Z.: Rosjane, Białorusini i Ukraińcy w powstanie styczniowym [Russen, Weißrussen und Ukrainer im Januaraufstand], Wrocław 1959.

Luciv, W.: Ukrainians and the Polish Revolt of 1863, in: East European Problems 1 (1956) S. 22–34.

ders.: Ukrainians and the Polish Revolt of 1863 (a Contribution to the History of Ukrainian-Polish Relations), New Haven 1961.

Luckwaldt, F.: Deutschland, Rußland, Polen. Die geschichtliche Entwicklung der Ostprobleme, Danzig 1929.

Łuczak, Cz.: Życie gospodarczo-społeczne w Poznaniu 1815–1918 [Das wirtschaftlich-gesellschaftliche Leben in Posen 1815–1918], [Poznań] 1965.

Ludat, H.: Die deutsch-polnische Vergangenheit in marxistischer Sicht, in: ZfO 1 (1952) S. 87–101.

ders.: Geschichtswissenschaft als Spiegel des Geschichtsbewußtseins in Polen nach 1945, in: Geschichtsbewußtsein in Ostmitteleuropa, hrsg. von *E. Lemberg* und *E. Birke*, Marburg 1961, S. 62–74.

ders.: [Hrsg.] Polen und Deutschland. Wissenschaftliche Konferenz über die polnisch-deutschen Beziehungen in der Vergangenheit, Köln-Graz 1963.

ders.: Deutsch-polnische Beziehungen in Vergangenheit und Gegenwart, in: Europäische Begegnung 5 (1965) S. 412–419.

ders.: Das polnische Millennium. Betrachtungen zu einem Jahrtausend deutsch-polnischer Nachbarschaft, in: *ders.:* Deutsch-slawische Frühzeit und modernes polnisches Geschichtsbewußtsein. Ausgewählte Aufsätze, Köln-Wien 1969, S. 293–304.

Ludwig, M.: Der polnische Unabhängigkeitskampf von 1863 und die Schweiz (= Basler Beiträge zur Geschichtswissenschaft, Bd. 112), Basel 1968.

Ludwigs, W.: Die preußisch-deutsche Polenpolitik unter Bismarck, Diss. Köln 1971 [MS].

Mästle, Th.: Württemberg und die Großmächte vom Wiener Kongreß bis zum Tode König Wilhelms I. (1815–1864), Diss. Tübingen 1951.

Mai, J.: Das deutsche Kapital im russischen Eisenbahnwesen 1857–1876, in: Jahrbuch für Geschichte der UdSSR und der volksdemokratischen Länder 12 (1968) S. 247–265.

ders.: Das deutsche Kapital in Rußland 1850–1894, Berlin (Ost-) 1970 [Habil.-Schr. Greifswald 1969].

Malettke, K.: Die Beurteilung der Außen- und Innenpolitik Bismarcks von 1862–1866 in den großen Pariser Zeitungen, Lübeck und Hamburg 1966.

ders.: Ein unbekanntes Memorandum der preußischen Botschaft in Paris zum österreichischen Bundesreformentwurf von 1863, in: JbGMOD 19 (1970) S. 155–233.

Malicki, J.: Lekarze Wielkiego Księstwa Poznańskiego w powstaniu styczniowym [Die Ärzte des Großherzogtums Posen im Januaraufstand], in: Studia i Materiały do dziejów Wielkopolski i Pomorza 8 (1963) S. 73–88.

Mann, G.: Deutsche Geschichte des 19. und 20. Jahrhunderts, Frankfurt 1958 u. ö.

Manteuffel-Szoege, G. v.: Geschichte des polnischen Volkes während seiner Unfreiheit 1772 bis 1914, Berlin 1950.

Macharov, G.: Pol'skoe vosstanie 1863 g. na Pravoberežnoj Ukrainie [Der polnische Aufstand des Jahres 1863 in der rechtsufrigen Ukraine], Kiev 1967.

Marciniak, Z.: Zygmunt Sierakowski, bojownik o sprawiedlość społeczna i wyzwolenie narodowe [Siegmund Sierakowski, ein Kämpfer für gesellschaftliche Gerechtigkeit und nationale Befreiung], Warszawa 1956.

Marcks, E.: Der Aufstieg des Reiches. Deutsche Geschichte von 1807 bis 1871/72. Bd. II: Bismarck, Stuttgart und Berlin 1936.

Markert, W.: Polen und Europa, in: Osteuropa und die abendländische Welt. Aufsätze und Vorträge, hrsg. von *H. Rothfels,* Göttingen 1966, S. 24–37.

Marlin, R.: La tentative électorale de Montelambert aux élections de 1863, in: Revue d'histoire moderne 17 (1970) S. 999–1018.

Martenson, S.: Württemberg und Rußland im Zeitalter der deutschen Einigung 1856–1870. Die diplomatischen und dynastischen Beziehungen eines deutschen Mittelstaates, Göppingen 1970.

Maschke, E.: Das Erwachen des Nationalbewußtseins im deutsch-slawischen Grenzraum, Leipzig 1933.

Medlicott, W. N.: Bismarck and Modern Germany, London 1965.

Meininghaus, R. R.: Graf Friedrich zu Eulenburg, preußischer Minister des Inneren 1862 bis 1878, Diss. Tübingen 1932.

Meisner, H. O.: Der preußische Kronprinz im Verfassungskampf 1863, Berlin 1931.

ders.: Militärkabinett, Kriegsminister und Reichskanzler zur Zeit Wilhelms I., in: Forschungen zur brandenburgisch-preußischen Geschichte 50 (1938) S. 86–106.

ders.: Die Protokolle des Deutschen Bundestages von 1816 bis 1866. Ein quellenkundlicher Versuch, in: Archivalische Zeitschrift 47 (1951) S. 1–22.

Mervaud, M.: Bakunin, le „Kolokol" et la question finlandaise, in: Cahiers du Monde Russe et Sovietique 7 (1966) S. 5–36.

Meyer, A. O.: Bismarck, der Mensch und der Staatsmann, Stuttgart 1949.

Meyer, H. C., Mitteleuropa in German Thought and Action 1815–1945, Den Haag 1955.

ders.: Der „Drang nach Osten" in den Jahren 1860–1914, in: WaG 17 (1957) S. 1–8.

Meyer, K.: Rußland und die Gründung des Deutschen Reiches, in: JbGMOD 22 (1973) S. 176 bis 195.

Michalek, A.: Czesi w powstaniu styczniowym [Tschechen im Januaraufstand], in: Teki Historyczne 12 (1962/63) S. 117–144.

Michels, E.: Hannover und die deutsche Politik Österreichs 1859–1866, Diss. Bonn 1942.

Miller, I. S.: Russko-pol'skie revoljucionnye svjazi v period vosstanija 1863 goda [Russisch-polnische revolutionäre Beziehungen in der Periode des Aufstandes von 1863], in: Novaja i Novejšaja Istorija 6 (1962) S. 71–92.

ders.: Russko-pol'skie revoljucionnye svjazi v period vosstanija 1863 g. [Russisch-polnische revolutionäre Beziehungen in der Periode des Aufstandes von 1863], in: Istorija, folklor, iskusstvo slavjanskich narodov, Moskva 1963, S. 120–158.

ders.: Issledovanija po istorii pol'skoj obščestvennoj mysli konca XVIII–XIX vv. i russko-pol'skich revoljucionnych svjazej 60-ch godov XIX veka [Untersuchungen zur Geschichte des polnischen gesellschaftlichen Denkens vom Ende des 18. bis zum 19. Jahrhundert und die russisch-polnischen revolutionären Beziehungen in den sechziger Jahren des 19. Jahrhunderts], Moskva 1965.

ders.: Propagandistskaja dejatel'nost N. P. Ogareva v 1863 g. i bernskaja tipografija [Die propagandistische Tätigkeit Ogarevs im Jahre 1863 und die Berner Druckerei], in: Slavjanskoje istočnikovedenie, Moskva 1965, S. 53–81.

ders.: Izdano stoletie vosstanija 1863 goda [Veröffentlichungen zur Jahrhundertfeier des Aufstandes von 1863], in: Novaja i Novejšaja Istorija 10 (1966) S. 116–124.

ders.: Plan Jarosława Dąbrowskiego [Der Plan Jarosław Dąbrowskis], in: Ruch rewolucyjny warmii rosyjskiej a powstanie styczniowe, hrsg. von *V. A. D'jakov* und *I. S. Miller*, Wrocław 1967, S. 208–253.

ders.: Russko-pol'skie svjazi kak element istorii revoljucionnogo dviženia [Die russisch-polnischen Beziehungen als Element der Geschichte der revolutionären Bewegung], in: Wiek XIX. Prace ofiarowane Stefanowi Kieniewiczowi w 60 rocznicę urodzin, Warszawa 1967, S. 263–269.

Misko, M. V. Pol'skoe vosstanie 1863 goda [Der polnische Aufstand des Jahres 1863], Moskva 1962.

ders.: Ob osveščanie charaktera vosstanija 1863 g. v Litve i Belorussii v nekotorych rabotach sovetskich avtorov [Zur Beleuchtung des Charakters des Aufstandes von 1863 in Litauen und Weißrußland in einigen Arbeiten sowjetischer Autoren], in: Slavjanskaja istoriografija, Moskva 1966, S. 140–164.

Missalowa, G.: W sprawie udziału ludnośći rzemieślniczej i robotniczej okręgu łódzkiego w powstanie 1863–1864 [Zur Frage des Anteils der Handwerker und Arbeiter in der Umgebung von Łódź am Aufstand der Jahre 1863–1864], in: Rocznik Łódzki 8 (1963) S. 51–74.

Mitchell, A.: Bismarck and the French Nation 1848–1890, New York 1971.

Młynarski, Z./*Ślisz,* A.: Andrzej Potiebnia, bohater wspólnej sprawy [Andrej Potebna, Held einer gemeinsamen Sache], Warszawa 1955.

Mlynarskij, Z. [Młynarski, Z.]: K stoletiju sto dnja gibeli Andreja Potebni [Zum hundertsten Todestag Andrej Potebnas], in: Voprosy Istorii 38 (1963) S. 205–212.

Moliński, J.: Przygotowanie wojskowe do wybuchu powstania styczniowego (w okresie luty 1861 – początek stycznia 1863) [Die militärischen Vorbereitungen bis zum Ausbruch des Januaraufstandes (in der Zeit vom Februar 1861 bis Anfang Januar 1863)], in: Materiały i Studia Historii Wojskowości 8 (1962) S. 83–150.

Møller, E.: Karl XV: s og Napoleon III: s personlige Allianceförhandlinger 1863, in: Historisk Tidskrift 17 (1954) S. 281–295.

Mommsen, W.: Johannes Miquel. Bd. I: 1828–1866, Stuttgart 1928.

ders.: Zur Beurteilung der deutschen Einheitsbewegung, in: HZ 138 (1928) S. 523–543.

ders.: Zur Methodik der deutschen Parteigeschichte, in: HZ 147 (1933) S. 53–62.

ders.: Geschichte des Abendlandes von der Französischen Revolution bis zur Gegenwart 1789–1945, München 1951.

ders.: Bismarck. Ein politisches Lebensbild, München 1959.

ders.: Bismarck. Zur Wiederkehr seines Geburtstages vor 150 Jahren, in: GWU 16 (1965) S. 197–207.

Monikowski, H.: U źródeł powstania styczniowe w okręgu łódzkim [An der Quelle des Januaraufstands im Gebiet um Łódź], in: Rocznik Łódzki 8 (1963) S. 9–50.

Morawski, K.: Polacy a sprawa polska w dziejach Italii [Polen und die polnische Frage in der Geschichte Italiens], Warszawa 1937.

Mościcki, H.: Cytadela Warszawska. Zarys historii budowy [Die Warschauer Zitadella. Abriß der Baugeschichte], Warszawa 1963.

Mosse, W. E.: England and the Polish Insurrection of 1863, in: EHR 71 (1956) S. 28–55.

ders.: Alexander II. and the Modernization of Russia, London 1958.

ders.: The European Powers and the German Question 1848–1871. With Special Reference to England and Russia, Cambridge 1958.

ders.: The Rise and Fall of the Crimean System, 1855–1871. The Story of a Peace Settlement, London/New York 1963.

Mühlmann, K.: England und die polnische Frage im Jahre 1863, Würzburg 1934.

Mühlpfordt, G.: Die polnische Krise von 1863. Die Begründung der „russisch-preußisch-deutschen Entente" der Jahre 1863–1871, Habil.-Schr. Halle 1952 [MS]. (Nicht zugänglich!).

ders.: Das polnisch-russische revolutionäre Bündnis von 1863, in: Jahrbuch für Geschichte der deutsch-slawischen Beziehungen 1 (1956) S. 281–288.

ders.: Warschau und Dresden, in: Jahrbuch für Geschichte der UdSSR und der volksdemokratischen Länder 8 (1964) S. 475–492.

Müller, H.: Wirtschaft und Außenpolitik in Bismarcks Rußlandpolitik 1862–1890, Diss. Köln 1971 [MS].

Müller, P.: Das österreichische Parlament und die Einheitsbewegungen in Europa zwischen Solferino und Königgrätz, in: Gesamtdeutsche Vergangenheit, Festgabe für Heinrich Ritter von Srbik, München 1938, S. 296–307.

Muralt, L.: Bismarcks Verantwortlichkeit, Göttingen 1955.

Murzynowska, K.: Społeczeństwo polskie w Stanach Zjednoczonych A. P. wobec powstania 1863 r. [Das Polentum in den Vereinigten Staaten und der Januaraufstand], in: KH 69 (1962) S. 923–926.

Muschler, R. C.: Philipp Eulenburg. Sein Leben und seine Zeit, Leipzig 1930.

Myśliborski-Wołowski, S.: Udział ziemi chełmińskiej w powstaniu styczniowym [Die Beteiligung des Kulmer Landes am Januaraufstand], in: Rocznik Grudziądzki 1 (1960) S. 125 bis 153.

ders.: Udział Prus Zachodnich w powstaniu styczniowym [Die Beteiligung Westpreußens am Januaraufstand], Warszawa 1968.

ders.: Działalność konspiracji chełmińsko-pomorskiej w zakresie zaopatrzenia wojennego dla powstania styczniowego [Die konspirative Tätigkeit in Kulm und Westpreußen im Bereich der Versorgung mit Kriegsgut für den Januaraufstand], in: Studia i Materiały do dziejów Wielkopolski i Pomorza 10 (1970) S. 59–89.

ders.: Bydgoszcz i powiat bydgoski w latach powstania styczniowego [Bromberg und der Kreis Bromberg in den Jahren des Januaraufstandes], in: Prace Wydz. Nauk Humanist. Bydg. Tow. Nauk.; Prace Kom. Hist. 7 (1970) S. 119–134.

ders.: Generał Marian Langiewicz, 1827–1887, Warszawa 1971.

ders.: Kujawy Zachodnie wobec powstania styczniowego [Das westliche Kujawien und der Januaraufstand], in: Prace Wydz. Nauk Humanist. Bydg. Tow. Nauk.; Prace Kom. Hist. 11 (1971) S. 51–79.

ders.: Ochotnicy z regencji bydgoskiej w bitwach i potyczkach powstania styczniowego [Freiwillige aus dem Regierungsbezirk Bromberg in den Kämpfen und Scharmützeln des Januaraufstands], in: Studia i Materiały do Historii Wojskowości 18 (1972) S. 195–240.

Naročnickij, A. L.: Meždunarodnye otnošenija ot Parižkogo do Frankfurtskogo mira (1856 bis 1871) [Internationale Beziehungen vom Pariser zum Frankfurter Frieden (1856–1871)], Moskva 1946.

Naujoks, E.: Bismarcks auswärtige Pressepolitik und die Reichsgründung (1856–1871), Wiesbaden 1968.

ders.: Pressepolitik und Geschichtswissenschaft, in: GWU 22 (1971) S. 7–22.

Nawrocki, S.: Rozwoj kapitalizmu w rolnictwie Wielkopolski w latach 1793–1865 [Die Entfaltung des Kapitalismus in der Landwirtschaft Großpolens in den Jahren 1793–1865], Poznań 1962.

Nawrocki, W.: Echa powstania styczniowego w prasie i literaturze polskiej na Śląsku [Das Echo auf den Januaraufstand in der polnischen Presse und Literatur in Schlesien], in: Zaranie śląskie 26 (1963) S. 75–90.

Neubach, H.: Eduard von Hartmanns Bedeutung für die Entwicklung des deutsch-polnischen Verhältnisses, in: ZfO 13 (1964) S. 106–159.

ders.: Das Polenmuseum in Rapperswil. Ein Beitrag zur Geschichte der polnischen Emigration in der Schweiz, in: ZfO 13 (1964) S. 721–728.

Neupokoev, V. I.: K voprosu o pričinach neudači vosstanija 1863 g. v Litve [Zur Frage nach den Gründen des Mißerfolgs des Aufstandes von 1863 in Litauen], in: Revoljucionnaja situacija v Rossii v 1859–1861 gg., Moskva 1965, S. 284–300.

Nikitin, S. A.: Očerki po istorii južnych slavjan i russkobalkanskich svjazej v 50–70-e god. XIX v. [Studien zur Geschichte der russisch-balkanischen Beziehungen in den 50iger bis 70iger Jahren des 19. Jahrhunderts], Moskva 1970.

Nipperdey, Th.: Die Organisation der deutschen Parteien vor 1918, Düsseldorf 1961.

ders.: Die Organisation der bürgerlichen Parteien in Deutschland vor 1918, in: HZ 185 (1958) S. 550–602.

ders.: Über einige Grundzüge der deutschen Parteigeschichte, in: Moderne deutsche Verfassungsgeschichte (1815–1918), hrsg. von *E. W. Böckenförde*, Köln 1972, S. 237–257.

ders.: Grundprobleme der deutschen Parteigeschichte im 19. Jahrhundert, in: Die deutschen Parteien vor 1918, hrsg. von *G. A. Ritter*, Köln 1973, S. 32–55.

Nirrnheim, O.: Das erste Jahr des Ministeriums Bismarck und die öffentliche Meinung, Heidelberg 1908.

Nolde, B.: Die Petersburger Mission Bismarcks 1859–1862. Rußland und Europa zu Beginn der Regierung Alexanders II., Leipzig 1936.

Nowak, E./*Szelenbaum*, E.: Warszawscy „czerwoni" w przededniu powstania styczniowego (Komitet Miejski i Komitet Centralny Narodowy) [Die Warschauer „Roten" am Vorabend des Januaraufstandes (Das „Städtische Komitee" und das „nationale Zentralkomitee")], in: Rocznik Warszawski 6 (1967) S. 154–177.

Nürnberger, R.: Bismarcks Rußlandpolitik in ihrer Bedeutung für die Reichsgründung, in: Jahrbuch der Albertus-Universität zu Königsberg 22 (1972) S. 69–87.

Ochmański, J.: Litewski ruch narodowo-kulturalny w XIX wieku (do 1890 r.) [Die litauische national-kulturelle Bewegung im 19. Jahrhundert (bis 1890)], Białystok 1965.

Odorkiewicz, E.: Śląsk w powstaniu styczniowym [Schlesien im Januaraufstand], in: Zaranie śląskie 23 (1960) S. 3–38.

ders.: Śląsk w organizacji powstańczej w latach 1862–1864 [Schlesien in der Organisation des Aufstandes in den Jahren 1862–1864], in Zaranie śląskie 26 (1963) S. 3–20.

Okulicz, K.: Białorusini, Litwini i Polacy w powstaniu styczniowym [Weißrussen, Litauer und Polen im Januaraufstand], in: Zeszyty Historyczne 7 (1965) S. 7–21.

Olechnowicz, J.: Polska myśl patriotyczna i postępowa na ziemiach ukrainnych w latach 1835 bis 1863 [Das patriotische und fortschrittliche polnische Denken in den ukrainischen Gebieten in den Jahren 1835–1863], in: Pamiętnik Kijowski, Bd. II, London 1963, S. 1–48.

Ollivier, E.: L'Empire libéral. Études, récits, souvenirs, Paris 1902.

Olsen, A.: Danmark og den polske Opstand 1863, in: Festskrift til Erik Arup, København 1946, S. 304–316.

Olszański, K.: Krakowski „Czas" wobec powstaniu styczniowego [Der Krakauer „Czas" (Die Zeit) und der Januaraufstand], in: Kraków w powstaniu styczniowym, Kraków 1968, S. 193–301.

ders.: Działania wojenne w powstaniu 1863 r. w oświetleniu prasy galicyjskiej [Die militärischen Ereignisse im Januaraufstand in der Beleuchtung der Presse Galiziens], in: SH 17 (1974) S. 567–583.

ders.: Prasa galicyjska wobec powstania styczniowego [Die galizische Presse und der Januaraufstand], Kraków 1976.

Oncken, H.: Die Rheinpolitik Kaiser Napoleons III. von 1863 bis 1870 und der Ursprung des Krieges von 1870/71. Nach den Staatsakten von Österreich, Preußen und den süddeutschen Mittelstaaten, 3 Bde., Stuttgart-Berlin-Leipzig 1926.

ders.: Großherzog Friedrich I. von Baden und die deutsche Politik von 1854–1871, 2 Bde., Stuttgart 1927.

ders.: Preußen und Polen im 19. Jahrhundert, in: Deutschland und Polen, hrsg. von *A. Brackmann* und *K. Brandi,* Berlin und München 1933, S. 220–237.

Orzechowski, M.: [Hrsg.] Echa powstania styczniowego w Czechach [Das Echo des Januaraufstands in Böhmen], Wrocław 1965.

Ostrowski, A.: Francesco Nullo. Bohater Polski i Włoch [Francesco Nullo. Ein Held Polens und Italiens], Warszawa 1970.

Overesch, M.: Presse zwischen Lenkung und Freiheit. Preußen und seine offiziöse Zeitung von der Revolution bis zur Reichsgründung (1848–1871/72), Pullach bei München 1974.

Owsińska, A.: Opinia niemiecka o działalności Mierosławskiego w kampanii 1849 roku [Die deutsche öffentliche Meinung über die Teilnahme Mierosławskis an der Kampagne von 1849], in: KH 71 (1964) S. 677–692.

dies.: Powstanie palatynacko-badeńskie 1849 roku oraz udział w nim Polaków [Der Aufstand im Großherzogtum Baden und der Anteil der Polen an ihm], Wroclaw 1965.

Pajewski, J.: Niemcy a kwestia polska 1871–1914 [Die Deutschen und die polnische Frage 1871–1914], in: Studia historica slavo-germanica 1 (1972) S. 9–23.

Palmer, A.: The Lands between. A History of East-Central Europe since the Congress of Vienna, London 1970.

Paprocki, F.: Źródła do dziejów powstania styczniowego w Archiwum Państwowem w Poznaniu [Quellen zur Geschichte des Januaraufstands im Staatsarchiv Posen], in: PH 34 (1938) S 379–388.

ders.: Szkice poznańskie [Posener Skizzen], Warszawa 1957.

ders.: Udział chłopa wielkopolskiego w walkach narodowyzwoleńczych w XIX wieku [Die Beteiligung eines Bauern aus Großpolen an den nationalen Befreiungskämpfen im 19. Jahrhundert], in: Dzieje wsi wielkopolskiej, Poznań 1959, S. 201–231.

Parisius, L.: Leopold Freiherr von Hoverbeck 1822–1875, Berlin 1897.

Pasieha, K. S.: The British Press and the Polish Insurrection of 1863, in: SEER 42 (1963) S. 15–37.

Paskaleva, V.: Die Außenpolitik von Preußen-Deutschland und die Balkanslawen in den 50–70er Jahren des 19. Jahrhunderts, in: Bulgarien Historical Review 1 (1973) Heft 4, S. 36–55.

dies.: Preußen-Deutschland und die Orientfrage in den 50er–70er Jahren des 19. Jahrhunderts, in: Etudes historiques 7 (1975) S. 237–264.

Pater, M.: Władze pruskie wobec prasy polskiej na Górnym Śląsku przed Kulturkampfem [Die preußischen Behörden und die polnische Presse in Oberschlesien vor dem Kulturkampf], in: Sobótka 12 (1957) S. 169–210.

ders.: Wrocławski echa powstania styczniowego [Der Widerhall des Januaraufstands in Breslau], in: Sobótka 18 (1963) S. 405–426.

ders.: Katolicki ruch polityczny na Śląsku w latach 1848–1871 [Die katholische politische Bewegung in Schlesien in den Jahren 1848–1871], Wrocław 1967.

Petrovich, B. M.: Russian Pan-Slavists and the Polish Uprising of 1863, in: Harvard Slavic Studies 1 (1953) S. 219–248.

ders.: The Emergence of Russian Panslavism 1856–1870, New York 1956.

Peyfuss, M. D.: Das Rußlandbild im deutschen Sprachraum zur Zeit der polnischen Revolution von 1830/31, in: ÖOH 10 (1968) S. 172–181.

Pfeifer, M.: Bismarcks Polenpolitik im Hinblick auf Rußland, Diss. Marburg 1925 [MS].

Pfeiffer, H.: Der polnische Adel und die preußische Polenpolitik von 1863/64, Würzburg 1939.

Pflanze, O.: Bismarck and German Nationalism, in: AHR 60 (1954/55) S. 548–560.

ders.: Bismarck and the Development of Germany. The Period of Unification, 1855–1871, Princeton/N. J. 1963.

Philipp, W.: Rußlands Aufstieg zur Weltmacht 1815–1917, in: Historia Mundi, Bd. X, Bern 1961, S. 185–252.

Picht, U.: M. P. Pogodin und die Slavische Frage. Ein Beitrag zur Geschichte des Panslawismus, Stuttgart 1969.

Pikart, E.: Die Rolle der Parteien im deutschen konstitutionellen System vor 1914, in: Moderne deutsche Verfassungsgeschichte (1815–1914), hrsg. von *E. W. Böckenförde,* Köln 1972, S. 258–281.

Piłsudski, J.: Zarys historii militarnej powstania styczniowego [Abriß der Militärgeschichte des Januaraufstands], in: Pisma zbiorowe, Bd. III, Warszawa 1937, S. 192–249.

Pingaud, A.: La politique extérieure du Second Empire, in: RH 156 (1927) S. 41–68.

Piotrowski, B.: Publicystika i historiografia NRF wobec rocznicy stulecia zjednoczenia Niemiec [Publizistik und Geschichtsschreibung in der Bundesrepublik Deutschland aus Anlaß des 100. Jahrestages der deutschen Einigung], in: Studia historica slavo-germanica 2 (1973) S. 3–26.

Pirko, M.: Marks i Engels wobec niepodległości Polski [Marx und Engels und die Unabhängigkeit Polens], in: Zeszyty Naukowe WAP 60 [Ser. Hist. Nr. 22] (1969) S. 3–13.

ders.: Die Stellung von Marx und Engels zur polnischen Frage im Lichte der neuesten polnischen Historiographie, in: Jahrbuch für Geschichte der UdSSR und der volksdemokratischen Länder 14/1 (1970) S. 161–177.

Piwarski, K.: Kuria rzymska a polski ruch narodowo-wyzwoleński 1794–1863 [Die römische Kurie und die polnische Befreiungsbewegung 1794–1863], Warszawa 1955.

ders.: Polacy śląscy w walce o społeczne i narodowe wyzwolenie 1848–1914 [Die schlesischen Polen im Kampf um die gesellschaftliche und nationale Befreiung 1848–1914], Warszawa 1955.

ders.: Watykan wobec polskich walk niepodległościowych (1794–1863) [Der Vatikan und die polnischen Kämpfe um die Unabhängigkeit (1794–1863)], Warszawa 1956.

Pobóg-Malinowski, W.: Najnowsza historia polityczna Polski 1864–1945 [Neueste politische Geschichte Polens 1864–1945], Bd. I, Paris 1953.

Podraza, A.: Rosyjscy rewolucyjni demokraci a powstanie styczniowe [Die russischen revolutionären Demokraten und der Januaraufstand], in: Zeszyty Nauk. Uniw. Jag. 91, Prace Hist. 13 (1946) S. 69–101.

Poklewska, K.: Reportaż z pola walki w prasie galicyjskiej 1863–1864 r. [Eine Reportage vom Schlachtfeld in der Presse Galiziens 1863–1864], Łódź 1964.

Polak, T.: Udział Węgrów w powstaniu styczniowym [Die Beteiligung von Ungarn am Januaraufstand], in: Wojskowy Przegląd Historyczny 1 (1956) S. 220–235.

ders.: Węgrzy w powstaniu styczniowym 1863–1864 [Ungarn im Januaraufstand 1863 bis 1864], in: Studia i Materiały do Historii Wojskowości 5 (1960) S. 3–81.

Polenz, E.: Preußen und England in den sechziger Jahren des 19. Jahrhunderts, Diss. Köln 1939.

Polišenský, J.: Rakousko, Prusko a Némecko 1850–1866, in: ČČH 15 (1967) S. 249–262 [dt. Resumé].

Portner, E.: Die Einigung Italiens im Urteil liberaler deutscher Zeitgenossen. Studien zur inneren Geschichte des kleindeutschen Liberalismus, Bonn 1959.

Poschinger, H.: Fürst Bismarck und die Diplomaten, 1852–1890, Hamburg 1900.

Pospisil, E.: Die polnische Befreiungsbewegung von 1863 und ihr Echo in der deutschen kleinbürgerlichen Demokratie. – Zu einigen Aspekten der demokratischen Solidarität und des demokratischen Internationalismus im 19. Jahrhundert, in: Jenaer Beiträge zur Parteiengeschichte, Heft 32/33 (1972) S. 125–137.

Potthoff, H.: Die deutsche Politik Beusts von seiner Berufung zum österreichischen Außenminister Oktober 1866 bis zum Ausbruch des deutsch-französischen Krieges 1870/71, Bonn 1968.

Poznański, K.: Reforma szkolna w Królestwie Polskim w 1862 roku [Die Schulreform im Königreich Polen im Jahre 1862], Wrocław 1968.

Preradovich, N. v.: Die Führungsschichten in Österreich und Preußen (1804–1918), Wiesbaden 1955.

Prevelakis, E.: British Policy towards the Change of Dynasty in Greece, 1862–1863, Athens 1951.

Pruszyński, K.: Margrabia Wielopolski [Markgraf Wielopolski], Warszawa 1957.

Przyborowski, W.: Historya dwóch lat 1861–1862 [Die Geschichte zweier Jahre 1861–1862], 5 Bde., Krakau 1892–1895.

Przybyszewski, E.: Proletariat przemysłowy w polskim ruchu rewolucyjnym lat sześćdziesiątych [Das werktätige Proletariat in der polnischen revolutionären Bewegung der sechziger Jahre], Warszawa 1961.

Puntila, L. A.: Bismarcks Frankreichpolitik, Zürich-Frankfurt 1971.

Pushkarev, S.: The Emergence of Modern Russia, New York-London 1963.

Pyziur, E.: Mikhail N. Katkov: Advocate of English Liberalism in Russia, 1856–1863, in: SEER 45 (1967) S. 439–456.

ders.: Bismarck's Appraisal of Russian Liberalism as Prussian Envoy in St. Petersburg, in: Canadian Slavonic Papers 10 (1968) S. 298–311.

Quante, P.: Die Bevölkerungsentwicklung der preußischen Ostprovinzen im 19. und 20. Jahrhundert, in: ZfO 8 (1959) S. 481–499.

Quilitzsch, S.: Gemeinsame Aktionen der russisch-preußischen Reaktion gegen polnische Revolutionäre im Jahre 1864 in Sachsen, in: Jahrbuch für Geschichte der UdSSR und der volksdemokratischen Länder 8 (1964) S. 447–462.

Raeff, M.: Einige Überlegungen zum russischen Liberalismus, in: Liberalismus, hrsg. von *L. Gall,* Köln 1976, S. 308–318.

Rajca, Cz.: Ruch oporu chlopskiego w Królestwie Polskim w latach 1815–1864 [Die bäuerliche Widerstandsbewegung im Königreich Polen in den Jahren 1815–1864], Warszawa 1969.

Ramotowska, F.: Rząd rosyjski wobec manifestacji patriotycznych w Królestwie Polskim (okres namiestnictwa M. Gorczakowa) [Die russische Regierung und die patriotischen Manifestationen im Königreich Polen (Die Zeit der Statthalterschaft M. Gorčakovs)], in: KH 69 (1962) S. 853–874.

dies.: U źródel twz. reform Wielopolskiego [An der Quelle der sogenannten Reformen Wielopolskis], in: Wiek XIX. Prace ofiarowane Stefanowi Kieniewiczowi w 60 rocznicę urodzin, Warszawa 1967, S. 305–320.

dies.: Rząd Carski wobec manifestacji patriotycznych w Królestwie Polskim w latach 1860–1862 [Die Regierung des Zaren und die patriotischen Manifestationen im Königreich Polen in den Jahren 1860–1862], Wrocław-Warszawa-Kraków-Gdańsk 1971.

dies.: Warszawskie komitety ruchu narodowego w latach 1858–1861 [Die Warschauer Komitees der nationalen Bewegung in den Jahren 1858–1861], in: Warszawa XIX wieku, Bd. II, Warszawa 1971, S. 167–230.

dies.: „Wielka prowokacja“ 1864 r. w świetle nowych źródeł archiwalnych [Die „große Provokation“ des Jahres 1864 im Lichte neuer archivalischer Quellen], in: PH 64 (1973) S. 85 bis 116.

Rapp, A.: Die Württemberger und die nationale Frage 1863–1871 (= Darstellungen aus der Württembergischen Geschichte, Bd. 4), Stuttgart 1910.

Rassow, P.: Die Rolle Preußens in der deutschen und europäischen Geschichte, in *ders.:* Die geschichtliche Einheit des Abendlandes, Köln 1960, S. 342–357.

Ratajczyk, L.: Partyzantka gen. Bosaka w powstaniu styczniowym [Der Partisanenkrieg des Generals Bosak im Januaraufstand], in: Studia i Materiały do Historii Wojskowści 6 (1960) S. 265–327.

ders.: Działalność Traugutta i jego wpływ na powstańcze plany wojskowe przed objęciem władzy (VIII–X 1863) [Die Tätigkeit Traugutts und sein Einfluß auf die militärischen Pläne der Aufständischen vor seiner Übernahme der Macht (8.–10. 1863)], in: Zeszyty naukowe WAP 9 [Ser. Hist. Nr. 8] (1963) S. 49–62.

ders.: Powstanie styczniowe jako wojna partyzantka [Der Januaraufstand als Partisanenkrieg], in: Studia i Materiały do Historii Wojskowości 10 (1964) S. 184–228.

ders.: La guerre polonaise de partisans en 1863–1864, in: Etudes polonaises d'histoire militaire, Varsovie 1965, S. 82–88.

ders.: Polska wojna partyzancka 1863–1864. Okres dyktatury Romualda Traugutta [Der polnische Partisanenkrieg 1863–1864. Die Zeit der Diktatur Romuald Traugutts], Warszawa 1966.

ders.: Wyższa kadra dowódcza w powstaniu styczniowym [Die höheren Führungskader im Januaraufstand], in: Wiek XIX. Prace ofiarowane Stefanowi Kieniewiczowi w 60 rocznicę urodzin, Warszawa 1967, S. 321–333.

Rauch, G. v.: Graf Friedrich Wilhelm Rembert v. Berg. Ein deutscher Staatsmann und Feldherr in russischen Diensten, in: Dt. Wiss. Zs. im Wartheland 2 (1941) S. 257–282.

ders.: Einheit und Grenzen Europas bei Constantin Frantz und Henri Martin, in: Europa-Archiv 4 (1949) S. 2656–2674.

ders.: Rußland: Staatliche Einheit und nationale Vielfalt. Föderalistische Kräfte und Ideen in der russischen Geschichte, München 1953.

ders.: Rußland im Zeitalter des Nationalismus und Imperialismus, 1856–1917 (= Schriften des Arbeitskreises für Ostfragen, Bd. 8), München 1961.

ders.: Studien über das Verhältnis Rußlands zu Europa, Darmstadt 1964.

ders.: Streiflichter zum russischen Deutschlandbilde des 19. Jahrhunderts, in: JbGOE 12 (1964) S. 5–47.

ders.: Rußland vom Krimkrieg bis zur Oktoberrevolution (1856–1917), in: Handbuch der europäischen Geschichte, Bd. VI, hrsg. von *Th. Schieder,* Stuttgart 1968, S. 309–352.

Real, W.: Der deutsche Reformverein. Großdeutsche Stimmen und Kräfte zwischen Villafranca und Königgrätz, Lübeck-Hamburg 1966.

ders.: Österreich und Preußen im Vorfeld des Frankfurter Fürstentages. Ein Beitrag zur Geschichte der Bundesreform, in: HJb 86 (1966) S. 339–393.

Recke, W.: Die polnische Frage als Problem der europäischen Politik, Berlin 1927.

Rederowa, D.: Polski emigracyjny ośrodek we Francji w latach 1831–1872 [Das polnische Zentrum und die Emigration in Frankreich in den Jahren 1831–1872], Wrocław-Warszawa-Kraków-Gdańsk 1972.

Redlich, J.: Das österreichische Reichs- und Staatsproblem. Geschichtliche Darstellung der inneren Politik der habsburgischen Monarchie von 1848 bis zu ihrem Untergang, 2 Bde., Leipzig 1926.

Rehfeld, K. H.: Die preußische Verwaltung des Regierungsbezirks Bromberg (1848–1871), Köln 1968.

Rein, G. A.: Bismarcks Royalismus, in: GWU 5 (1954) S. 331–349.

ders.: Die Revolution in der Politik Bismarcks, Göttingen 1957.

Renner, V.: Karl Twesten. Vorkämpfer der liberalen Rechtsstaatsidee, Diss. Freiburg 1954 [MS].

Renouvin, P.: Histoire diplomatique (1815–1914), Paris 1930.

ders.: L'Empire allemand au temps de Bismarck, Paris 1950.

ders.: Histoire des Relations Internationales, T. V.: L'Europe des Nationalités et L'Eveil de Nouveaux Mondes: Le XIXe Siècle 1815–1871, Paris 1954.

Rentsch, H. U.: Bismarck im Urteil der schweizerischen Presse 1862–1898, Basel 1945.

Revunenkov, V. G.: Pol'skoe vosstanie 1863 goda i evropejskaja diplomatija [Der polnische Aufstand des Jahres 1863 und die europäische Diplomatie], Leningrad 1957.

Rheindorf, K.: Die Schwarze-Meer-(Pontus)-Frage vom Pariser Frieden von 1856 bis zum Abschluß der Londoner Konferenz von 1871, Berlin 1925.

Rhode, G.: Posen in der Revolution des Jahres 1848 bis zur Gründung des Deutschen Reiches, in: Geschichte der Stadt Posen, hrsg. von *G. Rhode,* Neuendettelsau 1953, S. 112–126.

ders.: Das Bild des Deutschen im polnischen Roman des 19. und beginnenden 20. Jahrhunderts und das polnische Nationalgefühl, in: Ostdeutsche Wissenschaft 8 (1960) S. 327–366.

ders.: Die Situation im polnischen Geschichtsbild und Geschichtsbewußtsein, in: Geschichtsbewußtsein in Ostmitteleuropa, hrsg. von *E. Lemberg* und *E. Birke,* Marburg 1961, S. 46 bis 61.

ders.: Polens Teilung und Wiedervereinigung im 19. und 20. Jahrhundert, in: Teilung und Wiedervereinigung. Eine weltgeschichtliche Übersicht, hrsg. von *G. Franz,* Göttingen 1963, S. 38–60.

ders.: Geschichte Polens. Ein Überblick, [2. Aufl.] Darmstadt 1966.

ders.: Deutsche Vorstellungen über die slawische Gefahr, in: Ludovit Stúr und die slawische Wechselseitigkeit, hrsg. von *L. Holotik,* Bratislava 1969, S. 264–267.

ders.: Russische Politik gegenüber Polen von Peter dem Großen bis Chruščev. Konstanten und Varianten, in: Grundfragen sowjetischer Außenpolitik, hrsg. von *B. Meissner* und *G. Rhode,* Stuttgart 1970, S. 41–63.

Rieber, A. J.: [Hrsg.] The Politics of Autocracy. Letters of Alexander II to Prince A. J. Bariatinsky 1857–1864, Paris-Den Haag 1966.

ders.: Alexander II: A Revisionist View, in: JMH 43 (1971) S. 42–58.

Rieken, J.: Ludwig v. d. Pfordten und die preußischen Bundesreformbestrebungen vor Ausbruch des Krieges 1866, Diss. Kiel 1942.

Rischbieter, H.: Der Handelsvertrag mit Frankreich und die Zollvereinskrisis (1862 bis 1864) in der öffentlichen Meinung Deutschlands, Diss. Göttingen 1952 [MS].

Ritter, G.: Die preußischen Konservativen und Bismarcks deutsche Politik 1858 bis 1876, Heidelberg 1913.

ders.: Großdeutsch und Kleindeutsch im 19. Jahrhundert, in: Schicksalswege deutscher Vergangenheit, Festschrift für S. A. Kaehler, Düsseldorf 1950, S. 177–201.

ders.: Bismarck und die Rheinpolitik Napoleons III, in: Rheinische Vierteljahresblätter 15/16 (1950/51) S. 339–370.

ders.: Bismarck et la politique rhénane de Napoleon III, in: Revue d'histoire diplomatique 78 (1964) S. 291–329.

Robolsky, H.: Bismarck und Rußland. Enthüllungen über die Beziehungen Deutschlands und Rußlands von 1859 bis heute, Berlin 1887.

Rößler, H.: Friedrich Ferdinand Freiherr Graf von Beust, in: NDB, Bd. II (1955) S. 198–200.

Rohde, A.: Rußlands Stellung zur Gründung des Deutschen Reiches, Staatsexamensarbeit [MS], Münster 1976.

Rola, H.: Powstanie styczniowe w regionie częstochowskim [Der Januaraufstand im Gebiet von Tschenstochau], in: Zaranie śląskie 26 (1963) Heft 1, S. 61–74.

ders.: Powstanie styczniowe na ziemie częstochowskiej [Der Januaraufstand im Gebiet um Tschenstochau], Katowice 1965.

Roloff, G.: Napoleon III. und der polnische Aufstand im Jahre 1863, in: HZ 164 (1941) S. 49 bis 65.

Romanuikowa, F.: Radykalni demokraci polscy. Wybór pism i dokumentów [Die polnischen radikalen Demokraten. Ausgewählte Schriften und Dokumente], Warszawa 1960.

Roos, H.: Le romantisme politique en Pologne et dans l'Allemagne constitutionelle, in: Cahiers Polono-Allemagne 5 (1960) S. 34–45.

ders.: Die polnische Nationsgesellschaft und die Staatsgewalt der Teilungsmächte in der europäischen Geschichte (1795–1863), in: JbGOE 14 (1966) S. 388–399.

Roosbroeck, R. v.: Die politisch-diplomatische Vorgeschichte, in: Entscheidung 1866, hrsg. von *W. v. Groote* und *U. v. Gersdorff*, Stuttgart 1966, S. 11–76.

Rosdolsky, R.: Der Streit um die polnisch-russischen Staatsgrenzen anläßlich des polnischen Aufstandes von 1863, in: Archiv für Sozialgeschichte 9 (1969) S. 157–180.

Rosen, E. R.: Die diplomatische Anerkennung des Königreichs Italien durch das Großherzogtum Baden im Rahmen der deutschen und europäischen Politik (1861–1864), in: Die deutsch-italienischen Beziehungen im Zeitalter des Risorgimento, Braunschweig 1970, S. 78–82.

ders.: Die Anerkennung des Königreichs Italien durch das Großherzogtum Baden (1861 bis 1862) im Rahmen der deutschen und europäischen Politik, in: HZ 218 (1974) S. 1–64.

Rosenberg, H.: Die nationalpolitische Publizistik Deutschlands vom Eintritt der Neuen Ära bis zum Ausbruch des Deutschen Krieges. Eine kritische Bibliographie, 2 Bde., München 1935.

ders.: Honoratiorenpolitiker und „großdeutsche" Sammlungsbestrebungen im Reichsgründungsjahrzehnt, in: JbGMOD 19 (1970) S. 155–233.

Rosendahl, E.: König Georg V. von Hannover, Hannover 1920.

Rosevaere, I. M.: From Reform to Rebellion: A. Wielopolski and the Polish Question 1861–1863, in: Canadian Slavic Studies 3 (1969) S. 263–285.

dies.: Wielopolski's Reforms and their Failure before the Uprising of 1863, in: Antemurale 15 (1971) S. 87–214.

Rostocki, W.: Ziemie polskie w latach 1815–1864 [Die polnischen Gebiete in den Jahren 1815–1864], in: Historia ustroju Polski, Warszawa 1970, S. 53–114.

Rothfels, H.: Bismarck und die Nationalitätenfragen des Ostens, in: HZ 147 (1933) S. 89–105, auch in: *ders.*: Bismarck, Stuttgart 1970, S. 124–146.

ders.: Das Problem des Nationalismus im Osten, in: Deutschland und Polen, hrsg. von *A. Brackmann*, München und Berlin 1933, S. 259–270.

ders.: Bismarck und der Osten, Leipzig 1934.

ders.: Bismarck und das 19. Jahrhundert, in: Schicksalswege deutscher Vergangenheit, Festschrift für S. A. Kaehler, Düsseldorf 1950, S. 233–248.

ders.: Grundsätzliches zum Problem der Nationalität, in: HZ 174 (1952) S. 339–358, auch in *ders.:* Zeitgeschichtliche Betrachtungen, 2. Aufl. Göttingen 1963, S. 89–111.

ders.: Bismarck und der Staat. Ausgewählte Dokumente, 2. Aufl. Stuttgart 1953.

ders.: Zur Krise des Nationalstaats, in: VZG 1 (1953) S. 138–152, auch in *ders.:* Zeitgeschichtliche Betrachtungen, 2. Aufl. Göttingen 1963, S. 124–145.

ders.: Die Nationsidee in westlicher und östlicher Sicht, in: Osteuropa und der deutsche Osten, Reihe I, Buch 3, Köln 1956, S. 7–18.

ders.: Zeitgeschichtliche Betrachtungen zum Problem der Realpolitik, in: Forschungen zu Staat und Verfassung, Festgabe für Fritz Hartung, hrsg. von R. Dietrich und G. Oestreich, Berlin 1958, S. 521–536.

ders.: Bismarck, der Osten und das Reich, Darmstadt 1960.

ders.: Nationalität und Grenze im späten 19. und frühen 20. Jahrhundert, in: VZG 9 (1961) S. 225–233.

ders.: Zur Stellung Bismarcks im deutschen Geschichtsbild, in: GWU 12 (1961) S. 209–220.

ders.: Bismarck. Vorträge und Abhandlungen, Stuttgart 1970.

ders.: Sozialstruktur und Außenpolitik, in: Das Vergangene und die Geschichte, Festschrift für R. Wittram zum 70. Geburtstag, Göttingen 1973, S. 13–22.

Rothfritz, H.: Die Politik des preußischen Botschafters Grafen v. d. Goltz in Paris 1863 bis 1869, Diss. Freiburg 1934.

Roux, G.: Napoléon III, Paris 1969.

Rożenowa, H.: Pochodzenie społeczno-zawodowe funkcjoniariuszy drogi żelaznej Warszawsko-Wiedeńskiej [Die gesellschaftlich-berufsmäßige Herkunft der Angestellten der Warschau-Wiener Eisenbahn], in: Społeczeństwo Królestwa Polskiego, Bd. III, Warszawa 1968, S. 297–336.

Rudnickaja, E. L.: Novye materialy o svjazi redakcii „Kolokola", Michaila Bakunina s finskim nacional'no-osvoboditel'nym dviženiem [Neue Materialien zur Geschichte der Beziehungen der Redaktion des „Kolokol" und Michail Bakunins zur finnischen nationalen Befreiungsbewegung], in: Voprosy istorii 42 (1957) Heft 12, S. 36–52.

Rudzka, W.: Karol Majewski w latach 1859–1864 [Karol Majewski in den Jahren 1859 bis 1864], Warszawa 1937 [ND: London 1964].

dies.: W setną rocznicę powstania styczniowego. Odczyt w Polskim Towarzystwie Historycznym w Londynie 22 stycznia 1963 [Zum 100. Jahrestag des Januaraufstands. Vortrag vor der Polnischen Historischen Gesellschaft in London am 22. Januar 1963], in: Teki Historyczne 12 (1962/63) S. 3–22.

dies.: Studies on the Polish Insurrectionary Government in 1863–64, in: Antemurale VII/VIII (1963) S. 397–473.

Ruider, H.: Bismarck und die öffentliche Meinung in Bayern 1862–1866, Diss. München 1924.

Rutkowski, J.: Historia gospodarcza Polski (do 1864) [Wirtschaftsgeschichte Polens bis 1864], Warszawa 1953.

Rzadkowska, H.: Dekret uwłaszczeniowej w świetle listu zawiedzionego szlachcica [Das Dekret über die Bauernbefreiung im Lichte des Briefes eines enttäuschten Angehörigen der Szlachta], in: KH 64 (1957) S. 57–62.

dies.: Z problematyki polsko-szwajcarskiej. Trzy odczyty o Polsce wygłoszone w Bazylie w 1863 roku przez Petra Feddersena [Aus der polnisch-schweizerischen Problematik. Drei Vorträge über Polen, erschienen in Basel im Jahre 1863 von Peter Feddersen], in: Wiadomości historyczne 3 (1960) S. 191–201.

dies.: Śladami nieznanego żołnierza z 1863 r. [Auf den Spuren eines unbekannten Soldaten aus dem Jahre 1863], in: KH 67 (1960) S. 424–432.

dies.: Oblicze polityczne Mariana Langiewicza [Das politische Erscheinungsbild Maria Langiewicz'], in: Małopolskie Studia Historyczne 6 (1963) S. 75–105.

dies.: Marian Langiewicz, Warszawa 1967.

dies.: „Demokrata Polski" w ostatnim okresie swego istnienia (1851–1862) [Der „Polnische Demokrat" im letzten Stadium seines Bestehens (1851–1862)], in: SH 12 (1969) S. 337 bis 364.

dies.: Działalność centralizacji Londynskiej Towarzystwa Demokratycznego Polskiego 1850 –1862 [Die Vereinigungsbemühungen der Londoner Polnischen Demokratischen Gesellschaft in den Jahren 1850–1862], Wrocław-Warszawa-Kraków-Gdańsk 1971.

Salomon, H.: L'Ambassade du Prince Richard de Metternich à Paris, Paris 1931.

Sangowicz, M.: L'insurrection polonaise de 1863 dans la presse suisse, Fribourg 1946.

Schallhammer, H.: Der polnisch-litauische Aufstand, sein Verlauf und die Verhandlungen der europäischen Großmächte, in: Litauen und seine Deutschen, Würzburg 1955, S. 25 bis 48.

Scharff, A.: Die deutsche Einheit und die großen Mächte 1848–1871, in: Teilung und Wiedervereinigung. Eine weltgeschichtliche Übersicht, hrsg. von *G. Franz*, Göttingen 1963, S. 149 bis 164.

Scheibert, P.: Von Bakunin zu Lenin. Geschichte der russischen revolutionären Ideologien 1840–1895, Bd. I (mehr nicht erschienen!), Leiden 1957.

ders.: Marx, Bakunin und die erste Internationale, in: ÖOH 7 (1965) S. 441–456.

ders.: Aspekte der deutschen Russenangst, in: Ludovit Stúr und die slawische Wechselseitigkeit, hrsg. von Ludovit *Holotik*, Bratislava 1969, S. 268–270.

ders.: Das Petrinische Kaiserreich, in: Rußland (= Fischer-Weltgeschichte, Bd. 31), Frankfurt a. M. 1972, S. 175–270.

ders.: Die russische Agrarreform von 1861. Ihre Probleme und der Stand ihrer Erforschung, Köln-Wien 1973.

Scheidt, H.: Konvention Alvensleben und Interventionspolitik der Mächte in der polnischen Frage 1863, Würzburg 1937.

Scheller, E.: Bismarck und Rußland, Marburg 1926.

Scheuner, U.: Der Staatsgedanke Preußens, Köln-Graz 1965.

ders.: Nationalstaatsprinzip und Staatenordnung seit dem Beginn des 19. Jahrhunderts, in: Staatsgründung und Nationalitätsprinzip, hrsg. von *Th. Schieder*, München-Wien 1974, S. 9–37.

Schieder, Th.: Die kleindeutsche Partei in Bayern in den Kämpfen um die nationale Einheit 1863–1871, Diss. München 1936.

ders.: Das Problem der Revolution im 19. Jahrhundert, in: HZ 170 (1950) S. 233–271.

ders.: Bismarck und Europa. Ein Beitrag zum Bismarck-Problem, in: Deutschland und Europa. Festschrift für H. Rothfels, Düsseldorf 1951, S. 15–40; auch in *ders.:* Begegnungen mit der Geschichte, Göttingen 1962, S. 236–262.

ders.: Nationalstaat und Nationalitätenproblem, in: ZfO 1 (1952) S. 161–181.

ders.: Nationale und übernationale Gestaltungskräfte in der Geschichte des europäischen Ostens, Krefeld 1954.

ders.: Das Verhältnis von politischer und gesellschaftlicher Verfassung und die Krise des bürgerlichen Liberalismus, in: HZ 177 (1954) S. 49–74.

ders.: Nationale Vielfalt und europäische Gemeinschaft, in: GWU 5 (1954) S. 65–79.

ders.: Das Problem des Nationalismus in Osteuropa, in: Osteuropa und der deutsche Osten, Reihe I, Buch 3, Köln 1956, S. 19–29.

ders.: Idee und Gestalt des übernationalen Staates seit dem 19. Jahrhundert, in: HZ 184 (1957) S. 336–366; auch in: Die Entstehung des modernen souveränen Staates, hrsg. von *H. H. Hofmann,* Köln-Berlin 1967, S. 357–376.

ders.: Das deutsche Kaiserreich als Nationalstaat, Köln 1961.

ders.: Grundfragen der neueren deutschen Geschichte, in: HZ 192 (1961) S. 1–16.

ders.: Das Italienbild der deutschen Einheitsbewegung, in *ders.:* Begegnungen mit der Geschichte, Göttingen 1962, S. 210–235.

ders.: Das Werden der Demokratie in Europa, in: GWU 13 (1962) S. 9–21.

ders.: Strukturen und Persönlichkeiten in der Geschichte, in: HZ 195 (1963) S. 265–296.

ders.: Der Nationalstaat in Europa als historisches Phänomen, Köln-Opladen 1964.

ders.: Typologie und Erscheinungsformen des Nationalstaats in Europa, in: HZ 202 (1966) S. 58–81.

ders.: Europa im Zeitalter der Nationalstaaten und europäische Weltpolitik bis zum I. Weltkrieg, in: Handbuch der europäischen Geschichte, Bd. VI, hrsg. von *Th. Schieder,* Stuttgart 1968, S. 1–196.

ders.: Europäische Friedensschlüsse von Wien bis Versailles, in: Entspannung – Sicherheit – Frieden, hrsg. von *A. Domes,* Köln 1968, S. 33–52.

ders.: Der Nationalstaat in Verteidigung und Angriff, in: Probleme der Reichsgründungszeit 1848–1879, hrsg. von *H. Böhme,* Köln-Berlin 1968, S. 402–430.

ders.: Vom Deutschen Bund zum Deutschen Reich, in: [Gebhardt] – Handbuch der deutschen Geschichte, Bd. III, hrsg. von *H. Grundmann,* 9. Aufl. Stuttgart 1970, S. 97–220.

ders.: Die geschichtlichen Grundlagen und Epochen des deutschen Parteiwesens, in *ders.:* Staat und Gesellschaft im Wandel unserer Zeit. Studien zur Geschichte des 19. und 20. Jahrhunderts, 3. Aufl. München 1974, S. 133–171.

ders.: Probleme der Nationalismus-Forschung, in: Sozialstruktur und Organisation europäischer Nationalbewegungen, hrsg. von *Th. Schieder,* München-Wien 1971, S. 9–18.

ders.: Die Krise des bürgerlichen Liberalismus. Ein Beitrag zum Verhältnis von politischer und gesellschaftlicher Verfassung, in: Liberalismus, hrsg. von *L. Gall,* Köln 1976, S. 187 bis 207.

Schinckel, F.: Polen, Preußen und Rußland, Breslau 1931.

Schlaich, H. W.: Die Gründung des deutschen Nationalstaats als historisches und politisches Problem, in: Politische Studien 22 (1971) S. 3–19.

ders.: Die Reichsgründung 1870/71 und die deutsch-französischen Beziehungen, in: Francia 1 (1972) S. 623–652.

Schleier, H.: Sybel und Treitschke. Antidemokratismus und Militarismus im historisch-politischen Denken großbourgeoiser Geschichtsideologen, Berlin (Ost-) 1965.

Schmidt-Bückeburg, R.: Das Militärkabinett der preußischen Könige und deutschen Kaiser, Berlin 1933.

Schmiedel, K.: Deutsch-russische Handelsbeziehungen 1856–1871, Diss. Leipzig 1963.

Schnabel, F.: Bismarck und die Nationen, in: La nouvelle Clio 1 (1949) S. 87–102.

ders.: Bismarck und die Nationen, in: Europa und der Nationalismus, Baden-Baden 1950, S. 91–108.

ders.: Bismarck und die klassische Diplomatie, in: Außenpolitik. Zeitschrift für internationale Fragen 3 (1952) S. 635–642.

Schoeps, H. J.: Das Bündnis der drei schwarzen Adler, in: GWU 16 (1965) S. 152–157.

ders.: Der Frankfurter Fürstentag und die öffentliche Meinung in Preußen, in: GWU 19 (1968) S. 73–90.

Schosser, E.: Presse und Landtag in Bayern von 1850–1918, München 1968.

Schraepler, E.: Die politische Haltung des liberalen Bürgertums im Bismarckreich, in: GWU 5 (1954) S. 529–544.

ders.: Linksliberalismus und Arbeiterschaft in der preußischen Konfliktzeit, in: Forschungen zu Staat und Verfassung, Festschrift für *F. Hartung,* Berlin 1958, S. 385–401.

Schroth, H.: Welt- und Staatsideen des deutschen Liberalismus in der Zeit der Einheits- und Freiheitskämpfe 1859–66, Berlin 1931 [ND 1965].

Schüle, E.: Die Verhandlungen zwischen Rußland und Frankreich vor dem italienischen Kriege 1858/59, in: ZfO 4 (1934) S. 188–221.

ders.: Rußland und Frankreich vom Ausgang des Krimkrieges bis zum italienischen Krieg 1856–1859, Königsberg/Pr.-Berlin 1935.

Schüssler, W.: Noch einmal: Bismarck und die Nationen, in: La nouvelle Clio 1/2 (1949/50) S. 432–445.

ders.: Der geschichtliche Standort Bismarcks, in *ders.:* Um das Geschichtsbild, Gladbeck 1953, S. 99–141.

Schult, G.: Die hessische Innenpolitik unter dem Minister von Dalwigk, Diss. Mainz 1950 [MS].

Schultz, U.: Die Politik Bismarcks in den Jahren 1862–1866 im Spiegel der rheinischen Presse, Diss. Bonn 1933.

Schulze, B.: Zur linksliberalen Ideologie und Politik. Ein Beitrag zur politischen Biographie Schulze-Delitzsch', in: Die großpreußisch-militaristische Reichsgründung 1871, Bd. I, hrsg. von *H. Bartel* und *E. Engelberg,* Berlin (Ost-) 1971, S. 271–307.

Schurek, J.: Der Skandinavismus und das Jahr 1863, in: Jomsburg 1 (1937) S. 387–390.

Schweitzer, C. Ch.: Die Kritik der westlich-liberalen Oppositionsgruppe an der Außenpolitik Bismarcks 1863–1890, Diss. Freiburg 1950 [MS].

Seide, G.: Regierungspolitik und öffentliche Meinung im Kaisertum Österreich anläßlich der polnischen Novemberrevolution (1830–31), Wiesbaden 1971.

Seier, H.: Sybels Vorlesung über Politik und die Kontinuität des „staatsbildenden" Liberalismus, in: HZ 187 (1959) S. 90–112.

ders.: Die Staatsidee Heinrich v. Sybels in den Wandlungen der Reichsgründungszeit 1862/1871, Lübeck und Hamburg 1961.

Semanov, S. N.: A. M. Gorčakov. Russkij diplomat XIX v. [A. M. Gortschakow. Ein russischer Diplomat des 19. Jahrhunderts], Moskva 1962.

Senn, A. E.: The Emergence of Modern Lithuania, New York 1959.

Seraphim-Winckler, B.: Das Verhältnis der preußischen Ostprovinzen, insbesondere Ostpreußens zum Deutschen Bund im 19. Jahrhundert. Teil 2, in: ZfO 5 (1956) S. 1–33.

Serejski, M. H.: Naród czy państwo? [Nation oder Staat?], in: KH 80 (1973) S. 324–335.

ders.: L'aspect européen de la question polonaise. Les réflexions des historiens étrangers sur les partages de la Pologne, in: Poland at the 14th International Congress of Historical Sciences in San Francisco 1975. Studies in Comparative History, Wrocław-Warszawa-Kraków-Gdańsk 1975, S. 135–147.

Serpinov, P. N.: Russkaja revoljucionnaja demokratija i pol'skoe nacional'no-osvoboditel'noe dviženie v konce 50 – načale 60-ch godov XIX veka [Die russische revolutionäre Demokratie und die polnische nationale Befreiungsbewegung am Ende der fünfziger und zu Beginn der sechziger Jahre des 19. Jahrhunderts], Kiev 1956.

Sethe, P.: Deutsche Geschichte im letzten Jahrhundert, Frankfurt a. M. 1960.

Seton-Watson, H.: The Decline of Imperial Russia 1855 to 1914, London 1952.

ders.: The Intellectuals and Revolution: Social Forces in Eastern Europe since 1848, in: Essays presented to Sir Lewis Namier, London and New York 1956, S. 394–430.

ders.: „Intelligentsia" und Nationalismus in Osteuropa 1848–1918, in: HZ 195 (1962) S. 331 bis 345.

ders.: Nationalismus und Nationalbewußtsein, in: ÖOH 7 (1966) S. 1–15.

ders.: The Russian Empire 1801–1917, Oxford 1967.

Sieburg, H. O.: Deutschland und Frankreich in der Geschichtsschreibung des 19. Jahrhunderts (1815–1871), Bd. 1–2, Wiesbaden 1954–1958.

Skałkowski, A. M.: Aleksander Wielopolski w świetle archiwów rodzinnych 1803–1877 [Alexander Wielopolski im Lichte der Familienarchive 1803–1877], 3 Bde, Poznań 1947.

Skarga, B.: Narodziny pozytywizmu polskiego 1831–1864 [Die Anfänge des polnischen Positivismus 1831–1864], Warszawa 1964.

Skok, H.: Polacy z zaboru pruskiego na zesłaniu po 1863 r. w świetle Archiwum Moskiewskiego [Polen aus den von Preußen annektierten Gebieten in der Deportation nach 1863 im Lichte des Moskauer Archivs], in: Komunikaty Mazursko-Warmieńskie 1 (1963) S. 48–60.

ders.: Polacy nad Bajkałem 1863–1883 [Polen am Bajkalsee 1863–1883], Warszawa 1974.

Ślisz, A.: Współpraca polskich i rosyjskich sil postępowych w polskiej prasie emigracyjnej i konspiracyjnej lat 1859–1864 [Die Zusammenarbeit polnischer und russischer fortschrittlicher Kräfte in der polnischen Presse der Emigration und des Untergrunds in den Jahren 1859–1864], in: Z dziejów współpracej Polaków i Rosjan w drugiej połowie XIX wieku, Wrocław 1956, S. 9–70.

Śliwowska, W.: Polskie kółka studenckie w Moskwie i Petersburgu w czterdziestych latach XIX wiek u [Polnische Studentenzirkel in den vierziger Jahren des 19. Jahrhunderts], in: PH 52 (1961) S. 43–60.

dies.: Russia from 1815 to 1914, in: APH 32 (1975) S. 151–168.

Śmiałowski, J.: Udział chlopów okręgu lódzkiego w powstaniu styczniowym [Die Beteiligung von Bauern aus der Umgebung von Łódź im Januaraufstand], in: Rocznik Łódzki 8 (1963) S. 75–115.

Smirnov, A. F.: Konstantin Kalinovskij v vosstaniu 1863 goda [Konstantin Kalinowski im Aufstand des Jahres 1863], Minsk 1959.

ders.: Sigismund Serakovskij [Zygmunt Sierakowski], Moskva 1959.

ders.: Revoljucionnye svjazi narodov Rossii i Pol'ši 30-60 god. XIX veka [Revolutionäre Beziehungen zwischen den Völkern Rußlands und Polens von den dreißiger bis in die sechziger Jahre des 19. Jahrhunderts], Moskva 1962.

ders.: Vosstanie 1863 goda v Litve i Belorussii [Der Aufstand von 1863 in Litauen und Weißrußland], Moskva 1963.

ders.: Więzi rewolucyjne narodów Rosij i Polski w latach trzydziestych-sześćdziesiatych XIX wieku [Revolutionäre Verbindungen zwischen den Völkern Rußlands und Polens von den dreißigern bis in die sechziger Jahre des 19. Jahrhunderts], Warszawa 1972.

Sobociński, W.: Represje wojskowo-policyjne i stan wojenny Królestwie Polskim 1861–1862 r. [Die militärisch-polizeiliche Unterdrückung und der Belagerungszustand im Königreich Polen in den Jahren 1861–1862], in: PH 64 (1973) S. 389–402.

ders.: O stanie wyjątkowym w Królestwie Polskim w latach sześćdziesiątych XIX w. [Der Ausnahmezustand im Königreich Polen in den sechziger Jahren des 19. Jahrhunderts], in: Czasopismo Prawno-Historyczne 25 (1973) S. 175–181.

Southgate, D.: The Most English Minister. The Polities and Politics of Palmerston, New York 1966.

Spencer, W.: The Life of Lord John Russell, 2 Bde., London 1889.

Spencer, W. F.: Drouyn de Lhuys et les navires confédéres en France. L'affaire des navires d'Arman (1863–1865), in: Revue d'histoire diplomatique 77 (1963) S. 314–341.

Srbik, H. v.: Deutsche Einheit. Idee und Wirklichkeit von Villafranca bis Königgrätz, Bd. III, München 1942.

Śreniowski, S.: Uwłaszczenie chlopów w Polsce [Die Bauernbefreiung in Polen], Warszawa 1956.

ders.: Studia na prawem i stosunkami agrarnymi Królestwa Polskiego 1831–1864 [Studien zum Recht und zu den landwirtschaftlichen Verhältnissen im Königreich Polen 1831 bis 1864], Warszawa 1963.

Stadtmüller, G.: Polen in der europäischen Geschichte, in: Grundfragen der europäischen Geschichte, München-Wien 1967, S. 160–197.

ders.: Die russische Weltmacht und ihr Rückzug (1783–1867), in: Grundfragen der europäischen Geschichte, München 1967, S. 198–260.

Stählin, K.: Geschichte Rußlands von den Anfängen bis zur Gegenwart, Bd. IV/1, Stuttgart 1939 [ND Graz 1961].

Štakel'berg, J. J.: „Pamiętniki o polskich spiskach i powstaniach 1831–1864" N. W. Berga. Powstanie dzieła i jego losy [„Erinnerungen an die polnischen Verschwörungen und Aufstände 1831–1864" von N. W. Berg. Die Entstehung des Werks und sein Schicksal], in: PH 59 (1968) S. 41–66.

Stammler, H. A.: Wandlungen des deutschen Bildes vom russischen Menschen, in: JbGOE 5 (1957) S. 271–305.

ders.: Wandlungen des deutschen Geschichtsbildes von Polen, in: Ost-West-Polarität, hrsg. von *A. Domes,* Köln 1972, S. 151–162.

Stankiewicz, Z.: Z dziejów reformy uwłaszczeniowej w Królestwie Polskim [Zur Geschichte der Agrarreform im Königreich Polen], in: KH 66 (1959) S. 72–98.

ders.: Ruch chłopski podczas powstania styczniowego [Die Bauernbewegung im Januaraufstand], in: PH 50 (1959) S. 273–296.

ders.: Demokracja polska w powstaniu styczniowym [Die polnische Demokratie im Januaraufstand], in: KH 69 (1962) S. 175–182.

ders.: Sprawa serwitutów w reformach Wielopolskiego 1861–1862 [Die Leibeigenenfrage in den Reformen Wielopolskis 1861–1862], in: KH 69 (1962) S. 819–833.

ders.: Uwagi o demokratyzacji powstania styczniowego [Bemerkungen zur Demokratisierung des Januaraufstandes], in: KH 69 (1962) S. 907–912.

ders.: Uwagi w sprawie realizacji dekretu uwłaszczeniowego z 22 stycznia 1863 r. [Bemerkungen zur Frage der Realisierung des Bauernbefreiungsdekrets vom 22. Februar 1863], in: Rocznik Łodzki 6 (1963) S. 117–133.

ders.: Dzieje wielkości i upadku Aleksandra Wielopolskiego [Die Geschichte von Größe und Fall Alexander Wielopolskis], Warszawa 1967.

ders.: W sprawie oceny Langiewicza [Zur Frage der Beurteilung Langiewicz'], in: KH 76 (1969) S. 659–663.

ders.: Zygmunt Wielopolski w okresie popowstaniowym z dziejów ugody [Zygmunt Wielopolski in der Zeit nach dem Aufstand in der Geschichte des Ausgleichs], in: KH 81 (1974) S. 267–288.

Starr, F. S.: Decentralization and Self -Government in Russia, 1830–1870, Princeton/N. J. 1974.

Staszewski, J.: Generał Edmund Taczanowski, Poznań 1936.

Stasik, F.: Działalność Adama Gurowskiego w USA (1850–1866) [Die Tätigkeit Adam Gurowskis in den USA (1850–1866)], in: Gdańskie Zeszyty Humanistyczne 10 (1967) S. 49 bis 82.

ders.: Polska emigracja polityczna w Stanach Zjednoczonych Ameryki 1831–1864 [Die polnische politische Emigration in den Vereinigten Staaten von Amerika 1831–1864], Warszawa 1973.

Stein, H. P.: Der Offizier des russischen Heeres zwischen Reform und Revolution 1861–1905, in: FzoG 13 (1967) S. 346–507.

Stern, A.: L'insurrection polonaise de 1863 et l'Impératrice Eugénie, in: RH 137 (1921) S. 66 bis 73.

ders.: Geschichte Europas von 1815 bis 1871, Bd. IX, Stuttgart-Berlin 1923.

Stökl, G.: Russische Geschichte von den Anfängen bis zur Gegenwart, Stuttgart 1962.

ders.: Osteuropa und die Deutschen. Geschichte und Gegenwart einer spannungsreichen Nachbarschaft, Oldenburg 1967.

ders.: Die deutsch-russischen Beziehungen in der Geschichte, in: ÖOH 13 (1971) S. 189–200.

Streisand, J.: Bismarck und die deutsche Einigungsbewegung des 19. Jahrhunderts in der westdeutschen Geschichtsschreibung, in: ZfG 2 (1954) S. 349–369.

Strumiński, J.: Rady miejskie i powiatowe w Królestwie Polskim, 1861–1863 [Stadt- und Kreisbehörden im Königreich Polen, 1861–1863], in: Czasopismo prawno-historyczne 4 (1952) S. 274–356.

Strumph-Wojtkiewicz, S.: Powstanie styczniowe [Der Januaraufstand], 2. Aufl. Warszawa 1973.

ders.: Generał Jaroslaw Dąbrowski, 1836–1871, Warszawa 1967.

Sybel, H. v.: Die Begründung des Deutschen Reiches durch Wilhelm I., Bd. II, München und Leipzig 1889.

Sukertowa-Biendrawina, E.: Mazury, Warmiacy i Kaszubi w powstaniu styczniowym [Masuren, Ermländer und Kaschuben im Januaraufstand], in: Roczniki Ziem Zachodnych i Północnych 4 (1963) S. 290–296.

Szarota, T.: Dyktatura Langiewicza a przystąpienie białych do powstania [Die Diktatur des Langiewicz und der Hinzutritt der Weißen zum Aufstand], in: PH 54 (1963) S. 270–294.

Szczechura, T.: Ruch chłopski w walce o ziemię 1861–1864 [Die Bauernbewegung im Kampf um Land 1861–1864], Warszawa 1962.

Szczepański, B.: Wschodnia część Wielkopolski w latach 1815–1918 [Der östliche Teil Großpolens in den Jahren 1815 bis 1918], in: Dzieje Wielkopolski, Bd. II (1793–1918), hrsg. von *W. Jakóbczyk,* Poznań 1973, S. 757–852.

Tabiś, J.: Polacy na Uniwerytecie Kijowskim 1834–1863 [Polen an der Universität Kiew], Kraków 1974.

Taborski, R.: Pod znakiem powstania styczniowego i Grottgera (O wiedeńskim czasopiśmie „Postęp" 1859–1864) [Im Zeichen des Januaraufstands und Grottgers (über die Wiener Zeitung „Vorwärts" 1859–1864)], in *ders.:* Wśród wiedeńskich Poloników, Kraków 1974, S. 36–61.

Targ, A.: Powstanie styczniowe na Śląsku [Der Januaraufstand in Schlesien], in: Roczniki Ziem Zachodnych i Północnych 4 (1963) S. 297–303.

Taylor, A. J. P.: Bismarck. The Man and the Statesman, 4. Aufl. London 1960.

ders.: The Struggle for Mastery in Europe, 1848–1918, 2. Aufl. Oxford 1963.

Thaden, E. C.: Russia since 1801. The Making of a New Society, New York-London-Sydney-Toronto 1971.

Tomczyk, J.: Lublin w okresie powstania styczniowego [Lublin zur Zeit des Januaraufstands], in: Rocznik Lubelski 4 (1961) S. 129–170.

ders.: Organizacja cywilno-wojskowa powstania styczniowego w Lubelskiem i na Podlasiu [Die zivil-militärische Organisation des Januaraufstands im Gebiet von Lublin und in Podlachien], in: Rocznik Lubelski 6 (1963) S. 7–70.

Trotha, Th. v.: Der polnische Aufstand im Jahre 1863 von seinem Beginn bis zum Zusammenbruch der Diktatur Langiewitsch, Berlin 1895.

Trübner, G.: Die Stellung von Karl Marx und Friedrich Engels zu den politischen, wirtschaftlichen und kulturellen Problemen Polens, Diss. Jena 1952 [MS].

ders.: Niemiecki republikanin Jan Filip Becker i jego stosunek do Polski [Der deutsche Republikaner Johann Philipp Becker und sein Verhältnis zu Polen], in: PZ 16 (1960) S. 228 bis 244.

Trusevič, S. M.: Galicija i pol'skoe vosstanie 1863–1864 gg. [Galizien und der polnische Aufstand in den Jahren 1863–1864], L'vov 1965.

Truß, E.: Die Politik des Großherzogtums Sachsen-Weimar 1862–1867, Jena 1940.

Trzeciakowski, L.: Pod pruskim zaborem 1850–1918 [Unter preußischer Herrschaft 1850 bis 1918], Warszawa 1973.

Tümmler, H.: Die preußische Polenpolitik in der Provinz Posen vom Wiener Kongreß bis zum Ausbruch des Weltkrieges, in: Vergangenheit und Gegenwart 29 (1939) S. 578–590.

Tych, F.: Les publications polonaises de sources de l'histoire des XIX et XX siècles, in: La Pologne au XIIe Congrès International des Sciences Historiques à Vienne, Warszawa 1965, S. 293–316.

Tyrowicz, M.: Dzieje polityczne Krakowa w okresie 1815–1871 [Politische Geschichte Krakaus im Zeitraum von 1815–1871], Kraków 1951.

ders.: Towarzystwo Demokratyczne Polskie 1832–1863. Przywódzy i członkowskie. Przewodnik biobibliograficzny [Die Polnische Demokratische Gesellschaft 1832–1863. Ihre Führer und Mitglieder. Ein biobibliographischer Führer], Warszawa 1964.

ders.: Galizien unter österreichischer Herrschaft. Die politischen und wirtschaftlichen Probleme Galiziens in der neuesten polnischen Historiographie 1945–1962, in: ÖOH 6 (1964) S. 485–499.

ders.: Z dziejów polskich ruchów społecznych w XIX wieku. Studia, szkice, odczyty [Aus der Geschichte polnischer gesellschaftlicher Bewegungen im 19. Jahrhundert. Studien, Skizzen, Vorträge], Warszawa 1965.

Unckel, B.: Österreich und der Krimkrieg. Studien zur Politik der Donaumonarchie in den Jahren 1852–1856, Lübeck und Hamburg 1969.

Valsecchi, F.: Das Zeitalter Napoleons III. und Bismarcks 1854–1878, in: Historia Mundi, Bd. X, Bern 1961, S. 53–92.

Varga, J.: Auszug aus der Geschichte, Kulturgeschichte und Zeitgeschichte Ostmitteleuropas, in: Internationales Jahrbuch für Geschichts- und Geographieunterricht 14 (1972/73) S. 110–165.

Vierhaus, R.: Preußen und die Rheinlande 1815 bis 1915, in: Rheinische Vierteljahresschrift 30 (1965) S. 152–175.

Vinogradov, V. N.: Rossija i ob-edinenie Rumyskich Knjazestv [Rußland und die Vereinigung der rumänischen Fürstentümer], Moskva 1961.

Vogt, E.: Die hessische Politik in der Zeit der Reichsgründung 1863–1871, München 1914.

Vogt, W.: Württemberg im Deutschen Bund und im Bismarckschen Reich, Diss. Esslingen 1953.

Voigt, J. H.: Englands Außenpolitik während des deutsch-dänischen Konflikts 1862/64, in: Zeitschrift für schleswig-holsteinische Geschichte 89 (1964) S. 61–194.

Volkmann, H. E.: Der polnische Aufstand 1830/31 und die deutsche Öffentlichkeit. Mit besonderer Berücksichtigung der bayerischen Rheinpfalz, in: ZfO 16 (1967) S. 439–452.

Volz, K.: Dalwigk und die Politik der deutschen Mittelstaaten 1860–1871, Diss. Heidelberg 1926.

Vuillenmier, M.: Genève et l'insurrection polonaise de 1863. Les réactions des milieux démocratiques, in: Échanges entre la Pologne et la Suisse du XVIe au XIXe siècles, Genève 1964, S. 213–225.

Vyvyan, J. M. K.: Russia in Europe and Asia, in: The New Cambridge Modern History, ed. by J. P. T. *Bury,* Bd. X: The Zenith of European Power 1830–1870, Cambridge 1960, S. 357 bis 388.

Waller, B.: Bismarck and Gorchakov in 1879: „The Two Chancellors' War", in: Studies in International History, Ed. by *K. Bourne* and *D. C. Watt,* London 1967, S. 209–235.

Wandycz, P. S.: The Poles in the Habsburg Monarchy, in: Austrian History Yearbook 3 (1967) S. 287–313.

ders.: The Lands of Partitioned Poland, 1795–1918, Seattle and London 1974.

Waszkiewicz, L.: Z dziejów powstania styczniowego w Łódzi i okolicy [Aus der Geschichte des Januaraufstands in Łódź und Umgebung], in: Rocznik Łódzki 8 (1963) S. 155 bis 192.

Wawrzykowska Wierciochowa, D.: Najdziwniejszy z adiutantów. Opowieść o Annie Henryce Pustowójtównie [Der sonderbarste Adjutant. Die Geschichte der Anna Henriette Pustowójtówna], Warszawa 1968.

Weber, G.: Die polnische Emigration im neunzehnten Jahrhundert, Essen 1937.

Weber, R.: Kleinbürgerliche Demokraten in der deutschen Einheitsbewegung 1863–1866, Berlin (Ost-) 1962.

ders.: Das kleinbürgerlich-demokratische Element in der deutschen Nationalbewegung vor 1866, in: Probleme der Reichsgründungszeit 1848–1879, hrsg. von *H. Böhme,* Köln-Berlin 1968, S. 72–84.

ders.: Das Verhältnis der kleinbürgerlichen Demokratie in Sachsen zur polnischen Frage 1848, in: ZfG 16 (1968) S. 855–873.

Wehler, H. U.: Zur polnischen Parteigeschichtsschreibung von 1945–1960 über die Zeit bis 1914, in: ZfO 10 (1961) S. 271–309.

ders.: Sozialdemokratie und Nationalstaat. Die deutsche Sozialdemokratie und die Nationalitätenfragen in Deutschland von Karl Marx bis zum Ausbruch des Ersten Weltkrieges, Würzburg 1962.

ders.: Polenpolitik im Deutschen Kaiserreich, 1871–1914, in: Festschrift für Th. Schieder, München 1968, S. 297–316; auch in *ders.*: Krisenherde des Kaiserreichs, Göttingen 1970, S. 181–199, und in: Moderne deutsche Verfassungsgeschichte (1815–1918), hrsg. von *E. W. Böckenförde*, Köln 1972, S. 106–124.

Wendt, H.: Bismarck und die polnische Frage, Halle 1922.

Wentzcke, P.: Ludwig v. Edelsheim und Franz v. Roggenbach, in: Zeitschrift für Geschichte des Oberrheins 60 (1951) S. 568–612 und 61 (1952) S. 342–382.

ders.: Ludwig von Biegeleben. Drei Lebensstufen deutschen Einheitsstrebens. Darmstadt-Frankfurt-Wien, in: Hessisches Jahrbuch für Landesgeschichte 3 (1953) S. 224–282.

Wereszycki, H.: Austrja a powstanie styczniowe [Österreich und der Januaraufstand], Lwów 1930.

ders.: Anglia a sprawa polska w latach 1860–1865 [England und die polnische Frage in den Jahren 1860–1865], Lwów 1934.

ders.: Great Britain and the Polish Question in 1863, in: EHR 50 (1935) S. 78–108.

ders.: Wpływ polityki zagranicznej Austrii i Prus na sprawę polską w latach 1848–1914 [Der Einfluß der Außenpolitik Österreichs und Preußens auf die polnische Frage in den Jahren 1848 bis 1914], in: Pamiętnik VII Powszechnego Zjazdu Historyków Polskich we Wrocławiu 19–22 września 1948, T. I: Referaty, Warszawa 1948, S. 121–131.

ders.: Echa powstania styczniowego w dziennikach wrocławskich [Das Echo des Januaraufstands in den Breslauer Tageszeitungen], in: Sobótka 9 (1954) S. 505–590.

ders.: Stosunki Hotelu Lambert z Hercenem i Bakuninem w przededniu powstania styczniowego [Die Beziehungen des Hotel Lambert zu Herzen und Bakunin in der Zeit vor dem Ausbruch des Januaraufstandes], in: PH 48 (1957) S. 234–269.

ders.: Dzieje Galicji jako problem historyczny [Die Geschichte Galiziens als historisches Problem], in: Małopolskie Studia Historyczne 1 (1958) S. 4–16.

ders.: Hotel Lambert i obóz białych przed wybuchem powstania styczniowego [Das „Hotel Lambert" und das Lager der Weißen vor dem Ausbruch des Januaraufstandes], in: PH 50 (1959) S. 514–544.

ders.: Powstania polskie na tle sytuacji międzynarodowej [Die polnischen Aufstände in der internationalen Situation], in: Historia Polski od połowy XVIII do połowy XIX wieku, Warszawa 1960, S. 95–122.

ders.: Polska działalność dyplomatyczna w Wiedniu [Die polnische diplomatische Tätigkeit in Wien], in: Polska działalność dyplomatyczna 1863–1864. Zbiór dokumentów. Red. *A. Lewak*, Bd. II, Warszawa 1963, S. 1–21.

ders.: Polska działalność dyplomatyczna w Londynie [Die polnische diplomatische Tätigkeit in London], in: Polska działalność dyplomatyczna 1863–1864. Zbiór dokumentów. Red. *A. Lewak*, Bd. II, Warszawa 1963, S. 289–315.

ders.: Sojusz trzech Cesarzy. Geneza 1866–1872 [Das Dreikaiserbündnis. Seine Entstehung in den Jahren 1866–1872], Warszawa 1965.

ders.: Rola Polaków w monarchii habsburgskiej [Die Rolle der Polen in der Habsburgermonarchie], in: Małopolskie Studia Historyczne 9 (1966) Heft 3/4, S. 35–53.

ders.: The Poles as an Integrating and Disintegrating Factor, in: Austrian History Yearbook 3 (1967) S. 261–286.

ders.: Bismarck a Europa [Bismarck und Europa], in: Dzieje najnowsze 2 (1970) Heft 4, S. 7 bis 25.

ders.: Polish Insurrections as a Controversal Problem in Polish Historiography, in: Canadian Slavonic Papers 9 (1970) S. 107–121.

ders.: Les trois puissances de l'Est devant les mouvements révolutionnaires français du XIX siècle, in: Le centenaire de la Commune de Paris, Warszawa 1972, S. 146–157.

ders.: Kilka uwag o stosunku Bismarcka do Polski [Einige Bemerkungen zum Verhältnis Bismarcks zu Polen], in: Studia historica slavo-germanica 1 (1972) S. 215–217.

ders.: From Bismarck to Hitler. The Problem of Continuity of Historical Development from the Second to the Third Reich, in: Polish Western Affairs 14 (1973) S. 19–32.

Wertheimer, E. v.: Bismarck im politischen Kampf, 1929.

Westphal, O.: Welt- und Staatsauffassung des deutschen Liberalismus. Eine Untersuchung über die Preußischen Jahrbücher und den konstitutionellen Liberalismus in Deutschland 1858 bis 1863, München und Berlin 1919.

Wettig, G.: Kontinuität und Wandel der russischen Deutschland-Politik 1815–1969, in: Grundfragen sowjetischer Außenpolitik, hrsg. von *B. Meissner* und *G. Rhode,* Stuttgart 1970, S. 65–94.

Widerszal, L.: Sprawy kaukazkie w polityce europejskiej w latach 1831–1864 [„Kaukasische Fragen" in der europäischen Politik der Jahre 1831–1864], Warszawa 1934.

ders.: Powstanie styczniowe w dziejach Słowiań bałkańskich, Czechów i Rumunów [Der Januaraufstand in der Geschichte der Balkanslawen, Tschechen und Rumänen], in: PH 34 (1937/38) S. 615–622.

Wieczerzak, J. W.: American Opinion and the Warsaw Disturbances of 1861, in: PR 7 (1962) Nr. 3, S. 67–83.

ders.: Polskie powstanie styczniowe. Niektóre aspekty i powiązania amerykańskie [Der polnische Januaraufstand. Einige Aspekte und amerikanische Verbindungen], New York 1963.

ders.: American Reactions to the Polish Insurrection of 1863, in: Polish American Studies 22 (1965) S. 90–98.

ders.: A Polish Chapter in Civil War America. The Effects of the January Insurrection on American Opinion and Diplomacy, New York 1967.

Wielopolski, A.: Ustroj polityczny Pomorza Zachodniego w XIX wieku [Der politische Zustand Pomerellens im 19. Jahrhundert], Poznań 1965.

Willaume, J.: Ocena okresu Księstwa Warszawskiego. – Kuria Rzymska a sprawa polska w latach 1860–1863. – Ruch chłopski w 1861 r. [Die Bedeutung des Herzogtums Warschau. – Die römische Kurie und die polnische Frage in den Jahren 1860–1863. – Die Bauernbewegung im Jahre 1861], in: KH 64 (1957) Nr. 4/5, S. 156–158.

ders.: Ruch agrarny na Lubelszczyźnie w 1861 roku [Die Agrarbewegung im Gebiet um Lublin im Jahre 1861], in: Rocznik Lubelski 1 (1958) S. 189–218.

Winckler, M.: Bismarcks Bündnispolitik und das europäische Gleichgewicht, Stuttgart 1964.

Winkler, H. A.: Preußischer Liberalismus und deutscher Nationalstaat. Studien zur Geschichte der deutschen Fortschrittspartei 1861–66, Tübingen 1964.

ders.: Bürgerliche Emanzipation und nationale Einigung. Zur Entstehung des Nationalliberalismus in Preußen, in: Probleme der Reichsgründungszeit, hrsg. von *H. Böhme*, Köln-Berlin 1968, S. 227–242.

Winnicka, H.: Romuald Traugutt, Warszawa 1964.

Wittram, R.: Der Nationalismus als Forschungsaufgabe, in: HZ 174 (1952) S. 1–16.

ders.: Das Nationale als europäisches Problem, Göttingen 1954.

ders.: Über Maßstäbe und Urteile in der Geschichtsschreibung Ostmitteleuropas, in *ders.:* Das Nationale als europäisches Problem, Göttingen 1954, S. 51–75.

ders.: Bismarcks Rußlandpolitik nach der Reichsgründung, in: HZ 186 (1958) S. 221–244; auch in: Rußland, Europa und der deutsche Osten, München 1960, S. 161–184.

ders.: Das russische Imperium und sein Gestaltwandel, in: HZ 187 (1959) S. 568–592, auch in: Rußland, Europa und der deutsche Osten, München 1960, S. 59–84.

ders.: Bismarck und Rußland, in: Deutsch-russische Beziehungen von Bismarck bis zur Gegenwart, hrsg. von *W. Markert*, Stuttgart 1964, S. 17–39.

Wojtkowski, A.: Zabór pruski w powstaniu styczniowym [Das preußische Teilgebiet im Januaraufstand], in: PH 34 (1937/38) S. 600–610.

Wren, M. C.: The Western Impact upon Tsarist Russia, Chicago-San Francisco u. a. 1971.

Wroński, T.: Wybrane zagadnienia z okresu dyktatury Romualda Traugutta [Ausgewählte Probleme aus der Zeit der Diktatur Romuald Traugutts], in: Studia i Materiały do Historii Wojskowości 10 (1964) S. 196–231.

Wszołek, J.: Zabiegi Hotelu Lambert o współpracę z Włochami w latach 1860–1861 [Maßnahmen des Hotel Lambert zur Zusammenarbeit mit den Italienern in den Jahren 1860 bis 1861], in: PH 64 (1973) S. 283–301.

ders.: Polityka włoska Hotelu Lambert w latach 1861–1862 [Die italienische Politik des Hotel Lambert in den Jahren 1861–1862], in: KH 82 (1975) S. 286–302.

Wührer, K.: Der Skandinavismus, in: Jomsburg 1 (1937) S. 409–422.

Wyczańska, K.: Polacy w Komunie Paryskiej 1871 r. [Polen in der Pariser Kommune 1871], Warszawa 1957.

Žáček, V.: Ohlas polského povstání r. 1863 v Čechach [Das Echo des polnischen Aufstands von 1863 bei den Tschechen], Praha 1935.

ders.: Česko-polská revolučni spolupráce v šedesátých letach XIX stoléti [Die tschechisch-polnische revolutionäre Zusammenarbeit in den sechziger Jahren des 19. Jahrhunderts], Praha 1955.

ders.: Češi a Poláci v době lednového povstání polského v 1863 [Tschechen und Polen in der Zeit des polnischen Januaraufstands von 1863], in: ČČH 11 (1963) S. 717–741.

ders.: Sto let od polského povstaní v 1863. Hrdinstvé českých dobrovolníků [Hundert Jahre seit dem polnischen Aufstand von 1863. Die Heldentaten tschechischer Freiwilliger], in: Slovanský Prehled 39 (1963) S. 29–34.

ders.: Jakub Sztejnike, agent polskiego Rządu Narodowego w Pradze. Echa powstania styczniowego w Czechach [Jakob Steinike, der Agent der polnischen Nationalregierung in Prag. Das Echo auf den Januaraufstand bei den Tschechen], Wrocław 1965.

Zahorski, A.: Z dziejów legendy napoleońskiej w Polsce [Aus der Geschichte der napoleonischen Legende in Polen], Warszawa 1971.

Zajączkowski, A.: Z dziejów inteligencji polskiej. Studia historyczno-socjologiczne [Aus der Geschichte der polnischen Intelligenz. Historisch-soziologische Studien], Wrocław 1962.

ders.: O inteligencji Warszawskiej w latach popowstaniowych [Über die Warschauer Intelligenz in den Jahren nach dem Aufstand], in: KH 69 (1962) S. 913–916.

Zdrada, J.: Udział Koła Polskiego w pracach ustawodawczych pierwszej austriackiej Rady Państwa (1861–1862) [Der Anteil der polnischen Fraktion an den gesetzgeberischen Arbeiten des ersten österreichischen Reichsrats 1861–1862], in: Małopolskie Studia Historyczne 5 (1962) S. 49–78.

ders.: Organizacja i stanowisko Koła Polskiego w wiedeńskiej Radzie Państwa 1861–1862 [Organisation und Stellung des „Polenklubs" im Wiener Reichsrat 1861–1862], in: Zeszyty Uniw. Jag. Nr. 71, Prace historyczne Nr. 12, Kraków 1963, S. 45–78.

ders.: Stosunki polsko-węgierskie przed powstaniem styczniowym [Polnisch-ungarische Beziehungen vor dem Januaraufstand], in: PH 54 (1963) S. 297–322.

ders.: Do ideologii emigracji postyczniowej. Katechizm obywatela Brunona Dobrowolskiego oraz Katechizm obywatelski Jarosława Dąbrowskiego [Zur Ideologie der Emigration nach dem Januaraufstand. Der „Katechismus des Bürgers" von Bruno Dobrowolski und der „Katechismus" von Jarosław Dąbrowski], in: KH 74 (1967) S. 417–428.

ders.: Sprawa autonomii galicyjskiej w polityce Hotelu Lambert w latach 1859–1873 [Zur Frage einer Autonomie Galiziens in der Politik des Hotel Lambert in den Jahren 1859 bis 1873], in: SH 10 (1967) S. 43–72.

ders.: Zmierch Czartoryskich [Das Ende der Czartoryskis], Warszawa 1969.

ders.: Jarosław Dąbrowski w Komunie Paryskiej [Jarosław Dąbrowski während der Pariser Kommune], in: KH 78 (1971) S. 775–803.

ders.: Jarosław Dąbrowski 1863–1871, Kraków 1973.

Zechlin, E.: Bismarck und die Grundlegung der deutschen Großmacht, Stuttgart 1930, 2. Aufl. Darmstadt 1960.

ders.: Die Reichsgründung (= Deutsche Geschichte. Ereignisse und Probleme, Bd. 3/2), Frankfurt a. M.-Berlin 1967, 2. Aufl. 1974.

Zernack, K.: Schwerpunkte und Entwicklungslinien der polnischen Geschichtswissenschaft nach 1945, in: HZ, Sonderheft 5 (1973) S. 202–323.

Zieliński, Z.: Kościoł katolicki w Wielkiem Księstwie Poznańskim w latach 1848–1865 [Die katholische Kirche im Großherzogtum Posen in den Jahren 1848–1865], Lublin 1973.

Živanović, D.: Echa powstania styczniowego wśród Jugosłowiań [Das Echo auf den Januaraufstand unter den Südslawen], in: KH 71 (1964) S. 693–710.

Zorn, W.: Wirtschafts- und sozialgeschichtliche Zusammenhänge der deutschen Reichsgründungszeit 1850–1879, in: HZ 197 (1963) S. 318–342; auch in: Probleme der Reichsgründungszeit 1848–1879, hrsg. von *H. Böhme,* Köln 1968, S. 296–316.

ders.: Wirtschaft und Gesellschaft in Deutschland in der Zeit der Reichsgründung, in: Reichsgründung 1870/71, hrsg. von *Th. Schieder* und *E. Deuerlein,* Stuttgart 1970, S. 197 bis 225.

ders.: Sozialgeschichtliche Probleme der nationalen Bewegung in Deutschland, in: Sozialstruktur und Organisation europäischer Nationalbewegungen, hrsg. von *Th. Schieder* und *P. Burian*, München-Wien 1971, S. 97–119.

ders.: Die wirtschaftliche Integration Kleindeutschlands in den 1860er Jahren und die Reichsgründung, in: HZ 216 (1973) S. 304–334.

Żychowski, M.: Związek między walką antyfeudalną chłopstwa a walką o niepodległość. Ocena Ludwika Mierosławskiego [Das Bündnis zwischen dem antifeudalen Kampf der Bauern und dem Kampf um die Unabhängigkeit. Die Beurteilung Ludwig Mierosławskis], in: KH 64 (1957) Nr. 4/5, S. 165–166.

ders.: Ludwik Mierosławski (1814–1878), Warszawa 1963.

ders.: Generał klęski. Ludwik Mierosławski, 1814–1878 [General der Niederlage. Ludwig Mierosławski, 1814–1878], Warszawa 1965.

ders.: Społeczeństwo Galicji i Królestwa Polskiego wobec Pierwszej Międzynarodówki w latach 1864–1876 [Die Gesellschaft Galiziens und des Königreichs Polen und die Erste Internationale in den Jahren 1864–1876], in: Małopolskie Studia Historyczne 8 (1965) S. 53 bis 69.

ders.: Bolesław Limanowski, 1835–1935, Warszawa 1971.

Żywczyński, M.: Kościół i duchowieństwo w powstaniu styczniowym [Kirche und Geistlichkeit im Januaraufstand], in: PH 34 (1937/38) S. 512–525.

Żyzniewski, S. J.: Miljutin and the Polish Question, in: Harvard Slavonic Studies 4 (1957) S. 237–248.

ders.: The Futile Compromise Reconsidered: Wielopolski and Russian Policy in the Congress Kingdom 1861–1863, in: AHR 70 (1964/65) S. 395–412.

ders.: The Russo-Polish Crucible of the 1860s. A Review of Some Recent Literature, in: PR 11 (1966) S. 23–46.

NACHTRAG ZUM LITERATURVERZEICHNIS

Nach dem Abschluß vorliegenden Manuskripts erschienen noch folgende, für den weiteren Zusammenhang wichtige Arbeiten:

Kowalska-Postén, L.: Stosunek sejmu, prasy i opinii publicznej Szwecji do sprawy polskiej w 1863 r. [Das Verhältnis von Reichstag, Presse und öffentlicher Meinung in Schweden zur polnischen Frage im Jahre 1863], in: PH 68 (1977) S. 659–682.

Lammich, M.: Das deutsche Osteuropabild in der Zeit der Reichsgründung, Boppard a. Rh. 1978.

dies.: Polen und Deutsche. Zur Verbreitung nationaler Bilder während der Reichsgründungszeit, in: Osteuropa in Geschichte und Gegenwart [Festschrift für G. Stökl zum 60. Geburtstag], Köln-Wien 1977, S. 171–185.

Lemberg, H.: Der „Drang nach Osten". Schlagwort und Wirklichkeit, in: Deutsche im europäischen Osten. Verständnis und Mißverständnis, hrsg. von *F. Kaiser* und *B. Stasiewski*, Köln-Wien 1976, S. 1–17.

Rautenberg, H. W.: Schweden und der polnische Aufstand von 1863 im Spiegel der deutschen Presse, in: Östliches Europa – Spiegel der Geschichte [Festschrift für M. Hellmann zum 65. Geburtstag], Wiesbaden 1977, S. 239–256.

ABKÜRZUNGSVERZEICHNIS

AfKG	=	Archiv für Kulturgeschichte
AHR	=	The American Historical Review
APH	=	Acta Poloniae Historica
APP	=	Die Auswärtige Politik Preußens
BzG	=	Beiträge zur Geschichte der deutschen Arbeiterbewegung
ČČH	=	Československý Časopis Historický
EHR	=	The English Historical Review
FzoG	=	Forschungen zur osteuropäischen Geschichte
GWU	=	Geschichte in Wissenschaft und Unterricht
HJb	=	Historisches Jahrbuch
HZ	=	Historische Zeitschrift
JbGMOD	=	Jahrbuch für Geschichte Mittel- und Ostdeutschlands
JbGOE	=	Jahrbücher für Geschichte Osteuropas
JCEA	=	The Journal of Central European Affairs
JMH	=	The Journal of Modern History
KH	=	Kwartalnik Historyczny
NDB	=	Neue Deutsche Biographie
ÖOH	=	Österreichische Osthefte
PH	=	Przegląd Historyczny
PP	=	Past and Present
PR	=	The Polish Review
PZ	=	Przegląd Zachodni
RH	=	Revue Historique
SEER	=	The Slavonic and East European Review
SH	=	Studia Historyczne
VSWG	=	Vierteljahrsschrift für Sozial- und Wirtschaftsgeschichte
VZG	=	Vierteljahrshefte für Zeitgeschichte
WaG	=	Die Welt als Geschichte
WZ	=	Wissenschaftliche Zeitschrift
ZfbayrLG	=	Zeitschrift für bayerische Landesgeschichte
ZfG	=	Zeitschrift für Geschichtswissenschaft
ZfO	=	Zeitschrift für Ostforschung
ZfwürttLG	=	Zeitschrift für württembergische Landesgeschichte
ZH	=	Zapiski Historyczne

PERSONENVERZEICHNIS

(Kursivzahlen beziehen sich auf die Anmerkungen; das Stichwort „*Bismarck,* Otto von" wurde nicht aufgenommen)